C Completo e Total

Terceira Edição

Revista e
Atualizada

C
Completo e Total

Terceira Edição

Revista e Atualizada

Herbert Schildt

Tradução e Revisão Técnica
Roberto Carlos Mayer
Diretor da Mayer & Bunge Informática
Prof. do Departamento de Ciência da Computação da USP-SP

Pearson

Título original: C: The Complete Reference – Third Edition

Produtora Editorial: Joana Figueiredo
Produtor Gráfico: José Roberto Petroni
Editoração Eletrônica: ERJ Composição Editorial

Dados Internacionais de Catalogação na Publicação (CIP)
(Câmara Brasileira do Livro, SP, Brasil)

Schildt, Herbert
C, completo e total – 3ª edição revista e atualizada
Herbert Schildt; tradução e revisão técnica: Roberto Carlos Mayer.
São Paulo: Pearson Makron Books, 1997.

Título original: C: the complete reference.

1. C (Linguagem de Programação) I. Título

ISBN: 978-85-346-0595-3

96-0491 CDD-005.133

Índice para catálogo sistemático:

1. C : Linguagem de Programação : Computadores : Processamento de Dados 005.133

Direitos exclusivos cedidos à
Pearson Education do Brasil Ltda.,
uma empresa do grupo Pearson Education
Avenida Santa Marina, 1193
CEP 05036-001 - São Paulo - SP - Brasil
Fone: 11 2178-8609 e 11 2178-8653
pearsonuniversidades@pearson.com

Sumário

Prefácio

Esta é a terceira edição do C — *Completo e Total*. Desde que a primeira edição foi escrita, muita coisa foi divulgada no mundo da programação. Eis alguns exemplos. Quando a primeira edição foi escrita, o C ainda não estava padronizado. Muitas implementações concorrentes estavam lutando pelo domínio, sendo cada compilador ligeiramente diferente um do outro. Quando a segunda edição foi preparada, o padrão C ANSI havia acabado de ser adotado. Atualmente, o código padrão C simplesmente já está aí. (E com a padronização, a promessa de código C totalmente portável foi finalmente cumprida.) Quando a primeira edição deste livro foi escrita, o DOS era o único sistema operacional que possuía uma base de usuário mensurável e o Windows era apenas um remanso bizarro. Hoje, os ambientes Windows e DOS existem em números maiores do que jamais imaginados. Finalmente, quando a primeira edição foi publicada, o C++ era uma linguagem experimental, atraindo a atenção de apenas alguns programadores, que procuravam ultrapassar os limites da programação. Quando a segunda edição americana foi lançada, o C++ estava se estabelecendo, mas o modelo orientado a objeto ainda não era amplamente aceito ou usado. Quando este livro foi escrito, C++ tinha entrado no time das principais linguagens de programação e rivalizava com C na primeira posição.

Atualmente, o C é padrão e estável. É também a linguagem de programação profissional mais popular do mundo. Entretanto, os ambientes em que o C está sendo amplamente usado continuam a se expandir. Por exemplo, ela é a linguagem escolhida para aplicativos criados para DOS, Windows, OS/2 e UNIX (para citar alguns).

Devo admitir que, quando escrevi a primeira edição do *C — Completo e Total*, não imaginei todas as oportunidades e avanços que haveriam de sobrevir. (Embora alguns, como o sucesso do C++, eram óbvios desde o início.) Entretanto, a única coisa que eu sabia então, é o mesmo que você sabe agora: C é a linguagem de programação mais poderosa que já encontrei. Ela é graciosa, elegante, consistente e (o mais importante) poderosa. Seu contínuo sucesso é uma fonte de divertimento constante para mim.

Um Livro para Todos os Programadores

Esta obra de referência em C é destinada a todos os programadores C, independentemente de seu nível de experiência. Entretanto, ela pressupõe um leitor capaz de criar pelo menos um programa simples em C. Se você ainda está aprendendo a linguagem, este livro será um excelente tutorial sobre C e servirá como uma fonte de respostas para suas questões específicas.

Como C++ (a versão orientada a objetos do C) é estruturado a partir do C, este livro também é apropriado para programadores de C++ que desejam ter uma referência detalhada sobre a base em que a linguagem é constituída.

Portanto, se você já está programando em C ou C++, ou é iniciante na programação ou um profissional experiente, achará este livro útil.

O Que Há de Novo Nesta Edição

De modo geral, deixei a estrutura básica deste livro inalterada em relação às suas duas edições anteriores. Como C é uma linguagem estável e padronizada, não havia motivo para fazer grandes alterações. A maioria das mudanças encontradas nesta edição reflete duas coisas: as alterações no ambiente em que o C é usado e a emergência de C++ como uma das principais linguagens de programação.

Dos capítulos originais, a maioria ficou estruturalmente inalterada desde a edição anterior. Três foram substituídos. Os que foram substituídos tratavam da interface de baixo nível baseada em DOS, funções gráficas baseadas em DOS e uma visão geral do C++. Os capítulos baseados em DOS foram substituídos por um panorama da programação de Windows 95. Desde a última revisão deste livro, o Windows passou de uma relativa obscuridade para uma situação quase dominante. Além disso, C é a linguagem mais usada para programação em Windows. Portanto, a abordagem dessa importante área de programação em C parecia necessária.

A primeira e a segunda edições deste livro concluíam com uma visão geral do C++. Quando as edições anteriores foram preparadas, o C++ ainda era uma linguagem bastante experimental. Entretanto, nos cinco anos decorridos desde a última revisão, o uso de C++ estourou. Agora, o C++ é uma linguagem de programação importante, em igualdade de condições com o C. Por isso, um breve panorama desse importante assunto não parecia mais valioso. (O assunto simplesmente se tornou grande demais, exigindo um livro completo a respeito!) Em vez disso, o leitor interessado é instruído a ler meu livro *C++ — The Complete Reference*, que aborda o C++ detalhadamente. No lugar dos capítulos sobre C++, coloquei a descrição de um interpretador C. Penso que você achará a criação do interpretador C uma das seções mais interessantes deste livro.

O Que Há no Livro

Este livro aborda detalhadamente todos os aspectos da linguagem C e suas bibliotecas. Sua ênfase principal está no padrão C ANSI. Entretanto, o antigo padrão "K & R" também é discutido, quando apropriado.

O livro está dividido em cinco partes, abordando

- A linguagem C
- As bibliotecas C
- Algoritmos comuns e aplicações
- O ambiente de programação em C
- A criação de um interpretador C

A Parte 1 fornece uma discussão completa das palavras-chaves (palavras reservadas), das diretivas de pré-processador e dos recursos que definem a linguagem C.

A Parte 2 discute a biblioteca C padrão. Essa parte descreve todas as funções especificadas pelo padrão ANSI, bem como diversas funções comuns não padronizadas.

A Parte 3 aborda alguns dos algoritmos e aplicativos mais comuns e importantes, que todos os programadores de C deveriam ter em sua caixa de ferramentas. Ela também inclui uma discussão sobre a solução de problemas de inteligência artificial e programação para Windows 95.

A Parte 4 examina o ambiente de programação em C, incluindo itens como a interface para montagem de código, eficiência, portabilidade e depuração.

A Parte 5 ilustra a linguagem C pela criação de um interpretador para ela. Esta é tranqüilamente a parte mais excitante, desafiadora e, ao mesmo tempo, divertida do livro. Se você é como a maioria dos programadores C, explorar, melhorar e adaptar no interpretador C da Parte 5, será irresistível! Além disso, não há um modo melhor de entender a pureza e a elegância da linguagem C, do que construindo um interpretador para ela.[1]

HS
11 de janeiro de 1995
Mahomet, IL.

---

1. Nota da Editora: Os exemplos do livro estão no CD-ROM anexo, o que evita uma enorme quantidade de digitação. São 20 arquivos compactados por capítulo, correspondentes aos capítulos 3, 4, 5, 6, 7, 8, 9, 12, 13, 16, 17, 18, 19, 20, 22, 23, 24, 25, 27 e 28. Simplesmente copie o conteúdo do CD-ROM para o disco rígido e descompacte-os com o WinZip.

MAKRON
Books

Parte 1

A Linguagem C

A primeira parte deste livro apresenta uma discussão completa da linguagem de programação C. O Capítulo 1 fornece uma rápida exposição da linguagem C — o programador mais experiente talvez queira passar diretamente para o Capítulo 2. O Capítulo 2 examina os tipos de dados internos, variáveis, operadores e expressões. O Capítulo 3 apresenta os comandos de controle do programa. O Capítulo 4 discute matrizes e strings. O Capítulo 5 trabalha com ponteiros. O Capítulo 6 discute funções. O Capítulo 7 aborda estruturas, uniões e os tipos definidos pelo usuário. O Capítulo 8 examina as E/S pelo console. O Capítulo 9 aborda as E/S de arquivo e, finalmente, o Capítulo 10 discute o pré-processador e faz comentários.

O assunto desta parte (e a maior parte do material deste livro) reflete o padrão ANSI para C. No entanto, o padrão original de C, oriundo do UNIX versão 5, também é focalizado, e as diferenças mais importantes são salientadas. O livro aborda tanto o C ANSI quanto o original como garantia de que você encontrará informações pertinentes ao seu ambiemte de programação em C.

1

Uma Visão Geral de C

A finalidade deste capítulo é apresentar uma visão geral da linguagem de programação C, suas origens, seus usos e sua filosofia. Este capítulo destina-se principalmente aos novatos em C.

As Origens de C

A linguagem C foi inventada e implementada primeiramente por Dennis Ritchie em um DEC PDP-11 que utilizava o sistema operacional UNIX. C é o resultado de um processo de desenvolvimento que começou com uma linguagem mais antiga, chamada BCPL, que ainda está em uso, em sua forma original, na Europa. BCPL foi desenvolvida por Martin Richards e influenciou uma linguagem chamada B, inventada por Ken Thompson. Na década de 1970, B levou ao desenvolvimento de C.

Por muitos anos, de fato, o padrão para C foi a versão fornecida com o sistema operacional UNIX versão 5. Ele é descrito em *The C Programming Language*, de Brian Kernighan e Dennis Ritchie (Englewood Cliffs, N.J.: Prentice Hall, 1978). Com a popularidade dos microcomputadores, um grande número de implementações de C foi criado. Quase que por milagre, os códigos-fontes aceitos por essas implementações eram altamente compatíveis. (Isto é, um programa escrito com um deles podia normalmente ser compilado com sucesso usando-se um outro.) Porém, por não existir nenhum padrão, havia discrepâncias. Para remediar essa situação, o ANSI (American National Standards Institute) estabeleceu, no verão de 1983, um comitê para criar um padrão que definiria de uma vez por todas a linguagem C. No momento em que esta obra foi escrita, o comitê do padrão ANSI estava concluindo o processo formal de adoção. Todos os principais compiladores C já implementaram o padrão C ANSI. Este livro aborda totalmente o padrão ANSI e enfatiza-o. Ao mesmo tempo, ele contém informações sobre a antiga versão UNIX de C. Em outras palavras, independentemente do compilador que esteja usando, você encontrará assuntos aplicáveis aqui.

C É uma Linguagem de Médio Nível

C é freqüentemente chamada de linguagem de médio nível para computadores. Isso não significa que C seja menos poderosa, difícil de usar ou menos desenvolvida que uma linguagem de alto nível como BASIC e Pascal, tampouco implica que C seja similar à linguagem assembly e seus problemas correlatos aos usuários. C é tratada como uma linguagem de médio nível porque combina elementos de linguagens de alto nível com a funcionalidade da linguagem assembly. A Tabela 1.1 mostra como C se enquadra no espectro das linguagens de computador.

Tabela 1.1 A posição de C no mundo das linguagens.

Nível mais alto	Ada
	Modula-2
	Pascal
	COBOL
	FORTRAN
	BASIC
Médio nível	C++
	C
	FORTH
	Macro-assembler
Nível mais baixo	Assembler

Como uma linguagem de médio nível, C permite a manipulação de bits, bytes e endereços — os elementos básicos com os quais o computador funciona. Um código escrito em C é muito portável. *Portabilidade* significa que é possível adaptar um software escrito para um tipo de computador a outro. Por exemplo, se você pode facilmente converter um programa escrito para DOS de tal forma a executar sob Windows, então esse programa é portável.

Todas as linguagens de programação de alto nível suportam o conceito de tipos de dados. Um *tipo de dado* define um conjunto de valores que uma variável pode armazenar e o conjunto de operações que pode ser executado com essa variável. Tipos de dados comuns são inteiro, caractere e real. Embora C tenha cinco tipos de dados internos, ela não é uma linguagem rica em tipos de dados como Pascal e Ada. C permite quase todas conversões de tipos. Por exemplo, os tipos caractere e inteiro podem ser livremente misturados na maioria das expressões. C não efetua nenhuma verificação no tempo de execução, como a validação dos limites das matrizes. Esses tipos de verificações são de responsabilidade do programador.

As versões originais de C não realizavam muitos (se é que realizavam algum) testes de compatibilidade entre um parâmetro de uma função e o argumento usado para chamar a função. Por exemplo, na versão original de C, você poderia chamar uma função, usando um ponteiro, sem gerar uma mensagem de erro, mesmo que essa função tivesse sido definida, na realidade, como recebendo um argumento em ponto flutuante. No entanto, o padrão ANSI introduziu o conceito de *protótipos de funções*, que permite que alguns desses erros em potencial sejam mostrados, conforme a intenção do programador. (Protótipos serão discutidos mais tarde no Capítulo 6.)

Outro aspecto importante de C é que ele tem apenas 32 palavras-chaves (27 do padrão de fato estabelecido por Kernighan e Ritchie, mais 5 adicionadas pelo comitê ANSI de padronização), que são os comandos que compõem a linguagem C. As linguagens de alto nível tipicamente têm várias vezes esse número de palavras reservadas. Como comparação, considere que a maioria das versões de BASIC possuem bem mais de 100 palavras reservadas!

C É uma Linguagem Estruturada

Embora o termo *linguagem estruturada em blocos* não seja rigorosamente aplicável a C, ela é normalmente referida simplesmente como linguagem estruturada. C tem muitas semelhanças com outras linguagens estruturadas, como ALGOL, Pascal e Modula-2.

NOTA: A razão pela qual C não é, tecnicamente, uma linguagem estruturada em blocos, é que as linguagens estruturadas em blocos permitem que procedimentos e funções sejam declarados dentro de procedimentos e funções. No entanto, como C não permite a criação de funções dentro de funções, não pode ser chamada formalmente de uma linguagem estruturada em blocos.

A característica especial de uma linguagem estruturada é a *compartimentalização* do código e dos dados. Trata-se da habilidade de uma linguagem seccionar e esconder do resto do programa todas as informações necessárias para se realizar uma tarefa específica. Uma das maneiras de conseguir essa compartimentalização é pelo uso de sub-rotinas que empregam variáveis locais (temporárias). Com o uso de variáveis locais é possível escrever sub-rotinas de forma que os eventos que ocorrem dentro delas não causem nenhum efeito inesperado nas outras partes do programa. Essa capacidade permite que seus programas em C compartilhem facilmente seções de código. Se você desenvolve funções compartimentalizadas, só precisa saber o que uma função faz, não como ela faz. Lembre-se de que o uso excessivo de variáveis globais (variáveis conhecidas por todo o programa) pode trazer muitos erros, por permitir efeitos colaterais indesejados. (Qualquer um que já tenha programado em BASIC está bem ciente deste problema.)

Uma linguagem estruturada permite muitas possibilidades na programação. Ela suporta, diretamente, diversas construções de laços (loops), como **while**, **do-while** e **for**. Em uma linguagem estruturada, o uso de **goto** é proibido ou desencorajado e também a forma comum de controle do programa, (que ocorre em BASIC e FORTRAN, por exemplo). Uma linguagem estruturada permite que você insira sentenças em qualquer lugar de uma linha e não exige um conceito rigoroso de campo (como em FORTRAN).

A seguir estão alguns exemplos de linguagens estruturadas e não estruturadas.

Não estruturadas	**Estruturadas**
FORTRAN	Pascal
BASIC	Ada
COBOL	C++
	C
	Modula-2

Linguagens estruturadas tendem a ser modernas. De fato, a marca de uma linguagem antiga de computador é não ser estruturada. Hoje, a maioria dos programadores considera as linguagens estruturadas mais fáceis de programar e fazer manutenção.

O principal componente estrutural de C é a função — a sub-rotina isolada de C. Em C, funções são os blocos de construção em que toda a atividade do programa ocorre. Elas admitem que você defina e codifique separadamente as diferentes tarefas de um programa, permitindo, então, que seu programa seja modular. Após uma função ter sido criada, você pode esperar que ela trabalhe adequadamente em várias situações, sem criar efeitos inesperados em outras partes do programa. O fato de você poder criar funções isoladas é extremamente importante em projetos maiores nos quais um código de um programador não deve afetar acidentalmente o de outro.

Uma outra maneira de estruturar e compartimentalizar o código em C é pelo uso de blocos de código. Um *bloco de código* é um grupo de comandos de programa conectado logicamente que é tratado como uma unidade. Em C, um bloco de código é criado colocando-se uma seqüência de comandos entre chaves. Neste exemplo,

```
if (x < 10) {
   printf("muito baixo, tente novamente\n");
   scanf("%d", &x);
}
```

os dois comandos após o **if** e entre chaves são executados se **x** for menor que 10. Esses dois comandos, junto com as chaves, representam um bloco de código. Eles são uma unidade lógica: um dos comandos não pode ser executado sem que o outro também seja. Atente para o fato de que todo comando em C pode ser um comando simples ou um bloco de comandos. Blocos de código permitem que muitos algoritmos sejam implementados com clareza, elegância e eficiência. Além disso, eles ajudam o programador a conceituar a verdadeira natureza da rotina.

C É uma Linguagem para Programadores

Surpreendentemente, nem todas as linguagens de computador são para programadores. Considere os exemplos clássicos de linguagens para não-programadores: COBOL e BASIC. COBOL não foi destinada para facilitar a vida do programador, aumentar a segurança do código produzido ou a velocidade em que o código pode ser escrito. Ao contrário, COBOL foi concebida, em parte, para permitir que não-programadores leiam e presumivelmente (embora isso seja improvável) entendam o programa. BASIC foi criada essencialmente para permitir que não-programadores programem um computador para resolver problemas relativamente simples.

Em contraposição, C foi criada, influenciada e testada em campo por programadores profissionais. O resultado final é que C dá ao programador o que ele quer: poucas restrições, poucas reclamações, estruturas de bloco, funções isoladas e um conjunto compacto de palavras-chave. Usando C, um programador pode conseguir aproximadamente a eficiência de código assembly combinada com a estrutura de ALGOL ou Modula-2. Não é de admirar que C seja tranqüilamente a linguagem mais popular entre excelentes programadores profissionais.

O fato de C freqüentemente ser usada em lugar da linguagem assembly é o fator mais importante para a sua popularidade entre os programadores. A linguagem assembly usa uma representação simbólica do código binário real que o computador executa diretamente. Cada operação em linguagem assembly leva a uma tarefa simples a ser executada pelo computador. Embora a linguagem assembly dê aos programadores o potencial de realizar tarefas com máxima flexibilidade e eficiência, é notoriamente difícil de trabalhar quando se está desenvolvendo ou depurando um programa. Além disso, como assembly não é uma linguagem estruturada, o programa final tende a ser um código "espaguete" — um emaranhado de jumps, calls e índices. Essa falta de estrutura torna os programas em linguagem assembly difíceis de ler, aperfeiçoar e manter. Talvez mais importante: as rotinas em linguagem assembly não são portáveis entre máquinas com unidades centrais de processamento (CPUs) diferentes.

Inicialmente, C era usada na programação de sistema. Um *programa de sistema* forma uma porção do sistema operacional do computador ou de seus utilitários de suporte. Por exemplo, os programas que seguem são freqüentemente chamados de programas de sistema:

- Sistemas operacionais
- Interpretadores
- Editores
- Programas de planilhas eletrônicas
- Compiladores
- Gerenciadores de banco de dados

Em virtude da sua portabilidade e eficiência, à medida que C cresceu em popularidade, muitos programadores começaram a usá-la para programar todas as tarefas. Por haver compiladores C para quase todos os computadores, é possível tomar um código escrito para uma máquina, compilá-lo e rodá-lo em outra com pouca ou nenhuma modificação. Esta portabilidade economiza tempo e dinheiro. Os compiladores C também tendem a produzir um código-objeto muito compacto e rápido — menor e mais rápido que aquele da maioria dos compiladores BASIC, por exemplo.

Além disso, os programadores usam C em todos os tipos de trabalho de programação porque eles gostam de C! Ela oferece a velocidade da linguagem assembly e a extensibilidade de FORTH, mas poucas das restrições de Pascal ou Modula-2. Cada programador C pode, de acordo com sua própria personalidade, criar e manter uma biblioteca única de funções customizadas, para ser usada em muitos programas diferentes. Por admitir — na verdade encorajar — a compilação separada, C permite que os programadores gerenciem facilmente grandes projetos com mínima duplicação de esforço.

Compiladores *Versus* Interpretadores

Os termos *compiladores* e *interpretadores* referem-se à maneira como um programa é executado. Existem dois métodos gerais pelos quais um programa pode ser executado. Em teoria, qualquer linguagem de programação pode ser compilada ou interpretada, mas algumas linguagens geralmente são executadas de uma maneira ou de outra. Por exemplo, BASIC é normalmente interpretada e C, compilada (especialmente no auxílio à depuração ou em plataformas experimentais como a desenvolvida na Parte 5). A maneira pela qual um programa é executado não é definida pela linguagem em que ele é escrito. Interpretadores e compiladores são simplesmente programas sofisticados que operam sobre o código-fonte do seu programa. Como a diferença entre um compilador e um interpretador pode não ser clara para todos os leitores, a breve descrição seguinte esclarecerá o assunto.

Um interpretador lê o código-fonte do seu programa uma linha por vez, executando a instrução específica contida nessa linha. Um compilador lê o programa inteiro e converte-o em um *código-objeto*, que é uma tradução do código-fonte do programa em uma forma que o computador possa executar diretamente. O código-objeto é também conhecido como código binário ou código de máquina. Uma vez que o programa tenha sido compilado, uma linha do código-fonte, mesmo alterada, não é mais importante na execução do seu programa.

Quando um interpretador é usado, deve estar presente toda vez que você executar o seu programa. Por exemplo, em BASIC você precisa primeiro executar o interpretador, carregar seu programa e digitar **RUN** cada vez que quiser usá-lo. O interpretador BASIC examina seu programa uma linha por vez para correção e então executa-o. Esse processo lento ocorre cada vez que o programa for executado. Um compilador, ao contrário, converte seu programa em um código-objeto que pode ser executado diretamente por seu computador. Como o compilador traduz seu programa de uma só vez, tudo o que você precisa fazer é executar seu programa diretamente, geralmente apenas digitando seu nome. Assim, o tempo de compilação só é gasto uma vez, enquanto o código interpretado incorre neste trabalho adicional cada vez que o programa executa.

A Forma de um Programa em C

A Tabela 1.2 lista as 32 palavras-chave (ou palavras reservadas) que, combinadas com a sintaxe formal de C, formam a linguagem de programação C. Destas, 27 foram definidas pela versão original de C. As cinco restantes foram adicionadas pelo comitê ANSI: **enum**, **const**, **signed**, **void** e **volatile**.

Tabela 1.2 Uma lista das palavras-chave de C ANSI.

auto	double	int	struct
break	else	long	switch
case	enum	register	typedef
char	extern	return	union
const	float	short	unsigned
continue	for	signed	void
default	goto	sizeof	volatile
do	if	static	while

Além disso, muitos compiladores C acrescentaram diversas palavras-chave para explorar melhor a organização da memória da família de processadores 8088/8086, que suporta programação interlinguagens e interrupções. Aqui é mostrada uma lista das palavras-chave estendidas mais comuns:

asm	_cs	_ds	_es
_ss	cdecl	far	huge
interrupt	near	pascal	

Seu compilador pode também suportar outras extensões que ajudem a aproveitar melhor seu ambiente específico.

Todas as palavras-chave de C são minúsculas. Em C, maiúsculas e minúsculas são diferentes: **else** é uma palavra-chave, mas ELSE não. Uma palavra-chave não pode ser usada para nenhum outro propósito em um programa em C — ou seja, ela não pode servir como uma variável ou nome de uma função.

Todo programa em C consiste em uma ou mais funções. A única função que necessariamente precisa estar presente é a denominada **main()**, que é a primeira função a ser chamada quando a execução do programa começa. Em um código de C bem escrito, **main()** contém, em essência, um esboço do que o programa faz. O esboço é composto de chamadas de funções. Embora **main()** não seja tecnicamente parte da linguagem C, trate-a como se fosse. Não tente usar **main()** como nome de uma variável porque provavelmente confundirá o compilador.

A forma geral de um programa em C é ilustrada na Figura 1.1, onde **f1()** até **fN()** representam funções definidas pelo usuário.

```
declarações globais

tipo devolvido main(lista de parâmetros)
{
  seqüência de comandos
}

tipo devolvido f1(lista de parâmetros)
{
  seqüência de comandos
}

tipo devolvido f2(lista de parâmetros)
{
  seqüência de comandos
}
.
.
.
tipo devolvido fN(lista de parâmetros)
{
```

Figura 1.1 A forma geral de um programa em C.

A Biblioteca e a Linkedição

Tecnicamente falando, é possível criar um programa útil e funcional que consista apenas nos comandos realmente criados pelo programador. Porém, isso é muito raro porque C, dentro da atual definição da linguagem, não oferece nenhum método de executar operações de entrada/saída (E/S). Como resultado, a maioria dos programas inclui chamadas a várias funções contidas na *biblioteca C padrão.*

Todo compilador C vem com uma biblioteca C padrão de funções que realizam as tarefas necessárias mais comuns. O padrão C ANSI especifica o conjunto mínimo de funções que estará contido na biblioteca. No entanto, seu compilador provavelmente conterá muitas outras funções. Por exemplo, o padrão C ANSI não define nenhuma função gráfica, mas seu compilador provavelmente inclui alguma.

Em algumas implementações de C, a biblioteca aparece em um grande arquivo; em outras, ela está contida em muitos arquivos menores, uma organização que aumenta a eficiência e a praticidade. Porém, para simplificar, este livro usa a forma singular em referênca à biblioteca.

Os implementadores do seu compilador C já escreveram a maioria das funções de propósito geral que você usará. Quando chama uma função que não faz parte do programa que você escreveu, o compilador C "memoriza" seu nome. Mais tarde, o *linkeditor* (linker) combina o código que você escreveu com o código-objeto já encontrado na biblioteca padrão. Esse processo é chamado de *linkedição*. Alguns compiladores C têm seu próprio linkeditor, enquanto outros usam o linkeditor padrão fornecido pelo seu sistema operacional.

As funções guardadas na biblioteca estão em formato *relocável*. Isso significa que os endereços de memória das várias instruções em código de máquina não estão absolutamente definidos — apenas informações relativas são guardadas. Quando seu programa é linkeditado com as funções da biblioteca padrão, esses endereços relativos são utilizados para criar os endereços realmente usados. Há diversos manuais e livros técnicos que explicam esse processo com mais detalhes. Contudo, você não precisa de nenhuma informação adicional sobre o processo real de relocação para programar em C.

Muitas das funções de que você precisará ao escrever seus programas estão na biblioteca padrão. Elas agem como blocos básicos que você combina. Se escreve uma função que usará muitas vezes, você também pode colocá-la em uma biblioteca. Alguns compiladores permitem que você coloque sua função na biblioteca padrão; outros exigem a criação de uma biblioteca adicional. De qualquer forma, o código estará lá para ser usado repetidamente.

Lembre-se de que o padrão ANSI apenas especifica uma biblioteca padrão *mínima*. A maioria dos compiladores fornece bibliotecas que contêm muito mais funções que aquelas definidas pelo ANSI. Além disso, algumas funções encontradas na versão original de C para UNIX não são definidas pelo padrão ANSI por serem redundantes. Este livro aborda todas as funções definidas pelo ANSI como também as mais importantes e largamente usadas pelo padrão C UNIX antigo. Ele também examina diversas funções muito usadas, mas que não são definidas pelo ANSI nem pelo antigo padrão UNIX. (Funções não-ANSI serão indicadas para evitar confusão.)

Compilação Separada

Muitos programas curtos de C estão completamente contidos em um arquivo-fonte. Contudo, quando o tamanho de um programa cresce, também aumenta seu tempo de compilação (e tempos de compilação longos contribuem para paciências curtas!). Logo, C permite que um programa seja contido em muitos arquivos e que cada arquivo seja compilado separadamente. Uma vez que todos os arquivos estejam compilados, eles são linkeditados com qualquer rotina de biblioteca, para formar um código-objeto completo. A vantagem da compilação separada é que, se houver uma mudança no código de um arquivo, não será necessária a recompilação do programa todo. Em tudo, menos nos projetos mais simples, isso economiza um tempo considerável. (Estratégias de compilação separada são abordadas em detalhes na Parte 4.)

Compilando um Programa em C

Compilar um programa em C consiste nestes três passos:

1. Criar o programa
2. Compilar o programa
3. Linkeditar o programa com as funções necessárias da biblioteca

Alguns compiladores fornecem ambientes de programação integrados que incluem um editor. Com outros, é necessário usar um editor separado para criar seu programa. Os compiladores só aceitam a entrada de arquivos de texto padrão. Por exemplo, seu compilador não aceitará arquivos criados por certos processadores de textos porque eles têm códigos de controle e caracteres não-imprimíveis.

O método exato que você utiliza para compilar um programa depende do compilador que está em uso. Além disso, a linkedição varia muito entre os compiladores e os ambientes. Consulte seu manual do usuário para detalhes.

O Mapa de Memória de C

Um programa C compilado cria e usa quatro regiões, logicamente distintas na memória, que possuem funções específicas. A primeira região é a memória que contém o código do seu programa. A segunda é aquela onde as variáveis globais são armazenadas. As duas regiões restantes são a pilha e o "heap". A *pilha* tem diversos usos durante a execução de seu programa. Ela possui o endereço de retorno das chamadas de função, argumentos para funções e variáveis locais. Ela também guarda o estado atual da CPU. O *heap* é uma região de memória livre que seu programa pode usar, via funções de alocação dinâmica de C, em aplicações como listas encadeadas e árvores.

A disposição exata de seu programa pode variar de compilador para compilador e de ambiente para ambiente. Por exemplo, a maioria dos compiladores para a família de processadores 8086 tem seis maneiras diferentes de organizar a memória em razão da arquitetura segmentada de memória do 8086. Os modelos de memória da família de processadores 8086 são discutidos mais adiante neste livro.

Embora a disposição física exata de cada uma das quatro regiões possa diferir entre tipos de CPU e implementações de C, o diagrama da Figura 1.2 mostra conceitualmente como seu programa aparece na memória.

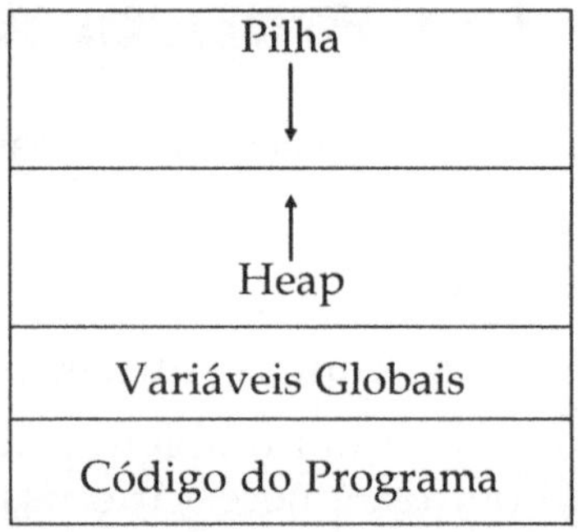

Figura 1.2 Um mapa conceitual de memória de um programa em C.

C Versus C++

Antes de concluir este capítulo, é necessário dizer algumas palavras sobre C++. Algumas vezes os novatos confundem o que é C++ e como difere de C. Para ser breve, C++ é uma versão estendida e melhorada de C que é projetada para suportar programação orientada a objetos (OOP, do inglês Object Oriented Programming). C++ contém e suporta toda a linguagem C e mais um conjunto de extensões orientadas a objetos. (Ou seja, C++ é um superconjunto de C.) Como C++ é construída sobre os fundamentos de C, você não pode programar em C++ se não entender C. Portanto, virtualmente todo o material apresentado neste livro aplica-se também a C++.

NOTA: Para uma descrição completa da linguagem C++ veja o livro, C++ — The Complete Reference, de Herbert Schildt.

Hoje em dia, e por muitos anos ainda, a maioria dos programadores ainda escreverá, manterá e utilizará programas C, e não C++. Como mencionado, C suporta programação estruturada. A programação estruturada tem-se mostrado eficaz ao longo dos 25 anos em que tem sido usada largamente. C++ é projetada principalmente para suportar OOP, que incorpora os princípios da programação estruturada, mas inclui objetos. Embora a OOP seja muito eficaz para uma certa classe de tarefas de programação, muitos programas não se beneficiam da sua aplicação. Por isso, "código direto em C" estará em uso por muito tempo ainda.

Um Compilador C++ Funcionará com Programas C?

Hoje em dia é difícil ver um compilador anunciado ou descrito simplesmente como um "compilador C". Em vez disso, é comum ver um compilador anunciado como "compilador C/C++", ou às vezes simplesmente como compilador C++. Esta situação faz surgir naturalmente a pergunta: "Um compilador C++ funcionará com programas C?". A resposta é: "Sim!". Qualquer um e todos os compiladores que podem compilar programas C++ também podem compilar programas C. Portanto, se seu compilador é denominado um "compilador C++", não se preocupe, também é um compilador C padrão ANSI completo.

Uma Revisão de Termos

Os termos a seguir serão usados freqüentemente durante toda essa referência. Você deve estar completamente familiarizado com eles.

- *Código-Fonte* O texto de um programa que um usuário pode ler, normalmente interpretado como o programa. O código-fonte é a entrada para o compilador C.
- *Código-Objeto* Tradução do código-fonte de um programa em código de máquina que o computador pode ler e executar diretamente. O código-objeto é a entrada para o linkeditor.
- *Linkeditor* Um programa que une funções compiladas separadamente em um programa. Ele combina as funções da biblioteca C padrões com o código que você escreveu. A saída do linkeditor é um programa executável.
- *Biblioteca* O arquivo contendo as funções padrão que seu programa pode usar. Essas funções incluem todas as operações de E/S como também outras rotinas úteis.
- *Tempo de compilação* Os eventos que ocorrem enquanto o seu programa está sendo compilado. Uma ocorrência comum em tempo de compilação é um erro de sintaxe.
- *Tempo de execução* Os eventos que ocorrem enquanto o seu programa é executado.

2

Expressões em C

Este capítulo examina o elemento mais fundamental da linguagem C: a expressão. Como você verá, as expressões em C são substancialmente mais gerais e poderosas que na maioria das outras linguagens de programação. As expressões são formadas pelos elementos mais básicos de C: dados e operadores. Os dados podem ser representados por variáveis ou constantes. C, como a maioria das outras linguagens, suporta uma certa quantidade de tipos diferentes de dados. Também provê uma ampla variedade de operadores.

Os Cinco Tipos Básicos de Dados

Há cinco tipos básicos de dados em C: caractere, inteiro, ponto flutuante, ponto flutuante de precisão dupla e sem valor (**char**, **int**, **float**, **double** e **void**, respectivamente). Como você verá, todos os outros tipos de dados em C são baseados em um desses tipos. O tamanho e a faixa desses tipos de dados variam de acordo com o tipo de processador e com a implementação do compilador C. Um caractere ocupa geralmente 1 byte e um inteiro tem normalmente 2 bytes, mas você não pode fazer esta suposição se quiser que seus programas sejam portáveis a uma gama mais ampla de computadores. O padrão ANSI estipula apenas a *faixa* mínima de cada tipo de dado, não o seu tamanho em bytes.

O formato exato de valores em ponto flutuante depende de como eles são implementados. Inteiros geralmente correspondem ao tamanho natural de uma palavra do computador host. Valores do tipo **char** são normalmente usados para conter valores definidos pelo conjunto de caracteres ASCII. Valores fora dessa faixa podem ser manipulados diferentemente entre as implementações de C.

A faixa dos tipos **float** e **double** é dada em dígitos de precisão. As grandezas dos tipos **float** e **double** dependem do método usado para representar os números em ponto flutuante. Qualquer que seja o método, o número é muito grande. O padrão ANSI especifica que a faixa mínima de um valor em ponto flutuante é de 1E-37 a 1E+37. O número mínimo de dígitos de precisão é exibido na Tabela 2.1 para cada tipo de ponto flutuante.

O tipo **void** declara explicitamente uma função que não retorna valor algum ou cria ponteiros genéricos. Ambas as utilizações são discutidas nos capítulos subseqüentes.

Tabela 2.1 Todos os tipos de dados definidos no padrão ANSI.

Tipo	Tamanho aproximado em bits	Faixa mínima
char	8	-127 a 127
unsigned char	8	0 a 255
signed char	8	-127 a 127
int	16	-32.767 a 32.767
unsigned int	16	0 a 65.535
signed int	16	O mesmo que **int**
short int	16	O mesmo que **int**
unsigned short int	16	0 a 65.535
signed short int	16	O mesmo que **short int**
long int	32	-2.147.483.647 a 2.147.483.647
signed long int	32	O mesmo que **long int**.
unsigned long int	32	0 a 4.294.967.295
float	32	Seis dígitos de precisão
double	64	Dez dígitos de precisão
long double	80	Dez dígitos de precisão

Modificando os Tipos Básicos

Exceto o **void**, os tipos de dados básicos podem ter vários modificadores precedendo-os. Um modificador é usado para alterar o significado de um tipo básico para adaptá-lo mais precisamente às necessidades de diversas situações. A lista de modificadores é mostrada aqui:

signed
unsigned
long
short

Os modificadores **signed**, **short**, **long** e **unsigned** podem ser aplicados aos tipos básicos caractere e inteiro. Contudo, **long** também pode ser aplicado a **double**. (Note que o padrão ANSI elimina o **long float** porque ele tem o mesmo significado de um **double**.)

A Tabela 2.1 mostra todas as combinações de tipos de dados que atendem ao padrão ANSI juntamente com suas faixas mínimas e larguras aproximadas em bits.

O uso de **signed** com inteiros é permitido, mas redundante porque a declaração padrão de inteiros assume um número com sinal. O uso mais importante de **signed** é modificar **char** em implementações em que esse tipo, por padrão, não tem sinal.

Algumas implementações podem permitir que **unsigned** seja aplicado aos tipos de ponto flutuante (como em **unsigned double**). Porém, isso reduz a portabilidade de seu código e geralmente não é recomendável. Qualquer tipo expandido ou adicional não definido pelo padrão proposto ANSI provavelmente não será suportado por todas as implementações de C.

A diferença entre inteiros com ou sem sinal é a maneira como o bit mais significativo do inteiro é interpretado. Se um inteiro com sinal é especificado, o compilador C gerará um código que assume que o bit de mais alta ordem de um inteiro deve ser interpretado como *indicador de sinal*. Se o indicador de sinal é 0, o número é positivo; se é 1, o número é negativo.

Em geral, os números negativos são representados usando-se o *complemento de dois*, que inverte todos os bits em um número (exceto o indicador de sinal), adiciona 1 a esse número e põe o indicador de sinal em 1.

Inteiros com sinal são importantes em muitos algoritmos, mas eles têm apenas metade da grandeza absoluta de seus irmãos sem sinal. Por exemplo, aqui está 32.767:

0 1 1 1 1 1 1 1 1 1 1 1 1 1 1 1

Se o bit mais significativo fosse colocado em 1, o número seria interpretado como -1. Porém, se você o declarar como sendo um **unsigned int**, o número se tornará 65.535 quando o bit mais significativo for 1.

Nomes de Identificadores

Em C, os nomes de variáveis, funções, rótulos e vários outros objetos definidos pelo usuário são chamados de *identificadores*. Esses identificadores podem variar de um a diversos caracteres. O primeiro caractere deve ser uma letra ou um sublinhado e os caracteres subseqüentes devem ser letras, números ou sublinhados. Aqui estão alguns exemplos de nomes de identificadores corretos e incorretos:

Correto	Incorreto
count	1count
test23	hi!there
high_balance	high...balance

O padrão C ANSI determina que identificadores podem ter qualquer tamanho, mas pelo menos os primeiros 6 caracteres devem ser significativos se o identificador estiver envolvido em um processo externo de linkedição. Esses identificadores, chamados *nomes externos*, incluem nomes de funções e variáveis globais que são compartilhadas entre arquivos. Se o identificador não é usado em um processo externo de linkedição, os primeiros 31 caracteres serão significativos. Esse tipo de identificador é denominado *nome interno*. Consulte o manual do usuário para ver exatamente quantos caracteres significativos são permitidos pelo compilador que você está usando.

Um nome de identificador pode ser maior que o número de caracteres significativos reconhecidos pelo compilador. Porém, os caracteres que ultrapassarem o limite serão ignorados. Por exemplo, se seu compilador reconhece 31 caracteres significativos, os seguintes identificadores serão considerados por ele como sendo iguais:

Nomes_de_identificadores_excessivamente_longos_sao_incomodos
Nomes_de_identificadores_excessivamente_longos_sao_incomodos_para_usar

Em C, letras maiúsculas e minúsculas são tratadas diferentemente. Logo, **count**, **Count** e **COUNT** são três identificadores distintos. Em alguns ambientes, o tipo da letra (maiúscula ou minúscula) dos nomes de funções e de variáveis globais pode ser ignorado se o linkeditor for indiferente ao tipo (mas a maioria dos ambientes atuais suporta linkedição sensível à caixa alta ou baixa).

Um identificador não pode ser igual a uma palavra-chave de C e não deve ter o mesmo nome que as funções que você escreveu ou as que estão na biblioteca C.

Variáveis

Como você provavelmente sabe, uma *variável* é uma posição nomeada de memória, que é usada para guardar um valor que pode ser modificado pelo programa. Todas as variáveis em C devem ser declaradas antes de serem usadas. A forma geral de uma declaração é

tipo lista_de_variáveis;

Aqui, *tipo* deve ser um tipo de dado válido em C mais quaisquer modificadores; e *lista_de_variáveis* pode consistir em um ou mais nomes de identificadores separados por vírgulas. Aqui estão algumas declarações:

```
int i, j, l;
short int si;
unsigned int ui;
double balance, profit, loss;
```

Lembre-se de que, em C, o nome de uma variável não tem nenhuma relação com seu tipo.

Onde as Variáveis São Declaradas

As variáveis serão declaradas em três lugares básicos: dentro de funções, na definição dos parâmetros das funções e fora de todas as funções. Estas são variáveis locais, parâmetros formais e variáveis globais, respectivamente.

Variáveis Locais

Variáveis que são declaradas dentro de uma função são chamadas de *variáveis locais*. Em algumas literaturas de C, variáveis locais são referidas como variáveis *automáticas*, porque em C você pode usar a palavra-chave **auto** para declará-las. Este livro usa o termo variável local, que é mais comum. Variáveis locais só podem ser referenciadas por comandos que estão dentro do bloco no qual as variáveis foram declaradas. Em outras palavras, variáveis locais não são reconhecidas fora de seu próprio bloco de código. Lembre-se, um bloco de código inicia-se em abre-chaves ({) e termina em fecha-chaves (}).

Variáveis locais existem apenas enquanto o bloco de código em que foram declaradas está sendo executado. Ou seja, uma variável local é criada na entrada de seu bloco e destruída na saída.

O bloco de código mais comum em que as variáveis locais foram declaradas é a função. Por exemplo, considere as seguintes funções:

```
void func1(void)
{
   int x;

   x = 10;
}

void func2(void)
{
   int x;

   x = -199;
}
```

A variável inteira **x** é declarada duas vezes, uma vez em **func1()** e outra em **func2()**. O **x** em **func1()** não tem nenhuma relação ou correspondência com o x em **func2()**. A razão para isso é que cada **x** é reconhecido apenas pelo código que está dentro do mesmo bloco da declaração de variável.

A linguagem C contém a palavra-chave **auto**, que pode ser usada para declarar variáveis locais. Porém, já que todas as variáveis não globais são, por padrão, assumidas como sendo **auto**, esta palavra-chave quase nunca é usada. Logo, os exemplos deste livro não a usam. (Dizem que a palavra-chave **auto** foi incluída em C para fornecer compatibilidade em nível de fonte com sua predecessora B.)

A maioria dos programadores declara todas as variáveis usadas por uma função imediatamente após o abre-chaves da função e antes de qualquer outro comando. Porém, as variáveis locais podem ser declaradas dentro de qualquer bloco de código. O bloco definido por uma função é simplesmente um caso especial. Por exemplo,

```
void f(void)
{
   int t;

   scanf("%d", &t);

   if(t == 1) {
     char s[80];    /* isto é criado apenas
                       na entrada deste bloco */
     printf("entre com o nome:");
     gets(s);
     /* faz alguma coisa ...*/
   }
}
```

Aqui, a variável local **s** é criada na entrada do bloco de código **if** e destruída na saída. Além disso, **s** é reconhecida apenas dentro do bloco **if** e não pode ser referenciada em qualquer outro lugar — mesmo nas outras partes da função que a contém.

A principal vantagem em declarar uma variável local dentro de um bloco condicional é que a memória para ela só será alocada se necessário. Isso acontece porque variáveis locais não existirão até que o bloco em que elas são declaradas seja iniciado. Você deve preocupar-se com isso quando estiver produzindo código para controladores dedicados (como um controlador de porta de garagem, que responde a um código de segurança digital) em que a memória RAM é escassa, por exemplo.

Declarar variáveis dentro do bloco de código que as utiliza também ajuda a evitar efeitos colaterais indesejados. Como a variável não existe fora do bloco em que é declarada, ela não pode ser acidentalmente alterada. Porém, quando cada função realiza uma tarefa lógica bem definida, você não precisa "proteger" variáveis dentro de uma função do código que constitui a função. Isso explica por que as variáveis usadas por uma função são geralmente declaradas no início da função.

Lembre-se de que você deve declarar todas as variáveis locais no início do bloco em que elas são definidas, antes de qualquer comando do programa. Por exemplo, a função seguinte está tecnicamente incorreta e não será compilada na maioria dos compiladores.

```
/* Esta função está errada. */
void f(void)
{
  int i;

  i = 10;

  int j;  /* esta linha irá provocar um erro */

  j = 20;
}
```

Porém, se você tivesse declarado **j** dentro de seu próprio bloco de código ou antes do comando **i = 10**, a função teria sido aceita. Por exemplo, as duas versões mostradas aqui estão sintaticamente corretas:

```
/* Define j dentro de seu próprio bloco de código. */
void f(void)
{
  int i;
```

```
    i = 10;
    { /* define j em seu próprio bloco de código */
      int j;

      j = 20;
    }
}

/* Define j no início do bloco da função. */
void f(void)
{
  int i;
  int j;

  i = 10;
  j = 20;
}
```

NOTA: Como ponto interessante, a restrição que exige que todas as variáveis sejam declaradas no início do bloco foi removida em C++. Em C++, as variáveis podem ser declaradas em qualquer ponto dentro de um bloco.

Como todas as variáveis locais são criadas e destruídas a cada entrada e saída do bloco em que elas são declaradas, seu conteúdo é perdido quando o bloco deixa de ser executado. É especialmente importante lembrar disso ao chamar uma função. Quando uma função é chamada, suas variáveis locais são criadas e, ao retornar, elas são destruídas. Isso significa que as variáveis locais não podem reter seus valores entre chamadas. (No entanto, você pode ordenar ao compilador que retenha seus valores usando o modificador **static**.)

A menos que especificado de outra forma, variáveis locais são armazenadas na pilha. O fato de a pilha ser uma região de memória dinâmica e mutável explica por que variáveis locais não podem, em geral, reter seus valores entre chamadas de funções.

Você pode inicializar uma variável local com algum valor conhecido. Esse valor será atribuído à variável cada vez que o bloco de código em que ela é declarada for executado. Por exemplo, o programa seguinte imprime o número 10 dez vezes:

```
#include <stdio.h>

void f(void);

void main(void)
```

```
{
  int i;

  for(i=0; i<10; i++) f();
}

void f(void)
{
  int j = 10;

  printf("%d ", j);

  j++;  /* esta linha não tem nenhum efeito */
}
```

Parâmetros Formais

Se uma função usa argumentos, ela deve declarar variáveis que receberão os valores dos argumentos. Essas variáveis são denominadas *parâmetros formais* da função. Elas se comportam como qualquer outra variável local dentro da função. Como é mostrado no fragmento de programa seguinte, suas declarações ocorrem depois do nome da função e dentro dos parênteses:

```
/* Retorna 1 se c é parte da string s; 0 se não é o caso */
is_in(char *s, char c)
{
   while(*s)
     if(*s == c) return 1;
     else s++;

   return 0;
}
```

A função **is_in()** tem dois parâmetros: **s** e **c**. Essa função devolve 1 se o caractere especificado em **c** estiver contido na string **s**; 0 se não estiver.

Você deve informar à C que tipo de variáveis são os parâmetros formais, declarando-os como mostrado acima. Uma vez feito isso, elas podem ser usadas dentro da função como variáveis locais normais. Tenha sempre em mente que, como variáveis locais, elas também são dinâmicas e são destruídas na saída da função.

Você deve ter certeza de que os parâmetros formais que estão declarados são do mesmo tipo dos argumentos que você utiliza para chamar a função.

Se há uma discordância de tipos, resultados inesperados podem ocorrer. Ao contrário de muitas outras linguagens, C geralmente fará alguma coisa, inclusive em circunstâncias não usuais, mesmo que não seja o que você quer. Há poucos erros em tempo de execução e nenhuma verificação de limites. Como programador, você deve ter certeza de que erros de incongruência de tipo não ocorrerão.

Embora a linguagem C forneça os *protótipos de funções*, que podem ser usados para ajudar a verificar se os argumentos usados para chamar a função são compatíveis com os parâmetros, ainda podem ocorrer problemas. (Isto é, os protótipos de função não eliminam inteiramente incongruências de tipo de parâmetro). Além disso, você deve incluir explicitamente protótipos de funções em seu programa para receber esse benefício extra. (O uso de protótipos de funções é discutido em profundidade no Capítulo 6.)

Analogamente às variáveis locais, você pode fazer atribuições a parâmetros formais de uma função ou usá-los em qualquer expressão permitida em C. Embora essas variáveis recebam o valor dos argumentos passados para a função, elas podem ser usadas como qualquer outra variável local.

Variáveis Globais

Ao contrário das variáveis locais, as *variáveis globais* são reconhecidas pelo programa inteiro e podem ser usadas por qualquer pedaço de código. Além disso, elas guardam seus valores durante toda a execução do programa. Você cria variáveis globais declarando-as fora de qualquer função. Elas podem ser acessadas por qualquer expressão independentemente de qual bloco de código contém a expressão.

No programa seguinte, a variável **count** foi declarada fora de todas as funções. Embora sua declaração ocorra antes da função **main()**, ela poderia ter sido colocada em qualquer lugar anterior ao seu primeiro uso, desde que não estivesse em uma função. No entanto, é melhor declarar variáveis globais no início do programa.

```
#include <stdio.h>
int count;  /* count é global */

void func1(void);
void func2(void);

void main(void)
{
   count = 100;
   func1();
```

```
}

void func1(void)
{
   int temp;

   temp = count;
   func2();
   printf("count é %d", count); /* imprimirá 100 */
}

void func2(void)
{
   int count;
   for (count=1; count<10; count++)
     putchar('.');
}
```

Olhe atentamente para esse programa. Observe que, apesar de nem **main()** nem **func1()** terem declarado a variável **count**, ambas podem usá-la. A função **func2()**, porém, declarou uma variável local chamada **count**. Quando **func2()** referencia **count**, ela referencia apenas sua variável local, não a variável global. Se uma variável global e uma variável local possuem o mesmo nome, todas as referências ao nome da variável dentro do bloco onde a variável local foi declarada dizem respeito à variável local e não têm efeito algum sobre a variável global. Pode ser conveniente, mas esquecer-se disso poderá fazer com que seu programa seja executado estranhamente, embora pareça correto.

O armazenamento de variáveis globais encontra-se em uma região fixa da memória, separada para esse propósito pelo compilador C. Variáveis globais são úteis quando o mesmo dado é usado em muitas funções em seu programa. No entanto, você deve evitar usar variáveis globais desnecessárias. Elas ocupam memória durante todo o tempo em que seu programa está executando, não apenas quando são necessárias. Além disso, usar uma variável global onde uma variável local poderia ser usada torna uma função menos geral, porque ela conta com alguma coisa que deve ser definida fora dela. Finalmente, usar um grande número de variáveis globais pode levar a erros no programa por causa de desconhecidos — e indesejáveis — efeitos colaterais. Isso pode ser evidenciado no BASIC padrão, em que todas as variáveis são globais. Um problema maior no desenvolvimento de grandes projetos é a mudança acidental do valor de uma variável porque ela é usada em algum outro lugar do programa. Isso pode acontecer em C se você usar variáveis globais demais em seus programas.

Uma das principais razões para uma linguagem estruturada é a compartimentalização ou separação de código e dados. Em C, esse isolamento é conseguido pelo uso de variáveis locais e funções. Por exemplo, a Figura 2.1 mostra duas maneiras de escrever **mul()** — uma função simples que calcula o produto de dois inteiros.

Ambas as funções retornam o produto das variáveis **x** e **y**. Contudo, a versão generalizada, ou *parametrizada*, pode ser usada para retornar o produto de *quaisquer* dois inteiros, enquanto a versão específica só pode ser usada para encontrar o produto das variáveis globais **x** e **y**.

Geral	**Específica**
	int x, y;
mul(int x, int y)	mul(void)
{	{
return(x*y);	return (x*y);
}	}

Figura 2.1 Duas formas de escrever **mul()**.

Modificadores de Tipo de Acesso

O C introduziu dois novos modificadores (também chamados *quantificadores*) que controlam a maneira como as variáveis podem ser acessadas ou modificadas. Esses modificadores são **const** e **volatile**. Devem preceder os modificadores de tipo e os nomes que eles modificam.

const

Variáveis do tipo **const** não podem ser modificadas por seu programa. (Uma variável **const** pode, entretanto, receber um valor inicial.) O compilador pode colocar variáveis desse tipo em memória de apenas leitura (ROM). Por exemplo:

```
const int a=10;
```

cria uma variável inteira chamada **a**, com um valor inicial 10, que seu programa não pode modificar. Você pode, porém, usar a variável **a** em outros tipos de expressões. Uma variável **const** recebe seu valor de uma inicialização explícita ou por algum recurso dependente do hardware.

O qualificador **const** pode ser usado para proteger os objetos apontados pelos argumentos de uma função de serem modificados por esta função. Isto é, quando um ponteiro é passado para uma função, esta função pode modificar a variável real apontada pelo ponteiro. Entretanto, se o ponteiro é especificado como **const** na declaração dos parâmetros, o código da função não será capaz de modificar o que ele aponta. Por exemplo, a função **sp_to_dash()**, no programa seguinte, imprime um traço para cada espaço do seu argumento string. Ou melhor, a string "isso é um teste" será impressa "isso-é-um-teste". O uso de **const** na declaração do parâmetro assegura que o código dentro da função não possa modificar o objeto apontado pelo parâmetro.

```
#include <stdio.h>

void sp_to_dash(const char *str);

void main(void)
{
  sp_to_dash("isso é um teste");
}

void sp_to_dash(const char *str)
{
  while(*str) {
    if(*str == ' ') printf("%c", '-');
    else printf("%c", *str);
    str++;
  }
}
```

Se você escrevesse **sp_to_dash()** de forma que a string fosse modificada, ela não seria compilada. Por exemplo, se você tivesse codificado **sp_to_dash()** como segue, obteria um erro:

```
/* isso está errado */
void sp_to_dash(const char *str)
{
  while(*str) {
    if(*str==' ' ) *str = '-'; /* não faça isto */
    printf("%c", *str);
    str++;
  }
}
```

Muitas funções da biblioteca C padrão usam **const** em suas declarações de parâmetros. Por exemplo, a função **strlen()** tem este protótipo:

size_t strlen(const char **str*);

Especificar *str* como **const** assegura que **strlen()** não modificará a string apontada por *str*. Em geral, quando uma função da biblioteca padrão não tem necessidade de modificar um objeto apontado por um argumento, ele é declarado como **const**.

Você também pode usar **const** para verificar se seu programa não modifica uma variável. Lembre-se de que uma variável do tipo **const** pode ser modificada por algo externo ao seu programa. Por exemplo, um dispositivo de hardware pode ajustar seu valor. Porém, declarando uma variável como **const**, você pode provar que qualquer alteração nesta variável ocorre devido a eventos externos.

volatile

O modificador **volatile** é usado para informar ao compilador que o valor de uma variável pode ser alterado de maneira não explicitamente especificada pelo programa. Por exemplo, um endereço de uma variável global pode ser passado para a rotina de relógio do sistema operacional e usado para guardar o tempo real do sistema. Nessa situação, o conteúdo da variável é alterado sem nenhum comando de atribuição explícito no programa. Isso é importante porque muitos compiladores C automaticamente otimizam certas expressões, assumindo que o conteúdo de uma variável é imutável, se sua referência não aparecer no lado esquerdo da expressão; logo, ela pode não ser reexaminada toda vez que for referenciada. Além disso, alguns compiladores mudam a ordem de avaliação de uma expressão durante o processo de compilação. O modificador **volatile** previne a ocorrência dessas mudanças.

É possível usar **const** e **volatile** juntos. Por exemplo, se 0x30 é assumido como sendo o valor de uma porta que é mudado apenas por condições externas, a declaração seguinte é precisamente o que você quer para prevenir qualquer possibilidade de efeitos colaterais acidentais.

```
const volatile unsigned char *port = 0x30;
```

Especificadores de Tipo de Classe de Armazenamento

Há quatro especificadores de classe de armazenamento suportados por C.

extern
static
register
auto

Esses especificadores são usados para informar ao compilador como a variável deve ser armazenada. O especificador de armazenamento precede o resto da declaração da variável. Sua forma geral é:

especificador_de_armazenamento tipo nome_da_variável;

extern

Uma vez que C permite que módulos de um programa grande sejam compilados separadamente para então serem linkeditados juntos, uma forma de aumentar a velocidade de compilação e ajudar no gerenciamento de grandes projetos, deve haver alguma maneira de dizer a todos os arquivos sobre as variáveis globais solicitadas pelo programa. Lembre-se de que você pode declarar uma variável global apenas uma vez. Se você tentar declarar duas variáveis com o mesmo nome dentro do mesmo arquivo, seu compilador C poderá imprimir uma mensagem de erro como "nome de variável duplicado" ou poderá simplesmente escolher uma variável. O mesmo problema ocorre se você simplesmente declara todas as variáveis globais necessárias ao seu programa em cada arquivo. Embora o compilador não emita nenhuma mensagem de erro em tempo de compilação, você estaria realmente tentando criar duas (ou mais) cópias de cada variável. O transtorno começaria quando você tentasse linkeditar seus módulos. O linkeditor mostraria a mensagem de erro como "rótulo duplicado" porque ele não saberia que variável usar. A solução seria declarar todas as suas variáveis globais em um arquivo e usar declarações **extern** nos outros, como na Figura 2.2.

No arquivo 2, a lista de variáveis globais foi copiada do arquivo 1 e o especificador **extern** foi adicionado às declarações. O especificador **extern** diz ao compilador que os tipos e nomes de variável que o seguem foram declarados em outro lugar. Em outras palavras, **extern** deixa o compilador saber o que os tipos e nomes são para essas variáveis globais sem realmente criar armazenamento para elas novamente. Quando o linkeditor unir os dois módulos, todas as referências a variáveis externas serão resolvidas.

Quando utiliza uma variável global dentro de uma função que está no mesmo arquivo que a declaração da variável global, você pode usar **extern**, como mostrado aqui:

Arquivo 1

```
int x, y;
char ch;
main(void)
{
  .
  .
  .
}

func1()
{
  x = 123;
}
```

Arquivo 2

```
extern int x, y;
extern char ch;
func22(void)
{
  x = y/10;
}

func23()
{
  y = 10;
}
```

Figura 2.2 Uso de variáveis globais em módulos compilados separadamente.

```
int first, last;    /* declaração global de first e last */

void main(void)
{
  extern int first;  /* uso opcional da declaração extern */
  .
  .
  .
}
```

Embora as declarações de variáveis **extern** possam ocorrer dentro do mesmo arquivo da declaração global, elas não são necessárias. Se o compilador C encontra uma variável que não foi declarada, ele verifica se ela tem o mesmo nome de alguma variável global. Se tiver, o compilador assumirá que a variável global está sendo referenciada.

Variáveis static

Dentro de sua própria função ou arquivo, variáveis **static** são variáveis permanentes. Ao contrário das variáveis globais, elas não são reconhecidas fora de sua função ou arquivo, mas mantêm seus valores entre chamadas. Essa característica torna-as úteis quando você escreve funções generalizadas e funções de biblioteca que podem ser usadas por outros programadores. O especificador **static** tem efeitos diferentes em variáveis locais e em variáveis globais.

Variáveis Locais static

Quando o modificador **static** é aplicado a uma variável local, o compilador cria armazenamento permanente para ela quase da mesma forma como cria armazenamento para uma variável global. A diferença fundamental entre uma variável local **static** e uma variável global é que a variável local **static** é reconhecida apenas no bloco em que está declarada. Em termos simples, uma variável local **static** é uma variável local que retém seu valor entre chamadas de função.

Variáveis locais **static** são muito importantes na criação de funções isoladas, porque diversos tipos de rotinas devem preservar um valor entre as chamadas. Se variáveis **static** não fossem permitidas, variáveis globais teriam de ser usadas, abrindo brechas para possíveis efeitos colaterais. Um exemplo de função que requer uma variável local **static** é um gerador de série de números que produz um novo número baseado no anterior. Seria possível declarar uma variável global para reter esse valor. Porém, cada vez que a função é usada, você deve lembrar-se de declarar essa variável global e garantir que ela não conflite com nenhuma outra variável global já declarada. Além disso, usar uma variável global tornaria essa função difícil de ser colocada em uma biblioteca de funções. A melhor solução é declarar a variável que retém o número gerado como **static**, como neste fragmento de programa.

```
series(void)
{
   static int series_num;

   series_num = series_num+23;
   return (series_num);
}
```

Nesse exemplo, a variável **series_num** permanece existindo entre as chamadas da função em vez da criação e exclusão que as variáveis locais normais fariam. Isso significa que cada chamada a **series()** pode produzir um novo membro da série, baseado no número precedente, sem declarar essa variável globalmente.

Você pode dar à variável local **static** um valor de inicialização. Esse valor é atribuído apenas uma vez — e não toda vez que o bloco de código é inserido, de forma análoga às variáveis locais normais. Por exemplo, essa versão de **series()** inicializa **series_num** com 100:

```
series(void)
{
   static int series_num = 100;
```

```
    series_num = series_num+23;
    return series_num;
}
```

Da forma como a função se acha agora, a série sempre começa com o valor 123. Enquanto isso é aceitável para algumas aplicações, a maioria dos geradores de séries permite ao usuário especificar o ponto inicial. Uma maneira de dar a **series_num** um valor especificado pelo usuário é tornar **series_num** uma variável global e, em seguida, ajustar seu valor de acordo com o especificado. Porém, **series_num** foi feita **static** justamente para não ser definida como global. Isso leva ao segundo uso de **static**.

Variáveis Globais static

Aplicar o especificador **static** a uma variável global informa ao compilador para criar uma variável global que é reconhecida apenas no arquivo no qual a mesma foi declarada. Isso significa que, muito embora a variável seja global, rotinas em outros arquivos não podem reconhecê-la ou alterar seu conteúdo diretamente; assim, não está sujeita a efeitos colaterais. Entretanto, para as poucas situações onde uma variável local **static** não possa fazer o trabalho, você pode criar um pequeno arquivo que contenha apenas as funções que precisam da variável global **static** e compilar separadamente esse arquivo sem medo de efeitos colaterais.

Para ilustrar uma variável global **static**, o exemplo de gerador de série da seção anterior foi recodificado de forma que um valor somente inicialize a série por meio de uma chamada a uma segunda função denominada **series_ start()**. O arquivo inteiro, que contém **series()**, **series_start()** e **series_num** é mostrado aqui:

```
/* Isso deve estar em um único arquivo - preferencialmente
   isolado. */

static int series_num;
void series_start(int seed);
int series(void);
series(void)
{
   series_num = series_num+23;
   return series_num;
}

/* inicializa series_num */
void series_start(int seed)
{
   series_num = seed;
}
```

Para inicializar o gerador de série, deve-se chamar **series_start()** com algum valor inteiro conhecido. Depois disso, chamadas a **series()** geram os próximos elementos da série.

Revisando: Os nomes das variáveis locais **static** são reconhecidos apenas na função ou bloco de código em que elas são declaradas. Os nomes das variáveis globais **static** são reconhecidos apenas no arquivo em que elas residem. Isso significa que, se você colocar as funções **series()** e **series_start()** em uma biblioteca, poderá usar as funções, mas não poderá referenciar a variável **series_num**, que está escondida do resto do código do seu programa. De fato, você pode, inclusive, declarar e usar outra variável chamada **series_num** em seu programa (em outro arquivo, é claro). Em essência, o modificador **static** permite variáveis que são reconhecidas pelas funções que precisam delas, sem confundir outras funções.

As variáveis **static** admitem que você, o programador, esconda porções de seu programa das outras partes. Isso pode ser uma vantagem imensa quando se tenta gerenciar um programa muito grande e complexo. O especificador de classe de armazenamento **static** deixa você criar funções gerais que podem ir para bibliotecas que serão utilizadas posteriormente.

Variáveis register

O especificador de armazenamento **register** tradicionalmente era aplicado apenas a variáveis dos tipos **int** e **char**. Contudo, o padrão C ANSI ampliou sua definição de forma que ele pode ser aplicado a qualquer variável.

Originalmente, o especificador **register** solicitava ao compilador C que armazenasse o valor das variáveis declaradas com esse especificador num registrador da CPU em vez da memória, onde as variáveis normais são armazenadas. Isso significa que operações nas variáveis **register** poderiam ocorrer muito mais rapidamente que nas variáveis armazenadas na memória, pois o valor dessas variáveis era realmente conservado na CPU e não era necessário acesso à memória para determinar ou modificar seus valores.

Hoje, uma vez que agora o padrão C ANSI permite que você modifique qualquer tipo de variável com **register**, ele alterou a definição do que **register** faz. O padrão C ANSI simplesmente determina que "o acesso ao objeto é o mais rápido possível". Na prática, caracteres e inteiros são colocados nos registradores da CPU. Objetos maiores, como matrizes, obviamente não podem ser armazenados em um registrador, mas eles ainda podem receber um tratamento diferenciado. Dependendo da implementação do compilador C e de seu ambiente operacional, variáveis **register** podem ser manipuladas de quaisquer formas consideradas cabíveis pelo implementador do compilador. O padrão C ANSI também permite que o compilador ignore o especificador **register** e trate as variáveis modificadas por ele como se não fossem, mas isso raramente ocorre na prática.

Você só pode aplicar o especificador **register** a variáveis locais e a parâmetros formais em uma função. Assim, variáveis globais **register** não são permitidas. Aqui está um exemplo de como declarar uma variável **register** do tipo **int** e usá-la para controlar um laço. Essa função calcula o resultado de M^e para inteiros:

```
int_pwr(register int m, register int e)
{
   register int temp;

   temp = 1;

   for(; e; e--) temp = temp * m;
   return temp;
}
```

Neste exemplo, tanto **e** como **m** e **temp** são declaradas como variáveis **register** porque são usadas dentro do laço. O fato de variáveis **register** serem otimizadas para velocidade torna-as ideais ao controle de laço. Geralmente, variáveis **register** são usadas quando mais apropriadas, isto é, em lugares onde são feitas muitas referências a uma mesma variável. Isso é importante porque você pode declarar qualquer número de variáveis como sendo do tipo **register**, mas nem todas recebem a mesma otimização de velocidade.

O número de variáveis em registradores dentro de qualquer bloco de código é determinado pelo ambiente e pela implementação específica de C. Você não deve preocupar-se em declarar muitas variáveis **register** porque o compilador C automaticamente transforma variáveis **register** em variáveis comuns quando o limite for alcançado. (Isso é feito para assegurar a portabilidade do código em C por meio de uma ampla linha de processadores.)

Por todo este livro, muitas variáveis de controle de laço serão do tipo **register**. Normalmente, pelo menos duas variáveis **register** do tipo **char** ou **int** podem de fato ser colocadas em registradores da CPU. Como os ambientes variam enormemente, consulte o manual do usuário do seu compilador para determinar se você pode aplicar quaisquer outros tipos de opções de otimizações.

Como uma variável **register** pode ser armazenada em um registrador da CPU, variáveis **register** não podem ter endereços. Isto é, você não pode encontrar o endereço de uma variável **register** usando o operador **&** (discutido mais adiante neste capítulo).

Embora o padrão C ANSI tenha expandido a descrição de **register**, na prática ele geralmente só tem um efeito significativo com os tipos inteiro e caractere. Logo, você provavelmente não deve contar com aumentos substanciais da velocidade para os outros tipos de variáveis.

Inicialização de Variáveis

Você pode dar à maioria das variáveis em C um valor, no mesmo momento em que elas são declaradas, colocando um sinal de igual e uma constante após o nome da variável. A forma geral de uma inicialização é

tipo nome_da_variável = constante;

Alguns exemplos são

```
char ch = 'a';

int first = 0;

float balance = 123.23;
```

Variáveis globais e variáveis locais **static** são inicializadas apenas no começo do programa. Variáveis locais (incluindo variáveis locais **static**) são inicializadas cada vez que o bloco no qual estão declaradas for inserido. Variáveis locais e **register** que não são inicializadas possuem valores desconhecidos antes de ser efetuada a primeira atribuição a elas. Variáveis globais não inicializadas e variáveis locais estáticas são inicializadas com zero.

Constantes

Em C, *constantes* referem-se a valores fixos que o programa não pode alterar. Constantes em C podem ser de qualquer um dos cinco tipos de dados básicos. A maneira como cada constante é representada depende do seu tipo. Constantes de caractere são envolvidas por aspas simples ('). Por exemplo, 'a' e '%' são constantes tipo caractere. O padrão ANSI também define caracteres multi bytes (usados principalmente em ambientes de língua estrangeira).

Constantes inteiras são especificadas como números sem componentes fracionários. Por exemplo, 10 e -100 são constantes inteiras. Constantes em ponto flutuante requerem o ponto decimal seguido pela parte fracionária do número. Por exemplo, 11.123 é uma constante em ponto flutuante. C também permite que você use notação científica para números em ponto flutuante.

Existem dois tipos de ponto flutuante: **float** e **double**. Há também diversas variações dos tipos básicos que você pode gerar usando os modificadores de tipo. Por padrão, o compilador C encaixa uma constante numérica no menor tipo de dado compatível que pode contê-lo. Assim, 10 é um **int**, por padrão, mas 60.000 é **unsigned** e 100.000 é **long**. Muito embora o valor 10 possa caber em um tipo caractere, o compilador não atravessará os limites do tipo. A única exceção para a regra do menor tipo são constantes em ponto flutuante, assumidas como **doubles**.

Na maioria dos programas que você escreverá, os padrões do compilador são adequados. Porém, você pode especificar precisamente o tipo da constante numérica que deseja por meio da utilização de um sufixo. Para tipos em ponto flutuante, se você colocar um F após o número, ele será tratado como **float**. Se você colocar um L, ele se tornará um **long double**. Para tipos inteiros, o sufixo U representa **unsigned** e o L representa **long**. Aqui estão alguns exemplos:

Tipo de dado	Exemplos de constantes
int	1 123 21000 -234
long int	35000L -34L
short int	10 -12 90
unsigned int	10000U 987U 40000
float	123.23F 4.34e-3F
double	123.23 12312333 -0.9876324
long double	1001.2L

Constantes Hexadecimais e Octais

Às vezes é mais fácil usar um sistema numérico na base 8 ou 16 em lugar de 10 (nosso sistema decimal padrão). O sistema numérico na base 8 é chamado *octal* e utiliza os dígitos de 0 a 7. Em octal, o número 10 é o mesmo que 8 em decimal. O sistema numérico na base 16 é chamado *hexadecimal* e utiliza os dígitos de 0 a 9 mais as letras de A a F, que representam 10, 11, 12, 13, 14 e 15, respectivamente. Por exemplo, o número hexadecimal 10 é 16 em decimal. Em virtude de esses números serem usados freqüentemente, C permite especificar constantes inteiras em hexadecimal ou octal em lugar de decimal. Uma constante hexadecimal deve consistir em um 0x seguido por uma constante na forma hexadecimal. Uma constante octal começa com 0. Aqui estão alguns exemplos:

```
int hex = 0x80;    /* 128 em decimal */
int oct = 012;     /* 10 em decimal */
```

Constantes String

C suporta outro tipo de constante: a string. Uma *string* é um conjunto de caracteres colocado entre aspas duplas. Por exemplo, "isso é um teste" é uma string. Você viu exemplos de strings em alguns dos comandos **printf()** dos programas de exemplo. Embora C permita que você defina constantes string, ela não possui formalmente um tipo de dado string.

Você não deve confundir strings com caracteres. Uma constante de um único caractere é colocada entre aspas simples, como em "a". Contudo, "a" é uma string contendo apenas uma letra.

Constantes Caractere de Barra Invertida

Colocar entre aspas simples todas as constantes tipo caractere funciona para a maioria dos caracteres imprimíveis. Uns poucos, porém, como o retorno de carro (CR), são impossíveis de inserir pelo teclado. Por essa razão, C criou as constantes especiais de caractere de barra invertida.

C suporta diversos códigos de barra invertida (listados na Tabela 2.2) de forma que você pode facilmente entrar esses caracteres especiais como constantes. Você deve usar os códigos de barra invertida em lugar de seus ASCII equivalentes para aumentar a portabilidade.

Tabela 2.2 Códigos de barra invertida.

Código	Significado
\b	Retrocesso (BS)
\f	Alimentação de formulário (FF)
\n	Nova linha (LF)
\r	Retorno de carro (CR)
\t	Tabulação horizontal (HT)
\"	Aspas duplas
\'	Aspas simples
\0	Nulo
\\	Barra invertida
\v	Tabulação vertical
\a	Alerta (beep)
\N	Constante octal (onde N é uma constante octal)
\xN	Constante hexadecimal (onde N é uma constante hexadecimal)

Por exemplo, o programa seguinte envia à tela um caractere de nova linha e uma tabulação e, em seguida, escreve a string **isso é um teste**.

```
#include <stdio.h>
void main(void)
{
  printf("\n\tIsso é um teste");
}
```

Operadores

C é muito rica em operadores internos. (Na realidade, C dá mais ênfase aos operadores que a maioria das outras linguagens de computador.) C define quatro classes de operadores: aritméticos, relacionais, lógicos e bit a bit. Além disso, C tem alguns operadores especiais para tarefas particulares.

O Operador de Atribuição

Em C, você pode usar o operador de atribuição dentro de qualquer expressão válida de C. Isso não acontece na maioria das linguagens de computador (incluindo Pascal, BASIC e FORTRAN), que tratam os operadores de atribuição como um caso especial de comando. A forma geral do operador de atribuição é

nome_da_variável = expressão;

onde expressão pode ser tão simples como uma única constante ou tão complexa quanto você necessite. Como BASIC e FORTRAN, C usa um único sinal de igual para indicar atribuição (ao contrário de Pascal e Modula-2, que usam a construção :=). O *destino,* ou a parte esquerda, da atribuição deve ser uma variável ou um ponteiro, não uma função ou uma constante.

Freqüentemente, em literaturas de C e nas mensagens de erro dos compiladores, você verá esses dois termos: *lvalue* e *rvalue.* Exposto de forma simples, um *lvalue* é qualquer objeto que pode ocorrer no lado esquerdo de um comando de atribuição. Para todos os propósitos práticos, "lvalue" significa "variável". O termo *rvalue* refere-se às expressões do lado direito de uma atribuição e significa simplesmeste o valor da expressão.

Conversão de Tipos em Atribuições

Conversão de tipos refere-se à situação em que variáveis de um tipo são misturadas com variáveis de outro tipo. Em um comando de atribuição, a *regra de conversão de tipos* é muito simples: o valor do lado direito (o lado da expressão) de uma atribuição é convertido no tipo do lado esquerdo (a variável destino), como ilustrado por este exemplo:

```
int x;
char ch;
float f;

void func(void)
{
   ch = x;      /* linha 1 */
   x = f;       /* linha 2 */
   f = ch;      /* linha 3 */
   f = x;       /* linha 4 */
}
```

Na linha 1, os bits mais significativos da variável inteira **x** são ignorados, deixando **ch** com os 8 bits menos significativos. Se **x** está entre 256 e 0, então **ch** e **x** têm valores idênticos. De outra forma, o valor de **ch** reflete apenas os bits menos significativos de **x**. Na linha 2, **x** recebe a parte inteira de **f**. Na linha 3, **f** converte o valor inteiro de 8 bits armazenado em **ch** no mesmo valor em formato de ponto flutuante. Isso também acontece na linha 4, exceto por **f** converter um valor inteiro de 16 bits no formato de ponto flutuante.

Quando se converte de inteiros para caracteres, inteiros longos para inteiros e inteiros para inteiros curtos, a regra básica é que a quantidade apropriada de bits significativos será ignorada. Isso significa que 8 bits são perdidos quando se vai de inteiro para caractere ou inteiro curto, e 16 bits são perdidos quando se vai de um inteiro longo para um inteiro.

A Tabela 2.3 reúne essas conversões de tipos. Lembre-se de que a conversão de um **int** em um **float** ou **float** em **double** etc. não aumenta a precisão ou exatidão. Esses tipos de conversão apenas mudam a forma em que o valor é representado. Além disso, alguns compiladores C (e processadores) sempre tratam uma variável **char** como positiva, não importando que valor ela tenha quando é convertida para **int** ou **float**. Outros compiladores tratam valores de variáveis **char** maiores que 127 como números negativos. De forma geral, você deve usar variáveis **char** para caracteres e usar **int**s, **short int**s ou **signed char**s quando for necessário evitar um possível problema de portabilidade.

Para utilizar a Tabela 2.3 para fazer uma conversão não mostrada, simplesmente converta um tipo por vez até acabar. Por exemplo, para converter **double** em **int**, primeiro converta **double** em **float** e, então, **float** em **int**.

Linguagens como Pascal proíbem conversão automática de tipos. No entanto, C foi projetada para simplificar a vida do programador, permitindo que o trabalho seja feito em C em vez de assembler. Para substituir o assembler, C tem de permitir essas conversões de tipos.

Tabela 2.3 Conversões de tipos comuns (assumindo uma palavra de 16 bits).

Tipo do destino	Tipo da expressão	Possível informação perdida
signed char	char	Se valor > 127, o destino é negativo
char	short int	Os 8 bits mais significativos
char	int	Os 8 bits mais significativos
char	long int	Os 24 bits mais significativos
int	long int	Os 16 bits mais significativos
int	float	A parte fracionária e possivelmente mais
float	double	Precisão, o resultado é arredondado
double	long double	Precisão, o resultado é arredondado

Atribuições Múltiplas

C permite que você atribua o mesmo valor a muitas variáveis usando atribuições múltiplas em um único comando. Por exemplo, esse fragmento de programa atribui a **x**, **y** e **z** o valor 0:

```
x = y = z = 0;
```

Em programas profissionais, valores comuns são atribuídos a variáveis usando esse método.

Operadores Aritméticos

A Tabela 2.4 lista os operadores aritméticos de C. Os operadores **-**, **+**, ***** e **/** trabalham em C da mesma forma em que na maioria das outras linguagens. Eles podem ser aplicados em quase qualquer tipo de dado interno permitido em C. Quando / é aplicado a um inteiro ou caractere, qualquer resto é truncado. Por exemplo, 5/2 será igual a 2 em uma divisão inteira.

Tabela 2.4 Operadores aritméticos.

Operador	Ação
–	Subtração, também menos unário
+	Adição
*	Multiplicação
/	Divisão
%	Módulo da divisão (resto)
– –	Decremento
++	Incremento

O operador módulo % também trabalha em C da mesma forma que em outras linguagens, devolvendo o resto de uma divisão inteira. Contudo, % não pode ser usado nos tipos em ponto flutuante. O seguinte fragmento de código ilustra %.

```
int x, y;

x = 5;
y = 2;

printf("%d", x/y);  /* mostrará 2 */
printf("%d",x%y);     /* mostrará 1, o resto da divisão inteira */

x = 1;
y = 2;

printf("%d %d", x/y, x%y);  /* mostrará 0 1 */
```

A última linha imprime 0 e 1 porque 1/2 em uma divisão inteira é 0 com resto 1.

O menos unário multiplica seu único operando por -1. Isto é, qualquer número precedido por um sinal de subtração troca de sinal.

Incremento e Decremento

C inclui dois operadores úteis geralmente não encontrados em outras linguagens. São os operadores de incremento e decremento, **++** e **--**. O operador **++** soma 1 ao seu operando, e **--** subtrai 1. Em outras palavras:

```
x = x+1;
```

é o mesmo que

```
++x;
```

e

```
x = x-1;
```

é o mesmo que

```
x--;
```

Ambos os operadores de incremento e decremento podem ser utilizados como prefixo ou sufixo do operando. Por exemplo:

```
x = x+1;
```

pode ser escrito

```
++x;
```

ou

```
x++;
```

Há, porém, uma diferença quando esses operadores são usados em uma expressão. Quando um operador de incremento ou decremento precede seu operando, C executa a operação de incremento ou decremento antes de usar o valor do operando. Se o operador estiver após seu operando, C usará o valor do operando antes de incrementá-lo ou decrementá-lo. O exemplo a seguir:

```
x = 10;
y = ++x;
```

coloca 11 em **y**. Porém, se o código fosse escrito como

```
x = 10;
y = x++;
```

y receberia 10. Em ambos os casos, **x** recebe 11; a diferença está em quando isso acontece.

A maioria dos compiladores C produz código-objeto para as operações de incremento e decremento muito rápidas e eficientes — código esse que é melhor que aquele gerado pelo uso da sentença de atribuição equivalente. Por essa razão, você deve usar os operadores de incremento e decremento sempre que puder.

A precedência dos operadores aritméticos é a seguinte:

Mais alta	++ – –
	– (menos unário)
	* / %
Mais baixa	+ –

Operadores do mesmo nível de precedência são avaliados pelo compilador da esquerda para a direita. Obviamente, parênteses podem ser usados para alterar a ordem de avaliação. C trata parênteses da mesma forma que todas as outras linguagens de programação. Parênteses forçam uma operação, ou um conjunto de operações, a ter um nível de precedência maior.

Operadores Relacionais e Lógicos

No termo *operador relacional*, relacional refere-se às relações que os valores podem ter uns com os outros. No termo *operador lógico*, lógico refere-se às maneiras como essas relações podem ser conectadas. Uma vez que os operadores lógicos e relacionais freqüentemente trabalham juntos, eles serão discutidos aqui em conjunto.

A idéia de verdadeiro e falso é a base dos conceitos dos operadores lógicos e relacionais. Em C, verdadeiro é qualquer valor diferente de zero. Falso é zero. As expressões que usam operadores relacionais ou lógicos devolvem zero para falso e 1 para verdadeiro.

A Tabela 2.5 mostra os operadores lógicos e relacionais. A tabela verdade dos operadores lógicos é mostrada a seguir, usando 1s e 0s.

p	q	p&&q	p¦¦q	!p
0	0	0	0	1
0	1	0	1	1
1	1	1	1	0
1	0	0	1	0

Ambos os operadores são menores em precedência do que os operadores aritméticos. Isto é, uma expressão como 10 > 1 + 12 é avaliada como se fosse escrita 10 > (1+12). O resultado é, obviamente, **falso**.

Tabela 2.5 Operadores lógicos e relacionais.

Operadores relacionais

Operador	Ação
>	Maior que
>=	Maior que ou igual
<	Menor que
<=	Menor que ou igual
==	Igual
!=	Diferente

Operadores lógicos

Operador	Ação
&&	AND
¦¦	OR
!	NOT

É permitido combinar diversas operações em uma expressão como mostrado aqui:

10>5 && !(10 < 9) ¦¦ 3 <= 4

Neste caso, o resultado é **verdadeiro**.

Embora C não tenha um operador lógico OR exclusivo (XOR), você pode facilmente criar uma função que execute essa tarefa usando os outros operadores lógicos. O resultado de uma operação XOR é verdadeiro se, e somente se, um operando (mas não os dois) for verdadeiro. O programa seguinte contém a função **xor()**, que devolve o resultado de uma operação OR exclusivo realizada nos dois argumentos:

```
#include <stdio.h>

int xor(int a, int b);

void main(void)
{
  printf("%d", xor(1, 0));
  printf("%d", xor(1, 1));
  printf("%d", xor(0, 1));
  printf("%d", xor(0, 0));
}

/* Executa uma operação lógica XOR usando os dois argumentos. */
xor(int a, int b)
{
  return(a ¦¦ b) && !(a && b);
}
```

A tabela seguinte mostra a precedência relativa dos operadores relacionais e lógicos.

maior	!
	> >= < <=
	== !=
	&&
menor	¦¦

Como no caso das expressões aritméticas, é possível usar parênteses para alterar a ordem natural de avaliação de uma expressão relacional e/ou lógica. Por exemplo,

!0 && 0 ¦¦ 0

é falso. Porém, quando parênteses são adicionados à mesma expressão, como mostrado aqui, o resultado é verdadeiro:

!(0 && 0) ¦¦ 0

Lembre-se de que toda expressão relacional e lógica produz como resultado 0 ou 1. Então, o seguinte fragmento de programa não apenas está correto, como imprimirá o número 1 na tela:

```
int x;

x = 100;
printf("%d", x>10);
```

Operadores Bit a Bit

Ao contrário de muitas outras linguagens, C suporta um completo conjunto de operadores bit a bit. Uma vez que C foi projetada para substituir a linguagem assembly na maioria das tarefas de programação, era importante que ela tivesse a habilidade de suportar muitas das operações que podem ser feitas em linguagem assembly. *Operação bit a bit* refere-se a testar, atribuir ou deslocar os bits efetivos em um byte ou uma palavra, que correspondem aos tipos de dados **char** e **int** e variantes do padrão C. Operações bit não podem ser usadas em **float**, **double**, **long double**, **void** ou outros tipos mais complexos. A Tabela 2.6 lista os operadores que se aplicam às operações bit a bit. Essas operações são aplicadas aos bits individuais dos operandos.

Tabela 2.6 Operadores bit a bit.

Operador	Ação
&	AND
¦	OR
^	OR exclusivo (XOR)
~	Complemento de um
>>	Deslocamento à esquerda
<<	Deslocamento à direita

As operações bit a bit AND, OR e NOT (complemento de um) são governadas pela mesma tabela verdade de seus equivalentes lógicos, exceto por trabalharem bit a bit. O OR exclusivo (^) tem a tabela verdade mostrada aqui:

p	q	p^q
0	0	0
1	0	1
1	1	0
0	1	1

Como a tabela indica, o resultado de um XOR é verdadeiro apenas se exatamente um dos operandos for verdadeiro; caso contrário, será falso.

Operações bit a bit encontram aplicações mais freqüentemente em "drivers" de dispositivos — como em programas de modems, rotinas de arquivos em disco e rotinas de impressoras — porque as operações bit a bit mascaram certos bits, como o bit de paridade. (O bit de paridade confirma se o restante dos bits em um byte não se modificaram. É geralmente o bit mais significativo em cada byte.)

Imagine o operador AND como uma maneira de desligar bits. Isto é, qualquer bit que é zero, em qualquer operando, faz com que o bit correspondente no resultado seja desligado. Por exemplo, a seguinte função lê um caractere da porta do modem usando a função **read_modem()** e, então, zera o bit de paridade.

```
char get_char_from_modem(void)
{
  char ch;

  ch = read_modem();  /* lê um caractere do modem */
  return (ch & 127);
}
```

A paridade é indicada pelo oitavo bit, que é colocado em 0, fazendo-se um AND com um byte em que os bits de 1 a 7 são 1 e o bit 8 é 0. A expressão **ch & 127** significa fazer um AND bit a bit de **ch** com os bits que compõem o número 127. O resultado é que o oitavo bit de **ch** está zerado. No seguinte exemplo, assuma que **ch** tenha recebido o caractere "A" e que o bit de paridade tenha sido ativado.

```
  Bit de paridade
  |
  ↓
  1 1 0 0 0 0 0 1     ch contém "A" com a paridade ligada
  0 1 1 1 1 1 1 1     127 em binário
& _______________     faz AND bit a bit
  0 1 0 0 0 0 0 1     "A" sem paridade
```

O operador OR, ao contrário de AND, pode ser usado para ligar um bit. Qualquer bit que é 1, em qualquer operando, faz com que o bit correspondente no resultado seja ligado. Por exemplo, o seguinte mostra a operação 128 ¦ 3:

```
    1 0 0 0 0 0 0 0    128 em binário
    0 0 0 0 0 0 1 1    3 em binário
¦   _______________    OR bit a bit
    1 0 0 0 0 0 1 1    resultado
```

Um OR exclusivo, normalmente abreviado por XOR, ativa um bit se, e somente se, os bits comparados forem diferentes. Por exemplo, 127^120 é:

```
    0 1 1 1 1 1 1 1    127 em binário
    0 1 1 1 1 0 0 0    120 em binário
^   _______________    XOR bit a bit
    0 0 0 0 0 1 1 1    resultado
```

Lembre-se de que os operadores lógicos e relacionais sempre produzem um resultado que é 1 ou 0, enquanto as operações similares bit a bit produzem quaisquer valores arbitrários de acordo com a operação específica. Em outras palavras, operações bit a bit podem possuir valores diferentes de 0 e 1, mas os operadores lógicos sempre conduzem a 0 ou 1.

Os operadores de deslocamento, >> e <<, movem todos os bits de uma variável para a direita ou para a esquerda, como especificado. A forma geral do comando de deslocamento à direita é

variável >> número de posições de bits

A forma geral do comando de deslocamento à esquerda é

variável << número de posições de bits

Conforme os bits são deslocados para uma extremidade, zeros são colocados na outra. Lembre-se de que um deslocamento *não* é uma rotação. Ou seja, os bits que saem por uma extremidade não voltam para a outra. Os bits deslocados são perdidos e zeros são colocados.

Operações de deslocamento de bits podem ser úteis quando se decodifica a entrada de um dispositivo externo, como um conversor D/A, e quando se lêem informações de estado. Os operadores de deslocamento em nível de bits também podem multiplicar e dividir inteiros rapidamente. Um deslocamento à direita efetivamente multiplica um número por 2 e um deslocamento à esquerda divide-o por 2, como mostrado na Tabela 2.7. O programa seguinte ilustra os operadores de deslocamento.

Tabela 2.7 Multiplicação e divisão com operadores de deslocamento.

unsigned char x;	x a cada execução da sentença	Valor de x
x=7;	0 0 0 0 0 1 1 1	7
x=x<<1;	0 0 0 0 1 1 1 0	14
x=x<<3;	0 1 1 1 0 0 0 0	112
x=x<<2;	1 1 0 0 0 0 0 0	192
x=x>>1;	0 1 1 0 0 0 0 0	96
x=x>>2;	0 0 0 1 1 0 0 0	24

Cada deslocamento à esquerda multiplica por 2. Note que se perdeu informação após o x<<2 porque um bit foi deslocado para fora.

Cada deslocamento à direita divide por 2. Note que divisões subseqüentes não trazem de volta bits anteriormente perdidos.

```
/* Um exemplo de deslocamento de bits. */
#include <stdio.h>

void main(void)
{
  unsigned int i;
  int j;

  i = 1;

  /* deslocamentos à esquerda */
  for(j=0; j<4; j++) {
    i = i << 1;  /*  desloca i de 1 à esquerda,
                     que é o mesmo que multiplicar por 2 */
    printf("deslocamento à esquerda %d: %d\n", j, i);
  }

  /* deslocamentos à direita */
  for(j=0; j<4; j++) {
    i = i >> 1;  /* desloca i de 1 à direita,
                    que é o mesmo que dividir por 2 */
    printf("deslocamento à direita %d:%d\n", j, i);
  }
}
```

O operador de complemento a um, ~, inverte o estado de cada bit da variável especificada. Ou seja, todos os 1s são colocados em 0 e todos os 0s são colocados em 1.

Os operadores bit a bit são usados freqüentemente em rotinas de criptografia. Se você deseja fazer um arquivo em disco parecer ilegível, realize algumas manipulações bit a bit nele. Um dos métodos mais simples é complementar cada byte usando o complemento de um para inverter cada bit no byte, como mostrado aqui:

Byte original	0 0 1 0 1 1 0 0	Iguais
Após o 1º complemento	1 1 0 1 0 0 1 1	
Após o 2º complemento	0 0 1 0 1 1 0 0	Iguais

Note que uma seqüência de dois complementos produz o número original. Logo, o primeiro complemento representa a versão codificada de cada byte. O segundo complemento decodifica-o ao seu valor original.

Você poderia usar a função **encode()**, mostrada aqui, para codificar um caractere.

```
/* Uma função simples de criptografia. */
char encode(char ch)
{
  return(~ch); /* complementa */
}
```

O Operador ?

C contém um operador muito poderoso e conveniente que substitui certas sentenças da forma if-then-else. O operador ternário **?** tem a forma geral

Exp1 ? Exp2 : Exp3;

onde *Exp1*, *Exp2* e *Exp3* são expressões. Note o uso e o posicionamento dos dois-pontos.

O operador **?** funciona desta forma: *Exp1* é avaliada. Se ela for verdadeira, então *Exp2* é avaliada e se torna o valor da expressão. Se *Exp1* é falsa, então *Exp3* é avaliada e se torna o valor da expressão. Por exemplo, em

```
x = 10;

y = x>9 ? 100 : 200;
```

a **y** é atribuído o valor 100. Se **x** fosse menor que 9, **y** teria recebido o valor 200. O mesmo código, usando o comando **if-else**, é

```
x = 10;

if (x>9) y = 100;
else y = 200;
```

O operador **?** será discutido mais completamente no Capítulo 3 com relação às outras sentenças condicionais de C.

Os Operadores de Ponteiros & e *

Um *ponteiro* é um endereço na memória de uma variável. Uma *variável de ponteiro* é uma variável especialmente declarada para guardar um ponteiro para seu tipo especificado. Saber o endereço de uma variável pode ser de grande ajuda em certos tipos de rotinas. Contudo, ponteiros têm três funções principais em C. Eles podem fornecer uma maneira rápida de referenciar elementos de uma matriz. Os ponteiros também permitem que as funções em C modifiquem seus parâmetros de chamada. Por último, eles suportam listas encadeadas e outras estruturas dinâmicas de dados. O Capítulo 5 é dirigido exclusivamente a ponteiros. Porém, esse capítulo aborda de forma breve os dois operadores que são usados para manipular ponteiros.

O primeiro operador de ponteiro é **&**. Ele é um operador unário que devolve o endereço na memória de seu operando. (Lembre-se de que um operador unário requer apenas um operando.) Por exemplo,

```
m = &count;
```

põe o endereço na memória da variável **count** em **m**. Esse endereço é a posição interna da variável no computador. Ele não tem nenhuma relação com o valor de **count**. Você pode imaginar **&** como significando "o endereço de". Desta forma, a sentença de atribuição anterior significa "**m** recebe o endereço de **count**".

Para entender melhor essa atribuição, assuma que a variável **count** usa a posição de memória 2000 para armazenar seu valor. Também assuma que **count** tem o valor 100. Então, após a atribuição anterior, **m** tem o valor 2000.

O segundo operador é *, que é o complemento de **&**. O * é um operador unário que devolve o valor da variável localizada no endereço que o segue. Por exemplo, se **m** contém o endereço da variável **count**,

```
q = *m;
```

coloca o valor de **count** em **q**. Agora **q** tem o valor 100 porque 100 está armazenado na posição 2000, o endereço na memória que está armazenado em **m**. Pense no * como significando "no endereço de". Neste caso, a sentença poderia ser lida como "**q** recebe o valor do endereço de **m**".

Infelizmente, o símbolo de multiplicação e o símbolo de "no endereço de" são iguais, e o símbolo para o AND bit a bit e o símbolo de "o endereço de" também são iguais. Esses operadores não têm nenhuma relação um com o outro. Ambos, & e *, têm uma precedência maior que todos os operadores aritméticos, exceto o menos unário, que tem a mesma precedência.

Variáveis que guardam ponteiros devem ser declaradas como tal. Variáveis que armazenam endereços da memória, ou ponteiros, como são chamados em C, devem ser declarados colocando-se * em frente ao nome da variável para indicar ao compilador que ela guardará um ponteiro para aquele tipo de variável. Por exemplo, para declarar uma variável ponteiro **ch** para **char**, escreva

```
char *ch;
```

Aqui, **ch** não é um caractere, mas um ponteiro para caractere — há uma grande diferença. O tipo de dado que o ponteiro aponta, neste caso **char**, é chamado o *tipo base* do ponteiro. De qualquer forma, a variável ponteiro é uma variável que mantém o endereço de um objeto do tipo base. Logo, um ponteiro para caractere (ou qualquer ponteiro) é de tamanho suficiente para guardar um endereço como definido pela arquitetura do computador em que está rodando. Lembre-se de que um ponteiro deve ser usado apenas para apontar para dados que são do tipo base do ponteiro.

Você pode misturar diretivas de ponteiro e de não-ponteiros na mesma declaração. Por exemplo:

```
int x, *y, count;
```

declara **x** e **count** como sendo do tipo inteiro e **y** como um ponteiro para o tipo inteiro.

Os seguintes operadores * e & põem o valor 10 na variável chamada **target**. Como esperado, esse programa mostra o valor 10 na tela.

```
#include <stdio.h>

void main(void)
{
  int target, source;
  int *m;

  source = 10;
  m = &source;
  target = *m;

  printf("%d", target);
}
```

O Operador em Tempo de Compilação sizeof

O operador **sizeof** é um operador em tempo de compilação unário que retorna o tamanho, em bytes, da variável ou especificador de tipo, em parênteses, que ele precede. Por exemplo, assumindo que inteiros são de 2 bytes e que **floats** são de 8 bytes,

```
float f;

printf("%f", sizeof f);
printf("%d", sizeof (int));
```

irá mostrar na tela **8 2**.

Lembre-se de que para calcular o tamanho de um tipo, o nome do tipo deve ser colocado entre parênteses. Isso não é necessário para nomes de variáveis, embora não haja qualquer mal em fazê-lo.

O padrão ANSI (usando **typedef**) define um tipo especial chamado **size_t**, que corresponde de forma imprecisa a um inteiro sem sinal. Tecnicamente, o valor devolvido por **sizeof** é do tipo **size_t**. Para todos os fins práticos, porém, você pode imaginá-lo (e usá-lo) como se fosse um valor sem sinal.

sizeof ajuda basicamente a gerar códigos portáveis que dependam do tamanho dos tipos de dados internos de C. Por exemplo, imagine um programa de banco de dados que precise armazenar seis valores inteiros por registro. Se você quer transportar o programa de banco de dados para vários computadores, não deve assumir o tamanho de um inteiro, mas deve determinar o tamanho real do inteiro usando **sizeof**. Sendo esse o caso, você poderia usar a seguinte rotina para escrever um registro em um arquivo em disco:

```
/* Escreve 6 inteiros em um arquivo em disco. */
void put_rec(int rec[6], FILE *fp)
{
  int len;

  len = fwrite(rec, sizeof rec, 1, fp);
  if(len != 1) printf("erro de escrita");
}
```

Codificada como mostrado, **put_rec()** compila e roda corretamente em qualquer computador, não importando quantos bytes tenha um inteiro.

O Operador Vírgula

O operador vírgula é usado para encadear diversas expressões. O lado esquerdo de um operador vírgula é sempre avaliado como **void**. Isso significa que a expressão do lado direito torna-se o valor de toda a expressão separada por vírgulas. Por exemplo,

x = (y=3, y+1);

primeiro atribui o valor 3 a **y** e, em seguida, atribui o valor 4 a **x**. Os parênteses são necessários porque o operador vírgula tem uma precedência menor que o operador de atribuição.

Essencialmente, a vírgula provoca uma seqüência de operações. Quando ela é usada do lado direito de uma sentença de atribuição, o valor atribuído é o valor da última expressão da lista separada por vírgulas.

O operador vírgula tem, de certa forma, o mesmo significado da palavra e em português normal, como na frase "faça isso e isso e isso".

Os Operadores Ponto (.) e Seta (->)

Os operadores . (ponto) e -> (seta) referenciam elementos individuais de estruturas e uniões. *Estruturas* e *uniões* são tipos de dados compostos que podem ser referenciados segundo um único nome (veja o Capítulo 7).

O operador ponto é usado quando se está referenciando a estrutura ou união real. O operador seta é usado quando um ponteiro para uma estrutura é usado. Por exemplo, dada a estrutura global

```
struct employee
{
  char name[80];
```

```
    int age;
    float wage;
  } emp;

  struct employee *p = &emp; /* endereço de emp em p */
```

você escreveria o seguinte código para atribuir o valor 123.23 ao elemento **wage** da estrutura **emp**:

```
emp.wage = 123.23;
```

No entanto, a mesma atribuição, usando um ponteiro para **emp**, seria

```
p->wage = 123.23;
```

Parênteses e Colchetes Como Operadores

Em C, parênteses são operadores que aumentam a precedência das operações dentro deles.

Colchetes realizam indexação de matrizes (eles serão discutidos no Capítulo 4). Dada uma matriz, a expressão dentro de colchetes provê um índice dentro dessa matriz. Por exemplo:

```
#include <stdio.h>
char s[80];

void main(void)
{
  s[3] = 'X';
  printf("%c", s[3]);
}
```

Esse código primeiro atribui o valor **'X'** ao quarto elemento (lembre-se de que todas as matrizes em C começam em 0) da matriz **s** e imprime esse elemento.

Resumo das Precedências

A Tabela 2.8 lista a precedência de todos os operadores de C. Note que todos os operadores, exceto os operadores unários e ?, associam da esquerda para a direita. Os operadores unários (*, & e -) e **?** associam da direita para a esquerda.

Tabela 2.8 A precedência dos operadores em C.

Maior	( ) [ ] ->
	! ~ ++ -- - (tipo) * & sizeof
	* / %
	+ -
	<< >>
	< <= > >=
	== !=
	&
	^
	!
	&&
	! !
	?:
	= += -= *= /= etc.
Menor	,

Expressões

Operadores, constantes e variáveis são os elementos que constituem as expressões. Uma *expressão* em C é qualquer combinação válida desses elementos. Uma vez que a maioria das expressões tende a seguir as regras gerais da álgebra, elas são freqüentemente tomadas como certas. Contudo, existem uns poucos aspectos de expressões que se referem especificamente a C.

Ordem de Avaliação

O padrão C ANSI não estipula que as subexpressões de uma expressão devam ser avaliadas em uma ordem especificada. Isso deixa o compilador livre para rearranjar uma expressão para produzir o melhor código. No entanto, isso também significa que seu código nunca deve contar com a ordem em que as subexpressões são avaliadas. Por exemplo, a expressão

```
x = f1() + f2();
```

não garante que **f1()** será chamada antes de **f2()**.

Conversão de Tipos em Expressões

Quando constantes e variáveis de tipos diferentes são misturadas em uma expressão, elas são convertidas a um mesmo tipo. O compilador C converte todos os operandos no tipo do maior operando, o que é denominado *promoção de tipo*. Isso é feito operação por operação, como descrito nas regras de conversão de tipos abaixo.

SE um operando é **long double**
ENTÃO o segundo é convertido para **long double**
SENÃO, SE um operando é **double**
ENTÃO o segundo é convertido para **double**
SENÃO, SE um operando é **float**
ENTÃO o segundo é convertido para **float**
SENÃO, SE um operando é **unsigned long**
ENTÃO o segundo é convertido para **unsigned long**
SENÃO, SE um operando é **long**
ENTÃO o segundo é convertido para **long**
SENÃO, SE um operando é **unsigned int**
ENTÃO o segundo é convertido para **unsigned int**

Há ainda um caso adicional especial: se um operando é **long** e o outro é **unsigned int**, e se o valor do **unsigned int** não pode ser representado por um **long**, os dois operandos são convertidos para **unsigned long**.

Uma vez que essas regras de conversão tenham sido aplicadas, cada par de operandos é do mesmo tipo e o resultado de cada operação é do mesmo tipo de ambos os operandos.

Por exemplo, considere as conversões de tipo que ocorrem na Figura 2.3. Primeiro, o caratere **ch** é convertido para um inteiro e **float f** é convertido para **double**. Em seguida, o resultado de **ch/i** é convertido para **double** porque **f*d** é **double**. O resultado final é **double** porque, nesse momento, os dois operandos são **double**.

Casts

Você pode forçar uma expressão a ser de um determinado tipo usando um *cast*. A forma genérica de um cast é

(tipo) expressão

onde *tipo* é qualquer tipo de dados válido em C. Por exemplo, para garantir que a expressão **x/2** resulte em um valor do tipo **float**, escreva

```
(float) x/2;
```

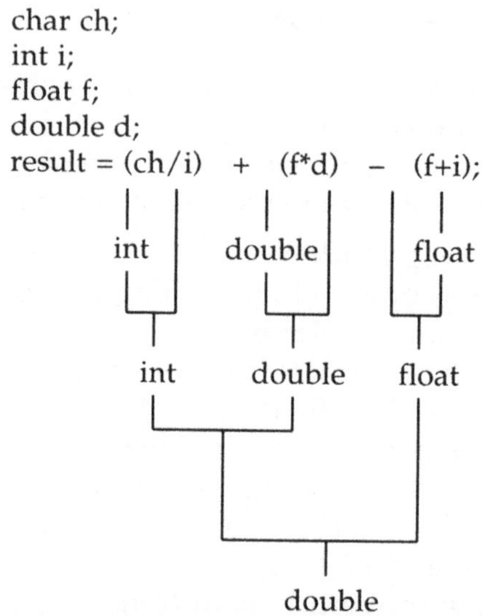

Figura 2.3 Um exemplo de conversão de tipo.

Casts são operadores tecnicamente. Como operador, um cast é unário e possui a mesma precedência que qualquer outro operador unário.

Embora os casts não sejam muito usados em programação, eles podem ser muito úteis quando necessários. Por exemplo, suponha que você deseje usar um inteiro para controlar uma repetição, no entanto as operações sobre o valor exigem uma parte fracionária, como no programa seguinte:

```
#include <stdio.h>

void main(void) /* imprime i e i/2 com frações */
{
  int i;

  for (i=1; i<=100; ++i)
    printf("%d / 2 é: %f\n", i, (float) i /2);
}
```

Sem o cast **(float)**, teria sido efetuada somente uma divisão inteira. O cast garante que a parte fracionária do resultado seja exibida.

Espaçamento e Parênteses

Você pode acrescentar tabulações e espaços a expressões em C para torná-las mais legíveis. Por exemplo, as duas próximas expressões são a mesma:

```
x=10/y ~ (127/x);

x = 10 / y ~ (127/x);
```

Parênteses redundantes ou adicionais não causam erros nem diminuem a velocidade de execução da expressão. Você deve usar parênteses para esclarecer a ordem de avaliação, tanto para você mesmo como para os demais. Por exemplo, quais das duas expressões a seguir é mais fácil de ler?

```
x=y/2-34*temp&127;

x = (y/3) - ((34*temp) &127);
```

C Reduzido

Existe uma variante do comando de atribuição, às vezes chamada de *C reduzido*, que simplifica a codificação de um certo tipo de operações de atribuição. Por exemplo,

```
x = x+10;
```

pode ser escrito

```
x += 10;
```

O par operador **+=** diz ao compilador para atribuir a **x** o valor de **x** mais 10.

Essas abreviações existem para todos os operadores binários em C (aqueles que requerem dois operandos). A forma geral de uma abreviação C como:

var = var operador expressão

é o mesmo que

var operador = expressão

Considere um outro exemplo:

```
x = x-100;
```

é o mesmo que

```
x -= 100;
```

Você verá a notação abreviada sendo utilizada largamente em programas escritos profissionalmente em C; você deve familiarizar-se com ela.

MAKRON Books

3

Comandos de Controle do Programa

Este capítulo discute os ricos e variados comandos de controle do programa em C. O padrão ANSI divide os comandos de C nestes grupos:

- Seleção
- Iteração
- Desvio
- Rótulo
- Expressão
- Bloco

Estão incluídos nos comando de seleção **if** e **switch**. (O termo "comando condicional" é freqüentemente usado em lugar de "comando de seleção". No entanto, o padrão ANSI usa "seleção", como também este livro.) Os comandos de iteração são **while**, **for** e **do-while**. São também normalmente chamados de comandos de laço. Os comandos de salto ou desvio são **break**, **continue**, **goto** e **return**. Os comandos de rótulo são **case** e **default** (discutidos juntamente com o comando **switch**) e o comando **label** (discutido com **goto**). Sentenças de expressão são aquelas compostas por uma expressão C válida. Sentenças de bloco são simplesmente blocos de código. (Lembre-se de que um bloco começa com um { e termina com um }.)

Como muitos comandos em C contam com a saída de alguns testes condicionais, começaremos revendo os conceitos de verdadeiro e falso em C.

Verdadeiro e Falso em C

Muitos comandos em C contam com um teste condicional que determina o curso da ação. Uma expressão condicional chega a um valor verdadeiro ou falso. Em C, ao contrário de muitas outras linguagens, um valor verdadeiro é qualquer valor diferente de zero, incluindo números negativos. Um valor falso é 0. Esse método para verdadeiro e falso permite que uma ampla gama de rotinas sejam codificadas de forma extremamente eficiente, como você verá em breve.

Comandos de Seleção

C suporta dois tipos de comandos de seleção: **if** e **switch**. Além disso, o operador **?** é uma alternativa ao **if** em certas circunstâncias.

if

A forma geral da sentença **if** é

if (*expressão*) *comando*;
else *comando*;

onde *comando* pode ser um único comando, um bloco de comandos ou nada (no caso de comandos vazios). A cláusula **else** é opcional.

Se a *expressão* é verdadeira (algo diferente de 0), o comando ou bloco que forma o corpo do **if** é executado; caso contrário, o comando ou bloco que é o corpo do **else** (se existir) é executado. Lembre-se de que apenas o código associado ao **if** ou o código associado ao **else** será executado, nunca ambos.

O comando condicional controlando o **if** deve produzir um resultado escalar. Um *escalar* é um inteiro, um caractere ou tipo de ponto flutuante. No entanto, é raro usar um número em ponto flutuante para controlar um comando condicional, porque isso diminui consideravelmente a velocidade de execução. (A CPU executa diversas instruções para efetuar uma operação em ponto flutuante. Ela usa relativamente poucas instruções para efetuar uma operação com caractere ou inteiro.)

Por exemplo, considere o programa a seguir, que é uma versão muito simples do jogo de adivinhar o "número mágico". Ele imprime a mensagem "** **Certo** **" quando o jogador acerta o número mágico. Ele produz o número mágico usando o gerador de números randômicos de C, que devolve um número arbitrário entre 0 e **RAND-MAX** (que define um valor inteiro que é 32.767 ou maior) exige o arquivo de cabeçalho **stdlib.h**.

```
/* Programa de números mágicos #1. */
#include <stdio.h>
#include <stdlib.h>

void main(void)
{
  int magic;  /* número mágico */
  int guess;  /* palpite do usuário */

  magic = rand();  /* gera o número mágico */

  printf("adivinhe o número mágico: ");
  scanf("%d", &guess);

  if(guess == magic) printf("** Certo **");
}
```

Levando o programa do número mágico adiante, a próxima versão ilustra o uso da sentença **else** para imprimir outra mensagem em resposta a um número errado.

```
/* Programa de números mágicos #2. */
#include <stdio.h>
#include <stdlib.h>

void main(void)
{
  int magic;  /* número mágico */
  int guess;  /* palpite do usuário */

  magic = rand();  /* gera o número mágico */

  printf("adivinhe o número mágico: ");
  scanf("%d", &guess);

  if(guess == magic) printf("** Certo **");
  else printf("Errado");
}
```

ifs Aninhados

Um **if** aninhado é um comando **if** que é o objeto de outro **if** ou **else**. **ifs** aninhados são muito comuns em programação. Em C, um comando **else** sempre se refere ao comando **if** mais próximo, que está dentro do mesmo bloco do **else** e não está associado a outro **if**. Por exemplo

```
if(i)
{
  if(j) comando 1;
  if(k) comando 2; /* este if */
  else  comando 3; /* está associado a este else */
}
else comando 4;  /* associado a if(i) */
```

Como observado, o último **else** não está associado a **if(j)** porque não pertence ao mesmo bloco. Em vez disso, o último **else** está associado ao **if(i)**. O **else** interno está associado ao **if(k)**, que é o **if** mais próximo.

O padrão C ANSI especifica que pelo menos 15 níveis de aninhamento devem ser suportados. Na prática, a maioria dos compiladores permite substancialmente mais.

Você pode usar um **if** aninhado para melhorar o programa do número mágico dando ao jogador uma realimentação sobre um palpite errado.

```
/* Programa de números mágicos #3. */
#include <stdio.h>
#include <stdlib.h>

void main(void)
{
  int magic;  /* número mágico */
  int guess;  /* palpite do usuário */

  magic = rand();  /* gera o número mágico */

  printf("Adivinhe o número mágico: ");
  scanf("%d", &guess);

  if(guess == magic) {
    printf("** Certo **");
    printf(" %d é o número mágico\n", magic);
  }
  else {
    printf("Errado, ");
    if(guess > magic)  printf("muito alto\n");
    else printf("muito baixo\n");
  }
}
```

A Escada if-else-if

Uma construção comum em programação é a forma *if-else-if*, algumas vezes chamada de *escada if-else-if* devido a sua aparência. A sua forma geral é

```
if(expressão)comando;
else
  if(expressão)comando;
  else
    if(expressão)comando;
.
.
.
      else comando;
```

As condições são avaliadas de cima para baixo. Assim que uma condição verdadeira é encontrada, o comando associado a ela é executado e desvia do resto da escada. Se nenhuma das condições for verdadeira, então o último **else** é executado. Isto é, se todos os outros testes condicionais falham, o último comando **else** é efetuado. Se o último **else** não está presente, nenhuma ação ocorre se todas as condições são falsas.

Embora seja tecnicamente correta, o recuo da escada if-else-if anterior pode ser excessivamente profundo. Por essa razão, a escada if-else-if é geralmente recuada desta forma:

```
if(expressão)
   comando;
else if(expressão)
   comando;
else if(expressão)
   comando;
.
.
.
else
   comando;
```

Usando uma escada if-else-if, o programa do número mágico torna-se:

```
/* Programa de números mágicos #4. */
#include <stdio.h>
#include <stdlib.h>

void main(void)
```

```
{
  int magic;  /* número mágico */
  int guess;  /* palpite do usuário */

  magic = rand();  /* gera o número mágico */

  printf("Adivinhe o número mágico: ");
  scanf("%d", &guess);

  if(guess == magic) {
    printf("** Certo **");
    printf("%d é o número mágico", magic);
  }
  else if(guess > magic)
   printf("Errado, muito alto");
  else printf("Errado, muito baixo");
}
```

O ? Alternativo

Você pode usar o operador **?** para substituir comandos **if-else** na forma geral:

> if(*condição*) *expressão;*
> else *expressão;*

Contudo, os corpos de **if** e **else** devem ser uma expressão simples — nunca um outro comando de C.

O **?** é chamado de um *operador ternário* porque ele requer três operandos. Ele tem a seguinte forma geral

Exp1 ? *Exp2* : *Exp3*

onde *Exp1*, *Exp2* e *Exp3* são expressões. Note o uso e o posicionamento dos dois-pontos.

O valor de uma expressão **?** é determinada como segue: *Exp1* é avaliada. Se for verdadeira, *Exp2* será avaliada e se tornará o valor da expressão **?** inteira. Se *Exp1* é falsa, então *Exp3* é avaliada e se torna o valor da expressão. Por exemplo, considere

```
x = 10;
y = x>9 ? 100 : 200;
```

Nesse exemplo, o valor 100 é atribuido a **y**. Se **x** fosse menor que 9, **y** teria recebido o valor 200. O mesmo código escrito com o comando **if-else** seria

```
x = 10;
if (x>9) y = 100;
else y = 200;
```

O seguinte programa usa o operador **?** para elevar ao quadrado um valor inteiro digitado pelo usuário. Contudo, este programa preserva o sinal (10 ao quadrado é 100 e -10 ao quadrado é -100).

```
#include <stdio.h>

void main(void)
{
  int isqrd, i;

  printf("Digite um número: ");
  scanf("%d", &i);

  isqrd = i>0 ? i*i : -(i*i);

  printf("%d ao quadrado é %d", i, isqrd);
}
```

O uso do operador **?** para substituir comandos **if-else** não é restrito a atribuições apenas. Lembre-se de que todas as funções (exceto aquelas declaradas como **void**) podem retornar um valor. Logo, você pode usar uma ou mais chamadas a funções em uma expressão em C. Quando o nome da função é encontrado, a função é executada e, então, seu valor de retorno pode ser determinado. Portanto, você pode executar uma ou mais chamadas a funções usando o operador **?**, colocando as chamadas nas expressões que formam os operandos, como em

```
#include <stdio.h>

int f1(int n);
int f2(void);

void main(void)
{
  int t;

  printf("Digite um número: ");
```

```
  scanf("%d", &t);

  /* imprime a mensagem apropriada */
  t ? f1(t) + f2() : printf("foi digitado zero");
}

f1(int n)
{
  printf("%d ", n);
  return 0;
}

f2(void)
{
  printf("foi digitado");
  return 0;
}
```

Inserir um 0 nesse exemplo faz com que a função **printf()** seja chamada, mostrando a mensagem **foi digitado zero**. Se você inseriu qualquer outro número, **f1()** e **f2()** serão executadas. Note que o valor da expressão **?** é descartado nesse exemplo. Você não precisa atribuí-lo a nada.

Um aviso: alguns compiladores C rearranjam a ordem de avaliação de uma expressão numa tentativa de otimizar o código-objeto. Isso pode fazer com que as funções que formam os operandos do operador **?** sejam executadas em uma seqüência diferente da pretendida.

Usando o operador **?**, você pode reescrever o programa do número mágico mais uma vez.

```
/* Número mágico programa #5. */
#include <stdio.h>
#include <stdlib.h>

void main(void)
{
  int magic;
  int guess;

  magic = rand(); /* gera o número mágico */

  printf("Adivinhe o número mágico: ");
  scanf("%d", &guess);
```

```
    if(Guess == magic) {
      printf("** Certo **");
      printf("%d é o número mágico", magic);
    }
    else
      guess > magic ? printf("Alto") : printf("Baixo");
  }
```

Aqui, o operador **?** mostra a mensagem apropriada baseado no resultado do teste **guess > magic**.

A Expressão Condicional

Algumas vezes, os iniciantes em C se confundem pelo fato de que você pode usar qualquer expressão válida em C para controlar o **if** ou o operador **?**. Isto é, você não fica restrito a expressões envolvendo os operadores relacionais e lógicos (como é o caso nas linguagens como BASIC ou Pascal). O programa precisa simplesmente chegar a um valor zero ou não-zero. Por exemplo, o seguinte programa lê dois inteiros do teclado e mostra o quociente. Ele usa um comando **if**, controlado pelo segundo número, para evitar um erro de divisão por zero.

```
/* Divide o primeiro número pelo segundo. */

#include <stdio.h>

void main(void)
{
  int a, b;

  printf("Digite dois números: ");
  scanf("%d%d", &a, &b);

  if(b) printf("%d\n", a/b);
  else printf("não pode dividir por zero\n");
}
```

Esse método funciona porque, se **b** é 0, a condição que controla **if** é falsa e o **else** é executado. De outra forma, a condição é verdadeira (não-zero) e a divisão é efetuada. Contudo, escrever o comando **if** desta forma:

```
if(b != 0) printf("%d\n", a/b);
```

é redundante, potencialmente ineficiente e considerado mau estilo.

switch

C tem um comando interno de seleção múltipla, **switch**, que testa sucessivamente o valor de uma expressão contra uma lista de constantes inteiras ou de caractere. Quando o valor coincide, os comandos associados àquela constante são executados. A forma geral do comando **switch** é

```
switch(expressão) {
case constante1:
        seqüência de comandos
        break;
case constante2:
        seqüência de comandos
        break;
case constante3:
        seqüência de comandos
        break;
.
.
.
default:
        seqüência de comandos
}
```

O valor da *expressão* é testado, na ordem, contra os valores das constantes especificadas nos comandos **case**. Quando uma coincidência for encontrada, a seqüência de comandos associada àquele **case** será executada até que o comando **break** ou o fim do comando **switch** seja alcançado. O comando **default** é executado se nenhuma coincidência for detectada. O **default** é opcional e, se não estiver presente, nenhuma ação será realizada se todos os testes falharem.

O padrão ANSI C especifica que um **switch** pode ter pelo menos 257 comandos **case**. Na prática, você desejará limitar o número de comandos **case** a uma quantidade menor, para obter mais eficiência. Embora **case** seja um rótulo, ele não pode existir sozinho, fora de um **switch**.

O comando **break** é um dos comandos de desvio em C. Você pode usá-lo em laços tal como no comando **switch** (veja a seção "Comandos de Iteração"). Quando um **break** é encontrado em um **switch**, a execução do programa "salta" para a linha de código seguinte ao comando **switch**.

Há três coisas importantes a saber sobre o comando **switch**:

- O comando **switch** difere do comando **if** porque **switch** só pode testar igualdade, enquanto **if** pode avaliar uma expressão lógica ou relacional.

- Duas constantes **case** no mesmo **switch** não podem ter valores idênticos. Obviamente, um comando **switch** incluído em outro switch mais externo pode ter as mesmas constantes **case**.
- Se constantes de caractere são usadas em um comando **switch**, elas são automaticamente convertidas para seus valores inteiros.

O comando **switch** é freqüentemente usado para processar uma entrada, via teclado, como em uma seleção por menu. Como mostrado aqui, a função **menu()** mostra o menu de um programa de validação da ortografia e chama os procedimentos apropriados:

```
void menu (void)
{
  char ch;

  printf("1. Checar Ortografia\n");
  printf("2. Corrigir Erros de Ortografia\n");
  printf("3. Mostrar Erros de Ortografia\n");
  printf("Pressione Qualquer Outra Tecla para Abandonar\n");
  printf("     Entre com sua escolha:    ");

  ch=getchar();   /* Lê do teclado a seleção */

  switch(ch) {
    case '1':
      check_spelling();
      break;
    case '2':
      correct_errors();
      break;
    case '3':
      display_errors();
      break;
    default :
      printf("Nenhuma opção selecionada");
    }
}
```

Tecnicamente, os comandos **break**, dentro do **switch**, são opcionais. Eles terminam a seqüência de comandos associados com cada constante. Se o comando **break** é omitido, a execução continua pelos próximos comandos **case** até que um **break**, ou o fim do **switch**, seja encontrado. Por exemplo, a seguinte função usa a natureza de "passar caindo" pelos **cases** para simplificar o código de um device-driver que manipula a entrada:

```
/* Processa um valor */
void inp_handler(int i)
{
  int flag;

  flag = -1;

  switch(i) {
    case 1:  /* Estes cases têm uma seqüência */
    case 2:  /* de comandos em comum */
    case 3:
      flag = 0;
      break;
    case 4:
      flag = 1;
    case 5:
      error(flag);
      break;
    default:
      process(i);
  }
}
```

Essa rotina ilustra dois aspectos do comando **switch**. Primeiro, você pode ter comandos case sem comandos associados. Quando isto ocorre, a execução simplesmente cai no **case** seguinte. Nesse caso, todos os três primeiros **cases** executam os mesmos comandos.

```
flag = 0;
break;
```

Segundo, a execução continua no próximo **case** se nenhum comando **break** estiver presente. Se **i** for igual a 4, **flag** receberá o valor 1 e, como não há nenhum comando **break** no fim desse **case**, a execução continuará e a função **error(flag)** será chamada. Se **i** fosse igual a 5, **error(flag)** teria sido chamada com o valor -1 em **flag**.

O fato de os **cases** poderem ser executados em conjunto quando nenhum **break** estiver presente evita a duplicação indesejável de código, resultando em um código muito eficiente.

Note que os comandos associados a cada **case** não são blocos de código mas, sim, *seqüências de comandos*. (Obviamente, o comando **switch** inteiro define um bloco.) Essa distinção técnica é importante apenas em certas situações. Por exemplo, o seguinte fragmento de código está errado e não será compilado porque você não pode declarar uma variável local em uma seqüência de comandos (você só pode declarar variáveis locais no início de um bloco.)

```
/* Isto está incorreto. */
switch(c) {
   case 1:
     int t;
     .
     .
     .
```

Embora um pouco estranho, você poderia adicionar uma variável local, como mostrado aqui. Neste caso, a declaração ocorre no início do bloco do **switch**.

```
/* Embora estranho, isto está correto. */
switch(c)
{
   int t;
   case 1:
    .
    .
    .
```

Obviamente, você pode criar um bloco de código como um dos comandos da seqüência e declarar uma variável local dentro dele, como exibido aqui:

```
/* Isto é correto. */
switch (c) {
  case 1:
    { /* Cria bloco */
       int t;
       .
       .
       .
    }
    .
    .
    .
```

Comandos switch Aninhados

Você pode ter um **switch** como parte de uma seqüência de comandos de um outro **switch**. Mesmo se as constantes dos **cases** dos **switchs** interno e externo possuírem valores comuns, não ocorrerão conflitos. Por exemplo, o seguinte fragmento de código é perfeitamente aceitável:

```
switch(x) {
   case 1:
     switch(y) {
       case 0: printf ("erro de divisão por zero");
               break;
       case 1: process(x,y);
     }
     break;
   case 2:
     .
     .
     .
```

Comandos de Iteração

Em C, e em todas as outras linguagens modernas de programação, comandos de iteração (também chamados laços) permitem que um conjunto de instruções seja executado até que ocorra uma certa condição. Essa condição pode ser predefinida (como no laço **for**) ou com o final em aberto (como nos laços **while** e **do-while**).

O Laço for

O formato geral do laço **for** de C é encontrado, de uma forma ou de outra, em todas as linguagens de programação baseadas em procedimentos. Contudo, em C, ele fornece flexibilidade e capacidade surpreendentes.

A forma geral do comando **for** é

for(*inicialização; condição; incremento) comando;*

O laço **for** permite muitas variações. Entretanto, a inicialização é, geralmente, um comando de atribuição que é usado para colocar um valor na variável de controle do laço. A *condição* é uma expressão relacional que determina quando o laço acaba. O *incremento* define como a variável de controle do laço varia cada vez que o laço é repetido. Você deve separar essas três seções principais por pontos-e-vírgulas. Uma vez que a condição se torne falsa, a execução do programa continua no comando seguinte ao **for**.

Por exemplo, o seguinte programa imprime os números de 1 a 100 na tela:

```
#include <stdio.h>

void main(void)
{
   int x;

   for(x=1; x <= 100; x++) printf("%d ",x);
}
```

No programa, **x** é inicialmente ajustado para 1. Uma vez que **x** é menor que 100, **printf()** é executado e **x** é incrementado em 1 e testado para ver se ainda é menor ou igual a 100. Esse processo se repete até que **x** fique maior que 100; nesse ponto, o laço termina. Nesse exemplo, **x** é a variável de controle do laço, que é alterada e testada toda vez que o laço se repete.

O seguinte exemplo é um laço **for** que contém múltiplos comandos:

```
for(x=100; x != 65; x-=5) {
   z = x*x;
   printf("O quadrado de %d, %f",x, z);
}
```

Tanto a multiplicação de **x** por si mesmo como a função **printf()** são executadas até que **x** seja igual a 65. Note que o laço *é executado de forma inversa*: **x** é inicializado com 100 e será subtraído de 5 cada vez que o laço se repetir.

Nos laços **for**, o teste condicional sempre é executado no topo do laço. Isso significa que o código dentro do laço pode não ser executado se todas as condições forem falsas logo no início. Por exemplo, em

```
x = 10;
for(y=10; y!=x; ++y) printf("%d", y);
printf("%d", y); /* este é o único comando
                    printf() que executará */
```

o laço nunca executará, pois **x** e **y** já são iguais desde a sua entrada. Já que a expressão condicional é avaliada como falsa, nem o corpo do laço nem a porção de incremento do laço são executados. Logo, y ainda tem o valor 10 e a saída é o número 10 escrito apenas uma vez na tela.

Variações do Laço for

A discussão anterior descreveu a forma mais comum do laço **for**. Porém, C oferece diversas variações que aumentam a flexibilidade e a aplicação do laço **for**.

Uma das variações mais comuns usa o operador vírgula para permitir que duas ou mais variáveis controlem o laço. (Lembre-se de que você usa o operador vírgula para encadear expressões numa configuração "faça isto e isto". Veja o Capítulo 2.) Por exemplo, as variáveis **x** e **y** controlam o seguinte laço e ambas são inicializadas dentro do comando **for**:

```
for(x=0, y=0; x+y<10; ++x) {
  y = getchar();
  y = y-'0'; /* subtrai o código ASCII do caractere 0 de y */
     .
     .
     .
}
```

Vírgulas separam os dois comandos de inicialização. Cada vez que **x** é incrementado, o laço repete e o valor de **y** é ajustado pela entrada do teclado. Tanto **x** como **y** devem ter o valor correto para que o laço termine. Embora os valores de **y** sejam definidos pela entrada do teclado, **y** deve ser inicializado com 0 de forma que seu valor seja definido antes da avaliação da expressão condicional. (Se **y** não fosse definido, ele poderia conter um 10, tornando o teste condicional falso e impedindo a execução do laço.)

A função **converge()**, mostrada a seguir, ilustra múltiplas variáveis de controle de laço. A função **converge()** expõe uma string escrevendo os caracteres vindos de ambas as extremidades, convergindo no meio da linha especificada. Isso requer um posicionamento do cursor em vários e desconexos pontos da tela. Uma vez que C roda sob uma ampla variedade de ambientes, ele não define uma função de posicionamento do cursor. Porém, virtualmente, todo compilador C fornece uma, embora seu nome possa variar. O programa a seguir usa a função **gotoxy()**, do Borland, para posicionar o cursor. (Ela exige o cabeçalho **conio.h.**)

```
/* Versão Borland. */
#include <stdio.h>
#include <conio.h> /* arquivo de cabeçalho não-padrão */
#include <string.h>

void converge(int line, char *message);
```

```
void main (void)
{
  converge(10, "Isto é um teste de converge().");
}

/* Essa função mostra uma string iniciando do lado esquerdo da
   linha especificada. Ela escreve caracteres de ambas as
   extremidades, convergindo para o centro. */
void converge(int line, char *message)
{
  int i, j;

  for(i=1, j=strlen(message); i<j; i++, j--) {
    gotoxy(i, line); printf("%c", message[i-1]);
    gotoxy(j, line); printf("%c", message[j-1]);
  }
}
```

No Microsoft C, o equivalente a **gotoxy()** é **_settextposition()**, que usa o arquivo de cabeçalho **graph.h**. O programa anterior, recodificado para o Microsoft C, é mostrado aqui:

```
/* Versão para Microsoft. C */
#include <stdio.h>
#include <graph.h> /* arquivo de cabeçalho não-padrão */
#include <string.h>

void converge(int line, char *message);

void main(void)
{
  converge(10, "Isto é um teste de converge().");
}

/* Essa função mostra uma string iniciando do lado esquerdo
   da linha especificada. Ela escreve caracteres de ambas as
   extremidades, convergindo para o centro.  */
void converge(int line, char *message)
{
  int i, j;

  for(i=1, j=strlen(message); i<j; i++, j--) {
    _settextposition(line, i);
    printf("%c", message[i-1]);
```

```
        _settextposition(line, j);
        printf("%c", message[j-1]);
    }
}
```

Se você usa um compilador C diferente, será necessária uma verificação nos seus manuais do usuário para saber o nome da função de posicionamento do cursor.

Nas duas versões de **converge()**, o laço **for** usa duas variáveis de controle do laço, **i** e **j**, para indexar a string pelas extremidades. Quando o laço repete, **i** aumenta e **j** diminui. O laço parará quando **i** for igual a **j**, garantindo, assim, que todos os caracteres sejam escritos.

A expressão condicional não precisa envolver um teste com a variável que controla o laço e algum valor final. Na realidade, a condição pode ser qualquer sentença relacional ou lógica. Isso significa que você pode testar diversas possíveis formas de término.

Por exemplo, você poderia usar a seguinte função para conectar um usuário a um sistema remoto. O usuário tem três tentativas para entrar com a senha. O laço termina quando as três tentativas forem utilizadas ou o usuário entrar com a senha correta.

```
void sign_on(void)
{
  char str[20] ;

  int x;

  for(x=0; x<3 && strcmp(str, "senha"); ++x) {
    printf("Digite a senha por favor:");
    gets(str);
  }

  if (x==3) return;
  /* else conecte o usuário ... */
}
```

Essa função usa **strcmp()**, a função da biblioteca padrão que compara duas strings e retorna zero se forem iguais.

Lembre-se de que cada uma das três seções pode consistir em qualquer expressão válida em C. As expressões não precisam ter relação alguma com os usos mais comuns das seções. Com isso em mente, considere o seguinte exemplo:

```
#include <stdio.h>
```

```
int sqrnum(int num);
int readnum(void);
int prompt(void);

void main(void)
{
  int t;

  for(prompt(); t=readnum(); prompt())
    sqrnum(t);
}

prompt(void)
{
  printf("Digite um número: ");
  return 0;
}

readnum(void)
{
  int t;
  scanf("%d", &t);
  return t;
}

sqrnum(int num)
{
  printf("%d\n", num*num);
  return num*num;
}
```

Olhe atentamente o laço **for** em **main()**. Note que cada parte do laço **for** é composta de chamadas a funções que interagem com o usuário e lêem um número inserido pelo teclado. Se o número inserido for 0, o laço terminará, porque a expressão condicional será falsa. Caso contrário, o número é elevado ao quadrado. Assim, esse laço **for** usa as porções de inicialização e incremento de uma maneira não tradicional, mas completamente válida.

Uma outra característica interessante do laço **for** é que partes da definição do laço não precisam existir. De fato, não há necessidade de que uma expressão esteja presente em nenhuma das seções — as expressões são opcionais. Por exemplo, esse laço será executado até que o usuário insira o número **123**:

```
for(x=0; x!=123; ) scanf("%d", &x);
```

Note que a porção de incremento da definição do **for** está vazia. Isso significa que cada vez que o laço se repetir, **x** será testado para verificar se é igual a 123, mas nenhuma atitude adicional será tomada. Se você digitar **123** no teclado, porém, a condição do laço se tornará falsa e o laço terminará.

Freqüentemente a inicialização é feita fora do comando **for**. Isso geralmente acontece quando a condição inicial da variável de controle do laço for calculada por algum método complexo, como neste exemplo:

```
gets(s);  /* lê uma string para s */
if(*s) x = strlen(s); /* obtém o comprimento da string */
else x = 10;

for( ;x<10; ) {
  printf("%d",x);
  ++x;
}
```

A seção de inicialização foi deixada em branco e **x** é inicializado antes que o laço comece a ser executado.

O Laço Infinito

Embora você possa usar qualquer comando de laço para criar um laço infinito, o **for** é tradicionalmente usado para esse fim. Já que nenhuma das três expressões que formam o laço **for** é obrigatória, você pode fazer um laço sem fim deixando a expressão condicional vazia, como aqui:

```
for (;;) printf("Esse laço será executado para sempre.\n");
```

Você pode ter uma inicialização e uma expressão de incremento, mas programadores C usam mais usualmente a construção **for(;;)** para significar um laço infinito.

De fato, a construção **for(;;)** não garante um laço infinito porque o comando **break** de C, encontrado em qualquer lugar dentro do corpo de um laço, provoca um término imediato (**break** será discutido mais adiante neste capítulo). O controle do programa, então, continua no código seguinte ao laço, como mostrado aqui:

```
ch='\0';

for( ; ; ) {
  ch = getchar();  /* obtém um caractere */
```

```
    if(ch=='A') break; /* sai do laço */
  }

  printf("você digitou um A");
```

Esse laço será executado até que o usuário digite um A.

Laços for sem Corpos

Como definido pela sintaxe de C, um comando pode ser vazio. Isso significa que o corpo do laço **for** (ou qualquer outro laço) também pode ser vazio. Você pode usar esse fato para aumentar a eficiência de certos algoritmos e para criar laços para atraso de tempo.

Remover espaços de uma "stream" de entrada é uma tarefa comum de programação. Por exemplo, um programa de banco de dados pode permitir uma requisição do tipo "mostre todos os saldos menores que 400". O banco de dados precisa ser alimentado com cada palavra separadamente, sem espaços. Isto é, o processador de entrada do banco de dados reconhece "**show**" mas não "**show**". O seguinte laço remove os primeiros espaços da stream apontada por **str**.

```
for( ; *str == ' '; str++) ;
```

Como você pode ver, esse laço não tem corpo — e nem precisa de um.

Os laços para *atraso de tempo* são muito usados em programas. O seguinte código mostra como criar um usando **for**:

```
for(t=0; t<ALGUM_VALOR; t++) ;
```

O Laço while

O segundo laço disponível em C é o laço **while**. A sua forma geral é

while(*condição*) *comando*;

onde *comando* é um comando vazio, um comando simples ou um bloco de comandos. A *condição* pode ser qualquer expressão, e verdadeiro é qualquer valor não-zero. O laço se repete quando a condição for verdadeira. Quando a condição for falsa, o controle do programa passa para a linha após o código do laço.

O seguinte exemplo mostra uma rotina de entrada pelo teclado, que simplesmente se repete até que o usuário digite **A**:

```
wait_for_char(void)
```

```
{
  char ch;

  ch = '\0';  /* inicializa ch */
  while(ch != 'A')  ch = getchar();
  return ch;
}
```

Primeiro, **ch** é inicializado com nulo. Como uma variável local, seu valor não é conhecido quando **wait_for_char()** é executado. O laço **while** verifica se **ch** não é igual a **A**. Como **ch** foi inicializado com nulo, o teste é verdadeiro e o laço começa. Cada vez que o usuário pressiona uma tecla, o teste é executado novamente. Uma vez digitado **A**, a condição se torna falsa, porque **ch** fica igual a **A**, e o laço termina.

Como os laços **for**, os laços **while** verificam a condição de teste no início do laço, o que significa que o código do laço pode não ser executado. Isso elimina a necessidade de se efetuar um teste condicional antes do laço. A função **pad()** fornece uma boa ilustração disso. Ela adiciona espaços ao final de uma string até um comprimento predefinido. Se a string já é do tamanho desejado, nenhum espaço é adicionado.

```
#include <stdio.h>
#include <string.h>

void pad(char *s, int length);
void main(void)
{
  char str[80];

  strcpy(str, "isto é um teste");
  pad(str, 40);
  printf("%d", strlen(str));
}

/* Acrescenta espaços ao final da string. */
void pad(char *s, int length)
{
  int l;

  l = strlen(s);  /* encontra o comprimento */

  while(l<length) {
    s[l] = ' ';  /* insere um espaço */
```

```
      l++;
    }
    s[l] = '\0';    /* strings precisam terminar com um nulo */
  }
```

Os dois argumentos de **pad()** são **s**, um ponteiro para a string a ser ajustada, e **length**, o número de caracteres que **s** deve ter. Se a string **s** já é igual ou maior que **length**, o código dentro do laço **while** não será executado. Se **s** é menor que **length**, **pad()** adiciona o número necessário de espaços. A função **strlen()**, parte integrante da biblioteca padrão, devolve o tamanho de uma string.

Se diversas condições forem necessárias para terminar um laço **while**, normalmente uma única variável forma a expressão condicional. O valor dessa variável será alterado em vários pontos internos ao laço. Neste exemplo

```
void func1(void)
{
  int working;

  working = 1;   /* i.e., verdadeiro */

  while(working) {
    working = process1();
    if(working)
      working = process2();
    if(working)
      working = process3();
  }
}
```

qualquer uma das três rotinas pode retornar falso e fazer com que o laço termine.

Não é necessário haver nenhum comando no corpo do laço **while**. Por exemplo,

```
while((ch=getchar()) != 'A') ;
```

será simplesmente executado até que o usuário digite **A**. Se você se sente desconfortável colocando a atribuição dentro da expressão condicional do **while**, lembre-se de que o sinal de igual é apenas um operador que calcula o valor do operando do lado direito.

O Laço do-while

Ao contrário dos laços **for** e **while**, que testam a condição do laço no começo, o laço **do-while** verifica a condição ao final do laço. Isso significa que um laço **do-while** sempre será executado ao menos uma vez. A forma geral do laço **do-while** é

do{
  comando;
} while(*condição*);

Embora as chaves não sejam necessárias quando apenas um comando está presente, elas são geralmente usadas para evitar confusão (para você, não para o compilador) com o **while**. O laço **do-while** repete até que a *condição* se torne falsa.

O seguinte laço **do-while** lerá números do teclado até que encontre um número menor ou igual a 100.

```
do {
  scanf("%d", &num);
} while(num > 100);
```

Talvez o uso mais comum do laço **do-while** seja em uma rotina de seleção por menu. Quando o usuário entra com uma resposta válida, ela é retornada como o valor da função. Respostas inválidas provocam uma repetição do laço. O seguinte código mostra uma versão melhorada do menu do verificador de ortografia que foi desenvolvido anteriormente neste capítulo:

```
void menu(void)
{
  char ch;

  printf("1. Verificar Ortografia\n");
  printf("2. Corrigir Erros de Ortografia\n");
  printf("3. Mostrar Erros de Ortografia\n");
  printf("    Digite sua escolha:   ");

  do {
    ch = getchar();  /* lê do teclado a seleção */
    switch(ch) {
      case '1':
        check_spelling();
        break;
```

```
        case '2':
          correct_errors();
          break;
        case '3':
          display_errors();
          break;
      }
    } while(ch!='1' && ch!='2' && ch!='3');
}
```

Aqui, o laço **do-while** é uma boa escolha, porque você sempre deseja que uma função do menu execute ao menos uma vez. Depois que as opções forem mostradas, o programa será executado até que uma opção válida seja selecionada.

Comandos de Desvio

C tem quatro comandos que realizam um desvio incondicional: **return**, **goto**, **break** e **continue**. Destes, você pode usar **return** e **goto** em qualquer lugar em seu programa. Você pode usar os comandos **break** e **continue** em conjunto com qualquer dos comandos de laço. Como discutido anteriormente neste capítulo, você também pode usar o **break** com **switch**.

O Comando return

O comando **return** é usado para retornar de uma função. Ele é um comando de desvio porque faz com que a execução retorne (salte de volta) ao ponto em que a chamada à função foi feita. Se **return** tem um valor associado a ele, esse valor é o valor de retorno da função. Se nenhum valor de retorno é especificado, assume-se que apenas lixo é retornado. (Alguns compiladores C irão automaticamente retornar 0 se nenhum valor for especificado, mas não conte com isso.)

A forma geral do comando **return** é

return *expressão;*

Lembre-se de que a *expressão* é opcional. Entretanto, se estiver presente, ela se tornará o valor da função.

Você pode usar quantos comandos **return** quiser dentro de uma função. Contudo, a função parará de executar tão logo ela encontre o primeiro **return**. A } que finaliza uma função também faz com que a função retorne. É o mesmo que um **return** sem nenhum valor especificado.

Uma função declarada como **void** não pode ter um comando **return** que especifique um valor. (Como uma função void não retorna valor, não tem sentido que o comando **return** especifique um valor nas funções **void**).

Veja o Capítulo 6 para mais informações sobre **return**.

O Comando goto

Uma vez que C tem um rico conjunto de estruturas de controle e permite um controle adicional usando **break** e **continue**, há pouca necessidade do **goto**. A grande preocupação da maioria dos programadores sobre o **goto** é a sua tendência de tornar os programas ilegíveis. Entretanto, embora o **goto** tenha sido desencorajado alguns anos atrás, ele tem recentemente polido um pouco a sua imagem manchada. Não há nenhuma situação na programação que necessite do **goto**. Apesar disso, contudo, **goto** é uma conveniência que, se usada prudentemente, pode ser uma vantagem em certas situações na programação. Sendo assim, **goto** não é usado fora desta seção.

O comando **goto** requer um rótulo para sua operação. (Um rótulo é um identificador válido em C seguido por dois-pontos.) O padrão ANSI refere-se a esse tipo de construção como uma sentença de rótulo. Além disso, o rótulo tem de estar na mesma função do **goto** que o usa — você não pode efetuar desvios entre funções. A forma geral do comando **goto** é

goto *rótulo*;
.
.
.
rótulo:

onde *rótulo* é qualquer rótulo válido existente antes ou depois do **goto**. Por exemplo, você poderia criar um laço de 1 até 100 usando **goto** e um rótulo, como mostrado aqui:

```
x = 1;
loop1:
  x++;
  if(x<100) goto loop1;
```

O Comando break

O comando **break** tem dois usos. Você pode usá-lo para terminar um **case** em um comando **switch** (abordado anteriormente na seção sobre o **switch**, neste capítulo). Você também pode usá-lo para forçar uma terminação imediata de um laço, evitando o teste condicional normal do laço.

Quando o comando **break** é encontrado dentro de um laço, o laço é imediatamente terminado e o controle do programa retorna no comando seguinte ao laço. Por exemplo,

```
#include <stdio.h>

void main(void)
{
  int t;

  for(t=0; t<100; t++) {
    printf("%d ", t);
    if(t==10) break;
  }
}
```

escreve os números de 1 até 10 na tela. Então, o laço termina porque o **break** provoca uma saída imediata do laço, desrespeitando o teste condicional **t<100**.

Os programadores geralmente usam o comando **break** em laços em que uma condição especial pode provocar uma terminação imediata. Por exemplo, aqui, o pressionamento de uma tecla pode parar a execução da função **look_up()**:

```
look_up(char *name)
{
  do {
    /* procura nomes ... */
    if(kbhit()) break;
  } while(!found);
  /* processa a concordância */
}
```

A função **kbhit()** retorna 0 se você não pressionar uma tecla. Caso contrário, ela retorna um valor não-zero. Devido às grandes diferenças entre ambientes computacionais, o padrão ANSI não define **kbhit()**, mas é quase certo que você a tem (ou alguma com um nome um pouco diferente) fornecida com seu compilador.

Um comando **break** provoca uma saída apenas do laço mais interno. Por exemplo,

```
for(t=0; t<100; ++t) {
  count = 1;
  for(;;) {
    printf("%d ", count);
    count++;
    if(count==10) break;
  }
}
```

escreve os números de 1 a 10 na tela 100 vezes. Cada vez que o compilador encontra **break**, transfere o controle de volta para a repetição **for** mais externa.

Um **break** usado em um comando **switch** somente afetará esse **switch**. Ele não afeta qualquer repetição que contenha o **switch**.

A Função exit()

Da mesma forma que você pode sair de um laço, pode sair de um programa usando a função **exit()** da biblioteca padrão. Essa função provoca uma terminação imediata do programa inteiro, forçando um retorno ao sistema operacional. Com efeito, a função **exit()** age como se ela estivesse finalizando o programa inteiro.

A forma geral da função **exit()** é

void exit(int *código_de_retorno*);

O valor de *código_de_retorno* é retornado ao processo chamador, que é normalmente o sistema operacional. O zero é geralmente usado como um código de retorno que indica uma terminação normal do programa. Outros argumentos são usados para indicar algum tipo de erro.

Programadores geralmente usam **exit()** quando uma condição mandatória para a execução do programa não é satisfeita. Por exemplo, imagine um jogo para computador que queira uma placa gráfica colorida. A função **main()** desse jogo poderia se parecer com isto:

```
void main(void)
{
  if(!virtual_graphics()) exit(1);
  play();
}
```

onde **virtual_graphics()** é uma função definida pelo usuário que retorna verdadeiro se a placa colorida está presente. Se a placa não está no sistema, **virtual_graphics()** retorna falso e o programa termina.

Como um outro exemplo, essa versão de **menu()** usa **exit()** para abandonar o programa e retornar ao sistema operacional:

```
void menu(void)
{
  char ch;

  printf("1. Verificar Ortografia\n");
  printf("2. Corrigir Erros de Ortografia\n");
  printf("3. Mostrar Erros de Ortografia\n");
  printf("4. Abandonar\n");
  printf("    Digite sua escolha:    ");

  do {
    ch=getchar();  /* lê do teclado a seleção */
      switch(ch) {
         case '1':
           check_spelling();
           break;
         case '2':
           correct_errors();
           break;
         case '3':
           display_errors();
           break;
         case '4':
           exit(0);  /* retorna ao OS */
    }
  } while(ch!='1' && ch!='2' && ch!='3');
}
```

O Comando continue

O comando **continue** trabalha de uma forma um pouco parecida com a do comando **break**. Em vez de forçar a terminação, porém, **continue** força que ocorra a próxima iteração do laço, pulando qualquer código intermediário. Para o laço **for**, **continue** faz com que o teste condicional e a porção de incremento do laço sejam executados. Para os laços **while** e **do-while**, o controle do programa passa para o teste condicional. Por exemplo, o seguinte programa conta o número de espaços contidos em uma string inserida pelo usuário:

```
/* Conta espaços */
#include <stdio.h>
```

```
void main(void)
{
  char s[80], *str;
  int space;

  printf("Digite uma string: ");
  gets(s);
  str = s;

  for(space=0; *str; str++) {
    if(*str !=' ') continue;
    space++;
  }
  printf("%d espaços\n", space);
}
```

Cada caractere é testado para ver se é um espaço. Se não é, o comando **continue** força o **for** a iterar novamente. Se o caractere é um espaço, **space** é incrementada.

O seguinte exemplo mostra que você pode usar **continue** para apressar a saída de um laço, forçando o teste condicional a ser realizado mais cedo.

```
void code(void)
{
  char done, ch;

  done = 0;
  while(!done) {
    ch = getchar();
    if(ch=='$') {
      done = 1;
      continue;
    }
    putchar(ch+1);   /* desloca o alfabeto uma posição */
  }
}
```

Esta função codifica uma mensagem deslocando todos os caracteres uma letra acima. Por exemplo, um **A** se tornaria um **B**. A função terminará quando um **$** for digitado. Depois que um **$** for inserido, nenhuma saída adicional ocorrerá porque o teste condicional, trazido a efeito pelo **continue**, encontrará **done** como sendo verdadeiro e provocará a saída do laço.

Comandos de Expressões

O Capítulo 2 abrange completamente as expressões de C. Porém, alguns pontos especiais são mencionados aqui. Lembre-se de que um comando de expressão é simplesmente uma expressão válida em C seguida por um ponto-e-vírgula, como em

```
func();   /* uma chamada a uma função */
a = b+c; /* um comando de atribuição */
b+f();   /* um comando válido, que não faz nada */
;        /* um comando vazio */
```

O primeiro comando de expressão executa uma chamada a uma função. O segundo é uma atribuição. O terceiro elemento é estranho, mas é avaliado pelo compilador C, porque a função **f()** pode realizar alguma tarefa necessária. O último exemplo mostra que C permite que um comando seja vazio (algumas vezes chamado de *comando nulo*).

Blocos de Comandos

Blocos de comandos são simplesmente grupos de comandos relacionados que são tratados como uma unidade. Os comandos que constituem um bloco estão logicamente conectados. Um bloco começa com um { e termina com um } correspondente. Programadores normalmente usam blocos de comandos para criar um objeto multicomandos para algum outro comando, como o **if**. No entanto, você pode pôr um bloco de comandos em qualquer lugar onde seja possível a colocação de um outro comando qualquer. Por exemplo, este é um código em C perfeitamente válido (embora não usual):

```
#include <stdio.h>

void main(void)
{
  int i;

  {  /* um bloco de comandos */
     i = 120;
     printf("%d", i);
  }
}
```

4

Matrizes e Strings

Uma *matriz* é uma coleção de variáveis do mesmo tipo que é referenciada por um nome comum. Um elemento específico em uma matriz é acessado por meio de um índice. Em C, todas as matrizes consistem em posições contíguas na memória. O endereço mais baixo corresponde ao primeiro elemento e o mais alto, ao último elemento. Matrizes podem ter de uma a várias dimensões. A matriz mais comum em C é a de string, que é simplesmente uma matriz de caracteres terminada por um nulo. Essa abordagem a strings dá a C maior poder e eficiência que às outras linguagens.

Em C, matrizes e ponteiros estão intimamente relacionados; uma discussão sobre um deles normalmente refere-se ao outro. Este capítulo focaliza matrizes, enquanto o Capítulo 5 examina mais profundamente os ponteiros. Você deve ler ambos para entender completamente essas construções importantes de C.

Matrizes Unidimensionais

A forma geral para declarar uma matriz unidimensional é

tipo nome_var[tamanho];

Como outras variáveis, as matrizes devem ser explicitamente declaradas para que o compilador possa alocar espaço para elas na memória. Aqui, *tipo* declara o tipo de base da matriz, que é o tipo de cada elemento da matriz; *tamanho* define quantos elementos a matriz irá guardar. Por exemplo, para declarar um matriz de 100 elementos, chamada **balance**, e do tipo **double**, use este comando:

```
double balance[100];
```

Em C, toda matriz tem 0 como o índice do seu primeiro elemento. Portanto, quando você escreve

```
char p[10];
```

você está declarando uma matriz de caracteres que tem dez elementos, **p[0]** até **p[9]**. Por exemplo, o seguinte programa carrega uma matriz inteira com os números de 0 a 99:

```
void main(void)
{
  int x[100];  /* isto reserva 100 elementos inteiros */
  int t;

  for(t=0; t<100; ++t) x[t] = t;
}
```

A quantidade de armazenamento necessário para guardar uma matriz está diretamente relacionada com seu tamanho e seu tipo. Para uma matriz unidimensional, o tamanho total em bytes é calculado como mostrado aqui:

total em bytes = sizeof(tipo) * tamanho da matriz

C não tem verificação de limites em matrizes. Você poderia ultrapassar o fim de uma matriz e escrever nos dados de alguma outra variável ou mesmo no código do programa. Como programador, é seu trabalho prover verificação dos limites onde for necessário. Por exemplo, este código compilará sem erros, mas é incorreto, porque o laço **for** fará com que a matriz **count** ultrapasse seus limites.

```
int count[10], i;

/* isto faz com que count seja ultrapassada */
for(i=0; i<100; i++) count[i]= i;
```

Matrizes unidimensionais são, essencialmente, listas de informações do mesmo tipo, que são armazenadas em posições contíguas da memória em uma ordem de índice. Por exemplo, a Figura 4.1 mostra como a matriz **a** apareceria na memória se ela começasse na posição de memória 1000 e fosse declarada como mostrado aqui:

```
char a[7];
```

Elemento	a[0]	a[1]	a[2]	a[3]	a[4]	a[5]	a[6]
Endereço	1000	1001	1002	1003	1004	1005	1006

Figura 4.1 Uma matriz de sete elementos começando na posição 1000.

Gerando um Ponteiro para uma Matriz

Você pode gerar um ponteiro para o primeiro elemento de uma matriz simplesmente especificando o nome da matriz, sem nenhum índice. Por exemplo, dado

```
int sample[10];
```

você pode gerar um ponteiro para o primeiro elemento simplesmente usando o nome **sample**. Por exemplo, o seguinte fragmento atribui a **p** o endereço do primeiro elemento de **sample**:

```
int *p;
int sample[10];

p = sample;
```

Você também pode especificar o endereço do primeiro elemento de uma matriz usando o operador &. Por exemplo, **sample** e **&sample[0]** produzem os mesmos resultados. Porém, em códigos C escritos profissionalmente, você quase nunca verá algo como **&sample[0]**.

Passando Matrizes Unidimensionais para Funções

Em C, você não pode passar uma matriz inteira como um argumento para uma função. Você pode, porém, passar um ponteiro para uma matriz para uma função, especificando o nome da matriz sem um índice. Por exemplo, o seguinte fragmento de programa passa o endereço de **i** para **func1()**:

```
void main(void)
{
  int i[10];
```

```
    func1(i);
    .
    .
    .
}
```

Se uma função recebe uma matriz unidimensional, você pode declarar o parâmetro formal em uma entre três formas: como um ponteiro, como uma matriz dimensionada ou como uma matriz não-dimensionada. Por exemplo, para receber **i**, uma função chamada **func1()** pode ser declarada como

```
void func1(int *x) /* ponteiro */
{
    .
    .
    .
}
```

ou

```
void func1(int x[10]) /* matriz dimensionada */
{
    .
    .
    .
}
```

ou finalmente como

```
void func1(int x[]) /* matriz não-dimensionada */
{
    .
    .
    .
}
```

Todos os três métodos de declaração produzem resultados idênticos, porque cada um diz ao compilador que um ponteiro inteiro vai ser recebido. A primeira declaração usa, de fato, um ponteiro. A segunda emprega a declaração de matriz padrão. Na última versão, uma versão modificada de uma declaração de matriz simplesmente especifica que uma matriz do tipo **int**, de algum tamanho, será recebida. Como você pode ver, o comprimento da matriz não importa à função, porque C não realiza verificação de limites. De fato, até onde diz respeito ao compilador,

```
void func1(int x[32])
{
      .
      .
      .
}
```

também funciona, porque o compilador C gera um código que instrui **func1()** a receber um ponteiro — ele não cria realmente uma matriz de 32 elementos.

Strings

O uso mais comum de matrizes unidimensionais é como string de caracteres. Lembre-se de que, em C, uma string é definida como uma matriz de caracteres que é terminada por um nulo. Um nulo é especificado como '\0' e geralmente é zero. Por essa razão, você precisa declarar matrizes de caracteres como sendo um caractere mais longo que a maior string que elas devem guardar. Por exemplo, para declarar uma matriz **str** que guarda uma string de 10 caracteres, você escreveria

```
char str[11];
```

Isso reserva espaço para o nulo no final da string.

Embora C não tenha o tipo de dado string, ela permite constantes string. Uma *constante string* é uma lista de caracteres entre aspas. Por exemplo,

"alo aqui"

Você não precisa adicionar o nulo no final das constantes string manualmente — o compilador C faz isso por você automaticamente.

C suporta uma ampla gama de funções de manipulação de strings. As mais comuns são:

Nome	Função
strcpy(s1, s2)	Copia s2 em s1.
strcat(s1, s2)	Concatena s2 ao final de s1.
strlen(s1)	Retorna o tamanho de s1.
strcmp(s1, s2)	Retorna 0 se s1 e s2 são iguais; menor que 0 se s1<s2; maior que 0 se s1>s2.
strchr(s1, ch)	Retorna um ponteiro para a primeira ocorrência de ch em s1.
strstr(s1, s2)	Retorna um ponteiro para a primeira ocorrência de s2 em s1.

Essas funções usam o cabeçalho padrão **STRING.H**. (Essas e outras funções de string são discutidas em detalhes na Parte 2.) O seguinte programa ilustra o uso dessas funções de string:

```
#include <stdio.h>
#include <string.h>

void main(void)
{
  char s1[80], s2[80];

  gets(s1);

  gets(s2);

  printf("comprimentos: %d %d\n", strlen(s1), strlen(s2));

  if(!strcmp(s1, s2)) printf ("As strings são iguais\n");
  strcat(s1, s2);
  printf("%s\n", s1);

  strcpy(s1, "Isso é um teste.\n");
  printf(s1);
  if(strchr("alo", 'o')) printf("o está em alo\n");
  if(strstr("ola aqui", "ola")) printf("ola encontrado");
}
```

Se você rodar esse programa e digitar as strings "**alo**" e "**alo**", a saída será

comprimentos: 33
As string são iguais
aloalo
Isso é um teste.
o está em alo
ola encontrado

Lembre-se de que **strcmp()** retorna falso se as strings são iguais. Assegure-se de usar o operador ! para reverter a condição, como mostrado, se você estiver testando igualdade.

Matrizes Bidimensionais

C suporta matrizes multidimensionais. A forma mais simples de matriz multidimensional é a matriz bidimensional — uma matriz de matrizes unidimensionais. Para declarar uma matriz bidimensional de inteiros **d** de tamanho 10,20, você escreveria

```
int d[10][20];
```

Preste bastante atenção à declaração. Muitas linguagens de computador usam vírgulas para separar as dimensões da matriz; C, em contraste, coloca cada dimensão no seu próprio conjunto de colchetes.

Similarmente, para acessar o ponto 1,2 da matriz **d**, você usaria

```
d[1][2];
```

O seguinte exemplo carrega uma matriz bidimensional com os números de 1 a 12 e escreve-os linha por linha.

```
#include <stdio.h>

void main(void)
{
  int t, i, num[3][4];

  for(t=0; t<3; ++t)
    for(i=0; i<4; ++i)
      num[t][i] = (t*4)+i+1;

/* agora escreva-os */
  for(t=0; t<3; ++t) {
    for(i=0; i<4; ++i)
      printf("%3d ", num[t][i]);
    printf("\n");
  }
}
```

Neste exemplo, **num[0][0]** tem o valor 1, **num[0][1]**, o valor 2, **num[0][2]**, o valor 3 e assim por diante. O valor de **num[2][3]** será 12. Você pode visualizar a matriz **num** como mostrada aqui:

num [t] [i]	0	1	2	3
0	1	2	3	4
1	5	6	7	8
2	9	10	11	12

Matrizes bidimensionais são armazenadas em uma matriz linha-coluna, onde o primeiro índice indica a linha e o segundo, a coluna. Isso significa que o índice mais à direita varia mais rapidamente do que o mais à esquerda quando acessamos os elementos da matriz na ordem em que eles estão realmente armazenados na memória. Veja a Figura 4.2 para uma representação gráfica de uma matriz bidimensional na memória. Você pode pensar no primeiro índice como um "ponteiro" para a linha correta.

No caso de uma matriz bidimensional, a seguinte fórmula fornece o número de bytes de memória necessários para armazená-la:

bytes = tamanho do 1º índice * tamanho do 2º índice * sizeof(tipo base)

Portanto, assumindo inteiros de dois bytes, uma matriz de inteiros com dimensões 10,5 teria

10 * 5 * 2

ou 100 bytes alocados.

Quando uma matriz bidimensional é usada como um argumento para uma função, apenas um ponteiro para o primeiro elemento é realmente passado. Porém, uma função que recebe uma matriz bidimensional como um parâmetro deve definir pelo menos o comprimento da segunda dimensão. Isso ocorre porque o compilador C precisa saber o comprimento de cada linha para indexar a matriz corretamente. Por exemplo, uma função que recebe uma matriz bidimensional de inteiros com dimensões 10,10 é declarada desta forma:

```
void func1(int x[][10])
{
     .
     .
     .
}
```

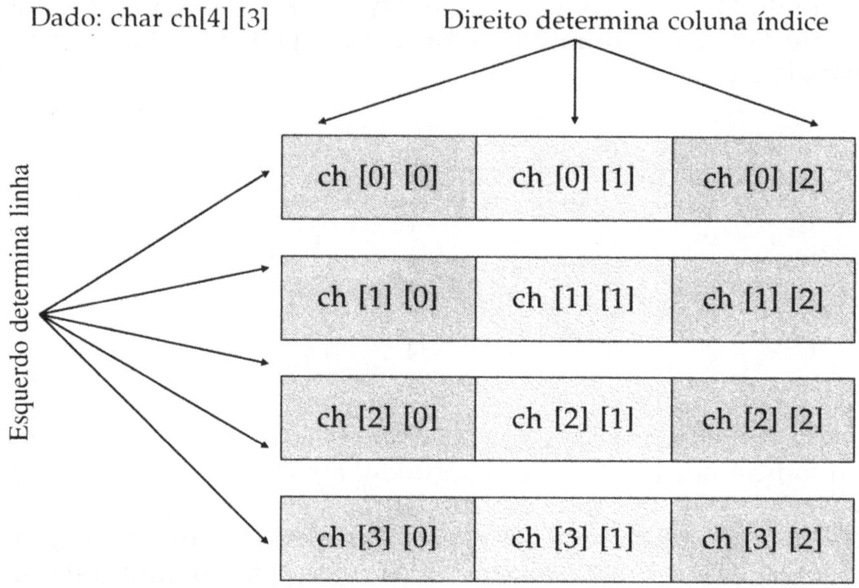

Figura 4.2 Uma matriz bidimensional na memória.

Você pode especificar a primeira dimensão, se quiser, mas não é necessário. O compilador C precisa saber a segunda dimensão para trabalhar em sentenças como

```
x[2][4]
```

dentro da função. Se o comprimento das linhas não é conhecido, o compilador não pode determinar onde a terceira linha começa.

O seguinte programa usa uma matriz bidimensional para armazenar as notas numéricas de cada aluno de uma sala de aula. O programa assume que o professor tem três turmas e um máximo de 30 alunos por turma. Note a maneira como a matriz **grade** é acessada em cada uma das funções.

```
#include <stdio.h>
#include <ctype.h>
#include <stdlib.h>

/* Um banco de dados simples para notas de alunos. */

#define CLASSES  3
```

```
#define GRADES  30

int grade[CLASSES][GRADES];

void enter_grades(void);
int get_grade(int num);
void disp_grades(int g[][GRADES]);

void main(void)
{
  char ch, str[80];

  for(;;) {
    do {
      printf("(D)igitar notas\n");
      printf("(M)ostrar notas\n");
      printf("(S)air\n");
      gets(str);
      ch = toupper(*str);
    } while(ch!='D' && ch!='M' && ch!='S');

    switch(ch) {
      case 'D':
        enter_grades();
        break;
      case 'M':
        disp_grades(grade);
        break;
      case 'S':
        exit(0);
    }
  }
}

/* Digita a nota dos alunos. */
void enter_grades(void)
{
  int t, i;

  for(t=0; t<CLASSES; t++) {
    printf("Turma # %d:\n", t+1);
    for(i=0; i<GRADES; ++i)
      grade [t][i]= get_grade(i);
  }
}
```

```
/* Lê uma nota. */
get_grade(int num)
{
  char s[80];

  printf("Digite a nota do aluno # %d:\n",num+1);
  gets(s);
  return(atoi(s));
}

/* Mostra as notas. */
void disp_grades(int g[][GRADES])
{
  int t, i;

  for(t=0; t<CLASSES; ++t) {
    printf("Turma # %d:\n", t+1);
    for(i=0; i<GRADES; ++i)
      printf("Aluno #%d é %d\n", i+1, g[t][i]);
  }
}
```

Matrizes de Strings

Não é incomum, em programação, usar uma matriz de strings. Por exemplo, o processador de entrada de um banco de dados pode verificar os comandos do usuário com base em uma matriz de comandos válidos. Para criar uma matriz de strings, use uma matriz bidimensional de caracteres. O tamanho do índice esquerdo indica o número de strings e o tamanho do índice do lado direito especifica o comprimento máximo de cada string. O código seguinte declara uma matriz de 30 strings, cada qual com um comprimento máximo de 79 caracteres:

```
char str_array[30][80];
```

É fácil acessar uma string individual: você simplesmente especifica apenas o índice esquerdo. Por exemplo, o seguinte comando chama **gets()** com a terceira string em **str_array**.

```
gets(str_array[2]);
```

O comando anterior é funcionalmente equivalente a

```
gets(&str_array[2][0]);
```

mas a primeira das duas formas é muito mais comum em códigos C escritos profissionalmente.

Para entender melhor como matrizes de string funcionam, estude o programa seguinte, que usa uma matriz de string como base para um editor de texto muito simples:

```
#include <stdio.h>

#define MAX 100
#define LEN 80

char text[MAX][LEN];

/* Um editor de texto muito simples. */
void main(void)


{
  register int t, i, j;

  printf("Digite uma linha vazia para sair.\n");

  for(t=0; t<MAX; t++) {
    printf("%d: ", t);
    gets(text[t]);
    if(!*text[t]) break; /* sai com linha em branco */


}

  for(i=0; i<t; i++) {
   for(j=0; text[i][j]; j++) putchar(text[i][j]);
   putchar('\n');
  }
}
```

Este programa recebe linhas de texto até que uma linha em branco seja inserida. Então, ele mostra novamente cada linha, um caractere por vez.

Matrizes Multidimensionais

C permite matrizes com mais de duas dimensões. O limite exato, se existe, é determinado por seu compilador. A forma geral da declaração de uma matriz multidimensional é

tipo nome[*Tamanho1*][*Tamanho2*][*Tamanho3*]...[*TamanhoN*];

Matrizes de três ou mais dimensões não são freqüentemente usadas devido à quantidade de memória de que elas necessitam. Por exemplo, uma matriz de quatro dimensões do tipo caractere e com tamanhos 10,6,9,4 requer

10 * 6 * 9 * 4

ou 2.160 bytes. Se a matriz guardasse inteiros de 2 bytes, 4.320 bytes seriam necessários. Se a matriz guardasse **double** (assumindo 8 bytes por **double**), 17.280 bytes seriam necessários. O armazenamento necessário cresce exponencialmente com o número de dimensões. Grandes matrizes multidimensionais são geralmente alocadas dinamicamente, uma parte por vez, com as funções de alocação dinâmica de C e ponteiros. Essa abordagem é chamada de *matriz esparsa* e é discutida no Capítulo 21.

Em matrizes multidimensionais, toma-se tempo do computador para calcular cada índice. Isso significa que acessar um elemento em uma matriz multidimensional é mais lento do que acessar um elemento em uma matriz unidimensional.

Quando passar matrizes multidimensionais para funções, você deve declarar todas menos a primeira dimensão. Por exemplo, se você declarar a matriz **m** como

```
int m[4][3][6][5];
```

uma função, **func1()**, que recebe **m**, se pareceria com isto:

```
void func1(int d[][3][6][5])
{
   .
   .
   .
}
```

Obviamente, você pode incluir a primeira dimensão, se quiser.

Indexando Ponteiros

Em C, ponteiros e matrizes estão intimamente relacionados. Como você sabe, um nome de matriz sem um índice é um ponteiro para o primeiro elemento da matriz. Por exemplo, considere a seguinte matriz.

```
char p[10];
```

As seguintes sentenças são iguais:

```
p
&p[0]
```

Colocando de outra forma,

```
p == &p[0]
```

é avaliado como verdadeiro, porque o endereço do primeiro elemento de uma matriz é o mesmo que o da matriz.

Reciprocamente, qualquer ponteiro pode ser indexado como se uma matriz fosse declarada. Por exemplo, considere este fragmento de programa:

```
int *p, i[10];
p = i;
p[5] = 100; /* atribui usando o índice */
*(p+5) = 100; /*atribui usando aritmética de ponteiros */
```

Os dois comandos de atribuição colocam o valor 100 no sexto elemento de **i**. O primeiro elemento indexa **p**; o segundo usa aritmética de ponteiro. De qualquer forma, o resultado é o mesmo. (O Capítulo 5 discute ponteiros e aritmética de ponteiros.)

Esse processo também pode ser aplicado a matrizes de duas ou mais dimensões. Por exemplo, assumindo que **a** é uma matriz de inteiros 10 por 10, estas duas sentenças são equivalentes:

```
a
&a[0][0]
```

Além disso, o elemento 0,4 de **a** pode ser referenciado de duas formas: por indexação de matriz, **a[0][4]**, ou por ponteiro, ***(a+4)**. Similarmente, o elemento 1,2 é **a[1][2]** ou ***(a+12)**. Em geral, para qualquer matriz bidimensional

a[j][k] é equivalente a *(a+(j*comprimento das linhas)+k)

Às vezes, ponteiros são usados para acessar matrizes porque a aritmética de ponteiros é geralmente mais rápida que a indexação de matrizes.

De certa forma, uma matriz bidimensional é semelhante a uma matriz de ponteiros que apontam para matrizes de linhas. Por isso, usar uma variável de ponteiro separada torna-se uma maneira fácil de utilizar ponteiros para acessar os elementos de uma matriz bidimensional. A função seguinte imprimirá o conteúdo da linha especificada da matriz global inteira **num**:

```
int num[10][10];
  .
  .
  .
void pr_row(int j)
{
  int *p, t;

  p = &num[j][0]; /* obtém o endereço do primeiro
                     elemento na linha j */

  for(t=0; t<10; ++t) printf("%d ", *(p+t));
}
```

Você pode generalizar essa rotina usando como argumentos de chamada a linha, o comprimento das linhas e um ponteiro para o primeiro elemento da matriz, como mostrado aqui:

```
void pr_row(int j, int row_dimension, int *p)
{
  int t;

  p = p + (j * row_dimension);

  for(t=0; t<row_dimension; ++t)
    printf("%d ", *(p+t));
}
```

Matrizes de dimensões maiores que dois podem ser reduzidas de forma semelhante. Por exemplo, uma matriz tridimensional pode ser reduzida a um ponteiro para uma matriz bidimensional, que pode ser reduzida a um ponteiro para uma matriz unidimensional. Genericamente, um matriz *n*-dimensional pode ser reduzida a um ponteiro para uma matriz (*n*-1)-dimensional. Essa nova matriz pode ser reduzida novamente com o mesmo método. O processo termina quando uma matriz unidimensional é produzida.

Inicialização de Matriz

C permite a inicialização de matrizes no momento da declaração. A forma geral de uma inicialização de matriz é semelhante à de outras variáveis, como mostrado aqui:

especificador_de_tipo nome_da_matriz[tamanho1]...[tamanhoN] = {lista_valores};

A *lista_valores* é uma lista separada por vírgulas de constantes cujo tipo é compatível com *especificador_de_tipo.* A primeira constante é colocada na primeira posição, da matriz, a segunda, na segunda posição e assim por diante. Observe o ponto-e-vírgula que segue o }.

No exemplo seguinte, uma matriz inteira de dez elementos é inicializada com os números de 1 a 10:

```
int i[10] = {1, 2, 3, 4, 5, 6, 7, 8, 9, 10};
```

Isso significa que **i[0]** terá o valor 1 e **i[9]** terá o valor 10.

Matrizes de caracteres que contêm strings permitem uma inicialização abreviada que toma a forma:

char *nome_da_matriz[tamanho] = "string";*

Por exemplo, este fragmento de código inicializa **str** com a frase "Eu gosto de C".

```
char str[14] = "Eu gosto de C";
```

Isso é o mesmo que escrever

```
char str[14]= {'E','u',' ','g','o','s','t','o','','d','e','
              ','C','\0'};
```

Como todas as strings em C terminam com um nulo, você deve ter certeza de que a matriz a ser declarada é longa o bastante para incluir o nulo. Isso explica porque **str** tem comprimento de 14 caracteres, muito embora "Eu gosto de C" tenha apenas 13. Quando você usa uma constante string, o compilador automaticamente fornece o terminador nulo.

Matrizes multidimensionais são inicializadas da mesma forma que matrizes unidimensionais. Por exemplo, o código seguinte inicializa **sqrs** com os números de 1 a 10 e seus quadrados.

```
int sqrs[10][2] = {
  1,1,
  2,4,
  3,9,
  4,16,
  5,25,
  6,36,
  7,49,
  8,64,
  9,81,
  10,100
};
```

Inicialização de Matrizes Não-Dimensionadas

Imagine que você esteja usando inicialização de matrizes para construir uma tabela de mensagens de erro, como mostrado aqui:

```
char e1[17] = "erro de leitura\n";
char e2[17] = "erro de escrita\n";
char e3[29] = "arquivo não pode ser aberto\n";
```

Como você poderia supor, é tedioso contar os caracteres em cada mensagem, manualmente, para determinar a dimensão correta da matriz. Você pode deixar C calcular automaticamente as dimensões da matriz, usando matrizes não dimensionadas. Se, em um comando de inicialização de matriz, o tamanho da matriz não é especificado, o compilador C cria uma matriz grande o bastante para conter todos os inicializadores presentes. Isso é chamado de *matriz não-dimensionada*. Usando essa abordagem, a tabela de mensagens torna-se

```
char e1[] = "Erro de leitura\n";
char e2[] = "Erro de escrita\n";
char e3[] = "Arquivo não pode ser aberto\n";
```

Dadas essas inicializações, este comando

```
printf("%s tem comprimento %d\n", e2, sizeof e2);
```

mostrará

erro de escrita tem comprimento 17

Além de ser menos tediosa, a inicialização de matrizes *não-dimensionadas* permite a você alterar qualquer mensagem sem se preocupar em usar uma matriz de dimensões incorretas.

Inicializações de matrizes não-dimensionadas não estão restritas a matrizes unidimensionais. Para matrizes multidimensionais, você deve especificar todas, exceto a dimensão mais à esquerda, para que o compilador possa indexar a matriz de forma apropriada. Desta forma, você pode construir tabelas de comprimentos variáveis e o compilador aloca automaticamente armazenamento suficiente para guardá-las. Por exemplo, a declaração de **sqrs** como uma matriz não-dimensionada é mostrada aqui:

```
int sqrs[][2] = {
  1,1,
  2,4,
  3,9,
  4,16,
  5,25,
  6,36,
  7,49,
  8,64,
  9,81,
  10,100
};
```

A vantagem dessa declaração sobre a versão que especifica o tamanho é que você pode aumentar ou diminuir a tabela sem alterar as dimensões da matriz.

Um Exemplo com o Jogo-da-Velha

O exemplo que segue ilustra muitas das maneiras pelas quais você pode manipular matrizes em C. Matrizes multidimensionais são comumente usadas para simular as matrizes de jogos de tabuleiro. Essa seção desenvolve um programa simples de jogo da velha.

O computador joga de forma simples. Quando é a vez do computador, ela usa **get_computer_move()** para varrer a matriz, procurando por uma célula desocupada. Quando encontra uma, ele põe um **O** nesta posição. Se ele não pode encontrar uma célula vazia, ele indica um jogo empatado e termina. A função **get_player_move()** pergunta-lhe onde você quer colocar um **X**. O canto esquerdo superior é a posição 1,1; o canto direito inferior é a posição 3,3.

A matriz do tabuleiro é inicializada para conter espaços. Isso torna mais fácil apresentar a matriz na tela.

Toda vez que é feito um movimento, o programa chama a função **check()**. Essa função devolve um espaço se ainda não há vencedor, um X se você ganhou ou um O se o computador ganhou. Ela varre as linhas, as colunas e, em seguida, as diagonais, procurando uma que contenha tudo X's ou tudo O's.

A função **disp_matrix()** apresenta o estado atual do jogo. Observe como a inicialização com espaços simplifica essa função.

Todas as rotinas, neste exemplo, acessam a matriz **matrix** de forma diferente. Estude-as para ter certeza de que você compreendeu cada operação com matriz.

```
/* Um exemplo de jogo-da-velha simples. */
#include <stdio.h>
#include <stdlib.h>

char matrix[3][3]; /* a matriz do jogo */

char check(void);
void init_matrix(void);
void get_player_move(void);
void get_computer_move(void);
void disp_matrix(void));

void main(void)
{
  char done;

  printf("Este é o jogo-da-velha.\n");
  printf("Você estará jogando contra o computador.\n");

  done = ' ';
  init_matrix();
  do{
    disp_matrix();
    get_player_move();
    done = check();  /* verifica se há vencedor */
    if(done!=' ') break;  /* vencedor! */
    get_computer_move();
    done = check();  /* verifica se há vencedor */
  } while(done== ' ');
  if(done=='X') printf("Você ganhou!\n");
  else printf("Eu ganhei!!!!\n");
```

```
  disp_matrix();  /* mostra as posições finais */
}

/* Inicializa a matriz. */
void init_matrix(void)
{
  int i, j;

  for(i=0; i<3; i++)
   for(j=0; j<3; j++) matrix[i][j] = ' ';
}

/* Obtém a sua jogada. */
void get_player_move(void)
{
  int x, y;

  printf("Digite as coordenadas para o X: ");
  scanf("%d%d", &x, &y);

  x--; y--;

  if(matrix[x][y]!=' ') {
    printf("Posição inválida, tente novamente. \n");
    get_player_move();
  }
  else matrix[x][y] = 'X';
}

/* Obtém uma jogada do computador. */
void get_computer_move(void)
{
  int i, j;
  for(i=0; i<3; i++) {
    for(j=0; j<3; j++)
      if(matrix[i][j]==' ') break;
    if(matrix[i][j]==' ') break;
  }

  if(i*j==9) {
    printf("empate\n");
    exit(0);
  }
  else
    matrix[i][j] = 'O';
```

```
}

/* Mostra a matriz na tela. */
void disp_matrix(void)
{
  int t;

  for(t=0; t<3; t++) {
    printf(" %c ¦ %c ¦ %c ", matrix[t][0], matrix[t][1],
          matrix[t][2]);
    if(t!=2) printf("\n---¦---¦---\n");
  }
  printf("\n");
}

/* Verifica se há um vencedor. */
char check(void)
{
  int i;

  for(i=0; i<3; i++) /* verifica as linhas */
    if(matrix[i][0]==matrix[i][1] &&
       matrix[i][0]==matriz[i][2]) return matrix[i][0];

  for(i=0; i<3; i++) /* verifica as colunas */
    if(matrix[0][i]==matrix[1][i] &&
       matrix[0][i]==matrix[2][i]) return matrix[0][i];

  /* testa as diagonais */
  if(matrix[0][0]==matrix[1][1] &&
     matrix[1][1]==matriz[2][2])
        return matrix[0][0];
  if(matrix[0][2]==matrix[1][1] &&
     matrix[1][1]==matriz[2][0])
        return matrix[0][2];

  return ' ';
}
```

MAKRON Books

5

Ponteiros

O correto entendimento e uso de ponteiros é crítico para uma programação bem-sucedida em C. Há três razões para isso: primeiro, ponteiros fornecem os meios pelos quais as funções podem modificar seus argumentos; segundo, eles são usados para suportar as rotinas de alocação dinâmica de C, e terceiro, o uso de ponteiros pode aumentar a eficiência de certas rotinas.

Ponteiros são um dos aspectos mais fortes e mais perigosos de C. Por exemplo, ponteiros não-inicializados, ou *ponteiros selvagens*, podem provocar uma quebra do sistema. Talvez pior, é fácil usar ponteiros incorretamente, ocasionando erros que são muito difíceis de encontrar.

O Que São Ponteiros?

Um *ponteiro* é uma variável que contém um endereço de memória. Esse endereço é normalmente a posição de uma outra variável na memória. Se uma variável contém o endereço de uma outra, então a primeira variável é dita para *apontar* para a segunda. A Figura 5.1 ilustra essa situação.

Variáveis Ponteiros

Se uma variável irá conter um ponteiro, ela deve ser declarada como tal. Uma declaração de ponteiro consiste no tipo de base, um * e o nome da variável. A forma geral para declarar uma variável ponteiro é

*tipo *nome;*

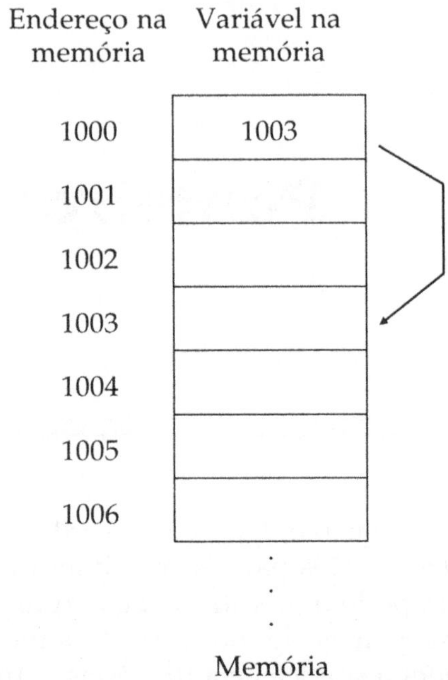

Figura 5.1 Uma variável aponta para outra.

onde *tipo* é qualquer tipo válido em C e *nome* é o nome da variável ponteiro.

O tipo base do ponteiro define que tipo de variáveis o ponteiro pode apontar. Tecnicamente, qualquer tipo de ponteiro pode apontar para qualquer lugar na memória. No entanto, toda a aritmética de ponteiros é feita por meio do tipo base, assim, é importante declarar o ponteiro corretamente. (A aritmética de ponteiros é discutida mais adiante neste capítulo.)

Os Operadores de Ponteiros

Existem dois operadores especiais para ponteiros: * e &. O & é um operador unário que devolve o endereço na memória do seu operando. (Um operador unário requer apenas um operando.) Por exemplo,

```
m = &count;
```

coloca em **m** o endereço da memória que contém a variável **count**. Esse endereço é a posição interna ao computador da variável. O endereço não tem relação alguma com o valor de **count**. O operador & pode ser imaginado como retornando "o endereço de". Assim, o comando de atribuição anterior significa "**m** recebe o endereço de **count**".

Para entender melhor a atribuição anterior, assuma que a variável **count** usa a posição de memória 2000 para armazenar seu valor. Assuma também que **count** tem o valor 100. Então, após a atribuição anterior, **m** terá o valor 2000.

O segundo operador de ponteiro, *, é o complemento de &. É um operador unário que devolve o valor da variável localizada no endereço que o segue. Por exemplo, se **m** contém o endereço da variável **count**,

```
q = *m;
```

coloca o valor de **count** em **q**. Portanto, **q** terá o valor 100 porque 100 estava armazenado na posição 2000, que é o endereço que estava armazenado em **m**. O operador * pode ser imaginado como "no endereço". Nesse caso, o comando anterior significa "**q** recebe o valor que está no endereço **m**".

Alguns iniciantes em C podem confundir-se porque o sinal de multiplicação e o símbolo de "no endereço" são idênticos, como também o AND bit a bit é igual ao símbolo de "endereço de". Esses operadores não têm nenhuma relação um com o outro. Tanto & como * têm uma precedência maior do que todos os operadores aritméticos, exceto o menos unário, com o qual eles se parecem.

As variáveis ponteiros sempre devem apontar para o tipo de dado correto. Por exemplo, quando um ponteiro é declarado como sendo do tipo **int**, o ponteiro assume que qualquer endereço que ele contenha aponta para uma variável inteira. Como C permite a atribuição de qualquer endereço a uma variável ponteiro, o fragmento de código seguinte compila sem nenhuma mensagem de erro (ou apenas uma advertência, dependendo do seu compilador), mas não produz o resultado desejado:

```
void main(void)
{
  float x, y;
  int  *p;

  /* O próximo comando faz com que p (que é ponteiro
     para inteiro) aponte para um float. */
  p = &x;

   /* O próximo comando não funciona como esperado. */
  y = *p;
}
```

Isso não irá atribuir o valor de **x** a **y**. Já que **p** é declarado como um ponteiro para inteiros, apenas dois bytes de informação são transferidos para **y**, não os 8 bytes que normalmente formam um número em ponto flutuante.

Expressões com Ponteiros

Em geral, expressões envolvendo ponteiros concordam com as mesmas regras de qualquer outra expressão de C. Nesta seção uns poucos aspectos especiais de expressões com ponteiros serão examinados.

Atribuição de Ponteiros

Como é o caso com qualquer variável, um ponteiro pode ser usado no lado direito de um comando de atribuição para passar seu valor para um outro ponteiro. Por exemplo,

```
#include <stdio.h>

void main(void)
{
  int x;
  int *p1, *p2;

  p1 = &x;
  p2 = p1;

  printf("%p", p2); /* escreve o endereço de x, não seu
                       valor! */
}
```

Agora, tanto **p1** quanto **p2** apontam para **x**. O endereço de **x** é mostrado, usando o modificador de formato de **printf() %p**, que faz com que **printf()** apresente um endereço no formato usado pelo computador host.

Aritmética de Ponteiros

Existem apenas duas operações aritméticas que podem ser usadas com ponteiros: adição e subtração. Para entender o que ocorre na aritmética de ponteiros, consideremos **p1** um ponteiro para um inteiro com o valor atual 2000. Assuma, também, que os inteiros são de 2 bytes. Após a expressão

```
p1++;
```

p1 contém 2002, não 2001. Cada vez que **p1** é incrementado, ele aponta para o próximo inteiro. O mesmo é verdade nos decrementos. Por exemplo, assumindo que **p1** tem o valor 2000, a expressão

```
p1--;
```

faz com que **p1** receba o valor 1998.

Generalizando a partir do exemplo anterior, as regras a seguir governam a aritmética de ponteiros. Cada vez que um ponteiro é incrementado, ele aponta para a posição de memória do próximo elemento do seu tipo base. Cada vez que é decrementado, ele aponta para a posição do elemento anterior. Com ponteiros para caracteres, isso freqüentemente se parece com a aritmética "normal". Contudo, todos os outros ponteiros incrementam ou decrementam pelo tamanho do tipo de dado que eles apontam. Por exemplo, assumindo caracteres de 1 byte e inteiros de 2 bytes, quando um ponteiro para caracteres é incrementado, seu valor aumenta em um. Porém, quando um ponteiro inteiro é incrementado, seu valor aumenta em dois. Isso ocorre porque os ponteiros são incrementados e decrementados relativamente ao tamanho do tipo base de forma que ele sempre aponta para o próximo elemento. De maneira mais geral, toda a aritmética de ponteiros é feita relativamente ao tipo base do ponteiro, para que ele sempre aponte para o elemento do tipo base apropriado. A Figura 5.2 ilustra esse conceito.

Você não está limitado a apenas incremento e decremento. Você pode somar ou subtrair inteiros de ponteiros. A expressão

```
p1 = p1 + 12;
```

faz **p1** apontar para o décimo segundo elemento do tipo **p1** adiante do elemento que ele está atualmente apontando.

Além de adição e subtração entre um ponteiro e um inteiro, nenhuma outra operação aritmética pode ser efetuada com ponteiros. Especificamente, você não pode multiplicar ou dividir ponteiros; não pode aplicar os operadores de deslocamento e de mascaramento bit a bit com ponteiros; e não pode adicionar ou subtrair o tipo **float** ou o tipo **double** a ponteiros.

```
char *ch=3000;
int *i=3000;
```

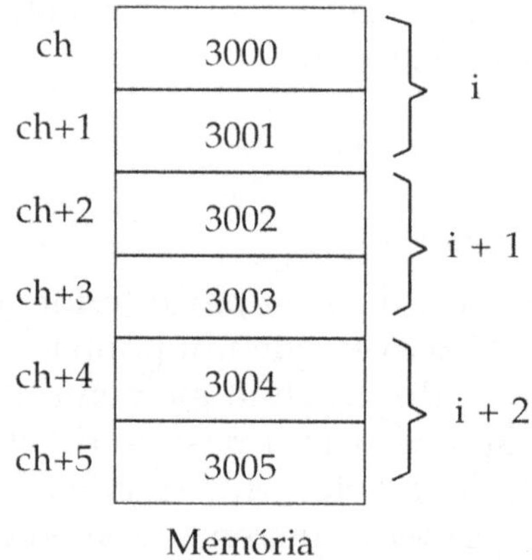

Figura 5.2 Toda aritmética de ponteiros é relativa a seu tipo base.

Comparação de Ponteiros

É possível comparar dois ponteiros em uma expressão relacional. Por exemplo, dados dois ponteiros **p** e **q**, o fragmento de código seguinte é perfeitamente válido.

```
if(p<q) printf("p aponta para uma memória mais baixa que q\n");
```

Geralmente, comparações de ponteiros são usadas quando dois ou mais ponteiros apontam para um objeto comum. Como exemplo, um par de rotinas de pilha são desenvolvidas de forma a guardar valores inteiros. Uma pilha é uma lista em que o primeiro acesso a entrar é o último a sair. É freqüentemente comparada a uma pilha de pratos em uma mesa — o primeiro prato colocado é o último a ser usado. Pilhas são freqüentemente usadas em compiladores, interpretadores, planilhas e outros softwares relacionados com o sistema. Para criar uma pilha, são necessárias duas funções: **push()** e **pop()**. A função **push()** coloca os valores na pilha e **pop()** retira-os. Essas rotinas são mostradas aqui com uma função **main()** bem simples para utilizá-las. Se você digitar **0**, um valor será retirado da pilha. Para encerrar o programa, digite **-1**.

```
#include <stdio.h>
#include <stdlib.h>

# define SIZE 50
```

```
void push(int i);
int pop(void):

int *tos, *p1, stack[SIZE];

void main(void)
{
  int value;

  tos = stack; /* faz tos conter o topo da pilha */
  p1 = stack; /* inicializa p1 */

  do {
    printf("Digite o valor: ");
    scanf("%d", &value);
    if(value!=0) push(value);
    else printf("valor do topo é %d\n", pop());
  } while(value!=-1);
}

void push(int i)
{
  p1++;
  if(p1==(tos+SIZE)) {
    printf("Estouro da pilha");
    exit(1);
  }
  *p1 = i;
}

pop(void)
{
  if(p1==tos) {
    printf("Estouro da pilha");
    exit(1);
  }
  p1--;
  return *(p1+1);
}
```

Você pode ver que a memória para a pilha é fornecida pela matriz **stack**. O ponteiro **p1** é ajustado para apontar para o primeiro byte em **stack**. A pilha é realmente acessada pela variável **p1**. A variável **tos** contém o endereço do topo da pilha. O valor de **tos** evita que se retirem elementos da pilha vazia. Uma vez que a pilha tenha sido inicializada, **push()** e **pop()** podem ser usadas como uma pilha de inteiros. Tanto **push()** como **pop()** realizam um teste relacional com o ponteiro **p1** para detectar erros de limite. Em **push()**, **p1** é testado junto ao final da pilha adicionando-se **SIZE** (o tamanho da pilha) a **tos**. Em **pop()**, **p1** é verificado junto a **tos** para assegurar que não se retirem elementos da pilha vazia.

Em **pop()**, os parênteses são necessários no comando **return**. Sem eles, o comando seria

```
return *p1 +1;
```

que retornaria o valor da posição **p1** mais um, não o valor da posição **p1+1**. Você deve usar parênteses para garantir a ordem correta de avaliação quando usar ponteiros.

Ponteiros e Matrizes

Há uma estreita relação entre ponteiros e matrizes. Considere este fragmento de programa:

```
char str[80], *p1;
p1 = str;
```

Aqui, **p1** foi inicializado com o endereço do primeiro elemento da matriz **str**. Para acessar o quinto elemento em **str**, teria de ser escrito

```
str[4]
```

ou

```
*(p1+4)
```

Os dois comandos devolvem o quinto elemento. Lembre-se de que matrizes começam em 0, assim, deve-se usar 4 para indexar **str**. Também deve-se adicionar 4 ao ponteiro **p1** para acessar o quinto elemento porque **p1** aponta atualmente para o primeiro elemento de **str**. (Recorde-se que um nome de uma matriz sem um índice retorna o endereço inicial da matriz, que é o primeiro elemento.)

C fornece dois métodos para acessar elementos de matrizes: aritmética de ponteiros e indexação de matrizes. Aritmética de ponteiros pode ser mais rápida que indexação de matrizes. Já que velocidade é geralmente uma consideração em programação, programadores em C normalmente usam ponteiros para acessar elementos de matrizes.

Essas duas versões de **putstr()** — uma com indexação de matrizes e uma com ponteiros — ilustram como você pode usar ponteiros em lugar de indexação de matrizes. A função **putstr()** escreve uma string no dispositivo de saída padrão.

```
/* Indexa s como uma matriz. */
void puts(char *s)
{
  register int t;
  for(t=0; s[t]; ++t) putchar(s[t]);
}

/* Acessa s como um ponteiro. */
void putstr(char *s)
{
  while(*s) putchar(*s++);
}
```

A maioria dos programadores profissionais em C acharia a segunda versão mais fácil de ler e entender. Na realidade, a versão com ponteiros é a forma pela qual rotinas desse tipo são normalmente escritas em C.

Matrizes de Ponteiros

Ponteiros podem ser organizados em matrizes como qualquer outro tipo de dado. A declaração de uma matriz de ponteiros **int**, de tamanho 10, é

```
int *x[10];
```

Para atribuir o endereço de uma variável inteira, chamada **var**, ao terceiro elemento da matriz de ponteiros, deve-se escrever

```
x[2] = &var;
```

Para encontrar o valor de **var**, escreve-se

```
*x[2]
```

Se for necessário passar uma matriz de ponteiros para uma função, pode ser usado o mesmo método que é utilizado para passar outras matrizes — simplesmente chame a função com o nome da matriz sem qualquer índice. Por exemplo, uma função que recebe a matriz **x** se parece com isto:

```
void display_array(int *q[])
{
  int t;

  for(t=0; t<10; t++)
    printf("%d ", *q[t]);
}
```

Lembre-se de que **q** não é um ponteiro para inteiros; **q** é um ponteiro para uma matriz de ponteiros para inteiros. Portanto, é necessário declarar o parâmetro **q** como uma matriz de ponteiros para inteiros, como mostrado no código anterior. Ela não pode ser simplesmente declarada como um ponteiro para inteiros, porque não é isso o que ela é.

Matrizes de ponteiros são usadas normalmente como ponteiros para strings. Você pode criar uma função que exiba uma mensagem de erro, quando é dado seu número de código, como mostrado aqui:

```
void syntax_error(int num)
{
 static char *err[] = {
    "Arquivo não pode ser aberto\n",
    "Erro de leitura\n",
    "Erro de escrita\n",
    "Falha da mídia\n"
  };

  printf("%s", err[num]);
}
```

A matriz **err** contém ponteiros para cada string. Como você pode ver, **printf()** dentro de **syntax_error()** é chamada com um ponteiro de caracteres que aponta para uma das várias mensagens de erro indexadas pelo número de erro passado para a função. Por exemplo, se for passado o valor 2, a mensagem **Erro de escrita** é apresentada.

Observe que o argumento da linha de comandos **argv** é uma matriz de ponteiros a caracteres. (Veja o Capítulo 6.)

Indireção Múltipla

Você pode ter um ponteiro apontando para outro ponteiro que aponta para o valor final. Essa situação é chamada *indireção múltipla*, ou *ponteiros para ponteiros*.

Ponteiros para ponteiros podem causar confusão. A Figura 5.3 ajuda a esclarecer o conceito de indireção múltipla. Como você pode ver, o valor de um ponteiro normal é o endereço de uma variável que contém o valor desejado. No caso de um ponteiro para um ponteiro, o primeiro ponteiro contém o endereço do segundo, que aponta para a variável que contém o valor desejado.

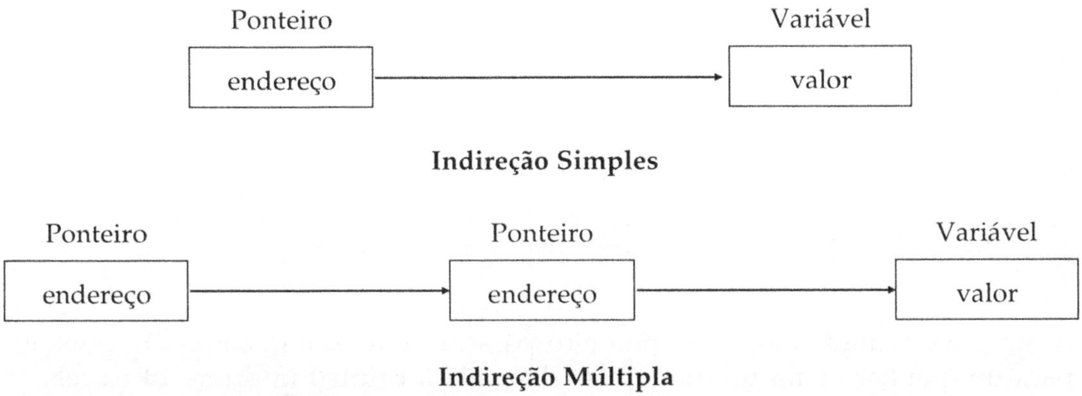

Figura 5.3 Indireção simples e múltipla.

A indireção múltipla pode ser levada a qualquer dimensão desejada, mas raramente é necessário mais de um ponteiro para um ponteiro. De fato, indireção excessiva é difícil de seguir e propensa a erros conceituais. (Não confunda indireção múltipla com listas encadeadas.)

NOTA: Não confunda a múltipla indireção com estruturas de dados de alto nível, tais como listas ligadas, que utilizam ponteiros. Estes são dois conceitos fundamentalmente diferentes.

Uma variável que é um ponteiro para um ponteiro deve ser declarada como tal. Isso é feito colocando-se um * adicional na frente do nome da variável. Por exemplo, a seguinte declaração informa ao compilador que **newbalance** é um ponteiro para um ponteiro do tipo **float**:

```
float **newbalance;
```

É importante entender que **newbalance** não é um ponteiro para um número em ponto flutuante, mas um ponteiro para um ponteiro **float**.

Para acessar o valor final apontado indiretamente por um ponteiro a um ponteiro, você deve utilizar o operador asterisco duas vezes, como neste exemplo:

```
#include <stdio.h>

void main(void)
{
  int x, *p, **q;

  x = 10;
  p = &x;
  q = &p;

  printf("%d", **q); /* imprime o valor de x */
}
```

Aqui, **p** é declarado como um ponteiro para um inteiro e **q**, como um ponteiro para um ponteiro para um inteiro. A chamada a **printf()** imprime **10** na tela.

Inicialização de Ponteiros

Após um ponteiro ser declarado, mas antes que lhe seja atribuído um valor, ele contém um valor desconhecido. Se você tentar usar um ponteiro antes de lhe dar um valor, provavelmente quebrará não apenas seu programa como também o sistema operacional de seu computador — um tipo de erro muito desagradável!

Há uma importante convenção que a maioria dos programadores de C segue quando trabalha com ponteiros: um ponteiro que atualmente não aponta para um local de memória válido recebe o valor nulo (que é zero). Por convenção, qualquer ponteiro que é nulo implica que ele não aponta para nada e não deve ser usado. Porém, apenas o fato de um ponteiro ter um valor nulo não o torna "seguro". Se você usar um ponteiro nulo no lado esquerdo de um comando de atribuição, ainda correrá o risco de quebrar seu programa ou o sistema operacional.

Como um ponteiro nulo é assumido como sendo não usado, você pode utilizar o ponteiro nulo para tornar fáceis de codificar e mais eficientes muitas rotinas. Por exemplo, você poderia usar um ponteiro nulo para marcar o final de uma matriz de ponteiros. Uma rotina que acessa essa matriz sabe que chegará ao final ao encontrar o valor nulo. A função **search()**, mostrada aqui, ilustra esse tipo de abordagem.

```
/* procura um nome */
search(char *p[], char *name)
{
  register int t;

  for(t=0; p[t]; ++t)
    if(!strcmp(p[t], name)) return t;

    return -1; /* não encontrado */
}
```

O laço **for** dentro de **search()** é executado até que seja encontrada uma coincidência ou um ponteiro nulo. Como o final da matriz é marcado com um ponteiro nulo, a condição de controle do laço falha quando ele é atingido.

É uma prática comum entre programadores em C inicializar strings. Você viu um exemplo disso na função **syntax_error()**, na seção "Matrizes de Ponteiros". Uma outra variação no tema de inicialização é o seguinte tipo de declaração de string:

```
char *p = "alo mundo";
```

Como você pode observar, o ponteiro **p** não é uma matriz. A razão pela qual esse tipo de inicialização funciona deve-se à maneira como o compilador opera. Todo compilador C cria o que é chamada de *tabela de string*, que é usada internamente pelo compilador para armazenar as constantes string usadas pelo programa. Assim, o comando de declaração anterior coloca o endereço de **"alo mundo"**, armazenado na tabela de strings no ponteiro **p**. **p** pode ser usado por todo o programa como qualquer outra string. Por exemplo, o programa que segue é perfeitamente válido:

```
#include <stdio.h>
#include <string.h>

char *p = "alo mundo";

void main(void)
{
  register int t;

  /* imprime o conteúdo da string de trás para frente */
  printf(p);
  for(t=strlen(p)-1; t>-1; t--) printf("%c", p[t]);
}
```

Ponteiros para Funções

Um recurso confuso, mas poderoso de C, é o *ponteiro para função*. Muito embora uma função não seja uma variável, ela tem uma posição física na memória que pode ser atribuída a um ponteiro. O endereço de uma função é o ponto de entrada da função. Portanto, um ponteiro de função pode ser usado para chamar uma função.

Para entender como funcionam os ponteiros de funções, você deve conhecer um pouco como uma função é compilada e chamada em C. Primeiro, quando cada função é compilada, o código-fonte é transformado em código-objeto e um ponto de entrada é estabelecido. Quando é feita uma chamada à função, enquanto seu programa está sendo executado, é efetuada uma chamada em linguagem de máquina para esse ponto de entrada. Portanto, se um ponteiro contém o endereço do ponto de entrada de uma função, ele pode ser usado para chamar essa função.

O endereço de uma função é obtido usando o nome da função sem parênteses ou argumentos. (Isso é semelhante à maneira como o endereço de uma matriz é obtido quando apenas o nome da matriz, sem índices, é usado.) Para ver como isso é feito, estude o programa seguinte, prestando bastante atenção às declarações:

```
#include <stdio.h>
#include <string.h>

void check(char *a, char *b,
           int (*cmp) (const char *, const char *));

void main(void)
{
  char s1[80], s2[80];
  int (*p)();

  p = strcmp;

  gets(s1);
  gets(s2);

  check(s1, s2, p);
}

void check(char *a, char *b,
           int (*cmp) (const char *, const char *))
{
```

```
    printf("testando igualdade\n");
    if(!(*cmp)(a, b)) printf("igual");
    else printf("diferente");
}
```

Quando a função **check()** é chamada, dois ponteiros de caractere e um ponteiro para função são passados como parâmetros. Dentro da função **check()**, os argumentos são declarados como ponteiros de caractere e um ponteiro para função. Note como o ponteiro para função é declarado. Você deve usar uma forma semelhante para declarar outros ponteiros para funções, embora o tipo de retorno possa ser diferente. Os parênteses ao redor de ***cmp** são necessários para que o compilador interprete o comando corretamente.

Dentro de **check()**, o comando

```
(*cmp)(a, b)
```

chama **strcmp()**, que é apontado por **cmp** com os argumentos **a** e **b**. Novamente, os parênteses ao redor de ***cmp** são necessários. Esse exemplo também ilustra o método geral a se usar com um ponteiro para função para chamar a função que ele aponta.

Observe que você pode chamar **check()** usando **strcmp()** diretamente, como mostrado aqui:

```
check(s1, s2, strcmp);
```

Isso elimina a necessidade de um ponteiro adicional.

Você pode estar-se perguntando por que alguém escreveria um programa dessa forma. Obviamente, nesse exemplo, nada é obtido e bastante confusão é introduzida. Porém, há momentos em que é vantajoso passar funções arbitrárias para procedimentos ou manter uma matriz de funções. Por exemplo, quando um compilador é escrito, o analisador (*parser*, a parte que avalia expressões) geralmente faz chamadas a funções para várias rotinas de suporte — por exemplo, as funções seno, co-seno e tangente. Em vez de ter um grande comando **switch** com todas essas funções listadas, uma matriz de ponteiros para funções pode ser usada com a função apropriada sendo selecionada pelo seu índice. Você pode sentir a essência desse tipo de uso estudando uma versão expandida do exemplo anterior. Nesse programa, **check()** pode testar igualdade numérica ou alfabética simplesmente chamando-a com uma função de comparação diferente.

```
#include <stdio.h>
#include <ctype.h>
#include <stdlib.h>
#include "string.h"

void check(char *a, char *b,
           int (*cmp) (const char *, const char*));
int numcmp(const char *a, const char *b);

void main(void)
{
  char s1[80], s2[80];

  gets(s1);
  gets(s2);

  if(isalpha(*s1))
         check(s1, s2, strcmp);
  else
         check(s1, s2, numcmp);
}

void check(char *a, char *b,
           int (*cmp) (const char *, const char*))
{
  printf("testando igualdade\n");
  if(!(*cmp)(a, b)) printf("igual");
  else printf("diferente");
}

numcmp(const char *a, const char *b)
{
  if(atoi(a)==atoi(b)) return 0;
  else return 1;
}
```

As Funções de Alocação Dinâmica em C

Ponteiros fornecem o suporte necessário para o poderoso sistema de alocação dinâmica de C. *Alocação dinâmica* é o meio pelo qual um programa pode obter memória enquanto está em execução. Como você sabe, variáveis globais têm o armazenamento alocado em tempo de compilação. Variáveis locais usam a pilha.

No entanto, nem variáveis globais nem locais podem ser acrescentadas durante o tempo de execução. Porém, haverá momentos em que um programa precisará usar quantidades de armazenamento variáveis. Por exemplo, um processador de texto ou um banco de dados aproveita toda a RAM de um sistema. Porém, como a quantidade de RAM varia entre computadores esses programas não poderão usar variáveis normais. Em vez disso, esses e outros programas alocam memória, conforme necessário, usando as funções do sistema de alocação dinâmica de C.

A memória alocada pelas funções de alocação dinâmica de C é obtida do *heap* — a região de memória livre que está entre seu programa e a área de armazenamento permanente e a pilha. Embora o tamanho do heap seja desconhecido, ele geralmente contém uma quantidade razoavelmente grande de memória livre.

O coração do sistema de alocação dinâmica de C consiste nas funções **malloc()** e **free()**. (Na verdade, C tem diversas outras funções de alocação dinâmica, mas essas duas são as mais importantes.) Essas funções operam em conjunto, usando a região de memória livre para estabelecer e manter uma lista de armazenamento disponível. A função **malloc()** aloca memória e **free()** a libera. Isto é, cada vez que é feita uma solicitação de memória por **malloc()**, uma porção da memória livre restante é alocada. Cada vez que é efetuada uma chamada a **free()** para liberação de memória, a memória é devolvida ao sistema. Qualquer programa que use essas funções deve incluir o cabeçalho **STDLIB.H**.

A função **malloc()** tem este protótipo:

void *malloc(size_t *número_de_bytes*);

Aqui, *número_de_bytes* é o número de bytes de memória que você quer alocar. (O tipo size_t é definido em **STDLIB.H** como — mais ou menos — um inteiro sem sinal.) A função **malloc()** devolve um ponteiro do tipo **void**, o que significa que você pode atribuí-lo a qualquer tipo de ponteiro. Após uma chamada bem-sucedida, **malloc()** devolve um ponteiro para o primeiro byte da região de memória alocada do heap. Se não há memória disponível para satisfazer a requisição de **malloc()**, ocorre uma falha de alocação e **malloc()** devolve um nulo.

O fragmento de código mostrado aqui aloca 1000 bytes de memória.

```
char *p;
p = malloc(1000); /* obtém 1000 bytes */
```

Após a atribuição, **p** aponta para o primeiro dos 1000 bytes de memória livre.

O próximo exemplo aloca espaço para 50 inteiros. Observe o uso de **sizeof** para assegurar portabilidade.

```
int *p;
p = malloc(50*sizeof(int));
```

Como o heap não é infinito, sempre que alocar memória, você deve testar o valor devolvido por **malloc()**, antes de usar o ponteiro, para estar certo de que não é nulo. Usar um ponteiro nulo quase certamente travará o computador. A maneira adequada de alocar memória é ilustrada neste fragmento de código:

```
if(!(p=malloc(100)) {
  printf("sem memória.\n");
  exit(1);
}
```

Obviamente, você pode substituir algum outro tipo de manipulador de erro em lugar do **exit()**. Apenas tenha certeza de não usar o ponteiro **p** se ele for nulo.

A função **free()** é o oposto de **malloc()**, visto que ela devolve memória previamente alocada ao sistema. Uma vez que a memória tenha sido liberada, ela pode ser reutilizada por uma chamada subseqüente a **malloc()**. A função **free()** tem este protótipo:

void free(void **p*);

Aqui, *p* é um ponteiro para memória alocada anteriormente por **malloc()**. É muito importante que você *nunca* use **free()** com um argumento inválido; isso destruiria a lista de memória livre.

O subsistema de alocação dinâmica de C é usado em conjunção com ponteiros para suportar uma variedade de construções de programação importantes, como listas encadeadas e árvores binárias. Você verá diversos exemplos disso na Parte 3. Um outro uso importante de alocação dinâmica é a matriz dinâmica, discutida a seguir.

Matrizes Dinamicamente Alocadas

Algumas vezes você terá de alocar memória, usando **malloc()**, mas operar na memória como se ela fosse uma matriz, usando indexação de matrizes. Em essência, você pode querer criar uma *matriz dinamicamente alocada*. Como qualquer ponteiro pode ser indexado como se fosse uma matriz unidimensional, isso não representa nenhum problema. Por exemplo, o programa seguinte mostra como você pode usar uma matriz alocada dinamicamente:

```
/* Aloca espaço para uma string dinamicamente, solicita
   a entrada do usuário e, em seguida, imprime a string de
   trás para frente. */

#include <stdlib.h>
```

```
#include <stdio.h>
#include <string.h>

void main(void)
{
  char *s;
  register int t;

  s = malloc(80);

  if(!s) {
    printf("Falha na solicitação de memória.\n");
    exit(1);
  }

  gets(s);
  for(t=strlen(s)-1; t>=0; t--) putchar(s[t]);
  free(s);
}
```

Como o programa mostra, antes de seu primeiro uso, **s** é testado para assegurar que a solicitação de alocação foi bem-sucedida e um ponteiro válido foi devolvido por **malloc()**. Isso é absolutamente necessário para evitar o uso acidental de um ponteiro nulo, que, como exposto anteriormente, quase certamente provocaria um problema. Observe como o ponteiro **s** é usado na chamada a **gets()** e, em seguida, indexado como uma matriz para imprimir a string de trás para frente.

Acessar memória alocada como se fosse uma matriz unidimensional é simples. No entanto, matrizes dinâmicas multidimensionais levantam alguns problemas. Como as dimensões da matriz não foram definidas no programa, você não pode indexar diretamente um ponteiro como se ele fosse uma matriz multidimensional. Para conseguir uma matriz alocada dinamicamente, você deve usar este truque: passar o ponteiro como um parâmetro a uma função. Dessa forma, a função pode definir as dimensões do parâmetro que recebe o ponteiro, permitindo, assim, a indexação normal de matriz. Para ver como isso funciona, estude o exemplo seguinte, que constrói uma tabela dos números de 1 a 10 elevados a primeira, à segunda, à terceira e à quarta potências:

```
/* Apresenta as potências dos números de 1 a 10.
   Nota: muito embora esse programa esteja correto,
   alguns compiladores apresentarão uma mensagem de
   advertência com relação aos argumentos para as funções
   table() e show(). Se isso acontecer, ignore. */
```

```
#include <stdio.h>
#include <stdlib.h>

int pwr(int a, int b);
void table(int p[4][10]);
void show(int p[4][10]);

void main(void)
{
  int *p;

  p = malloc(40*sizeof(int));

  if(!p) {
    printf("Falha na solicitação de memória.\n");
    exit(1);
  }

  /* aqui, p é simplesmente um ponteiro */
  table(p);
  show(p);
}

/* Constrói a tabela de potências. */
void table(int p[4][10]) /* Agora o compilador tem uma matriz
                            para trabalhar. */
{
  register int i, j;

  for(j=1; j<11; j++)
    for(i=1; i<5; i++) p[i-1][j-1] = pwr(j, i);
}

/* Exibe a tabela de potências inteiras. */
void show(int p[4][10]) /* Agora o compilador tem uma matriz
                           para trabalhar. */
{
  register int i, j;

  printf("%10s %10s %10s %10s\n",
         "N", "N^2", "N^3", "N^4");
  for(j=1; j<11; j++) {
    for(i=1; i<5; i++) printf("%10d ", p[i-1][j-1]);
    printf("\n");
  }
```

```
}

/* Eleva um inteiro a uma potência especificada. */
pwr(int a, int b)
{
  register int t=1;

  for(; b: b--) t = t*a;
  return t;
}
```

A saída produzida por esse programa é mostrada na Tabela 5.1.

Tabela 5.1 A saída do programa de potências.

N	N^2	N^3	N^4
1	1	1	1
2	4	8	16
3	9	27	81
4	16	64	256
5	25	125	625
6	36	216	1296
7	49	343	2401
8	64	512	4096
9	81	729	6561
10	100	1000	10000

Como o programa anterior ilustra, ao definir um parâmetro de função com as dimensões da matriz desejada, você pode enganar o compilador C para manipular matrizes dinâmicas multidimensionais. De fato, no que diz respeito ao compilador C, você tem uma matriz 4,10 dentro das funções **show()** e **table()**. A diferença é que o armazenamento para a matriz é alocado manualmente usando o comando **malloc()**, em lugar de usar o comando normal de declaração de matriz. Além disso, note o uso de **sizeof** para calcular o número de bytes necessários a uma matriz inteira de 4,10. Isso garante a portabilidade desse programa para computadores com inteiros de tamanhos diferentes.

Problemas com Ponteiros

Nada pode trazer mais problemas do que um ponteiro selvagem! Ponteiros são uma bênção que pode trazer problemas. Eles lhe dão uma capacidade formidável e são necessários em muitos programas. Ao mesmo tempo, quando um ponteiro acidentalmente contém um valor errado, ele pode ser o erro mais difícil de descobrir.

Um erro com um ponteiro irregular é difícil de encontrar, porque o ponteiro não é realmente o problema. O problema é que, toda vez que você realiza uma operação usando o ponteiro, está lendo ou escrevendo em alguma parte desconhecida da memória. Se você ler essa porção, o pior que pode acontecer será obter lixo. Contudo, se você escrever nela, estará escrevendo sobre outras partes do seu código ou dados. Isso pode não aparecer até mais adiante na execução do seu programa e levá-lo a procurar o erro no lugar errado. Pode haver pouca ou nenhuma evidência a sugerir que o ponteiro seja o problema. Esse tipo de erro leva programadores a perder horas de sono. Como os erros de ponteiros são verdadeiros pesadelos, faça o possível para nunca gerar um. Para ajudar você a evitá-los, alguns dos erros mais comuns são discutidos aqui. O exemplo clássico de um erro com ponteiro é o *ponteiro não inicializado*. Considere este programa.

```
/*Este programa está errado. */
void main(void)
{
  int x, *p;

  x = 10;
  *p = x;
}
```

Ele atribui o valor 10 a alguma posição de memória desconhecida. O ponteiro **p** nunca recebeu um valor; portanto, ele contém lixo. Esse tipo de problema sempre passa despercebido, quando seu programa é pequeno, porque as probabilidades estão a favor de que **p** contenha um endereço "seguro" — um endereço que não esteja em seu código, área de dados ou sistema operacional. Contudo, quando seu programa cresce, a probabilidade de **p** apontar para algo vital aumenta. Por fim, seu programa pára de funcionar. A solução é sempre ter certeza de que um ponteiro está apontando para algo válido antes de usá-lo.

Um segundo erro comum é provocado por um simples equívoco sobre como usar um ponteiro. Considere o seguinte:

```
/* Este programa está errado. */
#include <stdio.h>

void main(void) /*
{
  int x, *p;
```

```
  x = 10;
  p = x;

  printf("%d", *p);
}
```

A chamada a **printf()** não imprime o valor de **x**, que é 10, na tela. Imprime algum valor desconhecido porque a atribuição

```
p = x;
```

está errada. Esse comando atribui o valor 10 ao ponteiro **p**, que se supõe conter um endereço, não um valor. Para corrigir o programa, escreva

```
p = &x;
```

Um outro erro, que às vezes ocorre, é provocado pela suposição incorreta sobre a localização das variáveis na memória. Você nunca pode saber onde seus dados serão colocados na memória, se eles serão colocados da mesma forma novamente ou se cada compilador irá tratá-los da mesma forma. Por essas razões, fazer comparação entre ponteiros que não apontam para um objeto comum produz resultados inesperados. Por exemplo,

```
char s[80], y[80];
char *p1, *p2;

p1 = s;
p2 = y;
if(p1 < p2) . . .
```

é geralmente um conceito inválido. (Em situações muito raras, você poderia usar algo semelhante para determinar a posição relativa de duas variáveis.)

Um erro semelhante resulta da suposição de que duas matrizes adjacentes podem ser indexadas como uma única simplesmente incrementando um ponteiro através dos limites da matriz. Por exemplo,

```
int first[10], second[10];
int *p, t;

p = first;
for(t=0; t<20; ++t) *p++ = t;
```

Essa não é uma boa forma de inicializar as matrizes **first** e **second** com os números de 0 a 19. Embora possa funcionar em alguns compiladores, sob certas circunstâncias, está-se assumindo que as duas matrizes serão colocadas uma após a outra com **first** primeiro. Isso pode não ser sempre o caso.

O próximo programa ilustra um tipo de erro muito perigoso. Veja se você é capaz de encontrá-lo.

```
/* Esse programa tem um erro. */
#include <string.h>
#include <stdio.h>

void main(void)
{
  char *p1;
  char s[80];

  p1 = s;
  do {
    gets(s); /* lê uma string */

    /* imprime o equivalente decimal de cada caractere */
    while(*p1) printf(" %d", *p1++);

  } while (strcmp(s, "done"));
}
```

Esse programa usa **p1** para imprimir os valores ASCII associados a cada caractere contido em **s**. O problema é que o endereço de **s** é atribuído a **p1** apenas uma vez. Na primeira iteração do laço, **p1** aponta para o primeiro caractere em **s**. Porém, na segunda iteração, ele continua de onde foi deixado, porque ele não é reinicializado para o começo de **s**. O próximo caractere pode ser parte de uma outra string, uma outra variável ou um pedaço do programa. A maneira apropriada de escrever esse programa é

```
/* Esse programa está correto. */
#include <string.h>
#include <stdio.h>

void main(void)
{
  char *p1;
  char s[80];
```

```
  do {
    p1 = s;
    gets(s); /* lê uma string */
    /* imprime o equivalente decimal de cada caractere */
    while(*p1) printf(" %d", *p1++);

  } while (strcmp(s, "done"));
}
```

Aqui, cada vez que o laço repete, **p1** é ajustado para o início da string. Em geral, você deve lembrar-se de reinicializar um ponteiro se ele for reutilizado.

O fato de manipular ponteiros incorretamente e poder provocar erros traiçoeiros não é razão para não usá-los. Apenas seja cuidadoso e assegure-se de que você sabe para onde cada ponteiro está apontando antes de usá-lo.

6

Funções

Funções são os blocos de construção de C e o local onde toda a atividade do programa ocorre. Elas são uma das características mais importantes de C.

A Forma Geral de uma Função

A forma geral de uma função é

especificador_de_tipo nome_da_função(lista de parâmetros)
{
  corpo da função
}

O *especificador_de_tipo* especifica o tipo de valor que o comando **return** da função devolve, podendo ser qualquer tipo válido. Se nenhum tipo é especificado, o compilador assume que a função devolve um resultado inteiro. A *lista de parâmetros* é uma lista de nomes de variáveis separados por vírgulas e seus tipos associados que recebem os valores dos argumentos quando a função é chamada. Uma função pode não ter parâmetros, neste caso a lista de parâmetros é vazia. No entanto, mesmo que não existam parâmetros, os parênteses ainda são necessários.

Nas declarações de variáveis, você pode declarar muitas variáveis como sendo de um tipo comum, usando uma lista de nomes de variáveis separados por vírgulas. Em contraposição, todos os parâmetros de função devem incluir o tipo e o nome da variável. Isto é, a lista de declaração de parâmetros para uma função tem esta forma geral:

f(tipo nomevar1, tipo nomevar2, ..., tipo nomevarN)

Regras de Escopo de Funções

As *regras de escopo* de uma linguagem são as regras que governam se uma porção de código conhece ou tem acesso a outra porção de código ou dados.

Em C, cada função é um bloco discreto de código. Um código de uma função é privativo àquela função e não pode ser acessado por nenhum comando em uma outra função, exceto por meio de uma chamada à função. (Por exemplo, você não pode usar **goto** para saltar para o meio de outra função.) O código que constitui o corpo de uma função é escondido do resto do programa e, a menos que use variáveis ou dados globais, não pode afetar ou ser afetado por outras partes do programa. Colocado de outra maneira, o código e os dados que são definidos internamente a uma função não podem interagir com o código ou dados definidos em outra função porque as duas funções têm escopos diferentes.

Variáveis que são definidas internamente a uma função são chamadas variáveis locais. Uma variável local vem a existir quando ocorre a entrada da função e ela é destruída ao sair. Ou seja, variáveis locais não podem manter seus valores entre chamadas a funções. A única exceção ocorre quando a variável é declarada com o especificador de tipo de armazenamento **static**. Isso faz com que o compilador trate a variável como se ela fosse uma variável global para fins de armazenamento, mas ainda limita seu escopo para dentro da função. (O Capítulo 2 aborda variáveis globais e locais em profundidade.)

Em C, todas as funções estão no mesmo nível de escopo. Isto é, não é possível definir uma função internamente a uma função. Esta é a razão de C não ser tecnicamente uma linguagem estruturada em blocos.

Argumentos de Funções

Se uma função usa argumentos, ela deve declarar variáveis que aceitem os valores dos argumentos. Essas variáveis são chamadas de *parâmetros formais* da função. Elas se comportam como quaisquer outras variáveis locais dentro da função e são criadas na entrada e destruídas na saída. Como mostra a função seguinte, a declaração de parâmetros ocorre após o nome da função:

```
/* Devolve 1 se c é parte da string s; 0 caso contrário. */
is_in(char *s, char c)
{
  while(*s)
    if(*s==c) return 1;
```

```
      else s++;
    return 0;
}
```

A função **is_in()** tem dois parâmetros: **s** e **c**. Essa função devolve 1 se o caractere **c** faz parte da string **s**; caso contrário, ela devolve 0.

Você deve assegurar-se de que os argumentos usados para chamar a função sejam compatíveis com o tipo de seus parâmetros. Se os tipos são incompatíveis, o compilador não gera uma mensagem de erro, mas ocorrem resultados inesperados. Ao contrário de muitas outras linguagens, C é robusta e geralmente faz alguma coisa com qualquer programa sintaticamente correto, mesmo que o programa contenha incompatibilidades de tipos questionáveis. Por exemplo, se uma função espera um ponteiro mas é chamada com um valor, podem ocorrer resultados inesperados. O uso de protótipos de funções (discutidos em breve) pode ajudar a achar esses tipos de erro.

Como no caso com variáveis locais, você pode fazer atribuições a parâmetros formais ou usá-los em qualquer expressão C permitida. Embora essas variáveis realizem a tarefa especial de receber o valor dos argumentos passados para a função, você pode usá-las como qualquer outra variável local.

Chamada por Valor, Chamada por Referência

Em geral, podem ser passados argumentos para sub-rotinas de duas maneiras. A primeira é *chamada por valor*. Esse método copia o valor de um argumento no parâmetro formal da sub-rotina. Assim, alterações feitas nos parâmetros da sub-rotina não têm nenhum efeito nas variáveis usadas para chamá-la.

Chamada por referência é a segunda maneira de passar argumentos para uma sub-rotina. Nesse método, o endereço de um argumento é copiado no parâmetro. Dentro da sub-rotina, o endereço é usado para acessar o argumento real utilizado na chamada. Isso significa que alterações feitas no parâmetro afetam a variável usada para chamar a rotina.

Com poucas exceções, C usa chamada por valor para passar argumentos. Em geral, isso significa que você não pode alterar as variáveis usadas para chamar a função. (Você aprenderá, mais tarde, neste capítulo, como forçar uma chamada por referência, utilizando um ponteiro para permitir alterações na variável usada na chamada.) Considere o programa seguinte:

```
#include <stdio.h>

int sqr(int x);
```

```
void main(void)
{
  int t=10;

  printf("%d %d", sqr(t), t);
}

sqr(int x)
{
  x = x*x;
  return(x);
}
```

Neste exemplo, o valor do argumento para **sqr()**, 10, é copiado no parâmetro **x**. Quando a atribuição **x = x*x** ocorre, apenas a variável local **x** é modificada. A variável **t**, usada para chamar **sqr()**, ainda tem o valor 10. Assim, a saída é **100 10**.

Lembre-se de que é uma cópia do valor do argumento que é passada para a função. O que ocorre dentro da função não tem efeito algum sobre a variável usada na chamada.

Criando uma Chamada por Referência

Muito embora a convenção de C de passagem de parâmetros seja por valor, você pode criar uma chamada por referência passando um ponteiro para o argumento. Como isso faz com que o endereço do argumento seja passado para a função, você pode, então, alterar o valor do argumento fora da função.

Ponteiros são passados para as funções como qualquer outra variável. Obviamente, é necessário declarar os parâmetros como do tipo ponteiro. Por exemplo, a função **swap()**, que troca os valores dos seus dois argumentos inteiros, mostra como.

```
void swap(int *x, int *y)
{
  int temp;

  temp = *x; /* salva o valor no endereço x */
  *x = *y; /* põe y em x */
  *y = temp; /* põe x em y */
}
```

swap() é capaz de trocar os valores das duas variáveis apontadas por x e y porque são passados seus endereços (e não seus valores). Daí que, dentro da função, o conteúdo das variáveis pode ser acessado usando as operações padrão de ponteiro. Portanto, o conteúdo das variáveis usadas para chamar a função é trocado.

Lembre-se de que **swap()** (ou qualquer outra função que usa parâmetros de ponteiros) deve ser chamada com o endereço dos argumentos. O programa seguinte mostra a maneira correta de chamar **swap()**:

```
void swap(int *x, int *y);

void main(void)
{
  int i, j;

  i = 10;
  j = 20;

  swap(&i, &j); /* passa os endereços de i e j */
}
```

Neste exemplo, é atribuído 10 à variável **i** e 20 à variável **j**. Em seguida, **swap()** é chamada com os endereços de **i** e **j**. (O operador unário **&** é usado para produzir o endereço das variáveis.) Assim, os endereços de **i** e **j**, não seus valores, são passados para a função **swap()**.

Chamando Funções com Matrizes

Matrizes são examinadas em detalhes no Capítulo 4. No entanto, esta seção discute a operação de passagem de matrizes, como argumentos, para funções, porque é uma exceção à convenção de passagem de parâmetros com chamada por valor.

Quando uma matriz é usada como um argumento para uma função, apenas o endereço da matriz é passado, não uma cópia da matriz inteira. Quando você chama uma função com um nome de matriz, um ponteiro para o primeiro elemento na matriz é passado para a função. (Não se esqueça: em C, um nome de matriz sem qualquer índice é um ponteiro para o primeiro elemento na matriz.) Isso significa que a declaração de parâmetros deve ser de um tipo de ponteiro compatível. Existem três maneiras de declarar um parâmetro que receberá um ponteiro para matriz. Primeiro, ele pode ser declarado como uma matriz, conforme mostrado aqui:

```
/* Imprime alguns números. */
#include <stdio.h>

void display(int num[10]);

void main(void)
{
  int t[10], i;

  for(i=0; i<10; ++i) t[i]=i;
  display(t);
}

void display(int num[10])
{
  int i;

  for(i=0; i<10; i++) printf("%d ", num[i]);
}
```

Muito embora o parâmetro **num** seja declarado como uma matriz de inteiros com dez elementos, o compilador C converte-o automaticamente para um ponteiro de inteiros. Isso é necessário porque nenhum parâmetro pode realmente receber uma matriz inteira. Assim, como apenas um ponteiro para matriz é passado, um parâmetro de ponteiro deve estar lá para recebê-lo.

A segunda forma de declarar um parâmetro de matriz é especificá-lo como uma matriz sem dimensão, conforme mostrado aqui:

```
void display(int num[])
{
  int i;

  for(i=0; i<10; i++) printf("%d ", num[i]);
}
```

Neste caso, **num** é declarado como uma matriz de inteiros de tamanho desconhecido. Como C não fornece nenhuma verificação de limites em matrizes, o tamanho real da matriz é irrelevante para o parâmetro (mas não para o programa, é claro). Esse método de declaração realmente define **num** como um ponteiro de inteiros.

A última forma em que **num** pode ser declarado — a mais comum em programas escritos profissionalmente em C — é como um ponteiro, conforme mostrado a seguir:

```
void display(int *num)
{
  int i;

  for(i=0; i<10; i++) printf("%d ", num[i]);
}
```

Isso é permitido porque qualquer ponteiro pode ser indexado usando **[]**, como se fosse uma matriz. (Na verdade, matrizes e ponteiros estão intimamente ligados.)

Por outro lado, um elemento de uma matriz pode ser usado como um argumento igual a qualquer outra variável simples. Por exemplo, o programa anterior poderia ser escrito sem passar toda a matriz:

```
/* Imprime alguns números. */
#include <stdio.h>

void display(int num);

void main(void)
{
  int t[10], i;

  for(i=0; i<10; ++i) t[i]=i;
  for(i=0; i<10; i++) display(t[i]);
}

void display(int num)
{
  printf("%d", num);
}
```

Como você pode ver, o parâmetro para **display()** é do tipo **int**. Não é relevante que **display()** seja chamada usando um elemento de matriz, pois apenas um valor da matriz é usado.

É importante entender que, quando uma matriz é usada como um argumento para uma função, seu endereço é passado para a função. Isso é uma exceção à convenção de C no que diz respeito a passar parâmetros. Nesse caso, o código dentro da função está operando com, e potencialmente alterando, o conteúdo real da matriz usada para chamar a função. Por exemplo, considere a função **print_upper()**, que imprime seu argumento string em maiúsculas:

```
#include <stdio.h>
#include <ctype.h>

void print_upper(char *string);

void main(void)
{
  char s[80];

  gets(s);
  print_upper(s);
}

/* Imprime uma string em maiúsculas. */
void print_upper(char *string)
{
  register int t;

  for(t=0; string[t]; ++t) {
    string[t] = toupper(string[t]);
    putchar(string[t]);
  }
}
```

Após a chamada a **print_upper()**, o conteúdo da matriz **s** em **main()** estará alterado para maiúsculas. Se não é isso o que você quer, o programa poderia ser escrito dessa forma:

```
#include <stdio.h>
#include <ctype.h>

void print_upper(char *string);

void main(void)
{
  char s[80];

  gets(s);
  print_upper(s);
}
```

```
void print_upper(char *string)
{
  register int t;

  for(t=0; string[t]; ++t)
    putchar(toupper(string[t]));
}
```

Nesta versão, o conteúdo da matriz **s** permanece inalterado, porque seus valores não são modificados.

A função **gets()** da biblioteca padrão é um exemplo clássico de passagem de matrizes para funções. A função **gets()** da bibllioteca padrão é mais sofisticada e complexa. Porém, a função mais simples **xgets()**, dada a seguir, dá uma idéia de como ela funciona.

```
/* Uma versão muito simples da função gets()
   da biblioteca padrão */
char *xgets(char *s)
{
  char ch, *p;
  int t;

  p = s; /* gets () devolve um ponteiro para s */
  for(t=0; t<80; ++t) {
    ch = getchar();

    switch(ch) {
      case '\n':
        s[t] = '\0'; /* termina a string */

        return p;
      case '\b':
        if(t>0) t--;
        break;
      default:
        s[t] = ch;
    }
  }
  s[80] = '\0';
  return p;
}
```

A função **xgets()** deve ser chamada com um ponteiro para caractere, que pode ser uma variável declarada como um ponteiro para caractere ou o nome de uma matriz de caracteres, que, por definição, é um ponteiro de caractere. Na entrada, **xgets()** estabelece um laço **for** de 0 a 80. Isso evita que strings maiores sejam inseridas pelo teclado. Se mais de 80 caracteres forem inseridos, a função retorna. (A função **gets()** real não tem essa restrição.) Como C não tem verificação interna de limites, você deve assegurar-se de que qualquer variável utilizada para chamar **xgets()** pode aceitar pelo menos 80 caracteres. Ao digitar caracteres no teclado, eles são colocados na string. Se você pressionar a tecla de retrocesso, o contador **t** é reduzido em 1. Quando você pressiona **ENTER**, um caractere nulo é colocado no final da string, sinalizando sua terminação. Como a matriz usada para chamar **xgets()** é modificada, ao retornar ela contém os caracteres digitados.

argc e argv — Argumentos para main()

Algumas vezes é útil passar informações para um programa quando o executamos. Geralmente, você passa informações para a função **main()** via argumentos da linha de comando. Um *argumento da linha de comando* é a informação que segue o nome do programa na linha de comando do sistema operacional. Por exemplo, quando compila programas em C, você digita algo após aviso de comando na tela semelhante a:

cc *nome_programa*

onde *nome_programa* é o programa que você deseja compilar. O nome do programa é passado para o compilador C como um argumento.

Há dois argumentos internos especiais, **argc** e **argv**, que são usados para receber os argumentos da linha de comando. O parâmetro **argc** contém o número de argumentos da linha de comando e é um inteiro. Ele é sempre pelo menos 1 porque o nome do programa é qualificado como primeiro argumento. O parâmetro **argv** é um ponteiro para uma matriz de ponteiros para caractere. Cada elemento nessa matriz aponta para um argumento da linha de comando. Todos os argumentos da linha de comando são strings — quaisquer números terão de ser convertidos pelo programa no formato interno apropriado. Por exemplo, esse programa simples imprime **Ola** e seu nome na tela se você o digitar imediatamente após o nome do programa.

```
#include <stdio.h>
#include <stdlib.h>

void main(int argc, char *argv[])
```

```
{
  if(argc!=2) {
    printf("Você esqueceu de digitar seu nome.\n");
    exit(1);
  }
  printf("Ola %s", argv[1]);
}
```

Se esse programa chamasse **nome** e seu nome fosse Tom, então, para rodar o programa, você deveria digitar **nome Tom**. A resposta do programa seria **Ola Tom**.

Em muitos ambientes, cada argumento da linha de comando deve ser separado por um espaço ou um caractere de tabulação. Vírgulas, pontos-e-vírgulas etc. não são considerados separadores. Por exemplo,

```
run Spot, run
```

é constituído de três strings, enquanto

```
Herb,Rick,Fred
```

é uma única string, uma vez que vírgulas não são separadores legais.

Alguns ambientes permitem que se coloque entre aspas uma string contendo espaços. Isso faz com que a string inteira seja tratada como um único argumento. Verifique o manual do seu sistema operacional para mais detalhes sobre a definição dos parâmetros na linha de comando do seu sistema.

É importante declarar **argv** adequadamente. O método de declaração mais comum é

```
char *argv[];
```

Os colchetes vazios indicam que a matriz é de tamanho indeterminado. Você pode, agora, acessar os argumentos individuais indexando **argv**. Por exemplo, **argv[0]** aponta para a primeira string, que é sempre o nome do programa; **argv[1]** aponta para o primeiro argumento e assim por diante.

Um outro exemplo usando argumentos da linha de comando é o programa chamado **countdown**, mostrado aqui. Ele conta regressivamente a partir do valor especificado na linha de comando e avisa quando chega a 0. Observe que o primeiro argumento contendo o número é convertido em um inteiro pela função padrão **atoi()**. Se a string "display" é o segundo argumento da linha de comando, a contagem regressiva também será mostrada na tela.

```
/* Programa de contagem regressiva. */
#include <stdio.h>
#include <stdlib.h>
#include <ctype.h>
#include <string.h>

void main(int argc, char *argv[])
{
  int disp, count;

  if(argc<2) {
    printf("Você deve digitar o valor a contar\n");
    printf("na linha de comando. Tente novamente.\n");
    exit(1);
  }

  if(argc==3 && !strcmp(argv[2], "display")) disp = 1;
  else disp = 0;

  for(count=atoi(argv[1]); count; --count)
    if(disp) printf("%d\n", count);

  putchar('\a'); /* isso irá tocar a campainha na maioria
                    dos computadores */
  printf("Terminou");
}
```

Observe que, se nenhum argumento for especificado, é mostrada uma mensagem de erro. Um programa com argumentos na linha de comando geralmente apresenta instruções se o usuário executou o programa sem inserir a informação apropriada.

Para acessar um caractere individual em uma das strings de comando, acrescente um segundo índice a **argv**. Por exemplo, o próximo programa mostra todos os argumentos com os quais foi chamado, um caractere por vez:

```
#include <stdio.h>

void main(int argc, char *argv[])
{
  int t, i;

  for(t=0; t<argc; ++t) {
    i = 0;
```

```
      while(argv[t][i]) {
        putchar(argv[t][i]);
        ++i;
      }
    }
  }
```

Lembre-se: o primeiro índice acessa a string e o segundo acessa os caracteres individuais da string.

Normalmente, você usa **argc** e **argv** para obter os comandos iniciais do seu programa. Teoricamente, você pode ter até 32.767 argumentos, mas a maioria dos sistemas operacionais não permite mais que alguns poucos. Geralmente, você usa esses argumentos para indicar um nome de arquivo ou uma opção. O uso dos argumentos da linha de comando dá aos seus programas uma aparência profissional e facilita o uso do programa em arquivos de lote (*batch files*).

É uma prática comum declarar **main()** como não tendo parâmetro algum, usando a palavra-chave (ou palavra reservada) **void** quando os parâmetros da linha de comando não estão sendo usados. (Esta abordagem é usada pelos programas neste livro). Porém, você pode simplesmente deixar os parênteses vazios.

Os nomes **argc** e **argv** são tradicionais, porém arbitrários. Você pode dar quaisquer nomes a esses dois parâmetros de **main()**. Além disso, alguns compiladores podem suportar argumentos adicionais para **main()**; assegure-se, então, de verificar seu manual do usuário.

O Comando return

O comando **return** tem dois importantes usos. Primeiro, ele provoca uma saída imediata da função que o contém. Isto é, faz com que a execução do programa retorne ao código chamador. Segundo, ele pode ser usado para devolver um valor.

Retornando de uma Função

Existem duas maneiras pelas quais uma função termina a execução e retorna ao código que a chamou. A primeira ocorre quando o último comando da função for executado e, conceitualmente, a chave final do programa (}) é encontrada. (Obviamente, a chave não está realmente presente no código-objeto, mas você pode imaginá-la como se estivesse.) Por exemplo, a função **pr_reverse()** nesse programa, simplesmente escreve a string "Eu gosto de C" de trás para frente na tela.

```
#include <string.h>
#include <stdio.h>

void pr_reverse(char *s);

void main(void)
{
  pr_reverse("Eu gosto de C");
}

void pr_reverse(char *s)
{
  register int t;

  for(t=strlen(s)-1; t>=0; t--) putchar(s[t]);
}
```

Uma vez que a string tenha sido mostrada, não fica nada por fazer na função **pr_reverse()**, de forma que ela retorna para o lugar de onde foi chamada.

Na realidade, poucas funções usam esse método default de terminar a execução. A maioria das funções adota o comando **return** para encerrar a execução, seja porque um valor deve ser devolvido seja para tornar o código da função mais simples e eficiente.

Lembre-se de que uma função pode ter diversos comandos **return**. Por exemplo, a função **find_substr()**, no programa a seguir, devolve a posição inicial de uma substring dentro de uma string ou, se não for encontrada, a função devolve -1.

```
#include <stdio.h>

int find_substr(char *s1, char *s2);

void main(void)
{
  if(find_substr("C é legal", "é")!=-1)
    printf("a substring não foi encontrada);
}

/* Devolve o índice de s1 em s2. */
find_substr(char *s1, char *s2)
{
  register int t;
  char *p, *p2;
```

```
  for(t=0; s1[t]; t++) {
    p = &s1[t];
    p2 = s2;

    while(*p2 && *p2==*p) {
      p++;
      p2++;
    }
    if(!*p2) return t; /* 1º retorno */
  }
  return -1; /* 2º retorno */
}
```

Retornando Valores

Todas as funções, exceto as do tipo **void**, devolvem um valor. Esse valor é especificado explicitamente pelo comando **return**. Se nenhum comando **return** estiver presente, então o valor de retorno da função será tecnicamente indefinido. (Geralmente, os compiladores C devolvem 0 quando nenhum valor de retorno for especificado explicitamente, mas você não deve contar com isso se há interesse em portabilidade.) Em outras palavras, a partir do momento que uma função não é declarada como **void**, ela pode ser usada como operando em qualquer expressão válida de C. Assim, cada uma das seguintes expressões é válida em C:

```
x = power(y);
if(max(x,y) > 100) printf("maior");
for(ch=getchar(); isdigit(ch); ) ...;
```

Porém, uma função não pode ser o destino de uma atribuição. Um comando tal como

```
swap(x,y) = 100;  /* comando incorreto */
```

está errado. O compilador C indicará isso como um erro e não compilará programas que contenham um comando como esse.

Quando você escreve programas, suas funções geralmente serão de três tipos. O primeiro tipo é simplesmente computacional. Essas funções são projetadas especificamente para executar operações em seus argumentos e devolver um valor. Uma função computacional é uma função "pura". Exemplos são as funções da biblioteca padrão **sqrt()** e **sin()**, que calculam a raiz quadrada e o seno de seus argumentos.

O segundo tipo de função manipula informações e devolve um valor que simplesmente indica o sucesso ou a falha dessa manipulação. Um exemplo é a função da biblioteca padrão **fclose()**, que é usada para fechar um arquivo. Se a operação de fechamento for bem-sucedida, a função devolverá 0; se a operação não for bem-sucedida, ela devolverá um código de erro.

O último tipo não tem nenhum valor de retorno explícito. Em essência, a função é estritamente de procedimento e não produz nenhum valor. Um exemplo é **exit()**, que termina um programa. Todas as funções que não devolvem valores devem ser declaradas como retornando o tipo **void**. Ao declarar uma função como **void**, você a protege de ser usada em uma expressão, evitando uma utilização errada acidental.

Algumas vezes, funções que, na realidade, não produzem um resultado relevante de qualquer forma devolvem um valor. Por exemplo, **printf()** devolve o número de caracteres escritos. Entretanto, é muito incomum encontrar um programa que realmente verifique isso. Em outras palavras, embora todas as funções, exceto aquelas do tipo **void**, devolvam valores, você não tem necessariamente de usar o valor de retorno. Uma questão envolvendo valores de retorno de funções é: "Eu não tenho de atribuir esse valor a alguma variável já que um valor está sendo devolvido?". A resposta é não. Se não há nenhuma atribuição especificada, o valor de retorno é simplesmente descartado. Considere o programa seguinte, que utiliza a função **mul()**:

```
#include <stdio.h>

int mul(int a, int b);

void main(void)
{
  int x, y, z;

  x = 10; y = 20;
  z = mul(x, y);                /* 1 */
  printf("%d", mul(x,y));       /* 2 */
  mul(x, y);                    /* 3 */
}

mul(int a, int b)
{
  return a*b;
}
```

Na linha 1, o valor de retorno de **mul()** é atribuído a **z**. Na linha 2, o valor de retorno não é realmente atribuído, mas é usado pela função **printf()**. Finalmente, na linha 3, o valor de retorno é perdido porque não é atribuído a outra variável nem usado como parte de uma expressão.

Funções Que Devolvem Valores Não-Inteiros

Quando o tipo da função não é explicitamente declarado, o compilador C atribui automaticamente a ela o tipo padrão, que é **int**. Para muitas funções em C, esse tipo padrão é aplicável. No entanto, quando é necessário um tipo de dado diferente, o processo envolve dois passos. Primeiro, deve ser dada à função um especificador de tipo explícito. Segundo, o tipo da função deve ser identificado antes da primeira chamada feita a ela. Apenas assim C pode gerar um código correto para funções que não devolvem valores inteiros.

As funções podem ser declaradas como retornando qualquer tipo de dado válido em C. O método da declaração é semelhante à declaração de variáveis: o especificador de tipo precede o nome da função. O especificador de tipo informa ao compilador que tipo de dado a função devolverá. Essa informação é crítica para o programa rodar corretamente, porque tipos de dados diferentes têm tamanhos e representações internas diferentes.

Antes que uma função que não retorne um valor inteiro possa ser usada, seu tipo deve ser declarado ao programa. Isso porque, a menos que informado em contrário, o compilador C assume que uma função devolve um valor inteiro. Se seu programa usa uma função que devolve um tipo diferente antes da sua declaração, o compilador gera erroneamente o código para a chamada. Para evitar isso, você deve usar uma forma especial de declaração, perto do início do seu programa, informando ao compilador o tipo de dado que sua função realmente devolverá.

Existem duas maneiras de declarar uma função antes de ela ser usada: a forma tradicional e o moderno método de protótipos. A abordagem tradicional era o único método disponível quando C foi inventada, mas agora está obsoleto. Os protótipos foram acrescentados pelo padrão C ANSI. A abordagem tradicional é permitida pelo padrão ANSI para assegurar compatibilidade com códigos mais antigos, mas novos usos são desencorajados. Muito embora seja antiquado, muitos milhares de programas ainda o usam, de forma que você deve familiarizar-se com ele. Além disso, o método com protótipos é basicamente uma extensão do conceito tradicional.

Nesta seção, examinaremos a abordagem tradicional. Embora desatualizada, muitos dos programas existentes ainda a utilizam. Além disso, um método do protótipo é basicamente uma extensão do conceito tradicional. (Os protótipos de função são discutidos na próxima seção.)

Com a abordagem tradicional, você especifica o tipo e o nome da função próximos ao início do programa para informar ao compilador que uma função devolverá algum tipo de valor diferente de um inteiro, como ilustrado aqui:

```
#include <stdio.h>

float sum(); /* identifica a função */
float first, second;

void main(void)
{
  first = 123.23;
  second = 99.09;

  printf("%f", sum());
}

float sum()
{
  return first + second;
}
```

A primeira declaração da função informa ao compilador que **sum()** devolve um tipo de dado em ponto flutuante. Isso permite que o compilador gere corretamente o código para a chamada a **sum()**. Sem a declaração, o compilador indicaria um erro de incompatibilidade de tipos.

O comando tradicional de declaração de tipos tem a forma geral

especificador_de_tipo nome_da_função();

Mesmo que a função tenha argumentos, eles não constam na declaração de tipo.

Sem o comando de declaração de tipo, ocorreria um erro de incompatibilidade entre o tipo de dado que a função devolve e o tipo de dado que a rotina chamadora espera. Os resultados serão bizarros e imprevisíveis. Se ambas as funções estão no mesmo arquivo, o compilador descobre a incompatibilidade de tipos e não compila o programa. Contudo, se as funções estão em arquivos diferentes, o compilador não detecta o erro. Nenhuma verificação de tipos é feita durante o tempo de linkedição ou tempo de execução, apenas em tempo de compilação. Por essa razão, você deve assegurar-se de que ambos os tipos são compatíveis.

NOTA: Quando um caractere é devolvido por uma função declarada como sendo do tipo **int***, o valor caractere é convertido em um inteiro. Visto que C faz a conversão de caractere para inteiro, e vice-versa, uma função que devolve um caractere geralmente não é declarada como devolvendo um valor caractere. O programador confia na conversão padrão de caractere em inteiro e vice-versa. Esse tipo de coisa é freqüentemente encontrado em códigos em C mais antigos e tecnicamente não é considerado um erro.*

Protótipos de Funções

O padrão C ANSI expandiu a declaração tradicional de função, permitindo que a quantidade e os tipos dos argumentos das funções sejam declarados. A definição expandida é chamada *protótipo de função*. Protótipos de funções não faziam parte da linguagem C original. Eles são, porém, um dos acréscimos mais importantes do ANSI à C. Neste livro, todos os exemplos incluem protótipos completos das funções. Protótipos permitem que C forneça uma verificação mais forte de tipos, algo como aquela fornecida por linguagens como Pascal. Quando você usa protótipos, C pode encontrar e apresentar quaisquer conversões de tipos ilegais entre o argumento usado para chamar uma função e a definição de seus parâmetros. C também encontra diferenças entre o número de argumentos usados para chamar a função e o número de parâmetros da função.

A forma geral de uma definição de protótipo de função é

tipo nome_func(tipo nome_param1, tipo nome_param2,...,
tipo nome_paramN);

O uso dos nomes dos parâmetros é opcional. Porém, eles habilitam o compilador a identificar qualquer incompatibilidade de tipos por meio do nome quando ocorre um erro, de forma que é uma boa idéia incluí-los.

Por exemplo, o programa seguinte produz uma mensagem de erro porque ele tenta chamar **sqr_it()** com um argumento inteiro em vez do exigido ponteiro para inteiro. (Você não pode transformar um inteiro em um ponteiro.)

```
/* Esse programa usa um protótipo de função para forçar uma
   verificação forte de tipos. */

void sqr_it(int *i); /* protótipo */

void main(void)
{
  int x;
```

```
    x = 10;
    sqr_it(x);   /* incompatibilidade de tipos */
  }

  void sqr_it(int *i)
  {
    *i = *i * *i;
  }
```

Devido à necessidade de compatibilidade com a versão original de C, algumas regras especiais são aplicadas aos protótipos de funções. Primeiro, quando o tipo de retorno de uma função é declarado sem nenhuma informação de protótipo, o compilador simplesmemte assume que nenhuma informação sobre os parâmetros é dada. No que se refere ao compilador, a função pode ter diversos ou nenhum parâmetro. Assim, como pode ser dado um protótipo a uma função que não tem nenhum parâmetro? A resposta é: quando uma função não tem parâmetros, seu protótipo usa **void** dentro dos parênteses. Por exemplo, se uma função chamada **f()** devolve um **float** e não tem parâmetros, seu protótipo será:

```
float f(void);
```

Isso informa ao compilador que a função não tem parâmetros e qualquer chamada à função com parâmetros é um erro.

O uso de protótipos afeta a promoção automática de tipos de C. Quando uma função sem protótipo é chamada, todos os caracteres são convertidos em inteiros e todos os **floats** em **doubles**. Essas promoções um tanto estranhas estão relacionadas com as características do ambiente original em que C foi desenvolvida. No entanto, se a função tem protótipo, os tipos especificados no protótipo são mantidos e não ocorrem promoções de tipo.

Protótipos de funções ajudam a detectar erros antes que eles ocorram. Além disso, eles auxiliam a verificar se seu programa está funcionando corretamente, não permitindo que funções sejam chamadas com argumentos inconsistentes.

Tenha um fato em mente: embora o uso de protótipos de função seja bastante recomendado, tecnicamente não é errado que uma função não tenha protótipos. Isso é necessário para suportar códigos C sem protótipos. Todavia, seu código deve, em geral, incluir total informação de protótipos.

NOTA: Embora os protótipos sejam opcionais em C, eles são exigidos pela sucessora de C: C++.

Retornando Ponteiros

Embora funções que devolvem ponteiros sejam manipuladas da mesma forma que qualquer outro tipo de função, alguns conceitos importantes precisam ser discutidos.

Ponteiros para variáveis não são variáveis e tampouco inteiros sem sinal. Eles são o endereço na memória de um certo tipo de dado. A razão para a distinção deve-se ao fato de a aritmética de ponteiros ser feita relativa ao tipo de base. Por exemplo, se um ponteiro inteiro é incrementado, ele conterá um valor que é maior que o seu anterior em 2 (assumindo inteiros de 2 bytes). Em geral, cada vez que um ponteiro é incrementado, ele aponta para o próximo item de dado do tipo correspondente. Desde que cada tipo de dado pode ter um comprimento diferente, o compilador deve saber para que tipo de dados o ponteiro está apontando. Por esta razão, uma função que retorna um ponteiro deve declarar explicitamente qual tipo de ponteiro ela está retornando.

Para retornar um ponteiro, deve-se declarar uma função como tendo tipo de retorno ponteiro. Por exemplo, esta função devolve um ponteiro para a primeira ocorrência do caractere **c** na string **s**:

```
/* Devolve um ponteiro para a primeira ocorrência de c em s. */
char *match(char c, char *s)
{
  while(c!=*s && *s) s++;
  return(s);
}
```

Se nenhuma coincidência for encontrada, é devolvido um ponteiro para o terminador nulo. Aqui está um programa pequeno que usa **match()**:

```
#include <stdio.h>

char *match(char c, char *s); /* protótipo */

void main(void)
{
  char s[80], *p, ch;
  gets(s);
  ch = getchar();
  p = match(ch, s);

  if(*p) /* encontrou */
```

```
    printf("%s ", p);
  else
    printf("Não encontrei.");
}
```

Esse programa lê uma string e, em seguida, um caractere. Se o caractere está na string, o programa imprime a string do ponto em que há a coincidência. Caso contrário, ele imprime **Não encontrei**.

Funções do Tipo void

Um dos usos de **void** é declarar explicitamente funções que não devolvem valores. Isso evita seu uso em expressões e ajuda a afastar um mau uso acidental. Por exemplo, a função **print_vertical()** imprime seu argumento string verticalmente para baixo, do lado da tela. Visto que não devolve nenhum valor, ela é declarada como **void**.

```
void print_vertical(char *str)
{
  while(*str)
    printf(%c\n", *str++);
}
```

Antes de poder usar qualquer função **void**, você deve declarar seu protótipo. Se isso não for feito, C assumirá que ela devolve um inteiro e, quando o compilador encontrar de fato a função, ele declarará um erro de incompatibilidade. O programa seguinte mostra um exemplo apropriado que imprime verticalmente na tela um único argumento da linha de comando:

```
#include <stdio.h>

void print_vertical(char *str); /* protótipo */

void main(int argc, char *argv[])
{
  if(argc) print_vertical(argv[1]);
}

void print_vertical(char *str)
{
  while(*str)
    printf("%c\n", *str++);
}
```

Antes que o padrão C ANSI definisse **void**, funções que não devolviam valores simplesmente eram assumidas como do tipo **int** por padrão. Portanto, não fique surpreso ao ver muitos exemplos disto em códigos mais antigos.

O Que main() Devolve?

De acordo com o padrão ANSI, a função **main()** devolve um inteiro para o processo chamador, que é, geralmente, o sistema operacional. Devolver um valor em **main()** é equivalente a chamar **exit()** com o mesmo valor. Se **main()** não devolve explicitamente um valor, o valor passado para o processo chamador é tecnicamente indefinido. Na prática, a maioria dos compiladores C devolve 0, mas não conte com isso se há interesse em portabilidade.

Você também pode declarar **main()** como **void** se ela não devolve um valor. Alguns compiladores geram uma mensagem de advertência, se a função não é declarada como **void** e também não devolve um valor.

Recursão

Em C, funções podem chamar a si mesmas. A função é *recursiva* se um comando no corpo da função a chama. Recursão é o processo de definir algo em termos de si mesmo e é, algumas vezes, chamado de *definição circular*.

Um exemplo simples de função recursiva é **factr()**, que calcula o fatorial de um inteiro. O fatorial de um número **n** é o produto de todos os números inteiros entre 1 e **n**. Por exemplo, fatorial de 3 é 1 x 2 x 3, ou seja, 6. Tanto **factr()** como sua equivalente iterativa são mostradas aqui:

```
factr(int n)    /* recursiva */
{
  int answer;

  if (n==1) return (1);
  answer = factr(n-1)*n; /* chamada recursiva */
  return(answer);
}

fact(int n)   /* não-recursiva */
{
  int t, answer;
```

```
    answer = 1;

    for(t=1; t<=n; t++)
      answer=answer*(t);

      return(answer);
}
```

A versão não-recursiva de **fact()** deve ser clara. Ela usa um laço que é executado de 1 a **n** e multiplica progressivamente cada número pelo produto móvel.

A operação de **factr()** recursiva é um pouco mais complexa. Quando **factr()** é chamada com um argumento de 1, a função devolve 1. Caso contrário, ela devolve o produto de **factr(n-1)*n**. Para avaliar essa expressão, **factr()** é chamada com **n-1**. Isso acontece até que **n** se iguale a 1 e as chamadas à função comecem a retornar.

Calculando o fatorial de 2, a primeira chamada a **factr()** provoca uma segunda chamada com o argumento 1. Essa chamada retorna 1, que é, então, multiplicado por 2 (o valor original de **n**). A resposta, então, é 2. (Você pode achar interessante inserir comandos **printf()** em **factr()** para ver o nível de cada chamada e quais são as respostas intermediárias.)

Quando uma função chama a si mesma, novos parâmetros e variáveis locais são alocados na pilha e o código da função é executado com essas novas variáveis. Uma chamada recursiva não faz uma nova cópia da função; apenas os argumentos são novos. Quando cada função recursiva retorna, as variáveis locais e os parâmetros são removidos da pilha e a execução recomeça do ponto da chamada à função dentro da função.

A maioria das funções recursivas não minimiza significativamente o tamanho do código nem melhora a utilização da memória. Além disso, as versões recursivas da maioria das rotinas podem ser executadas um pouco mais lentamente que suas equivalentes iterativas devido às repetidas chamadas à função. De fato, muitas chamadas recursivas a uma função podem provocar um estouro da pilha. Como o armazenamento para os parâmetros da função e variáveis locais está na pilha e cada nova chamada cria uma nova cópia dessas variáveis, a pilha pode provavelmente escrever sobre outra memória de dados ou de programa. Contudo, você possivelmente nunca terá de se preocupar com isso, a menos que uma função recursiva seja executada de forma desenfreada.

A principal vantagem das funções recursivas é que você pode usá-las para criar versões mais claras e simples de vários algoritmos. Por exemplo, o QuickSort, na Parte 3, é muito difícil de implementar numa forma iterativa. Além disso, alguns problemas, especialmente aqueles relacionados com inteligência artificial, resultaram em soluções recursivas. Finalmente, algumas pessoas parecem pensar recursivamente com mais facilidade que iterativamente.

Ao escrever funções recursivas, você deve ter um comando **if** em algum lugar para forçar a função a retornar sem que a chamada recursiva seja executada. Se você não o fizer, a função nunca retornará quando chamada. Omitir o **if** é um erro comum quando se escrevem funções recursivas. Use **printf()** e **getchar()** deliberadamente durante o desenvolvimento do programa de forma que você possa ver o que está acontecendo e encerrar a execução se localizar um erro.

Declarando uma Lista de Parâmetros de Extensão Variável

Em C, você pode especificar uma função que possui a quantidade e os tipos de parâmetros variáveis. O exemplo mais comum é **printf()**. Para informar ao compilador que um número desconhecido de parâmetros será passado para uma função, você deve terminar a declaração dos seus parâmetros usando três pontos. Por exemplo, esta declaração especifica que **func()** terá pelo menos dois parâmetros inteiros e um número desconhecido (incluindo 0) de parâmetros após eles.

```
func(int a, int b, ...);
```

Essa forma de declaração também é usada por um protótipo de função.

Qualquer função que use um número variável de argumentos deve ter pelo menos um argumento verdadeiro. Por exemplo, isto está incorreto:

```
func(...);
```

Para mais informações sobre número e tipos variáveis, veja a Parte 2, sobre a função **va_arg()** da biblioteca C padrão.

Declaração de Parâmetros de Funções Moderna *Versus* Clássica

C originalmente usava um método de declaração de parâmetros diferente, algumas vezes chamado de forma *clássica*. Este livro usa a abordagem de declaração chamada de forma *moderna*. O padrão ANSI para C suporta as duas formas, mas recomenda fortemente a forma moderna. Porém, você deve saber a forma clássica porque, literalmente, milhões de linhas de código já existentes a usam! (Além disso, muitos programas usam essa forma porque ela funciona com todos os compiladores — mesmo os antigos.)

A declaração clássica de parâmetros de funções consiste em duas partes: uma lista de parâmetros, que ficam dentro dos parênteses que seguem o nome da função, e as declarações reais dos parâmetros, que ficam entre o fecha-parênteses e o abre-chaves da função. A forma geral da declaração clássica é

tipo nome_func(param1, param2,...paramN)
tipo param1;
tipo param2;
.
.
.
tipo paramN;
{
código da função
}

Por exemplo, esta declaração moderna:

```
float f(int a, int b, char ch)
{
  /*...*/
}
```

irá se parecer com isto na sua forma clássica:

```
float f(a, b, ch)
int a, b;
char ch;
{
  /*...*/
}
```

Observe que a forma clássica pode suportar mais de um parâmetro em uma lista após o nome do tipo.

Lembre-se de que a forma clássica de declaração de parâmetro está obsoleta. Contudo, seu compilador ainda pode compilar programas mais antigos que usam a forma clássica sem qualquer problema. Isso permite a manutenção de códigos mais antigos.

Questões sobre a Implementação

Há uns poucos pontos a lembrar, quando se criam funções em C, que afetam sua eficiência e usabilidade. Essas questões são o tópico desta seção.

Parâmetros e Funções de Propósito Geral

Uma função de propósito geral é aquela que será usada, em uma variedade de situações, talvez por muitos outros programadores. Tipicamente, você não deve basear funções de propósito geral em dados globais. Todas as informações de que uma função precisa devem ser passadas para ela por meio de seus parâmetros. Quando isso não é possível, você deve usar variáveis estáticas.

Além de tornar suas funções de propósito geral, os parâmetros deixam seu código legível e menos suscetível a erros resultantes de efeitos colaterais.

Eficiência

Funções são os blocos de construção de C e são cruciais para todos os programas, exceto os mais simples. Entretanto, em certas aplicações especializadas, você talvez precise eliminar uma função e substituí-la por código *em linha* (*in-line*). Código em linha é o equivalente aos comandos da função usados sem uma chamada à função. Deve-se usar código em linha em lugar de chamadas a funções apenas quando o tempo de execução é crítico.

Código em linha é mais rápido que a chamada a uma função por duas razões. Primeiro, uma instrução CALL leva tempo para ser executada. Segundo, se há argumentos para passar, eles devem ser colocados na pilha, o que também toma tempo. Para a maioria das aplicações, esse aumento muito pequeno no tempo de execução não é significativo. Mas, se for, lembre-se de que cada chamada à função usa um tempo que poderia ser economizado se o código da função fosse colocado em linha. Por exemplo, seguem duas versões de um programa que imprime o quadrado dos números de 1 a 10. A versão em linha é executada mais rapidamente que a outra porque a chamada à função toma tempo.

em linha

```
#include <stdio.h>

void main(void)
{
   int x;
```

chamada à função

```
#include <stdio.h>
int sqr(int a);
void main(void)
{
   int x;
```

```
    for(x=1; x<11; ++x)
    printf("%d", x*x);
}
```

```
    for(x=1; x<11; ++x)
      printf("%d", sqr(x));
}

sqr(int a)
{
  return a*a;
}
```

Bibliotecas e Arquivos

Uma vez que tenha escrito uma função, pode fazer três coisas com ela: você pode deixá-la no mesmo arquivo da função main(); pode colocá-la em um arquivo separado com outras funções que você escreveu; ou pode colocá-la em uma biblioteca. Nesta seção, discutimos alguns tópicos relacionados com essas opções.

Arquivos Separados

Ao se trabalhar em um grande programa, uma das tarefas mais frustrantes porém comuns é procurar em cada arquivo para encontrar onde determinada função foi colocada. Uma organização preliminar ajudará a evitar esse tipo de problema.

Primeiro, agrupe *todas* as funções que estão conceitualmente relacionadas em um arquivo. Por exemplo, se você está escrevendo um editor de texto, pode colocar todas as funções para exclusão de texto em um arquivo, todas para procura de texto em outro e assim por diante.

Segundo, ponha todas as funções de uso geral juntas. Por exemplo, em um programa de banco de dados, as funções de formatação de entrada/saída são usadas por diversas outras funções e devem estar em um arquivo separado.

Terceiro, agrupe todas as funções de nível mais alto em um arquivo separado ou, se houver espaço, no arquivo **main()**. As funções de nível superior são usadas para iniciar a atividade geral do programa, essencialmente definindo a operação do programa.

Bibliotecas

Tecnicamente, uma biblioteca de funções é diferente de um arquivo de funções compilado separadamente. Quando as rotinas em uma biblioteca são linkeditadas com o restante do seu programa, apenas as funções que seu programa realmente usa são carregadas e linkeditadas. Em um arquivo compilado separadamente, todas as funções são carregadas e linkeditadas com seu programa. Para a maioria dos arquivos que cria, você provavelmente estará interessado em ter todas as funções no arquivo. No caso de uma biblioteca C padrão, você nunca iria querer todas as funções linkeditadas com seu programa, porque o código-objeto seria enorme!

Há momentos em que você pode desejar a criação de uma biblioteca. Por exemplo, suponha que você tenha escrito um conjunto especializado de funções estatísticas. Você não gostaria de carregar todas essas funções se seu programa precisasse apenas encontrar a média de um conjunto de valores. Nesse caso, uma biblioteca seria útil.

A maioria dos compiladores C inclui instruções para criar uma biblioteca. Uma vez que esse processo varia de compilador para compilador, estude seu manual do usuário para determinar que procedimento você deve seguir.

De Que Tamanho Deve Ser um Arquivo de Programa?

Em virtude de C permitir compilação separada, a questão do tamanho ótimo para um arquivo naturalmente cresce. Isso é importante porque o tempo de compilação está diretamente relacionado com o tamanho do arquivo que está sendo compilado. Geralmente, o processo de linkedição é muito menor que a compilação e elimina a necessidade de constantemente recompilar o código em que se está trabalhando. Por outro lado, manter uma organização de múltiplos arquivos pode ser trabalhoso.

O tamanho que um arquivo deve ter é diferente para todo usuário, todo compilador e todo ambiente operacional. Porém, como regra geral, nenhum arquivo-fonte deve ser maior que 10.000 ou 15.000 bytes. Além desse tamanho, deve-se dividir o arquivo em um ou mais arquivos.

MAKRON Books

7

Estruturas, Uniões, Enumerações e Tipos Definidos pelo Usuário

A linguagem C permite criar tipos de dados definíveis pelo usuário de cinco formas diferentes. O primeiro é a *estrutura*, que é um agrupamento de variáveis sob um nome e é chamado tipo de dado *agregado* (ou, às vezes, *conglomerado*). O segundo tipo definido pelo usuário é o *campo de bit*, que é uma variação da estrutura que permite o fácil acesso aos bits dentro de uma palavra. O terceiro é a *união*, que permite que a mesma porção da memória seja definida por dois ou mais tipos diferentes de variáveis. Um quarto tipo de dado definível pelo usuário é a *enumeração*, que é uma lista de símbolos. O último tipo definido pelo usuário é criado através do uso de **typedef** e define um novo nome para um tipo existente.

Estruturas

Em C, uma estrutura é uma coleção de variáveis referenciadas por um nome, fornecendo uma maneira conveniente de se ter informações relacionadas agrupadas. Uma *definição de estrutura* forma um modelo que pode ser usado para criar variáveis de estruturas. As variáveis que compreendem a estrutura são chamadas membros da estrutura. (Os membros da estrutura são comumente chamados *elementos* ou *campos*.)

Geralmente, todos os elementos na estrutura são logicamente relacionados. Por exemplo, a informação de nome e endereço em uma lista postal seria normalmente representada em uma estrutura. O fragmento de código seguinte mostra como criar um modelo de estrutura que define os campos de nome e endereço. A palavra-chave **struct** informa ao compilador que um modelo de estrutura está sendo definido.

```
struct addr
{
  char name[30];
  char street[40];
  char city[20];
  char state[3];
  unsigned long int zip;
};
```

Observe que a definição termina com um ponto-e-vírgula. Isso ocorre porque uma definição de estrutura é um comando. Além disso, o identificador (tag) da estrutura **addr** indica essa estrutura de dados particular e é o seu especificador de tipo.

Nesse ponto do código, *nenhuma variável foi de fato declarada*. Apenas a forma dos dados foi definida. Para declarar uma variável de tipo **addr**, escreva

```
struct addr addr_info;
```

Isso declara uma variável do tipo **struct addr** chamada **addr_info**. Quando você define uma estrutura, está essencialmente definindo um tipo complexo de variável, não uma variável. Não existe uma variável desse tipo até que ela seja realmente declarada.

Quando uma variável de estrutura (como **addr_info** é declarada, o compilador C aloca automaticamente memória suficiente para acomodar todos os seus membros. A Figura 7.1 mostra como **addr_info** aparece na memória, assumindo caracteres de 1 byte e inteiros longos de 4 bytes.

Você também pode declarar uma ou mais variáveis ao definir a estrutura. Por exemplo,

```
struct addr {
  char name[30];
  char street[40];
  char city[20];
  char state[3];
  unsigned long int zip;
} addr_info, binfo, cinfo;
```

define uma estrutura chamada **addr** e declara as variáveis **addr_info, binfo** e **cinfo** desse tipo.

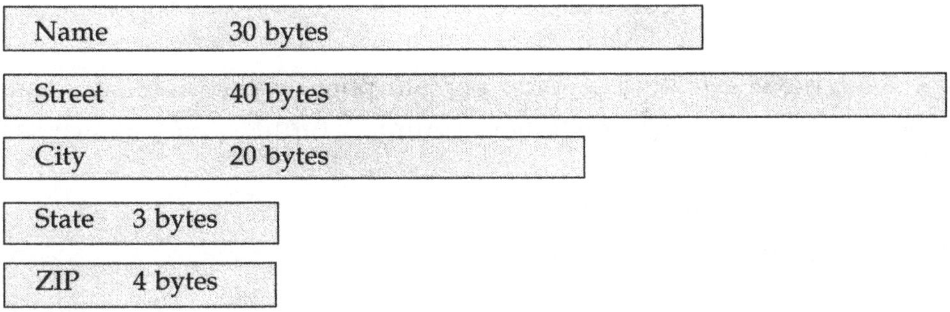

Figura 7.1 A estrutura **addr_info** na memória.

Se você precisa de apenas uma variável estrutura, o nome da estrutura não é necessário. Isso significa que

```
struct {
  char name[30];
  char street[40];
  char city[20];
  char state[3];
  unsigned long int zip;
} addr_info;
```

declara uma variável chamada **addr_info** como definido pela estrutura que a precede.

A forma geral de uma definição de estrutura é

struct *identificador* {
 tipo nome_da_variável;
 tipo nome_da_variável;
 tipo nome_da_variável;
 .
 .
 .
} *variáveis_estrutura;*

onde *identificador* ou *variáveis_estrutura* podem ser omitidos, mas não ambos.

Referenciando Elementos de Estruturas

Elementos individuais de estruturas são referenciados por meio do operador (algumas vezes chamado de *operador ponto*). Por exemplo, o código seguinte atribui o CEP 12345 ao campo **zip** da variável estrutura **addr_info** declarada anteriormente:

```
addr_info.zip = 12345;
```

O nome da variável estrutura seguido por um ponto e pelo nome do elemento referencia esse elemento individual da estrutura. A forma geral para acessar um elemento de estrutura é

nome_da_estrutura.nome_do_elemento

Assim, para imprimir o CEP na tela, escreva

```
printf("%d", addr_info.zip);
```

Isso imprime o código do CEP contido na variável **zip** da variável estrutura **addr_info**.

Do mesmo modo, a matriz de caracteres **addr_info.name** pode ser usada para chamar **gets()**, como mostrado aqui:

```
gets(addr_info.name);
```

Isso passa um ponteiro de caracteres para o início do elemento **name**.

Para acessar os elementos individuais de **addr_info.name**, você pode indexar **name**. Por exemplo, você pode imprimir o conteúdo de **addr_info.name**, um caractere por vez, usando o seguinte código:

```
register int t;

for(t=0; addr_info.name[t]; ++t)

   putchar(addr_info.name[t]);
```

Atribuição de Estruturas

Se seu compilador C é compatível com o padrão C ANSI, a informação contida em uma estrutura pode ser atribuída a outra estrutura do mesmo tipo. Isto é, em lugar de ter de atribuir os valores de todos os elementos separadamente, você pode empregar um único comando de atribuição. O programa seguinte ilustra atribuições de estruturas:

```
#include <stdio.h>

void main(void)
{
```

```
  struct {
    int a;
    int b;
  } x, y;

  x.a = 10;

  y = x; /* atribui uma estrutura a outra */

  printf("%d", y.a);
}
```

Após a atribuição, **y.a** conterá o valor 10.

Matrizes de Estruturas

Talvez o uso mais comum de estruturas seja em matriz de estruturas. Para declarar uma matriz de estruturas, você deve primeiro definir uma estrutura e, então, declarar uma variável matriz desse tipo. Por exemplo, para declarar uma matriz de estruturas com 100 elementos do tipo **addr**, que foi definido anteriormente, deve-se escrever

```
struct addr addr_info[100];
```

Isso cria 100 conjuntos de variáveis que estão organizados como definido na estrutura **addr**.

Para acessar uma estrutura específica, deve-se indexar o nome da estrutura. Por exemplo, para imprimir o código do CEP da estrutura 3, escreva

```
printf("%d", addr_info[2].zip);
```

Como todas as outras matrizes, matrizes de estruturas começam a indexação em 0.

Um Exemplo de Lista Postal

Para ilustrar como estruturas e matrizes de estruturas são usadas, esta seção desenvolve um programa simples de lista postal que usa uma estrutura para guardar as informações de endereço. Nesse exemplo, a informação armazenada inclui nome, rua, cidade, estado e CEP.

Para definir a estrutura básica de dados, **addr**, que contém essa informação, escreva

```
struct addr {
  char name[30];
  char street[40];
  char city[20];
  char state[3];
  unsigned long int zip;
} addr_info[MAX];
```

Observe que o campo de CEP é um inteiro longo sem sinal. Isso ocorre porque os CEPs maiores que 64000 — como 94564 — não podem ser representados em um inteiro de 2 bytes. Nesse exemplo, um inteiro possui o código do CEP para ilustrar um elemento de estrutura numérico. Porém, a prática mais comum é usar uma string de caracteres para acomodar códigos postais com letras além de números (como usado no Canadá e em outros países). O valor de **MAX** pode ser definido para satisfazer necessidades específicas.

A primeira função necessária para o programa é **main()**.

```
/* Um exemplo simples de lista postal usando uma
   matriz de estruturas. */
#include <stdio.h>
#include <stdlib.h>

#define MAX 100

struct addr {
  char name[30];
  char street[40];
  char city[20];
  char state[3];
  unsigned long int zip;
} addr_info[MAX];

void init_list(void), enter(void);
void delete(void), list(void);
int menu_select(void), find_free(void);

void main(void)
{
  char choice;

  init_list(); /* inicializa a matriz de estruturas */

  for(;;) {
```

```
        choice=menu_select();
        switch(choice) {
          case 1: enter();
            break;
          case 2: delete();
            break;
          case 3: list();
            break;
          case 4: exit(0);
        }
      }
    }
```

Primeiro, a função **init_list()** prepara a matriz de estruturas para ser usada, colocando um caractere nulo no primeiro byte do campo **nome**. O programa assume que uma variável estrutura não está sendo usada se **nome** estiver vazio. A função **init_list()** é mostrada aqui:

```
/* Inicializa a lista. */
void init_list(void)
{
  register int t;

  for(t=0; t<MAX; ++t) addr_info[t].name[0] = '\0';
}
```

A função **menu_select()** apresenta as mensagens de opção e devolve a seleção do usuário.

```
/* Obtém a seleção. */
menu_select(void)
{
  char s[80];
  int c;

  printf("1. Inserir um nome\n");
  printf("2. Excluir um nome\n");
  printf("3. Listar o arquivo\n");
  printf("4. Sair\n");

  do {
    printf("\nDigite sua escolha: ");
    gets(s);
    c = atoi(s);
```

```
  } while(c<0 || c>4);
  return c;
}
```

A função **enter()** espera pela entrada do usuário e coloca a informação recebida na próxima estrutura livre. Se a matriz estiver cheia, então a mensagem **lista cheia** será escrita na tela. A função **find_free()** procura um elemento não usado na matriz de estruturas.

```
/* Insere os endereços na lista. */
void enter(void)
{
  int slot;
  char s[80];

  slot = find_free();
  if(slot==-1) {
    printf("\nLista cheia");
    return;
  }

  printf("Digite o nome: ");
  gets(addr_info[slot].name);

  printf("Digite a rua: ");
  gets(addr_info[slot].street);

  printf("Digite a cidade: ");
  gets(addr_info[slot].city);

  printf("Digite o estado: ");
  gets(addr_info[slot].state);

  printf("Digite o cep: ");
  gets(s);
  addr_info[slot].zip = strtoul(s, '\0', 10);
}

/* Encontra uma estrutura não usada. */
find_free(void)
{
  register int t;
  for(t=0; addr_info[t].name[0] && t<MAX; ++t);

  if(t==MAX) return -1; /* nenhum elemento livre */
```

```
  return t;
}
```

Observe que **find_free()** devolve -1 se toda a matriz de estruturas está sendo usada. Esse é um número seguro porque não pode haver um elemento -1 em uma matriz.

A função **delete()** simplesmente pede ao usuário para especificar o número do endereço que precisa ser excluído. A função, então, põe um caractere nulo no primeiro caractere do campo **name**.

```
/* Apaga um endereço. */
void delete(void)
{
  register int slot;
  char s[80];

  printf("Digite o registro #: ");
  gets(s);
  slot = atoi(s);
  if(slot>=0 && slot < MAX)
       addr_info[slot].name[0] = '\0';
}
```

A última função de que o programa precisa é **list()**, que escreve a lista postal inteira na tela. O padrão C não define uma função que envie a saída para a impressora, em virtude da grande variação entre ambientes. Porém, todos os compiladores C fornecem alguns significados para executar isto. No entanto, você pode querer acrescentar essa capacidade ao programa de lista postal por sua conta.

```
/* Mostra a lista na tela. */
void list(void)
{
  register int t;

  for(t=0; t<MAX; ++t) {
    if(addr_info[t].name[0]) {
      printf("%s\n", addr_info[t].name);
      printf("%s\n", addr_info[t].street);
      printf("%s\n", addr_info[t].city);
      printf("%s\n", addr_info[t].state);
      printf("%lu\n", addr_info[t].zip);
    }
  }
```

```
  printf("\n\n");
}
```

O programa completo de lista postal é mostrado aqui. Se você ainda tem qualquer dúvida sobre estruturas, digite esse programa em seu computador e estude a sua execução, fazendo alterações e observando seus efeitos.

```
/* Um exemplo simples de lista postal usando uma
   matriz de estruturas. */
#include <stdio.h>
#include <stdlib.h>

#define MAX 100

struct addr {
  char name[30];
  char street[40];
  char city[20];
  char state[3];
  unsigned long int zip;
} addr_info[MAX];

void init_list(void), enter(void);
void delete(void), list(void);
int menu_select(void), find_free(void);

void main(void)
{
  char choice;

  init_list(); /* inicializa a matriz de estruturas */
  for(;;) {
    choice=menu_select();
    switch(choice) {
      case 1: enter();
        break;
      case 2: delete();
        break;
      case 3: list();
        break;
      case 4: exit(0);
    }
  }
}
```

```
/* Inicializa a lista. */
void init_list(void)
{
  register int t;

  for(t=0; t<MAX; ++t) addr_info[t].name[0] = '\0';
}

/* Obtém a seleção. */
menu_select(void)
{
  char s[80];
  int c;

  printf("1. Inserir um nome\n");
  printf("2. Excluir um nome\n");
  printf("3. Listar o arquivo\n");
  printf("4. Sair\n");
  do {
    printf("\nDigite sua escolha: ");
    gets(s);
    c = atoi(s);
  } while(c<0 || c>4);
  return c;
}

/* Insere os endereços na lista. */
void enter(void)
{
  int slot;
  char s[80];

  slot = find_free();
  if(slot==-1) {
    printf("\nlista cheia");
    return;
  }

  printf("Digite o nome: ");
  gets(addr_info[slot].name);

  printf("Digite a rua: ");
  gets(addr_info[slot].street);
```

```
  printf("Digite a cidade: ");
  gets(addr_info[slot].city);

  printf("Digite o estado: ");
  gets(addr_info[slot].state);

  printf("Digite o cep: ");
  gets(s);
  addr_info[slot].zip = strtoul(s, '\0', 10);
}

/* Encontra uma estrutura não usada. */
find_free(void)
{
  register int t;

  for(t=0; addr_info[t].name[0] && t<MAX; ++t);

  if(t==MAX) return -1; /* nenhum elemento livre */
  return t;
}

/* Apaga um endereço */
void delete(void)
{
  register int slot;
  char s[80];

  printf("Digite o registro #: ");
  gets(s);
  slot = atoi(s);
  if(slot>=0 && slot < MAX)
    addr_info[slot].name[0] = '\0';
}

/* Mostra a lista na tela. */
void list(void)
{
  register int t;

  for(t=0; t<MAX; ++t) {
    if(addr_info[t].name[0]) {
      printf("%s\n", addr_info[t].name);
      printf("%s\n", addr_info[t].street);
      printf("%s\n", addr_info[t].city);
```

```
        printf("%s\n", addr_info[t].state);
        printf("%lu\n", addr_info[t].zip);
      }
    }
    printf("\n\n");
}
```

Passando Estruturas para Funções

Esta seção discute a passagem de estruturas e seus elementos para funções.

Passando Elementos de Estrutura para Funções

Quando você passa um elemento de uma variável estrutura para uma função, está, de fato, passando o valor desse elemento para a função. Assim, você está passando uma variável simples (a menos, é claro, que o elemento seja complexo, como uma matriz de caracteres). Por exemplo, considere esta estrutura:

```
struct fred
{
  char x;
  int y;
  float z;
  char s[10];
} mike;
```

A seguir são mostrados exemplos de cada elemento sendo passado para uma função:

```
func(mike.x);   /* passa o valor do caractere de x */
func2(mike.y); /* passa o valor inteiro de y */
func3(mike.z); /* passa o valor float de z */
func4(mike.s); /* passa o endereço da string s */
func(mike.s[2]); /* passa o valor do caractere de s[2] */
```

Porém, se você quiser passar o endereço de um elemento individual da estrutura, ponha o operador **&** antes do nome da estrutura. Por exemplo, para passar o endereço dos elementos da estrutura **mike**, escreva

```
func(&mike.x);   /* passa o endereço do caractere x */
```

```
func2(&mike.y); /* passa o endereço do inteiro y */
func3(&mike.z); /* passa o endereço do float z */
func4(mike.s); /* passa o endereço da string s */
func(&mike.s[2]); /* passa o endereço do caractere s[2] */
```

Lembre-se de que o operador & precede o nome da estrutura, não o nome do elemento individual. Note também que o elemento string **s** já significa um endereço, de forma que o & não é necessário.

Passando Estruturas Inteiras para Funções

Quando uma estrutura é usada como um argumento para uma função, a estrutura inteira é passada usando o método padrão de chamada por valor. Obviamente, isso significa que quaisquer alterações podem ser feitas no conteúdo da estrutura dentro da função para a qual ela é passada sem afetar a estrutura usada como argumento.

NOTA: Em algumas versões antigas de C, estruturas não podiam ser passadas para funções. Em vez disso, elas eram tratadas como matrizes, e apenas um ponteiro para a estrutura era passado. Tenha isso em mente se você alguma vez usar um compilador C antigo.

Quando usar uma estrutura como um parâmetro, lembre-se de que o tipo de argumento deve coincidir com o tipo de parâmetro. Por exemplo, neste programa, tanto o argumento **arg** como o parâmetro **parm** são declarados como o mesmo tipo de estrutura.

```
#include <stdio.h>

/* Define um tipo de estrutura. */
struct struct_type {
  int a, b;
  char ch;
} ;
void f1(struct struct_type parm);

void main(void)
{
  struct struct_type arg;

  arg.a = 1000;

  f1(arg);
```

```
}

void f1(struct struct_type parm)
{
  printf("%d", parm.a);
}
```

Como este programa ilustra, se você declarar parâmetros que são estruturas, deverá tornar a declaração do tipo de estrutura global, para que todas as partes do seu programa possam usá-la. Por exemplo, se **struct_type** tivesse sido declarada dentro de **main()** (por exemplo), então não seria visível a **f1()**.

Como acabamos de enunciar, ao passar estruturas, o tipo do argumento deve coincidir com o tipo do parâmetro. Não é suficiente que eles sejam fisicamente semelhantes; os nomes dos seus tipos devem coincidir. Por exemplo, a versão seguinte do programa anterior é incorreta e não compilará porque o nome do tipo do argumento usado para chamar **f1()** difere do nome do tipo de seu parâmetro.

```
/* Este programa está errado e não poderá ser compilado. */
#include <stdio.h>

/* Define um tipo de estrutura. */
struct struct_type {
  int a, b;
  char ch;
} ;

/* Define uma estrutura similar a struct_type,
   mas com outro nome. */
struct struct_type2 {
  int a, b;
  char ch;
} ;

void f1(struct struct_type2 parm);

void main(void)
{
  struct struct_type arg;

  arg.a = 1000;

  f1(arg); /* erro de tipos */
```

```
}

void f1(struct struct_type2 parm)
{
  printf("%d", parm.a);
}
```

Ponteiros para Estruturas

C permite ponteiros para estruturas exatamente como permite ponteiros para outros tipos de variáveis. No entanto, há alguns aspectos especiais de ponteiros de estruturas que você deve conhecer.

Declarando um Ponteiro para Estrutura

Como outros ponteiros, você declara ponteiros para estrutura colocando * na frente do nome da estrutura. Por exemplo, assumindo a estrutura previamente definida **addr**, o código seguinte declara **addr_pointer** como um ponteiro para dados daquele tipo.

```
struct addr *addr_pointer;
```

Usando Ponteiros para Estruturas

Há dois usos primários para ponteiros de estrutura: gerar uma chamada por referência para uma função e criar listas encadeadas e outras estruturas de dados dinâmicas usando o sistema de alocação de C. Este capítulo cobre o primeiro uso. O segundo uso é coberto detalhadamente na Parte 3.

Há um prejuízo maior em passar todas as estruturas, exceto as mais simples, para funções: o tempo extra necessário para colocar (e tirar) todos os elementos da estrutura na pilha. Em estruturas simples, com poucos elementos, esse tempo extra não é tão grande. Se vários elementos são usados, porém, ou se alguns dos elementos são matrizes, a performance pode ser reduzida a níveis inaceitáveis. A solução para esse problema é passar apenas um ponteiro para uma função.

Quando um ponteiro para uma estrutura é passado para uma função, apenas o endereço da estrutura é colocado (e tirado) da pilha. Isso contribui para chamadas muito rápidas a funções. Uma segunda vantagem, em alguns casos, é quando a função precisa referencíar o argumento real em lugar de uma cópia. Passando um ponteiro, é possível alterar o conteúdo dos elementos reais da estrutura usada na chamada.

Para encontrar o endereço da variável estrutura, deve-se colocar o operador & antes do nome da estrutura. Por exemplo, dado o seguinte fragmento:

```
struct bal {
  float balance;
  char name[80];
} person;

struct bal *p; /* declara um ponteiro para estrutura */
```

então

```
p = &person;
```

põe o endereço da estrutura **person** no ponteiro **p**.

Para acessar os elementos de uma estrutura usando um ponteiro para a estrutura, você deve usar o operador ->. Por exemplo, isso referencia o campo **balance**:

```
p->balance
```

O -> é normalmente chamado de *operador seta*, e consiste no sinal de subtração seguido pelo sinal de maior. A seta é usada no lugar do operador ponto quando se está acessando um elemento de estrutura por meio de um ponteiro para a estrutura.

Para ver como um ponteiro para estrutura pode ser usado, examine este programa simples, que escreve as horas, minutos e segundos na tela usando um relógio (*timer*) por software.

```
/* Mostra um relógio por software. */
#include <stdio.h>

#define DELAY 128000

struct my_time {
  int hours;
  int minutes;
  int seconds;
} ;
```

```
void display(struct my_time *t);
void update(struct my_time *t);
void delay(void);

void main(void)
{
  struct my_time systime;

  systime.hours = 0;
  systime.minutes = 0;
  systime.seconds = 0;

  for(;;) {
    update(&systime);
    display(&systime);
  }
}

void update(struct my_time *t)
{
  t->seconds++;
  if(t->seconds==60) {
    t->seconds = 0;
    t->minutes++;
  }

  if(t->minutes==60) {
    t->minutes = 0;
    t->hours++;
  }

  if(t->hours==24) t->hours = 0;
  delay();
}

void display(struct my_time *t)
{
  printf("%02d:", t->hours);
  printf("%02d:", t->minutes);
  printf("%02d\n", t->seconds);
}

void delay(void)
{
```

```
    long int t;

    /* mude isto como necessário */
    for(t=1; t<DELAY; ++t) ;
}
```

A temporização desse programa é ajustada alterando-se o **DELAY**.

Como você pode ver, uma estrutura global chamada **my_time** foi definida, mas nenhuma variável foi declarada. Dentro de **main()**, a estrutura **systime** foi declarada e inicializada em 00:00:00. Isso significa que **systime** é conhecido diretamente apenas na função **main()**.

O endereço de **systime** é passado às duas funções **update()** (que modifica o tempo) e **display()** (que imprime a hora). Nas duas funções, o argumento é declarado como um ponteiro para a estrutura **my_time**.

Dentro de **update()** e **display()**, cada elemento de **systime** é acessado via um ponteiro. Como **update()** recebe um ponteiro para a estrutura **systime**, ele pode atualizar seu valor. Por exemplo, para ajustar a hora de volta a 0, quando se atinge 24:00:00, **update()** contém esta linha de código:

```
if(t->hours==24) t->hours = 0;
```

Essa linha de código informa ao compilador para tomar o endereço de **t** (que aponta para **systime** em **main()**) e atribuir zero a seu elemento **hours**.

Lembre-se de usar o operador ponto para acessar elementos de estruturas quando estiver operando na própria estrutura. Quando você tem um ponteiro para a estrutura, use o operador seta.

Matrizes e Estruturas Dentro de Estruturas

Um elemento de estrutura pode ser simples ou complexo. Um elemento simples é qualquer dos tipos de dados intrínsecos, como um caractere ou inteiro. Você já viu um elemento complexo: a matriz de caracteres usada em **addr**. Outros tipos de dados complexos são matrizes unidimensionais e multidimensionais e outros tipos de dados e estruturas.

Um elemento de estrutura que é uma matriz é tratada como você poderia esperar a partir dos exemplos anteriores. Por exemplo, considere esta estrutura:

```
struct x {
```

```
    int a[10][10]; /* matriz de 10 x 10 itens */
    float b;
  } y;
```

Para referenciar o inteiro 3,7 em **a** da estrutura **y**, escreva

```
y.a[3][7]
```

Quando um elemento de uma estrutura é um elemento de outra estrutura, ela é chamada estrutura *aninhada*. Por exemplo, a estrutura **address** é aninhada em **emp** neste exemplo:

```
struct emp {
  struct addr address; /* estrutura aninhada */
  float wage;
} worker;
```

Aqui, a estrutura **emp** foi definida como tendo dois elementos. O primeiro elemento é a estrutura do tipo **addr**, que contém o endereço de um empregado. O outro é **wage**, que contém o salário do empregado. O seguinte fragmento de código atribui 93456 ao elemento **zip** de **address**.

```
worker.address.zip = 93456;
```

Como você pode ver, os elementos de cada estrutura são referenciados do mais externo ao mais interno. O padrão ANSI C especifica que as estruturas podem ser aninhadas até 15 níveis. A maioria dos compiladores permite mais.

Campos de Bits

Ao contrário da maioria das linguagens de computador, C tem um método intrínseco para acessar um único bit dentro de um byte. Isso pode ser útil por um certo número de razões:

- Se o armazenamento é limitado, você pode armazenar diversas variáveis *booleanas* (verdadeiro/falso) em um byte.
- Certos dispositivos transmitem informações codificadas nos bits.
- Certas rotinas de criptografia precisam acessar os bits dentro de um byte.

Embora essas tarefas possam ser realizadas usando os operadores bit a bit, um campo de bit pode acrescentar mais estrutura (e possivelmente eficiência) ao seu código.

Para acessar os bits, C usa um método baseado na estrutura. Um campo de bits é, na verdade, apenas um tipo de elemento de estrutura que define o comprimento, em bits, do campo. A forma geral de uma definição de campo de bit é

struct *identificador*{
  tipo nome1 : *comprimento*;
  tipo nome2 : *comprimento*;
  .
  .
  .
  tipo nomeN : *comprimento*;
} *lista_de_variáveis*;

Um campo de bits deve ser declarado como **int**, **unsigned** ou **signed**. Campos de bits de comprimento 1 devem ser declarados como **unsigned**, porque um único bit não pode ter um sinal. (Alguns compiladores só permitem campos de bit **unsigned**.) O número de bits no campo de bits é especificado por *comprimento*.

Campos de bits são freqüentemente usados quando se analisa a entrada de um dispositivo de hardware. Por exemplo, o estado da porta do adaptador de comunicações seriais poderia retornar um byte de estado organizado desta forma:

Bit	Significado quando ligado
0	Alteração na linha clear-to-send
1	Alteração em data-set-ready
2	Borda de subida da portadora detectada
3	Alteração na linha de recepção
4	Clear-to-send
5	Data-set-ready
6	Chamada do telefone
7	Sinal recebido

Você pode representar a informação em um byte de estado usando o seguinte campo de bits:

```
struct status_type {
  unsigned delta_cts:      1;
  unsigned delta_dsr:      1;
  unsigned tr_edge:  1;
```

```
  unsigned delta_rec:      1;
  unsigned cts:            1;
  unsigned dsr:            1;
  unsigned ring:           1;
  unsigned rec_line:       1;
} status;
```

Você pode usar uma rotina semelhante a esta, mostrada aqui, para permitir que um programa determine quando pode enviar ou receber dados.

```
status = get_port_status();
if(status.cts) printf("livre para enviar");
if(status.dsr) printf("dados prontos");
```

Para atribuir um valor a um campo de bits, simplesmente use a forma que você usaria para qualquer outro tipo de elemento de estrutura. Por exemplo, este fragmento de código limpa o campo **ring**:

```
status.ring = 0;
```

Como você pode ver, a partir destes exemplos, cada campo de bits é acessado com o operador ponto. Porém, se a estrutura é referenciada por meio de um ponteiro, você deve usar o operador ->.

Não é necessário dar um nome a todo campo de bits. Isso torna fácil alcançar o bit que você quer, contornando os não usados. Por exemplo, se apenas **cts** e **dsr** importam, você poderia declarar a estrutura **status_type** desta forma:

```
struct status_type {
  unsigned :          4;
  unsigned cts:       1;
  unsigned dsr:       1;
} status;
```

Além disso, note que os bits após **dsr** não precisam ser especificados se não são usados.

É válido misturar elementos normais de estrutura com elementos de campos de bit. Por exemplo,

```
struct emp {
  struct addr address;
  float pay;
  unsigned lay_off:  1; /* ocioso ou ativo */
```

```
  unsigned hourly:    1; /* pagamento por horas ou salário */
  unsigned deduction:3; /* deduções de imposto */
};
```

define um registro de empregado que utiliza apenas 1 byte para segurar três pedaços de informação: o estado do empregado se contratado ou assalariado, e o número de deduções. Sem o campo de bit, essa informação usaria 3 bytes.

Variáveis de campo de bits têm certas restrições. Você não pode obter o endereço de uma variável de campo de bits. Variáveis de campo de bits não podem ser organizadas em matrizes. Você não pode ultrapassar os limites de um inteiro. Não pode saber, de máquina para máquina, se os campos estarão dispostos da esquerda para direita ou da direita para a esquerda. Em outras palavras, qualquer código que use campos de bits pode ter algumas dependências da máquina.

Uniões

Em C, uma *union* é uma posição de memória que é compartilhada por duas ou mais variáveis diferentes, geralmente de tipos diferentes, em momentos diferentes. A definição de uma **union** é semelhante à definição de estrutura. Sua forma geral é

union *identificador* {
  tipo nome_da_variável;
  tipo nome_da_variável;
  tipo nome_da_variável;
  .
  .
  .
} *variáveis_união;*

Por exemplo,

```
union u_type {
  int i;
  char ch;
};
```

Essa definição não declara quaisquer variáveis. Você pode declarar uma variável colocando seu nome no final da definição ou usando um comando de declaração separado. Para declarar um variável **union cnvt** do tipo **u_type**, usando a definição dada há pouco, escreva

```
union u_type cnvt;
```

Na **union cnvt**, tanto o inteiro **i** como o caractere **ch** compartilham a mesma posição de memória. (Obviamente, **i** ocupa 2 bytes e **ch** usa apenas 1.) A Figura 7.2 mostra como **i** e **ch** compartilham o mesmo endereço. A qualquer momento, você pode referir-se ao dado armazenado em **cnvt** como um inteiro ou um caractere.

Quando uma **union** é declarada, o compilador cria automaticamente uma variável grande o bastante para conter o maior tipo de variável da **union**. Por exemplo (supondo inteiros de 2 bytes), **cnvt** tém dois bytes de comprimento para poder armazenar **i**, embora **ch** exija somente um byte.

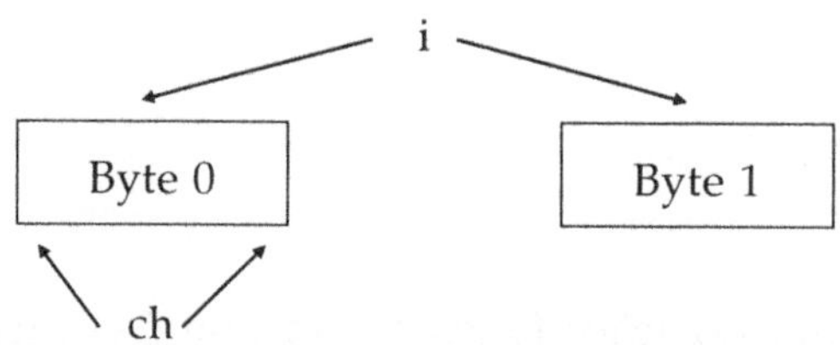

Figura 7.2 Como **i** e **ch** utilizam a **union cnvt** (supondo um inteiro de 2 bytes).

Para acessar um elemento da **union**, deve-se usar a mesma sintaxe que seria usada para estruturas: os operadores ponto e seta. Se você está operando na **union** diretamente, use o operador ponto. Se a variável **union** é acessada por meio de um ponteiro, use o operador seta. Por exemplo, para atribuir o inteiro 10 ao elemento **i** de **cnvt**, escreva

```
cnvt.i = 10;
```

No próximo exemplo, um ponteiro para **cnvt** é passado para uma função:

```
void func1(union u_type *un)
{
  un->i = 10; /* atribui 10 a cnvt usando uma função */
}
```

Usar uma **union** pode ajudar na produção de código independente da máquina (portável). Como o compilador não perde o tamanho real das variáveis que perfazem a união, nenhuma dependência da máquina é produzida. Você não precisa preocupar-se com o tamanho de **int, long, float** ou o que quer que seja.

Unions são usadas freqüentemente quando conversões de tipo são necessárias, porque você pode referenciar os dados contidos na union de maneiras diferentes. Por exemplo, você pode usar uma **union** para manipular os bytes que constituem um **double**, a fim de alterar sua precisão ou para realizar um tipo de arredondamento incomum.

Para ter uma idéia da utilidade de uma **union** quando conversões não padrão de tipos são necessárias, considere o problema de escrever um inteiro em um arquivo de disco. A biblioteca padrão de C não contém funções projetadas para especificamente escrever um inteiro em um arquivo. Embora você possa escrever qualquer tipo de dado (incluindo um inteiro) em um arquivo, usar **fwrite()** é muito para uma operação tão simples.

Contudo, usando uma **union**, você pode criar facilmente uma função chamada **putw()**, a qual escreve a representação binária de um inteiro em um arquivo um byte por vez. Para ver como, primeiro crie uma **union** consistindo de um inteiro e uma matriz de caractere de 2 bytes:

```
union pw {
  int i;
  char ch[2];
};
```

Agora, **putw()** pode ser escrita desta forma:

```
putw(union pw word, FILE *fp)
{
  putc(word->ch[0], fp); /* escreve a primeira metade */
  putc(word->ch[1], fp); /* escreve a segunda metade */
}
```

Embora possa ser chamada com um inteiro, **putw()** ainda pode usar a função **putc()** para escrever um inteiro em um arquivo em disco um byte por vez.

Enumerações

Uma enumeração é uma extensão da linguagem C acrescentada pelo padrão ANSI. Uma *enumeração* é um conjunto de constantes inteiras que especifica todos os valores legais que uma variável desse tipo pode ter. Enumerações são comuns na vida cotidiana. Por exemplo, uma enumeração das moedas usadas nos Estados Unidos é penny, nickel, dime, quarter, half-dollar, dollar

Enumerações são definidas de forma semelhante a estruturas; a palavra-chave **enum** assinala o início de um tipo de enumeração. A forma geral para enumeração é

enum *identificador { lista de enumeração } lista_de_variáveis;*

Aqui, tanto o identificador da enumeração quanto a lista de variáveis são opcionais. Análogo às estruturas, o identificador da enumeração é usado para declarar variáveis daquele tipo. O fragmento de código seguinte define uma enumeração chamada **coin** e declara **money** como sendo desse tipo:

```
enum coin {penny, nickel, dime, quarter,
           half_dollar, dollar};
enum coin money;
```

Dada essa definição e declaração, os tipos de comandos seguintes são perfeitamente válidos:

```
money = dime;
if(money==quarter) printf("Money é um quarto\n");
```

O ponto-chave para o entendimento de uma enumeração é que cada símbolo representa um valor inteiro. Dessa forma, eles podem ser usados em qualquer lugar em que um inteiro pode ser usado. A cada símbolo é dado um valor maior em uma unidade do precedente. O valor do primeiro símbolo da enumeração é 0. Assim,

```
printf("%d %d", penny, dime);
```

mostra **0 2** na tela.

Você pode especificar o valor de um ou mais dos símbolos usando um inicializador. Isso é feito colocando-se um sinal de igual e um valor inteiro após o símbolo. Os símbolos que aparecem após os inicializadores recebem valores maiores que o da inicialização precedente. Por exemplo, o código seguinte atribui o valor 100 a **quarter**:

```
enum coin {penny, nickel, dime, quarter=100,
           half_dollar, dollar};
```

Agora, os valores destes símbolos são

penny	0
nickel	1
dime	2
quarter	100
half_dollar	101
dollar	102

Uma suposição comum porém errônea sobre enumerações é que os símbolos podem ser enviados para a saída e recebidos da entrada diretamente. Isso não acontece. Por exemplo, o fragmento de código seguinte não executa como desejado:

```
/* isso não funcionará */
money = dollar;
printf("%s", money);
```

Lembre-se de que **dollar** é simplesmente um nome para um inteiro, não é uma string. Pela mesma razão, você não pode usar esse código para alcançar os resultados desejados:

```
/* esse código está errado */
strcpy(money, "dime");
```

Isto é, uma string que contém o nome de um símbolo não é automaticamente convertida naquele símbolo.

De fato, criar um código para inserir e retirar símbolos de uma enumeração é um tanto tedioso (a menos que você esteja querendo determinar seus valores inteiros). Por exemplo, você precisa do seguinte código para mostrar em palavras o tipo de moeda que **money** contém:

```
switch(money) {
  case penny:  printf("penny");
    break;
  case nickel:  printf("nickel");
    break;
  case dime:  printf("dime");
    break;
  case quarter: printf("quarter");
    break;
  case half_dollar:  printf("half_dollar");
    break;
  case dollar:  printf("dollar");
}
```

Algumas vezes, você pode declarar uma matriz de strings e usar o valor da enumeração como um índice para traduzir um valor da enumeração na sua string correspondente. Por exemplo, este código também mostra a string apropriada:

```
char name[] [12] = {
  "penny",
  "nickel",
  "dime",
  "quarter",
  "half_dollar",
  "dollar"
};
printf("%s", name[money]);
```

Logicamente, isso funcionará apenas quando nenhum símbolo for inicializado, porque a matriz de strings deve ser indexada começando por 0.

Uma vez que os valores de uma enumeração têm de ser convertidos manualmente em suas strings legíveis para nós, uma E/S do console, eles são mais úteis em rotinas que não fazem essas conversões. Uma enumeração é freqüentemente usada para definir uma tabela de símbolos de um compilador, por exemplo. As enumerações também são usadas para ajudar a provar a validade de um programa, produzindo uma verificação redundante em tempo de compilação, confirmando que apenas valores válidos sejam atribuídos a uma variável.

Usando sizeof para Assegurar Portabilidade

Você viu que estruturas, uniões e enumerações podem ser usadas para criar variáveis de diferentes tamanhos e que o tamanho real dessas variáveis pode mudar de máquina para máquina. O operador unário **sizeof** calcula o tamanho de qualquer variável ou tipo e pode ajudar a eliminar códigos dependendes da máquina de seus programas. Este operador é especialmente útil onde as estruturas ou uniões dizem respeito.

Por exemplo, assuma uma implementação de C, comum a muitos compiladores C para microcomputadores, que tem os tamanhos dos tipos de dados mostrados aqui:

Tipo	**Tamanho em bytes**
char	1
int	2
float	4

Portanto, o seguinte código escreverá os números 1, 2 e 4 na tela:

```
char ch;
int i;
float f;

printf("%d", sizeof(ch));

printf("%d", sizeof(i));

printf("%d", sizeof(f));
```

O tamanho de uma estrutura é igual a *ou maior que* a soma dos tamanhos dos seus componentes. Por exemplo,

```
struct s {
  char ch;
  int i;
  float f;
} s_var;
```

Aqui, **sizeof(s_var)** vale pelo menos 7 (4 + 2 + 1). No entanto, o tamanho de **s_var** pode ser maior porque é permitido ao compilador "preencher" uma estrutura para obter alinhamento de palavras ou parágrafos. (Um parágrafo são 16 bytes.) Como o tamanho de uma estrutura pode ser maior que a soma dos tamanhos dos seus componentes, você deve usar **sizeof** sempre que precisar saber o tamanho de uma estrutura.

Como **sizeof** é um operador avaliado durante a compilação, toda a informação necessária para determinar o tamanho de qualquer variável é conhecida em tempo de compilação. Isto é especialmente importante para as **unions**, já que o tamanho de uma **union** é sempre igual ao tamanho do seu maior componente. Por exemplo, considere

```
union u {
  char ch;
  int i;
  float f;
} u_var;
```

Aqui, o **sizeof(u_var)** é 4. No tempo de execução, não importa o que a união **u_var** está realmente guardando. Tudo o que importa é o tamanho da maior variável que pode ser armazenada porque a **union** tem de ser do tamanho do seu maior elemento.

typedef

C permite que você defina explicitamente novos nomes aos tipos de dados, utilizando a palavra-chave **typedef**. Você não está realmente *criando* uma nova classe de dados, mas, ao contrário, definindo um novo nome para um tipo já existente. Esse processo pode ajudar a tornar programas dependentes da máquina um pouco mais portáveis. Se você definir seu próprio nome de tipo para cada tipo de dados dependente de máquina usado pelo seu programa, apenas os comandos **typedef** teriam de ser mudados quando você compilar em um novo ambiente. Também pode auxiliar numa autodocumentação do seu código, permitindo nomes mais descritivos aos tipos de dados padrões. A forma geral de um comando **typedef** é

typedef *tipo novonome;*

onde *tipo* é qualquer tipo de dados permitido e *novonome* é o novo nome para esse tipo. O novo nome que você define é uma opção, não uma substituição, ao nome do tipo existente.

Por exemplo, você poderia criar um novo nome para **float** usando

```
typedef float balance;
```

Esse comando diz ao compilador para reconhecer **balance** como outro nome para **float**. A seguir, você poderia criar uma variável **float**, usando **balance**:

```
balance over_due;
```

Aqui, **over_due** é uma variável de ponto flutuante do tipo **balance**, que é uma outra palavra para **float**.

Agora que **balance** foi definido, ele pode ser usado no lado direito de um outro **typedef**. Por exemplo,

```
typedef balance overdraft;
```

diz ao compilador para reconhecer **overdraft** como um outro nome para **balance**, que é um outro nome para **float**.

Existe uma aplicação de **typedef** que você pode achar especialmente útil: **typedef** pode ser usada para simplificar a declaração de variáveis estrutura, **union** ou de enumeração. Por exemplo, considere a seguinte declaração:

```
struct mystruct {
  unsigned x;
  float f;
};
```

Para declarar uma variável do tipo **mystruct**, você deve usar uma declaração como esta:

```
struct mystruct s;
```

Embora certamente não haja nada de errado com esta declaração, ela exige o uso de dois identificadores: **struct** e **mystruct**. No entanto, se você aplicar **typedef** à declaração de **mystruct**, como exibido aqui,

```
typedef struct_mystruct {
  unsigned x;
  float f;
} mystruct;
```

então você pode declarar variáveis deste tipo de estrutura usando a seguinte declaração:

```
mystruct s;
```

O ponto é que através do uso de **typedef** na declaração de **mystruct**, você cria um novo identificador de tipo composto de um único nome. Embora isto seja tecnicamente apenas uma questão de conveniência, certamente vale a pena se você for declarar uma quantidade razoável de variáveis estrutura. Esta mesma técnica pode ser aplicada a **unions** e enumerações.

O uso de **typedef** pode tornar seu código mais fácil de ler e mais fácil de portar para um novo equipamento. Mas lembre-se, você não está criando qualquer tipo de dados novo.

MAKRON Books

8

E/S pelo Console

C é praticamente única no seu enfoque das operações de entrada/saída. A razão disso é que a linguagem não define nenhuma palavra-chave que realize E/S. Ao contrário, entrada e saída são efetuadas pelas funções da biblioteca. O sistema de E/S de C é uma parcela elegante da engenharia que oferece um flexível, porém coeso mecanismo para transferir dados entre dispositivos. No entanto, o sistema de E/S de C é muito grande e envolve diversas funções diferentes.

Em C, existe E/S pelo console e por meio de arquivo. Tecnicamente, C faz pouca distinção entre a E/S pelo console e a E/S de arquivo. Contudo, conceitualmente elas são mundos diferentes. Esse capítulo examina em detalhes as funções de E/S pelo console. O próximo capítulo apresenta o sistema de E/S de arquivo e descreve como os dois sistemas se relacionam.

Com uma exceção, esse capítulo cobre apenas as funções de E/S pelo console definidas pelo padrão C ANSI. Nem o padrão C ANSI nem o C tradicional definem qualquer função que realize o controle de uma tela "imaginária" ou gráficos porque essas operações variam enormemente entre máquinas. Ao contrário, as funções de E/S pelo console do padrão C realizam apenas saídas do tipo TTY. No entanto, a maioria dos compiladores inclui nas suas bibliotecas funções de controle de tela e gráficos que se aplicam ao ambiente específico para o qual o compilador foi projetado. A Parte 2 cobre uma amostra representativa dessas funções.

Este capítulo refere-se às funções de E/S através do console, como aquelas que realizam a entrada pelo teclado e a saída pela tela. Entretanto, essas funções têm, na realidade, a entrada e a saída padrões como o destino e/ou a origem de suas operações de E/S. Além disso, a entrada e a saída padrões podem ser redirecionadas a outros dispositivos. Esses conceitos são abordados no Capítulo 9.

Lendo e Escrevendo Caracteres

A mais simples das funções de E/S pelo console são **getchar()**, que lê um caractere do teclado, e **putchar()**, que escreve um caractere na tela. A função **getchar()** espera até que uma tecla seja pressionada e devolve o seu valor. A tecla pressionada é também automaticamente mostrada na tela. A função **putchar()** escreve seu argumento caractere na tela a partir da posição atual do cursor. Os protótipos para **getchar()** e **putchar()** são mostrados aqui:

int getchar(void);

int putchar(int *c*);

O arquivo de cabeçalho dessas funções é STDIO.H. Como mostra seu protótipo, a função **getchar()** é declarada como retornando um inteiro. Contudo, você pode atribuir esse valor a uma variável **char**, como usualmente se faz, porque o caractere está contido no byte de baixa ordem. (Em geral, o byte de ordem mais alta é zero.) **getchar()** retorna **EOF** se ocorre um erro.

No caso de **putchar()**, apesar de ser declarada como pegando um parâmetro inteiro, você geralmente o chamará usando um argumento caractere. Apenas o byte de baixa ordem desse parâmetro é realmente passado para a tela. A função **putchar()** retorna o caractere escrito, ou **EOF** se ocorre um erro. (A macro **EOF** é definida em STDIO.H e é geralmente igual a -1.)

O programa seguinte lê caracteres do teclado e inverte a caixa deles. Isto é, escreve maiúsculas como minúsculas e minúsculas como maiúsculas. Para parar o programa, digite um ponto.

```
#include <stdio.h>
#include <ctype.h>

void main(void)
{
  char ch;

  printf("Entre com algum texto (digite um ponto para sair).\n");
  do {
    ch = getchar();

    if(islower(ch)) ch = toupper(ch);
    else ch = tolower(ch);

    putchar(ch);
  } while (ch!='.');
}
```

Um Problema com getchar()

Existem alguns problemas potenciais com **getchar()**. O C ANSI definiu **getchar()** como sendo compatível com a versão original de C para o UNIX. Infelizmente, na sua forma original, **getchar()** armazena em um buffer a entrada até que seja pressionado ENTER. Isso porque os sistemas UNIX originais tinham um buffer de linha para os terminais de entrada — isto é, você tinha de pressionar ENTER para que a entrada fosse enviada ao computador. Isso deixa um ou mais caracteres esperando na fila depois que **getchar()** retorna, o que é incômodo em ambientes interativos. Embora o padrão ANSI especifique que **getchar()** pode ser implementada como uma função interativa, isso raramente ocorre. Portanto, se o programa anterior não se comportou como o esperado, você agora sabe por quê.

Alternativas para getchar()

getchar() pode não ser implementada pelo seu compilador de modo a fazê-la útil em um ambiente interativo. Se esse for o caso, talvez você queira utilizar uma função diferente para ler caracteres do teclado. O padrão C ANSI não define nenhuma função que garanta uma entrada interativa, mas muitos compiladores C incluem funções alternativas de entrada pelo teclado. Embora essas funções não sejam definidas pelo ANSI, elas são recomendadas, já que **getchar()** não satisfaz às necessidades da maioria dos programadores.

As duas funções mais comuns, **getch()** e **getche()**, possuem os seguintes protótipos:

```
int getch(void);
int getche(void);
```

Para a maioria dos compiladores, os protótipos para essas funções são encontrados em CONIO.H. A função **getch()** espera até que uma tecla seja pressionada e, então, retorna imediatamente. Ela não mostra o caractere na tela. A função **getche()** é igual a **getch()**, mas a tecla é mostrada. Este livro geralmente utiliza **getch()** ou **getche()** no lugar de **getchar()** quando um caractere precisa ser lido do teclado em um programa interativo. Contudo, se seu compilador não suporta essas funções alternativas, ou se **getchar()** for implementada como uma função interativa pelo seu compilador, você deverá substituir **getchar()** quando necessário.

Por exemplo, o programa anterior é mostrado aqui utilizando **getch()** em lugar de **getchar()**.

```
#include <stdio.h>
#include <conio.h>
#include <ctype.h>

void main(void)
{
```

```
    char ch;

    printf("Entre com algum texto (digite um ponto para
             sair).\n");
    do {
      ch = getch();

      if(islower(ch)) ch = toupper(ch);
      else ch = tolower(ch);

      putchar(ch);
    } while (ch!='.');
}
```

Lendo e Escrevendo Strings

O próximo passo em E/S por meio do console, em termos de complexidade e capacidade, são as funções **gets()** e **puts()**. Elas lhe permitem ler e escrever strings de caracteres no console.

A função **gets()** lê uma string de caracteres inserida pelo teclado e coloca-a no endereço apontado por seu argumento ponteiro de caracteres. Você pode digitar caracteres no teclado até que o retorno de carro (CR) seja pressionado. O retorno de carro não se torna parte da string; em seu lugar é colocado um terminador nulo e **gets()** retorna. Não se pode devolver um retorno de carro utilizando **gets()** (embora **getchar()** possa). Você pode corrigir erros de digitação usando a tecla BACKSPACE antes de pressionar ENTER. O protótipo para **gets()** é

char *gets(char **str*);

onde *str* é uma matriz de caracteres que recebe os caracteres enviados pelo usuário. **gets()** também retorna um ponteiro para **str**. O protótipo da função é encontrado em STDIO.H. O programa seguinte lê uma string para a matriz **str** e escreve seu comprimento.

```
#include <stdio.h>
#include <string.h>

void main(void)
{
  char str[80];

  gets(str);
  printf("o comprimento é %d", strlen(str));
}
```

A função **puts()** escreve seu argumento string na tela seguido por uma nova linha. Seu protótipo é

int puts(const char *str);

puts() reconhece os mesmos códigos de barra invertida de **printf()**, como '\t' para uma tabulação. Uma chamada a **puts()** requer bem menos tempo do que a mesma chamada a **printf()** porque **puts()** pode escrever apenas strings de caractere — não pode escrever números ou fazer conversões de formato. Portanto, **puts()** ocupa menos espaço e é executada mais rapidamente que **printf()**. Por essa razão, a função **puts()** é freqüentemente utilizada quando é importante ter um código altamente otimizado. A função **puts()** devolve **EOF** se ocorre um erro. Caso contrário, ela devolve um valor diferente de zero. No entanto, quando a escrita é feita no console, pode-se normalmente assumir que não ocorrerá nenhum erro, então o valor de **puts()** raramente é monitorado. O comando seguinte mostra **alo**:

```
puts("alo");
```

A Tabela 8.1 resume as funções mais simples que realizam operações de E/S por meio do console.

Tabela 8.1 Funções de E/S simples.

Função	**Operação**
getchar()	Lê um caractere do teclado; espera o retorno de carro.
getche()	Lê um caractere com eco; não espera o retorno de carro; não definida pelo ANSI, mas é uma extensão comum.
getch()	Lê um caractere sem eco; não espera o retorno de carro; não definida pelo ANSI, mas é uma extensão comum.
putchar()	Escreve um caractere na tela.
gets()	Lê uma string do teclado.
puts()	Escreve uma string na tela.

O programa seguinte, um dicionário computadorizado simples, demonstra várias funções básicas de E/S pelo console. Primeiro, é pedido ao usuário que introduza uma palavra e, então, o programa verifica se a palavra coincide com alguma pertencente ao seu banco de dados interno. Se existe alguma palavra igual, o programa escreve o significado da palavra. Preste especial atenção na utilização do operador de indireção utilizada neste programa. Caso você tenha problema em entendê-lo, lembre-se de que a matriz **dic** contém ponteiros para strings. Observe que a lista deve ser terminada por dois nulos.

```
/* Um dicionário simples. */
#include <stdio.h>
#include <conio.h>
#include <string.h>
#include <ctype.h>

/* lista de palavras e significados */
char *dic[][40] = {
  "atlas", "um livro de mapas",
  "carro", "um veículo motorizado",
  "telefone", "um dispositivo de comunicação",
  "avião", "uma máquina voadora",
  "","" /* nulo termina a lista */
};

void main(void)
{
  char word[80], ch;
  char **p;
  do {
    puts("\nEntre a palavra: ");
    gets(word);

    p = (char **)dic;

    /* encontra a palavra e imprime seu significado */
    do {
      if(!strcmp(*p, word)) {
        puts("significado:");
        puts(*(p+1));
        break;
      }
      if(!strcmp(*p, word)) break;
      p = p + 2;  /* avança na lista */
    } while(*p);
    if(!*p) puts("a palavra não está no dicionário");
    printf("outra? (y/n): ");
    ch = getche();
  } while(toupper(ch) != 'N');
}
```

E/S Formatada pelo Console

As funções **printf()** e **scanf()** realizam entrada e saída formatada — isto é, elas podem ler e escrever dados em vários formatos que estão sob seu controle.

A função **printf()** escreve dados no vídeo. A função **scanf()**, seu complemento, lê dados do teclado. As duas funções podem operar em qualquer dos tipos de dados intrínsecos, incluindo caracteres, strings e números.

printf()

O protótipo para **printf()** é

int printf(const char **string_de_controle*, ...);

O protótipo para **printf()** está em STDIO.H. A função **printf()** devolverá o número de caracteres escritos ou um valor negativo, se ocorrer um erro.

A *string_de_controle* consiste em dois tipos de itens. O primeiro tipo é formado por caracteres que serão impressos na tela. O segundo contém comandos de formato que definem a maneira pela qual os argumentos subseqüentes serão mostrados. Um comando de formato começa com um símbolo percentual (%) e é seguido pelo código do formato. Deve haver o mesmo número de argumentos e de comandos de formato e estes dois são combinados na ordem, da esquerda para a direita. Por exemplo, a seguinte chamada a **printf()**.

Tabela 8.2 Comandos de formato de **printf()**.

Código	Formato
%c	Caractere
%d	Inteiros decimais com sinal
%i	Inteiros decimais com sinal
%e	Notação científica (e minúsculo)
%E	Notação científica (E maiúsculo)
%f	Ponto flutuante decimal
%g	Usa %e ou %f, o que for mais curto
%G	Usa %E ou %F, o que for mais curto
%o	Octal sem sinal
%s	String de caracteres
%u	Inteiros decimais sem sinal
%x	Hexadecimal sem sinal (letras minúsculas)
%X	Hexadecimal sem sinal (letras maiúsculas)
%p	Apresenta um ponteiro
%n	O argumento associado é um ponteiro para inteiro no qual o número de caracteres escritos até esse ponto é colocado
%%	Escreve o símbolo %

```
printf("Eu gosto de %s e de %c","muito!");
```

mostra

```
Eu gosto muito de C!
```

A função **printf()** aceita uma ampla variedade de comandos de formato, como mostrado na Tabela 8.2.

Escrevendo Caracteres

Para escrever um caractere individual, deve-se utilizar **%c**. Isso faz com que o seu argumento associado seja escrito sem modificações na tela. Para escrever uma string, deve-se utilizar **%s**.

Escrevendo Números

Pode-se utilizar tanto **%d** quanto **%i** para indicar um número decimal com sinal. Esses comandos de formato são equivalentes; ambos são suportados por razões históricas.

Para escrever um valor sem sinal, deve-se utilizar **%u**.

O especificador de formato **%f** apresenta os números em ponto flutuante.

Os comandos **%e** e **%E** instruem **printf()** a mostrar um argumento **double** em notação científica. Os números representados em notação científica tomam esta forma geral:

x.dddddE+/-yy

A letra "E" maiúscula pode ser mostrada pelo uso do especificador de formato **%e**; para a letra "e" minúscula, utilize **%e**.

Pode-se fazer com que **printf()** decida utilizar **%f** ou **%e** usando os comandos de formato **%g** ou **%G**. Isso faz com que **printf()** selecione o especificador de formato que produz a saída mais curta. Onde aplicável, deve-se utilizar **%G** para "E" mostrado em maiúscula e **%g** para "e" em minúscula. O programa seguinte demonstra o efeito do especificador de formato **%g**.

```
#include <stdio.h>

void main(void)
{
  double f;
```

```
    for(f=1.0; f<1.0e+10; f=f*10)
      printf("%g ", f);
}
```

A seguinte saída é produzida:

```
1 10 100 1000 10000 100000 1e+06 1e+07 1e+08 1e+09
```

Podem-se apresentar inteiros sem sinal no formato octal ou hexadecimal utilizando **%o** ou **%x**, respectivamente. Como o sistema de número hexadecimal utiliza as letras de "A" a "E" para representar os números de 10 a 15, essas letras podem ser mostradas em maiúsculas ou em minúsculas. Para maiúsculas, utilize o especificador de formato **%X** e, para minúsculas, utilize **%x**, como mostrado aqui:

```
#include <stdio.h>

void main(void)
{
  unsigned num;

  for(num=0; num<255; num++) {
    printf("%o ", num);
    printf("%x ", num);
    printf("%X\n", num);
  }
}
```

Mostrando um Endereço

Para mostrar um endereço, deve-se utilizar **%p**. Esse especificador de formato faz com que **printf()** mostre um endereço de máquina em um formato compatível com o tipo de endereçamento utilizado pelo computador. O próximo programa mostra o endereço de **sample**:

```
#include <stdio.h>

int sample;

void main(void)
{
  printf("%p", &sample);
}
```

O Especificador %n

O especificador de formato **%n** é diferente de todos os outros. Em lugar de dizer a **printf()** para mostrar alguma coisa, ele faz com que **printf()** carregue a variável apontada por seu argumento correspondente com um valor igual ao número de caracteres que já foram escritos. Em outras palavras, o valor que corresponde ao especificador de formato deve ser um ponteiro para uma variável. Depois da chamada a **printf()**, essa variável contém o número de caracteres escritos até o ponto em que o **%n** foi encontrado. Examine esse programa para entender esse código de formato um tanto incomum.

```
#include <stdio.h>

void main(void)
{
  int count;

  printf("isso%n é um teste\n", &count);
  printf("%d", count);
}
```

Esse programa mostra **isso é um teste** seguido pelo número 4. O especificador de formato **%n** é utilizado fundamentalmente em formatação dinâmica.

Modificadores de Formato

Muitos comandos de formatos podem ter modificadores que alteram ligeiramente seus significados. Por exemplo, pode-se especificar uma largura mínima de campo, o número de casas decimais e justificação à esquerda. O modificador de formato fica entre o sinal de percentagem e o código propriamente dito.

O Especificador de Largura Mínima de Campo

Um número colocado entre o símbolo % e o código de formato age como um *especificador de largura mínima de campo*. Isso preenche a saída com espaços, para assegurar que ela atinja um certo comprimento mínimo. Se a string, ou o número, for maior do que o mínimo, ela será escrita por inteiro. O preenchimento padrão é feito com espaços. Para preencher com 0s, deve-se colocar um 0 antes do especificador de largura mínima de campo. Por exemplo, **%05d** preencherá um número de menos de cinco dígitos com 0s de forma que seu comprimento total seja cinco. O programa seguinte demonstra o especificador de largura mínima de campo.

```
#include <stdio.h>

void main(void)
{
  double item;

  item = 10.12304;

  printf("%f\n", item);
  printf("%10f\n", item);
  printf("%012f\n", item);
}
```

Esse programa produz a seguinte saída:

```
10.123040
10.123040
00010.123040
```

O modificador de largura mínima de campo é normalmente utilizado para produzir tabelas em que as colunas são alinhadas. Por exemplo, o próximo programa produz uma tabela com os quadrados e os cubos dos números de 1 a 19.

```
#include <stdio.h>

void main(void)
{
  int i;

  /* mostra uma tabela de quadrados e cubos */
  for(i=1; i<20; i++)
    printf("%8d %8d %8d\n", i, i*i, i*i*i);
}
```

Uma amostra de sua saída é vista a seguir:

```
 1    1     1
 2    4     8
 3    9    27
 4   16    64
 5   25   125
 6   36   216
 7   49   343
 8   64   512
 9   81   729
10  100  1000
```

```
11   121   1331
12   144   1728
13   169   2197
14   196   2744
15   225   3375
16   256   4096
17   289   4913
18   324   5832
19   361   6859
```

O Especificador de Precisão

O *especificador de precisão* segue o especificador de largura mínima de campo (se houver algum), consistindo em um ponto seguido de um número inteiro. O seu significado exato depende do tipo de dado a que está sendo aplicado.

Quando se aplica o especificador de precisão a dados em ponto flutuante, ele determina o número de casas decimais mostrado. Por exemplo, **%10.4f** mostra um número com pelo menos dez caracteres com quatro casas decimais.

Quando o especificador de precisão é aplicado a **%g** ou **%G**, ele determina a quantidade de dígitos significativos.

Aplicado a strings, o especificador de precisão determina o comprimento máximo do campo. Por exemplo, **%5.7s** mostra uma string de pelo menos cinco e não excedendo sete caracteres. Se a string for maior que a largura máxima do campo, os caracteres finais são truncados.

Quando aplicado a tipos inteiros, o especificador de precisão determina o número mínimo de dígitos que aparecerão para cada número. Zeros iniciais serão adicionados para completar o número solicitado de dígitos.

O programa seguinte ilustra o especificador de precisão:

```
#include <stdio.h>

void main(void)
{
  printf("%.4f\n", 123.1234567);
  printf("%3.8d\n", 1000);
  printf("%10.15s\n", "Esse é um teste simples.");
}
```

Ele produz a seguinte saída:

```
123.1235
00001000
Esse é um teste
```

Justificando a Saída

Por padrão, toda saída é justificada à direita. Isso é, se a largura do campo for maior que os dados escritos, os dados serão colocados na extremidade direita do campo. A saída pode ser justificada à esquerda colocando-se um sinal de subtração imediatamente após o %. Por exemplo, **%-10.2f** justifica à esquerda um número em ponto flutuante com duas casas decimais em um campo de 10 caracteres.

O programa seguinte ilustra a justificação à esquerda:

```
#include <stdio.h>

void main(void)
{
  printf("justificado à direita:%8d\n", 100);
  printf("justificado à esquerda:%-8d\n",100);
}
```

Manipulando Outros Tipos de Dados

Existem dois modificadores dos comandos de formato que permitem que **printf()** mostre inteiros curtos e longos. Esses modificadores podem ser aplicados aos comandos de tipo **d**, **i**, **o**, **u** e x. O modificador **l** diz a **printf()** que segue um tipo de dado **long**. Por exemplo, **%ld** significa que um **long int** será mostrado. O modificador **h** instrui **printf()** a mostrar um **short int**. Por exemplo, **%hu** indica que o dado é do tipo **short unsigned int**.

O modificador **L** também pode anteceder o especificador de ponto flutuante **e**, **f**, e **g**, e indica que segue um **long double**.

Os Modificadores * e

A função **printf()** suporta dois modificadores adicionais para alguns dos seus comandos de formato: * e #.

Preceder os comandos **g**, **G**, **f**, **E** ou **e** com # garante que haverá um ponto decimal, mesmo que não haja dígitos decimais. Se o especificador de formato **x** ou **X** é precedido por um #, o número hexadecimal será escrito com um prefixo **0x**. Se o especificador **o** é precedido de #, o número será exibido com um zero à esquerda. O # não pode ser aplicado a nenhum outro especificador de formato.

Os comandos de largura mínima de campo e precisão podem ser fornecidos como argumentos de **printf()**, em lugar de constantes. Para que isso seja realizado, deve-se utilizar o * como marcador. Quando a string de formato for examinada, **printf()** fará o * combinar com um argumento na ordem em que ele ocorre. Por exemplo, na Figura 8.1, a largura mínima do campo é 10, a precisão é 4 e o valor a ser mostrado é **123,3**.

```
printf("%*.*f",10,4,123.3);
```

Figura 8.1 Como o * combina seus valores.

O programa seguinte ilustra # e *:

```
#include <stdio.h>

void main(void)
{
  printf("%x  %#x\n", 10, 10);
  printf("%*.*f", 10, 4, 1234.34);
}
```

scanf()

scanf() é a rotina de entrada pelo console de uso geral. Ela pode ler todos os tipos de dados intrínsecos e converte automaticamente números ao formato interno apropriado. Ela é muito parecida com o inverso de **printf()**. O protótipo para **scanf()** é

int scanf(const char **string_de_controle, ...*;

O protótipo para **scanf()** está em STDIO.H. A função **scanf()** devolve o número de itens de dados que foi atribuído, com êxito, a um valor. Se ocorre um erro, **scanf()** devolve **EOF**. A *string_de_controle* determina como os valores são lidos para as variáveis apontadas na lista de argumentos.

A string de controle consiste em três classificações de caracteres.

- Especificadores de formato
- Caracteres de espaço em branco
- Caracteres de espaço não-branco

Vamos olhar cada um deles agora.

Especificadores de Formato

Os especificadores de formato de entrada são precedidos por um sinal % e informam a **scanf()** que tipo de dado deve ser lido imediatamente após. Esses códigos estão listados na Tabela 8.3. Os especificadores de formato coincidem, na ordem da esquerda para a direita, com os argumentos na lista de argumentos. Vejamos alguns exemplos.

Tabela 8.3 Especificadores de formato de **scanf()**.

Código	**Significado**
%c	Lê um único caractere
%d	Lê um inteiro decimal
%i	Lê um inteiro decimal
%e	Lê um número em ponto flutuante
%f	Lê um número em ponto flutuante
%g	Lê um número em ponto flutuante
%o	Lê um número octal
%s	Lê uma string
%x	Lê um número hexadecimal
%p	Lê um ponteiro
%n	Recebe um valor inteiro igual ao número de caracteres lidos até então
%u	Lê um inteiro sem sinal
%[]	Busca por um conjunto de caracteres.

Inserindo Números

Para ler um número decimal, deve-se utilizar os especificadores **%d** ou **%i**. (Esses especificadores, que fazem exatamente a mesma coisa, são incluídos para compatibilidade com versões mais antigas de C.)

Para ler um número em ponto flutuante, representado em notação científica ou padrão, deve-se utilizar **%e**, **%f** ou **%g**. (Novamente, esses especificadores, que fazem exatamente a mesma coisa, são incluídos para compatiblidade com versões mais antigas de C.)

scanf() pode ser utilizada para ler inteiros na forma octal ou hexadecimal usando os comandos de formato **%o** e **%x**, respectivamente. O **%x** pode estar em maiúscula ou minúscula. De qualquer forma, pode-se inserir letra de "A" a "F", em maiúsculas ou minúsculas, quando se estiver digitando números hexadecimais. O programa seguinte lê um número octal e um hexadecimal:

```
#include <stdio.h>

void main(void)
{
  int i, j;

  scanf("%o%x", &i, &j);
  printf("%o %x", i, j);
}
```

A função **scanf()** termina a leitura de um número quando o primeiro caractere não numérico é encontrado.

Inserindo Inteiros sem Sinal

Para inserir um inteiro sem sinal, deve-se utilizar o especificador de formato **%u**. Por exemplo,

```
unsigned num;
scanf("%u",&num);
```

lê um número sem sinal e coloca-o em **num**.

Lendo Caracteres Individuais com scanf()

Como você aprendeu anteriormente neste capítulo, é possível ler caracteres individuais utililizando **getchar()** ou uma função derivada. **scanf()** também pode ser utilizada para ler um caractere, usando-se o especificador de formato **%c**. No entanto, como muitas implementações de **getchar()**, **scanf()** guarda a entrada em um buffer quando **%c** é usado. Isto torna-a imprópria para um ambiente interativo.

Embora espaços, tabulações e novas linhas sejam utilizados como separadores de campos quando se lê outros tipos de dados, na leitura de um único caractere, caracteres de espaço em branco são lidos como qualquer outro caractere. Por exemplo, com "**x y**" como entrada, esse fragmento de código

```
scanf("%c%c%c", &a, &b, &c);
```

retorna com o caractere **x** em **a**, um espaço em **b** e o caractere **y** em **c**.

Lendo Strings

A função **scanf()** pode ser utilizada para ler uma string da stream de entrada, usando o especificador de formato **%s**. **%s** faz com que **scanf()** leia caracteres até que seja encontrado um caractere de espaço em branco. Os caracteres lidos são colocados em uma matriz de caracteres apontada pelo argumento correspondente e o resultado tem terminação nula. Para **scanf()**, um caractere de espaço em branco é um espaço, um retorno de carro ou uma tabulação. Ao contrário de **gets()**, que lê uma string até que seja digitado um retorno de carro, **scanf()** lê a string até o primeiro espaço em branco. Isso significa que **scanf()** não pode ser utilizada para ler uma string como "isto é um teste" porque o primeiro espaço termina o processo de leitura. Para ver o efeito do especificador **%s**, tente esse programa, usando a string "alo aqui".

```
#include <stdio.h>

void main(void)
{
  char str[80];

  printf("entre com uma string: ");
  scanf("%s", str);
  printf("eis sua string: %s", str);
}
```

O programa responde com apenas a porção "alo" da string.

Inserindo um Endereço

Para inserir um endereço de memória (ponteiro), deve-se utilizar o especificador de formato **%p**. Não tente usar um inteiro sem sinal ou qualquer outro especificador de formato para inserir um endereço porque **%p** faz com que **scanf()** leia um endereço no formato usado pela CPU. Por exemplo, esse programa lê um ponteiro e, então, mostra o que há neste endereço de memória.

```
#include <stdio.h>

void main(void)
{
  char *p;

  printf("entre com um endereço: ");
  scanf("%p", &p);
  printf("na posição %p há %c\n", p, *p);
}
```

O Especificador %n

O especificador **%n** instrui **scanf()** a atribuir o número de caracteres lidos da stream de entrada, no ponto em que o **%n** foi encontrado, à variável apontada pelo argumento correspondente.

Utilizando um Scanset

O padrão C ANSI acrescentou a **scanf()** uma nova característica chamada scanset. Um *scanset* define um conjunto de caracteres que pode ser lido por **scanf()** e atribuído à matriz de caracteres correspondente. Um scanset é definido colocando-se uma string dos caracteres a serem procurados entre colchetes. O colchete deve ser precedido por um sinal percentual. Por exemplo, o seguinte scanset informa a **scanf()** para ler apenas os caracteres X, Y e Z.

```
%[XYZ]
```

Quando um scanset é utilizado, **scanf()** continua a ler caracteres e coloca-os na matriz de caracteres correspondente até que encontre um caractere que não pertença ao scanset. A variável correspondente deve ser um ponteiro para uma matriz de caracteres. Ao retornar, essa matriz conterá uma string terminada com um nulo que consiste nos caracteres que foram lidos. Para entender como isso funciona, tente este programa:

```
#include <stdio.h>

void main(void)
{
  int i;
  char str[80], str2[80];

  scanf(%d%[abcdefg]%s", &i, str, str2);
  printf("%d %s %s", i, str, str2);
}
```

Digite **123abcdtye** seguido de um ENTER. O programa mostrará, então, **123 abcd tye**. **scanf()** finaliza a leitura de caracteres para **str** quando encontra o "t" porque ele não faz parte do scanset. Os caracteres restantes são colocados em **str2**.

Pode ser especificado um conjunto invertido se o primeiro caractere do conjunto for um ^. O ^ instrui **scanf()** a aceitar qualquer caractere que *não* está definido pelo scanset.

Também pode ser especificada uma faixa de caracteres, usando-se um hífen entre o caractere inicial e o final. Por exemplo, isso informa a **scanf()** para aceitar os caracteres de A a Z:

```
%[A-Z]
```

Um ponto importante que deve ser lembrado é que um scanset diferencia maiúsculas de minúsculas. Para fazer uma busca tanto entre maiúsculas quanto minúsculas, você deve especificá-las individualmente.

Descartando Espaços em Branco Indesejados

Um caractere de espaço em branco na string de controle faz com que **scanf()** salte um ou mais caracteres de espaço em branco da stream de entrada. Um caractere de espaço em branco é um espaço, uma tabulação ou uma nova linha. Em essência, um caractere de espaço em branco, na string de controle, faz com que **scanf()** leia, mas não armazene, qualquer número (incluindo zero) de caracteres de espaço em branco até que seja encontrado o primeiro caractere de espaço não-branco.

Caracteres de Espaço Não-Branco na String de Controle

Um caractere de espaço não-branco na string de controle faz com que **scanf()** leia e ignore caracteres iguais na stream de entrada. Por exemplo, "**%d,%d**" faz com que **scanf()** leia um inteiro, leia e descarte uma vírgula e, então, leia outro inteiro. Se o caractere especificado não for encontrado, **scanf()** termina. Para descartar um sinal percentual, é usado %% na string de controle.

Deve-se Passar Endereços para scanf()

Todas as variáveis utilizadas para receber valores por meio de **scanf()** devem ser passadas pelos seus endereços. Isso significa que todos os argumentos devem ser ponteiros para as variáveis usadas como argumentos. Recorde que essa é a maneira de C criar uma chamada por referência, o que permite a uma função alterar o conteúdo de um argumento. Por exemplo, para ler um inteiro para a variável **count**, seria usada a seguinte chamada a **scanf()**:

```
scanf("%d",&count);
```

As strings são lidas para matrizes de caracteres e o nome da matriz, sem qualquer índice, é o endereço do primeiro elemento da matriz. Logo, para ler uma string para a matriz de caracteres **str**, seria usado

```
scanf("%s",str);
```

Nesse caso, **str** já é um ponteiro e não precisa ser precedido pelo operador &.

Modificadores de Formato

Tal como ocorre com **printf()**, **scanf()** permite que alguns dos seus especificadores de formato sejam modificados.

Os especificadores de fomato podem determinar um modificador de largura máxima de campo. Isto é, um inteiro, colocado entre o % e o formato, limita o número de caracteres lido para aquele campo. Por exemplo, para ler até 20 caracteres para **str**, escreva

```
scanf("%20s",str);
```

Se a stream de entrada for maior do que 20 caracteres, uma chamada subseqüente a qualquer função de entrada de caracteres começará onde essa chamada termina. Por exemplo, se for entrado

ABCDEFGHIJKLMNOPQRSTUVWXYZ

como resposta à chamada a **scanf()** nesse exemplo, apenas os 20 primeiros caracteres, ou até o T, serão colocados em **str**, devido ao especificador de máximo tamanho. Isso significa que os caracteres restantes, UVWXYZ, ainda não foram usados. Se alguma outra chamada a **scanf()** for feita, como em

```
scanf("%s",str);
```

as letras UVWXYZ serão colocadas em **str**. A entrada para um campo pode terminar antes que o comprimento máximo seja atingido se for encontrado um espaço em branco. Nesse caso, **scanf()** avança para o próximo campo.

Para ler um inteiro longo, um **l** (letra ele) deve ser colocado antes do especificador de formato. Para ler um inteiro curto, um **h** deve ser colocado antes do especificador de formato. Esses modificadores podem ser usados com os formatos **d**, **i**, **o**, **u** e **x**.

Por padrão, os especificadores **f**, **e** e **g** instruem **scanf()** a atribuir dados a um **float**. Com um l antes de um desses especificadores, **scanf()** atribui o dado a um **double**. Para que **scanf()** receba um **long double**, utiliza-se um **L**.

Suprimindo a Entrada

Pode-se informar a **scanf()** para ler um campo, mas não atribuí-lo a nenhuma variável, através da colocação de um * precedendo o código do formato do campo. Por exemplo, dado

```
scanf("%d%*c%d", &x, &y);
```

você pode inserir **10,10**. A vírgula seria lida corretamente, mas não seria atribuída a nada. A supressão de atribuição é útil especialmente quando só é necessário processar uma parte do que está sendo digitado.

9

E/S com Arquivo

Como você provavelmente sabe, a linguagem C não contém nenhum comando de E/S. Ao contrário, todas as operações de E/S ocorrem mediante chamadas a funções da biblioteca C padrão. Essa abordagem faz o sistema de arquivos de C extremamente poderoso e flexível. O sistema de E/S de C é único, porque dados podem ser transferidos na sua representação binária interna ou em um formato de texto legível por humanos. Isso torna fácil criar arquivos que satisfaçam qualquer necessidade.

E/S ANSI *Versus* E/S UNIX

O padrão C ANSI define um conjunto completo de funções de E/S que pode ser utilizado para ler e escrever qualquer tipo de dado. Em contraste, o antigo padrão C UNIX contém dois sistemas distintos de rotinas que realizam operações de E/S. O primeiro método assemelha-se vagamente ao definido pelo padrão C ANSI e é denominado de *sistema de arquivo com buffer* (algumas vezes os termos *formatado* ou *alto nível* são utilizados para referenciá-lo). O segundo é o sistema de arquivo tipo UNIX (algumas vezes chamado de *não formatado* ou *sem buffer*) definido apenas sob o antigo padrão UNIX. O padrão ANSI não define o sistema sem buffer porque, entre outras coisas, os dois sistemas são amplamente redundantes e o sistema de arquivo tipo UNIX pode não ser relevante a certos ambientes que poderiam, de outro modo, suportar C. Este capítulo dá ênfase ao sistema de arquivo C ANSI. O fato de o ANSI não ter definido o sistema de E/S tipo UNIX sugere que seu uso irá declinar. De fato, seria muito difícil justificar seu uso em qualquer projeto atual. Porém, como as rotinas tipo UNIX foram utilizadas em milhares de programas em C existentes, elas são discutidas brevemente no final deste capítulo.

E/S em C *Versus* E/S em C++

Como C forma o embasamento de C++ (C melhorada através da orientação a objetos), às vezes surge a pergunta sobre como se relaciona o sistema de E/S de C com C++. A breve digressão a seguir esclarece este ponto.

C++ suporta todo o sistema de arquivos definido pelo C ANSI. Assim, se você portar algum código para C++ em algum momento no futuro, não precisará modificar todas as suas rotinas de E/S. No entanto, C++ também define seu próprio sistema de E/S, orientado a objetos, que inclui tanto funções quanto operadores de E/S. O sistema de E/S C++ duplica por completo a funcionalidade do sistema de E/S C ANSI. Em geral, se usar C++ para escrever programas orientados a objetos, você vai querer usar o sistema de E/S orientado a objetos. Em outros casos, você é livre para escolher usar o sistema de arquivos orientado a objetos ou o sistema de arquivos C ANSI. Uma vantagem de usar este último é que atualmente ele está padronizado e é reconhecido por todos os compiladores C e C++ atuais.

NOTA: Para uma análise completa de C++, incluindo seu sistema de E/S orientado a objetos, consulte C++ — The Complete Reference, de Herbert Schildt (Berkeley, CA: Osborne McGraw-Hill).

Streams e Arquivos

Antes de começar nossa discussão do sistema de arquivo C ANSI, é importante entender a diferença entre os termos *streams* e *arquivos*. O sistema de E/S de C fornece uma interface consistente ao programador C, independentemente do dispositivo real que é acessado. Isto é, o sistema de E/S de C provê um nível de abstração entre o programador e o dispositivo utilizado. Essa abstração é chamada de *stream* e o dispositivo real é chamado de *arquivo*. É importante entender como streams e arquivos se integram.

Streams

O sistema de arquivos de C é projetado para trabalhar com uma ampla variedade de dispositivos, incluindo terminais, acionadores de disco e acionadores de fita.

Embora cada um dos dispositivos seja muito diferente, o sistema de arquivo com buffer transforma-os em um dispositivo lógico chamado de stream. Todas as streams comportam-se de forma semelhante. Pelo fato de as streams serem amplamente independentes do dispositivo, a mesma função pode escrever em um arquivo em disco ou em algum outro dispositivo, como o console. Existem dois tipos de streams: texto e binária.

Streams de Texto

Uma *stream de texto* é uma seqüência de caracteres. O padrão C ANSI permite (mas não exige) que uma stream de texto seja organizada em linhas terminadas por um caractere de nova linha. Porém, o caractere de nova linha é opcional na última linha e é determinado pela implementação (a maioria dos compiladores C não termina streams de texto com caracteres de nova linha). Em uma stream de texto, certas traduções podem ocorrer conforme exigido pelo sistema host. Por exemplo, uma nova linha pode ser convertida em um par retorno de carro/alimentação de linha. Portanto, poderá não haver uma relação de um para um entre os caracteres que são escritos (ou lidos) e aqueles nos dispositivos externos. Além disso, devido a possíveis traduções, o número de caracteres escritos (ou lidos) pode não ser o mesmo que aquele encontrado no dispositivo externo.

Streams Binárias

Uma *stream binária* é uma seqüência de bytes com uma correspondência de um para um com aqueles encontrados no dispositivo externo — isto é, não ocorre nenhuma tradução de caracteres. Além disso, o número de bytes escritos (ou lidos) é o mesmo que o encontrado no dispositivo externo. Porém, um número definido pela implementação de bytes nulos pode ser acrescentado a uma stream binária. Esses bytes nulos poderiam ser usados para aumentar a informação para que ela preenchesse um setor de um disco, por exemplo.

Arquivos

Em C, um *arquivo* pode ser qualquer coisa, desde um arquivo em disco até um terminal ou uma impressora. Você associa uma stream com um arquivo específico realizando uma operação de abertura. Uma vez o arquivo aberto, informações podem ser trocadas entre ele e o seu programa.

Nem todos os arquivos apresentam os mesmos recursos. Por exemplo, um arquivo em disco pode suportar acesso aleatório enquanto um teclado não pode. Isso revela um ponto importante sobre o sistema de E/S de C: todas as streams são iguais, mas não todos os arquivos.

Se o arquivo pode suportar acesso aleatório (algumas vezes referido como *solicitação de posição*), abrir esse arquivo também inicializa o *indicador de posição no arquivo* para o começo do arquivo. Quando cada caractere é lido ou escrito no arquivo, o indicador de posição é incrementado, garantindo progressão através do arquivo.

Um arquivo é desassociado de uma stream específica por meio de uma operação de fechamento. Se um arquivo aberto para saída for fechado, o conteúdo, se houver algum, de sua stream associada será escrito no dispositivo externo. Esse processo é geralmente referido como *descarga* (*flushing*) da stream e garante que nenhuma informação seja acidentalmente deixada no buffer de disco. Todos os arquivos são fechados automaticamente quando o programa termina normalmente, com **main()** retornando ao sistema operacional ou uma chamada a **exit()**. Os arquivos não são fechados quando um programa quebra (*crash*) ou quando ele chama **abort ()**.

Cada stream associada a um arquivo tem uma estrutura de controle de arquivo do tipo **FILE**. Essa estrutura é definida no cabeçalho STDIO.H. Nunca modifique esse bloco de controle de arquivo.

A separação que C faz entre streams e arquivos pode parecer desnecessária ou estranha, mas a sua principal finalidade é a consistência da interface. Em C, você só precisa pensar em termos de stream e usar apenas um sistema de arquivos para realizar todas as operações de E/S. O compilador C converte a entrada ou saída em linha em uma stream facilmente gerenciada.

Fundamentos do Sistema de Arquivos

O sistema de arquivos C ANSI é composto de diversas funções inter-relacionadas. As mais comuns são mostradas na Tabela 9.1. Essas funções exigem que o cabeçalho STDIO.H seja incluído em qualquer programa em que são utilizadas. Note que a maioria das funções começa com a letra "f". Isso é uma convenção do padrão C UNIX, que definiu dois sistemas de arquivos. As funções de E/S do UNIX não começavam com um prefixo e a maioria das funções do sistema de E/S formatado tinha o prefixo "f". O comitê do ANSI escolheu manter essa convenção de nomes para manter uma continuidade.

Tabela 9.1 As funções mais comuns do sistema de arquivo com buffer.

Nome	**Função**
fopen()	Abre um arquivo
fclose()	Fecha um arquivo
putc()	Escreve um caractere em um arquivo
fputc()	O mesmo que putc()
getc()	Lê um caractere de um arquivo
fgetc()	O mesmo que getc()
fseek()	Posiciona o arquivo em um byte específico
fprintf()	É para um arquivo o que **printf()** é para o console
fscanf()	É para um arquivo o que **scanf()** é para o console
feof()	Devolve **verdadeiro** se o fim de arquivo for atingido
ferror()	Devolve **verdadeiro** se ocorreu um erro
rewind()	Recoloca o indicador de posição de arquivo no início do arquivo
remove()	Apaga um arquivo
fflush()	Descarrega um arquivo

O arquivo de cabeçalho STDIO.H fornece os protótipos para as funções de E/S e define estes três tipos: **size_t, fpos_t** e **FILE**. O tipo **size_t** é essencialmente o mesmo que um unsigned, assim como o **fpos_t**. O tipo **FILE** é discutido na próxima seção.

STDIO.H também define várias macros. As relevantes a este capítulo são: **NULL, EOF, FOPEN_MAX, SEEK_SET, SEEK_CUR** e **SEEK_END**. A macro **NULL** define um ponteiro nulo. A macro **EOF** é geralmente definida como -1 e é o valor devolvido quando uma função de entrada tenta ler além do final do arquivo. **FOPEN_MAX** define um valor inteiro que determina o número de arquivos que podem estar abertos ao mesmo tempo. As outras macros são usadas com **fseek()**, que é uma função que executa acesso aleatório em um arquivo.

O Ponteiro de Arquivo

O ponteiro é o meio comum que une o sistema C ANSI de E/S. *Um ponteiro de arquivo* é um ponteiro para informações que definem várias coisas sobre o arquivo, incluindo seu nome, status e a posição atual do arquivo. Basicamente, o ponteiro de arquivo identifica um arquivo específico em disco e é usado pela stream associada para direcionar as operações das funções de E/S. Um ponteiro de arquivo é uma variável ponteiro do tipo **FILE**. Para ler ou escrever arquivos, seu programa precisa usar ponteiros de arquivo. Para obter uma variável ponteiro de arquivo, use um comando como este:

```
FILE *fp;
```

Abrindo um Arquivo

A função **fopen()** abre uma stream para uso e associa um arquivo a ela. Ela retorna o ponteiro de arquivo associado a esse arquivo. Mais freqüentemente (e para o resto desta discussão) o arquivo é um arquivo em disco. A função **fopen()** tem este protótipo:

FILE *fopen(const char* *nomearq*, const char* *modo*);

onde *nomearq* é um ponteiro para uma cadeia de caracteres que forma um nome válido de arquivo e pode incluir uma especificação de caminho de pesquisa (*path*). A string apontada por *modo* determina como o arquivo será aberto. A Tabela 9.2 mostra os valores legais para *modo*. Strings como "r+b" também podem ser representadas como "rb+".

Como exposto, a função **fopen()** devolve um ponteiro de arquivo. Seu programa nunca deve alterar o valor desse ponteiro. Se ocorrer um erro quando estiver tentando abrir um arquivo, **fopen()** devolve um ponteiro nulo.

Como mostra a Tabela 9.2, um arquivo pode ser aberto no modo texto ou binário. Em muitas implementações, no modo texto, seqüências de retorno de carro/alimentação de linha são traduzidas para caracteres de nova linha na entrada. Na saída, ocorre o inverso: novas linhas são traduzidas para retornos de carro/alimentações de linha. Nenhuma tradução desse tipo ocorre em arquivos binários.

Tabela 9.2 Os valores legais para modo.

Modo	Significado
r	Abre um arquivo-texto para leitura
w	Cria um arquivo-texto para escrita
a	Anexa a um arquivo-texto
rb	Abre um arquivo binário para leitura
wb	Cria um arquivo binário para escrita
ab	Anexa a um arquivo binário
r+	Abre um arquivo-texto para leitura/escrita
w+	Cria um arquivo-texto para leitura/escrita
a+	Anexa ou cria um arquivo-texto para leitura/escrita
r+b	Abre um arquivo binário para leitura/escrita
w+b	Cria um arquivo binário para leitura/escrita
a+b	Anexa a um arquivo binário para leitura/escrita

Para abrir um arquivo chamado TEST, permitindo escrita, pode-se digitar:

```
FILE *fp;

fp = fopen("test","w");
```

Embora tecnicamente correto, você geralmente verá o código anterior escrito desta forma:

```
FILE *fp;

if((fp = fopen("test", "w"))==NULL) {
  printf("arquivo não pode ser aberto\n");
  exit(1);
}
```

Este método detectará qualquer erro na abertura de um arquivo, tal como um disco cheio ou protegido contra gravação, antes de que seu programa tente gravar nele. Em geral, você sempre deve confirmar o sucesso de **fopen** antes de tentar qualquer outra operação sobre o arquivo.

Se você usar **fopen()** para abrir um arquivo com permissão para escrita, qualquer arquivo já existente com esse nome será apagado e um novo arquivo será iniciado. Se nenhum arquivo com esse nome existe, um será criado. Se você deseja adicionar ao final do arquivo, deve usar o modo "a". Arquivos já existentes só podem ser abertos para operações de leitura. Se o arquivo não existe, um erro é devolvido. Finalmente, se um arquivo é aberto para operações de leitura/escrita, ele não será apagado se já existe e, se não existe, ele será criado.

O número de arquivos que pode ser aberto em um determinado momento é especificado por **FOPEN_MAX**. Este número geralmente é superior a 8, mas você deve verificar no manual do seu compilador qual é o seu valor exato.

Fechando um Arquivo

A função **fclose()** fecha uma stream que foi aberta por meio de uma chamada a **fopen()**. Ela escreve qualquer dado que ainda permanece no buffer de disco no arquivo e, então, fecha normalmente o arquivo em nível de sistema operacional. Uma falha ao fechar uma stream atrai todo tipo de problema, incluindo perda de dados, arquivos destruídos e possíveis erros intermitentes em seu programa. Uma **fclose()** também libera o bloco de controle de arquivo associado à stream, deixando-o disponível para reutilização. Em muitos casos, há um limite do sistema operacional para o número de arquivos abertos simultaneamente, assim, você deve fechar um arquivo antes de abrir outro.

A função **fclose()** tem este protótipo:

int fclose(FILE **fp*);

onde *fp* é o ponteiro de arquivo devolvido pela chamada a **fopen()**. Um valor de retorno zero significa uma operação de fechamento bem-sucedida. Qualquer outro valor indica um erro. A função padrão **ferror()** (discutida em breve) pode ser utilizada para determinar e informar qualquer problema. Geralmente, **fclose()** falhará quando um disco tiver sido retirado prematuramente do acionador ou não houver mais espaço no disco.

Escrevendo um Caractere

O padrão C ANSI define duas funções equivalentes para escrever caracteres: **putc()** e **fputc()**. (Tecnicamente, **putc()** é implementada como macro.) Há duas funções idênticas simplesmente para preservar a compatibilidade com versões mais antigas de C. Este livro usa **putc()**, mas você pode usar **fputc()**, se desejar.

A função **putc()** escreve caracteres em um arquivo que foi previamente aberto para escrita por meio da função **fopen()**. O protótipo para essa função é

int putc(int *ch*, FILE **fp*);

onde *fp* é um ponteiro de arquivo devolvido por **fopen()** e *ch* é o caractere a ser escrito. O ponteiro de arquivo informa a **putc()** em que arquivo em disco escrever. Por razões históricas, *ch* é definido como um **int**, mas apenas o byte menos significativo é utilizado.

Se a operação **putc()** foi bem-sucedida, ela devolverá o caractere escrito. Caso contrário, ela devolve **EOF**.

Lendo um Caractere

O padrão ANSI define duas funções para ler um caractere — **getc()** e **fgetc()** — para preservar a compatibilidade com versões anteriores de C. Este livro usa **getc()** (que é implementada como uma macro), mas você pode usar **fgetc()** se desejar.

A função **getc()** lê caracteres de um arquivo aberto no modo leitura por **fopen()**. O protótipo de **getc()** é

int getc(FILE **fp*);

onde *fp* é um ponteiro de arquivo do tipo **FILE** devolvido por **fopen()**. Por razões históricas, **getc()** devolve um inteiro, mas o byte mais significativo é zero.

A função **getc()** devolve **EOF** quando o final do arquivo for alcançado. O código seguinte poderia ser utilizado para ler um arquivo-texto até que a marca de final de arquivo seja lida.

```
do {
  ch = getc(fp);
} while(ch!=EOF);
```

No entanto, **getc()** também retorna **EOF** quando ocorre um erro. Você pode usar **ferror()** para determinar precisamente o que ocorreu.

Usando fopen(), getc(), putc() e fclose()

As funções **fopen()**, **getc()**, **putc()** e **fclose()** constituem o conjunto mínimo de rotinas de arquivo. O programa seguinte, KTOD, é um exemplo simples da utilização de **putc()**, **fopen()** e **fclose()**. Ele simplesmente lê caracteres do teclado e os escreve em um arquivo em disco até que o usuário digite um cifrão (**$**). O nome do arquivo é especificado na linha de comando. Por exemplo, se você chamar esse programa KTOD, digitando **KTOD TEST**, você poderá escrever linhas de texto no arquivo TEST.

```
/* KTOD: Do teclado para o disco. */
#include <stdio.h>
#include <stdlib.h>

void main(int argc, char *argv[])
{
  FILE *fp;
  char ch;

  if(argc!=2) {
    printf("Você esqueceu de digitar o nome do arquivo.\n");
    exit(1);
  }

  if((fp=fopen(argv[1], "w"))==NULL) {
    printf("O arquivo não pode ser aberto.\n");
    exit(1);
  }

  do {
    ch = getchar();
    putc(ch, fp);
  } while(ch!='$');

  fclose(fp);
}
```

O programa complementar DTOS lê qualquer arquivo ASCII e mostra o conteúdo na tela.

```
/* DTOS: Um programa que lê arquivos e mostra-os na tela. */
#include <stdio.h>
#include <stdlib.h>

void main(int argc, char *argv[])
{
  FILE *fp;
  char ch;

  if(argc!=2) {
    printf("Você esqueceu de digitar o nome do arquivo.\n");
    exit(1);
  }

  if((fp=fopen(argv[1], "r"))==NULL) {
    printf("O arquivo não pode ser aberto.\n");
    exit(1);
  }

  ch = getc(fp);   /* lê um caractere */

  while (ch!=EOF) {
    putchar(ch);  /* imprime na tela */
    ch = getc(fp);
  }

  fclose(fp);
}
```

Tente esses dois programas. Primeiro use KTOD para criar um arquivo-texto. Então, leia seu conteúdo usando DTOS.

Usando feof()

Como exposto anteriormente, o sistema de arquivo com buffer também pode operar com dados binários. Quando um arquivo é aberto para entrada binária, um valor inteiro igual à marca de **EOF** pode ser lido. Isso poderia fazer com que a rotina de entrada indicasse uma condição de fim de arquivo apesar de o final físico do arquivo não ter sido alcançado. Para resolver esse problema, C inclui a função **feof()**, que determina quando o final de arquivo foi atingido na leitura de dados binários. A função **feof()** tem este protótipo:

int feof(FILE **fp*);

Assim como as outras funções de arquivo, seu protótipo está em STDIO.H. Ela devolve verdadeiro se o final do arquivo foi atingido; caso contrário, devolve 0. Assim, a rotina seguinte lê um arquivo binário até que o final do arquivo seja encontrado:

```
while(!feof(fp)) ch = getc(fp);
```

Obviamente, você pode aplicar esse método tanto para arquivo-texto como para arquivos binários.

O programa seguinte, que copia arquivos-textos ou binários, contém um exemplo de **feof()**. Os arquivos são abertos no modo binário e **feof()** verifica o final de arquivo.

```
/* Copia um arquivo. */
#include <stdio.h>
#include <stdlib.h>

void main(int argc, char *argv[])
{
  FILE *in, *out;
  char ch;

  if(argc!=3) {
    printf("Você esqueceu de informar o nome do arquivo.\n");
    exit(1);
  }

  if((in=fopen(argv[1], "rb"))==NULL) {
    printf("O arquivo-fonte não pode ser aberto.\n");
    exit(1);
  }
  if((out=fopen(argv[2], "wb"))==NULL) {
    printf("O arquivo-destino não pode ser aberto.\n");
    exit(1);
  }

  /* Esse código copia de fato o arquivo */
  while(!feof(in)) {
    ch = getc(in);
    if(!feof(in)) putc(ch, out);
  }
```

```
  fclose(in);
  fclose(out);
}
```

Trabalhando com Strings: fputs() e fgets()

Além de **getc()** e **putc()**, C suporta as funções relacionadas **fputs()** e **fgets()**, que efetuam as operações de leitura e gravação de strings de caractere de e para um arquivo em disco. Essas funções operam de forma muito semelhante a **putc()** e **getc()**, mas, em lugar de ler ou escrever um único caractere, elas operam com strings. São os seguintes os seus protótipos:

int fputs(const char **str*, FILE **fp*);
char *fgets(char **str*, int *length*, FILE **fp*);

Os protótipos para **fgets()** e **fputs()** estão em STDIO.H.

A função **fputs()** opera como **puts()**, mas escreve a string na stream especificada. **EOF** será devolvido se ocorrer um erro.

A função **fgets()** lê uma string da stream especificada até que um caractere de nova linha seja lido ou que *length-1* caracteres tenham sido lidos. Se uma nova linha é lida, ela será parte da string (diferente de **gets()**). A string resultante será terminada por um nulo. A função devolverá um ponteiro para **str** se bem-sucedida ou um ponteiro nulo se ocorrer um erro.

No programa seguinte, a função **fputs()** lê strings do teclado e escreve-as no arquivo chamado TEST. Para terminar o programa, insira uma linha em branco. Como **gets()** não armazena o caractere de nova linha, é adicionado um antes que a string seja escrita no arquivo para que o arquivo possa ser lido mais facilmente.

```
#include <stdio.h>
#include <stdlib.>
#include <string.h>

void main(void)
{
  char str[80];
  FILE *fp;

  if((fp = fopen("TEST", "w"))==NULL) {
    printf("O arquivo não pode ser aberto.\n");
    exit(1);
  }
```

```
  do {
    printf("Digite uma string (CR para sair):\n");
    gets(str);
    strcat(str, "\n");  /* acrescenta uma nova linha */
    fputs(str, fp);
  } while(*str!='\n');
}
```

rewind()

A função **rewind()** reposiciona o indicador de posição de arquivo no início do arquivo especificado como seu argumento. Isto é, ela "rebobina" o arquivo. Seu protótipo é

void rewind(FILE *fp);

onde *fp* é um ponteiro válido de arquivo. O protótipo para **rewind()** está em STDIO.H.

Para ver um exemplo de **rewind()**, você pode modificar o programa da seção anterior para que ele mostre o conteúdo do arquivo recém-criado. Para fazer isso, o programa rebobina o arquivo depois de completada a entrada e, então, usa **fgets()** para ler de volta o arquivo. Note que o arquivo precisa ser aberto no modo leitura/escrita usando "w+" como parâmetro de modo.

```
#include <stdio.h>
#include <stdlib.>
#include <string.h>

void main(void)
{
  char str[80];
  FILE *fp;

  if((fp = fopen("TEST", "w+"))==NULL) {
    printf("O arquivo não pode ser aberto.\n");
    exit(1);
  }

  do {
    printf("Digite uma string (CR para sair):\n");
    gets(str);
    strcat(str, "\n");  /* acrescenta uma nova linha */
```

```
      fputs(str, fp);
    } while(*str!='\n');

    /* agora, lê e mostra o arquivo */
    rewind(fp); /* reinicializa o indicador de posição de arquivo
                   para o começo do arquivo. */
    while(!feof(fp)) {
      fgets(str, 79, fp);
      printf(str);
    }
  }
```

ferror()

A função **ferror()** determina se uma operação com arquivo produziu um erro. A função **ferror()** tem este protótipo:

int ferror(FILE **fp*);

onde *fp* é um ponteiro válido de arquivo. Ela retorna verdadeiro se ocorreu um erro durante a última operação no arquivo; caso contrário, retorna falso. Como toda operação modifica a condição de erro, **ferror()** deve ser chamada imediatamente após cada operação com arquivo; caso contrário, um erro pode ser perdido. O protótipo para **ferror()** está em STDIO.H.

O programa seguinte ilustra **ferror()** removendo tabulações de um arquivo-texto e substituindo pelo número apropriado de espaços. O tamanho da tabulação é definido por **TAB_SIZE**. Observe como **ferror()** é chamada após cada operação no disco. Para utilizar o programa, execute-o após especificar os nomes dos arquivos de entrada e saída na linha de comando.

```
/* O programa substitui espaços por tabulações em um arquivo-
   texto e fornece verificação de erros. */

#include <stdio.h>
#include <stdlib.h>

#define TAB_SIZE 8
#define IN 0
#define OUT 1

void err(int e);

void main(int argc, char *argv[])
```

```
{
  FILE *in, *out;
  int tab, i;
  char ch;

  if(argc!=3) {
    printf("uso: detab <entrada> <saída>\n");
    exit(1);
  }

  if((in = fopen(argv[1], "rb"))==NULL) {
    printf("O arquivo %s não pode ser aberto.\n", argv[1]);
    exit(1);
  }

  if((out = fopen(argv[2], "wb"))==NULL) {
    printf("O arquivo %s não pode ser aberto.\n", argv[2]);
    exit(1);
  }

  tab = 0;
  do {
    ch = getc(in);
    if(ferror(in)) err(IN);

    /* se encontrou um tab, então */
      envia o número apropriado de espaços */
    if(ch=='\t') {
      for(i=tab; i<8; i++) {
        putc(' ', out);
        if(ferror(out)) err(OUT);
      }
      tab = 0;
    }
    else {
      putc(ch, out);
      if(ferror(out)) err(OUT);
      tab++;
      if(tab==TAB_SIZE) tab = 0;
      if(ch=='\n' || ch=='\r') tab = 0;
    }
  } while(!feof(in));
  fclose(in);
  fclose(out);
}
```

```
void err(int e)
{
  if(e==IN) printf("Erro na entrada.\n");
  else printf("Erro na saída.\n");
  exit(1);
}
```

Apagando Arquivos

A função **remove()** apaga o arquivo especificado. Seu protótipo é

int remove(const char *filename*);

Ela devolve zero, caso seja bem-sucedida, e um valor diferente de zero, caso contrário.

O programa seguinte apaga um arquivo especificado na linha de comando. Porém, ele primeiro lhe dá uma chance de mudar de idéia. Um utilitário como esse poderia ser útil a novos usuários de computador.

```
/* Verificação dupla antes de apagar. */
#include <stdio.h>
#include <stdlib.h>
#include <ctype.h>

main(int argc, char *argv[])
{
  char str[80];
  if(argc!=2) {
    printf("uso: xerase <nomearq>\n");
    exit(1);
  }

  printf("apaga %s? (S/N): ", argv[1]);
  gets(str);

  if(toupper(*str)=='S')
    if(remove(argv[1])) {
      printf("O arquivo não pode ser apagado.\n");
      exit(1);
    }
  return 0; /* retorna sucesso ao SO */
}
```

Esvaziando uma Stream

Para esvaziar o conteúdo de uma stream de saída, deve-se utilizar a função **fflush()**, cujo protótipo é mostrado aqui:

```
int fflush(FILE *fp);
```

Essa função escreve o conteúdo de qualquer dado existente no buffer para o arquivo associado a *fp*. Se **fflush()** for chamada com um valor nulo, todos os arquivos abertos para saída serão descarregados.

A função **fflush()** devolve 0 para indicar sucesso; caso contrário, devolve **EOF**.

fread() e fwrite()

Para ler e escrever tipos de dados maiores que um byte, o sistema de arquivo C ANSI fornece duas funções: **fread()** e **fwrite()**. Essas funções permitem a leitura e a escrita de blocos de qualquer tipo de dado. Seus protótipos são

```
size_t fread(void *buffer, size_t num_bytes,
             size_t count, FILE *fp);
size_t fwrite(const void *buffer, size_t num_bytes,
             size_t count, FILE *fp);
```

Para **fread()**, *buffer* é um ponteiro para uma região de memória que receberá os dados do arquivo. Para **fwrite()**, *buffer* é um ponteiro para as informações que serão escritas no arquivo. O número de bytes a ler ou escrever é especificado por *num_bytes*. O argumento *count* determina quantos itens (cada um de comprimento *num_byte*) serão lidos ou escritos. (Lembre-se de que o tipo **size_t** é definido em STDIO.H e é aproximadamente o mesmo que unsigned.) Finalmente, *fp* é um ponteiro para uma stream aberta anteriormente. Os protótipos das duas funções estão definidos em STDIO.H.

A função **fread()** devolve o número de itens lidos. Esse valor poderá ser menor que *count* se o final do arquivo for atingido ou ocorrer um erro. A função **fwrite()** devolve o número de itens escritos. Esse valor será igual a *count* a menos que ocorra um erro.

Usando fread() e fwrite()

Quando o arquivo for aberto para dados binários, **fread()** e **fwrite()** podem ler e escrever qualquer tipo de informação. Por exemplo, o programa seguinte escreve e em seguida lê de volta um **double**, um **int** e um **long** em um arquivo em disco. Observe como **sizeof** é utilizado para determinar o comprimento de cada tipo de dado.

```
/* Escreve alguns dados não-caracteres em um arquivo em disco
   e lê de volta. */
#include <stdio.h>
#include <stdlib.h>

void main(void)
{
  FILE *fp;
  double d = 12.23;
  int i = 101;
  long l = 123023L;

  if((fp=fopen("test", "wb+"))==NULL) {
    printf("O arquivo não pode ser aberto.\n");
    exit(1);
  }

  fwrite(&d, sizeof(double), 1, fp);
  fwrite(&i, sizeof(int), 1, fp);
  fwrite(&l, sizeof(long), 1, fp);

  rewind(fp);

  fread(&d, sizeof(double), 1, fp);
  fread(&i, sizeof(int), 1, fp);
  fread(&l, sizeof(long), 1, fp);

  printf("%f %d %ld", d, i, l);

  fclose(fp);
}
```

Como esse programa ilustra, o buffer pode ser (e geralmente é) simplesmente a memória usada para guardar uma variável. Nesse programa, os valores de retorno de **fread()** e **fwrite()** são ignorados. Em um contexto real, porém, seus valores de retorno deveriam ser verificados à procura de erros.

Uma das mais úteis aplicações de **fread()** e **fwrite()** envolve ler e escrever tipos de dados definidos pelo usuário, especialmente estruturas. Por exemplo, dada esta estrutura:

```
struct struct_type {
     float balance;
     char name[80];
```

```
} cust;
```

a sentença seguinte escreve o conteúdo de **cust** no arquivo apontado por **fp**.

```
fwrite (&cust, sizeof(struct struc_type), 1, fp);
```

Exatamente para ilustrar como é fácil escrever grandes quantidades de dados usando **fread()** e **fwrite()**, um programa simples de lista postal foi desenvolvido. A lista será armazenada em uma matriz de estruturas deste tipo:

```
struct list_type {
  char name[40];
  char street[40];
  char city[30];
  char state[3];
  char zip[10];
} list[SIZE];
```

O valor de **SIZE** determina quantos endereços podem ser armazenados na lista.

Quando o programa é executado, o campo **nome** de cada estrutura é inicializado com um nulo na primeira posição. Por convenção, o programa assume que a estrutura não é usada se o nome tem comprimento 0.

As rotinas **save()** e **load()**, mostradas em breve, são utilizadas para salvar e carregar o banco de dados da lista postal. Observe como pouco código está contido em cada rotina devido à força de **fread()** e **fwrite()**. Observe, também, como essas funções verificam os valores de retorno de **fread()** e **fwrite()** devido aos erros.

```
/* Salva a lista. */
void save(void)
{
  FILE *fp;
  register int i;

  if((fp=fopen("maillist", "wb"))==NULL) {
    printf("O arquivo não pode ser aberto.\n");
    return;
  }


  for(i=0; i<SIZE; i++)
    if(*list[i].name)
      if(fwrite(&list[i],
        sizeof(struct list_type), 1, fp)!=1)
```

```
        printf("Erro de escrita no arquivo.\n");

  fclose (fp);
}

/* Carrega o arquivo.*/
void load(void)
{
  FILE *fp;
  register int i;
  if((fp=fopen("maillist", "rb"))==NULL) {
    printf("O arquivo não pode ser aberto.\n");
    return;
  }

  init_list();
  for(i=0; i<SIZE; i++)
    if(fread(&list[i],
      sizeof(struct list_type), 1, fp)!=1) {
        if(feof(fp)) break;
        printf("Erro de leitura no arquivo.\n");

    }

  fclose (fp);
}
```

As duas rotinas confirmam uma operação com arquivo bem-sucedida verificando o valor de retorno de **fread()** ou **fwrite()**. Além disso, **load()** deve verificar explicitamente o final de arquivo via **feof()**, porque **fread()** retorna o mesmo valor caso o fim de arquivo seja atingido ou ocorra um erro.

O programa de lista postal completo é mostrado em breve. Você pode querer utilizá-lo como um núcleo para melhorias adicionais, incluindo a capacidade de apagar nomes e fazer buscas por endereços.

```
/* Um programa de lista postal muito simples. */

#include <stdio.h>
#include <ctype.h>
#include <stdlib.h>
#include <string.h>

#define SIZE 100

struct list_type {
```

```
  char name[40];
  char street[40];
  char city[30];
  char state[3];
  char zip[10];
} list[SIZE];
int menu(void);
void init_list(void), enter(void);
void display(void), save(void);
void load(void);

void main(void)
{
  char choice;

  init_list();

  for(;;) {
    choice = menu();
    switch(choice) {
      case 'e': enter();
        break;
      case 'd': display();
        break;
      case 's': save();
        break;
      case 'l': load();
        break;
      case 'q': exit(0);
    }
  }
}

/* Inicializa a lista. */
void init_list(void)
{
  register int t;

  for(t=0; t<SIZE; t++) *list[t].name = '\0';
  /* um nome de comprimento zero significa vazio */
}

/* Põe os nomes na lista. */
void enter(void)
{
```

```
  register int i;

  for(i=0; i<SIZE; i++)
    if(!*list[i].name) break;

  if(i==SIZE) {
    printf("lista cheia\n");
    return;
  }

  printf("nome: ");
  gets(list[i].name);

  printf("rua: ");
  gets(list[i].street);

  printf("cidade: ");
  gets(list[i].city);

  printf("estado: ");
  gets(list[i].state);

  printf("CEP: ");
  gets(list[i].zip);
}

/* Mostra a lista. */
void display(void)
{
  register int t;

  for(t=0; t<SIZE; t++) {
    if(*list[t].name) {
      printf("%s\n", list[t].name);
      printf("%s\n", list[t].street);
      printf("%s\n", list[t].city);
      printf("%s\n", list[t].state);
      printf("%s\n\n", list[t].zip);
    }
  }
}

/* Salva a lista. */
void save(void)
{
```

```
  FILE *fp;
  register int i;

  if((fp=fopen("maillist", "wb"))==NULL) {
    printf("O arquivo não pode ser aberto.\n");
    return;
  }

  for(i=0; i<SIZE; i++)
    if(*list[i].name)

      if(fwrite(&list[i],
        sizeof(struct list_type), 1, fp)!=1)
          printf("Erro de escrita no arquivo.\n");
 fclose (fp);
}

/* Carrega o arquivo. */
void load(void)
{
  FILE *fp;
  register int i;

  if((fp=fopen("maillist", "rb"))==NULL) {
    printf("O arquivo não pode ser aberto.\n");
    return;
  }

  init_list();
  for(i=0; i<SIZE; i++)
    if(fread(&list[i],
      sizeof(struct list_type), 1, fp)!=1) {
        if(feof(fp)) break;
        printf("Erro de leitura no arquivo.\n");
    }

  fclose (fp);
}

/* Obtém uma seleção do menu. */
menu(void)
{
  char s[80];
```

```
  do {
    printf("(I)nserir\n");
    printf("(V)isualizar\n");
    printf("(C)arregar\n");
    printf("(S)alvar\n");
    printf("(T)erminar\n");
    printf("escolha: ");
    gets(s);
  } while(!strchr("ivcst", tolower(*s)));
  return tolower(*s);
}
```

fseek() e E/S com Acesso Aleatório

Operações de leitura e escrita aleatórias (ou randômicas) podem ser executadas utilizando o sistema de E/S bufferizado com a ajuda de **fseek()**, que modifica o indicador de posição de arquivo. Seu protótipo é mostrado aqui:

int fseek(FILE **fp*, long *numbytes*, int *origin*);

Aqui, *fp* é um ponteiro de arquivo devolvido por uma chamada a **fopen()**. *numbytes*, um inteiro longo, é o número de bytes a partir de *origin*, que se tornará a nova posição corrente, e *origin* é uma das seguintes macros definidas em STDIO.H.

Origin	**Nome da Macro**
Início do arquivo	SEEK_SET
Posição atual	SEEK_CUR
Final do arquivo	SEEK_END

Portanto, para mover *numbytes* a partir do início do arquivo, *origin* deve ser **SEEK_SET**. Para mover da posição atual, deve-se utilizar **SEEK_CUR** e para mover a partir do final do arquivo, deve-se utilizar **SEEK_END**. A função **fseek()** devolve 0 quando bem-sucedida e um valor diferente de zero se ocorre um erro.

O fragmento seguinte ilustra **fseek()**. Ele procura e mostra um byte específico em um arquivo especificado. O nome do arquivo e o byte a ser buscado devem ser especificados na linha de comando.

```
#include <stdio.h>
#include <stdlib.h>

void main(int argc, char *argv[])
{
  FILE *fp;
```

```
    if(argc!=3) {
      printf("Uso: SEEK nomearq byte\n");
      exit(1);
    }

    if((fp=fopen(argv[1], "r"))==NULL) {
      printf("O arquivo não pode ser aberto.\n");
      exit(1);
    }

    if(fseek(fp, atol(argv[2]), SEEK_SET)) {
      printf("Erro na busca.\n");
      exit(1);
    }

    printf("O byte em %ld é %c.\n", atol(argv[2]), getc(fp));
    fclose(fp);
  }
```

fseek() pode ser utilizada para efetuar movimentações em múltiplos de qualquer tipo de dado simplesmente multiplicando o tamanho dos dados pelo número do item que se deseja alcançar. Por exemplo, se você tiver um arquivo de lista postal produzido pelo exemplo da seção anterior, o fragmento de código seguinte move-se para o décimo endereço.

```
fseek(fp, 9*sizeof(struct list_type), SEEK_SET);
```

fprintf() e fscanf()

Como extensão das funções básicas de E/S já discutidas, o sistema de E/S com buffer inclui **fprintf()** e **fscanf()**. Essas funções comportam-se exatamente como **printf()** e **scanf()** exceto por operarem com arquivos. Os protótipos de **fprintf()** e **fscanf()** são

int fprintf(FILE **fp*, const char **control_string*,...);
int fscanf(FILE **fp*, const char **control_string*,...);

onde *fp* é um ponteiro de arquivo devolvido por uma chamada a **fopen()**. **fprintf()** e **fscanf()** direcionam suas operações de E/S para o arquivo apontado por *fp*.

Como exemplo, o programa seguinte lê uma string e um inteiro do teclado e os grava em um arquivo em disco chamado TEST. O programa então lê o arquivo e exibe a informação na tela. Após executar este programa, examine o arquivo TEST. Você verá que ele contém texto legível.

```
/* Exemplo de fscanf() - fprintf() */
#include <stdio.h>
#include <io.h>
#include <stdlib.h>

void main(void)
{
  FILE *fp;
  char s[80];
  int t;

  if((fp=fopen("test", "w")) == NULL) {
    printf("O arquivo não pode ser aberto.\n");
    exit(1);
  }

  printf("Digite uma string e um número: ");
  fscanf(stdin, "%s%d", s, &t); /* lê do teclado */

  fprintf(fp, "%s %d", s, t); /* escreve no arquivo */
  fclose(fp);

  if((fp=fopen("test", "r")) == NULL) {
    printf("O arquivo não pode ser aberto.\n");
    exit(1);
  }

  fscanf(fp, "%s%d", s, &t); /* lê do arquivo */
  fprintf(stdout, "%s %d", s, t); /*  imprime na tela */
}
```

Um aviso: embora **fprintf()** e **fscanf()** geralmente sejam a maneira mais fácil de escrever e ler dados diversos em arquivos em disco, elas não são sempre a escolha mais apropriada. Como os dados são escritos em ASCII e formatados como apareceriam na tela (e não em binário), um tempo extra é perdido a cada chamada. Assim, se há preocupação com velocidade ou tamanho do arquivo, deve-se utilizar **fread()** e **fwrite()**.

As Streams Padrão

Sempre que um programa em C começa a execução, três streams são abertas automaticamente. Elas são a entrada padrão (**stdin**), a saída padrão (**stdout**) e a saída de erro padrão (**stderr**). Normalmente, essas streams referem-se ao console, mas podem ser redirecionadas pelo sistema operacional para algum outro dispositivo em ambientes que suportam redirecionamento de E/S. (E/S redirecionadas são suportadas pelo UNIX, OS/2 e DOS, por exemplo.)

Como as streams padrões são ponteiros de arquivos, elas podem ser utilizadas pelo sistema de E/S bufferizado para executar operações de E/S no console. Por exemplo, **putchar()** poderia ser definida desta forma:

```
putchar (char c)
{
    return putc(c,stdout);
}
```

Em geral, **stdin** é utilizada para ler do console e **stdout** e **stderr**, para escrever no console. **stdin**, **stdout** e **stderr** podem ser utilizadas como ponteiros de arquivo em qualquer função que use uma variável do tipo **FILE** *. Por exemplo, você pode usar **fputs()** para escrever uma string no console usando uma chamada como esta:

```
fputs ("ola aqui", stdout);
```

Tenha em mente que **stdin**, **stdout** e **stderr** não são variáveis no sentido normal e não podem receber nenhum valor usando **fopen()**. Além disso, da mesma maneira que são criados automaticamente no início do seu progama, os ponteiros são fechados automaticamente no final; você não deve tentar fechá-los.

A Conexão de E/S pelo Console

Recorde, conforme o Capítulo 8, que C faz uma pequena distinção entre E/S pelo console e E/S com arquivo. As funções de E/S pelo console, descritas no Capítulo 8, na realidade direcionam suas operações de E/S para **stdin** ou **stdout**. Essencialmente, as funções de E/S pelo console são simplesmente versões especiais de suas funções semelhantes para arquivos. Elas existem apenas como conveniência para o programador.

Como descrito na seção anterior, você pode realizar E/S pelo console usando qualquer uma das funções do sistema de arquivos de C. Contudo, o que pode surpreendê-lo é ser possível efetuar E/S de arquivo em disco, usando funções de E/S pelo console, como **printf()**. Isso ocorre porque todas as funções de E/S pelo console, descritas no Capítulo 8, operam em **stdin** e **stdout**. Em ambientes que permitem redirecionamento de E/S, isso significa que **stdin** e **stdout** poderiam referir-se a um dispositivo diferente do teclado e da tela. Por exemplo, considere este programa:

```
#include <stdio.h>

void main(void)
{
  char str[80];

  printf("Digite uma string: ");
  gets(str);
  printf(str);
}
```

Assuma que esse programa é chamado de TEST. Se você executa TEST normalmente, ele mostra sua mensagem na tela, lê uma string do teclado e mostra essa string no vídeo. Porém, em um ambiente que suporta redirecionamento de E/S, **stdin, stdout** ou ambas podem ser redirecionadas para um arquivo. Por exemplo, em ambiente DOS ou OS/2, executar TEST desta forma:

```
TEST > OUTPUT
```

faz com que a saída de TEST seja escrita em um arquivo chamado OUTPUT. Executar TEST desta forma:

TEST <INPUT > OUTPUT

direciona **stdin** para o arquivo chamado INPUT e envia a saída para o arquivo chamado OUTPUT.

Quando um programa em C termina, qualquer stream redirecionada é reposta no seu estado padrão.

Usando freopen() para Redirecionar as Streams Padrão

As streams padrão podem ser redirecionadas utilizando-se a função **freopen()**. Essa função associa uma stream existente a um novo arquivo. Assim, você pode usá-la para associar uma stream padrão com um novo arquivo. Seu protótipo é

FILE *freopen (const char *_nomearq_,
const char *_modo_, FILE *_stream_);

onde _nomearq_ é um ponteiro para o nome do arquivo que se deseja associar à stream apontada por _stream_. O arquivo é aberto usando o valor de _modo_, que pode ter os mesmos valores usados em **fopen()**. **Freopen()** retorna _stream_ no caso de sucesso, NULL se falhar.

O programa seguinte usa **freopen()** para redirecionar **stdout** para um arquivo chamado OUTPUT:

```
#include stdio,h>

void main(void)
{
  char str[80];

  freopen("OUTPUT", "w", stdout);

  printf("Digite uma string: ");
  gets(str);
  printf(str);
}
```

Em geral, redirecionar as streams padrão usando **freopen()** é útil em situações especiais, como em depuração. Porém, efetuar operações de E/S em disco utilizando **stdin** e **stdout** redirecionados não é tão eficiente quanto utilizar funções como **fread()** e **fwrite()**.

O Sistema de Arquivo Tipo UNIX

Como C foi originalmente desenvolvida sobre o sistema operacional UNIX, ela inclui um segundo sistema de E/S com arquivos em disco que reflete basicamente as rotinas de arquivo em disco de baixo nível do UNIX. O sistema de arquivo tipo UNIX usa funções que são separadas das funções do sistema de arquivo com buffer. Elas são mostradas na Tabela 9.3.

Lembre-se de que o sistema de arquivo tipo UNIX é, algumas vezes, chamado de sistema de arquivo sem buffer. Isso porque deve-se fornecer e gerenciar todos os buffers de disco — as rotinas não farão isso por você. Portanto, um sistema tipo UNIX não contém funções como **getc()** e **putc()** (que lêem e escrevem caracteres de ou para uma stream de dados). Em vez disso, ele contém as funções **read()** e **write()**, que lêem ou escrevem um buffer completo de informação a cada chamada.

Tabela 9.3 As funções de E/S tipo UNIX sem buffer.

Nome	Função
read()	Lê um buffer de dados
write()	Escreve um buffer de dados
open()	Abre um arquivo em disco
creat()	Cria um arquivo em disco
close()	Fecha um arquivo em disco
lseek()	Move ao byte especificado em um arquivo
unlink()	Remove um arquivo do diretório

Recorde que o sistema de arquivo sem buffer não é definido pelo padrão C ANSI e seu uso provavelmente diminuirá nos próximos anos. Por essa razão, não é recomendado para novos projetos. No entanto, muitos programas em C existentes usam-no e ele é suportado por virtualmente todo compilador C.

O arquivo de cabeçalho usado pelo sistema de arquivo tipo UNIX é chamado IO.H em muitas implementações. Para algumas funções, será necessário incluir também o arquivo de cabeçalho FNCTL.H .

NOTA: Muitas implementações de C não permitem que você use as funções de arquivo do ANSI e as funções de arquivo tipo UNIX no mesmo programa. Apenas por segurança, use um sistema ou outro.

open()

Ao contrário do sistema de E/S de alto nível, o sistema de baixo nível não utiliza ponteiros de arquivo do tipo **FILE**, mas descritores de arquivo do tipo **int**. O protótipo para **open()** é

int open(const char *_nomearq_, int _modo_);

onde *nomearq* é qualquer nome de arquivo válido e *modo* é uma das seguintes macros que são definidas no arquivo de cabeçalho FNCTL.H.

Modo	Efeito
O_RDONLY	Lê
O_WRONLY	Escreve
O_RDWR	Lê/Escreve

Muitos compiladores possuem modos adicionais — como texto, binário etc. —, verifique, portanto, o seu manual do usuário. Uma chamada bem-sucedida a **open()** devolve um inteiro positivo. Um valor de retorno -1 significa que o arquivo não pode ser aberto.

A chamada a **open()** é geralmente escrita desta forma:

```
int fd;
if((fd = open (filename, mode))== -1) {
  printf("Não pode abrir arquivo.\n");
  exit(1);
}
```

Na maioria das implementações, a operação falha se o arquivo especificado no comando **open()** não está no disco. (Isto é, ela não cria um novo arquivo.) Para criar um novo arquivo, você normalmente chama **creat()**, que será descrito a seguir. Porém, dependendo da implementação exata do seu compilador C, você pode ser capaz de usar **open()** para criar um arquivo que ainda não existe. Verifique seu manual do usuário.

creat()

Se seu compilador não lhe permite criar um novo arquivo usando **open()**, ou se você quer garantir a portabilidade, você deve usar **creat()** para criar um novo arquivo para ser gravado. O protótipo de **creat()** é

int creat(const char **filename*, int *mode*);

onde *filename* é qualquer nome válido de arquivo. O argumento *mode* especifica um código de acesso para o arquivo. Consulte o manual de usuário de seu compilador para detalhes específicos. **creat()** retorna um descritor de arquivo válido se for bem-sucedida, ou -1 no caso de erro.

close()

O protótipo para **close()** é

int close(int *fd*);

Aqui, *fd* deve ser um descritor de arquivo válido, previamente obtido por meio de uma chamada a **open()** ou **create()**. **close()** devolve -1 se for incapaz de fechar o arquivo. Ela devolve 0 caso seja bem-sucedida.

A função **close()** libera o descritor de arquivo para que ele possa ser reutilizado com outro arquivo. Há sempre algum limite no número de arquivos que pode existir simultaneamente, assim, você deve fechar um arquivo quando ele não for mais necessário. Uma operação de fechamento faz com que qualquer informação nos buffers internos do disco do sistema seja escrita no disco. Uma falha no fechamento de um arquivo geralmente leva à perda de dados.

read() e write()

Uma vez que o arquivo tenha sido aberto para escrita, ele pode ser acessado por **write()**. O protótipo para a função **write()** é

int write(int *fd*, const void **buf*, unsigned *size*);

Toda vez que uma chamada a **write()** é executada, são escritos *size* caracteres no arquivo em disco especificado por *fd* do buffer apontado por *buf*. O buffer pode ser uma região alocada na memória ou uma variável.

A função **write()** devolve o número de bytes escritos após uma operação de escrita bem-sucedida. Se ocorre alguma falha, muitas implementações devolvem um **EOF**, mas verifique o seu manual do usuário.

A função **read()** é o complemento de **write()**. Seu protótipo é

int read(int *fd*, void **buf*, unsigned *size*);

onde *fd*, *buf* e *size* são os mesmos de **write()**, exceto por **read()** colocar os dados lidos no buffer apontado por *buf*. Caso **read()** seja bem-sucedida, ela devolve o número de caracteres realmente lido. Ela devolve 0 se o final físico do arquivo for ultrapassado e -1 se ocorrerem erros.

O programa seguinte ilustra alguns aspectos do sistema de E/S estilo UNIX. Ele lê linhas de texto do teclado e escreve-as em um arquivo em disco. Depois que elas são escritas, o programa as lê de volta.

```
/* Lê e escreve usando E/S sem buffer */
#include <stdio.h>
#include <io.h>
#include <stdlib.h>
#include <string.h>
#include <fnctl.h>

#define BUF_SIZE 128

void input(char *buf, int fd1);
void display(char *buf, int fd2);

void main(void)
{
  char buf[BUF_SIZE];
  int fd1, fd2;

  if((fd1=open("test", O_WRONLY))==-1) { /*abre para escrita */
    printf("O arquivo não pode ser aberto.\n");
```

```
      exit(1);
    }

    input(buf, fd1);
    /* agora fecha o arquivo e lê de volta */
    close(fd1);

    if((fd2=open("test", O_RDONLY))==-1) { /*abre para leitura */
      printf("O arquivo não pode ser aberto.\n");
      exit(1);
    }

    display(buf, fd2);
    close(fd2);
}

/* Insere texto. */
void input(char *buf, int fd1)
{
    register int t;
    do {
      for(t=0; t<BUF_SIZE; t++) buf[t] = '\0';
      gets(buf); /* lê caracteres do teclado */
      if(write(fd1, buf, BUF_SIZE)!= BUF_SIZE) {
        printf("Erro de escrita.\n");
        exit(1);
      }
    } while(strcmp(buf, "quit"));
}

/* Mostra o arquivo. */
void display(char *buf, int fd2)
{
    for(;;) {
      if(read(fd2, buf, BUF_SIZE)==0) return;
      printf("%s\n", buf);
    }
}
```

unlink()

Se você deseja excluir um arquivo, use **unlink()**. Seu protótipo é

int unlink(const char **nomearq*);

onde *nomearq* é um ponteiro de caracteres para algum nome válido de arquivo. **unlink()** devolve zero se for bem-sucedida e -1 caso seja incapaz de excluir o arquivo. Isso pode acontecer se o arquivo não se encontra no disco ou se o disco está protegido para escrita.

Acesso Aleatório Usando lseek()

O sistema de arquivos tipo UNIX suporta acesso aleatório (ou randômico) via chamadas a **lseek()**. O protótipo para **lseek()** é

long lseek(int *fd*, long *offset*, int *origin*);

onde *fd* é um descritor de arquivo devolvido por uma chamada a **creat()** ou **open()**. O *offset* é geralmente um long, mas verifique o manual do usuário do seu compilador C. *origin* pode ser uma destas macros (definidas em IO.H): **SEEK_SET, SEEK_CUR** ou **SEEK_END**. Esses são os efeitos de cada valor para *origin*:

SEEK_SET:	Move-se *offset* bytes a partir do início do arquivo.
SEEK_CUR:	Move-se *offset* bytes a partir da posição atual.
SEEK_END:	Move-se *offset* bytes a partir do final do arquivo.

A função **lseek()** devolve a posição atual do arquivo medida a partir do início do arquivo. Em caso de falha, é devolvido -1.

O programa mostrado aqui utiliza **lseek()**. Para executá-lo, especifique um arquivo na linha de comando. Será solicitado a você o buffer que deseja ler. Digite um número negativo para sair. Você pode desejar uma modificação no tamanho do buffer para coincidir com o tamanho do setor do seu sistema, embora isso não seja necessário. Aqui, o tamanho do buffer é 128:

```
/* Demonstra lseek(). */
#include <stdio.h>
#include <io.h>
#include <stdlib.h>
#include <fcntl.h>

#define BUF_SIZE 128

void main(int argc, char *argv[])
{
  char buf[BUF_SIZE+1], s[10];
  int fd, sector;

  if(argc!=2) {
    printf("uso: dump <sector>\n");
```

```
    exit(1);
  }

  buf[BUF_SIZE] = '\0'; /* o buffer termina com um nulo */

  if((fd=open(argv[1], O_RDONLY))==-1) {
    printf("Arquivo não pode ser aberto.\n");
    exit(1);
  }

  do {
    printf("\nBuffer: ");
    gets(s);

    sector = atoi(s); /* obtém o setor a ler */

    if(lseek(fd, (long)sector*BUF_SIZE, 0)==-1L)
      printf("Erro na busca\n");

    if(read(fd, buf, BUF_SIZE)==0) {
      printf("Setor fora da faixa\n");
    }
    else
      printf(buf);
  } while(sector>=0);
  close(fd);
}
```

10

O Pré-processador de C e Comentários

Você pode incluir diversas instruções do compilador no código-fonte de um programa em C. Elas são chamadas de *diretivas do pré-processador* e, embora não sejam realmente parte da linguagem de programação C, expandem o escopo do ambiente de programação em C. Este capítulo também examina os comentários.

O Pré-processador de C

Como definido pelo padrão C ANSI, o pré-processador de C contém as seguintes diretivas:

#if
#ifdef
#ifndef
#else
#elif
#endif
#include
#define
#undef
#line
#error
#pragma

Como você pode observar, todas as diretivas do pré-processador começam com um símbolo #. Além disso, cada diretiva do pré-processador deve estar na sua própria linha. Por exemplo,

```
#include <stdio.h>  #include <stdlib.h>
```

não funcionará.

#define

A diretiva **#define** define um identificador e uma string que o substituirá toda vez que for encontrado no arquivo-fonte. O padrão C ANSI refere-se ao identificador como um *nome de macro* e ao processo de substituição como *substituição de macro*. A forma geral da diretiva é

#define *nome_macro string*

Observe que não há nenhum ponto-e-vírgula nesse comando. Pode haver qualquer número de espaços entre o identificador e a string, mas, assim que a string começar, será terminada apenas por uma nova linha.

Por exemplo, se deseja usar a palavra **VERDADEIRO** para o valor 1 e a palavra **FALSO** para o valor 0, você declarará duas macros **#define**

```
#define VERDADEIRO 1
#define FALSO 0
```

Isso faz com que o compilador substitua por 1 ou 0 toda vez que encontrar **VERDADEIRO** ou **FALSO** no seu arquivo-fonte. Por exemplo, o fragmento seguinte escreve 0 1 2 na tela:

```
printf("%d %d %d", FALSE, TRUE, TRUE+1);
```

Uma vez que um nome de macro tenha sido definido, ele pode ser usado como parte da definição de outros nomes de macro. Por exemplo, este código define os valores **UM**, **DOIS** e **TRÊS**:

```
#define UM      1
#define DOIS    UM+UM
#define TRES    UM+DOIS
```

Substituição de macro é simplesmente a transposição de sua string associada. Portanto, se você quisesse definir uma mensagem de erro padrão, poderia escrever algo como isto:

```
#define E_MS "erro padrão na entrada\n"

printf(E_MS);
```

O compilador substituirá a string "erro padrão na entrada\n" quando o identificador **E_MS** for encontrado. Para o compilador, o comando com o **printf()** aparecerá, na realidade, como

```
printf("erro padrão na entrada\n");
```

Nenhuma substituição de texto ocorre se o identificador está dentro de uma string entre aspas. Por exemplo,

```
#define XYZ isso é um teste

printf("XYZ");
```

não escreve **isso é um teste**, mas **XYZ**.

Se a string for maior que uma linha, você pode continuá-la na próxima colocando uma barra invertida no final da linha, como mostrado aqui:

```
#define STRING_LONGA "isso é uma string muito longa\
que é usada como um exemplo"
```

Os programadores C geralmente usam letras maiúsculas para identificadores definidos. Essa convenção ajuda qualquer um que esteja lendo o programa a saber de relance que uma substituição de macro irá ocorrer. Além disso, é melhor colocar todos os **#define**s no início do arquivo ou em um arquivo de cabeçalho separado em lugar de espalhá-los pelo programa.

Substituição de macro é usada mais freqüentemente para definir nomes para "números mágicos" que aparecem em um programa. Por exemplo, você pode ter um programa que defina uma matriz e tenha diversas rotinas que acessam essa matriz. Em lugar de fixar o tamanho da matriz com uma constante, você poderia definir um tamanho e usar esse nome sempre que o tamanho da matriz for necessário. Dessa forma, você só precisa fazer uma alteração e recompilar para alterar o tamanho da matriz. Por exemplo,

```
#define TAMANHO_MAX 100

/* ... */

float balance[TAMANHO_MAX];
```

```
/* ... */

for (i=0; i<TAMANHO_MAX; i++) printf("%f", balance[i]);
```

Como **TAMANHO_MAX** define o tamanho da matriz **balance**, se o tamanho desta precisar ser modificado no futuro, você só precisa modificar a definição de **TAMANHO_MAX**. Todas as referências subseqüentes a ela serão automaticamente atualizadas quando você recompilar seu programa.

Definindo Macros Semelhantes a Funções

A diretiva **#define** possui outro recurso poderoso: o nome da macro pode ter argumentos. Cada vez que o nome da macro é encontrado, os argumentos usados na sua definição são substituídos pelos argumentos reais encontrados no programa. Esta forma de macro é chamada de *macro semelhante a função*. Por exemplo,

```
#include <stdio.h>

#define ABS(a)  (a)<0 ? -(a) : (a)

void main(void)
{
  printf("abs de -1 e 1: %d %d", ABS(-1), ABS(1));
}
```

Quando este programa é compilado, o **a** na definição da macro será substituído pelos valores -1 e 1. Os parênteses ao redor de **a** garantem a substituição correta em todos os casos. Por exemplo, se os parênteses ao redor de **a** fossem removidos, esta expressão

```
ABS(10-20)
```

seria convertida em

```
10-20<0 ? -10-20 : 10-20
```

e geraria o valor errado.

O uso de macros semelhantes a funções no lugar de funções reais possui uma grande vantagem: ele incrementa a velocidade de execução do código porque não há a necessidade de executar código para gerenciar a chamada de uma função. No entanto, se o tamanho da macro semelhante à função for muito grande, este aumento de velocidade pode ser pago com um aumento no tamanho do programa em função do código duplicado.

#error

A diretiva **#error** força o compilador a parar a compilação. Ela é utilizada principalmente para depuração. A forma geral da diretiva **#error** é

#error *mensagem_de_erro*

A *mensagem_de_erro* não está entre aspas. Quando a diretiva **#error** é encontrada, a mensagem de erro é mostrada, possivelmente junto a outras informações definidas pelo criador do compilador.

#include

A diretiva **#include** instrui o compilador a ler outro arquivo-fonte adicionado àquele que contém a diretiva **#include**. O nome do arquivo adicional deve estar entre aspas ou símbolos de maior e menor. Por exemplo,

```
#include "stdio.h"
#include <stdio.h>
```

Ambas instruem o compilador a ler e compilar o arquivo de cabeçalho para as rotinas de arquivos em disco da biblioteca.

Arquivos de inclusão podem ter diretivas **#include** neles. Isso é denominado *includes aninhados*. O número de níveis de aninhamento varia entre compiladores. Porém, o padrão C ANSI estipula que pelo menos oito níveis de inclusões aninhadas estão disponíveis.

Se o nome do arquivo está envolvido por chaves angulares (sinais de maior e menor), o arquivo será procurado de forma definida pelo criador do compilador. Freqüentemente, isso significa procurar em algum diretório especialmente criado para arquivos de inclusão. Se o nome do arquivo está entre aspas, o arquivo é procurado de uma maneira definida pela implementação. Para muitas implementações, isso significa uma busca no diretório de trabalho atual. Se o arquivo não for encontrado, a busca será repetida como se o nome do arquivo estivesse envolvido por chaves angulares.

A maioria dos programadores tipicamente usa chaves angulares para incluir os arquivos de cabeçalho padrão. O uso de aspas é reservado geralmente para a inclusão de arquivos do projeto. No entanto, não existe nenhuma regra que exija este uso.

Diretivas de Compilação Condicional

Há diversas diretivas que permitem que você compile seletivamente porções de código-fonte do seu programa. Esse processo é chamado de *compilação condicional* e é utilizado amplamente em *software houses* comerciais que fornecem e mantêm muitas versões de um programa.

#if, #else, #elif e #endif

Talvez as diretivas de compilação condicional mais comumente usadas sejam **#if**, **#else**, **#elif** e **#endif**. Estas diretivas permitem que você inclua condicionalmente partes do código baseado no resultado de uma expressão constante.

A forma geral do **#if** é

#if *expressão_constante*
    seqüência de comandos
#endif

Se a expressão constante que segue o **#if** for verdadeira, o código que está entre ele e o **#endif** é compilado. Caso contrário, o código intermediário será saltado. A diretiva **#endif** marca o final de um bloco **#if**.

```
/* Exemplo simples de #if. */
#include <stdio.h>

#define MAX 100

void main(void)
{
#if MAX>99
  printf("compilado para matriz maior que 99\n");
#endif
}
```

Este programa mostra a mensagem na tela porque **MAX** é maior que 99. Esse exemplo ilustra um ponto importante. A expressão que segue o **#if** é avaliada em tempo de compilação. Portanto, ela deve conter apenas identificadores previamente definidos e constantes — nenhuma variável pode ser usada.

A diretiva **#else** opera de forma semelhante ao **else** que é parte da linguagem C: estabelece uma alternativa se **#if** for falso. O exemplo anterior pode ser expandido, como mostrado aqui:

```
/* Exemplo simples de #if/#else. */
#include <stdio.h>

#define MAX 10

void main(void)
{
#if MAX>99
  printf("compilado para uma matriz maior que 99\n");
#else
  printf("compilado para uma matriz pequena\n");
#endif
}
```

Nesse caso, **MAX** é definido como sendo menor que 99. Assim, a parte do **#if** do código não é compilada. Porém, a alternativa **#else** é compilada e a mensagem **compilado para a matriz pequena** é mostrada.

Note que o **#else** é usado para marcar o final do bloco **#if** e o início do bloco **#else**. Isso é necessário porque só pode haver um **#endif** associado a um **#if**.

A diretiva **#elif** significa "else if" e estabelece uma seqüência if-else-if para múltiplas opções de compilação. **#elif** é seguido por uma expressão constante. Se a expressão é verdadeira, esse bloco de código é compilado e nenhuma outra expressão **#elif** é testada. Caso contrário, o próximo bloco na série é verificado. A forma geral para **#elif** é

> #if *expressão*
>   *seqüência de comandos*
> #elif *expressão 1*
>   *seqüência de comandos*
> #elif *expressão 2*
>   *seqüência de comandos*
> #elif *expressão 3*
>   *seqüência de comandos*
> #elif *expressão 4*
> .
> .
> .
> #elif *expressão N*
>   *seqüência de comandos*
> #endif

Por exemplo, o seguinte fragmento usa o valor de **PAIS_ATIVO** para definir a moeda em circulação:

```
#define EUA 0
#define INGLATERRA 1
#define FRANCA 2

#define PAIS_ATIVO EUA

#if PAIS_ATIVO==EUA
  char circulante[]="dollar";
#elif PAIS_ATIVO==INGLATERRA
  char circulante[]="pound";
#else
  char circulante[]="franc";
#endif
```

O padrão C ANSI define que **#if** e **#elifs** podem ser aninhados até pelo menos oito níveis. (Seu compilador provavelmente permite mais.) Quando aninhado cada **#endif**, **#else** ou **#elif** associa-se com **#if** ou **#elif**. Por exemplo, o seguinte é perfeitamente válido

```
#if MAX>100
  #if SERIAL_VERSION
    int port=198;
  #elif
    int port=200;
  #endif
#else
  char out_buffer[100];
#endif
```

#ifdef e #ifndef

Um outro método de compilação condicional usa as diretivas **#ifdef** e **#ifndef**, que significam "se definido" e "se não definido", respectivamente. A forma geral de **#ifdef** é

> #ifdef *nome_da_macro*
> *seqüência de comandos*
> #endif

Se o *nome_da_macro* tiver sido definido anteriormente em um bloco de código **#define**, o bloco de código será compilado.

A forma geral de **#ifndef** é

#ifndef *nome_da_macro*
seqüência de comandos
#endif

Se o *nome_da_macro* estiver atualmente indefinido, o bloco de código será compilado.

#ifdef e **#ifndef** podem usar um comando **#else**, mas não **#elif**.

Por exemplo,

```
#include <stdio.h>

#define TED 10
void main(void)
{
#ifdef TED
  printf("Oi Ted\n");
#else
  printf("Oi qualquer um\n");
#endif
#ifndef RALPH
  printf("RALPH não está definido\n");
#endif
}
```

escreverá **Oi Ted** e **RALPH não está definido**. Porém, se **TED** não fosse definido, **Oi qualquer um** seria mostrado, seguido por **RALPH não está definido**.

Você pode aninhar **#ifdefs** e **#ifndefs**.

#undef

A diretiva **#undef** remove a definição anterior do nome de macro que a segue. A forma geral de **#undef** é

#undef *nome_da_macro*

Por exemplo,

```
#define LEN 100
#define WIDTH 100

char array [LEN][WIDTH];
```

```
#undef LEN
#undef WIDTH
/* nesse ponto LEN e WIDTH não estão definidos */
```

LEN e **WIDTH** estão definidos até que os comandos **#undef** sejam encontrados.

#undef é usado principalmente para permitir que nomes de macros sejam localizados apenas naquelas seções de código que precisam deles.

Usando defined

Em adição a **#ifdef**, existe uma segunda maneira de determinar se um nome de macro está definido. Você pode usar a diretiva **#if** conjuntamente com o operador **defined** de tempo de compilação. O operador **defined** possui esta forma geral

defined *nome_de_macro*

Se *nome_de_macro* estiver definida no momento, então a expressão é verdadeira. Caso contrário, ela é falsa. Por exemplo, para determinar se a macro **MYFILE** está definida, você pode usar qualquer um destes dois comandos de pré-processamento:

```
#if defined MYFILE
```

ou

```
#ifdef MYFILE
```

Você também pode preceder **defined** com ! para inverter a condição. Por exemplo, o trecho seguinte é compilado somente se **DEBUG** não está definida.

```
#if !defined DEBUG
  printf("Versão final!\n");
#endif
```

Uma razão para o uso de **defined** é que ela permite que a existência de um nome de macro seja determinada por um comando **#elif**.

#line

A diretiva **#line** muda o conteúdo de _ _LINE_ _ e _ _FILE_ _ que são identificadores predefinidos do compilador. O identificador _ _LINE_ _ contém o número da linha atualmente sendo compilada. O identificador _ _FILE_ _ é uma string que contém o nome do arquivo-fonte sendo compilado. A forma geral de **#line** é

#line *número "nomearq"*

onde *número* é qualquer inteiro positivo que se torna o novo valor de _ _LINE_ _ e o *nomearq* opcional é qualquer identificador válido de arquivo que se torna o novo valor de _ _FILE_ _. **#line** é utilizada principalmente para depuração e aplicações especiais.

Por exemplo, o código seguinte especifica que a contagem de linha começa com 100 e o comando **printf()** mostra o número 102 porque é a terceira linha do programa após o comando **#line 100**.

```
#include <stdio.h>

#line 100                        /* inicializa o contador de linhas */
void main(void)                  /* linha 100 */
{                                /* linha 101 */
  printf("%d\n",_ _LINE_ _);    /* linha 102 */
}
```

#pragma

A diretiva **#pragma** é definida pela implementação e permite que várias instruções sejam dadas ao compilador. Por exemplo, um compilador pode ter uma opção que suporte uma execução passo a passo (*tracing*) do programa. Uma opção de "trace" seria, então, especificada por um comando **#pragma**. Você deve consultar o manual do usuário do seu compilador para obter detalhes e opções.

Os Operadores # e ## do Pré-processador

O C ANSI fornece dois operadores do pré-processador: **#** e **##**. Esses operadores são usados com uma declaração **#define**.

O operador # transforma o argumento que ele precede em uma string entre aspas. Por exemplo, considere este programa.

```
#include <stdio.h>

#define mkstr(s) # s

void main(void)
{
  printf(mkstr(Eu gosto de C));
}
```

O pré-processador C transforma a linha

```
printf(mkstr(Eu gosto de C));
```

em

```
printf("Eu gosto de C");
```

O operador ## concatena duas palavras. Por exemplo,

```
#include <stdio.h>

#define concat(a, b) a ## b

void main(void)
{
  int xy = 10;
  printf("%d", concat(x, y));
}
```

O pré-processador transforma

```
printf("%d", concat(x,y));
```

em

```
printf("%d",xy);
```

Se esses operadores lhe parecem estranhos, tenha em mente que eles não são necessários na maioria dos programas em C. Eles existem fundamentalmente para permitir que o pré-processador manipule alguns casos especiais.

Nomes de Macros Predefinidas

O padrão C ANSI especifica cinco nomes intrínsecos de macros predefinidas. São eles

_ _LINE_ _
_ _FILE_ _
_ _DATE_ _
_ _TIME_ _
_ _STDC_ _

Se o seu compilador não é padrão, algumas ou mesmo todas essas macros podem estar faltando. Seu compilador pode fornecer, também, mais macros predefinidas. As macros **_ _LINE_ _** e **_ _FILE_ _** foram discutidas na seção sobre **#line**.

A macro **_ _DATE_ _** contém uma string na forma *mês/dia/ano*. Essa string representa a data da tradução do arquivo-fonte em código-objeto.

A hora da tradução do código-fonte em código-objeto está contida em uma string em **_ _TIME_ _**. A forma da string é *hora:minuto:segundo*.

A macro **_ _STDC_ _** contém a constante decimal 1. Isso significa que a implementação segue o padrão C ANSI. Se a macro contém qualquer outro número, a implementação diverge do padrão.

Comentários

Em C, todo comentário começa com o par de caracteres /* e termina com */. Não deve haver nenhum espaço entre o asterisco e a barra. O compilador ignora qualquer texto entre os símbolos de comentário. Por exemplo, esse programa escreve apenas **alo** na tela:

```
#include <stdio.h>

void main(void)
{
  printf("alo");
```

```
    /* printf("aqui"); */
}
```

Os comentários podem ser colocados em qualquer lugar em um programa desde que não apareçam no meio de uma palavra-chave ou identificador. Isto é, este comentário é válido:

```
x = 10 + /*soma os números */ 5;
```

enquanto

```
swi/* isso não funciona*/tch(c) { ...
```

é incorreto, porque uma palavra-chave de C não pode conter um comentário. No entanto, você não deve colocar comentários no interior de expressões porque isso torna seu significado mais difícil de ser entendido.

Comentários não podem ser aninhados. Isso é, um comentário não pode conter outro comentário. Por exemplo, este fragmento de código provoca um erro durante a compilação:

```
/* esse é um comentário externo
  x = y/a;
  /* isso é um comentário interno - e provoca um erro */
*/
```

Você deve incluir comentários sempre que forem necessários para explicar a operação do código. Todas, exceto as funções mais óbvias, precisam de um comentário no início que explique o que a função faz, como é chamada e o que retorna.

NOTA: *Em C++ (a versão melhorada e orientada a objetos de C), você pode definir um comentário de uma única linha. Comentários de uma única linha começam em // e terminam no fim da linha. Como o comentário de uma única linha é bastante popular e implementado com facilidade, a maioria dos compiladores C atuais permitem que você use comentários de uma única linha em programas C. No entanto, agindo desta maneira seu programa se torna não-padrão. Por causa disto é melhor usar somente comentários no estilo de C em programas C.*

Parte 2

A Biblioteca C Padrão

A Parte 2 deste livro examina a biblioteca C padrão. O Capítulo 11 discute linkedição, bibliotecas e arquivos de cabeçalho. Dos Capítulos 12 até 18 são descritas as funções encontradas na biblioteca padrão — cada capítulo se concentra em um grupo específico de funções.

A Parte 2 discute três tipos de funções. Primeiro, ela inclui todas as funções da biblioteca como definidas pelo padrão C ANSI. Essas funções estão incluídas em todas as implementações de C padrão e o código que as utiliza é portável para todos os ambientes. A segunda categoria de funções são aquelas definidas pela versão original de C para UNIX. Aqui são descritas várias das funções baseadas em UNIX mais usadas. Por fim, embora não exista padrão para imagens, para controle de tela ou para as funções de interface com o sistema operacional, elas estão incluídas em virtualmente todas as implementações de C. Por esta razão, examinamos uma amostra representativa.

Ao explorar a biblioteca padrão lembre-se disto: a maioria dos desenvolvedores de compilador tem bastante orgulho da perfeição da sua biblioteca. Sua biblioteca de compilador provavelmente conterá muitas funções além daquelas descritas aqui. Portanto, é sempre uma boa idéia procurar o manual do usuário.

MAKRON Books

11

Linkedição, Bibliotecas e Arquivos de Cabeçalho

Quando se escreve um compilador em C, há na verdade dois trabalhos. Primeiro é necessário criar o próprio compilador. Depois, a biblioteca padrão deve ser codificada. O compilador C em si é relativamente fácil de desenvolver. É a biblioteca de funções que leva mais tempo e esforço. Uma razão para isso é que muitas funções (como o sistema de E/S) têm de realizar uma interface com o sistema operacional em que o compilador está sendo escrito. Além disso, a biblioteca C padrão define um conjunto grande e diversificado de funções. Certamente é a riqueza e a flexibilidade da biblioteca padrão que põe C à frente de muitas outras linguagens. Para entender completamente a natureza da biblioteca C padrão e como ela é usada para produzir um programa executável, você deve saber como o linkeditor trabalha, como as bibliotecas diferem de arquivos-objetos e o papel dos arquivos de cabeçalho.

O Linkeditor

O linkeditor tem duas funções. A primeira, como o próprio nome indica, é combinar (ligar) várias partes do código-objeto. A segunda é resolver os endereços das instruções de "jump" (desvio) e "call" (chamada) encontradas em formato relocável no arquivo objeto. Para entender a sua operação, vamos olhar mais de perto o processo de compilação separada.

Compilação Separada

Na *compilação separada*, partes de um programa são compiladas separadamente e depois linkeditadas para formar o programa executável completo. A saída do compilador é um arquivo-objeto relocável e a saída do linkeditor é um arquivo executável. O papel que o linkeditor cumpre é duplo. Primeiro, ele combina fisicamente os arquivos especificados na lista de linkedição em um arquivo de programa. Segundo, resolve as referências externas. Uma referência externa é criada toda vez que o código em um arquivo refere-se ao código encontrado em outro arquivo. Por exemplo, quando os dois arquivos mostrados aqui forem linkeditados, a referência do arquivo 2 a **count** deve ser resolvida. O linkeditor informa ao código no arquivo 2 onde **count** será encontrada na memória.

Arquivo 1

```
int count;
void display(void);

void main(void)
{
   count = 10;
   display();
}
```

Arquivo 2

```
#include <stdio.h>

extern int count;

void display (void)
{
   printf("%d",count);
}
```

De maneira semelhante, o linkeditor informa ao arquivo 1 onde a função **display()** está localizada para que ela possa ser chamada.

Quando o compilador gera o código-objeto para **display()**, ele substitui por um espaço o endereço de **count**, pois não tem como saber onde **count** está. Algo semelhante ocorre quando **main()** é compilada. O endereço de **display()** é desconhecido, então um espaço é usado. Esse processo forma a base do código relocável.

Código Relocável

Código relocável é simplesmente o código-objeto que pode ser executado em qualquer região de memória disponível e que seja grande o bastante para recebê-lo. Em um arquivo-objeto relocável, o endereço de cada call, jump ou variável global não é fixo, mas relativo. Para entender como o código relocável é criado, você precisa entender o *código absoluto*. Para essa discussão, é necessário trabalhar com as instruções reais de máquina que seriam geradas pelo compilador C, usando um fragmento de código em pseudo-assembly que, de certa forma, lembra o código assembly do 8086. (Não se preocupe se você não sabe linguagem assembly, este exemplo é muito simples.)

O código em pseudo-assembly, mostrado aqui, corresponde ao código em C mostrado após ele:

```
        mov a,0
label1: out a, 123   ;envia-o à porta 123
        inc a        ;incrementa o registrador a
        cmp a,100    ;é igual a 100?
        out 123      ;saída para a porta 123
        jnz label1   ;salta se não zero

/* versão do código em C */
for (x=0; x<100; x++) out (x,123);
```

Nesse exemplo, o registrador **a** é inicializado com zero. Em seguida, o programa repete o laço 100 vezes, cada vez enviando o valor do registrador **a** à porta 123. A instrução **inc** incrementa o registrador **a** e **cmp** compara-o com o valor 100. Se o registrador **a** é igual a 100, o flag de zero é ativado. A instrução **jnz** é lida "pule se não zero" e significa pular para o endereço especificado se o flag de zero não está ativo. A função **out()**, na versão do código em C, é assumida como sendo traduzida para a instrução **out** correspondente no código em pseudo-assembly.

Se um montador absoluto é utilizado, o código é montado para ser executado em alguma posição absoluta especificada. Por exemplo, assuma que a instrução **mov** requer 3 bytes. Se o código fosse montado para ser executado no endereço 100, o rótulo associado à instrução **jnz** seria substituído pelo endereço 103. Isso também implica que o código-objeto desse programa só é executado corretamente se for colocado na memória começando em 100. Ele não pode ser carregado em nenhum outro lugar.

Endereçamento absoluto é razoavelmente comum em sistemas simples de microcomputador. Porém, é inadequado para o uso geral porque exige que a posição na memória em que o programa será executado seja conhecida no momento em que é montado. Isso não somente evita que o código seja linkeditado com outro código posteriormente como também priva o sistema operacional de fazer um uso mais eficiente dos seus recursos. Por essas razões, o código-objeto relocável é utilizado.

O código relocável é criado usando-se um montador *relocável.* Ele não usa endereços fixos, apenas deslocamentos a partir do início do arquivo. (Um *deslocamento* representa o número de bytes em que um rótulo está a partir do início do arquivo.) Os deslocamentos são armazenados pelo montador em uma tabela juntamente com os nomes dos rótulos. Essa *tabela* é denominada *tabela de deslocamento.* A tabela de deslocamento é, então, utilizada durante o processo de linkedição para determinar os endereços reais. Usando o exemplo do código assembly anterior, e assumindo que cada instrução requer 3 bytes, a entrada na tabela para **label1** é algo parecido com a seguinte ilustração.

label1	3

Quando o linkeditor liga o fragmento de código contendo **label1** ao resto do código que compõe o programa, o offset 3 é adicionado ao valor atual do contador de posição para calcular o valor correto a ser usado na instrução **jnz**. Por exemplo, se o contador de posição for 230 quando o rótulo for resolvido, o valor 233 se tornará o endereço utilizado na instrução **jnz**. Essa discussão sobre o processo de relocação é, obviamente, uma abstração. Muito embora os princípios gerais estejam corretos, a implementação real variará amplamente entre ambientes.

A relocação de endereço é necessária para todos os tipos de instrução de desvio, como também para as instruções de chamada, porque usam endereços de memória. Além disso, todo dado global requer relocação.

Muito embora você venha a trabalhar com C e não assembler, o processo de relocação é manipulado basicamente da mesma forma.

Linkeditando com Overlays

Muitos fabricantes de compiladores C fornecem um linkeditor de overlay. Um *linkeditor de overlay* funciona como um linkeditor normal, mas também pode criar overlays. Um *overlay* é uma parte do código-objeto que é armazenada em um arquivo em disco e carregado e executado apenas quando necessário. O espaço na memória em que um overlay é carregado é chamado de *região de overlay*. Overlays permitem que se criem e executem programas que são maiores que a memória disponível, pois apenas as partes do programa atualmente em uso estão na memória.

Para entender como os overlays funcionam, imagine que você tenha um programa composto de sete arquivos-objetos chamados de F1 até F7. Assuma, também, que não haveria memória livre suficiente para executar o programa se os arquivos-objetos fossem linkeditados todos juntos na forma normal — você só poderia linkeditar os cinco primeiros arquivos antes de ficar sem memória. Para remediar essa situação, faça o linkeditor criar overlays consistindo nos arquivos F5, F6 e F7. Toda vez que uma função em um desses arquivos for chamada, o *gerenciador de overlay* (fornecido pelo linkeditor) encontrará o arquivo apropriado e o colocará na região de overlay, continuando a execução. Os códigos dos arquivos de F1 a F4 permanecem residentes todo o tempo. A Figura 11.1 ilustra essa situação.

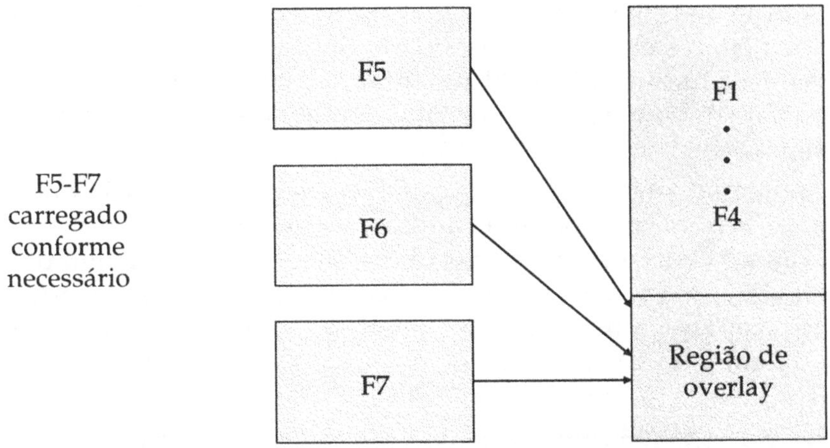

Figura 11.1 Um programa com overlays na memória.

Como você pode imaginar, a principal vantagem dos overlays é permitir que você escreva programas muito grandes. A principal desvantagem — e a razão pela qual overlays são o último recurso — é que o processo de carga toma tempo e tem impacto significativo na velocidade geral da execução do programa. Por essa razão, você deve agrupar funções relacionadas, se tiver de utilizar overlays, para que o número de cargas dos módulos seja minimizado. Por exemplo, se a aplicação é uma lista postal, faz sentido colocar todas as rotinas de ordenação em um overlay, rotinas de impressão em outro etc.

Algumas vezes, uma alternativa melhor para os overlays é o *encadeamento*. Pelo método de encadeamento, um programa instrui o sistema operacional a carregar e executar um outro programa. Quando o segundo programa termina, o primeiro volta a ser executado. Pode-se conseguir o encadeamento usando a função **system()** padrão, que é descrita no Capítulo 18.

Linkeditando com DLLs

Com o advento de sistemas operacionais como Windows, uma outra forma de linkedição *chamada de linkedição* dinâmica tornou-se uma parte comum do panorama de C. A linkedição dinâmica é o processo pelo qual o código real para uma função permanece em disco em um arquivo separado até que seja executado um programa que a utiliza. Quando o programa é executado, as funções linkeditadas dinamicamente exigidas pelo programa também são carregadas. As funções linkeditadas dinamicamente residem em um tipo de biblioteca especial denominada *biblioteca de linkedição dinâmica*, ou DLL (*Dynamic Link Library*).

A principal vantagem de se usar bibliotecas linkeditadas dinamicamente é que o tamanho dos programas é reduzido drasticamente porque cada programa não precisa mais incluir cópias redundantes das funções da biblioteca que utiliza. Além disso, quando as funções da DLL são atualizadas, os programas que as usam obterão seus benefícios automaticamente.

Enquanto a biblioteca padrão C geralmente não está contida em uma biblioteca de linkedição dinâmica, muitos outros tipos de funções o estão. Por exemplo, quando você programa para Windows, todo o conjunto de funções de API (*Application Program Interface*) é armazenado em DLLs. Afortunadamente, em relação a seu programa C, não faz diferença se uma função de biblioteca está armazenada em uma DLL ou em um arquivo de biblioteca normal.

A Biblioteca C Padrão

O padrão ANSI definiu o conteúdo e a forma da biblioteca C padrão. Ou seja, o padrão C ANSI nomeia e descreve um conjunto de funções que todos os compiladores ANSI padrão devem suportar. Contudo, muitos compiladores fornecem funções adicionais não especificadas pelo padrão. Por exemplo, é comum um compilador ter funções gráficas, rotinas manipuladoras de mouse etc. Caso você não vá transportar seu programa para um novo ambiente, pode usar essas funções fora do padrão. Porém, se seu código precisa ser portável, o uso dessas funções deve ser limitado. De um ponto de vista prático, virtualmente todos os programas C raros farão você utilizar funções fora do padrão, então você não deverá necessariamente evitar a utilização dele somente porque não fazem parte da função padrão.

Para muitos compiladores C, a biblioteca padrão está contida em um arquivo. Porém, algumas implementações têm as funções relacionadas agrupadas em suas próprias bibliotecas por eficiência ou devido a restrições de tamanho.

Arquivos de Biblioteca *Versus* Arquivos-Objetos

Embora bibliotecas e arquivos-objetos sejam semelhantes, eles têm uma diferença crucial: apenas parte do código na biblioteca é acrescentado ao seu programa. Quando você linkedita um programa que consiste em diversos arquivos-objetos, todo o código, em cada arquivo-objeto, torna-se parte do programa executável pronto. Isso acontece se o código é realmente utilizado ou não. Em outras palavras, todos os arquivos-objetos especificados no momento da linkedição são combinados para formar o programa. No entanto, isso não acontece com arquivos de biblioteca.

Uma biblioteca é uma coleção de funções. Ao contrário de um arquivo-objeto, um arquivo de biblioteca armazena o nome de cada função, o código-objeto da função, mais informações necessárias para o processo de linkedição. Quando seu programa referencia uma função contida em uma biblioteca, o linkeditor procura essa função e adiciona esse código ao seu programa. Dessa forma, apenas as funções que você realmente usa em seu programa são acrescentadas ao arquivo executável. Como as funções são adicionadas seletivamente ao seu programa, quando uma biblioteca é usada, as funções de biblioteca C padrão estão contidas em uma biblioteca em lugar de em arquivos-objetos. (Se estivessem em arquivos-objetos, todo programa que você escrevesse teria centenas de milhares de bytes!)

Arquivos de Cabeçalho

Cada função definida na biblioteca C padrão tem um arquivo de cabeçalho associada a ela. Os arquivos de cabeçalhos que relacionam as funções que você utiliza em seus programas devem estar incluídos (usando **#include**) em seu programa. Há duas razões para isto. Primeiro, muitas funções da biblioteca padrão trabalham com seus próprios tipos de dados específicos, aos quais seu programa deve ter acesso. Esses tipos de dados são definidos em *arquivos de cabeçalho* fornecidos para cada função. Um dos exemplos mais comuns é o arquivo STDIO.H, que fornece o tipo FILE necessário para operações com arquivos em disco.

A segunda razão para incluir arquivos de cabeçalho é obter os protótipos da biblioteca padrão. Se os arquivos de cabeçalho seguem o padrão C ANSI, eles também contêm os protótipos completos para as funções relacionadas com o arquivo de cabeçalho. Isso fornece um método de verificação mais forte que aquele anteriormente disponível ao programador C. Incluindo os arquivos de cabeçalho que correspondem às funções padrões utilizadas pelo seu programa, você pode encontrar erros potenciais de inconsistências de tipos. Por exemplo, o código a seguir, uma vez que inclui STRING.H (o cabeçalho para as funções de string), produz uma mensagem de advertência quando compilado:

```
#include <string.h>

char s1[]="alo ";
char s2[]="aqui";

void main(void)
{
   int p;
```

```
    p = strcat(s1, s2);
}
```

Já que **strcat()** é declarada como retornando um ponteiro para caracteres, o compilador pode, agora, emitir um aviso de que um erro pode ter sido cometido na linha que atribui um inteiro a **p**.

A Tabela 11.1 mostra os arquivos de cabeçalho padrão definidos pelo padrão C ANSI.

Tabela 11.1 Os arquivos de cabeçalho padrões.

Arquivo de cabeçalho	Finalidades
ASSERT.H	Define a macro **assert()**
CTYPE.H	Manipulação de caracteres
ERRNO.H	Apresentação de erros
FLOAT.H	Define valores em ponto flutuante dependentes da implementação
LIMITS.H	Define limites em ponto flutuante dependentes da implementação
LOCALE.H	Suporta localização
MATH.H	Diversas definições usadas pela biblioteca de matemática
SETJMP.H	Suporta desvios não-locais
SIGNAL.H	Suporta manipulação de sinal
STDARG.H	Suporta listas de argumentos de comprimento variável
STDDEF.H	Define algumas constantes normalmente usadas
STDIO.H	Suporta E/S com arquivos
STDLIB.H	Declarações miscelâneas
STRING.H	Suporta funções de strings
TIME.H	Suporta as funções de horário do sistema

O padrão C ANSI reserva nomes de identificadores, começando com um caractere de sublinhado e seguido por um sublinhado ou uma letra maiúscula para uso em arquivos de cabeçalho.

Os demais capítulos deste livro, que descrevem cada função da biblioteca padrão, indicarão quais destes arquivos de cabeçalho serão necessários para cada função.

Macros em Arquivos de Cabeçalho

Muitas das funções padrões de C são, de fato, definições de macro contidas em um arquivo de cabeçalho. Por exemplo, **abs()**, que devolve o valor absoluto de seu argumento inteiro, poderia ser definida como uma macro, como mostrado aqui:

```
#define abs(i)  (i)<0 ? -(i) : (i)
```

Geralmente, não é importante se uma função padrão é definida como uma macro ou como uma função normal de C. Porém, em raras situações onde isso é inaceitável — por exemplo, onde o tamanho do código deve ser minimizado —, você tem de criar uma função real e substituir a macro. Algumas vezes a própria biblioteca de C tem uma função real que pode ser usada para substituir a macro.

Para forçar o compilador a usar a função real (da biblioteca ou escrita por você), é necessário impedi-lo de substituir a macro quando o nome da função for encontrado. Embora existam várias maneiras de fazer isso, a melhor é simplesmente retirar a definição do nome da macro usando **#undef**. Por exemplo, para forçar o compilador a substituir a função real em lugar da macro definida anteriormente, você deveria inserir essa linha de código próximo ao início de seu programa.

```
#undef abs
```

Assim, já que **abs** não é mais definida como uma macro, a versão da função é usada.

Redefinição das Funções da Biblioteca

Embora os linkeditores possam variar ligeiramente entre implementações, todos eles operam essencialmente da mesma forma. Por exemplo, se seu programa consiste em três arquivos, chamados F1, F2 e F3, a linha de comando para o linkeditor seria algo semelhante a isto:

LINK F1 F2 F3 LIBC

onde LIBC é o nome da biblioteca padrão.

NOTA: Alguns linkeditores usam automaticamente a biblioteca padrão e não requerem que ela seja especificada explicitamente. Além disso, muitos ambientes integrados de programação, como Turbo C e Quick C, automaticamente incluem os arquivos apropriados de biblioteca.

Quando o processo começa, o linkeditor geralmente tenta resolver todas as referências externas usando apenas os arquivos F1, F2 e F3. Uma vez isso feito, é pesquisada na biblioteca a existência de referências externas não resolvidas.

Como a maioria dos linkeditores procede na ordem há pouco descrita, você pode redefinir uma função da biblioteca padrão; a sua função é encontrada primeiro e utilizada para resolver todas as referências a ela. Portanto, no momento em que a biblioteca é examinada, não há referências não resolvidas à função redefinida, e ela não é carregada da biblioteca.

Você deve ser muito cuidadoso quando redefine funções da biblioteca, pois pode estar criando efeitos colaterais inesperados. Isso porque as funções da biblioteca usam outras funções da biblioteca. Por exemplo, a função **fwrite()** poderia usar **putc()**. Assim, uma redefinição de **putc()** poderia fazer com que **fwrite()** se comportasse de forma imprevisível. Uma idéia melhor é simplesmente usar um nome diferente para as funções que você quer redefinir. Isso afasta os efeitos colaterais inesperados.

MAKRON
Books

12

Funções de E/S

A maioria dos compiladores C suporta pelo menos dois sistemas diferentes de E/S: o sistema bufferizado de arquivo definido pelo padrão C ANSI e o sistema de arquivo sem buffer tipo UNIX. Compiladores baseados em DOS geralmente suportam um terceiro sistema de E/S: E/S direto pelo console. Este capítulo descreve todas as funções que são parte do sistema de arquivo do padrão C ANSI, as mais importantes que fazem parte do sistema de arquivo tipo UNIX e diversas funções de E/S, baseadas em DOS, direto pelo console.

NOTA: Compiladores projetados para sistemas operacionais que suportam interfaces gráficas de usuário (GUI), tais como Windows e OS/2, podem fornecer funções de E/S que dizem respeito a esse ambiente específico. No entanto, essas funções não estão no escopo desta obra de referência. Se você estiver interessado em programar para um ambiente GUI, deverá consultar manuais que tratem diretamente desses sistemas operacionais.

As funções que compõem o sistema de entrada/saída do C ANSI podem ser agrupadas em duas categorias principais: E/S pelo console e E/S com arquivo. A E/S pelo console é composta de funções que são versões para o caso específico das funções mais gerais encontradas no sistema de arquivo. No entanto, a E/S pelo console e a E/S com arquivo são diferentes o bastante para que possam ser consideradas em separado. A primeira parte deste livro trata da E/S pelo console e da E/S com arquivo como sendo sistemas de uma certa forma distintos para enfatizar suas diferenças. Todavia, esta seção não faz nenhuma distinção, pois ambos os tipos de E/S usam uma interface lógica comum: a *stream*.

O arquivo de cabeçalho associado às funções de E/S, com buffer definido pelo ANSI, é chamado STDIO.H. Ele define diversas macros e tipos usados pelo sistema de arquivo. O tipo mais importante é **FILE**, que é usado para declarar um ponteiro de arquivo. Dois outros tipos são **size_t** e **fpos_t**. O tipo **size_t** equivale essencialmente a *unsigned*. O tipo **fpos_t** define um objeto que pode conter todas as informações necessárias para especificar de forma única qualquer posição dentro de um arquivo. Outros itens definidos por STDIO.H são discutidos quando as funções que o usam são descritas.

Muitas das funções definidas pelo ANSI alteram a variável global inteira **errno** quando ocorre um erro. Seu programa pode verificar essa variável, em caso de erro, para obter maiores informações sobre o erro. Os valores que **errno** pode receber dependem da implementação.

O sistema de E/S tipo UNIX não é definido pelo padrão C ANSI e espera-se que sua popularidade diminua. As funções do sistema de E/S tipo UNIX mais usadas estão incluídas neste capítulo, desde que ainda são amplamente utilizadas em programas já existentes. Para muitos compiladores C, o arquivo de cabeçalho relacionado com o sistema de arquivo tipo UNIX é chamado IO.H. Verifique, porém, seu manual do usuário para detalhes.

Para compiladores baseados em DOS, as funções de E/S direto pelo console geralmente usam o arquivo de cabeçalho CONIO.H. (Verifique no seu manual do usuário por que o arquivo de cabeçalho pode ter um nome diferente.)

Para uma visão geral do sistema de E/S de C e uma discussão detalhada das funções mais importantes de E/S, consulte os Capítulos 8 e 9 na Parte 1.

#include <conio.h>
char *cgets(char *str);

A função **cgets()** não é definida pelo padrão C ANSI. Ela é normalmente incluída na biblioteca de compiladores baseada em DOS.

A função **cgets()** lê uma string digitada no teclado para a matriz apontada por *str*. Antes da chamada a **cgets()**, o primeiro byte de *str* deve ser preenchido com o comprimento máximo da string que você quer ler. No retorno, o segundo byte de *str* conterá o número de caracteres realmente lidos. Portanto, a matriz apontada por *str* deve ser, no mínimo, 2 bytes maior que a string que você quer ler. Quando tiver terminado de inserir a string, introduza um retorno de carro, que será convertido em um nulo para terminar a string. A string começará no terceiro byte da matriz.

A função **cgets()** devolve um ponteiro para **str[2]**.

Em algumas implementações, **cgets()** não permite redirecionamento para outros dispositivos além do teclado. Além disso, **cgets()** pode operar relativamente a uma janela em lugar da tela. Verifique seu manual do usuário para detalhes.

Exemplo

Este programa lê uma string do teclado de até 20 caracteres:

```
#include <conio.h>

void main(void)
{
  char s[23];

  s[0] = 20;
  cputs("digite uma string");
  cgets(s);
  cputs(&s[2]);
}
```

Funções Relacionadas

cputs(), gets(), fgets(), puts()

#include <stdio.h>
void clearerr(FILE *stream);

A função **clearerr()** coloca em zero (desligado) o indicador de erro para o arquivo apontado por *stream*. O indicador de fim de arquivo também é restituído.

Os indicadores de erro para cada *stream* são inicialmente colocados em zero por uma chamada bem-sucedida a **fopen()**. Uma vez que tenha ocorrido um erro, os indicadores permanecem ativos até que seja feita uma chamada explícita a **clearerr()** ou **rewind()**.

Erros com arquivos podem ocorrer por uma ampla variedade de razões, muitas das quais são dependentes do sistema. Você pode determinar a natureza exata do erro chamando **perror()**, que mostra que erro ocorreu (veja **perror()**).

Exemplo

Este programa copia um arquivo para outro. Se for encontrado um erro, será apresentada uma mensagem e o erro será limpo.

```
/* Copia um arquivo em outro */
#include <stdio.h>
#include <stdlib.h>

void main(int argc, char *argv[]);
{
  FILE *in, *out;
  char ch;

  if(argc!=3) {
    printf("Voce esqueceu de digitar o nome do arquivo.\n");
    exit(1);
  }

  if((in=fopen(argv[1], "rb")) == NULL) {
    printf("O arquivo não pode ser aberto.\n");
    exit(1);
  }
  if((out=fopen(argv[2], "wb")) == NULL) {
    printf("O arquivo não pode ser aberto.\n");
    exit(1);
  }

  while(!feof(in)) {
    ch = getc(in);
    if(ferror(in)) {
      printf("Erro de leitura");
      clearerr(in);
      break;
    } else {
      if (!feof (in)) putc(ch, out);
      if(ferror(out)) {
        printf("Erro de escrita");
        clearerr(out);
        break;
      }
    }
  }
  fclose(in);
  fclose(out);
}
```

Funções Relacionadas

feof(), ferror() e perror()

#include <io.h>
int close(int fd);

A função **close()** pertence ao sistema de arquivo tipo UNIX e não é definida pelo padrão C ANSI.

Quando **close()** é chamada com um descritor válido de arquivo, ela fecha o arquivo associado e esvazia os buffers de gravação, se necessário. (Descritores de arquivo são criados mediante uma chamada bem-sucedida a **open()** ou **creat()** e não têm relação com streams ou ponteiros de arquivo.)

Quando bem-sucedida, **close()** devolve zero, caso contrário, devolve -1. Há diversas razões pelas quais não se pode fechar um arquivo. A mais comum é a remoção prematura da mídia. Por exemplo, se você remove um disco do acionador antes que o arquivo seja fechado, ocorre um erro.

Exemplo

Este programa abre e fecha um arquivo usando o sistema de arquivo tipo UNIX.

```
#include <fnctl.h>
#include <io.h>
#include <stdio.h>
#include <stdlib.h>

void main(int argc, char *argv[])
{
  int fd;
  if((fd=open(argv[1], O_RDONLY))==-1) {
    printf("O arquivo não pode ser aberto.");
    exit(1);
  }

  printf("O arquivo já existe.\n");
  if(close(fd)) printf("Erro no fechamento do arquivo.\n");
}
```

Funções Relacionadas

open(), creat(), read(), write(), unlink()

#include <conio.h>
int cprintf(const char *format,...);

A função **cprintf()** não é definida pelo padrão C ANSI. Ela é normalmente incluída na biblioteca de compiladores baseada em DOS.

A função **cprintf()** opera exatamente como **printf()**, mas, em muitas implementações, a sua saída não pode ser redirecionada para outros dispositivos. Além disso, em alguns ambientes, **cprintf()** opera relativamente a uma janela em lugar da tela. Verifique seu manual do usuário para detalhes.

Exemplo

Este programa mostra a string **Eu gosto de C** na tela:

```
#include <conio.h>

void main(void)
{
  cprintf("Eu gosto de C");
}
```

Funções Relacionadas

cscanf(), cputs()

#include <conio.h>
int cputs(const char *str);

A função **cputs()** não é definida pelo padrão C ANSI. Ela é normalmente incluída na biblioteca de compiladores baseada em DOS.

A função **cputs()** escreve na tela a string apontada por *str*. Em algumas implementações, a sua saída não pode ser redirecionada. Além disso, para alguns ambientes, **cputs()** pode escrever sua string relativa a uma janela em lugar da tela. Consulte seu manual do usuário para detalhes.

cputs() devolve o último caractere escrito, caso seja bem-sucedida, e devolve **EOF** se não obteve sucesso.

Exemplo

Este programa escreve **isto é um teste** na tela:

```
#include <conio.h>

void main(void)
{
  cputs("isto é um teste");
}
```

Função Relacionada

cprintf()

#include <io.h>
int creat(const char *filename, int pmode);

A função **creat()** é parte do sistema de arquivo tipo UNIX e não é definida pelo padrão C ANSI. Sua finalidade é criar um arquivo novo com o nome apontado por *filename* e abri-lo para escrita. Em caso de sucesso, **creat()** devolve um descritor que é maior ou igual a zero; se há falha, ela devolve -1. (Descritores de arquivo são inteiros e não têm relação com streams e ponteiros de arquivo.)

O valor de *pmode* estabelece o tipo de acesso ao arquivo, algumas vezes chamado seu *modo de permissão.* O valor de *pmode* é altamente dependente do sistema operacional; verifique seu manual do usuário para detalhes. Em geral, os modos de acesso que um arquivo pode ter incluem apenas leitura, leitura/escrita e um tipo de acesso de segurança. Para muitos compiladores, os valores de *pmode* são definidos como macros no arquivo de cabeçalho chamado STAT.H (algumas vezes encontrado no diretório SYS). Os nomes mais comuns e seus significados são mostrados aqui:

S_IWRITE	Permite saída
S_IREAD	Permite entrada
S_IREAD ¦ S_IWRITE	Permite entrada/saída

Se o arquivo especificado já existe no momento da chamada a **creat()**, ele é apagado e todo conteúdo anterior é perdido.

Exemplo

O fragmento de código seguinte cria um arquivo chamado TEST.

```
#include <io.h>
#include <sys\stat.h>
#include <stdio.h>
#include <stdlib.h>

void main(void)
```

```
{
  int fd;

  if((fd=creat("test", S_IWRITE))==-1) {
    printf("O arquivo não pode ser aberto.\n");
    exit(1);
  }
}
```

Funções Relacionadas

open(), close(), read(), write(), unlink(), eof()

#include <conio.h>
int cscanf(const char *format,...);

A função **cscanf()** não é definida pelo padrão C ANSI. Ela é normalmente incluída na biblioteca de compiladores baseada no DOS.

A função **cscanf()** opera exatamente como **scanf()**, mas, em muitas implementações, sua entrada não pode ser redirecionada para nenhum outro dispositivo além do teclado. Além disso, em alguns ambientes **cscanf()** opera relativamente a uma janela em vez da tela. Verifique seu manual do usuário para detalhes.

Exemplo

Este programa lê uma string digitada no teclado:

```
#include <conio.h>

void main(void)
{
  char str[80];
  cprintf("digite uma string: ");
  cscanf("%s", str);
  cprintf(str);
}
```

Funções Relacionadas

cprintf(), cgets()

#include <io.h>
int eof(int fd);

A função **eof()** é parte do sistema de arquivo tipo UNIX e não é definida pelo padrão C ANSI. Quando chamada com um descritor válido de arquivo, **eof()** devolve 1 se o final do arquivo já foi alcançado; caso contrário, devolve zero. Se ocorre um erro, **eof()** devolve -1.

Exemplo

O programa seguinte mostra um arquivo-texto no console, usando **eof()** para determinar quando o final do arquivo foi alcançado:

```
#include <fcntl.h>
#include <io.h>
#include <stdio.h>
#include <stdlib.h>

void main(int argc, char *argv[])
{
  int fd;
  char ch;

  if((fd=open(argv[1], O_RDONLY))==-1) {
    printf("O arquivo não pode ser aberto.\n");
    exit(1);
  }

  while(!eof(fd)) {
    read(fd, &ch, 1); /* lê um caractere por vez */
    printf("%c", ch);
  }
  close(fd);
}
```

Funções Relacionadas

open(), close(), read(), write(), unlink()

#include <stdio.h>
int fclose(FILE *stream);

A função **fclose()** fecha o arquivo associado à *stream* e esvazia seu buffer. Após um **fclose()**, *stream* não está mais associada ao arquivo e quaisquer buffers automaticamente alocados são liberados.

Se **fclose()** for bem-sucedida, ela devolverá zero; caso contrário, devolverá um número diferente de zero. Tentar fechar um arquivo que já está fechado é um erro. Remover a mídia de armazenamento antes de fechar o arquivo é outro gerador de erro, como também a falta de espaço livre suficiente no disco.

Exemplo

O código seguinte abre e fecha um arquivo:

```
#include <stdio.h>
#include <stdlib.h>

void main(void)
{
  FILE *fp;

  if((fp=fopen("test", "rb"))==NULL) {
    printf("O arquivo não pode ser aberto.\n");
    exit(1);
  }

  if(fclose(fp)) printf("Erro no fechamento do arquivo.\n");
}
```

Funções Relacionadas

fopen(), freopen(), fflush()

#include <stdio.h>
int feof(FILE *stream);

A função **feof()** verifica o indicador de posição de arquivo para determinar se foi atingido o final do arquivo associado à *stream*. Um valor diferente de zero é devolvido se o indicador de posição de arquivo está no final do arquivo; caso contrário, a função devolve zero.

Uma vez alcançado o final do arquivo, operações de leitura subseqüentes retornam **EOF** até que **rewind()** seja chamada ou que o indicador de posição de arquivo seja movido com **fseek()**. **EOF** está definido em STDIO.H.

A função **feof()** é particularmente útil quando se está trabalhando com arquivos binários, porque o marcador de final de arquivo também é um inteiro binário válido. Devem ser feitas chamadas explícitas a **feof()** para determinar quando o final de um arquivo binário foi atingido.

Exemplo

Este fragmento de código mostra a maneira apropriada de se ler até o final de um arquivo binário:

```
/*
    Assume que fp foi aberto como um arquivo binário para
    operações de leitura.
*/
while(!feof(fp)) getc(fp);
```

Funções Relacionadas

clearerr(), ferror(), perror(), putc(), getc()

#include <stdio.h>
int ferror(FILE *stream);

A função **ferror()** verifica a ocorrência de erros em uma dada *stream*. Um valor de retorno zero indica que nenhum erro ocorreu, enquanto um valor diferente de zero significa um erro.

O indicador de erro associado à *stream* permanece ativado até que o arquivo seja fechado ou **rewind()** ou **clearerr()** sejam chamadas.

Para determinar a natureza exata do erro, use a função **perror()**.

Exemplo

O fragmento de código seguinte interrompe a execução do programa se ocorre um erro de arquivo.

```
/*
  Assume que fp aponta para uma stream aberta para operações de
  escrita.
*/

while(!done) {
  putc(info, fp);
  if(ferror(fp)) {
    printf("Erro no arquivo\n");
    exit(1);
  }
}
```

Funções Relacionadas

clearerr(), feof(), perror()

#include <stdio.h>
int fflush(FILE *stream);

Se *stream* é associada a um arquivo aberto para escrita, uma chamada a **fflush()** escreve fisicamente no arquivo o conteúdo do buffer de saída. Se *stream* aponta para um arquivo de entrada, o conteúdo do buffer de entrada é esvaziado. Nos dois casos, o arquivo continua aberto.

Um valor de retorno zero indica sucesso; **fflush()** devolve **EOF** se ocorrer um erro de escrita.

Todos os buffers são automaticamente esvaziados com o término normal do programa ou quando estão cheios. Fechar um arquivo também esvazia seu buffer.

Exemplo

O fragmento de código seguinte esvazia o buffer após cada operação de escrita:

```
/*
  Assume que fp está associado a um arquivo de saída.
*/
.
.
.
fwrite(buf, sizeof(data_type), 1, fp);
fflush(fp);
.
.
.
```

Funções Relacionadas

fclose(), fopen(), fread(), fwrite(), getc(), putc()

#include <stdio.h>
int fgetc(FILE *stream);

A função **fgetc()** devolve o próximo caractere da *stream* de entrada na posição atual e incrementa o indicador de posição de arquivo. O caractere é lido como um **unsigned char**, que é convertido para um inteiro.

Se o final do arquivo for alcançado, **fgetc()** devolverá **EOF**. Porém, como **EOF** é um valor inteiro válido, você deve usar **feof()** para verificar o final do arquivo quando trabalhar com arquivos binários. Se **fgetc()** encontra um erro, também devolve **EOF**. Novamente, quando se trabalha com arquivos binários, deve-se usar **ferror()** para verificar erros com arquivos.

Exemplo

O programa seguinte lê e mostra o conteúdo de um arquivo-texto.

```
#include <stdio.h>
#include <stdlib.h>

void main(int argc, char *argv[])
{
  FILE *fp;
  char ch;

  if((fp=fopen(argv[1],"r"))==NULL) {
    printf("O arquivo não pode ser aberto.\n");
    exit(1);
  }

  while((ch=fgetc(fp))!=EOF) {
    printf("%c", ch);
  }
  fclose(fp);
}
```

Funções Relacionadas

fputc(), getc(), putc(), fopen()

#include <stdio.h>
int fgetpos(FILE *stream, fpos_t *position);

A função **fgetpos()** armazena o valor atual do indicador de posição de arquivo no objeto apontado por *position*. O objeto apontado por *position* deve ser do tipo **fpos_t**, um tipo definido em STDIO.H. O valor armazenado é útil apenas em uma chamada subseqüente a **fsetpos()**.

Se ocorre um erro, **fgetpos()** retorna um valor diferente de zero; caso contrário, devolve zero.

Exemplo

O fragmento seguinte armazena a posição atual do arquivo em **file_loc**:

```
FILE *fp;
fpos_t file_loc;
.
.
.
fgetpos(fp, &file_loc);
```

Funções Relacionadas

fsetpos(), fseek(), ftell()

#include <stdio.h>
char *fgets(char *str, int num, FILE *stream);

A função **fgets()** lê *num-1* caracteres de *stream* e coloca-os na matriz de caracteres apontada por *str*. Os caracteres são lidos até que uma nova linha, ou um **EOF**, seja recebida ou até que o limite especificado seja atingido. Após os caracteres serem lidos, um nulo é colocado na matriz imediatamente após o último caractere. O caractere de nova linha é mantido e é parte de *str*.

Caso seja bem-sucedida, **fgets()** devolve *str*; um ponteiro nulo é devolvido quando ocorre alguma falha. Se ocorre um erro de leitura, o conteúdo da matriz apontada por *str* é indeterminado. Como um ponteiro nulo é devolvido, quando ocorre um erro ou quando o final do arquivo é atingido, você deve usar **feof()** ou **ferror()** para determinar o que realmente ocorreu.

Exemplo

Este programa usa **fgets()** para mostrar o conteúdo do arquivo-texto especificado no primeiro argumento da linha de comando:

```
#include <stdio.h>
#include <stdlib.h>

void main(int argc, char *argv[])
{
  FILE *fp;
  char str[128];

  if((fp=fopen(argv[1], "r"))==NULL) {
    printf("O arquivo não pode ser aberto.\n");
```

```
        exit(1);
      }

      while(!feof(fp)) {
        if(fgets(str, 126, fp)) printf("%s", str);
      }

      fclose(fp);
    }
```

Funções Relacionadas

fputs(), fgetc(), gets(), puts()

#include <stdio.h>
FILE *fopen(const char *fname, const char *mode);

A função **fopen()** abre um arquivo cujo nome é apontado por *fname* e devolve a stream associada a ele. Os tipos de operações permitidas nos arquivos são definidos pelo valor de *mode*. Os valores legais para *mode*, como especificado pelo padrão C ANSI, são mostrados na Tabela 12.1. O nome do arquivo deve ser uma string de caracteres que constitua um nome válido de arquivo, como definido pelo sistema operacional, e pode incluir uma especificação de percurso (*path*), se o ambiente a suporta.

Se **fopen()** abre o arquivo especificado, um ponteiro **FILE** é devolvido. Se o arquivo não pode ser aberto, é devolvido um ponteiro nulo.

Como mostra a Tabela 12.1, um arquivo pode ser aberto nos modos texto ou binário. No modo texto, podem ocorrer algumas traduções de caracteres. Por exemplo, novas linhas podem ser convertidas em seqüências de retorno de carro/alimentação de linha. Nenhuma tradução desse tipo ocorre em arquivos binários.

Este fragmento de código ilustra a maneira correta de abrir um arquivo:

```
FILE *fp;

if((fp = fopen("test", "w"))==NULL) {
  puts("O arquivo não pode ser aberto.\n");
  exit(1);
}
```

Tabela 12.1 Os valores legais para *mode*.

Modo	Significado
"r"	Abre arquivo-texto para leitura
"w"	Cria arquivo-texto para escrita
"a"	Anexa a um arquivo-texto
"rb"	Abre arquivo binário para leitura
"wb"	Cria arquivo binário para escrita
"ab"	Anexa a um arquivo binário
"r+"	Abre arquivo-texto para leitura/escrita
"w+"	Cria arquivo-texto para leitura/escrita
"a+"	Anexa arquivo-texto para leitura/escrita
"rb+"	Abre arquivo binário para leitura/escrita
"wb+"	Cria arquivo binário para leitura/escrita
"ab+"	Abre arquivo binário para leitura/escrita

Este método detecta qualquer erro na abertura do arquivo (como uma tentativa de abrir um arquivo em um disco protegido para escrita ou cheio) antes de tentar escrever nele. Um **NULL** é devolvido quando ocorre um erro, porque nenhum ponteiro de arquivo possui esse valor. **NULL** é definido em STDIO.H.

Se você usa **fopen()** para abrir um arquivo para escrita, qualquer arquivo preexistente com esse nome é apagado e um novo arquivo é iniciado. Se nenhum arquivo com esse nome existe, um é criado. Se você desejar adicionar ao final do arquivo, deve usar o modo "a". Abrir um arquivo para operações de leitura requer a existência do arquivo. Se o arquivo não existe, um erro é devolvido. Finalmente, se um arquivo é aberto para operações de leitura/escrita, ele não é apagado se já existe; porém, se ele não existe, é criado.

Quando acessar um arquivo aberto para operações de leitura/escrita, você não pode seguir uma operação de saída com uma operação de entrada sem uma chamada de intervenção a **fflush()**, **fseek()**, **fsetpos()** ou **rewind()**. Além disso, você não pode seguir uma operação de entrada com uma operação de saída sem uma chamada de intervenção a uma das funções mencionadas anteriormente.

Exemplo

Este fragmento abre um arquivo binário chamado TEST para operações de leitura/escrita:

```
FILE *fp;

if((fp=fopen("test", "rb+"))==NULL) {
  printf("O arquivo não pode ser aberto.\n");
```

```
    exit(1);
  }
```

Funções Relacionadas

fclose(), fread(), fwrite(), putc(), getc()

#include <stdio.h>
int fprintf(FILE *stream, const char *format,...);

A função **fprintf()** escreve na stream apontada por *stream* os valores dos argumentos da lista de argumentos, como especificado na string de formato. O valor de retorno é o número de caracteres realmente escritos. Se ocorre um erro, um número negativo é devolvido.

Pode haver de zero a vários argumentos — o número máximo depende do sistema.

As operações da string de controle de formato e os comandos são idênticos àqueles em **printf()**; veja a função **printf()** para a descrição completa.

Exemplo

Este programa cria um arquivo chamado TEST e escreve **isto é um teste 10 20.01** no arquivo, usando **fprintf()** para formatar os dados.

```
#include <stdio.h>
#include <stdlib.h>

void main(void)
{
  FILE *fp;
  if((fp = fopen("test", "wb"))==NULL) {
    printf("O arquivo não pode ser aberto.\n");
    exit(1);
  }

  fprintf(fp, "isto é um teste %d %f", 10, 20.01);
  fclose(fp);
}
```

Funções Relacionadas

printf(), fscanf()

#include <stdio.h>
int fputc(int ch, FILE *stream);

A função **fputc()** escreve o caractere *ch* na stream especificada na posição atual do arquivo e avança o indicador de posição de arquivo. Embora *ch* seja declarado como um **int** por razões históricas, ele é convertido por **fputc()** em um **unsigned char**. Como todos os argumentos de caractere são elevados a inteiros no momento da chamada, variáveis tipo caractere geralmente são usadas como argumentos. Se um inteiro fosse usado, o byte mais significativo seria simplesmente ignorado.

O valor devolvido por **fputc()** é o do caractere escrito. Se ocorre um erro, **EOF** é devolvido. Para arquivos abertos para operações binárias, um **EOF** pode ser um caractere válido e você deve usar a função **ferror()** para determinar se realmente ocorreu um erro.

Exemplo

Esta função escreve o conteúdo da string na stream especificada:

```
void write_string(char *str, FILE *fp)
{
  while(*str) if(!ferror(fp)) fputc(*str++, fp);
}
```

Funções Relacionadas

fgetc(), fopen(), fprintf(), fread(), fwrite()

#include <stdio.h>
int fputchar(int ch);

A função **fputchar()** escreve o caractere *ch* em **stdout**. Essa função não é definida pelo padrão C ANSI, mas é um acréscimo muito comum. Muito embora *ch* seja declarado como um **int**, por razões históricas, ele é convertido por **fputchar()** em um **unsigned char**. Como todos os argumentos de caractere são elevados a inteiros no momento da chamada, variáveis tipo caractere geralmente são usadas como argumentos. Se um inteiro fosse usado, o byte mais significativo seria simplesmente descartado. Uma chamada a **fputchar()** equivale funcionalmente a uma chamada a **fputc(ch, stdout)**.

O valor devolvido por **fputchar()** é o do caractere escrito. Se ocorre um erro, **EOF** é devolvido. Para arquivos abertos a operações binárias, um **EOF** pode ser um caractere válido e você deve usar a função **ferror()** para determinar se realmente ocorreu um erro.

Exemplo

Essa função escreve o conteúdo da string em **stdout**:

```
void write_string(char *str)
{
  while(*str) if(!ferror(fp)) fputchar(*str++);
}
```

Funções Relacionadas

fgetc(), fopen(), fprintf(), fread(), fwrite()

#include <stdio.h>
int fputs(const char *str, FILE *stream);

A função **fputs()** escreve na stream especificada o conteúdo da string apontada por *str*. O terminador nulo não é escrito.

A função **fputs()** devolve um valor não negativo em caso de sucesso e **EOF** em caso de falha.

Se a stream é aberta no modo texto, certas traduções de caracteres podem ocorrer. Isso significa que pode não haver uma correspondência de um para um da string com o arquivo. No entanto, se a stream for aberta no modo binário, nenhuma tradução de caracteres ocorrerá e haverá uma correspondência de um para um entre a string e o arquivo.

Exemplo

Esse fragmento de código escreve a string **isso é um teste** na stream apontada por **fp**.

```
fputs("isso é um teste", fp);
```

Funções Relacionadas

fgets(), gets(), puts(), fprintf(), fscanf()

#include <stdio.h>
size_t fread(void *buf, size_t size, size_t count, FILE *stream);

A função **fread()** lê *count* números de objetos, cada um com *size* bytes de comprimento da stream apontada por *stream* e coloca-os na matriz apontada por *buf*. O indicador de posição de arquivo é avançado pelo número de caracteres lido.

A função **fread()** devolve o número de itens realmente lidos. Caso sejam lidos menos itens do que o solicitado na chamada, isso significa que ocorreu um erro ou que o final do arquivo foi atingido. Você deve utilizar **feof()** ou **ferror()** para determinar o que aconteceu.

Se a *stream* foi aberta para operações de texto, certas traduções podem ocorrer (como as seqüências de retorno de carro e alimentação de linha sendo transformadas em novas linhas).

Exemplo

O programa seguinte lê dez números em ponto flutuante de um arquivo chamado TEST para a matriz **bal**.

```
#include <stdio.h>
#include <stdlib.h>

void main(void)
{
  FILE *fp;
  float bal[10];

  if((fp=fopen("test", "rb"))==NULL) {
    printf("O arquivo nao pode ser aberto.\n");
    exit(1);
  }

  if(fread(bal, sizeof(float), 10, fp)!=10) {
    if(feof(fp) printf("Fim de arquivo prematuro.");
    else printf("Erro na leitura do arquivo.");
  }

  fclose(fp);
}
```

Funções Relacionadas

fwrite(), fopen(), fscanf(), fgetc(), getc()

#include <stdio.h>
FILE *freopen(const char *fname, const char *mode, FILE *stream);

A função **freopen()** associa uma stream existente com um arquivo diferente. O nome do novo arquivo é apontado por *fname*, o modo de acesso, por *mode* e a stream a ser redefinida é apontada por *stream*. A string *mode* usa o mesmo formato de **fopen()**. Para uma discussão completa, veja a descrição de **fopen()**.

Quando chamada, **freopen()** primeiro tenta fechar um arquivo que pode estar atualmente associado a stream. Porém, se a tentativa de fechar o arquivo falha, a função ainda continua para abrir o outro arquivo.

A função **freopen()** devolve um ponteiro para *stream* em caso de sucesso; caso contrário, a função devolve um ponteiro nulo.

O principal uso de **freopen()** é redirecionar os arquivos definidos por **stdin**, **stdout** e **stderr** para algum outro arquivo.

Exemplo

O programa mostrado aqui usa **freopen()** para redirecionar a *stream* **stdout** para o arquivo chamado OUT. Como **printf()** escreve para **stdout**, a primeira mensagem é mostrada na tela e a segunda é escrita no arquivo em disco.

```
#include <stdio.h>
#include <stdlib.h>

void main(void)
{
  FILE *fp;

  printf("Isso será mostrado na tela.\n");

  if((fp=freopen("OUT", "w" ,stdout))==NULL) {
    printf("O arquivo não pode ser aberto.\n");
    exit(1);
  }

  printf("Isso será escrito no arquivo OUT.");

  fclose(fp);
}
```

Funções Relacionadas

fopen(), fclose()

#include <stdio.h>
int fscanf(FILE *stream, const char *format,...);

A função **fscanf()** opera exatamente como **scanf()**, mas lê a informação da stream especificada por *stream* em lugar de **stdin**. Veja a função **scanf()** para mais detalhes.

A função **fscanf()** devolve o número de argumentos que realmente receberam valores. Esse número não inclui os campos ignorados. Um valor de retorno de **EOF** significa que ocorreu uma falha antes que a primeira atribuição tenha sido feita.

Exemplo

Esse fragmento de código lê uma string e um **float** da stream **fp**.

```
char str[80];
float f;

fscanf(fp, "%s%f", str, &f);
```

Funções Relacionadas

scanf(), fprintf()

#include <stdio.h>
int fseek(FILE *stream, long offset, int origin);

A função **fseek()** coloca o indicador de posição de arquivo associado a *stream* de acordo com os valores de *offset* e *origin*. Ela suporta operações de E/S aleatórias. *Offset* é o número de bytes a partir de *origin* até chegar à nova posição. O valor para *origin* deve ser uma destas macros (definidas em STDIO.H):

Nome	Significado
SEEK_SET	Move a partir do início do arquivo
SEEK_CUR	Move a partir da posição atual
SEEK_END	Move a partir do final do arquivo

Um valor zero devolvido significa que **fseek()** obteve sucesso. Um valor diferente de zero indica falha.

Na maioria das implementações, e como especificado pelo padrão C ANSI, *offset* deve ser do tipo **long** para suportar arquivos maiores que 64K.

Você pode usar **fseek()** para mover o indicador de posição a qualquer lugar no arquivo, mesmo além do final. Porém, é um erro colocar o indicador antes do início do arquivo.

A função **fseek()** limpa o indicador de fim de arquivo associado à stream especificada. Além disso, torna nulo qualquer **ungetc()** anterior na mesma stream. (Veja **ungetc()**.)

Exemplo

A função seguinte dirige-se à estrutura do tipo **addr** especificada. Observe o uso de **sizeof** para obter o tamanho da estrutura.

```
struct addr {
  char name[40];
  char street[40];
  char city[40];
  char state[3];
  char zip[10];
} info;

void find(long client_num)
{
  FILE *fp;

  if((fp=fopen("mail", "rb"))==NULL) {
    printf("O arquivo não pode ser aberto.\n");
    exit(1);
  }

  /* encontra a estrutura apropriada */
  fseek(fp, client_num*sizeof(struct addr), SEEK_SET);

  /* lê os dados para a memória */
  fread(&info, sizeof(struct addr), 1, fp);

  fclose(fp);
}
```

Funções Relacionadas

ftell(), rewind(), fopen(), fgetpos(), fsetpos()

#include <stdio.h>
int fsetpos(FILE *stream, const fpos_t *position);

A função **fsetpos()** move o indicador de posição de arquivo para o ponto especificado pelo objeto apontado por *position*. Esse valor deve ser previamente obtido por meio de uma chamada a **fgetpos()**. O tipo **fpos_t** é definido em STDIO.H. Depois que **fsetpos()** é executada, o indicador de fim de arquivo é desligado. Além disso, qualquer chamada anterior a **ungetc()** se torna nula.

Se **fsetpos()** falha, ela devolve um valor diferente de zero. Se obtém sucesso, devolve zero.

Exemplo

Este fragmento de código recoloca o indicador de posição de arquivo no valor armazenado em **file_loc**.

```
fsetpos(fp, &file_loc);
```

Funções Relacionadas

fgetpos(), fseek(), ftell()

#include <stdio.h>
long ftell(FILE *stream);

A função **ftell()** devolve o valor atual do indicador de posição de arquivo para a stream especificada. Para streams binárias, o valor é o número de bytes cujo indicador está a partir do início do arquivo. Para streams de texto, o valor de retorno pode não ser significativo, exceto como um argumento de **fseek()**, devido às possíveis traduções de caracteres. Por exemplo, retornos de carro/alimentações de linha podem ser substituídos por novas linhas, o que altera o tamanho aparente do arquivo.

A função **ftell()** devolve -1L quando ocorre um erro. Se a stream não permite acesso aleatório — se for um terminal, por exemplo —, o valor devolvido é indefinido.

Exemplo

Este fragmento de código devolve o valor atual do indicador de posição de arquivo para a stream apontada por **fp**:

```
long i;
```

```
if((i=ftell(fp))==-1L)
  printf("Erro no arquivo.\n");
```

Funções Relacionadas

fseek(), fgetpos()

#include <stdio.h>
size_t fwrite(const void *buf, size_t size_, size_t count, FILE *stream);

A função **fwrite()** escreve *count* objetos (cada um com *size* bytes de comprimento) na stream apontada por *stream* da matriz de caracteres apontada por *buf*. O indicador de posição de arquivo é avançado pelo número de caracteres escritos.

A função **fwrite()** devolve o número de itens realmente escritos, que será igual ao número solicitado, caso a função seja bem-sucedida. Se forem escritos menos itens que os solicitados, ocorreu algum erro. Para streams de texto, diversas traduções de caracteres podem ocorrer, mas não afetarão o valor devolvido.

Exemplo

Este programa escreve um **float** no arquivo TEST. Observe que é usado **sizeof** para determinar o número de bytes em uma variável **float** e, assim, assegurar portabilidade.

```
#include <stdio.h>
#include <stdlib.h>

void main(void)
{
  FILE *fp;
  float f=12.23;

  if((fp=fopen("test", "wb"))==NULL) {
    printf("O arquivo não pode ser aberto.\n");
    exit(1);
  }

  fwrite(&f, sizeof(float), 1, fp);

  fclose(fp);
}
```

Funções Relacionadas

fread(), fscanf(), getc(), fgetc()

#include <stdio.h>
int getc(FILE *stream);

A função **getc()** devolve o próximo caractere da *stream* de entrada a partir da posição atual e incrementa o indicador de posição de arquivo. O caractere é lido como um **unsigned char** e é convertido em um inteiro.

Se o final do arquivo for alcançado, **getc()** devolverá **EOF**. Porém, como **EOF** é um valor inteiro válido, você deve usar **feof()** para verificar o final do arquivo quando trabalhar com arquivos binários. Se **getc()** encontra um erro, também devolve **EOF**. Quando se trabalha com arquivos binários, deve-se usar **ferror()** para verificar erros em arquivos.

As funções **getc()** e **fgetc()** são idênticas; em muitas implementações, **getc()** é definida simplesmente como a macro mostrada aqui:

```
#define getc(fp) fgetc(fp)
```

Isso faz com que a função **fgetc()** substitua a macro **getc()**.

Exemplo

O programa seguinte lê e mostra o conteúdo de um arquivo de texto.

```
#include <stdio.h>
#include <stdlib.h>

void main(int argc, char *argv[])
{
  FILE *fp;
  char ch;

  if((fp=fopen(argv[1],"r"))==NULL) {
    printf("O arquivo não pode ser aberto.\n");
    exit(1);
  }

  while((ch=getc(fp))!=EOF) {
    printf("%c", ch);
  }
```

```
    fclose(fp);
}
```

Funções Relacionadas

fputc(), fgetc(), putc(), fopen()

#include <conio.h>
int getch(void); int getche(void);

As funções **getch()** e **getche()** não são definidas pelo padrão C ANSI. Porém, elas geralmente são incluídas em compiladores baseados em DOS.

A função **getch()** devolve o próximo caractere lido do console, mas não o mostra na tela.

A função **getche()** devolve o próximo caractere lido do console e mostra-o na tela.

Essas duas funções contornam as funções de E/S padrão de C e operam diretamente com o sistema operacional. Essencialmente, **getch()** e **getche()** efetuam a entrada diretamente do teclado.

Exemplo

Este fragmento de código usa **getch()** para ler a escolha do usuário no menu em um programa verificador de ortografia:

```
do {
  printf("1: Verificar ortografia\n");
  printf("2: Corrigir ortografia\n");
  printf("3: Procurar uma palavra no dicionário\n");
  printf("4: Sair\n");

  printf("\nEntre com sua escolha: ");
  choice = getch();
} while(!strchr("1234",choice));
```

Funções Relacionadas

getc(), getchar(), fgetc()

#include <stdio.h>
int getchar(void);

A função **getchar()** devolve o próximo caractere de **stdin**. O caractere é lido como um **unsigned char** e é convertido para um inteiro.

Se o final do arquivo for alcançado, **getchar()** devolverá **EOF**. Porém, como **EOF** é um valor inteiro válido, deve usar **feof()** para verificar o final do arquivo quando trabalhar com arquivos binários. Se **getchar()** encontra um erro, também devolve **EOF**. Se você está trabalhando com arquivos binários, você deve usar **ferror()** para verificar erros em arquivos.

A função (ou macro) **getchar()** equivale funcionalmente a **getc(stdin)**.

Exemplo

Este programa lê caracteres de **stdin** para a matriz **s** até que o usuário pressione ENTER. Finalmente, a string é apresentada.

```
#include <stdio.h>

void main(void)
{
  char s[256], *p;

  p = s;

  while((*p++=getchar())!='\n') ;
  *p = '\0'; /* acrescenta o terminador nulo */
  printf(s);
}
```

Funções Relacionadas

fputc(), fgetc(), putc(), fopen()

#include <stdio.h>
char *gets(char *str);

A função **gets()** lê caracteres de **stdin** e coloca-os na matriz apontada por *str*. Os caracteres são lidos até que seja recebido um caractere de nova linha ou um **EOF**. O caractere de nova linha não faz parte da string. Em vez disso, ele é traduzido em um nulo, terminando a string.

Caso seja bem-sucedida, **gets()** devolve *str*; um ponteiro nulo é devolvido em caso de falha. Se ocorre um erro de leitura, o conteúdo da matriz apontada por *str* é indeterminado. Como um ponteiro nulo é devolvido tanto quando ocorre um erro como quando o final do arquivo é atingido, use **feof()** ou **ferror()** para determinar o que realmente aconteceu.

Não há limite para o número de caracteres que **gets()** irá ler. Por essa razão, é seu dever assegurar que a matriz apontada por *str* não ultrapasse seus limites.

Exemplo

Este programa usa **gets()** para ler um nome de arquivo:

```
#include <stdio.h>
#include <stdlib.h>

void main(void)
{
  FILE *fp;
  char fname[128];

  printf("Digite o nome do arquivo: ");
  gets(fname);

  if((fp=fopen(fname, "r")==NULL) {
    printf("O arquivo não pode ser aberto. \n");
    exit(1);
  }

  fclose(fp);
}
```

Funções Relacionadas

fputs(), fgetc(), fgets(), puts()

#include <stdio.h>
int getw(FILE *stream);

A função **getw()** não é definida pelo padrão C ANSI, mas é incluída em muitos compiladores C.

A função **getw()** devolve o próximo inteiro de *stream* e avança o indicador de posição do arquivo adequadamente.

Como o inteiro lido pode ter um valor igual a **EOF**, você deve usar **feof()** ou **ferror()** para determinar quando o final do arquivo foi alcançado ou se ocorreu um erro.

Exemplo

Este programa lê inteiros do arquivo INTTESTE e apresenta a soma deles:

```
#include <stdio.h>
#include <stdlib.h>

void main(void)
{
  FILE *fp;
  int sum=0;

  if((fp=fopen("intteste", "rb")==NULL) {
    printf("O arquivo não pode ser aberto.\n");
    exit(1);
  }

  while(!feof(fp))
    sum = getw(fp)+sum;

  printf("a soma é %d", sum);

  fclose(fp);
}
```

Funções Relacionadas

putw(), fread()

#include <conio.h>
int kbhit(void);

A função **kbhit()** não é definida pelo padrão C ANSI. Porém, ela é encontrada, sob diversos nomes, em virtualmente toda implementação de C. Ela devolverá um valor diferente de zero se uma tecla foi pressionada no console. Caso contrário, devolverá zero. (Sob nenhuma circunstância ela espera que uma tecla seja pressionada.)

Exemplo

Esse laço **for** terminará se uma tecla for pressionada:

```
for(;;) {
  if(kbhit()) break;
  .
  .
  .
}
```

Funções Relacionadas

fgetc(), getc()

#include <io.h>
long lseek(int fd, long offset, int origin);

A função **lseek()** é parte do sistema E/S tipo UNIX e não é definida pelo padrão C ANSI.

A função **lseek()** coloca o indicador de posição de arquivo no ponto especificado por *offset* e *origin*. O *offset* é o número de bytes a partir de *origin* até chegar a nova posição. O valor para *origin* deve ser uma destas macros (definidas em IO.H):

Nome	**Significado**
SEEK_SET	Move a partir do início do arquivo
SEEK_CUR	Move a partir da posição atual
SEEK_END	Move a partir do final do arquivo

A função **lseek()** devolve *offset* em caso de sucesso. Em caso de falha, ela devolve -1.

Exemplo

O exemplo mostrado aqui permite-lhe examinar um arquivo, um setor por vez, usando o sistema de E/S tipo UNIX. Talvez seja necessário mudar o tamanho do buffer para coincidir com o tamanho do setor do seu sistema.

```
#include <io.h>
#include <fcntl.h>
#include <stdlib.h>
#include <stdio.h>

#define BUF_SIZE  128

void main(int argc, char *argv[])
{
  char buf[BUF_SIZE], s[10];
```

```
  int fd, sector;

  buf[BUF_SIZE] = '\0'; /* termina o buffer com nulo
                           para printf */

  if((fd=open(argv[1], O_RDONLY))==-1) { /*abre para leitura*/
    printf("O arquivo não pode ser aberto.\n");
    exit(1);
  }

  do {
    printf("buffer: ");
    gets(s);

    sector = atoi(s); /* obtém o setor a ler */

    if(lseek(fd, (long)sector*BUF_SIZE, SEEK_SET)==-1L)
      printf("Erro na busca.\n");

    if(read(fd, buf, BUF_SIZE)==0) {
      printf("Setor fora da faixa.\n");
    }
    else
      printf("%s\n", buf);
  } while(sector>0);
  close(fd);
}
```

Funções Relacionadas

read(), write(), open(), close()

#include <fnctl.h>
#include <io.h>
int open(const char *fname, int mode);

A função **open()** é parte do sistema de E/S tipo UNIX e não é definida pelo padrão C ANSI.

Ao contrário do sistema de E/S bufferizado, o sistema tipo UNIX não usa ponteiros de arquivo do tipo **FILE**; em vez disto ele usa descritores de arquivo do tipo **int**. A função **open()** abre um arquivo cujo nome é apontado por *fname* e estabelece seu modo de acesso como especificado por *mode*. Os valores que *mode* pode assumir são mostrados aqui (estas macros estão definidas em FCNTL.H):

Modo	Efeito
O_RDONLY	Abre para leitura
O_WRONLY	Abre para escrita
O_RDWR	Abre para leitura e escrita

NOTA: Muitos compiladores têm modos adicionais — como texto, binário etc. —, portanto verifique seu manual do usuário.

Uma chamada a **open()** bem-sucedida devolve um inteiro positivo, que é o descritor de arquivo associado ao arquivo. Um valor devolvido igual a -1 significa que o arquivo não pode ser aberto.

Em muitas implementações, a operação falha se o arquivo especificado no comando **open()** não está no disco. No entanto, dependendo da implementação, pode ser possível usar **open()** para criar um arquivo que atualmente não existe. Verifique seu manual do usuário.

Exemplo

Você geralmente verá a chamada a **open()** desta forma:

```
int fd;

if((fd=open(filename, mode)) == -1) {
  printf("O arquivo não pode ser aberto.\n");
  exit(1);
}
```

Funções Relacionadas

close(), read(), write()

#include <stdio.h>
void perror(const char *str);

A função **perror()** gera uma mensagem de erro, por meio do valor da variável global **errno**, e escreve a string **str** em **stderr**. Se o valor de *str* não for nulo, a string é escrita primeiro, seguida por dois-pontos, e então vem a mensagem de erro definida pela implementação.

Exemplo

Neste fragmento, caso ocorra um erro, ele será apresentado.

```
#include <stdio.h>
.
.
.
if(ferror(fp)) perror("Erro no arquivo: ");
```

#include <stdio.h>
int printf(const char *format,...);

A função **printf()** escreve em **stdout** os argumentos que formam a lista de argumentos sob o controle da string apontada por *format*.

A string apontada por *format* contém dois tipos de itens. O primeiro consiste em caracteres que serão escritos na tela. O segundo tipo contém comandos de formato que definem a forma como os argumentos serão mostrados. Um comando de formato consiste em um símbolo de percentagem seguido pelo código do formato. Os comandos de formato são mostrados na Tabela 12.2. Deve haver exatamente o mesmo número de argumentos e de comandos de formato e eles serão associados na ordem. Por exemplo, essa chamada a **printf()**:

```
printf("Ola %c %d %s", 'c', 10, "aqui!");
```

mostra **Ola c 10 aqui!**.

Tabela 12.2 Comandos de formato de **printf()**.

Código	**Formato**
%c	Caractere
%d	Inteiros decimais com sinal
%i	Inteiros decimais com sinal
%e	Notação científica (e minúsculo)
%E	Notação científica (E maiúsculo)
%f	Ponto flutuante em decimal
%g	Usa %e ou %f, o que tiver menor comprimento
%G	Usa %E ou %F, o que tiver menor comprimento
%o	Octal sem sinal
%s	String de caracteres
%u	Inteiros decimais sem sinal
%x	Hexadecimal sem sinal (letras minúsculas)
%X	Hexadecimal sem sinal (letras maiúsculas)
%p	Mostra um ponteiro
%n	O argumento associado é um ponteiro para inteiro no qual o número de caracteres escritos até esse ponto é colocado
%%	Escreve o símbolo %

Se não há argumentos suficientes para combinar com os comandos de formato, a saída é indefinida. Se há mais argumentos do que comandos de formato, os argumentos restantes são descartados.

A função **printf()** devolve o número de caracteres realmente escritos. Um valor de retorno negativo indica um erro.

Os comandos de formato podem ter modificadores que especificam a largura do campo, o número de casas decimais e uma indicação de ajuste à esquerda. Um inteiro colocado entre o sinal de percentagem e o comando de formato atua como um especificador de largura mínima de campo, preenchendo a saída com brancos ou zeros para garantir o comprimento mínimo. Se a string ou número é maior que o mínimo, ela será escrita por completo. O preenchimento padrão é feito com espaços. Se você quiser preencher com zeros, coloque um zero antes do especificador de largura de campo. Por exemplo, **%05d** preenche com zeros um número com menos de 5 dígitos de forma que seu comprimento total seja cinco dígitos.

Para especificar o número de casas decimais a ser escrito para um número em ponto flutuante, coloque um ponto decimal seguido do número de casas decimais desejado após o especificador de largura de campo. Para os formatos **e**, **E** e **f**, o modificador de precisão determina o número de casas decimais a imprimir. Por exemplo, **%10.4f** mostra um número de pelo menos dez caracteres com quatro casas decimais. No entanto, se usado com o especificador **g** ou **G**, a precisão determina o número máximo de dígitos significativos exibidos.

Quando um modificador de precisão é aplicado a inteiros, ele especifica o número mínimo de digitos a exibir (0 à esquerda serão adicionados se necessário).

Quando o modificador de precisão é aplicado a string, o número após o ponto especifica a largura máxima. Por exemplo, **%5.7s** exibe uma string que tem pelo menos 5 caracteres de comprimento e não passa de 7. Se a string for mais comprida que a largura máxima, então os caracteres finais serão truncados.

Por padrão, toda saída é ajustada à direita. Isto é, se a largura do campo é maior do que os dados escritos, os dados serão colocados na extremidade direita do campo. Você pode forçar para que a informação seja justificada à esquerda colocando um sinal de subtração imediatamente após o sinal de porcentagem. Por exemplo, **%-10.2f** justifica à esquerda um número em ponto flutuante com duas casas decimais em um campo de até dez caracteres.

Há dois especificadores de formato que permitem que **printf()** mostre inteiros **short** e **long**. Esses especificadores podem ser aplicados aos de tipo **d**, **i**, **o**, **u**, **x** e **X**. O especificador **l** diz a **printf()** que segue um tipo de dado **long**. Por exemplo, **%ld** significa que um **long int** será mostrado. O especificador **h** instrui **printf()** a mostrar um **short int**. Portanto, **%hu** indica que o dado é do tipo **short unsigned int**.

Embora tecnicamente não seja exigido, em muitas implementações o modificador **l** também pode vir como prefixo dos especificadores de ponto flutuante **e**, **E**, **f**, **g** e **G** indica que segue um **double**. **L** é usado para indicar um **long double**.

O formato **n** coloca o número de caracteres escritos até então em uma variável inteira cujo ponteiro é especificado na lista de argumentos. Por exemplo, este fragmento de código mostra o número **15** após a linha **isso e um teste**.

```
int i;

printf("isso e um teste %n",&i);
printf("%d", i);
```

O **#** tem um significado especial quando utilizado com alguns especificadores de formato de **printf()**. Preceder um especificador **g**, **G**, **f**, **e** ou **E** com um **#** assegura que o ponto decimal estará presente mesmo que não haja dígitos decimais. Se você precede o especificador de formato **x** com um **#**, os números hexadecimais serão escritos com o prefixo **0x**. Quando usa com o especificador **o**, ele provoca uma orientação O para ser impressa. O **#** não pode ser aplicado a nenhum outro especificador de formato.

Os especificadores de largura mínima de campo e de precisão podem ser fornecidos como argumentos para **printf()** em lugar de constantes. Para tanto, deve-se utilizar um * como um elemento de substituição. Quando a string de formato é varrida, **printf()** irá combinar os * com os argumentos na ordem em que aparecem.

Veja a discussão de **printf()** no Capítulo 8 para maiores detalhes.

Exemplo

Este programa apresenta a saída mostrada em seus comentários.

```
#include <stdio.h>

void main(void)
{
  /* Isso escreve "isso é um teste" justificado à esquerda
     em um campo de 20 caracteres.
  */
  printf(%-20s","isso é um teste");

  /* Isso escreve um float com 3 casas decimais em um campo
     de 10 caracteres. O resultado será "    12.235".
  */
  printf("%10.3f", 12.234657);
}
```

Funções Relacionadas

scanf(), fprintf()

#include <stdio.h>
int putc(int ch, FILE *stream);

A função **putc()** escreve o caractere contido no byte menos significativo de *ch* na stream de saída apontada por *stream*. Como os argumentos de caractere são elevados a inteiros no momento da chamada, você pode utilizar variáveis tipo caractere como argumentos para **putc()**.

A função **putc()** devolve o caractere escrito; ela devolve **EOF** se ocorre algum erro. Se a *stream* de saída foi aberta no modo binário, **EOF** é um valor válido para *ch*. Isso significa que você deve usar **ferror()** para determinar se ocorreu algum erro.

A função **putc()** é geralmente implementada como uma macro sendo substituída por **fputc()**, pois esta equivale funcionalmente a **putc()**.

Exemplo

O laço seguinte escreve os caracteres da string **str** na *stream* especificada por **fp**. O terminador nulo não é escrito.

```
for(; *str; str++) putc(*str, fp);
```

Funções Relacionadas

fgetc(), fputc(), getchar(), putchar()

#include <conio.h>
int putch(int ch);

A função **putch()** não é definida pelo padrão C ANSI. Porém, ela geralmente é incluída na biblioteca padrão de compiladores baseada em DOS.

A função **putch()** escreve na tela o caractere especificado no byte menos significativo de *ch*. Em muitas implementações, a sua saída não pode ser redirecionada. Além disso, em alguns ambientes, ela pode operar relativamente a uma janela em lugar da tela.

Exemplo

O seguinte escreve o caractere **A** na tela:

```
putch('A');
```

Funções Relacionadas

putc(), putchar()

#include <stdio.h> int putchar(int ch);

A função **putchar()** escreve em **stdout** o caractere contido no byte menos significativo de *ch*. A função **putchar()** é funcionalmente equivalente a **putc(ch, stdout)**. Como os argumentos tipo caractere são promovidos a inteiros no momento da chamada, você pode usar variáveis tipo caractere como argumentos para **putchar()**.

Em caso de sucesso, a função **putchar()** devolve o caractere escrito. Ela devolve **EOF** se ocorre um erro. Se a stream de saída foi aberta no modo binário, **EOF** é um valor válido para *ch*. Isso significa que você deve usar **ferror()** para determinar se ocorreu algum erro.

Exemplo

O laço seguinte escreve em **stdout** os caracteres da string **str**. O terminador nulo não é escrito.

```
for(; *str; str++) putchar(*str);
```

Função Relacionada

putc()

#include <stdio.h> int puts(const char *str);

A função **puts()** escreve a string apontada por *str* no dispositivo de saída padrão. O terminador nulo é traduzido para uma nova linha.

A função **puts()** devolve um valor não-negativo, se bem-sucedida, e **EOF** em caso de falha.

Exemplo

O código seguinte escreve a string **isso é um exemplo** em **stdout**.

```
#include <stdio.h>
#include <string.h>
```

```
void main(void)
{
  char str[80];

  strcpy(str, "isso é um exemplo");

  puts(str);
}
```

Funções Relacionadas

putc(), gets(), printf()

#include <stdio.h>
int putw(int i, FILE *stream);

A função **putw()** não é definida pelo padrão C ANSI, mas geralmente é incluída na biblioteca padrão.

A função **putw()** escreve o inteiro *i* em stream na posição atual do arquivo e incrementa o indicador de posição de arquivo apropriadamente.

A função **putw()** devolve o valor escrito. Um valor de retorno **EOF** significa que ocorreu um erro na stream, caso se esteja no modo texto. Como **EOF** também é um valor inteiro válido, você deve usar **ferror()** para detectar erro em uma stream binária.

Exemplo

Este fragmento de código escreve o valor 100 na stream apontada por **fp**.

```
putw(100, fp);
```

Funções Relacionadas

getw, printf(), fwrite()

#include <io.h>
int read(int fd, void *buf, unsigned count);

A função **read()** é parte do sistema de E/S tipo UNIX e não é definida pelo padrão C ANSI.

A função **read()** lê *count* bytes do arquivo descrito por *fd* para o buffer apontado por *buf*. O indicador de posição de arquivo é incrementado no número de bytes lidos. Se o arquivo for aberto no modo texto, poderão ocorrer traduções de caractere.

O valor devolvido é igual ao número de bytes realmente lido. Esse número poderá ser menor que *count* se for encontrado o final do arquivo ou um erro. Um valor -1 significa um erro; um valor zero é devolvido se for efetuada uma tentativa de ler no final do arquivo.

A função **read()** tende a ser muito dependente da implementação e pode comportar-se de maneira diferente do exposto aqui. Por favor, verifique seu manual do usuário para mais detalhes.

Exemplo

Este programa lê os primeiros 100 bytes do arquivo TEST e coloca-os na matriz buffer.

```
#include <fcntl.h>
#include <io.h>
#include <stdlib.h>
#include <stdio.h>

void main(void)
{
  int fd;
  char buffer[100];
  if((fd=open("test", O_RDONLY))==-1) {
    printf("O arquivo não pode ser aberto.\ n");
    exit(1);
  }

  if(read(fd, buffer, 100)!=100) printf("erro de leitura");
}
```

Funções Relacionadas

open(), close(), write(), lseek()

#include <stdio.h>
int remove(const char *fname);

A função **remove()** apaga o arquivo especificado por *fname*. Ela devolve zero se a operação foi um sucesso e um valor diferente de zero se ocorreu um erro.

Exemplo

Este programa remove o arquivo cujo nome é especificado na linha de comando:

```
#include <stdio.h>

void main(int argc, char *argv[])
{
  if(remove(argv[1])) printf ("Erro de exclusão");
}
```

Função Relacionada

rename()

#include <stdio.h>
int rename(const char *oldfname, const char *newfname);

A função **rename()** altera o nome do arquivo especificado por *oldfname* para *newfname*. O *newfname* não pode coincidir com nenhum nome existente no diretório.

A função **rename()** devolve zero se bem-sucedida e diferente de zero caso ocorra um erro.

Exemplo

Este programa troca o nome do arquivo especificado no primeiro argumento da linha de comando pelo especificado no segundo. Assumindo que o programa se chame MUDE, uma linha de comando, consistindo em MUDE ISSO AQUILO, mudará o nome de arquivo chamado ISSO para AQUILO.

```
#include <stdio.h>

void main(int argc, char *argv[])
{
  if(rename(argv[1], argv[2])!=0)
    printf("erro na troca de nomes");
}
```

Função Relacionada

remove()

#include <stdio.h>
void rewind(FILE *stream);

A função **rewind()** move o indicador de posição de arquivo para o início da stream especificada. Ela também limpa os indicadores de erro e de final de arquivo associados a stream. Não há valor de retorno.

Exemplo

Esta função lê duas vezes a stream apontada por **fp**, mostrando o arquivo duas vezes.

```
void re_read(FILE *fp)
{
  /* lê uma vez */
  while(!feof(fp)) putchar(getc(fp));
  rewind(fp);

  /* lê duas vezes */
  while(!feof(fp)) putchar(getc(fp));
}
```

Função Relacionada

fseek()

#include <stdio.h>
int scanf(const char *format,...);

A função **scanf()** é uma rotina de entrada de uso geral que lê a stream **stdin**. Ela pode ler todos os tipos de dados intrínsecos e convertê-los automaticamente no formato interno apropriado. É o complemento de **printf()**.

A string de controle apontada por *format* consiste em três tipos de caracteres:

- Especificadores de formato
- Caracteres de espaço em branco
- Caracteres diferentes de espaço em branco

Os especificadores de formato de entrada são precedidos por um sinal de percentagem e informam a **scanf()** que tipo de dado deve ser lido em seguida. Esses códigos estão listados na Tabela 12.3. Por exemplo, **%s** lê uma string enquanto **%d** lê um inteiro.

Tabela 12.3 Códigos de formato para **scanf()**.

Código	**Significado**
%c	Lê um único caractere
%d	Lê um inteiro decimal
%i	Lê um inteiro decimal
%e	Lê um número tipo ponto flutuante
%f	Lê um número tipo ponto flutuante
%g	Lê um número tipo ponto flutuante
%o	Lê um número octal
%s	Lê uma string
%x	Lê um número hexadecimal
%p	Lê um apontador
%n	Retorna um número inteiro igual ao número de caracteres lidos
%u	Lê um inteiro não sinalizado
%[]	Procura um conjunto de caracteres.
%%	Lê o símbolo %

A string de formato é lida da esquerda para a direita e os códigos de forma- to coincidem, em ordem, com os argumentos que formam a lista de argumentos.

Um caractere de espaço em branco na string de controle faz com que **scanf()** leia e descarte um ou mais caracteres em branco da *stream* de entrada. Um caractere de espaço em branco é um espaço, uma tabulação ou uma nova linha. Em essência, um caractere de espaço em branco, na string de controle, faz com que **scanf()** leia, mas não armazene, qualquer número (incluindo zero) de caracteres de espaço em branco até que o primeiro caractere diferente seja alcançado.

Um caractere de espaço não-branco faz com que **scanf()** leia e descarte um caractere igual. Por exemplo, "**%d,%d**" faz com que **scanf()** leia um inteiro, leia e descarte uma vírgula e, então, leia outro inteiro. Se o caractere especificado não for encontrado, **scanf()** termina.

Todas as variáveis usadas para receber valores por meio de **scanf()** devem ser passadas através de seus endereços. Isso significa que todos os argumentos devem ser ponteiros para as variáveis usadas como argumentos. Essa é a maneira de C criar uma chamada por referência, permitindo que uma função altere o conteúdo de um argumento. Por exemplo, para ler um inteiro e armazená-lo na variável **count**, você usaria a seguinte chamada a **scanf()**:

```
scanf("%d", &count);
```

Strings são lidas e armazenadas em matrizes de caracteres e o nome da matriz, sem índice, é o endereço do primeiro elemento da matriz. Portanto, para ler uma string e carregá-la em **address**, use

```
scanf("%s", address);
```

Nesse caso, **address** já é um ponteiro e não precisa ser precedido pelo operador **&**.

Os itens de entrada de dados devem ser separados por espaços, tabulações ou novas linhas. Sinais de pontuação como vírgula, ponto-e-vírgula etc. não contam como separadores. Isso significa que

```
scanf("%d%d", &r, &c);
```

aceita a entrada **10 20** mas falha com **10,20.**

Um * colocado após o % e antes do especificador de formato lê o dado do tipo especificado, mas suprime sua atribuição. Assim,

```
scanf("%d%*c%d", &x, &y);
```

dada a entrada **10/20**, coloca o valor 10 em **x**, descarta o sinal de divisão e atribui a **y** o valor 20.

Os comandos de formato podem especificar um modificador de largura máxima de campo. É um inteiro colocado entre o % e o código do comando de formato, limitando o número de caracteres lidos para qualquer campo. Por exemplo, se não deseja ler mais que 20 caracteres para **address**, você pode escrever

```
scanf("%20s", address);
```

Se a stream de entrada fosse maior que 20 caracteres, uma chamada subseqüente à entrada começaria onde ela terminou. A entrada em um campo pode terminar antes que o comprimento máximo seja atingido, caso um espaço em branco seja encontrado. Nessse caso, **scanf()** move-se para o próximo campo.

Embora espaços, tabulações e novas linhas sejam utilizados como separadores de campo, eles são lidos como qualquer outro caractere quando se lê um único caractere. Por exemplo, com uma stream de entrada **"x y"**,

```
scanf("%c%c%c", &a, &b, &c);
```

retorna com o caractere **x** em **a**, um espaço em **b** e o caractere **y** em **c**.

Tenha cuidado: qualquer outro caractere na string de controle — incluindo espaços, tabulações e novas linhas — é usado para comparar e descartar caracteres da stream de entrada. Qualquer caractere que coincida é descartado. Por exemplo, dada a stream de entrada **"10t20"**,

```
scanf("%st%s", &x, &y);
```

coloca 10 em **x** e 20 em **y**. O **t** é descartado por causa do **t** na string de controle.

O padrão C ANSI adicionou a **scanf()** uma nova característica chamada *scanset* que não fazia parte da versão original no UNIX. Um scanset define um conjunto de caracteres que podem ser lidos por **scanf()** e atribuídos à matriz de caracteres correspondente. Você define um scanset colocando uma string com os caracteres que você deseja receber entre colchetes. O colchete inicial deve ser precedido por um sinal de percentagem. Por exemplo, esse "scanset" instrui **scanf()** a ler apenas os caracteres **A**, **B** e **C**.

```
%[ABC]
```

Quando você usa um scanset, **scanf()** continua a ler caracteres e a colocá-los na matriz de caracteres correspondente até que um caractere que não esteja no scanset seja encontrado. A variável correspondente deve ser um ponteiro para uma matriz de caracteres. Quando **scanf()** retornar, a matriz conterá uma string terminada com um nulo e será formada pelos caracteres lidos.

Você pode especificar um conjunto complementar se o primeiro caractere do conjunto for um ^. Quando o ^ está presente, ele informa ao **scanf()** para aceitar qualquer caractere que *não* esteja definido no scanset.

Você pode especificar uma faixa por meio da utilização de um hífen. Por exemplo, isto informa a **scanf()** para aceitar as letras de A a Z.

```
%[A-Z]
```

Lembre-se de que um scanset é sensível à caixa das letras (distingue maiúsculas de minúsculas). Portanto, se deseja ler tanto letras maiúsculas como minúsculas, você deve especificá-las individualmente.

A função **scanf()** devolve um número igual à quantidade de campos que receberam valores com sucesso. Esse número não inclui os campos que foram lidos mas não atribuídos por meio do modificador *. É devolvido **EOF** se ocorre um erro antes que o primeiro campo seja atribuído.

Exemplo

A operação destes comandos **scanf()** é explicada nos comentários:

```
char str[80]; str2[80]
int i;

/* lê uma string e um inteiro */
scanf("%s%d", str, &i);

/* lê até 79 caracteres para str */
scanf("%79s", str);

/* salta o inteiro entre as duas strings */
scanf("%s%*d%s", str, str2);
```

Funções Relacionadas

printf(), fscanf()

#include <stdio.h>
void setbuf(FILE *stream, char *buf);

A função **setbuf()** determina o buffer que a stream especificada usará ou, se chamada com *buf* nulo, desativa o buffer. Se um buffer definido pelo usuário deve ser especificado, ele precisa ter **BUFSIZ** caracteres de comprimento. **BUFSIZ** é definido em STDIO.H.

A função **setbuf()** não devolve nenhum valor.

Exemplo

O fragmento seguinte associa um buffer definido pelo programador à stream apontada por **fp**.

```
char buffer[BUFSIZ];
.
.
.
setbuf(fp, buffer);
```

Funções Relacionadas

fopen(), fclose(), setvbuf()

#include <stdio.h>
int setvbuf(FILE *stream, char *buf, int mode, size_t size);

A função **setvbuf()** permite que o programador determine o buffer, seu tamanho e seu modo para uma stream especificada. A matriz de caracteres apontada por *buf* é usada como o buffer de stream para operações de E/S. O tamanho do buffer é estabelecido por *size*, e *mode* determina como o buffer será manipulado. Se *buf* é nulo, **setvbuf()** alocará seu próprio buffer.

Os valores legais para *mode* são **_IOFBF**, **_IONBF** e **_IOLBF**. Eles são definidos em STDIO.H. Quando o modo é colocado em **_IOFBF**, ocorre um uso total de buffers. Se o modo é **_IOLBF**, a stream terá um buffer de linha, o que significa que o buffer é esvaziado toda vez que um caractere de nova linha é escrito em streams de saída; para streams de entrada, uma solicitação de entrada lerá todos os caracteres até uma nova linha. Nos dois casos, o buffer também é esvaziado quando cheio. Quando o modo é colocado em **_IONBF**, não ocorre nenhuma operação com buffer.

O valor de *size* deve ser maior que zero.

A função **setvbuf()** devolve zero em caso de sucesso e um valor diferente de zero em caso de falha.

Exemplo

Este fragmento de código coloca a stream **fp** no modo de buffer de linha com um buffer de 128 bytes de tamanho:

```
#include <stdio.h>
char buffer[128];
.
.
.
setvbuf(fp, buffer, _IOLBF, 128);
```

Função Relacionada

setbuf()

#include <stdio.h>
int sprintf(char *buf, const char *format,...);

A função **sprintf()** é idêntica a **printf()**, exceto que a saída é colocada na matriz apontada por *buf*. Veja **printf()** para detalhes.

O valor de retorno é igual ao número de caracteres realmente colocado na matriz.

Exemplo

Após a execução desse fragmento de código, **str** conterá **um, 2, 3**:

```
char str[80];

sprintf(str, "%s %d %c", "um", 2, 3);
```

Funções Relacionadas

printf(), fsprintf()

#include <stdio.h>
int sscanf(const char *buf, const char *format,...);

A função **sscanf()** é idêntica a **scanf()**, mas os dados são lidos da matriz apontada por *buf* em lugar de **stdin**. Veja **scanf()** para detalhes.

O valor devolvido é igual ao número de variáveis, às quais foram realmente atribuídos valores. Esse número não inclui variáveis que foram saltadas devido ao uso do especificador de formato *. Um valor zero significa que nenhum campo foi atribuído; **EOF** indica que ocorreu um erro antes da primeira atribuição.

Exemplo

Este programa escreve a mensagem **Alo 1** na tela:

```
#include <stdio.h>

void main(void)
{
  char str[80];
  int i;

  sscanf("Alo 1 2 3 4 5", "%s%d", str, &i);
  printf("%s %d", str, i);
}
```

Funções Relacionadas

scanf(), fscanf()

#include <io.h>
long tell(int fd);

A função **tell()** faz parte do sistema de E/S tipo UNIX e não é definida pelo padrão C ANSI.

A função **tell()** devolve o valor atual do indicador de posição de arquivo associado ao descritor de arquivo *fd*. Esse valor é o número de bytes em que o indicador de posição se encontra a partir do início do arquivo. Um valor de retorno de -1 indica um erro.

Exemplo

Esse fragmento de código escreve o valor atual do indicador de posição para o arquivo descrito por **fd**:

```
long pos;
.
.
.
pos = tell(fd);
printf("A posição é %ld bytes a partir do início.", pos);
```

Funções Relacionadas

ftell(), lseek(), open(), close(), read(), write()

#include <stdio.h>
FILE *tmpfile(void);

A função **tmpfile()** abre um arquivo temporário para atualização e devolve um ponteiro para a stream. A função usa automaticamente um nome de arquivo diferente de todos os outros para evitar conflitos com arquivos existentes.

A função **tmpfile()** devolve um ponteiro nulo em caso de falha; caso contrário, devolve um ponteiro para a stream.

O arquivo temporário criado por **tmpfile()** é automaticamente removido quando o arquivo é fechado ou o programa termina.

Exemplo

O fragmento seguinte cria um arquivo de trabalho temporário.

```
FILE *temp;
```

```
if((temp=tmpfile())==NULL) {
  printf("arquivo temporário de trabalho não pode ser aberto.\n");
  exit(1);
}
```

Função Relacionada

tmpnam()

#include <stdio.h>
char *tmpnam(char *name);

A função **tmpnam()** gera um nome de arquivo diferente de todos os outros e armazena-o na matriz apontada por *name*. A principal finalidade de **tmpnam()** é gerar um nome de arquivo temporário que seja diferente de qualquer outro arquivo no diretório.

A função pode ser chamada até **TMP_MAX** vezes. **TMP_MAX** é definido em STDIO.H. Cada vez que **tmpnam()** é chamada, ela gera um novo nome de arquivo temporário.

Um ponteiro para *name* é devolvido em caso de sucesso; caso contrário, é devolvido um ponteiro nulo. Se *name* é NULL, então um ponteiro para uma região de memória alocada estaticamente que contém o nome do arquivo é devolvido.

Exemplo

Este programa mostra três nomes diferentes para arquivos temporários:

```
#include <stdio.h>

void main(void)
{
  char name[40];
  int i;

  for(i=0; i<3; i++) {
    tmpnam(name);
    printf("%s", name);
  }
}
```

Função Relacionada

tmpfile()

#include <stdio.h>
int ungetc(int ch, FILE *stream);

A função **ungetc()** devolve o caractere especificado no byte menos significativo de *ch* para a stream de entrada. Esse caractere é, então, devolvido pela próxima operação de leitura em *stream*. Uma chamada a **fflush()**, **fseek()**, **rewind ()** ou **fsetpos()** desfaz uma operação de **ungetc()** e descarta o caractere.

A devolução de um caractere é garantida, porém algumas implementações aceitam mais.

Você pode usar "**unget**" com um **EOF**.

Uma chamada a **ungetc()** limpa o indicador de fim de arquivo associado à stream. O valor do indicador de posição de arquivo para uma stream de texto é indefinido até que todos os caracteres devolvidos sejam lidos, quando será o mesmo de antes da primeira chamada a **ungetc()**. Para streams binárias, cada chamada a **ungetc()** decrementa o indicador de posição do arquivo.

O valor devolvido é igual a ch, em caso de sucesso, ou **EOF** em caso de falha.

Exemplo

Essa função lê apenas palavras da stream de entrada apontada por **fp**. O caractere de terminação é devolvido à stream para uso posterior. Por exemplo, dada a entrada **count/10**, a primeira chamada a **read_word()** devolve **count** e coloca "/" de volta na stream de entrada.

```
void read_word(FILE *fp, char *token)
{

  while(isalpha(*token=getc(fp))) token++;
  ungetc(fp, *token);
}
```

Função Relacionada

getc()

#include <io.h>
int unlink(const char *fname);

A função **unlink()** faz parte do sistema de E/S tipo UNIX e não é definida pelo padrão C ANSI.

A função **unlink()** remove o arquivo especificado do diretório. Ela devolve zero em caso de sucesso e -1 em caso de falha.

Exemplo

Este programa apaga o arquivo especificado no primeiro argumento da linha de comando.

```
#include <io.h>
#include <stdio.h>

void main(int argc, char *argv[])
{
 if(unlink(argv[1])==-1) printf("O arquivo não pode ser apagado.");
}
```

Funções Relacionadas

open(), close()

#include <stdarg.h>
#include <stdio.h>
int vprintf(const char *format, va_list arg_ptr);
int vfprintf(FILE *stream, const char *format, va_list arg_ptr);
int vsprintf(char *buf, const char *format, va_list arg_ptr);

As funções **vprintf()**, **vfprintf()** e **vsprintf()** são funcionalmente equivalentes a **printf()**, **fprintf()** e **sprintf()**, respectivamente. Porém, a lista de argumentos foi substituída por um ponteiro para uma lista de argumentos. Esse ponteiro deve ser do tipo **va_list** e é definido em STDARG.H. Veja **va_arg()**, **va_start()** e **va_end()**, no Capítulo 18, para mais informações sobre a passagem de argumentos de comprimentos variáveis para funções.

Exemplo

Este fragmento de código mostra como estabelecer uma chamada a **vprintf()**. A chamada a **va_start()** cria um ponteiro a argumentos de comprimento variável para o início da lista de argumentos. Esse ponteiro deve ser usado na chamada a **vprintf()**. A chamada a **va_end()** limpa o ponteiro para o argumento de comprimento variável.

```
#include <stdio.h>
#include <stdarg.h>
```

```
void print_message(char *format, ...);

void main(void)
{
  print_message("O arquivo não pode ser aberto %s.", "teste");
}

void print_message(char *format, ...);
{
  va_list ptr; /* obtém um ponteiro para arg prt */

  /*inicializa ptr para apontar para o primeiro argumento após
    a string de formato
  */
  va_start(ptr, format);

  /* escreve a mensagem */
  vprintf(format, ptr);

  va_end(ptr);
}
```

Funções Relacionadas

va_list(), va_start(), va_end()

#include <io.h>
int write(int fd, char *buf, unsigned count);

A função **write()** faz parte do sistema de E/S tipo UNIX e não é definida pelo padrão C ANSI.

A função **write()** escreve *count* bytes no arquivo descrito por *fd* do buffer apontado por *buf*. O indicador de posição de arquivo é aumentado de acordo com o número de bytes escritos. Se o arquivo for aberto no modo texto, poderão ocorrer traduções de caracteres.

O valor devolvido será igual ao número de bytes realmente escritos. Esse número pode ser menor que *count* se for encontrado um erro. Um valor -1 significa que ocorreu um erro.

A função **write()** tende a ser dependente da implementação e pode ter um comportamento diferente do exposto aqui. Verifique seu manual do usuário para detalhes.

Exemplo

Esse programa escreve 100 bytes de **buffer** no arquivo TEST.

```
#include <io.h>
#include <stdlib.h>
#include <stdio.h>
#include <fcntl.h>

void main(void)
{
  int fd;
  char buffer[100];

  if((fd=open("test", O_WRONLY))==-1) {
    printf("O arquivo não pode ser aberto.\n");
    exit(1);
  }

  gets(buffer);

  if(write(fd, buffer, 100)!=100) printf("Erro de escrita");
  close(fd);
}
```

Funções Relacionadas

read(), close(), fwrite(), lseek()

MAKRON
Books

13

Funções de String e de Caracteres

A biblioteca C padrão tem um conjunto rico e variado de funções para manipulação de string e de caracteres. Em C, uma string é uma matriz de caracteres terminada com um nulo. Em uma implementação padrão, as funções de string exigem o arquivo de cabeçalho STRING.H para fornecer seus protótipos. As funções de caracteres usam CTYPE.H como arquivo de cabeçalho. Todas as funções descritas neste capítulo são definidas pelo padrão C ANSI.

Como C não tem verificação de limites em operações com matrizes, é responsabilidade do programador evitar o estouro da matriz. De acordo com o padrão C ANSI, se ocorre um estouro em uma matriz, seu "comportamento é indeterminado" — uma maneira sutil de dizer que seu programa está para quebrar!

Em C, um *caractere que pode ser impresso* é aquele que pode ser mostrado em um terminal. Normalmente são os caracteres entre um espaço (0x20) e o "tilde" (0x7E). Os caracteres de controle têm valores entre 0 e 0x1F além do DEL (0x7F).

Os argumentos para as funções de caractere são tradicionalmente inteiros. No entanto, apenas o byte menos significativo é usado; a função de caractere converte automaticamente o argumento em **unsigned char**. Apesar disso, você pode chamar essas funções com argumentos de tipo caractere, porque caracteres são automaticamente promovidos a inteiros no momento da chamada.

O arquivo de cabeçalho STRING.H define o tipo **size_t**, que é essencialmente o mesmo que um **unsigned**.

#include <ctype.h>
int isalnum(int ch);

A função **isalnum()** devolve um valor diferente de zero se o argumento for uma letra ou um dígito. Se o caractere não for alfanumérico, **isalnum()** devolverá zero.

Exemplo

Este programa verifica cada caractere lido de **stdin** e apresenta todos os caracteres alfanuméricos:

```
#include <ctype.h>
#include <stdio.h>

void main(void)
{
  char ch;

  for(;;) {
    ch = getc(stdin);
    if(ch==' ') break;
    if(isalnum(ch)) printf("%c é alfanumérico\n", ch);
  }
}
```

Funções Relacionadas

isalpha(), iscntrl(), isdigit(), isgraph(), isprint(), ispunct(), isspace()

#include <ctype.h>
int isalpha(int ch);

A função **isalpha()** devolverá um valor diferente de zero se *ch* for uma letra do alfabeto; caso contrário, devolverá zero. O que constitui uma letra pode variar de língua para língua — em inglês, são letras as maiúsculas e minúsculas de A a Z.

Exemplo

Este programa verifica cada caractere lido do **stdin** e apresenta todas as letras.

```
#include <ctype.h>
#include <stdio.h>

void main(void)
{
```

```
  char ch;

  for(;;) {
    ch = getchar();
    if(ch==' ') break;
    if(isalpha(ch)) printf("%c é uma letra\n", ch);
  }
}
```

Funções Relacionadas

isalnum(), iscntrl(), isdigit(), isgraph(), isprint(), ispunct(), isspace()

#include <ctype.h>
int iscntrl(int ch);

A função **iscntrl()** devolve um valor diferente de zero se *ch* está entre 0 e 0x1F ou é igual a 0x7F (DEL); caso contrário, devolve zero.

Exemplo

Essa função verifica cada caractere lido de **stdin** e apresenta todos os caracteres de controle:

```
#include <ctype.h>
#include <stdio.h>

void main(void)
{
  char ch;
  for(;;) {
    ch = getchar();
    if(ch==' ') break;
    if(iscntrl(ch)) printf("%c é um caractere de controle\n", ch);
  }
}
```

Funções Relacionadas

isalnum(), isalpha(), isdigit(), isgraph(), isprint(), ispunct(), isspace()

#include <ctype.h>
int isdigit(int ch);

A função **isdigit()** devolve um valor diferente de zero se *ch* for um dígito (isto é, de zero a 9). Caso contrário, devolve zero.

Exemplo

Este programa verifica cada caractere lido de **stdin** e apresenta todos os dígitos:

```
#include <ctype.h>
#include <stdio.h>

void main(void)
{
  char ch;

  for(;;) {
    ch = getchar();
    if(ch==' ') break;
    if(isdigit(ch)) printf("%c é um dígito\n", ch);
  }
}
```

Funções Relacionadas

isalnum(), isalpha(), iscntrl(), isgraph(), isprint(), ispunct(), isspace()

#include <ctype.h>
int isgraph(int ch);

A função **isgraph()** devolve um valor diferente de zero se *ch* é qualquer caractere que pode ser impresso, com exceção do espaço; caso contrário, devolve zero. Embora isso dependa da implementação, os caracteres que podem ser impressos estão geralmente na faixa de 0x21 a 0x7E.

Exemplo

Este programa verifica cada caractere lido de **stdin** e apresenta todos os caracteres que podem ser impressos:

```
#include <ctype.h>
#include <stdio.h>

void main(void)
```

```
{
  char ch;

  for(;;) {
    ch = getchar();
    if(isgraph(ch)) printf("%c pode ser impresso\n", ch);
    if(ch==' ') break;
  }
}
```

Funções Relacionadas

isalnum(), isalpha(), iscntrl(), isdigit(), isprint(), ispunct(), isspace()

#include <ctype.h>
int islower(int ch);

A função **islower()** devolve um valor diferente de zero se *ch* é uma letra minúscula; caso contrário, devolve zero.

Exemplo

Este programa verifica cada caractere lido de **stdin** e apresenta todas as letras minúsculas:

```
#include <ctype.h>
#include <stdio.h>

void main(void)
{
  char ch;

  for(;;) {
    ch = getchar();
    if(ch==' ') break;
    if(islower(ch)) printf("%c é minúsculo\n", ch);
  }
}
```

Função Relacionada

isupper()

#include <ctype.h>
int isprint(int ch);

A função **isprint()** devolve um valor diferente de zero, se *ch* é um caractere que pode ser impresso, incluindo um espaço; caso contrário, devolve zero. Embora dependentes da implementação, os caracteres que podem ser impressos geralmente estão na faixa de 0x20 a 0x7E.

Exemplo

Este programa verifica cada caractere lido de **stdin** e apresenta todos os caracteres que podem ser impressos:

```
#include <ctype.h>
#include <stdio.h>

void main(void)
{
  char ch;

  for(;;) {
    ch = getchar();
    if(isprint(ch)) printf("%c pode ser impresso\n", ch);
    if(ch==' ') break;
  }
}
```

Funções Relacionadas

isalnum(), isalpha(), iscntrl(), isdigit(), isgraph(), ispunct(), isspace()

#include <ctype.h>
int ispunct(int ch);

A função **ispunct()** devolve um valor diferente de zero se *ch* é um caractere de pontuação; caso contrário, devolve zero. O termo *pontuação,* como definido pela função, inclui todos os caracteres que podem ser impressos e não sejam alfanuméricos nem espaço.

Exemplo

Este programa verifica cada caractere lido de **stdin** e apresenta todos os caracteres de pontuação:

```
#include <ctype.h>
#include <stdio.h>

void main(void)
{
  char ch;

  for(;;) {
    ch = getchar();
    if(ch==' ') break;
    if(ispunct(ch)) printf("%c é pontuação\n", ch);
  }
}
```

Funções Relacionadas

isalnum(), isalpha(), iscntrl(), isdigit(), isgraph(), isspace()

#include <ctype.h>
int isspace(int ch);

A função **isspace()** devolverá um valor diferente de zero se *ch* for um espaço, tabulação horizontal, tabulação vertical, alimentação de formulário, retorno de carro ou caractere de nova linha; caso contrário, devolverá zero.

Exemplo

Este programa verifica cada caractere lido de **stdin** e apresenta todos os caracteres de espaço em branco:

```
#include <ctype.h>
#include <stdio.h>

void main(void)
{
  char ch;

  for(;;) {
    ch = getchar();
    if(isspace(ch)) printf("%c é um espaço em branco\n", ch);
    if(ch==' ') break;
  }
}
```

Funções Relacionadas

isalnum(), isalpha(), iscntrl(), isdigit(), isgraph(), ispunct()

#include <ctype.h>
int isupper(int ch);

A função **isupper()** devolverá um valor diferente de zero se *ch* for uma letra maiúscula; caso contrário, devolverá zero.

Exemplo

Este programa verifica cada caractere lido de **stdin** e apresenta todas as letras maiúsculas:

```
#include <ctype.h>
#include <stdio.h>

void main(void)
{
  char ch;

  for(;;) {
    ch = getchar();
    if(ch== ' ') break;
    if(isupper(ch)) printf("%c é maiúsculo\n", ch);
  }
}
```

Função Relacionada

islower()

#include <ctype.h>
int isxdigit(int ch);

A função **isxdigit()** devolve um valor diferente de zero se *ch* é um dígito hexadecimal; caso contrário, devolve zero. Um dígito hexadecimal está na faixa de "A" a "F", de "a" "a" "f" ou de 0 a 9.

Exemplo

Este programa verifica cada caractere lido de **stdin** e apresenta todos os dígitos hexadecimais:

```
#include <ctype.h>
#include <stdio.h>

void main(void)
{
  char ch;

  for(;;) {
    ch = getchar();
    if(ch== ' ') break;
    if(isxdigit(ch)) printf("%c é hexadecimal\n", ch);
  }
}
```

Funções Relacionadas

isalnum(), isalpha(), iscntrl(), isdigit(), isgraph(), ispunct(), isspace()

#include <string.h>
void *memchr(const void *buffer, int ch, size_t count);

A função **memchr()** procura, na matriz apontada por *buffer*, pela primeira ocorrência de *ch* nos primeiros *count* caracteres.

A função **memchr()** devolve um ponteiro para a primeira ocorrência de *ch* em *buffer* ou um ponteiro nulo se *ch* não for encontrado.

Exemplo

Este programa escreve **isto e um teste** na tela:

```
#include <stdio.h>
#include <string.h>

void main(void)
{
  char *p;

  p = memchr("isto é um teste", ' ', 14);
  printf(p);
}
```

Funções Relacionadas

memcpy(), memmove()

#include <string.h>
int memcmp(const void *buf1, const void *buf2, size_t count);

A função **memcmp()** compara os primeiros *count* caracteres das matrizes apontadas por *buf1* e *buf2*. A comparação é feita lexicograficamente.

A função **memcmp()** devolve um inteiro, que é interpretado como indicado a seguir:

Valor	**Significado**
Menor que zero	*buf1* é menor que *buf2*
Zero	*buf1* é igual a *buf2*
Maior que zero	*buf1* é maior que *buf2*

Exemplo

Este programa mostra o resultado de uma comparação entre seus dois argumentos de linha de comando:

```
#include <stdio.h>
#include <string.h>
#include <stdlib.h>

void main(int argc, char *argv[])
{
  int outcome, len, l1,  l2;

  if(argc!=3) {
    printf("Número incorreto de parâmetros.");
    exit(1);
  }

  /* encontra o comprimento da menor string */
  l1 = strlen(argv[1]);
  l2 = strlen(argv[2]);
  len = l1 < l2 ? l1 : l2;

  outcome = memcmp(argv[1], argv[2], len);
  if(!outcome) printf ("Iguais");
  else if(outcome<0) printf("Primeiro menor que segundo.");
  else printf("Primeiro maior que segundo.");
}
```

Funções Relacionadas

memchr(), memcpy(), strcmp()

#include <string.h>
void *memcpy(void *to, const void *from, size_t count);

A função **memcpy()** copia *count* caracteres da matriz apontada por *from* para a matriz apontada por *to*. Se as matrizes se sobrepõem é indefinido, o comportamento de **memcpy()**.

A função **memcpy()** devolve um ponteiro para *to*.

Exemplo

Este programa copia o conteúdo de buf1 em buf2 e mostra o resultado:

```
#include <stdio.h>
#include <string.h<

#define SIZE 80

void main(void)
{
  char buf1[SIZE], buf2[SIZE];

  strcpy(buf1, "Quando, no curso do ...");
  memcpy(buf2, buf1, SIZE);
  printf(buf2);
}
```

Função Relacionada

memmove()

#include <string.h>
void *memmove(void *to, const void *from, size_t count);

A função **memmove()** copia *count* caracteres da matriz apontada por *from* para a matriz apontada por *to*. Se as matrizes se sobrepõem, a cópia ocorrerá corretamente, colocando o conteúdo correto em *to*, porém *from* será modificado.

A função **memmove()** devolve um ponteiro para *to*.

Exemplo

Este programa copia o conteúdo de **str1** em **str2** e mostra o resultado:

```
#include <stdio.h>
#include <string.h>

#define SIZE 80

void main(void)
{
  char str1[SIZE], str2[SIZE];

  strcpy(str1, "Quando, no curso do...");
  memmove(str2, str1, SIZE);
  printf(str2);
}
```

Função Relacionada

memcpy()

#include <string.h>
void *memset(void *buf, int ch, size_t count);

A função **memset()** copia o byte menos significativo de *ch* nos primeiros *count* caracteres da matriz apontada por *buf*. Ela devolve *buf*.

O uso mais comum de **memset()** é na inicialização de uma região de memória com algum valor conhecido.

Exemplo

Este fragmento inicializa com nulo os 100 primeiros bytes da matriz apontada por **buf**. Em seguida, coloca **X** nos 10 primeiros bytes e mostra a string **XXXXX XXXXX**.

```
memset(buf, '\0', 100);
memset(buf, 'X', 10);
printf(buf);
```

Funções Relacionadas

memcmp(), memcpy(), memmove()

#include <string.h>
char *strcat(char *str1, const char *str2);

A função **strcat()** concatena uma cópia de *str2* em *str1* e termina *str1* com um nulo. O terminador nulo, que originalmente finalizava *str1* é sobreposto pelo primeiro caractere de *str2*. A string *str2* permanece inalterada na operação. Se as matrizes se sobrepõem, o comportamento de **strcat()** é indefinido.

A função **strcat()** devolve *str1*.

Lembre-se de que não ocorre nenhuma verificação de limites. É de sua responsabilidade garantir que *str1* seja suficientemente grande para armazenar seu conteúdo original e o de *str2*.

Exemplo

Este programa acrescenta a primeira string lida de **stdin** à segunda. Por exemplo, assumindo que o usuário tenha digitado **alo** e **aqui**, o programa escreve **aquialo**.

```
#include <stdio.h>
#include <string.h>

void main(void)
{
  char s1[80], s2[80];

  gets(s1);
  gets(s2);

  strcat(s2, s1);
  printf(s2);
}
```

Funções Relacionadas

strchr(), strcmp(), strcpy()

#include <string.h>
char *strchr(const char *str, int ch);

A função **strchr()** devolve um ponteiro à primeira ocorrência do byte menos significativo de *ch* na string apontada por *str*. Se não for encontrada nenhuma coincidência, será devolvido um ponteiro nulo.

Exemplo

Este programa escreve a string **isto é um teste**:

```
#include <stdio.h>
#include <string.h>

void main(void)
{
  char *p;

  p = strchr("isto é um teste", ' ');
  printf(p);
}
```

Funções Relacionadas

strpbrk(), strspn(), strstr(), strtok()

#include <string.h>
int strcoll(const char *str1, const char *str2);

A função **strcoll()** compara a string apontada por *str1* com aquela apontada por *str2*. A comparação é efetuada de acordo com a localidade especificada, usando-se a função **setlocale()**. (Veja **setlocale()** para detalhes.)

A função **strcoll()** devolve um inteiro, que é interpretado como indicado a seguir:

Valor	Significado
Menor que zero	*str1* é menor que *str2*
Zero	*str1* é igual a *str2*
Maior que zero	*str1* é maior que *str2*

Exemplo

Este fragmento de código escreve igual na tela:

```
if(strcoll("oi", "oi")) printf("igual");
```

Funções Relacionadas

memcmp(), strcmp()

#include <string.h>
int strcmp(const char *str1, const char *str2);

A função **strcmp()** compara lexicograficamente duas strings e devolve um inteiro baseado no resultado, como mostrado aqui:

Valor	**Significado**
Menor que zero	*str1* é menor que *str2*
Zero	*str1* é igual a *str2*
Maior que zero	*str1* é maior que *str2*

Exemplo

Você pode usar a função seguinte como uma rotina de verificação de senha. Ela devolve zero em caso de falha e 1 em caso de sucesso.

```
password(void)
{
  char s[80];

  printf("digite a senha: ")
  gets(s);

  if(strcmp(s, "pass")) {
    printf("senha inválida\n");
    return 0;
  }
  return 1;
}
```

Funções Relacionadas

strchr(), strcpy(), strncmp()

#include <string.h>
char *strcpy(char *str1, const char *str2);

A função **strcpy()** copia o conteúdo de *str2* em *str1*. *str2* deve ser um ponteiro para uma string terminada com um nulo. A função **strcpy()** devolve um ponteiro para *str1*.

Se *str1* e *str2* se sobrepõem, o comportamento de **strcpy()** é indefinido.

Ainda, a área de memória apontada por *str1* deve ser grande o suficiente para conter a string apontada por *str2*.

Exemplo

O fragmento de código seguinte copia **alo** na string **str**:

```
char str[80];
strcpy(str, "alo");
```

Funções Relacionadas

memcpy(), strchr(), strcmp(), strncmp()

#include <stdio.h>
size_t strcspn(const char *str1, const char *str2);

A função **strcspn()** devolve o comprimento da substring inicial da string apontada por *str1*, que é formada apenas pelos caracteres não contidos na string apontada por *str2*. Expondo de forma diferente, **strcspn()** devolve o índice do primeiro caractere da string apontada por *str1* que coincide com qualquer um dos caracteres da string apontada por *str2*.

Exemplo

Este programa escreve o número 7.

```
#include <string.h>
#include <stdio.h>

void main(void)
{
  int len;

  len = strcspn("isto é um teste", "uz");
  printf("%d", len);
}
```

Funções Relacionadas

strbrk(), strrchr(), strstr(), strtok()

#include <string.h>
char *strerror(int errnum);

A função **strerror()** devolve um ponteiro para uma string definida pela implementação, que é associada ao valor de *errnum*. Sob nenhuma circunstância você deve modificar a string.

Exemplo

Este fragmento de código escreve na tela uma mensagem de erro definida pela implementação.

```
printf(strerror(10));
```

#include <string.h>
size_t strlen(const char *str);

A função **strlen()** devolve o comprimento da string terminada por um nulo apontada por *str*. O nulo não é contado.

Exemplo

O fragmento de código seguinte escreve **3** na tela:

```
printf("%d", strlen("alo"));
```

Funções Relacionadas

memcpy(), strchr(), strcmp(), strncmp()

#include <string.h>
char *strncat(char *str1, const char *str2, size_t count);

A função **strncat()** concatena não mais que *count* caracteres da string apontada por *str2* à string apontada por *str1* e termina *str1* com um nulo. O terminador nulo que originalmente finalizava *str1* é sobreposto pelo primeiro caractere de *str2*. A string *str2* permanece inalterada com a operação. Se as strings se sobrepõem, o comportamento de **strncat()** é indefinido.

A função **strncat()** devolve *str1*.

Lembre-se de que não ocorre nenhuma verificação de limite, portanto é de sua responsabilidade assegurar que *str1* seja suficientemente grande para armazenar seu conteúdo original como também o de *str2*.

Exemplo

Este programa acrescenta a primeira string à segunda e evita que ocorra o estouro da matriz **s1**. Por exemplo, assumindo que o usuário digite **alo** e **aqui**, o programa escreve **aquialo**.

```
#include <stdio.h>
#include <string.h>

void main(void)
{
  char s1[80], s2[80];
  unsigned int len;

  gets(s1);
  gets(s2);

  /* calcula quantos caracteres caberão */
  len = 79-strlen(s2);

  strncat(s2, s1, len);
  printf(s2);
}
```

Funções Relacionadas

strcat(), strnchr(), strncmp(), strncpy()

#include <string.h>
int strncmp(const char *str1, const char *str2, size_t count);

A função **strncmp()** compara lexicograficamente não mais que *count* caracteres das duas strings terminadas com nulo e devolve um inteiro baseado no resultado, como mostrado aqui:

Valor	**Significado**
Menor que zero	*str1* é menor que *str2*
Zero	*str1* é igual a *str2*
Maior que zero	*str1* é maior que *str2*

Se há menos do que *count* caracteres em uma das strings, a comparação termina quando o primeiro nulo for encontrado.

Exemplo

A função seguinte compara os oito primeiros caracteres de dois argumentos da linha de comando e indica se são iguais:

```
#include <stdio.h>
#include <string.h>
#include <stdlib.h>

void main(int argc, char *argv[])
{
  if(argc!=3) {
    printf("Número incorreto de parâmetros.");
    exit(1);
  }

  if(!strncmp(argv[1], argv[2], 8))
    printf("Os nomes de arquivo são iguais.\n");
}
```

Funções Relacionadas

strcmp(), strnchr(), strncpy()

#include <string.h>
char *strncpy(char *str1, const char *str2, size_t count);

A função **strncpy()** copia até *count* caracteres da string apontada por *str2* na string apontada por *str1*. *str2* deve ser um ponteiro para uma string terminada com um nulo.

Se *str1* e *str2* se sobrepõem, o comportamento de **strncpy()** é indefinido.

Se a string apontada por *str2* tiver menos que *count* caracteres, serão acrescidos nulos a *str1* até que um total de *count* caracteres tenham sidos copiados.

Alternativamente, se a string apontada por *str2* for maior que *count* caracteres, então a string resultante, apontada por *str1*, não é terminada em nulo.

A função **strncpy()** devolve um ponteiro para *str1*.

Exemplo

O fragmento de código seguinte copia no máximo 79 caracteres de **str1** em **str2**, garantindo, assim, que não ocorrerá nenhum estouro de limite de matriz.

```
char str1[128], str2[80];

gets(str1);
strncpy(str2, str1, 79);
```

Funções Relacionadas

memcpy(), strchr(), strncat(), strncmp()

#include <string.h>
char *strpbrk(const char *str1, const char *str2);

A função **strpbrk()** devolve um ponteiro para o primeiro caractere da string apontada por *str1* que coincide com qualquer caractere da string apontada por *str2*. Os terminadores nulos não são incluídos. Se não há nenhuma coincidência, é devolvido um ponteiro nulo.

Exemplo

Este programa escreve a mensagem **o é um teste** na tela:

```
#include <stdio.h>
#include <string.h>

void main(void)
{
  char *p;

  p = strpbrk("isto é um teste", "obkj");
  printf(p);
}
```

Funções Relacionadas

strrchr(), strspn(), strstr(), strtok()

#include <string.h>
char *strrchr(const char *str, int ch);

A função **strrchr()** devolve um ponteiro para a última ocorrência do byte menos significativo de *ch* na string apontada por *str*. Se não for encontrada nenhuma coincidência, um ponteiro nulo será devolvido.

Exemplo

Este programa escreve a mensagem **o é um teste**.

```
#include <string.h>
#include <stdio.>

void main(void)
{
  char *p;

  p = strrchr("isto é um teste", 'o');
  printf(p);
}
```

Funções Relacionadas

strpbrk(), strspn(), strstr(), strtok()

#include <string.L>
size_t strspn(const char *str1, const char *str2);

A função **strspn()** devolve o comprimento da substring inicial da string apontada por *str1*, que consiste apenas em caracteres contidos na string apontada por *str2*. Exposto de forma diferente, **strspn()** devolve um índice para o primeiro caractere na string apontada por *str1* que não coincide com nenhum dos caracteres da string apontada por *str2*.

Exemplo

Este programa escreve **8**:

```
#include <string.h>
#include <stdio.h>

void main(void)
{
  int len;

  len = strspn("isto é um teste", "otsi ");
  printf("%d", len);
}
```

Funções Relacionadas

strpbrk(), strrchr(), strstr(), strtok()

#include <string.h>
char *strstr(const char *str1, const char *str2);

A função **strstr()** devolve um ponteiro para a primeira ocorrência da string apontada por *str2* na string apontada por *str1*. Ela devolve um ponteiro nulo se não for encontrada nenhuma coincidência.

Exemplo

Este programa mostra a mensagem **to é um teste**.

```
#include <string.h>
#include <stdio.h>

void main(void)
{
  char *p;

  p = strstr("isto é um teste", "to");
  printf(p);
}
```

Funções Relacionadas

strchr(), strcspn(), strpbrk(), strrchr(), strspn(), strtok()

#include <string.h>
char *strtok(char *str1, const char *str2);

A função **strtok()** retorna um ponteiro para a próxima palavra na string apontada por *str1*. Os caracteres que compõem a string *str2* definem os delimitadores que separam cada palavra da seguinte. Por exemplo, dada a string:

Um, dois, e três.

As palavras são **um**, **dois**, **e**, e **três**. Os delimitadores são os espaços, a vírgula e o ponto.

strtok() retorna um ponteiro nulo quando não há mais palavras em *str1*.

Na primeira vez em que **strtok()** é chamada, *str1* é realmente utilizada na chamada. Chamadas subseqüentes devem usar um ponteiro nulo como primeiro argumento.

É importante observar que a função **strtok()** modifica a string apontada por *str1*. Toda vez que uma palavra é encontrada, é colocado um nulo onde o delimitador foi encontrado. Dessa forma, **strtok()** pode continuar a avançar pela string.

Você pode usar um conjunto diferente de delimitadores para cada chamada a **strtok()**.

Exemplo

Este programa separa as palavras da string "O soldado de verão, o patriota da luz do dia", com espaços e vírgulas como delimitadores. O resultado é

"O¦soldado¦de¦verão¦o¦patriota¦da¦luz¦do¦dia"

```
#include <stdio.h>
#include <string.h>

void main(void)
{
  char *p;

  p = strtok("O soldado de verão, o patriota da luz do dia", " ");
  printf(p);
  do {
    p = strtok('\0', ", ");
    if(p) printf("¦%s", p);
  } while (p);
}
```

Funções Relacionadas

strchr(), strcspn(), strpbrk(), strrchr(), strspn()

#include <string.h>
size_t strxfrm(char *str1, const char *str2, size_t count);

A função **strxfrm()** transforma os primeiros *count* caracteres da string apontada por *str2* de forma que ela possa ser usada pela função **strcmp()**. **strxfrm()** coloca, em seguida, o resultado na string apontada por *str1*. Após a transformação, o resultado de um **strcmp()**, usando *str1*, e de um **strcoll()**, usando a string original, apontada por *str2* será igual. O principal uso da função **strxfrm()** é em ambientes de língua estrangeira, que não usam a seqüência ASCII.

A função **strxfrm()** devolve o comprimento da matriz transformada.

Exemplo

A linha seguinte transforma os dez primeiros caracteres da string apontada por **s2** e coloca o resultado na string apontada por **s1**.

```
strxfrm(s1, s2, 10);
```

Função Relacionada

strcoll()

#include <ctype.h>
int tolower(int ch);

A função **tolower()** devolve o equivalente minúsculo de *ch* se *ch* é uma letra; caso contrário, *ch* é devolvido sem alteração.

Exemplo

Este fragmento de código mostra **q**.

```
putchar(tolower('Q'));
```

Função Relacionada

toupper()

#include <ctype.h>
int toupper(int ch);

A função **toupper()** devolve o equivalente maiúsculo de *ch* se *ch* é uma letra; caso contrário, *ch* é devolvido sem alteração.

Exemplo

Este código mostra **A**.

```
putchar(toupper('a'));
```

Função Relacionada

tolower()

14

Funções Matemáticas

O padrão C ANSI define 22 funções matemáticas que se encontram nas seguintes categorias:

- Funções trigonométricas
- Funções hiperbólicas
- Funções exponenciais e logarítmicas
- Miscelâneas

Estas funções estão descritas neste capítulo. Mesmo que seu compilador não siga completamente o padrão, as funções matemáticas descritas aqui são provavelmente aplicáveis.

Todas as funções matemáticas exigem o arquivo de cabeçalho MATH.H. Além de declarar os protótipos das funções matemáticas, esse cabeçalho define a macro **HUGE_VAL**. As funções matemáticas utilizam com freqüência as macros **EDOM** e **ERANGE**, que são definidas no arquivo de cabeçalho **ERRNO.H**. Se um argumento para uma função matemática não está no domínio para o qual ele é definido, um valor definido pela implementação é devolvido e a variável global inteira **errno** é ajustada para que seja igual a **EDOM**. Se a rotina produz um resultado muito grande para ser representado por um **double**, ocorrerá um estouro. Isso faz com que a rotina devolva **HUGE_VAL** e ajuste **errno** para que seja igual a **ERANGE**, indicando um erro de escala. Se seu compilador não segue o padrão C ANSI, a operação exata das rotinas em situação de erro pode ser diferente.

No que se refere às funções matemáticas, todos os ângulos são expressos em radianos.

*NOTA: Para ter acesso a **errno** e às macros **EDOM** e **ERANGE**, você deve incluir ERRNO.H em seu programa.*

#include <math.h>
double acos(double arg);

A função **acos()** devolve o arco co-seno de *arg*. O argumento de **acos()** deve estar na faixa de -1 a 1; caso contrário, ocorrerá um erro de domínio.

Exemplo

Este programa escreve os arcos co-senos dos valores de -1 a 1 em incrementos de um décimo.

```
#include <math.h>
#include <stdio.h>

void main(void)
{
  double val=-1.0;

  do {
    printf("Arco co-seno de %f é %f.\n", val, acos(val));
    val += 0.1;
  } while(val<=1.0);
}
```

Funções Relacionadas

asin(), atan(), atan2(), cos(), cosh(), sin(), sinh(), tan(), tanh()

#include <math.h>
double asin(double arg);

A função **asin()** devolve o arco seno de *arg*. O argumento de **asin()** deve estar na faixa de -1 a 1; caso contrário, ocorrerá um erro de domínio.

Exemplo

Este programa escreve os arcos senos dos valores de -1 a 1 em incrementos de um décimo.

```
#include <math.h>
#include <stdio.h>
```

```
void main(void)
{
  double val=-1.0;

  do {
    printf("Arco seno de %f é %f.\n", val, asin(val));
    val += 0.1;
  } while(val<=1.0);
}
```

Funções Relacionadas

acos(), atan(), atan2(), cos(), cosh(), sin(), sinh(), tan(), tanh()

#include <math.h>
double atan(double arg);

A função **atan()** devolve o arco tangente de *arg*.

Exemplo

Este programa escreve os arcos tangentes dos valores de -1 a 1 em incrementos de um décimo.

```
#include <math.h>
#include <stdio.h>

void main(void)
{
  double val=-1.0;

  do {
    printf("Arco tangente de %f é %f.\n", val, atan(val));
    val += 0.1;
  } while(val<=1.0);
}
```

Funções Relacionadas

acos(), asin(), atan2(), cos(), cosh(), sin(), sinh(), tan(), tanh()

#include <math.h>
double atan2(double y, double x);

A função **atan2()** devolve o arco tangente de *y*/*x*. Ela usa o sinal dos argumentos para calcular o quadrante do valor devolvido.

Exemplo

Este programa escreve os arcos tangentes de *y*, de -1 a 1, em incrementos de um décimo.

```
#include <math.h>
#include <stdio.h>

void main(void)
{
  double val=-1.0;

  do {

    printf("Atan2 de %f é %f.\n", val, atan2(val,1.0));
    val += 0.1;
  } while(val<=1.0);
}
```

Funções Relacionadas

acos(), asin(), atan(), cos(), cosh(), sin(), sinh(), tan(), tanh()

#include <math.h>
double ceil(double num);

A função **ceil()** devolve o menor inteiro, representado como um double, que não seja menor que *num*. Por exemplo, dado 1.02, **ceil()** devolverá **2.0**. Dado -1.02, **ceil()** devolverá **-1**.

Exemplo

Este fragmento de código escreve **10** na tela:

```
printf("%f", ceil(9.9));
```

Funções Relacionadas

floor(), fmod()

#include <math.h>
double cos(double arg);

A função **cos()** devolve o co-seno de *arg*. O valor de *arg* deve estar em radianos.

Exemplo

Este programa escreve os co-senos dos valores de -1 a 1 em incrementos de um décimo:

```
#include <math.h>
#include <stdio.h>

void main(void)
{
  double val=-1.0;

  do {
    printf("Co-seno de %f é %f.\n", val, cos(val));
    val += 0.1;
  } while(val<=1.0);
}
```

Funções Relacionadas

acos(), asin(), atan(), atan2(), cosh(), sin(), sinh(), tan(), tanh()

#include <math.h>
double cosh(double arg);

A função **cosh()** devolve o co-seno hiperbólico de *arg*.

Exemplo

O programa seguinte escreve os co-senos hiperbólicos dos valores de -1 a 1 em incrementos de um décimo:

```
#include <math.h>
#include <stdio.h>

void main(void)
{
  double val=-1.0;

  do {
    printf("Co-seno hiperbólico de %f é %f.\n", val, cosh(val));
    val += 0.1;
  } while(val<=1.0);
}
```

Funções Relacionadas

acos(), asin(), atan(), atan2(), cos(), sin(), tan(), tanh()

#include <math.h>
double exp(double arg);

A função **exp()** devolve o logaritmo natural **e** elevado à potência *arg*.

Exemplo

Este fragmento de código mostra **e** (arredondado para 2.718282):

```
printf("valor de e à primeira: %f", exp(1.0));
```

Função Relacionada

log()

#include <math.h>
double fabs(double num);

A função **fabs()** devolve o valor absoluto de *num*.

Exemplo

Este programa mostra **1.0 1.0** na tela:

```
#include <math.h>
#include <stdio.h>

void main(void)
{
  printf("%1.1f %1.1f", fabs(1.0), fabs(-1.0));
}
```

Função Relacionada

abs()

#include <math.h>
double floor(double num);

A função **floor()** devolve o maior inteiro (representado como um **double**) que não seja maior que *num*. Por exemplo, dado 1.02, **floor()** devolve **1.0**. Dado -1.02, **floor()** devolve **-2.0**.

Exemplo

Este fragmento de código escreve **10** na tela:

```
printf("%f", floor(10.9));
```

Funções Relacionadas

fceil(), fmod()

#include <math.h>
double fmod(double x, double y);

A função **fmod()** devolve o resto de *x*/*y*.

Exemplo

O programa seguinte escreve **1.0** na tela — o resto de 10/3.

```
#include <math.h>
#include <stdio.h>

void main(void)
{
  printf("%1.1f", fmod(10.0, 3.0));
}
```

Funções Relacionadas

ceil(), fabs(), floor()

#include <math.h>
double frexp(double num, int *exp);

A função **frexp()** decompõe o número *num* em uma mantissa, na faixa de 0.5 a 1, e em um expoente inteiro tal que *num* = *mantissa* * 2^{exp}. A mantissa é devolvida pela função e o expoente é colocado na variável apontada por *exp*.

Exemplo

Este fragmento de código escreve **0.625** para a mantissa e **4** para o expoente:

```
int e;
double f;

f = frexp(10.0, &e);
printf("%f %d", f, e);
```

Função Relacionada

ldexp()

#include <math.h>
double ldexp(double num, int exp);

A função **ldexp()** devolve o valor de *num* * 2^{exp}. Se ocorre um estouro, **HUGE_VAL** é devolvido.

Exemplo

Este programa mostra o número **4**.

```
#include <math.h>
#include <stdio.h>

void main(void)
{
  printf("%f", ldexp(1, 2));
}
```

Funções Relacionadas

frexp(), modf()

#include <math.h>
double log(double num);

A função **log()** devolve o logaritmo natural de *num*. Ocorrerá um erro de domínio se *num* for negativo e um erro de escala se o argumento for zero.

Exemplo

Este programa escreve os logaritmos naturais dos números de 1 a 10.

```
#include <math.h>
#include <stdio.h>

void main(void)
{
  double val=1.0;

  do {
    printf("%f %f\n", val, log(val));
    val++;
  } while(val<11.0);
}
```

Função Relacionada

log10()

#include <math.h>
double log10(double num);

A função **log10()** devolve o logaritmo de base 10 de *num*. Ocorrerá um erro de domínio se *num* for negativo e um erro de escala se o argumento for zero.

Exemplo

Este programa escreve os logaritmos de base 10 dos números de 1 a 10:

```
#include <math.h>
#include <stdio.h>

void main(void)
{
  double val=1.0;

  do {
    printf("%f %f\n", val, log10(val));
    val++;
  } while(val<11.0);
}
```

Função Relacionada

log()

#include <math.h>
double modf(double num, double *i);

A função **modf()** decompõe *num* nas suas partes inteira e fracionária. Ela devolve a parte fracionária e coloca a parte inteira na variável apontada por *i*.

Exemplo

Este fragmento de código imprime **10** e **0.123** na tela:

```
double i;
double f;

f = modf(10.123, &i);
printf("%f %f",i, f);
```

Funções Relacionadas

frexp(), ldexp()

#include <math.h>
double pow(double base, double exp);

A função **pow()** devolve *base* elevada à potência *exp* ($base^{exp}$). Ocorrerá um erro de domínio se *base* for zero e *exp* for menor ou igual a zero. Também ocorrerá um erro de domínio se *base* for negativa e *exp* não for um inteiro. Um estouro produzirá um erro de escala.

Exemplo

O programa seguinte imprime as dez primeiras potências de 10:

```
#include <math.h>
#include <stdio.h>

void main(void)
{
  double x = 10.0, y=0.0;

  do {
    printf("%f\n", pow(x, y));
    y++;
  } while(y<11.0);
}
```

Funções Relacionadas

exp(), log(), sqrt()

#include <math.h>
double sin(double arg);

A função **sin()** devolve o seno de *arg*. O valor de *arg* deve estar em radianos.

Exemplo

Este programa escreve os senos dos valores de -1 a 1 em incrementos de um décimo:

```
#include <math.h>
#include <stdio.h>

void main(void)
{
  double val=-1.0;

  do {
    printf("Seno de %f é %f.\n", val, sin(val));
    val += 0.1;
  } while(val<=1.0);
}
```

Funções Relacionadas

acos(), asin(), atan(), atan2(), cos(), cosh(), sinh(), tan(), tanh()

#include <math.h>
double sinh(double arg);

A função **sinh()** devolve o seno hiperbólico de *arg*. O valor de *arg* deve estar em radianos.

Exemplo

Este programa escreve os senos hiperbólicos dos valores -1 a 1 em incrementos de um décimo:

```
#include <math.h>
#include <stdio.h>
```

```
void main(void)
{
  double val=-1.0;

  do {
    printf("Seno hiperbólico de %f é %f.\n", val, sinh(val));
    val += 0.1;
  } while(val<=1.0);
}
```

Funções Relacionadas

acos(), asin(), atan(), atan2(), cos(), cosh(), sin(),tan(), tanh()

#include <math.h>
double sqrt(double num);

A função **sqrt()** devolve a raiz quadrada de *num*. Se você chamar com um argumento negativo, ocorrerá um erro de domínio.

Exemplo

Este fragmento de código imprime **4** na tela:

```
printf("%f", sqrt(16.0));
```

Funções Relacionadas

exp(), log(), pow()

#include <math.h>
double tan(double arg);

A função **tan()** devolve a tangente de *arg*.

Exemplo

Este programa escreve as tangentes dos valores de -1 a 1 em incrementos de um décimo:

```
#include <math.h>
#include <stdio.h>

void main(void)
{
```

```
  double val=-1.0;

  do {
    printf("Tangente de %f é %f.\n", val, tan(val));
    val += 0.1;
  } while(val<=1.0);
}
```

Funções Relacionadas

acos(), asin(), atan(), atan2(), cos(), cosh(), sin() sinh(), tanh()

#include <math.h>
double tanh(double arg);

A função **tanh()** devolve a tangente hiperbólica de *arg*.

Exemplo

Este programa escreve as tangentes hiperbólicas dos valores de -1 a 1 em incrementos de um décimo:

```
#include <math.h>
#include <stdio.h>

void main(void)
{
  double val=-1.0;

  do {
    printf("Tangente hiperbólica de %f é %f.\n", val, tanh(val));
    val += 0.1;
  } while(val<=1.0);
}
```

Funções Relacionadas

acos(), asin(), atan(), atan2(), cos(), cosh(), sin(), sinh(), tan()

15

Funções de Hora, Data e Outras Relacionadas com o Sistema

Este capítulo aborda as funções que são mais sensíveis ao sistema operacional. As funções definidas pelo padrão C ANSI incluem as de hora e data bem como **setlocale()** e **localeconv()**. Essas funções utilizam as informações de hora e data do sistema operacional ou, no caso de **setlocale()**, suas informações políticas.

Este capítulo também discute uma categoria de funções que realiza uma interface direta com o sistema operacional. Nenhuma dessas funções é definida pelo padrão C ANSI, porque cada ambiente operacional é diferente. Este capítulo usa o DOS porque ele é o sistema operacional mais amplamente utilizado. Porém, mesmo os compiladores C que operam sob o DOS podem ter modelos ligeiramente diferentes para as funções de interface. Este capítulo usa as funções definidas pelos compiladores C/C++ da Microsoft para DOS, e assume que você sabe como as chamadas ao sistema DOS são acessadas. No entanto, você deve ser capaz de generalizar para as funções do seu próprio compilador.

Este capítulo discute, ainda, as funções definidas pelo Microsoft C, que realiza a interface com o ROM-BIOS do PC. O BIOS fornece o suporte, em nível mais baixo, para os vários dispositivos de hardware do computador. Em certo sentido, o BIOS é o nível mais baixo de qualquer sistema operacional para PC. As funções que acessam o BIOS não foram definidas pelo padrão C ANSI, mas são uma amostra representativa do tipo de funções fornecido por muitos compiladores C baseados em PC e em DOS.

O padrão C ANSI define diversas funções que manipulam a data e a hora do sistema como também o tempo transcorrido. Essas funções exigem o arquivo de cabeçalho TIME.H. Esse cabeçalho define quatro tipos: **size_t**, **clock_t**, **time_t** e **tm**. **size_t** é alguma variedade de inteiro sem sinal. Os tipos **clock_t** e

time_t podem representar o horário e a data do sistema como um inteiro longo. O padrão C ANSI refere-se a isso como *horário de calendário*. O tipo de estrutura **tm** contém a data e a hora decompostas em seus elementos. A estrutura **tm** é definida como:

```
struct tm {
  int tm_sec;   /* segundos, 0-59 */
  int tm_min;   /* minutos, 0-59 */
  int tm_hour;  /* horas, 0-23 */
  int tm_mday;  /* dia do mês, 1-31 */
  int tm_mon;   /* meses a partir de jan, 0-11 */
  int tm_year;  /* anos a partir de 1900 */
  int tm_wday;  /* dias a partir de domingo, 0-6 */
  int tm_yday;  /* dias a partir de 1 de jan, 0-365 */
  int tm_isdst; /* Indicador de horário de verão, */
};
```

O valor de **tm_isdst** é positivo se estiver vigorando o horário de verão; zero se não estiver, e negativo se não há informação disponível. O padrão C ANSI refere-se a esse tipo de hora e data como *hora decomposta*.

Além disso, TIME.H define a macro **CLOCKS_PER_SEC**, que é o número de "tiques" do sistema por segundo.

As funções de localização exigem o arquivo de cabeçalho LOCALE.H.

As funções de interface com o DOS, definidas pelo Microsoft C++, exigem o cabeçalho DOS.H. Ele define uma união que corresponde aos registradores da família 8086 das CPUs e é utilizado por algumas funções de interface com o sistema. Essa união é definida como a união de duas estruturas, que permitem que cada registrador seja acessado por palavra ou byte. As estruturas e a união são mostradas aqui, como definidas pelo Microsoft:

```
/* Copyright (c) 1985-1992, Microsoft Corporation.
   All rights reserved.
*/

/* registradores de palavras */
struct_WORDREGS {
    unsigned int ax;
    unsigned int bx;
    unsigned int cx;
    unsigned int dx;
    unsigned int si;
    unsigned int di;
```

```
    unsigned int cflag;
};

/* registradores de bytes */
struct_BYTEREGS {
    unsigned char al, ah;
    unsigned char bl, bh;
    unsigned char cl, ch;
    unsigned char dl, dh;
};

/* união dos registradores de uso geral -
   sobrepõe os registradores de palavras e bytes correspondentes.
*/

union _REGS {
    struct_WORDREGS x;
    struct_BYTEREGS h;
};
```

DOS.H também define o tipo de estrutura **_SREGS**, utilizada por algumas funções para estabelecer os registradores de segmento. Essa estrutura é definida pelo Microsoft como:

```
/*  Copyright (c) 1985-1992, Microsoft Corporation.
    All rights reserved.
*/

/* registradores de segmento */

struct _SREGS {
    unsigned int es;
    unsigned int cs;
    unsigned int ss;
    unsigned int ds;
};
```

As funções de interface com o BIOS exigem o arquivo de cabeçalho BIOS.H.

Muitas das funções descritas neste capítulo atribuem à variável global inteira **errno** um valor de código de erro quando ocorre uma falha. (Você deve incluir ERRNO.H para acessar **errno**.) Consulte seu manual do usuário para detalhes.

#include <time.h>
char *asctime (const struct tm *ptr);

A função **asctime()** devolve um ponteiro para uma string que converte a informação armazenada na estrutura apontada por *ptr* à seguinte forma:

dia mês data horas:minutos:segundos ano\n\0

Por exemplo:

Wed Jun 19 12:05:34 1999

asctime() retorna um ponteiro para a string convertida.

O ponteiro de estrutura passado para **asctime()** é obtido geralmente de **localtime()** ou **gmtime()**.

O buffer usado por **asctime()** para guardar a string de saída formatada é uma matriz de caracteres alocada estaticamente e sobrescrita toda vez que a função é chamada. Para salvar o conteúdo da string, você deve copiá-la para outro lugar.

Exemplo

Este programa mostra o horário local definido pelo sistema:

```
#include <time.h>
#include <stdio.h>

void main(void)
{
  struct tm *ptr;
  time_t lt;

  lt = time(NULL);
  ptr = localtime(&lt);
  printf(asctime(ptr));
}
```

Funções Relacionadas

ctime(), gmtime(), localtime(), time()

#include <dos.h>
int _bdos(int fnum, unsigned dx, unsigned al);

A função **_bdos()** não é definida pelo padrão C ANSI e aplica-se apenas a compiladores C baseados em DOS, podendo aparecer com um nome ligeiramente diferente. Verifique seu manual do usuário.

A função **_bdos()** acessa a chamada do sistema DOS especificada por *fnum*. Primeiro, o valor *dx* é colocado no registrador **DX** e *al* no registrador **AL**; em seguida, é executada a instrução INT 21H.

A função **_bdos()** devolve o valor do registrador **AX**, que é usado pelo DOS para devolver informação.

A função **_bdos()** só pode ser usada para acessar chamadas ao sistema que não usam argumentos ou que necessitem apenas de **DX** e/ou **AL** como seus argumentos.

Exemplo

Este programa lê caracteres diretamente do teclado, contornando todas as funções de E/S de C, até que o usuário pressione ENTER:

```
/* Faz leitura do teclado. */
#include <dos.h>

void main(void)
{
  while((255 & _bdos(1, 0, 0)) != '\r');
}
```

Funções Relacionadas

intdos(), intdosx()

#include <bios.h>
unsigned_bios_disk(unsigned cmd, struct_diskinfo_t *info);

A função **_bios_disk()** não é definida pelo padrão C ANSI e aplica-se apenas a compiladores C baseados em DOS, podendo aparecer com um nome ligeiramente diferente. Verifique seu manual do usuário.

A função **_bios_disk()** realiza operações de disco em nível de BIOS usando a interrupção 0x13. Essas operações ignoram a estrutura lógica do disco, incluindo arquivos. Todas as operações ocorrem nos setores.

A Microsoft define a estrutura **_diskinfo_t** como:

```
struct _diskinfo_t {
    unsigned drive;      /* unidade acionadora de disco */
    unsigned head;       /* cabeça */
    unsigned track;      /* trilha */
    unsigned sector;     /* setor */
    unsigned nsectors; /* números de setores */
    void _ _far *buffer;  /* buffer */
};
```

O acionador afetado é especificado em **drive**, com 0 correspondendo a A, 1 a B etc., para acionadores de disco flexível. O primeiro acionador de disco fixo é 0x80, o segundo 0x81 e assim por diante. A parte do disco operada é especificada em **head**, **track** e **sector**. O campo **nsectors** especifica o número de setores a ser lido ou escrito e **buffer** aponta para um buffer que armazena a informação lida ou escrita no disco. Consulte o *Manual Técnico de Referência* do IBM PC para detalhes na operação das rotinas de disco em nível de BIOS. Lembre-se de que o controle direto do disco exige um conhecimento íntimo e completo tanto do hardware como do DOS. Ele deve ser evitado, exceto em situações especiais.

Funções Relacionadas

fread(), fwrite()

#include <bios.h>
unsigned _bios_equiplist(void);

A função **_bios_equiplist()** não é definida pelo padrão C ANSI e aplica-se apenas a compiladores C baseados em DOS, podendo aparecer com um nome ligeiramente diferente. Verifique seu manual do usuário.

A função **_bios_equiplist()** devolve um valor que especifica quais equipamentos se encontram no computador. Esse valor é codificado como mostrado a seguir:

Bit	Equipamento
0	Boot realizado por meio do disco flexível
1	Co-processador 80x87 instalado, se zero
2,3	Tamanho da RAM na *motherboard* (placa-mãe)
	0 0: 16k
	0 1: 32k

	1 0: 48k
	1 1: 64k
4,5	Modo inicial de vídeo
	0 0: não usado
	0 1: 40x25 BW, adaptador colorido
	1 0: 80x25 BW, adaptador colorido
	1 1: 80x25, adaptador monocromático
6,7	Números de acionadores de disco flexível
	0 0: um
	0 1: dois
	1 0: três
	1 1: quatro
8	Chip de DMA instalado
9,10,11	Número de portas seriais
	0 0 0: zero
	0 0 1: um
	0 1 0: dois
	0 1 1: três
	1 0 0: quatro
	1 0 1: cinco
	1 1 0: seis
	1 1 1: sete
12	Adaptador de jogos instalado
13	Modem instalado
14,15	Número de impressoras
	0 0: zero
	0 1: uma
	1 0: duas
	1 1: três

Exemplo

Este programa mostra o número de acionadores de disco flexível instalado no computador:

```
#include <bios.h>
#include <stdio.h>

void main(void)
{
  unsigned eq;

  eq = _bios_equiplist();
```

```
    eq >>= 6; /* desloca os bits 6 e 7 para a posição mais baixa */

    printf("Número de acionadores de disco: %d", (eq & 3) + 1);
}
```

Função Relacionada

_bios_serialcom()

#include <bios.h>
unsigned _bios_keybrd(unsigned cmd);

A função **_bios_keybrd()** não é definida pelo padrão C ANSI e aplica-se apenas a compiladores C baseados em DOS, podendo aparecer com um nome ligeiramente diferente. Verifique seu manual do usuário.

A função **_bios_keybrd()** executa operações diretamente no teclado. O valor de *cmd* determina qual operação será executada.

Se *cmd* é zero, **_bios_keybrd()** devolve a próxima tecla pressionada. (Ela espera até que uma tecla seja pressionada.) A função devolve uma quantidade de 16 bits, que consiste em dois valores diferentes. O byte menos significativo conterá o código ASCII do caractere se uma tecla normal for pressionada; contém zero se uma tecla especial for pressionada. As teclas especiais incluem as teclas de movimentação de cursor e de função. O byte menos significativo contém o código de varredura da tecla, que corresponde imprecisamente à posição da tecla no teclado.

Se *cmd* é 1, **_bios_keybrd()** verifica se uma tecla foi pressionada. Em caso afirmativo, ela devolve um valor diferente de zero; caso contrário, devolve zero.

Quando *cmd* vale 2, é devolvido o estado de maiúsculas. O estado de diversas teclas que alteram o significado de outras é codificado na porção menos significativa do valor devolvido, como mostrado aqui:

Bit	Significado
0	Tecla SHIFT direita pressionada
1	Tecla SHIFT esquerda pressionada
2	Tecla CTRL pressionada
3	Qualquer tecla ALT pressionada
4	Tecla SCROLL LOCK ligada
5	Tecla NUM LOCK ligada
6	Tecla CAPS LOCK ligada

7	Tecla INSERT ligada
8	Tecla CTRL esquerda pressionada
9	Tecla ALT esquerda pressionada
10	Tecla CTRL direita pressionada
11	Tecla ALT direita pressionada
12	Tecla SCROLL LOCK pressionada
13	Tecla NUM LOCK pressionada
14	Tecla CAPS LOCK pressionada
15	Tecla SYSRQ pressionada

Exemplo

Este fragmento de código gera números randômicos (aleatórios) até que uma tecla seja pressionada. Isso permite inicializar **rand()**, o gerador de números randômicos, a partir de um ponto randômico.

```
while(!_bios_keybrd(1)) rand();
```

Funções Relacionadas

getche(), kbhit()

#include <bios.h>
unsigned _bios_memsize(void);

A função **_bios_memsize()** não é definida pelo padrão C ANSI e aplica-se apenas a compiladores C baseados em DOS, podendo aparecer com um nome ligeiramente diferente. Verifique seu manual do usuário.

A função **_bios_memsize()** devolve a quantidade de memória (em unidades de 1K) instalada no sistema. (O valor retomado nunca é maior que 640K.)

Exemplo

Este programa apresenta a quantidade de memória do sistema.

```
#include <bios.h>
#include <stdio.h>

void main(void)
{
  printf("%uK bytes de ram", _bios_memsize());
}
```

Função Relacionada

_bios_equiplist()

#include <bios.h>
unsigned _bios_printer(unsigned cmd, unsigned port, unsigned data);

A função **_bios_printer()** não é definida pelo padrão C ANSI e aplica-se apenas a compiladores C baseados em DOS, podendo aparecer com um nome ligeiramente diferente. Verifique seu manual do usuário.

A função **_bios_printer()** controla a porta da impressora especificada em *port*. Se *port* é zero, LPT1 é usado; se *port* é 1, LPT2 é acessado. A função exata que é executada depende do valor de *cmd*. Os valores legais para *cmd* são mostrados aqui:

Valor	Significado
0	Imprime o caractere passado em *data*
1	Inicializa a porta de impressora
2	Devolve o estado da porta

O estado da porta de impressora é codificado no byte menos significativo do valor devolvido, conforme mostrado aqui:

Bit	Significado
0	Erro de *time-out* (temporização)
1	Não usado
2	Não usado
3	Erro de E/S
4	Impressora selecionada
5	Erro de falta de papel
6	Byte recebido
7	Impressora NÃO ocupada (pronta)

Exemplo

Este fragmento escreve a string **ola** na impressora conectada a LPT1:

```
char .p[] = "ola"
while(*p) _bios_printer(0, 0, *p++);
```

Função Relacionada

_bios_serialcom()

```
#include <bios.h>
unsigned _bios_serialcom(unsigned cmd, port,
                         unsigned data);
```

A função **_bios_serialcom()** não é definida pelo padrão C ANSI e aplica-se apenas a compiladores C baseados em DOS, podendo aparecer com um nome ligeiramente diferente. Verifique seu manual do usuário.

A função **_bios_serialcom()** manipula a porta de comunicação assíncrona RS232 especificada em *port*. A sua operação é determinada pelo *cmd*, cujos valores são mostrados a seguir:

cmd	Significado
0	Inicializa a porta
1	Envia um caractere
2	Recebe um caractere
3	Devolve o estado da porta

Para acessar COM1, *port* deve ser zero. Para acessar COM2, *port* deve ser 1.

Antes de utilizar a porta serial, talvez seja necessário inicializá-la com atribuições diferentes do padrão. Para fazer isso, chame **_bios_serialcom()** com *cmd* igual a 0. A forma como a porta é colocada é determinada pelo valor do byte menos significativo de *data*, que é codificado com parâmetros de inicialização, conforme mostrado a seguir:

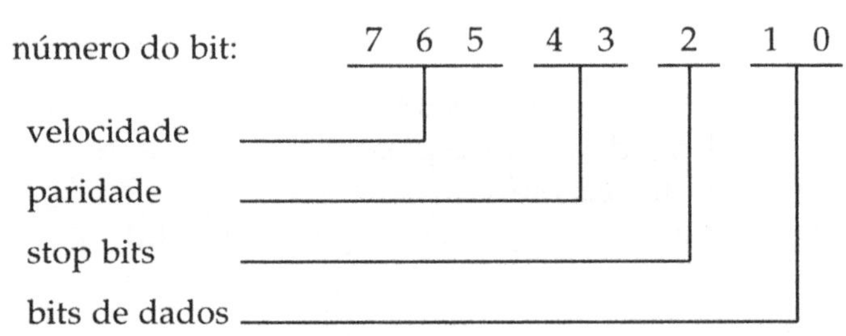

A velocidade (em *bauds*) é codificada da seguinte forma:

Velocidade	**Padrão dos bits**
9600	111
4800	110
2400	101
1200	100
600	011
300	010
150	001
110	000

Os bits de paridade são codificados como mostrado aqui:

Paridade	**Padrão dos bits**
Sem paridade	00 ou 10
Ímpar	01
Par	11

O número de stop bits é determinado pelo bit 2 do byte de inicialização da porta serial. Se for 1, dois stop bits serão utilizados; caso contrário, apenas um stop bit será utilizado. Finalmente, o número de bits de dados é estabelecido pelo código nos bits 0 e 1 do byte de inicialização. Dos quatro padrões de bits possíveis, apenas dois são válidos. Se os bits 1 e 0 contêm o padrão 1 0, são utilizados sete bits de dados. Se contêm 1 1, são utilizados oito bits de dados.

Por exemplo, para estabelecer a porta em 9600 bauds, paridade par, um stop bit e oito bits de dados, seria utilizado o seguinte padrão de bits:

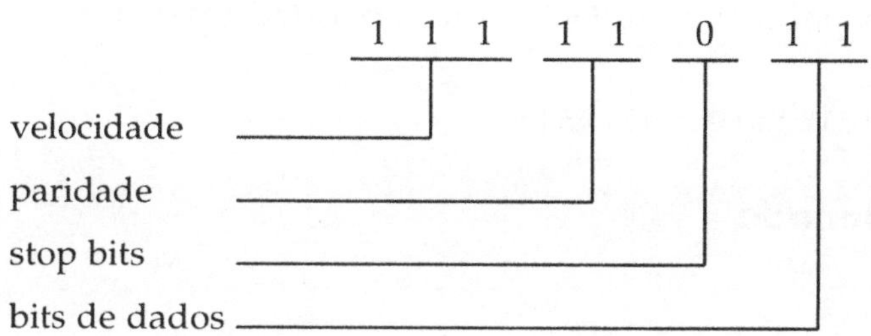

Em decimal, isso fica 251.

O valor devolvido por **_bios_serialcom()** é sempre uma quantidade de 16 bits. O byte mais significativo contém os bits de estado, que recebem estes valores:

Significado quando ligado	Bit
Dados prontos	0
Erro de excesso de caracteres	1
Erro de paridade	2
Erro de enquadramento	3
Erro de detecção de interrupção	4
Registro de armazenamento de envio vazio	5
Registro de deslocamento de envio vazio	6
Erro de *time-out* (temporização)	7

Se *cmd* é colocado em 0, 1 ou 3, o byte menos significativo é codificado conforme mostrado a seguir:

Significado quando ligado	Bit
Alteração em clear-to-send	0
Alteração em data-set-ready	1
Detector de chamada na borda de descida	2
Alteração no sinal de linha	3
Clear-to-send	4
Data-set-ready	5
Indicador de chamada	6
Sinal de linha detectado	7

Quando *cmd* tem o valor 2, o byte menos significativo contém o valor recebido pela porta.

Exemplo

Isso inicializa a porta 0 com 9600 bauds, paridade par, um stop bit e oito bits de dados:

```
_bios_serialcom(0, 0, 251);
```

Função Relacionada

bioskey()

#include <bios.h> unsigned _bios_timeofday(unsigned cmd, long *newtime);

A função **_bios_timeofday()** não é definida pelo padrão C ANSI e aplica-se apenas a compiladores C baseados em DOS, podendo aparecer com um nome ligeiramente diferente. Verifique seu manual do usuário.

A função **_bios_timeofday()** lê ou ajusta o relógio do sistema. O relógio do sistema "bate" a uma razão de 18,2 vezes por segundo. Seu valor é zero à meia-noite e aumenta até ser zerado novamente à meia-noite ou até ser colocado manualmente em algum valor. Se *cmd* é zero, **_bios_timeofday()** devolve o valor atual do relógio na variável ajustada para *newtime*. Se *cmd* é 1, o relógio é ajustado para o valor de *newtime*. A função retorna o valor de registro AX como definido pela rotina da BIOS

Exemplo

Este programa escreve o valor atual do relógio:

```
#include <bios.h>
#include <stdio.h>

void main(void)
{
  long t;

  _bios_timeofday(0, &t);
  printf("Valor do relógio: %1d", t);
}
```

Funções Relacionadas

ctime(), time()

#include <time.h>
clock_t clock(void);

A função **clock()** devolve um valor aproximado do tempo de execução do programa que a chama. Para transformar esse valor em segundos, divida-o por **CLOCKS_PER_SEC**. Um valor devolvido de -1 indica que o tempo não está disponível.

Exemplo

A função seguinte mostra o tempo de execução, em segundos, para o programa que a chama:

```
void elapsed_time(void)
{
  printf("Tempo transcorrido: %u segs.\n", clock()/CLOCK_PER_SEC);
}
```

Funções Relacionadas

asctime(), ctime(), time()

#include <time.h>
char *ctime(const time_t *time);

Dado um ponteiro para o horário de calendário, a função **ctime()** devolve um ponteiro para uma string na forma:

dia mês ano horas:minutos:segundos ano\n\0

Eis um exemplo dessa string: Mon Dec 5 12:03:03 1996. O horário de calendário normalmente é obtido por meio de uma chamada a **time()**.

O buffer usado por **ctime()** para guardar a string de saída formatada é uma matriz de caracteres alocada estaticamente e sobrescrita toda vez que a função é chamada. Para salvar o conteúdo da string, você precisa copiá-lo em outro lugar.

Exemplo

Este programa mostra a hora local definida pelo sistema:

```
#include <time.h>
#include <stdio.h>

void main(void)
{
  time_t lt;

  lt = time(NULL);
  printf(ctime(&lt));
}
```

Funções Relacionadas

asctime(), gmtime(), localtime(), time()

#include <time.h>
double difftime(time_t time2, time_t time1);

A função **difftime()** devolve a diferença, em segundos, entre *time1* e *time2*. Ou seja, ela devolve *time2 - time1*.

Exemplo

Este programa mede o tempo em segundos que o laço **for** vazio gasta para ir de 0 a 500.000:

```
#include <time.h>
#include <stdio.h>

void main(void)
{
  time_t start, end;
  long unsigned t;

  start = time(NULL);
  for(t=0; t<500000; t++);
  end = time(NULL);
  printf("O laço usou %f segundos.\n", difftime(end, start));
}
```

Funções Relacionadas

asctime(), gmtime(), localtime(), time()

#include <dos.h>
void _disable(void);

A função **_disable()** não é definida pelo padrão C ANSI e aplica-se apenas a compiladores C baseados em DOS, podendo aparecer com um nome ligeiramente diferente. Verifique seu manual do usuário.

A função **_disable()** desabilita as interrupções. A única interrupção que continua habilitada é a NMI (interrupção não-mascarável). Empregue esta função com cuidado porque muitos dispositivos do sistema usam interrupções.

Função Relacionada

_enable()

#include <dos.h>
unsigned _dos_allocmem(unsigned size, unsigned *seg);

A função **_dos_allocmem()** não é definida pelo padrão C ANSI e aplica-se apenas a compiladores C baseados em DOS, podendo aparecer com um nome ligeiramente diferente. Verifique seu manual do usuário.

A função **_dos_allocmem()** aloca um bloco de memória alinhado por parágrafo. Ela põe o endereço do segmento do bloco no inteiro sem sinal apontado por *seg*. O argumento *size* especifica o número de parágrafos a serem alocados (um parágrafo tem 16 bytes).

Se a memória requisitada pode ser alocada, é devolvido zero. Se não existe memória suficiente, não é feita nenhuma atribuição ao inteiro sem sinal apontado por *seg* e um valor diferente de zero é devolvido. Em caso de erro, **errno** recebe **ENOMEM** (memória insuficiente).

Exemplo

Este fragmento de código aloca 100 parágrafos de memória:

```
unsigned i;

i = 0;

if((_dos_allocmem(100, &i))==0)
    printf("Alocação bem-sucedida\n");
else
    printf("Falha na alocação\n");
```

Funções Relacionadas

_dos_freemem(), _dos_setblock()

#include <dos.h>
unsigned _dos_close(int fd);

A função **_dos_close()** não é definida pelo padrão C ANSI e aplica-se apenas a compiladores C baseados em DOS, podendo aparecer com um nome ligeiramente diferente. Verifique seu manual do usuário.

A função **_dos_close()** fecha o arquivo especificado pelo descritor de arquivo *fd*. Ela é funcionalmente equivalente à função tipo UNIX **close()**. Recorde que os descritores de arquivo são utilizados pelo sistema de arquivo tipo UNIX e não têm relação com o sistema de arquivo C ANSI. A função devolve zero se bem-sucedida. Caso contrário, ela devolve um valor diferente de zero e **errno** receberá **EBADF** (descritor de arquivo ruim).

Exemplo

Este fragmento fecha o arquivo associado ao descritor de arquivo **fd**:

```
_dos_close(fd);
```

Funções Relacionadas

_dos_creat(), _dos_open()

#include <dos.h>
unsigned _dos_creat(char *fname, unsigned attr, int *fd);
unsigned _dos_creatnew(char *fname, unsigned attr, int *fd);

As funções **_dos_creat()** e **_dos_creatnew()** não são definidas pelo padrão C ANSI e aplicam-se apenas a compiladores C baseados em DOS, podendo aparecer com nomes ligeiramente diferentes. Verifique seu manual do usuário.

A função **_dos_creat()** cria um arquivo cujo nome é apontado por *fname* com os atributos especificados por *attr*. Ela devolve um descritor de arquivo no inteiro apontado por *fd*. (Descritores de arquivo são usados pelo sistema de arquivo tipo UNIX, não pelo sistema de arquivo C ANSI.) Se o arquivo já existe, é apagado. A função **_dos_creatnew()** é igual a **_dos_creat()**, exceto que, se o arquivo já existe, ele não é apagado e **_dos_creatnew()** devolve um erro.

Os valores válidos para *attr* são mostrados aqui (as macros são definidas em DOS.H):

Macro	**Significado**
_A_NORMAL	Arquivo normal
_A_RDONLY	Arquivo de apenas leitura
_A_HIDDEN	Arquivo oculto
_A_SYSTEM	Arquivo de sistema
_A_VOLID	Rótulo de volume
_A_SUBDIR	Subdiretório
_A_ARCH	Bit de arquivo alterado

As duas funções devolvem zero quando bem-sucedidas e um valor diferente de zero em caso de falha. Em caso de falha, **errno** contém um destes valores: **ENOENT** (arquivo não encontrado), **EMFILE** (muitos arquivos abertos), **EACCES** (acesso negado) ou **EEXIST** (arquivo já existe).

As funções **_dos_creat()** e **_dos_creatnew()** são semelhantes à função tipo UNIX **creat()**.

Exemplo

Este fragmento de código abre um arquivo chamado TEST.TST para saída:

```
int fd;

if(_dos_creat("test.tst",_A_NORMAL, &fd))
  printf("O arquivo não pode ser aberto.");
```

Função Relacionada

_dos_open()

#include <dos.h>
int _dosexterr(struct_DOSERROR *err);

A função **_dosexterr()** não é definida pelo padrão C ANSI e aplica-se apenas a compiladores C baseados em DOS, podendo aparecer com um nome ligeiramente diferente. Verifique seu manual do usuário.

A função **_dosexterr()** preenche a estrutura apontada por *err* com informações estendidas de erro quando uma chamada ao DOS falha. A estrutura **_DOSERROR** é definida desta forma:

```
struct _DOSERROR {
  int exterror; /* código do erro */
  char class;   /* classe do erro */
  char action;  /* ação sugerida */
  char locus;   /* local do erro */
};
```

Para uma interpretação apropriada da informação devolvida pelo DOS, veja a referência técnica do DOS.

Função Relacionada

ferror()

#include <dos.h>
unsigned _dos _findfirst(char *fname, unsigned attr, struct _find_t *ptr);
unsigned _dos_findnext(struct _find_t *ptr);

As funções **_dos_findfirst()** e **_dos_findnext()** não são definidas pelo padrão C ANSI e aplicam-se apenas a compiladores C baseados em DOS, podendo aparecer com nomes ligeiramente diferentes. Verifique seu manual do usuário.

A função **_dos_findfirst()** busca pelo primeiro nome de arquivo que coincide com aquele apontado por *fname*. O nome de arquivo pode incluir um especificador do acionador e um nome de caminho (*path*). Além disso, o nome do arquivo pode incluir os caracteres-chave * e ?. Caso seja encontrada uma coincidência, a estrutura apontada por *ptr* é preenchida com informações sobre o arquivo.

O Microsoft define a estrutura **_find_t** como segue:

```
struct _find_t {
  char reserved[21]; /* para uso do DOS */
  char attrib;       /* atributo do arquivo */
  unsigned wr_time;  /* horário da última alteração no arquivo */
  unsigned wr_date;  /* dia da última alteração no arquivo */
  long size;         /* tamanho em bytes */
  char name[13];     /* nome do arquivo */
};
```

O parâmetro *attrib* determina que tipo de arquivos será pesquisado por **_dos_findfirst()**. *attrib* pode ser uma das seguintes macros (definidas em DOS.H):

Macro	**Significado**
_A_NORMAL	Arquivo normal
_A_RDONLY	Arquivo de apenas leitura
_A_HIDDEN	Arquivo oculto
_A_SYSTEM	Arquivo de sistema
_A_VOLID	Rótulo de volume
_A_SUBDIR	Subdiretório
_A_ARCH	Bit de arquivo alterado

A função **_dos_findnext()** continua a busca iniciada por **_dos_findfirst()**. O buffer apontado por *ptr* deve ser o mesmo utilizado na chamada a **_dos_findfirst()**.

As funções **_dos_findfirst()** e **_dos_findnext()** devolvem zero em caso de sucesso e um valor diferente de zero em caso de falha ou quando não é mais encontrada nenhuma coincidência. Em caso de falha, **errno** recebe **ENOENT** (nome de arquivo não encontrado).

Exemplo

Este programa mostra todos os arquivos com extensão .C e seus respectivos tamanhos no diretório corrente:

```
#include <dos.h>
#include <stdio.h>

void main(void)
{
  struct _find_t f;
  register int done;

  done = _dos_findfirst("*.c", _A_NORMAL, &f);
  while(!done) {
    printf("%s %ld\n", f.name, f.size);
    done = _dos_findnext(&f);
  }
}
```

#include <dos.h>
unsigned _dos_freemem(unsigned seg);

A função **_dos_freemem()** não é definida pelo padrão C ANSI e aplica-se apenas a compiladores C baseados em DOS, podendo aparecer com um nome ligeiramente diferente. Verifique seu manual do usuário.

A função **_dos_freemem()** libera o bloco de memória cujo segmento está em *seg*. Essa memória deve ter sido alocada anteriormente usando **_dos_ allocmem()**. A função devolve zero em caso de sucesso; em caso de falha, ela devolve um valor diferente de zero e ajusta **errno** para ENOMEM (memória insuficiente).

Exemplo

Este fragmento de código ilustra como alocar e liberar memória usando **_dos_allocmem()** e **_dos_freemem()**.

```
unsigned i;

if(_dos_allocmem(some, &i)!=0)
  printf("Erro de alocação");
else
  _dos_freemem(i);
```

Funções Relacionadas

_dos_allocmem(), _dos_setblock()

#include <dos.h>
void _dos_getdate(struct _dosdate_t *d);
void _dos_gettime(struct _dostime_t *t);

As funções **_dos_getdate()** e **_dos_gettime()** não são definidas pelo padrão C ANSI e aplicam-se apenas a compiladores C baseados em DOS, podendo aparecer com nomes ligeiramente diferentes. Verifique seu manual do usuário.

A função **_dos_getdate()** preenche a estrutura apontada por *d* com o formato do DOS para a data atual do sistema. A função **_dos_gettime()** preenche a estrutura apontada por *t* com o formato do DOS para o horário atual do sistema.

A Microsoft define a estrutura **_dosdate_t** como:

```
struct _dosdate_t {
  unsigned char day;       /* dia */
  unsigned char month;     /* mês */
  unsigned char ano;       /* ano */
  unsigned char dayofweek; /* dia da semana, domingo é zero */
};
```

O Microsoft define a estrutura **_dostime_t** conforme mostrado aqui:

```
struct _dostime_t {
  unsigned char hour;    /* hora */
  unsigned char minute;  /* minuto */
  unsigned char second;  /* segundo */
  unsigned char hsecond; /* centésimos de segundo */
};
```

Exemplo

Este programa mostra a data e a hora usando chamadas ao sistema:

```
#include <dos.h>
#include <stdio.h>

void main(void)
{
  struct _dostime_t t;
  struct _dosdate_t d;

  _dos_getdate(&d);
```

```
    _dos_gettime(&t);

    printf("data: %d/%d/%d\n", d.day, d.month, d.year);
    printf("hora: %d:%d:%d\n", t.hour, t.minute, t.second);
  }
```

Funções Relacionadas

_dos_setdate(), _dos_settime()

#include <dos.h>
unsigned _dos_getdiskfree(unsigned drive, struct _diskfree_t *dfptr);

A função **_dos_getdiskfree()** não é definida pelo padrão C ANSI e aplica-se apenas a compiladores C baseados em DOS, podendo aparecer com um nome ligeiramente diferente. Verifique seu manual do usuário.

A função **_dos_getdiskfree()** devolve o total de espaço livre no disco na estrutura apontada por *dfptr* para o acionador especificado por *drive*. Os acionadores são numerados a partir de 1, começando por A. Você pode especificar o acionador padrão chamando **_dos_getdiskfree()** com o valor zero. A estrutura **_diskfree_t** é definida pelo Microsoft como segue:

```
struct _diskfree_t {
  unsigned total_clusters;       /* total de clusters no disco */
  unsigned avail_clusters;       /* clusters disponíveis */
  unsigned sectors_per_cluster; /* setores por cluster */
  unsigned bytes_per_sector;     /* bytes por setor */
};
```

A função retornará zero no caso de sucesso e um valor diferente de zero se ocorrer um erro. No caso de falha, **errno** recebe o valor **EINVAL** (unidade incorreta).

Exemplo

O programa seguinte escreve o número de clusters disponíveis para uso no acionador C:

```
#include <dos.h>
#include <stdio.h>

void main(void)
```

```
{
  struct _diskfree_t p;

  _dos_getdiskfree(3, &p); /* drive C */

  printf("Número de clusters livres é %u.", p.avail_clusters);
}
```

Função Relacionada

_dos_getftime()

#include <dos.h>
void _dos_getdrive(unsigned *drive);

A função **_dos_getdrive()** não é definida pelo padrão C ANSI e aplica-se apenas a compiladores C baseados em DOS, podendo aparecer com um nome ligeiramente diferente. Verifique seu manual do usuário.

A função **_dos_getdrive()** devolve o número do acionador de disco atual no inteiro apontado por *drive*. O acionador A é codificado como 1, o acionador B, como 2, e assim por diante.

Exemplo

Este fragmento de código mostra o acionador de disco atual.

```
unsigned d;

_dos_getdrive(&d);
printf("drive é %c", d+'A'-1);
```

Função Relacionada

_dos_setdrive()

#include <dos.h>
unsigned _dos_getfileattr(const char *fname, unsigned *attrib);

A função **_dos_getfileattr()** não é definida pelo padrão C ANSI e aplica-se apenas a compiladores C baseados em DOS, podendo aparecer com um nome ligeiramente diferente. Verifique seu manual do usuário.

A função **_dos_getfileattr()** devolve o atributo do arquivo especificado por *fname* no inteiro sem sinal apontado por *attrib*, que pode ser um dos seguintes valores (as macros são definidas pelo Microsoft em DOS.H.):

Macro	**Significado**
_A_NORMAL	Arquivo normal
_A_RDONLY	Arquivo de apenas leitura
_A_HIDDEN	Arquivo oculto
_A_SYSTEM	Arquivo de sistema
_A_VOLID	Rótulo de volume
_A_SUBDIR	Subdiretório
_A_ARCH	Bit de arquivo alterado

A função **_dos_getfileattr()** devolve zero se bem-sucedida; caso contrário, um valor diferente de zero é devolvido. Se ocorre uma falha, **errno** recebe **ENOENT** (arquivo inválido).

Exemplo

Este fragmento de código determina se TEST.TST é um arquivo normal:

```
unsigned attr;
if(_dos_getfileattr("test.tst", &attr))
  printf("Erro de arquivo");

if(attr & _A_NORMAL) printf("O arquivo é normal.");
```

Função Relacionada

_dos_setfileattr()

#include <dos.h>
unsigned _dos_getftime(int fd, unsigned *fdate, unsigned *ftime);

A função **_dos_getftime()** não é definida pelo padrão C ANSI e aplica-se apenas a compiladores C baseados em DOS, podendo aparecer com um nome ligeiramente diferente. Verifique seu manual do usuário.

A função **_dos_getftime()** devolve a hora e a data de criação do arquivo associado ao descritor de arquivo *fd* nos inteiros apontados por *ftime* e *fdate*.

Os bits no objeto apontado por *ftime* são codificados conforme mostrado a seguir:

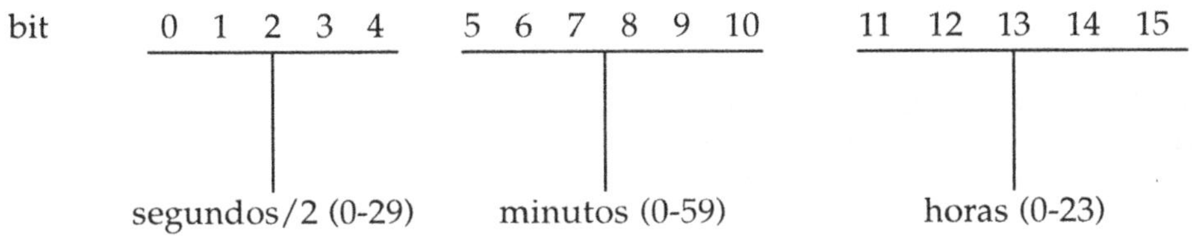

Os bits no objeto apontado por *fdate* são codificados como segue:

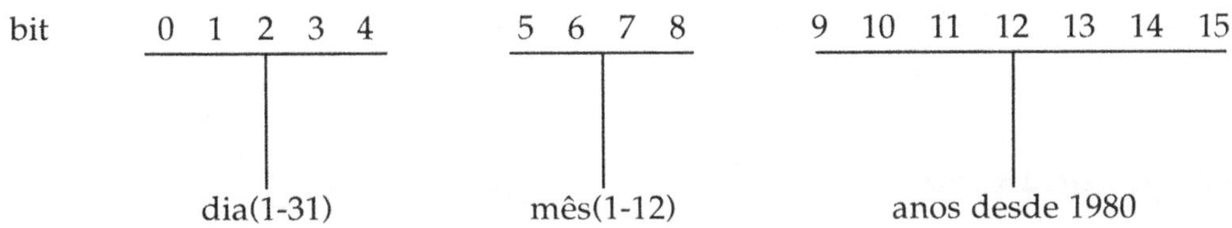

Como indicado, o ano é representado como o número de anos desde 1980. Assim, se o ano é 2000, o valor dos bits de 9 a 15 é 20.

A função **_dos_getftime()** devolve zero caso seja bem-sucedida. Se ocorre um erro, ela devolve um valor diferente de zero e ajusta **errno** para que seja igual a **EBADF** (número de arquivo ruim).

Lembre-se de que os arquivos associados a descritores de arquivo utilizam o sistema de E/S tipo UNIX, que não é definido ou relacionado com o sistema de arquivo C ANSI.

Exemplo

Este programa escreve o ano em que o arquivo TEST.TST foi criado.

```
#include <io.h>
#include <dos.h>
#include <fcntl.h>
#include <stdio.h>
#include <stdlib.h>

void main(void)
{
  struct {
    unsigned day: 5;
    unsigned month: 4;
    unsigned year: 7;
  } d;
```

```
    unsigned t;
    int fd;

    if((fd=open("TEST.TST", O_RDONLY))==-1) {
      printf("O arquivo não pode ser aberto.");
      exit(1);
    }

    _dos_getftime(fd, (unsigned *) &d, &t);

    printf("Data de criação: %u", d.year+1980);

}
```

Função Relacionada

_dos_setftime()

#include <dos.h>
void (_ _interrupt _ _far *_dos_getvect(unsigned intr))(void);

A função **_dos_getvect()** não é definida pelo padrão C ANSI e aplica-se apenas a compiladores C baseados em DOS, podendo aparecer com um nome ligeiramente diferente. Verifique seu manual do usuário.

A função **_dos_getvect()** devolve o endereço da rotina do serviço de interrupção especificado em *intr*. Esse valor é devolvido como um ponteiro **far**.

Exemplo

O fragmento de código seguinte devolve o endereço da função de impressão na tela (que é associado à interrupção 5).

```
void (_ _interrupt _ _far *p)(void);

p = _dos_getvect(5);
```

Função Relacionada

_dos_setvect()

#include <dos.h>
void _dos_keep(unsigned status, unsigned size);

A função **_dos_keep()** não é definida pelo padrão C ANSI e aplica-se apenas a compiladores C baseados em DOS, podendo aparecer com um nome ligeiramente diferente. Verifique seu manual do usuário.

A função **_dos_keep()** executa uma interrupção 0x31, que faz com que o programa atual termine, mas permaneça residente. O valor de *status* é devolvido ao DOS como um código de retorno. O tamanho do programa que deve ficar residente é especificado em *size*. O tamanho é especificado em parágrafos (16 bytes). O restante da memória é liberada para uso pelo DOS.

Pelo fato de os programas que terminam e permanecem residentes serem um tanto complexos, não há nenhum exemplo aqui. No entanto, meu livro *The Craft of C* (Calif.: Osborne/McGraw-Hill, 1992), aborda este importante tópico em profundidade.

#include <dos.h>
unsigned _dos_open(const char *fname, unsigned mode, int *fd);

A função **_dos_open()** não é definida pelo padrão C ANSI e aplica-se apenas a compiladores C baseados em DOS, podendo aparecer com um nome ligeiramente diferente. Verifique seu manual do usuário.

A função **_dos_open()** abre o arquivo cujo nome é apontado por *fname*, no modo especificado por *mode*, e devolve um descritor de arquivo no inteiro apontado por *fd*. Lembre-se de que descritores de arquivo são utilizados pelo sistema de arquivo tipo UNIX e não têm relação com o sistema de arquivo C ANSI.

Os valores mais comuns para *mode* são:

Valor	Significado
O_RDONLY	Apenas leitura
O_WRONLY	Apenas escrita
O_RDWR	Leitura/escrita

Essas macros estão definidas em FCNTL.H

A função **_dos_open()** devolve zero caso seja bem-sucedida e um valor diferente de zero em caso de falha. Se ocorre um erro, **errno** recebe **EINVAL** (modo de acesso inválido), **EACCES** (acesso negado), **EMFILE** (arquivos abertos em excesso) ou **ENOENT** (arquivo não encontrado).

Exemplo

O fragmento de código a seguir abre um arquivo chamado TEST.TST para operações de leitura/escrita.

```
int fd;

if(_dos_open("test.tst", O_RDWR, &fd))
  printf("Erro ao abrir Arquivo.");
```

Funções Relacionadas

_dos_close(), _dos_creat(), _dos_creatnew()

#include <dos.h>
unsigned _dos_read(int fd, void __far *buf, unsigned count, unsigned *numread);

A função **_dos_read()** não é definida pelo padrão C ANSI e aplica-se apenas a compiladores C baseados em DOS, podendo aparecer com um nome ligeiramente diferente. Verifique seu manual do usuário.

A função **_dos_read()** lê *count* bytes do arquivo especificado pelo descritor de arquivo *fd* para o buffer apontado por *buf*. O número de bytes realmente lidos é devolvido em *numread*.

Em caso de sucesso, **_dos_read()** devolve zero; em caso de falha, devolve um valor diferente de zero. O valor devolvido é determinado pelo DOS. Você precisará da documentação técnica do DOS para determinar a natureza de quaisquer erros que ocorram. Além disso, no caso de falha, **errno** recebe ou **EACCES** (acesso negado) ou **EBADF** (arquivo não existe).

Exemplo

Este fragmento lê 128 caracteres do arquivo descrito por **fd**:

```
unsigned count;
char *buf[128];

if(_dos_read(fd, buf, 128, &count))
  printf("Erro na leitura do arquivo.");
```

Função Relacionada

_dos_write()

#include <dos.h>
unsigned _dos_setblock(unsigned size, unsigned seg, unsigned *max);

A função **_dos_setblock()** não é definida pelo padrão C ANSI e aplica-se apenas a compiladores C baseados em DOS, podendo aparecer com um nome ligeiramente diferente. Verifique seu manual do usuário.

A função **_dos_setblock()** altera o tamanho do bloco de memória cujo endereço de segmento é *seg*. O novo tamanho (*size*) é especificado em parágrafos (16 bytes). O bloco de memória deve ter sido previamente alocado com **_dos_allocmem()**.

Se o ajuste no tamanho não pode ser feito, **_dos_setblock()** devolve o maior bloco (em parágrafos) que pode ser alocado no objeto apontado por *max*.

Em caso de sucesso, **_dos_setblock()** devolve zero; em caso de falha, é devolvido um valor diferente de zero e **errno** recebe **ENOMEM** (memória insuficiente).

Exemplo

Este fragmento de código tenta redimensionar para 100 parágrafos o bloco de memória cujo endereço de segmento está em **seg**:

```
unsigned max;

if(_dos_setblock(seg, 100, &max)!=0)
  printf("Erro de redimensionamento, maior bloco é %u.", max);
```

Funções Relacionadas

_dos_allocmem(), _dos_freemem()

#include <dos.h>
unsigned _dos_setdate(struct _dosdate_t *d);
unsigned _dos_settime(struct _dostime_t *t);

As funções **_dos_setdate()** e **_dos_settime()** não são definidas pelo padrão C ANSI e aplicam-se apenas a compiladores C baseados em DOS, podendo aparecer com nomes ligeiramente diferentes. Verifique seu manual do usuário.

A função **_dos_setdate()** define a data do sistema como sendo a especificada na estrutura apontada por *d*. A função **_dos_settime()** estabelece a hora do sistema conforme especificada pela estrutura apontada por *t*.

A Microsoft define a estrutura **_dosdate_t** na seguinte listagem:

```
struct _dosdate_t {
  unsigned char day;       /* dia */
  unsigned char month;     /* mês */
  unsigned int year;       /* ano */
  unsigned char dayofweek; /* dia da semana, domingo é zero */
};
```

A Microsoft define a estrutura **_dostime_t** conforme mostrado aqui:

```
struct _dostime_t {
  unsigned char hour;           /* hora */
  unsigned char minute;         /* minuto */
  unsigned char second;         /* segundo */
  unsigned char hsecond;        /* centésimos de segundo */
};
```

As funções retornarão zero em caso de sucesso e um valor diferente de zero se ocorrer um erro.

Exemplo

Este código ajusta a hora do sistema para 10:10:10.0:

```
struct dostime_t t;

t.hour = 10;
t.minute = 10;
t.second = 10;
t.hsecond = 0;

_dos_settime(&t);
```

Funções Relacionadas

_dos_getdate(),_dos_gettime()

#include <dos.h>
void _dos_setdrive(unsigned drive, unsigned *num);

A função **_dos_setdrive()** não é definida pelo padrão ANSI e aplica-se apenas a compiladores C baseados em DOS, podendo aparecer com um nome ligeiramente diferente. Verifique seu manual do usuário.

A função **_dos_setdrive()** modifica o acionador de disco atual para aquele especificado por *drive*. O acionador A corresponde a 1, o acionador B, a 2 e assim por diante. O número de acionadores do sistema é devolvido no inteiro apontado por *num*.

Exemplo

Este fragmento torna B o acionador corrente:

```
unsigned num;

_dos_setdrive(2, &num);
```

Função Relacionada

_dos_getdrive()

#include <dos.h>
unsigned _dos_setfileattr(char *fname, unsigned *attrib);

A função **_dos_setfileattr()** não é definida pelo padrão C ANSI e aplica-se apenas a compiladores C baseados em DOS, podendo aparecer com um nome ligeiramente diferente. Verifique seu manual do usuário.

A função **_dos_setfileattr()** estabelece o atributo do arquivo especificado por *fname* para o atributo especificado por *attrib*, que deve ser um dos seguintes valores (as macros estão definidas pelo Microsoft em DOS.H):

Macro	**Significado**
_A_NORMAL	Arquivo normal
_A_RDONLY	Arquivo de apenas leitura
_A_HIDDEN	Arquivo oculto

_A_SYSTEM	Arquivo de sistema
_A_VOLID	Rótulo de volume
_A_SUBDIR	Subdiretório
_A_ARCH	Bit de arquivo alterado

A função **_dos_setfileattr()** devolve zero se bem-sucedida e um valor diferente de zero, caso contrário. Se ocorre uma falha, **errno** recebe **ENOENT** (arquivo não encontrado) ou **EACCES** (acesso negado).

Exemplo

O fragmento seguinte fixa o arquivo TEST.TST para apenas leitura.

```
unsigned attr;

attr = _A_RDONLY;

if(_dos_setfileattr("test.tst", &attr))
  printf("Erro de arquivo");
```

Função Relacionada

_dos_getfileattr()

#include <dos.h>
unsigned _dos_setftime(int fd, unsigned fdate, unsigned ftime);

A função **_dos_setftime()** não é definida pelo padrão C ANSI e aplica-se apenas a compiladores C baseados em DOS, podendo aparecer com um nome ligeiramente diferente. Verifique seu manual do usuário.

A função **_dos_setftime()** estabelece a data e a hora do arquivo especificado por *fd*, que deve ser um descritor de arquivo válido.

Os bits no objeto apontado por *ftime* são codificados conforme mostrado na página seguinte:

bit	0 1 2 3 4	5 6 7 8 9 10	11 12 13 14 15
	segundos/2 (0-29)	minutos (0-59)	horas (0-23)

Os bits no objeto apontado por *fdate* são codificados como segue:

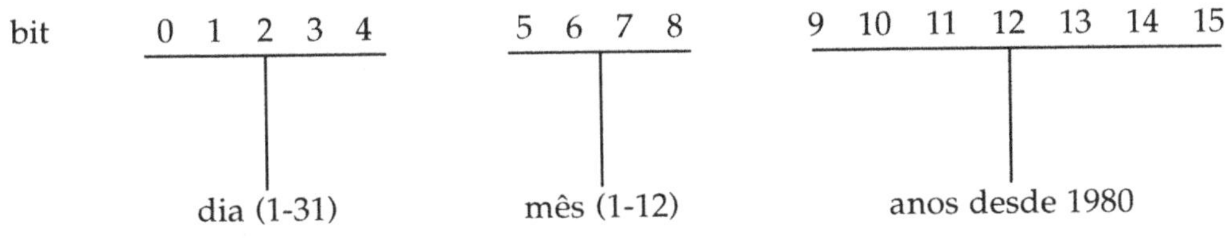

Como indicado, o ano é representado como o número de anos desde 1980. Assim, se o ano é 2000, o valor dos bits de 9 a 15 é 20.

A função **_dos_setftime()** devolve zero caso seja bem-sucedida. Se ocorre um erro, ela devolve um valor diferente de zero e ajusta **errno** para que seja igual a **EBADF** (número de arquivo ruim).

Lembre-se de que os arquivos associados a descritores de arquivo utilizam o sistema de E/S tipo UNIX, que não é definido ou relacionado com o sistema de arquivo C ANSI.

Exemplo

Este programa muda o ano em que o arquivo TEST.TST foi criado para 2000:

```
#include <io.h>
#include <dos.h>
#include <fnctl.h>
#include <stdlib.h>
#include <stdio.h>

void main(void)
{
union {
    struct {
      unsigned day: 5;
      unsigned month: 4;
      unsigned year: 7;
    } d;
    unsigned u;
   } date;

     unsigned t;
     int fd;
```

```
    if((fd=open("TEST.TST", O_RDONLY))==-1) {
      printf("Arquivo não pode ser aberto.");
      exit(1);
    }

    _dos_getftime(fd, &date.u, &t);
    date.year =20;

    _dos_setftime(fd, date.u, t);

    close(fd);
  }
```

Função Relacionada

_dos_getftime()

#include <dos.h>
void _dos_setvect(unsigned intr, void (__interrupt __far *isr)( ));

A função **_dos_setvect()** não é definida pelo padrão C ANSI e aplica-se apenas a compiladores C baseados em DOS, podendo aparecer com um nome ligeiramente diferente. Verifique seu manual do usuário.

A função **_dos_setvect()** coloca o endereço da rotina de serviço de interrupção apontada por *isr* na tabela de vetores de interrupção na posição especificada por *intr*.

Função Relacionada

_dos_getvect()

#include <dos.h>
unsigned _dos_write(int fd, void __far *buf, unsigned count, unsigned *numwritten);

A função **_dos_write()** não é definida pelo padrão C ANSI e aplica-se apenas a compiladores C baseados em DOS, podendo aparecer com um nome ligeiramente diferente. Verifique seu manual do usuário.

A função **_dos_write()** escreve *count* bytes no arquivo especificado pelo descritor de arquivo *fd* do buffer apontado por *buf*. O número de bytes realmente escritos é devolvido em *numwritten*.

Caso seja bem-sucedida, **_dos_write()** devolve zero; um valor diferente de zero é devolvido em caso de falha. O valor devolvido é determinado pelo DOS; você precisará da documentação técnica do DOS para determinar a natureza de quaisquer erros que ocorram. Além disso, em caso de falha, **errno** recebe ou **EACCES** (acesso negado) ou **EBADF** (arquivo não existe).

Exemplo

Este fragmento escreve 128 caracteres no arquivo descrito por **fd**:

```
unsigned count;
char *buf[128];
.
.
.
if(_dos_write(fd, buf, 128, &count))
  printf("Erro ao escrever no arquivo.");
```

Função Relacionada

_dos_read()

#include <dos.h>
void _enable(void);

A função **_enable()** não é definida pelo padrão C ANSI e aplica-se apenas a compiladores C baseados em DOS, podendo aparecer com um nome ligeiramente diferente. Verifique seu manual do usuário.

A função **_enable()** habilita as interrupções.

Função Relacionada

_disable()

#include <dos.h>
unsigned FP_OFF(void __far *ptr);
unsigned FP_SEG(void __far *ptr);

As macros **FP_OFF()** e **FP_SEG()** não são definidas pelo padrão C ANSI e aplicam-se apenas a compiladores C baseados em DOS, podendo aparecer com nomes ligeiramente diferentes. Verifique seu manual do usuário.

A macro **FP_OFF()** devolve o *offset* do ponteiro far *ptr*: A macro **FP_SEG** devolve o segmento do ponteiro far *ptr*.

Exemplo

Este programa escreve o segmento e o *offset* do ponteiro far **ptr**

```
#include <dos.h>
#include <stdlib.h>
#include <stdio.h>

void main(void)
{
  char __far *ptr;

  ptr = (char __far *) malloc(100);

  printf("segmento:offset de ptr: %u %u", FP_SEG(ptr),
         FP_OFF(ptr));
}
```

#include <time.h>
struct tm *gmtime(const time_t *time);

A função **gmtime()** devolve um ponteiro para a forma decomposta de *time* na forma de uma estrutura **tm**. O horário é representado pela hora universal (Universal Time Coordinated — UTC). O valor de *time* geralmente é obtido por meio de uma chamada a **time()**. Se UTC não for suportado pelo sistema, um ponteiro nulo é retornado.

A estrutura usada por **gmtime()** para guardar a hora decomposta é alocada estaticamente e sobrescrita toda vez que a função é chamada. Para salvar o conteúdo da estrutura, você precisa copiá-la em algum outro lugar.

Exemplo

Este programa imprime tanto a hora local como a UTC (hora universal) do sistema:

```
#include <time.h>
#include <stdio.h>

/* Imprime a hora local e de UTC */
void main(void)
```

```
{
  struct tm *local, *gm;
  time_t t;

  t = time(NULL);
  local = localtime(&t);
  printf("Hora local e a data: %s\n", asctime(local));
  gm = gmtime(&t);
  printf("Hora universal e data: %s", asctime(gm));
}
```

Funções Relacionadas

asctime(), localtime(), time()

#include <dos.h>
void _harderr(void (__far *int_handler)());
void _hardresume(int code);
void _hardretn(int code);

As funções **_harderr()**, **_hardresume()** e **_hardretn()** não são definidas pelo padrão C ANSI e aplicam-se apenas a compiladores C baseados em DOS, podendo aparecer com nomes ligeiramente diferentes. Verifique seu manual do usuário.

A função **_harderr()** permite que você substitua o tratador de erro de _hardware padrão por um criado por você. A função é chamada com o endereço da função que se tornará a nova rotina de tratamento de erro. Ela será executada toda vez que ocorrer uma interrupção 0x24.

O tratador da interrupção de erro pode terminar de uma entre três formas. Primeiro, a função **hardresume()** faz com que o tratador vá para o DOS, devolvendo o valor de *code*. Segundo, o tratador pode executar um **return**, que provoca uma saída para o DOS. Terceiro, o tratador pode retornar ao programa via chamada a **hardretn()**, com o valor de retorno de *code*.

As funções de serviço de interrupção são complexas, por isso nenhum exemplo é mostrado. Além disso, a implementação dessas funções varia enormemente de compilador para compilador. Veja seu manual do usuário para detalhes.

#include <dos.h>
int _int86(int int_num, union _REGS *in_regs,
union _REGS *out_regs);
int _int86x(int int_num, union _REGS *in_regs,
union _REGS *out_regs, struct _SREGS *sregs);

As funções **_int86()** e **_int86x()** não são definidas pelo padrão C ANSI e aplicam-se apenas a compiladores C baseados em DOS, podendo aparecer com nomes ligeiramente diferentes. Verifique seu manual do usuário.

A função **_int86()** executa uma interrupção de software especificada por *int_num*. O conteúdo da união *in_regs* é primeiro copiado nos registradores do processador; em seguida, a interrupção adequada é executada.

Ao retornar, a união *out_regs* contém os valores dos registradores que a CPU tem ao retornar da interrupção. O valor devolvido por **_int86()** é o valor do registrador **AX** após a interrupção.

A união **_REGS** é definida no cabeçalho DOS.H.

A função **_int86x()** é idêntica à função **int86()**, exceto por ser possível determinar os valores dos registradores de segmento do 8086, **ES** e **DS**, usando o parâmetro *sregs*. Ao retornar da chamada, o conteúdo do objeto apontado por *sregs* contém os valores dos registradores de segmento atuais. O registrador **DS** é automaticamente restaurado ao seu valor anterior à chamada a **int86x()**.

Exemplo

A função **_int86()** geralmente é utilizada para chamar rotinas em ROM no BIOS. Por exemplo, esta função executa uma função INT 10H código 0, que estabelece o modo de vídeo para aquele especificado pelo argumento **mode**.

```
#include <dos.h>

set_mode(char mode)
{
  union _REGS in, out;

  in.h.al = mode;
  in.h.ah = 0; /* define número da função */

  _int86(0x10, &in, &out);
}
```

Funções Relacionadas

_bdos(), _intdos()

#include <dos.h>
int _intdos(union _REGS *in_regs, union _REGS *out_regs);
int _intdosx(union _REGS *in_regs, union _REGS *out_regs, struct _SREGS *segregs);

As funções **_intdos()** e **_intdosx()** não são definidas pelo padrão C ANSI e aplicam-se apenas a compiladores C baseados em DOS, podendo aparecer com nomes ligeiramente diferentes. Verifique seu manual do usuário.

A função **_intdos()** efetua uma chamada à função do DOS especificada pelo conteúdo da união apontada por *in_regs*. Ela executa uma instrução INT 21H e o resultado da operação é colocado na união apontada por *out_regs*. A função **intdos()** devolve o valor do registrador **AX**, que é utilizado pelo DOS para devolver informações. Ao retornar, se o indicador de carry estiver ativado, isso significa que ocorreu um erro.

A função **_intdos()** acessa as chamadas ao sistema que precisam de argumentos em registradores diferentes de **DX** e **AL** ou que devolvem informações em um registrador diferente de **AX**.

A união **_REGS** define os registradores da família dos processadores 8088/8086 e encontra-se no arquivo de cabeçalho DOS.H.

Para **_intdosx()**, o valor de *segregs* especifica os registradores **DS** e **ES**. Essa função é utilizada principalmente em programas compilados para o modelo large de dados.

Exemplo

O programa seguinte lê a hora diretamente do relógio do sistema, contornando todas as funções de horário de C.

```
#include <dos.h>
#include <stdio.h>

void main(void)
{
  union _REGS in, out;

  in.h.ah = 0x2c; /* número da função que obtém o horário */
```

```
    intdos(&in, &out);
    printf("hora é: %.2d:%.2d:%.2d", out.h.ch, out.h.cl, out.h.dh);
}
```

Funções Relacionadas

_bdos(), _int86()

#include <locale.h>
struct lconv *localeconv(void);

A função **localeconv()** obtém as definições correntes de localização que se referem a valores numéricos, colocando-as em uma estrutura alocada estaticamente do tipo **lconv**. Ela retorna um ponteiro para esta estrutura. Esta estrutura não deve ser modificada por seu programa.

A estrutura **lconv** é definida assim:

```
struct lconv {
  char *decimal_point;     /* caractere de ponto decimal
                              para valores não-monetários */
  char *thousands_sep;     /* separador de milhares
                              para valores não-monetários */
  char *grouping;          /* especifica o agrupamento
                              para valores não-monetários */
  char *int_curr_symbol; /* símbolo internacional de moeda */
  char *currency_symbol; /* símbolo da moeda local */
  char *mon_decimal_point;/* caractere de ponto decimal
                              para valores monetários */
  char *mon_thousands_sep;/* separador de milhar
                              para valores monetários */
  char *mon_grouping;      /* especifica o agrupamento
                              para valores monetários */
  char *positive_sign;     /* indicador de valor positivo
                              para valores monetários */
  char *negative_sign;     /* indicador de valor negativo
                              para valores monetários */
  char int_frac_digits;    /* número de dígitos exibidos
                              à direita do ponto decimal
                              para valores monetários
                              exibidos usando o formato
                              internacional */
  char frac_digits;        /* número de dígitos exibidos
                              à direita do ponto decimal
```

```
                                para valores monetários
                                exibidos usando o formato
                                local */
    char p_cs_precedes;       /*1 se o símbolo da moeda
                                precede valores positivos,
                                0 se o símbolo segue o valor */
    char p_sep_by_space;      /*1 se o símbolo da moeda é
                                separado do valor por um espaço,
                                0 caso contrário */
    char n_cs_precedes;       /* 1 se o símbolo da moeda
                                precede valores negativos,
                                0 se o símbolo segue o valor */
    char n_sep_by_space;      /* 1 se o símbolo da moeda é
                                separado de valores negativos por
                                um espaço, 0 caso contrário */
    char p_sign_posn;         /* indica a posição do símbolo de
                                valor positivo */
    char n_sign_posn;         /* indica a posição do símbolo de
                                valor negativo */
};
```

Exemplo

O próximo programa exibe o caractere de ponto decimal usado pela localização corrente:

```
#include <stdio.h>
#include <locale.h>

void main(void)
{
  struct lconv lc;

  lc = *localeconv();

  printf("Símbolo decimal é: %s\n", lc.decimal_point);
}
```

Função Relacionada

setlocale()

#include <time.h>
struct tm *localtime(const time_t *time);

A função **localtime()** devolve um ponteiro para a forma decomposta de *time* em uma estrutura **tm**. O horário é representado em hora local. O valor de *time* geralmente é obtido por meio de uma chamada a **time()**.

A estrutura usada por **localtime()** para guardar a hora decomposta é alocada estaticamente e sobrescrita toda vez que a função é chamada. Para salvar o conteúdo da estrutura, você precisa copiá-la em algum outro lugar.

Exemplo

Este programa imprime tanto a hora local como a hora universal (UTC):

```
#include <time.h>
#include <stdio.h>

/* Imprime a hora local e universal. */
void main(void)
{
  struct tm *local;
  time_t t;

  t = time(NULL);
  local = localtime(&t);
  printf("Hora local e a data: %s\n", asctime(local));
  local = gmtime(&t);
  printf("Hora de UTC e data: %s\n", asctime(local));
}
```

Funções Relacionadas

asctime(), gmtime(), time()

#include <time.h>
time_t mktime(struct tm *time);

A função **mktime()** devolve o horário de calendário equivalente ao horário decomposto da estrutura apontada por *time*. Esta função é utilizada principalmente para inicializar o horário do sistema. Os elementos **tm_wday** e **tm_yday** são estabelecidos pela função, assim, eles não precisam ser definidos no momento da chamada.

Se **mktime()** não puder representar a informação como um horário válido de calendário, ela devolverá -1.

Exemplo

Este programa lhe diz o dia da semana de 3 de janeiro de 1999:

```
#include <time.h>
#include <stdio.h>

void main(void)
{
  struct tm t;
  time_t t_of_day;

  t.tm_year = 1999-1900;
  t.tm_mon = 0;
  t.tm_mday = 3;
  t.tm_hour = 0; /* hora, minuto e segundo não importam */
  t.tm_min = 0;  /* contanto que eles não façam com que */
  t.tm_sec = 1;  /* mude o dia */
  t.tm_isdst = 0;

  t_of_day = mktime(&t);
  printf(ctime(&t_of_day));
}
```

Funções Relacionadas

asctime(), ctime(), gmtime(), time()

#include <dos.h>
void _segread(struct _SREGS *sregs);

A função **_segread()** não é definida pelo padrão C ANSI e aplica-se apenas a compiladores C baseados em DOS, podendo aparecer com um nome ligeiramente diferente. Verifique seu manual do usuário.

A função **_segread()** copia os valores atuais dos registradores de segmento (da família) na estrutura **SREGS** apontada por *sregs*.

#include <locale.h>
char *setlocale(int type, const char *locale);

A função **setlocale()** permite que você examine ou estabeleça certos parâmetros que são sensíveis à localização geopolítica do programa. Por exemplo, na Europa, a vírgula é utilizada no lugar do ponto decimal.

Se *locale* é nulo, **setlocale()** devolve um ponteiro para a string de localização atual. Caso contrário, **setlocale()** tenta utilizar a string de localização especificada para estabelecer os parâmetros da localidade como especificado por *type*.

No momento da chamada, *type* deve ser uma das seguintes macros:

LC_ALL
LC_COLLATE
LC_CTYPE
LC_MONETARY
LC_NUMERIC
LC_TIME

LC_ALL refere-se a todas as categorias de localização. **LC_COLLATE** afeta a operação da função **strcoll()**. **LC_CTYPE** altera a maneira pela qual as funções de caracteres operam. **LC_MONETARY** determina o formato monetário. **LC_NUMERIC** muda o caractere de ponto decimal para as funções de entrada/saída. Finalmente, **LC_TIME** determina o comportamento da função **strftime()**.

O padrão C ANSI define duas strings possíveis para *locale*. A primeira é "C", que especifica um ambiente mínimo para compilação C. A segunda é "", a string nula, que especifica o ambiente padrão definido pela implementação. Todos os outros valores para *locale* são definidos pela implementação e afetam a portabilidade.

A função **setlocale()** devolve um ponteiro para uma string associada ao parâmetro *type*. Se a solicitação não pode ser atendida, **setlocale()** retorna nulo.

Exemplo

Este programa mostra a disposição da localidade atual:

```
#include <locale.h>
#include <stdio.h>

void main(void)
{
  printf(setlocale(LC_ALL,""));
}
```

Funções Relacionadas

localeconv(), strcoll(), strftime(), time()

#include <time.h>
size_t strftime(char *str, size_t maxsize, const char *fmt, const struct tm *time);

A função **strftime()** coloca as informações de horário e de data, junto a outras informações, na string apontada por *str*. **strftime()** utiliza os comandos de formato encontrados na string apontada por *fmt* e o horário decomposto *time*. Um máximo de caracteres *maxsize* é colocado em *str*.

Tabela 15.1 Os comandos de formato de **strftime()**.

Comando	**Substituído por**
%a	Nome do dia da semana abreviado
%A	Nome do dia da semana completo
%b	Nome do mês abreviado
%B	Nome do mês completo
%c	String de hora e data padrão
%d	Dia do mês em decimal (1-31)
%H	Hora, na faixa (0-23)
%I	Hora, na faixa (1-12)
%j	Dia do ano em decimal (1-366)
%m	Mês em decimal (1-12)
%M	Minutos em decimal (0-59)
%p	Equivalente local de AM e PM
%S	Segundos em decimal (0-61)
%U	Semana do ano, domingo sendo o primeiro dia (0-52)
%w	Dia da semana em decimal (0-6, domingo sendo 0)
%W	Semana do ano, segunda-feira sendo o primeiro dia (0-53)
%x	String de data padrão
%X	String de hora padrão
%y	Ano em decimal sem século (00-99)
%Y	Ano incluindo século em decimal
%Z	Nome da zona de tempo
%%	O sinal de porcentagem

A função **strftime()** opera de forma semelhante à função **sprintf()**. Ela reconhece um conjunto de comandos de formato que começa com um sinal de porcentagem (%) e coloca sua saída formatada na string. Os comandos de formato especificam a maneira exata em que as diversas informações de horário e data são representadas em *str*. Qualquer outro caractere encontrado na string é colocado, sem alteração, em *str*. A hora e a data mostradas estão em hora local. Os comandos de formato são mostrados na Tabela 15.1. Observe que muitos deles são sensíveis à diferença entre maiúsculas e minúsculas.

A função **strftime()** devolve o número de caracteres colocado na string apontada por *str*. Se ocorre um erro, a função devolve zero.

Exemplo

Assumindo que **ltime** aponta para uma estrutura que contém 10:00:00 AM Jan 2, 1994, o fragmento seguinte escreve **Agora são 10 AM**.

```
strftime(str, 100, "Agora são %H %p", ltime);
printf(str);
```

Funções Relacionadas

gmtime(), localtime(), time()

#include <time.h>
time_t time(time_t *time);

A função **time()** devolve o horário atual de calendário do sistema. Se o sistema não tem horário, **time()** devolve -1.

A função **time()** pode ser chamada com um ponteiro nulo ou com um ponteiro para uma variável do tipo **time_t**. Nesse caso, o argumento também recebe o horário de calendário.

Exemplo

Este programa mostra a hora local definida pelo sistema:

```
#include <time.h>
#include <stdio.h>

void main(void)
{
  struct tm *ptr;
  time_t lt;
```

```
    lt = time(NULL);
    ptr = localtime(&lt);
    printf(asctime(ptr));
}
```

Funções Relacionadas

ctime(), gmtime(), localtime(), strftime()

MAKRON Books

16

Alocação Dinâmica

Existem duas maneiras fundamentais de um programa em C poder armazenar informações na memória principal do computador. O primeiro método usa variáveis locais e globais — incluindo matrizes e estruturas. No caso de variáveis globais e locais estáticas, o armazenamento é fixo durante todo o tempo de execução do programa. Para variáveis locais, o armazenamento é alocado do espaço da pilha do computador. Embora essas variáveis sejam implementadas eficientemente em C, elas exigem que o programador saiba, de antemão, a quantidade de armazenamento necessária para todas as situações em que o programa possa se encontrar — algo que nem sempre é possível. De fato, alguns programas precisam ser capazes de ajustar as suas necessidades de armazenamento como resposta a eventos que só serão conhecidos durante a execução do programa.

Para oferecer um meio pelo qual o programa possa obter espaço para armazenamento em tempo de execução, o C inclui um subsistema de *alocação dinâmica*. A alocação dinâmica é a segunda maneira pela qual um programa pode obter espaço de armazenamento para dados. Nesse método, o armazenamento para a informação é alocado da memória livre, também chamada de *heap*, conforme suas necessidades. A região de memória livre está situada entre seu programa, com sua área de armazenamento permanente, e a pilha. A Figura 16.1 mostra conceitualmente como um programa em C aparece na memória. (Para a família 8086 de processadores, a posição do heap muda dependendo do modelo de memória utilizado. Os modelos de memória do 8086 serão discutidos resumidamente.) A pilha cresce para baixo conforme ela é usada; assim, a quantidade de memória de que ela precisa depende de como seu programa é construído. Por exemplo, um programa com muitas funções recursivas tem uma demanda muito maior de memória de pilha do que um que não tem funções recursivas, pois as variáveis locais são armazenadas na pilha. A memória necessária para o programa e as variáveis globais são fixas durante a execução do programa. A memória para satisfazer uma solicitação de alocação é retirada da área de memória livre, começando logo acima das variáveis globais e crescendo na direção da pilha. Como você poderia supor, sob casos relativamente extremos, a pilha pode colidir com o heap. O fato de o heap poder se esgotar implica que um pedido de alocação de memória pode falhar. (E, de fato, falha.)

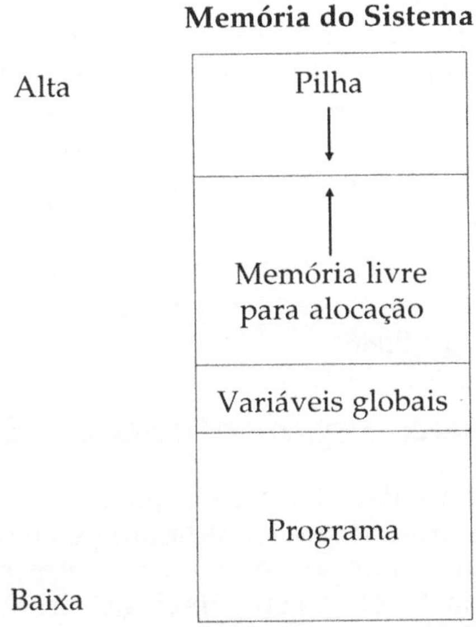

Figura 16.1 O uso da memória de um programa em C.

No núcleo do sistema de alocação dinâmica de C estão as funções **malloc()** e **free()** — parte da biblioteca C padrão. Toda vez que **malloc()** requisita memória, uma porção da memória livre restante é alocada. Toda vez que é feita uma chamada a **free()** para liberar memória, memória é devolvida para o sistema. A maneira mais comum de implementar **malloc()** e **free()** é organizar a memória livre em uma lista encadeada. No entanto, o método de gerenciamento de memória depende da implementação.

O padrão C ANSI especifica que os protótipos para as funções de alocação dinâmica definidas pelo padrão estão em STDLIB.H.

O padrão C ANSI define apenas quatro funções para o sistema de alocação dinâmica: **calloc()**, **malloc()**, **free()** e **realloc()**. No entanto, este livro examina várias outras que estão em uso de forma massiva — especialmente na família 8086 de ambientes de CPU. A base para as funções não-padrões é o Microsoft C versão 5.1, mas muitos compiladores terão funções similares, embora com nomes diferentes. As funções não-padrões usam o arquivo de cabeçalho MALLOC.H. Algumas dessas funções adicionais são necessárias para suportar a arquitetura segmentada da família de processadores 8086 de forma eficiente. (Essas funções não dizem respeito a compiladores projetados para outros processadores ou para processadores mais novos da família 8086 quando não estiverem executando no modo de compatibilidade DOS). Por causa da memória segmentada da família 8086 de processadores, geralmente são suportados pelos compiladores 3 modificadores de tipo fora do padrão, específicos para estes processadores. Para muitos compiladores estes novos tipos são chamados **near**, **far** e **huge.** No entanto, a Microsoft os chama **__near**, **__far** e **__huge.** Neste capítulo discutimos as funções de alocação baseadas em 8086 na versão Microsoft, usaremos estas palavras-chaves. (Os sublinhados iniciais garantem compatibilidade como padrão ANSI). Estes tipos são usados para criar ponteiros de um tipo diferente daquele que seria usado normalmente em função do modelo de memória usado para compilar o programa. A seguinte discussão explica os modelos de memória segmentada do 8086.

Os Modelos de Memória Segmentada do 8086

Quando operada no modo segmentado, a famíla 8086 de processadores vê a memória como um conjunto de fatias de 64 K; cada fatia é chamada de *segmento.* Cada byte na memória é definido por seu endereço de segmento (contido em um registrador de segmento da CPU) e seu offset, ou deslocamento (contido em outro registrador), dentro desse segmento. Tanto o segmento como o offset usam valores de 16 bits. Quando um endereço que está sendo acessado pertence ao segmento atual, apenas os 16 bits do offset precisam ser carregados para acessar um byte específico na memória. No entanto, se o endereço de memória está fora do segmento atual, os 16 bits do segmento e os 16 bits do offset precisam ser carregados. Dessa forma, para acessar a memória dentro do segmento, o compilador C pode tratar um ponteiro ou uma instrução de call ou jump como um objeto de 16 bits. Para acessar a memória fora do segmento atual, o compilador deve tratar um ponteiro ou uma instrução de call ou jump como uma entidade de 32 bits.

Em razão da natureza segmentada da família 8086, você pode organizar a memória em um destes seis modelos (mostrados em ordem crescente de tempo de execução):

Tiny (minúsculo) Todos os registradores de segmento são colocados no mesmo valor e todo o endereçamento é feito usando 16 bits. Isso significa que o código, os dados e a pilha devem todos encaixar-se no mesmo segmento de 64 K. A mais rápida execução do programa.

Small (pequeno) Todo o código se enquadra em um segmento de 64 K e todos os dados devem caber em um segundo segmento de 64 K. Todos os ponteiros são de 16 bits. Tão veloz quanto o modelo *tiny*.

Medium (médio) Todos os dados devem caber em um segmento de 64 K, mas o código pode usar segmentos múltiplos. Todos os ponteiros para os dados são de 16 bits, mas todos os jumps e calls exigem endereços de 32 bits. Rápido acesso aos dados, execução mais lenta do código.

Compact (compacto) Todo o código deve caber em um segmento de 64 K, mas os dados podem usar múltiplos segmentos. No entanto, nenhum item de dado pode exceder 64 K. Todos os ponteiros para dados são de 32 bits, mas os jumps e calls podem usar endereços de 16 bits. Acesso lento aos dados, execução mais rápida do código.

Large (grande) Tanto código como dados podem usar segmentos múltiplos. Todos os ponteiros são de 32 bits. No entanto, nenhum item único de dado pode exceder 64 K. Execução mais lenta do programa.

Huge (enorme) Tanto código como dados podem usar segmentos múltiplos. Todos os ponteiros são de 32 bits. Itens únicos podem exceder 64 K. Execução mais lenta do programa.

Como você poderia supor, é muito mais rápido acessar a memória via ponteiros de 16 bits do que com de 32, pois metade dos bits devem ser carregados na CPU para cada referência à memória.

Ocasionalmente, você precisará fazer referência a um ponteiro que é diferente do fornecido pelo modelo de memória. Muitos compiladores C baseados em 8086 permitem que ponteiros de 16 ou 32 bits sejam criados explicitamente pelo seu programa, contornando, assim, o modelo padrão de memória. Isso normalmente ocorre quando um programa exige muitos dados para uma operação específica. Nesse caso, um ponteiro **far** é criado e a memória é alocada com a versão não-padrão de **malloc()**, que aloca memória fora do segmento de dados padrão. Dessa forma, todos os outros acessos à memória permanecem rápidos e o tempo de execução não sofre tanto como se tivesse sido usado um modelo maior. O inverso também pode acontecer: um programa que usa um modelo maior pode estabelecer um ponteiro **near** para uma porção da memória freqüentemente acessada para aumentar o desempenho. Como os métodos reais de sobrepor o modelo de memória diferem de compilador para compilador, verifique seu manual do usuário.

Muitos compiladores C baseados em 8086 restringem o tamanho de um item único de dados para 64 K — o tamanho de um segmento. No entanto, você pode usar o modificador **_huge** para criar um ponteiro que pode ser usado com objetos maiores que 64 K.

#include <malloc.h>
void *_alloca(size_t size);

A função **_alloca()** não é definida pelo padrão C ANSI. Ela pode, ainda, ter um nome ligeiramente diferente; verifique seu manual do usuário.

A função **_alloca()** aloca *size* bytes de memória da pilha do sistema (não do heap) e devolve um ponteiro de caracteres para essa região. Um ponteiro nulo é devolvido se a solicitação não puder ser cumprida.

A memória alocada com **_alloca()** é automaticamente liberada quando a função que a chamou retorna. Isso significa que você nunca deve utilizar um ponteiro gerado por **_alloca()** como um argumento para **free()**.

Exemplo

O código seguinte aloca 80 bytes da pilha usando **_alloca()**:

```
#include <malloc.h>
#include <stdio.h>

void main(void)
{
  char *str;

  if(!(str = _alloca(80))) {
    printf("Erro de alocação - abortando.");
    exit(1);
  }
  .
  .
  .
}
```

Funções Relacionadas

malloc(), stackavail()

#include <stdlib.h>
void *calloc(size_t num, size_t size);

A função **calloc()** aloca uma quantidade de memória igual a *num* * *size*. Isto é, **calloc()** aloca memória suficiente para uma matriz de *num* objetos de tamanho *size*.

A função **calloc()** devolve um ponteiro para o primeiro byte da região alocada. Se não houver memória suficiente para satisfazer a solicitação, é devolvido um ponteiro nulo. Você sempre deve verificar se o valor devolvido não é um ponteiro nulo antes de usá-lo. Memória alocada usando **calloc()** deve ser liberada usando **free()**.

Exemplo

Esta função devolve um ponteiro para uma matriz de 100 **floats** alocada dinamicamente:

```
#include <stdlib.h>
#include <stdio.h>

float *get_mem(void)
{
  float *p;

  p = calloc(100, sizeof(float));
  if(!p) {
    printf("Erro de alocação - abortando.");
    exit(1);
  }
  return p;
}
```

Funções Relacionadas

free(), malloc(), realloc()

#include <malloc.L>
void_ _far *_fcalloc(size_t num, size_t size);

A função **_fcalloc()** não é definida pelo padrão ANSI e se aplica à maioria dos compiladores para a CPU 8086. Ela também pode ter um nome ligeiramente diferente, portanto verifique seu manual de usuário.

A função **_fcalloc()** aloca a quantidade de memória equivalente a num*size. Em outras palavras, **_fcalloc()** aloca memória suficiente para um vetor de num elementos, onde cada elemento ocupa size bytes. A memória é sempre alocada fora do segmento padrão de dados. (Nos demais aspectos é semelhante a **calloc()**. Veja **calloc()** para ver um exemplo.)

A função **_fcalloc()** retorna um ponteiro para o primeiro byte da região alocada. Se não houver memória suficiente para atender o pedido, será retornado um ponteiro nulo. Você deveria sempre verificar que o valor de retorno não seja nulo antes de utilizá-lo.

Funções Relacionadas

_ffree(), _fmalloc(), _frealloc()

#include <malloc.h>
void_ffree(void __far *ptr);

A função **_ffree()** não é definida pelo padrão C ANSI e aplica-se à maioria dos compiladores baseados em 8086. Ela pode, ainda, ter um nome ligeiramente diferente; verifique seu manual do usuário.

A função **_ffree()** devolve ao sistema a memória apontada pelo ponteiro **far** *ptr*. Isso torna a memória disponível para futura alocação. O ponteiro deve ter sido previamente alocado utilizando-se **_fmalloc()**, **_frealloc ()** ou **_fcalloc ()**.

Ela não pode liberar ponteiros alocados por outras funções de alocação. Se for utilizado um ponteiro inválido na chamada, geralmente ocorre a destruição do mecanismo de gerenciamento da memória, provocando uma quebra do sistema.

Exemplo

Este programa aloca memória fora do segmento de dados padrão e, em seguida, libera-a. Observe a utilização de **__far** para estabelecer um ponteiro **far**. Lembre-se de que **__far** não faz parte da linguagem C e só diz respeito a compiladores baseados na família 8086 de processadores.

```
#include <malloc.h>
#include <stdio.h>
#include <stdlib.h>

void main(void)
{
  char __far *str;

  if((str = _fmalloc(128))==NULL) {
     printf("Erro de alocação - abortando.");
     exit(1);
  }

  /* agora libera a memória */
  _ffree(str);
}
```

Funções Relacionadas

_fcalloc(), _fmalloc(), _frealloc()

#include <malloc.h>
void _ _far *_fmalloc(size_t size);

A função **_fmalloc()** não é definida pelo padrão C ANSI e aplica-se à maioria dos compiladores baseados em 8086. Ela pode, ainda, ter um nome ligeiramente diferente; verifique seu manual do usuário.

A função **_fmalloc()** devolve um ponteiro **far** para o primeiro byte de uma região de memória de tamanho *size* que foi alocada fora do segmento de dados padrão. Se não há memória suficiente fora do segmento de dados padrão, o heap será tentado. Se ambos falham em satisfazer a solicitação de **_fmalloc()**, um ponteiro nulo é, então, devolvido. Você deve sempre verificar se o valor devolvido não é um ponteiro nulo antes de utilizá-lo.

Exemplo

Esta função aloca memória suficiente, fora do segmento de dados padrão, para guardar estruturas do tipo **addr**. Observe a utilização de **_ _far** para estabelecer um ponteiro **far**. Lembre-se de que **_ _far** não faz parte da linguagem C e só diz respeito a compiladores baseados na família 8086 de processadores.

```
#include <malloc.h>
#include <stdlib.h>
#include <stdio.h>

struct addr {
  char name[40];
  char street[40];
  char city[40];
  char state[3];
  char zip[10];
};

struct addr __far *get_struct(void)
{
  struct addr __far *p;

  if((p = _fmalloc(sizeof(struct addr)))==NULL) {
    printf("Erro de alocação - abortando.");
    exit(1);
  }
  return p;
}
```

Funções Relacionadas

_fcalloc(), _ffree(), _frealloc()

#include <malloc.h>
size_t _fmsize(void __far *ptr);

A função **_fmsize()** não é definida pelo padrão C ANSI e aplica-se à maioria dos compiladores baseados em 8086. Ela pode, ainda, ter um nome ligeiramente diferente; verifique seu manual do usuário.

A função **_fmsize()** devolve o número de bytes do bloco de memória alocado apontado pelo ponteiro **far** *ptr*. Essa memória deve ter sido alocada com **_fmalloc()**, **_frealloc()** ou **_fcalloc()**.

Exemplo

Este programa mostra o tamanho do bloco de memória necessário para conter a estrutura **addr**:

```
#include <malloc.h>
#include <stdio.h>

struct addr {
  char name[40];
  char street[40];
  char city[40];
  char state[3];
  char zip[10];
};

void main(void)
{
  struct addr __far *p;

  p = _fmalloc(sizeof(struct addr));

  printf("Tamanho do bloco é %u.", _fmsize(p));
}
```

Função Relacionada

_fmalloc()

#include <malloc.h>
void __far*_frealloc(void __far *ptr, size_t size);

A função **_frealloc()** não é definida pelo padrão C ANSI e aplica-se principalmente a compiladores baseados em 8086. Pode ser também que tenha um nome ligeiramente diferente, portanto verifique seu manual do usuário.

A função **_frealloc()** modifica o tamanho da área de memória alocada anteriormente e apontada por *ptr* para o tamanho *size*. O valor de *size* pode ser maior ou menor do que o tamanho original. A memória apontada por *ptr* deve ter sido alocada anteriormente usando **_fmalloc()** ou **_fcalloc()**.

_frealloc() pode precisar mover o bloco original de memória para poder aumentar seu tamanho. Se isto ocorrer, o conteúdo do bloco antigo é copiado para o bloco novo — nenhuma informação é perdida. Se *ptr* for nulo, **_frealloc()** simplesmente alocará *size* bytes de memória e retorna um ponteiro para eles. Se *size* for zero, a memória apontada por *ptr* será liberada.

_frealloc() retorna um ponteiro para o bloco de memória já mudado de tamanho, que será alocado do heap **far**. Se não houver memória suficiente no heap para alocar *size* bytes, será retornado um ponteiro nulo e o bloco original não será modificado.

_frealloc() é a versão **far** de **realloc()**. Veja **realloc()** para um exemplo.

Funções relacionadas

_fcalloc(), _ffree(), fmalloc()

#include <stdlib.h>
void free(void *ptr);

A função **free()** devolve ao heap a memória apontada por *ptr*, tornando a memória disponível para alocação futura.

free() deve ser chamada somente com um ponteiro que foi previamente alocado com uma das funções do sistema de alocação dinâmica (**malloc()**, **realloc()** ou **calloc()**). A utilização de um ponteiro inválido na chamada provavelmente destruirá o mecanismo de gerenciamento de memória e provocará uma quebra do sistema.

Exemplo

Este programa aloca espaço para as strings digitadas pelo usuário e, em seguida, libera a memória.

```
#include <stdlib.h>
#include <stdio.h>

void main(void)
{
  char *str[100];
  int i;

  for(i=0; i<100; i++) {
    if((str[i] = malloc(128))==NULL) {
      printf("Erro de alocação - abortando.");
      exit(1);
    }
    gets(str[i]);
  }

  /* agora libera a memória */
  for(i=0; i<100; i++) free(str[i]);
}
```

Funções Relacionadas

calloc(), malloc(), realloc()

#include <malloc.h>
unsigned _freect(size_t size);

A função **_freect()** não é definida pelo padrão C ANSI. Ela pode, ainda, ter um nome ligeiramente diferente, portanto verifique seu manual do usuário.

A função **_freect()** devolve o número aproximado de itens de tamanho *size* que pode ser alocado na memória livre deixada no heap.

Exemplo

Este programa mostra o número de valores em ponto flutuante que pode ser armazenado no heap:

```
#include <malloc.h>
#include <stdio.h>

void main(void)
{
  printf("Número de floats que caberão no heap: ");
  printf("%u.\n", _freect(sizeof(float)));
}
```

Funções Relacionadas

malloc(), _memavl()

#include <malloc.h>
void __huge *_halloc(long num, size_t size);

A função **_halloc()** não é definida pelo padrão C ANSI e aplica-se à maioria dos compiladores baseados em 8086. Ela pode ainda ter um nome ligeiramente diferente; verifique seu manual do usuário.

A função **_halloc()** devolve um ponteiro **__huge** para o primeiro byte de uma região de memória de tamanho *size* * *num* que foi alocada externamente ao segmento de dados padrão. Isto é, *num* objetos de tamanho *size* em bytes são alocados. Se a solicitação de alocação falha devido à memória livre insuficiente, **_halloc()** devolve um ponteiro nulo. Você deve sempre verificar se o valor devolvido não é um ponteiro nulo antes de usá-lo.

A função **_halloc()** aloca um bloco de memória maior que 64 K em computadores baseados em 8086. O valor de *size* talvez precise ser um número par.

Exemplo

Esta função aloca memória suficiente, fora do segmento de dados padrão, para conter 128.000 bytes. Observe a utilização de **__huge** para estabelecer um ponteiro **__huge**. Lembre-se de que **__huge** não faz parte da linguagem C e só diz respeito a compiladores baseados na família 8086 de processadores.

```
#include <malloc.h>
#include <stdio.h>
#include <stdlib.h>

char __huge *get_ram(void)
{
  char __huge *p;

  if((p = _halloc(1, 128000))==NULL) {
    printf("Erro de alocação - abortando.");
    exit(1);
  }
  return p;
}
```

Funções Relacionadas

calloc(), _hfree(), malloc(), realloc()

#include <malloc.h>
void _hfree(void __huge *ptr);

A função **_hfree()** não é definida pelo padrão C ANSI e aplica-se à maioria dos compiladores baseados em 8086. Ela pode ainda ter um nome ligeiramente diferente; verifique seu manual do usuário.

A função **_hfree()** devolve ao sistema a memória apontada pelo ponteiro **huge** *ptr*, tornando a memória disponível para alocação futura. O ponteiro deve ter sido previamente alocado com **halloc()**, que aloca blocos de memória maiores que 64 K. A utilização de um ponteiro inválido na chamada provavelmente destruirá o mecanismo de gerenciamento de memória e provocará uma quebra do sistema.

Exemplo

Este programa primeiro aloca memória externa ao segmento de dados padrão e depois libera-a:

```
#include <malloc.h>
#include <stdlib.h>
#include <stdio.h>

void main(void)
{
  char __huge *large;

  if((large = _halloc(1, 128000))==NULL) {
    printf("Erro de alocação - abortando.");
    exit(1);
  }

  /* agora libera a memória */
  _hfree(large);
}
```

Funções Relacionadas

calloc(), _halloc(), malloc(), realloc()

#include <stdlib.h>
void *malloc(size_t size);

A função **malloc()** devolve um ponteiro para o primeiro byte de uma região de memória de tamanho *size* que foi alocada do heap. Caso não haja memória suficiente no heap para satisfazer a solicitação, **malloc()** devolve um ponteiro nulo. Você deve sempre verificar se o valor devolvido não é um ponteiro nulo antes de utilizá-lo. A tentativa de usar um ponteiro nulo resultará geralmente numa quebra do sistema.

Exemplo

Esta função aloca memória suficiente para conter uma estrutura do tipo **addr**:

```
struct addr {
  char name[40];
  char street[40];
  char city[40];
  char state[3];
  char zip[10];
};

struct addr *get_struct(void)
{
  struct addr *p;

  if((p = malloc(sizeof(struct addr)))==NULL) {
    printf("Erro de alocação - abortando.");
    exit(1);
  }
  return p;
}
```

Funções Relacionadas

calloc(), free(), realloc()

#include <malloc.h>
size_t _memavl(void);

A função **_memavl()** não é definida pelo padrão C ANSI. Ela pode, ainda, ter um nome ligeiramente diferente; verifique seu manual do usuário.

A função **_memavl()** devolve o número aproximado de bytes de memória livre deixada no heap.

Exemplo

Este programa escreve o número de bytes disponível para alocação:

```
#include <malloc.h>
#include <stdio.h>

void main(void)
{
  printf("O número de bytes disponível para alocação: ");
  printf("%u.", _memavl());
}
```

Funções Relacionadas

free(), _freect(), malloc()

#include <malloc.h>
size_t _msize(void *ptr);

A função **_msize()** não é definida pelo padrão C ANSI. Ela pode ainda ter um nome ligeiramente diferente; verifique seu manual do usuário.

A função **_msize()** devolve o número de bytes no bloco de memória alocado apontado por *ptr*. Essa memória deve ter sido alocada com **malloc()**, **realloc()** ou **calloc()**.

Exemplo

Este programa mostra o tamanho do bloco de memória que é necessário para conter a estrutura **addr**:

```
#include <malloc.h>
#include <stdio.h>

struct addr {
  char name[40];
  char street[40];
  char city[40];
  char state[3];
  char zip[10];
};

void main(void)
{
```

```
    struct addr *p;

    p = malloc(sizeof(struct addr));

    printf("O tamanho do bloco é: %u.", _msize(p));
}
```

Funções Relacionadas

malloc(), realloc()

#include <malloc.h>
void _ _near*_ncalloc(size_t num, size_t size);

A função **_ncalloc()** não é definida pelo padrão ANSI e se aplica à maioria dos compiladores para a CPU 8086. Ela também pode ter um nome ligeiramente diferente, portanto verifique em seu manual de usuário.

A função **ncalloc()** aloca a quantidade de memória equivalente a num * size. Em outras palavras, **_ncalloc()** aloca memória suficiente para um vetor de *num* elementos, onde cada elemento ocupa *size* bytes. A memória é sempre alocada dentro do segmento padrão de dados. (Nos demais aspectos é semelhante a **calloc()**. Veja **calloc()** para ver um exemplo.)

A função **_ncalloc()** retorna um ponteiro para o primeiro byte da região alocada. Se não houver memória suficiente para atender o pedido, será retornado um ponteiro nulo. Você deveria sempre verificar que o valor de retorno não seja nulo antes de utilizá-lo.

Funções Relacionadas

_nfree(), _nmalloc(), _nrealloc()

#include <malloc.h>
void _nfree(char _ _near *ptr);

A função **_nfree()** não é definida pelo padrão C ANSI e aplica-se à maioria dos compiladores baseados em 8086. Ela pode, ainda, ter um nome ligeiramente diferente; verifique seu manual do usuário.

A função **_nfree()** devolve ao sistema a memória apontada pelo ponteiro **near** *ptr*, tornando a memória disponível para alocação futura. O ponteiro deve ter sido previamente alocado com **_nmalloc()**, **_ncalloc()** ou **_nrealloc()**. A utilização de um ponteiro inválido na chamada provavelmente destruirá o mecanismo de gerenciamento de memória e provocará uma quebra do sistema.

Exemplo

Este programa primeiro aloca memória interna ao segmento de dados padrão e depois libera-a. Observe a utilização de **_ _near** para estabelecer um ponteiro _ _near. Lembre-se de que **near** não faz parte da linguagem C e só diz respeito a compiladores baseados na família 8086 de processadores.

```
#include <malloc.h>
#include <stdio.h>
#include <stdlib.h>

void main(void)
{
  char __near *str;

  if((str = _nmalloc(128))==NULL) {
    printf("Erro de alocação - abortando.");
    exit(1);

  }
  /* agora libera a memória */
  _nfree(str);
}
```

Funções Relacionadas

ncalloc(), _nmalloc(), nrealloc()

#include <malloc.h>
char _ _near *_nmalloc(size_t size);

A função **_nmalloc()** não é definida pelo padrão C ANSI e aplica-se à maioria dos compiladores baseados em 8086. Ela pode, ainda, ter um nome ligeiramente diferente; verifique seu manual do usuário.

A função **_nmalloc()** devolve um ponteiro **near** para o primeiro byte de uma região de memória de tamanho *size* que foi alocada do interior do segmento de dados padrão. Isso somente é significativo para programas compilados em um dos modelos grandes de dados do 8086 e permite a utilização de um ponteiro de 16 bits. Se a solicitação de alocação falha por memória livre insuficiente, **_nmalloc()** devolve um ponteiro nulo. Você deve sempre verificar se o valor devolvido não é um ponteiro nulo antes de usá-lo.

Exemplo

Esta função aloca memória suficiente, dentro do segmento de dados padrão, para conter 128 bytes. Observe a utilização de **_ _near** para estabelecer um ponteiro **near**. Lembre-se de que **_ _near** não faz parte da linguagem C e só diz respeito a compiladores baseados na família 8086 de processadores.

```
char __near *get_near_ram(void)
{
  char __near *p;

  if((p = _nmalloc(128))==NULL) {
    printf("Erro de alocação - abortando.");
    exit(1);
  }
  return p;
}
```

Funções Relacionadas

_ncalloc(), _nfree(), nrealloc()

#include <malloc.h>
size_t _nmsize(void _ _near *ptr);

A função **_nmsize()** não é definida pelo padrão C ANSI e aplica-se à maioria dos compiladores baseados em 8086. Ela pode, ainda, ter um nome ligeiramente diferente; verifique seu manual do usuário.

A função **_nmsize()** devolve o número de bytes no bloco de memória alocado apontado pelo ponteiro **near** *ptr*. Esta memória deve ter sido alocada com **_nmalloc()**, **_nrealloc ()** ou **_ncalloc()**.

Exemplo

Este programa mostra o tamanho do bloco de memória que é necessário para conter a estrutura **addr**:

```
#include <malloc.h>
#include <stdio.h>

struct addr {
  char name[40];
  char street[40];
  char city[40];
  char state[3];
  char zip[10];
};

void main(void)
{
  struct addr __near *p;

  p = _nmalloc(sizeof(struct addr));

  printf("O tamanho do bloco é: %u.", _nmsize(p));
}
```

Função Relacionada

_nmalloc()

#include <malloc.h>
void __near*_nrealloc(void __near *ptr, size_t size);

A função **_nrealloc()** não é definida pelo padrão C ANSI e aplica-se principalmente a compiladores baseados em 8086. Pode ser também que tenha um nome ligeiramente diferente, portanto verifique seu manual do usuário.

A função **_nrealloc()** modifica o tamanho da área de memória alocada anteriormente e apontada por *ptr* para o tamanho *size*. O valor de *size* pode ser maior ou menor do que o tamanho original. A memória apontada por *ptr* deve ter sido alocada anteriormente usando **_nmalloc()** ou **_ncalloc()**.

_nrealloc() pode precisar mover o bloco original de memória para poder aumentar seu tamanho. Se isto ocorrer, o conteúdo do bloco antigo é copiado para o bloco novo — nenhuma informação é perdida. Se *ptr* for nulo, **_nrealloc()** simplesmente alocará *size* bytes de memória e retornará um ponteiro para eles. Se *size* for zero, a memória apontada por *ptr* será liberada.

_nrealloc() retorna um ponteiro para o bloco de memória já mudado de tamanho, que será alocado do heap **near**. Se não houver memória suficiente no heap para alocar *size* bytes, será retornado um ponteiro nulo e o bloco original não será modificado.

_nrealloc() é a versão **near** de **realloc()**. Veja **realloc()** para um exemplo.

Funções Relacionadas

_ncalloc(), _nfree(), _nmalloc()

#include <stdlib.h> void *realloc(void *ptr, size_t size);

A função **realloc()** modifica o tamanho da memória previamente alocada apontada por *ptr* para aquele especificado por *size*. O valor de *size* pode ser maior ou menor que o original.

Um ponteiro para o bloco de memória é devolvido porque **realloc()** pode precisar mover o bloco para aumentar seu tamanho. Se isso ocorre, o conteúdo do bloco antigo é copiado no novo bloco; nenhuma informação é perdida. Se *ptr* é um nulo, **realloc()** simplesmente aloca *size* bytes de memória e devolve um ponteiro para a memória alocada. Se size é zero, a memória apontada por *ptr* é liberada.

realloc() retorna um ponteiro para o bloco redimensionado de memória. Se não há memória livre suficiente no heap para alocar *size* bytes, é devolvido um ponteiro nulo e o bloco original é deixado inalterado.

Exemplo

Este programa primeiro aloca 23 caracteres, copia a string "isso são 22 caracteres" neles e, em seguida, usa **realloc()** para aumentar o tamanho para 24 e, assim, pôr um ponto no final.

```
#include <stdlib.h>
#include <stdio.h>
#include <string.h>

void main(void)
{
  char *p;

  p = malloc(23);
  if(!p) {
    printf("Erro de alocação - abortando.");
    exit(1);
  }

  strcpy(p, "isso são 22 caracteres");

  p = realloc(p, 24);
  if(!p) {
```

```
      printf("Erro de alocação - abortando.");
      exit(1);
    }

    strcat(p, ".");

    printf(p);

    free(p);
  }
```

Funções Relacionadas

calloc(), free(), malloc()

#include <malloc.h>
size_t _stackavail(void)

A função **_stackavail()** não é definida pelo padrão C ANSI. Ela pode, ainda, ter um nome ligeiramente diferente; verifique seu manual do usuário.

A função **_stackavail()** devolve o número aproximado de bytes disponível na pilha para alocação com **_alloca()**.

Você também pode usar **_stackavail()** para predizer uma possível colisão entre o heap e a pilha que poderia ser gerada por rotinas recursivas, como ilustrado pelo exemplo a seguir.

Exemplo

A função **recurse()** chama a si mesma indefinidamente, usando mais espaço da pilha a cada chamada até que o tamanho da pilha tenha atingido um nível perigosamente baixo.

```
#include <malloc.h>
#include <stdio.h>

void recurse(void);

void main(void)
{
  recurse();
}
```

```
/* Esta rotina chamará a si mesma até que uma colisão
   entre o heap e a pilha se torne uma "ameaça".
*/

void recurse(void)
{
  printf("%u\n", stackavail());
  if(stackavail() < 1000) return;
  recurse()
}
```

Funções Relacionadas

_alloca(), _freect(), _memavl()

MAKRON Books

17

Funções Gráficas e de Texto

Apesar de o padrão C ANSI não definir funções de telas gráficas ou de texto, elas são importantes para a maioria dos trabalhos de programação atual. O padrão C ANSI não define essas funções em razão das grandes diferenças entre as capacidades e interfaces dos diferentes tipos de hardware. Mesmo os compiladores projetados para o mesmo ambiente normalmente implementam as funções gráficas e de texto de forma bastante diferente. Este capítulo descreve as funções gráficas e de texto mais comuns, que são fornecidas com o Microsoft C/C++. Essas funções operam apenas no DOS. Lembre-se: as funções gráficas fornecidas pelo seu compilador podem ser diferentes, mas os princípios são semelhantes.

NOTA: As funções descritas neste capítulo não se aplicam ao Windows. O Windows fornece seu próprio conjunto de funções gráficas, que são parte da API (Application Program Interface) do Windows. Se você criar programas gráficos em um ambiente Windows, precisará usar as funções gráficas da API.

Os protótipos para as funções gráficas e de texto do Microsoft estão contidos em GRAPH.H, juntamente com vários tipos de estrutura, que são discutidos conforme se tornarem necessários.

Este capítulo discute, primeiro, os diversos modos de vídeo disponíveis para a linha PC de computadores. Você precisa dessa informação auxiliar para entender certas funções gráficas.

Modos de Vídeo do PC

Como você provavelmente sabe, há diversos tipos de adaptadores de vídeo atualmente disponíveis para PCs. Os mais comuns são o monocromático, o CGA (Adaptador Gráfico Colorido), o PC*jr*, o EGA (Adaptador Gráfico Estendido) e o VGA (Matriz Gráfica de Vídeo). Juntos, estes adaptadores suportam diversos modos diferentes de operação em vídeo. A Tabela 17.1 resume esses modos de vídeo. Como você pode ver, alguns modos são para texto e alguns para gráficos. Em um modo texto, apenas texto pode ser apresentado. Em um modo gráfico, tanto texto como gráficos podem ser apresentados.

NOTA: Se seu equipamento possui uma placa de vídeo Super VGA, então ela pode suportar modos de alta resolução além dos relacionados na Tabela 17.1. Esses modos estendidos são não-padrões e podem diferir de uma placa Super VGA para outra. Você precisará consultar o manual do seu compilador para obter detalhes sobre o suporte a estes modos estendidos.

Tabela 17.1 Modos de tela para os diversos adaptadores de vídeo.

Modo	Tipo	Dimensões gráficas	Dimensões de texto
0	Texto, b/p	n/d	40x25
1	Texto, 16 cores	n/d	40x25
2	Texto, b/p	n/d	80x25
3	Texto, 16 cores	n/d	80x25
4	Gráficos, 4 cores	320x200	40x25
5	Gráficos, 4 tons de cinza	320x200	40x25
6	Gráficos, 2 cores	640x200	80x25
7	Texto, b/p	n/d	80x25
8	Gráficos PC*jr* 16 cores (obsoleto)	160x200	20x25
8	Hercules Graphics, 2 cores	720x348	80x25
9	Gráficos PC*jr* 16 cores (obsoleto)	320x200	40x25
10	Reservado		
11	Reservado		
12	Reservado		
13	Gráficos, 16 cores	320x200	40x25
14	Gráficos, 16 cores	640x200	80x25
15	Gráficos, 2 cores	640x350	80x25
16	Gráficos, 16 cores	640x350	80x25
17	Gráficos, 2 cores	640x480	80x30
18	Gráficos, 16 cores	640x480	80x30
19	Gráficos, 256 cores	320x200	40x25

A menor parte da tela endereçável pelo usuário no modo texto é um caractere. A menor parte da tela endereçável pelo usuário em um modo gráfico é um pixel. Na verdade, o termo *pixel* referia-se, originalmente, ao menor elemento individual de fósforo em um monitor de vídeo que podia ser energizado individualmente pelo feixe de varredura. No entanto, o termo foi generalizado para se referir ao menor ponto endereçável de um visor gráfico.

Em um modo texto, as posições individuais dos caracteres na tela são referenciadas pelo número de linha e de coluna. Para muitas implementações, as coordenadas do canto superior esquerdo são 1, 1 ao operar no modo texto. Em um modo gráfico, os pixels individuais são referenciados por suas coordenadas X,Y, sendo X o eixo horizontal. Em qualquer um dos modos gráficos, o canto superior esquerdo da tela é a posição 0,0. (As funções de tela e gráficas do Microsoft descritas aqui refletem um caso comum: a origem para o texto é 1,1 enquanto a origem para gráficos é 0, 0.)

Os exemplos de tela de texto deste capítulo utilizam o modo de vídeo 3, o modo de 80 colunas colorido. As rotinas gráficas usam o modo 18. Se seu hardware não suporta um desses modos, você terá de efetuar as alterações apropriadas nos exemplos.

Quando em um modo de texto colorido, você pode especificar a cor na qual o texto será apresentado. As cores e seus equivalentes inteiros são mostrados aqui:

Cor do texto	Valor
Preto	0
Azul	1
Verde	2
Ciano	3
Vermelho	4
Magenta	5
Marrom	6
Cinza-claro	7
Cinza-escuro	8
Azul-claro	9
Verde-claro	10
Ciano-claro	11
Vermelho-claro	12
Magenta-claro	13
Amarelo	14
Branco	15

Ativar o bit mais significativo por meio da soma do número 128 à cor faz o texto piscar.

As cores de texto para o fundo são mostradas a seguir:

Cor de fundo	**Valor**
Preto	0
Azul	1
Verde	2
Ciano	3
Vermelho	4
Magenta	5
Marrom	6

Para os modos de gráfico coloridos, as cores de fundo são as seguintes:

Cor de fundo	**Valor**
Preto	0
Azul	1
Verde	2
Ciano	3
Vermelho	4
Magenta	5
Marrom	6
Cinza-claro	7
Cinza-escuro	8
Azul-claro	9
Verde-claro	10
Ciano-claro	11
Vermelho-claro	12
Magenta-claro	13
Amarelo	14
Branco	15

Em um modo gráfico colorido, a cor de frente é determinada tanto pelo valor da cor como pelo da paleta atualmente selecionada. No modo de vídeo 4 da CGA (gráfico com quatro cores), você tem quatro cores por paleta e quatro paletas a escolher. As cores são numeradas de 0 a 3, com 0 sendo a cor de fundo. As paletas também são numeradas de 0 a 3. As paletas e suas cores associadas são mostradas na Tabela 17.2. A função **_selectpalette()** permite mudar as paletas.

No modo de 16 cores da EGA/VGA, uma paleta consiste em 16 cores selecionadas entre 64 possíveis. Os valores padrão são mostrados a seguir:

Cor	**Valor**
Preto	0
Azul	1
Verde	2

Cor	**Valor**
Ciano	3
Vermelho	4
Magenta	5
Marrom	6
Cinza-claro	7
Cinza-escuro	8
Azul-claro	9
Verde-claro	10
Ciano-claro	11
Vermelho-claro	12
Magenta-claro	13
Amarelo	14
Branco	15

Tabela 17.2 As paletas e cores do modo de vídeo 4.

Paleta	**Número da cor**		
	1	2	3
0	Verde	Vermelho	Marrom
1	Ciano	Magenta	Branco
2	Verde-claro	Vermelho-claro	Amarelo
3	Ciano-claro	Magenta-claro	Branco

Para mudar uma paleta na EGA/VGA, utilize **_remapallpalette()**, que define as cores que você selecionou na paleta.

```
#include <graph.h>
short __far _arc(short x1, short y1, short x2, short y2,
                 short x3, short y3, short x4, short y4);
```

A função **_arc()** desenha um arco cujo centro é o centro do retângulo de demarcação definido por *x1,y1* e *x2,y2*. (O retângulo não é mostrado.) O arco começa no ponto definido por *x3,y3* e termina em *x4,y4*. (Este processo é exibido na Figura 17.1.) O arco é mostrado na cor atual de desenho.

A função **_arc()** devolve verdadeiro se bem-sucedida; devolve zero caso ocorra um erro.

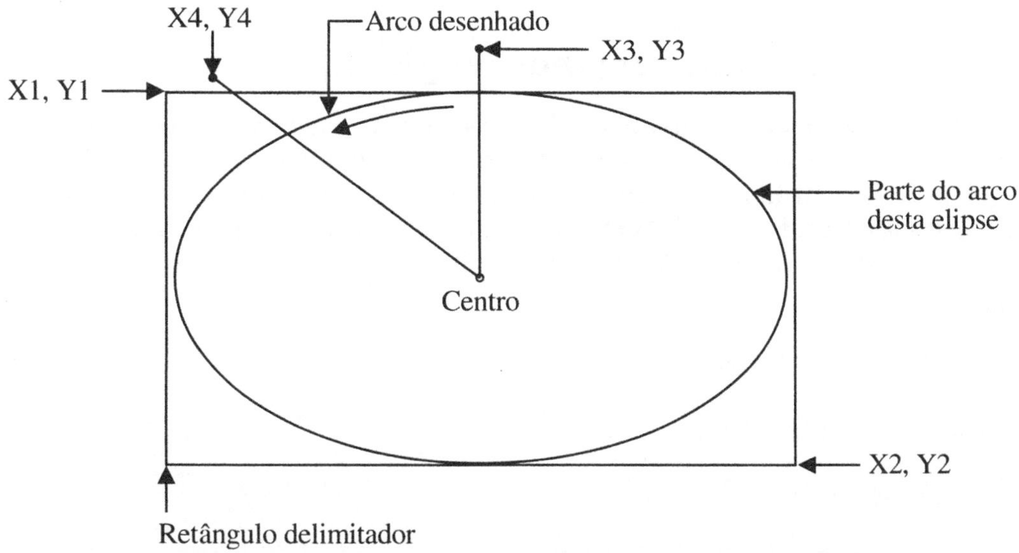

Figura 17.1 O funcionamento da função **arc()**.

Exemplo

Este programa mostra um arco:

```
#include <graph.h>
#include <conio.h>

void main(void)
{
  _setvideomode(_VRES16COLOR);

  _arc(100, 100, 200, 200, 100, 100, 200, 200);
  getche();

  _setvideomode(_DEFAULTMODE);
}
```

Funções Relacionadas

_ellipse(), _lineto(), _rectangle()

#include <graph.h>
void __far _clearscreen(short region);

A função **_clearscreen()** limpa a região especificada da tela usando a cor atual de fundo. Essa função opera nos modos gráficos e de texto. Os valores de *region* são **_GCLEARSCREEN**, que limpa a tela inteira, **_GVIEWPORT**, que limpa uma janela (*viewport*) gráfica, e **_GWINDOW**, que limpa uma janela de texto. Essas macros estão definidas pelo Microsoft em GRAPH.H.

Exemplo

Este programa limpa a tela:

```
#include <graph.h>

void main(void)
{
  _clearscreen(_GCLEARSCREEN);
}
```

Funções Relacionadas

_settextwindow(), _setviewport()

#include <graph.h>
short __far _ellipse(short fill, short x1, short y1, short x2, short y2);

A função **_ellipse()** desenha uma elipse delimitada pelo retângulo definido por *x1,y1* e *x2,y2*, utilizando a cor atual de desenho. (O retângulo não é mostrado.) Se *fill* tem o valor **_GFILLINTERIOR**, a elipse é preenchida utilizando-se a cor e estilo de preenchimento atuais. Se *fill* tem o valor **_GBORDER**, a elipse não é preenchida. Essas macros estão definidas pela Microsoft em GRAPH.H.

Se a elipse pode ser desenhada, **_ellipse()** devolve verdadeiro. Caso contrário, devolve zero.

Exemplo

O programa seguinte desenha uma elipse.

```
#include <graph.h>
#include <conio.h>

void main(void)
```

```
{
   _setvideomode(_VRES16COLOR);
   _setcolor(3);
   _ellipse(_GBORDER, 100, 100, 300, 200);
   getche();

   _setvideomode(_DEFAULTMODE);
}
```

Funções Relacionadas

_arc(), _lineto(), _rectangle()

#include <graph.h>
short __far _floodfill(short x, short y, short color);

A função **_floodfill()** preenche uma região com a cor e o estilo de preenchimento atuais. A região preenchida deve estar completamente fechada pela cor especificada em *color* (Isto é, *color* especifica a cor da área que delimita a região). O ponto especificado por *x,y* deve estar contido na região a ser preenchida.

A função **_floodfill()** devolve verdadeiro caso seja bem-sucedida e zero se ocorre um erro.

Exemplo

Este programa desenha uma elipse e, em seguida, utiliza **_floodfill()** para preenchê-la.

```
#include <graph.h>
#include <conio.h>

void main(void)
{
   short color;

   _setvideomode(_VRES16COLOR);
   color = _getcolor();
   _ellipse(_GBORDER, 100, 100, 300, 200);
   _setcolor(2);
   _floodfill(150, 150, color);
   getche();

   _setvideomode(_DEFAULTMODE);
}
```

Função Relacionada

_setfillmask()

#include <graph.h>
long __far _getbkcolor(void);

A função **_getbkcolor()** devolve o valor da cor de fundo atual.

Exemplo

Este programa mostra a cor de fundo padrão.

```
#include <graph.h>
#include <conio.h>
#include <stdio.h>

void main(void)
{
  _setvideomode(_VRES16COLOR);

  printf("A cor de fundo é %ld.", _getbkcolor());
  getche();

  _setvideomode(_DEFAULTMODE);
}
```

Função Relacionada

_setbkcolor()

#include <graph.h>
short __far _getcolor(void);

A função **_getcolor()** devolve o valor da cor de desenho atual. Por padrão, a cor de desenho atual é o maior valor permitido pelo modo de vídeo atualmente em uso. Você pode usar esse fato para determinar a gama de cores válida (começando de zero) para um dado modo.

Exemplo

Este programa mostra o valor máximo para cores de desenho:

```
#include <graph.h>
#include <conio.h>
#include <stdio.h>
```

```
void main(void)
{
  short color;

  _setvideomode(_VRES16COLOR);

  color = _getcolor();
  printf("A cor é %hd.", color);
  getche();

  _setvideomode(_DEFAULTMODE);
}
```

Função Relacionada

_setcolor()

#include <graph.h>
struct _xycoord __far _getcurrentposition(void);

A função **_getcurrentposition()** devolve as coordenadas *x,y* da posição gráfica atual. A posição gráfica atual é o ponto no qual o próximo evento de saída gráfica começará. A posição gráfica atual não está de forma alguma relacionada com a posição de texto atual.

O Microsoft define a estrutura **_xycoord** desta forma:

```
struct _xycoord {
  short xcoord;
  short ycoord;
};
```

Exemplo

Este fragmento mostra a posição gráfica atual:

```
struct _xycoord xy;
.
.
.
xy = _getcurrentposition();
printf("X,Y atuais são %d %d.", xy.xcoord, xy.ycoord);
```

Funções Relacionadas

_gettextposition(), _moveto()

#include <graph.h>
unsigned char __far *__far_getfillmask(unsigned char __far *buf);

A função **_getfillmask()** copia o padrão de preenchimento atual no buffer apontado por *buf*. O buffer deve ter 8 bytes de extensão.

O padrão de preenchimento define a maneira como um objeto será preenchido por **_floodfill()** ou uma das outras funções que podem preencher um objeto. A máscara é tratada como uma matriz de 8 bytes por 8 bits. Essa matriz é, então, mapeada repetidamente na região a ser preenchida. Quando um bit é ativado, o pixel correspondente é colocado na cor de preenchimento atual. Se o bit está desligado, o pixel não é modificado.

A função **_getfillmask()** devolve **NULL** se nenhuma máscara está disponível.

Exemplo

O programa seguinte salva a máscara de preenchimento atual, gera uma nova randomicamente, preenche uma elipse usando a nova máscara e, finalmente, repõe a máscara de preenchimento no seu valor anterior.

```
#include <graph.h>
#include <conio.h>
#include <stdlib.h>

void main(void)
{
  short color, i;
  unsigned char oldmask[8];
  unsigned char newmask[8];

  /* obtém alguns valores randômicos para newmask */
  for(i=0; i<8; i++) newmask[i] = rand()%255;

  _setvideomode(_VRES16COLOR);

  color = _getcolor();
```

```
  _ellipse(_GBORDER, 100, 100, 300, 200);
  _setcolor(2);
  _getfillmask(oldmask);
  _setfillmask(newmask);
  _floodfill(150, 150, color);
  _setfillmask(oldmask);
  getche();

  _setvideomode(_DEFAULTMODE);
}
```

Função Relacionada

_setfillmask()

#include <graph.h>
void __far _getimage(short x1, short y1, short x2, short y2, char __huge *buf);

A função **_getimage()** copia o conteúdo do retângulo definido por *x1,y1* e *x2,y2* no buffer apontado por *buf*. Para determinar o tamanho em bytes que o buffer deve ter, deve ser utilizada a função **_imagesize()**.

Exemplo

Este programa copia a imagem de uma elipse de uma parte para outra da tela:

```
#include <stdio.h>
#include <graph.h>
#include <conio.h>
#include <stdlib.h>

void main(void)
{
  long size;
  char *buf;

  _setvideomode(_VRES16COLOR);

  size = _imagesize(100, 100, 300, 200);
  buf = malloc((size_t) size);
  if(!buf) {
    print("Erro de alocação.\n");
```

```
        exit(1);
    }

    _ellipse(_GBORDER, 100, 100, 300, 200);
    _getimage(100, 100, 300, 200, buf);
    _putimage(0, 0, buf, _GPSET);
    getche();

    _setvideomode(_DEFAULTMODE);
}
```

Funções Relacionadas

_imagesize(), _putimage()

#include <graph.h>
unsigned short __far _getlinestyle(void);

A função **_getlinestyle()** devolve o estilo de linha atual. Essa máscara determina como as linhas aparecerão. A máscara de estilo de linha atual tem 16 bits de comprimento. Se um bit é ativado, o pixel correspondente a esse bit é colocado na cor de desenho atual. Se o bit está desligado, o pixel não é modificado.

Exemplo

O programa seguinte salva o estilo de linha atual, usa um novo estilo para desenhar um retângulo, restaura o estilo de linha antigo e desenha outro retângulo.

```
#include <graph.h>
#include <conio.h>

void main(void)
{
  short oldstyle;

  _setvideomode(_VRES16COLOR);

  oldstyle = _getlinestyle();
  _moveto(0, 0);

  /* estilo de linha padrão */
  _lineto(100, 100);

  /* novo estilo de linha */
```

```
    _setlinestyle(12345);
    _rectangle(_GBORDER, 100, 100, 200, 200);

    /* estilo antigo restaurado */
    _setlinestyle(oldstyle);
    _rectangle(_GBORDER, 200, 200, 300, 300);
    getche();

    _setvideomode(_DEFAULTMODE);
}
```

Função Relacionada

_setlinestyle()

#include <graph.h>
short __far _getpixel(short x, short y);

A função **_getpixel()** devolve a cor do pixel especificado por *x,y*. Se o valor de *x* ou *y* for inválido, **_getpixel()** devolverá -1.

Exemplo

Este fragmento de código escreve a cor atual do pixel em 0,0:

```
printf("%d", _getpixel(0, 0));
```

Função Relacionada

_setpixel()

#include <graph.h>
short __far _gettextcolor(void);

A função **_gettextcolor()** devolve a cor de texto atual, isto é, a cor em que as saídas de texto serão escritas.

Exemplo

O fragmento de código seguinte mostra um texto na tela na cor padrão e em uma nova cor. A cor de texto é, então, recolocada na cor padrão.

```
#include <graph.h>
#include <conio.h>
#include <stdio.h>
```

```
void main(void)
{
  int color;

  _setvideomode(_VRES16COLOR);

  color = _gettextcolor();
  printf("A cor de texto padrão é %d.", color);
  _settextcolor(3);
  _settextposition(10, 1);
  _outtext("Isto está em uma cor diferente.\n");
  getche();

  _setvideomode(_DEFAULTMODE);
}
```

Função Relacionada

_settextcolor()

#include <graph.h>
struct _rccoord __far _gettextposition(void);

A função **_gettextposition()** devolve a posição de texto atual. A posição de texto atual especifica as coordenadas em que a próxima saída de texto começará. A posição de texto não está relacionada à posição gráfica atual.

A função **_gettextposition()** devolve as coordenadas de linha e coluna em uma estrutura do tipo **_rccoord**, definida pelo Microsoft como mostrado aqui:

```
struct _rccoord {
  short row;
  short col;
};
```

Exemplo

Este fragmento mostra a posição de texto atual.

```
struct _rccoord loc;

loc = _gettextposition();

printf("%d,%d", loc.row, loc.col);
```

Função Relacionada

_settextposition()

#include <graph.h>
struct _videoconfig __far *__far _getvideoconfig (struct _videoconfig __far *buf);

A função **_getvideoconfig()** copia a configuração atual de vídeo do sistema na estrutura apontada por *buf*. A informação sobre a configuração inclui a dimensão da tela em pixels, o número de colunas e linhas de texto, o número de cores diferentes, os bits por pixel e o número de páginas de vídeo.

A Microsoft define a estrutura **_videoconfig** como segue:

```
struct _videoconfig {
   short numxpixels;          /* número de pixels horizontalmente */
   short numypixels;          /* número de pixels verticalmente */
   short numtextcols;         /* número de colunas de texto */
   short numtextrows;         /* número de linhas de texto */
   short numcolors;           /* número de cores */
   short bitsperpixel;        /* número de bits em um pixel */
   short numvideopages;       /* número de páginas de vídeo */
   short mode;                /* modo de vídeo */
   short adapter;             /* placa de vídeo */
   short monitor;             /* monitor de vídeo */
   short memory;              /* kilobytes de memória de vídeo */
}
```

Exemplo

Este fragmento mostra o número de colunas de texto disponível no modo de vídeo atual:

```
struct _videoconfig c;

_getvideoconfig(&c);

printf("Colunas de texto: %d.", c.numtextcols);
```

Função Relacionada

_setvideomode()

#include <graph.h>
long __far _imagesize(short x1, short y1, short x2, short y2);

A função **_imagesize()** devolve em bytes o tamanho de memória necessário para conter a região retangular da tela definida por *x1,y1* e *x2,y2*, relativo ao modo de vídeo atual. É utilizada principalmente em união com **_getimage()**.

Exemplo

O fragmento de código seguinte devolve a quantidade de bytes da memória que é necessária para armazenar uma imagem.

```
size = _imagesize(0, 0, 10, 10);
```

Funções Relacionadas

_getimage(), _putimage()

#include <graph.h>
short __far _lineto(short x, short y);

A função **_lineto()** desenha uma linha na cor de desenho atual da posição gráfica atual até aquela especificada por *x,y*. A posição gráfica atual é, então, colocada em *x,y*.

A função **_lineto()** devolve verdadeiro caso seja bem-sucedida. Se as coordenadas especificadas por *x,y* são inválidas para o modo de vídeo atual, **_lineto()** devolve zero.

Exemplo

Este programa mostra uma linha diagonal começando no canto superior esquerdo da tela:

```
#include <graph.h>
#include <conio.h>

void main(void)
{
  _setvideomode(_VRES16COLOR);
```

```
    _moveto(0, 0);
    _setcolor(3);
    _lineto(600,400);
    getche();

    _setvideomode(_DEFAULTMODE);
}
```

Funções Relacionadas

_ellipse(), _moveto(), _rectangle()

#include <graph.h>
struct _xycoord __far _moveto(short x, short y);

A função **_moveto()** modifica a posição gráfica atual para aquela especificada por *x,y*. Ela não afeta a posição de texto atual. A função **_moveto()** devolve uma estrutura do tipo **_xycoord**, que contém as coordenadas da posição gráfica anterior.

A estrutura **_xycoord** é definida pela Microsoft como:

```
struct _xycoord {
  short xcoord;
  short ycoord;
};
```

Exemplo

Este fragmento retorna o canto superior esquerdo da tela à posição gráfica atual:

```
_moveto(0, 0);
```

Funções Relacionadas

_lineto(), _settextposition()

#include <graph.h>
void __far _outtext(const char __far *str);

A função **_outtext()** apresenta a string apontada por *str* na tela, a partir da posição de texto atual, nas cores de texto de frente e de fundo atuais. Ela também reconhece os limites do viewport e da janela.

Exemplo

O fragmento seguinte apresenta **Ola** na tela.

```
_outtext("Ola");
```

Funções Relacionadas

_gettextposition(), _settextposition()

#include <graph.h>
short __far _pie(short fill, short x1, short y1, short x2, short y2, short x3, short y3, short x4, short y4);

A função **_pie()** desenha uma fatia de um gráfico de *pizza*. A fatia é uma porção de uma elipse definida pelo seu retângulo delimitador cujo canto superior esquerdo está em x_1, y_1, cujo canto inferior direito está em x_2, y_2. O centro da pizza está no centro do retângulo delimitador. O retângulo não é exibido. A fatia começa no ponto em que uma linha desenhada a partir do centro da elipse até x_3, y_3 *intersecciona* a elipse e termina no ponto em que uma linha desenhada do centro da elipse até x_4, y_4 intersecciona a elipse. (Este processo é exibido na Figura 17.2.) Ele é mostrado na cor de desenho atual. Se *fill* tem o valor **_GBORDER**, o setor não é preenchido. Se *fill* tem o valor **_GFILLINTERIOR**, ele é preenchido usando a cor e o estilo de preenchimento atuais. (Essas macros estão definidas pelo Microsoft em GRAPH.H.)

Exemplo

Este programa mostra um setor:

```
#include <graph.h>
#include <conio.h>

void main(void)
{
  _setvideomode(_VRES16COLOR);

  _pie(_GBORDER, 100, 100, 300, 300, 300, 10, 100, 300);
  getche();

  _setvideomode(_DEFAULTMODE);
}
```

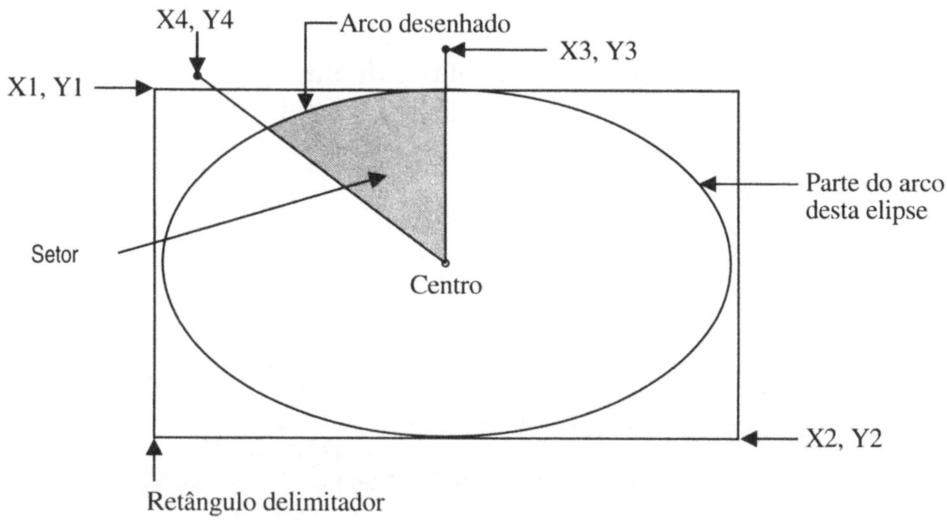

Figura 17.2 O funcionamento da função **pie()**.

Funções Relacionadas

_ellipse(), _rectangle()

#include <graph.h>
void __far _putimage(short x, short y, const char __huge *buf, short how);

A função **_putimage()** copia uma imagem para a tela. Com freqüência esta imagem foi gravada anteriormente por **_getimage()** na tela. A memória que contém a imagem é apontada por *buf*. A imagem é copiada na tela com o seu canto superior esquerdo posicionado nas coordenadas *x,y*.

how determina como a imagem será copiada na tela. O Microsoft define, em GRAPH.H, os cinco valores que *how* pode ter. Caso seja **_GPSET**, a imagem é copiada na tela, sobrepondo qualquer conteúdo anterior. Caso *how* seja **_GPRESET**, a imagem é copiada na tela em vídeo inverso. Caso *how* seja **_GXOR**, é realizada uma operação XOR entre cada pixel da imagem e o conteúdo atual da tela. Caso seja **_GOR**, é realizada uma operação OR entre cada pixel da imagem e o conteúdo atual da tela. Finalmente, se *how* for **_GAND**, é realizada uma operação AND entre cada pixel da imagem e o conteúdo da tela.

Exemplo

Este programa copia a imagem de uma elipse de uma parte a outra da tela:

```
#include <stdio.h>
#include <graph.h>
#include <conio.h>
#include <stdlib.h>

void main(void)
{
  long size;
  char *buf;

  _setvideomode(_VRES16COLOR);

  size = _imagesize(100, 100, 300, 200);
  buf = malloc((size_t) size);
  if(!buf) {
    print("erro de alocação\n");
    exit(1);
  }

  _ellipse(_GBORDER, 100, 100, 300, 200);
  _getimage(100, 100, 300, 200, buf);
  _putimage(0, 0, buf, _GPSET);
  getche();

  _setvideomode(_DEFAULTMODE);
}
```

Função Relacionada

_getimage()

#include <graph.h>
short _ _far _rectangle(short fill, short x1, short y1, short x2, short y2);

A função **_rectangle()** desenha um retângulo na cor de desenho atual. O canto superior esquerdo do retângulo é especificado por *x1,y1* e o canto inferior direito, por *x2,y2*.

Se *fill* tiver o valor **_GFILLINTERIOR**, o retângulo será preenchido usando a cor atual. Se *fill* tiver o valor **_GBORDER**, o retângulo não será preenchido. (Essas macros são definidas pelo Microsoft em GRAPH.H.)

A função **_rectangle()** devolve verdadeiro se as coordenadas estão dentro da faixa e zero, caso contrário.

Exemplo

Este fragmento de código desenha um retângulo na tela:

```
#include <graph.h>
#include <conio.h>

void main(void)
{
  _setvideomode(_VRES16COLOR);
  _rectangle(_GBORDER, 0, 0, 100, 100);
  getche();
  _setvideomode(_DEFAULTMODE);
}
```

Funções Relacionadas

_ellipse(), _lineto()

#include <graph.h>
short __far _remapallpalette(long __far *colors);
long __far _remappallette(short index, short newcolor);

A função **_remapallpalette()** troca os valores das cores suportadas pelo modo de vídeo atual pelos valores especificados na matriz apontada por *colors*, que deve conter tantas cores quantas existem na paleta atual. A função **_remappalette()** troca o valor de uma cor, especificada por *index*, por aquela especificada por *newcolor*.

As duas funções exigem uma placa de vídeo EGA ou melhor.

Quando bem-sucedida, **_remappalette()** devolve a cor anteriormente associada a *oldcolor*. Quando bem-sucedida, **_remapallpalette()** devolve um valor diferente de zero. Em caso de falha, as duas funções devolvem -1.

Exemplo

O fragmento seguinte define a cor 4 na cor 3:

```
_remappalette(4, 3);
```

Função Relacionada

_selectpalette()

#include <graph.h>
short __far _selectpalette(short palette);

A função **_selectpalette()** seleciona uma das 4 paletas quando o sistema de vídeo está no modo 4 (quatro cores, média resolução). A paleta atual determina exatamente que cores estão disponíveis.

Essa função opera apenas quando o sistema de vídeo está no modo 4.

Exemplo

Este fragmento seleciona a paleta 0:

```
_selectpalette(0);
```

Funções Relacionadas

_remapallpalette(), _remappalette()

#include <graph.h>
long __far _setbkcolor(long color);

A função **_setbkcolor()** estabelece a cor de fundo para aquela especificada por *color*. Ela devolve a cor de fundo anterior.

Exemplo

Este programa apresenta **Isto está em ciano** com cor de fundo ciano:

```
#include <graph.h>
#include <conio.h>

void main(void)
{
  _setbkcolor(3L);
  _outtext("Isto está em ciano");
  getche();
}
```

Função Relacionada

_getbkcolor()

#include <graph.h>
short __far _setcolor(short color);

A função **_setcolor()** troca a cor de desenho atual por aquela especificada por *color*. Ela devolve a cor de desenho anterior ou -1 se falhar.

Exemplo

Este programa desenha uma linha em cada cor de frente disponível:

```
#include <graph.h>
#include <conio.h>

void main(void)
{
  int i;

  _setvideomode(_VRES16COLOR);

  i = _getcolor();
  for( ; i; i--) {
    _setcolor(i);
    _moveto(i*10, 0);
    _lineto(i*10, 100);
  }
  getche();

  _setvideomode(_DEFAULTMODE);
}
```

Funções Relacionadas

_getbkcolor(), _getcolor(), _setbkcolor()

#include <graph.h>
void __far _setfillmask(unsigned char __far *buf);

A função **_setfillmask()** estabelece a máscara de preenchimento usada pelas rotinas que preenchem áreas com o padrão apontado por *buf*, que deve ser uma matriz de 8 bytes por 8 bits. Essa matriz é, então, mapeada repetidamente na região que está sendo preenchida. Quando um bit é ativado, o pixel correspondente é colocado na cor de preenchimento atual. Se o bit está desligado, o pixel permanece inalterado.

Exemplo

Este programa cria uma nova máscara de preenchimento gerada randomicamente e usa-a para preencher uma elipse:

```
#include <graph.h>
#include <conio.h>
#include <stdlib.h>

void main(void)
{
  short  i;
  unsigned char newmask[8];

  /* obtém alguns valores randômicos para newmask */
  for(i=0; i<8; i++) newmask[i] = rand()%255;

  _setvideomode(_VRES16COLOR);

  _setfillmask(newmask);
  _ellipse(_GFILLINTERIOR, 100, 100, 300, 200);
  getche();

  _setvideomode(_DEFAULTMODE);
}
```

Função Relacionada

_getfillmask()

#include <graph.h>
void _ _far _setlinestyle(unsigned short mask);

A função **_setlinestyle()** estabelece o estilo de linha atual conforme especificado por *mask*. Uma máscara de estilo de linha tem 16 bits de extensão. Se um bit está ativado, o pixel correspondente àquele bit é colocado na cor de desenho atual. Se o bit está desligado, o pixel é deixado inalterado.

Exemplo

Este programa salva o estilo de linha atual, usa um novo estilo para desenhar um retângulo, restaura o estilo de linha antigo e desenha outro retângulo:

```
#include <graph.h>
#include <conio.h>

void main(void)
{
  short oldstyle;

  _setvideomode(_VRES16COLOR);

  oldstyle = _getlinestyle();
  _moveto(0, 0);

  /* estilo de linha padrão */
  _lineto(100, 100);

  /* novo estilo de linha */
  _setlinestyle(12345);
  _rectangle(_GBORDER, 100, 100, 200, 200);

  /* estilo anterior restaurado */
  _setlinestyle(oldstyle);
  _rectangle(_GBORDER, 200, 200, 300, 300);
  getche();

  _setvideomode(_DEFAULTMODE);
}
```

Funções Relacionadas

_getlinestyle(), _setfillmask()

#include <graph.h>
short __far _setpixel(short x, short y);

A função **_setpixel()** modifica o pixel especificado por *x,y* de acordo com a cor de desenho atual. Ela devolve a cor anterior. Se uma coordenada especificada está fora dos limites, **_setpixel()** devolve -1.

Exemplo

Este fragmento altera o pixel na posição 10,20 para a cor de desenho atual:

```
_setpixel(10, 20);
```

Função Relacionada

_getpixel()

#include <graph.h>
short _ _far _settextcolor(short color);

A função **_settextcolor()** troca a cor de texto atual por aquela especificada por *color*. Ela devolve a cor de texto anterior.

Exemplo

Este programa mostra **Isto está em vermelho** em vermelho:

```
#include <graph.h>
#include <conio.h>
#include <stdio.h>

void main(void)
{
  _setvideomode(_VRES16COLOR);

  _settextcolor(4);
  _outtext("Isto está em vermelho\n");
  _getche();

  _setvideomode(_DEFAULTMODE);
}
```

Funções Relacionadas

_gettextcolor(), _setcolor()

#include <graph.h>
struct _rccoord _ _far _settextposition(short row, short col);

A função **_settextposition()** estabelece a posição de texto atual conforme especificado por *row* e *col*. A posição de texto atual especifica as coordenadas em que a próxima saída de texto começará. A posição de texto não está relacionada com a posição gráfica atual.

A função **_settextposition()** devolve a posição de texto anterior, nas coordenadas de linha e coluna, em uma estrutura do tipo **_rccoord**, definida pelo Microsoft em GRAPH.H como segue:

```
struct _rccoord {
  short row;
  short col;
};
```

Exemplo

Este fragmento estabelece a posição de texto atual para a linha 10, coluna 40:

```
_settextposition(10, 40);
```

Função Relacionada

_gettextposition()

#include <graph.h>
void _ _far _settextwindow(short row1, short col1, short row2, short col2);

A função **_settextwindow()** define uma janela de texto especificada por *row1, col1* e *row2, col2* — os cantos superior esquerdo e inferior direito da janela. O texto escrito na janela com **_outtext()** aparecerá relativamente à janela e não à tela. Isso significa que o texto rolará quando for escrito até o fundo da janela. Além disso, o texto passará para a próxima linha quando tentar ultrapassar a borda direita da janela. O resto da janela fica intacto.

As funções padrões de saída para o console ignoram janelas de texto.

Exemplo

Este programa cria uma pequena janela de texto e escreve sua saída nela. O texto mudará de linha e rolará dentro da janela, mas o resto da tela permanecerá intacto.

```
#include <graph.h>
#include <conio.h>

void main(void)
{
  int i;

  _settextwindow(1, 1, 5, 40);
```

```
    for(i=0; i<100; i++)
     _outtext("Isto é um teste.");
}
```

Funções Relacionadas

_outtext(), _setviewport()

#include <graph.h>
short _ _far _setvideomode(short mode);

A função **_setvideomode()** ativa o modo de vídeo especificado por *mode*. Os modos válidos são mostrados a seguir. (As macros são definidas pelo Microsoft em GRAPH.H.)

_TEXTBW40	_HERCMONO	_VRES16COLOR
_TEXTC40	_TEXTMONO	_MRES256COLOR
_TEXTBW80	_MRES16COLOR	_DEFAULTMODE
_TEXTC80	_HRES16COLOR	_MAXRESMODE
_MRES4COLOR	_ERESNOCOLOR	_MAXCOLORMODE
_MRESNOCOLOR	_ERESCOLOR	
_HRESBW	_VRES2COLOR	

Você pode restaurar o modo de vídeo padrão chamando **_setvideomode()** com **_DEFAULTMODE**.

A função **_setvideomode()** devolve verdadeiro se a mudança de modo foi bem-sucedida. Se o modo especificado não for suportado pelo hardware do sistema, **_setvideomode()** devolverá zero.

Exemplo

O fragmento seguinte estabelece o modo de vídeo para texto colorido de 80 colunas:

```
_setvideomode(_TEXTOC80);
```

Função Relacionada

_getvideoconfig()

#include <graph.h>
void _ _far _setviewport(short x1, short y1, short x2, short y2);

A função **_setviewport()** cria uma janela gráfica, denominada *viewport*, cujo canto superior esquerdo é especificado por *x1,y1* e o canto inferior direito, por *x2,y2*. Uma vez que "viewport" tenha sido definido, as funções gráficas operam relativamente a ele em lugar da tela. A saída é automaticamente cortada (*clipped*) nas bordas do viewport.

Exemplo

Este programa cria uma janela gráfica e desenha uma linha dentro dela.

```
#include <graph.h>
#include <conio.h>

void main(void)
{
   _setvideomode(_VRES16COLOR);

   _setviewport(200, 200, 300, 300);
   _moveto(0, 0); _setcolor(3);
   _lineto(600, 400); /* esta linha será cortada */
   getche()

   _setvideomode(_DEFAULTMODE);
}
```

Função Relacionada

_settextwindow()

18

Funções Miscelâneas

Este capítulo discute todas as funções do padrão ANSI que não se encaixam facilmente em alguma outra categoria. Elas incluem diversas conversões, suporte para argumentos de tamanho variável, ordenação e outras funções.

Muitas dessas funções exigem o uso do cabeçalho STDLIB.H. Esse cabeçalho define dois tipos, **div_t** e **ldiv_t**, que são os tipos de valores devolvidos por **div()** e **ldiv()**, respectivamente. STDLIB.H também define os tipos **size_t**, que é o valor sem sinal devolvido por **sizeof**, e **wchar_t**, que é o tipo de dados dos caracteres largos (16 bits) usados por um conjunto estendido de caracteres. Além disso, o cabeçalho define estas macros:

NULL	Um ponteiro nulo.
RAND_MAX	O máximo valor que pode ser devolvido pela função **rand()**.
EXIT_FAILURE	O valor devolvido para o processo chamador com a terminação mal-sucedida de um programa.
EXIT_SUCCESS	O valor devolvido para o processo chamador caso a terminação do programa tenha sido bem-sucedida.
MB_CUR_MAX	O número máximo de bytes de um caractere multibyte.

Se alguma função requer um arquivo de cabeçalho diferente, ele será discutido na descrição da função.

#include <stdlib.h>
void abort(void);

A função **abort()** provoca a conclusão imediata e anormal do programa. Geralmente, nenhum arquivo é fechado. Em ambientes que a suportam, **abort()** devolve um valor definido pela implementação ao processo chamador (normalmente o sistema operacional), indicando falha.

Exemplo

Este programa termina se o usuário digitar um **A**:

```
#include <stdlib.h>
#include <stdio.h>

void main(void)
{
  for(;;)
  if(getchar()=='A') abort();
}
```

Funções Relacionadas

atexit(), exit()

#include <stdlib.h>
int abs(int num);

A função **abs()** devolve o valor absoluto do inteiro *num*.

Exemplo

Esta função converte os números digitados pelo usuário em seus valores absolutos:

```
#include <stdlib.h>
#include <stdio.h>

get_abs(void)
{
  char num[80];

  gets(num);
  return abs(atoi(num));
}
```

Função Relacionada

labs()

#include <assert.h>
void assert(int exp);

A macro **assert()**, definida no seu cabeçalho ASSERT.H, escreve informação de erro em **stderr** e, então, aborta a execução do programa se a expressão *exp* vale zero. Caso contrário, **assert()** não faz nada. Embora a saída exata seja definida pela implementação, muitos compiladores usam uma mensagem semelhante à seguinte:

Assertion failed: <*expressão*>, file <*arquivo*>, line <*numlinha*>

A macro **assert()** geralmente é usada para ajudar a verificar se um programa está operando corretamente. A expressão é planejada de forma que ela chegue a verdadeiro somente quando não ocorre nenhum erro.

Você não precisa remover as sentenças **assert()** do código-fonte assim que o programa tenha sido depurado, porque, se a macro **NDEBUG** estiver definida (com qualquer valor) antes de incluir ASSERT.H, as macros **assert()** são ignoradas.

Exemplo

Este fragmento de código testa se os dados lidos de uma porta serial estão em ASCII (isto é, se ela não usa o oitavo bit):

```
.
.
.
ch = read_port();
assert(!(ch & 128)); /* verifica bit 7 */
.
.
.
```

Função Relacionada

abort()

#include <stdlib.h>
int atexit(void (*func)(void));

A função **atexit()** registra a função apontada por *func* como uma função a ser utilizada na terminação normal do programa. Isto é, ao final da execução de um programa, a função especificada será chamada.

A função **atexit()** devolve zero se a função foi registrada, com sucesso, como uma função de terminação; caso contrário, ela devolve um valor diferente de zero.

O padrão C ANSI especifica que pelo menos 32 funções de terminação podem ser estabelecidas e que elas são chamadas na ordem inversa do seu estabelecimento. Em outras palavras, o processo de registro constrói uma pilha de funções.

Exemplo

Este programa escreve **alô aqui** na tela quando termina.

```
#include <stdlib.h>
#include <stdio.h>

void done(void);

void main(void)
{

  if(atexit(done)) printf("Erro em atexit().");
}

void done(void)
{
  printf("alô aqui");
}
```

Funções Relacionadas

abort(), exit()

#include <stdlib.h>
double atof(const char *str);

A função **atof()** converte a string apontada por *str* em um valor **double** e retorna o resultado. A string deve conter um número em ponto flutuante válido. Caso contrário, o valor devolvido é indefinido.

O número pode ser terminado por qualquer caractere que não possa fazer parte de um número em ponto flutuante válido. Isso inclui espaço em branco, pontuação diferente do ponto e caracteres diferentes de "E" ou "e". Isso significa que, se **atof()** for chamada com 100.00HELLO", o valor 100.00 será devolvido e o resto da string será ignorado.

Exemplo

Este programa lê dois números em ponto flutuante e mostra sua soma:

```
#include <stdlib.h>
#include <stdio.h>

void main(void)
{
  char num1[80], num2[80];

  printf("digite o primeiro: ");
  gets(num1);
  printf("digite o segundo: ");
  gets(num2);
  printf("A soma é: %lf.", atof(num1) + atof(num2));
}
```

Funções Relacionadas

atoi(), atol()

#include <stdlib.h>
int atoi(const char *str);

A função **atoi()** converte a string apontada por *str* em um valor inteiro e retorna o resultado. A string deve conter um inteiro válido. Caso contrário, o valor devolvido é indefinido; no entanto, a maioria das implementações retornam zero.

O número pode ser terminado por qualquer caractere que não pode fazer parte de um inteiro. Isso inclui espaço em branco, pontuação e outros caracteres que não sejam dígitos. Por exemplo, se **atoi()** for chamada com "123.23", o valor inteiro 123 é devolvido e 0.23 é ignorado.

Exemplo

Este programa lê dois inteiros e mostra sua soma.

```
#include <stdlib.h>
#include <stdio.h>

void main(void)
{
  char num1[80], num2[80];

  printf("digite o primeiro: ");
  gets(num1);
  printf("digite o segundo: ");
  gets(num2);
  printf("A soma é: %d.", atoi(num1) + atoi(num2));
}
```

Funções Relacionadas

atof(), atol()

#include <stdlib.h>
int atol(const char *str);

A função **atol()** converte a string apontada por *str* em um valor **long int**. A string deve conter um inteiro longo válido. Caso contrário, o valor devolvido é indefinido; no entanto, a maioria das implementações retorna zero.

O número pode ser terminado por qualquer caractere que não pode fazer parte de um inteiro. Isso inclui espaço em branco, pontuação e outros caracteres que não sejam dígitos. Por exemplo, se **atol()** for chamada com "123.23", por exemplo, o valor inteiro 123 é devolvido e 0.23 é ignorado.

Exemplo

Este programa lê dois inteiros longos e mostra sua soma:

```
#include <stdlib.h>
#include <stdio.h>
```

```
void main(void)
{
  char num1[80], num2[80];

  printf("digite o primeiro: ");
  gets(num1);
  printf("digite o segundo: ");
  gets(num2);
  printf("A soma é: %ld.", atol(num1) + atol(num2));
}
```

Funções Relacionadas

atof(), atoi()

#include <stdlib.h>
void *bsearch(const void *key, const void *buf, size_t num, size_t size, int (*compare)(const void *, const void *));

A função **bsearch()** realiza uma pesquisa binária na matriz ordenada apontada por *buf*, devolvendo um ponteiro para o primeiro membro que coincide com a chave apontada por *key*. O número de elementos da matriz é especificado por *num* e o tamanho (em bytes) de cada elemento é descrito por *size*.

A função apontada por *compare* compara um elemento da matriz com a chave. A função deve ter o formato

int *compare* (const void **arg1*, const void **arg2*);

A função pode ter o nome que você quiser. No entanto, ela deve devolver os seguintes valores:

Se *arg1* é menor que *arg2*, devolve menor que zero.
Se *arg1* é igual a *arg2*, devolve zero.
Se *arg1* é maior que *arg2*, devolve maior que zero.

A matriz deve estar em ordem ascendente, com o endereço mais baixo contendo o menor elemento. Se a matriz não contém a chave, é devolvido um ponteiro nulo.

Exemplo

O programa seguinte lê caracteres digitados no teclado e determina se eles pertencem ao alfabeto.

```
#include <stdlib.h>
```

```
#include <ctype.h>
#include <stdio.h>
#include <conio.h>

char *alpha = "abcdefghijklmnopqrstuvwxyz";

int comp(const void *ch, const void *s);

void main(void)
{
  char ch;
  char *p;

  do {
    printf("digite um caractere: ");
    ch = getche();
    ch = tolower(ch);
    p = (char *) bsearch(&ch, alpha, 26, 1, comp);
    if(p) printf("está no alfabeto\n");
    else printf("não está no alfabeto\n");
  } while(p);
}

/* Compara dois caracteres. */
comp(const char *ch, const char *s)
{
  return *(char *)ch -*(char *)s;
}
```

Função Relacionada

qsort()

#include <stdlib.h>
div_t div(int numerator, int denominator);

A função **div()** devolve o quociente e o resto da operação *numerador/denominador* em uma estrutura do tipo **div_t**.

O tipo de estrutura **div_t** é definido em STDLIB.H e tem pelo menos dois campos:

int quot; /* o quociente */

int rem; /* o resto */

Exemplo

Este programa mostra o quociente e o resto de 10/3:

```
#include <stdlib.h>
#include <stdio.h>

void main(void)
{
  div_t n;

  n = div(10, 3);

  printf("O quociente e resto: %d %d.\n", n.quot, n.rem);
}
```

Função Relacionada

ldiv()

#include <stdlib.h>
void exit(int exit_code);

A função **exit()** provoca a terminação normal imediata de um programa.

O valor de *exit_code* é passado ao processo chamador, normalmente o sistema operacional, se o ambiente suporta-o. Por convenção, se o valor de *exit_code* é zero, uma terminação normal do programa é assumida. Um valor diferente de zero pode indicar um erro definido pela implementação. Em C também são definidos dois valores que podem ser usados como parâmetros para **exit()**: **EXIT_SUCCESS** e **EXIT_FAILURE**. Estes valores indicarão encerramento bem-sucedido e mal-sucedido, respectivamente, em todos os ambientes de execução.

Exemplo

Esta função executa uma seleção por menu para um programa de lista postal. Se **S** for selecionado, o programa terminará.

```
menu(void)
{
  char choice;

  do {
    printf("Inserir nomes (I)\n");
    printf("Apagar nomes  (A)\n");
```

```
        printf("Imprimir  (P)\n");
        printf("Sair      (S)\n");
        choice = getche ();
    } while(!strchr("IAPS", toupper(choice)));

    if(choice=="S") exit(0);

    return choice;
}
```

Funções Relacionadas

abort(), atexit()

#include <stdlib.h>
char *getenv(const char *name);

A função **getenv()** devolve um ponteiro para informações do ambiente associadas à string apontada por *name* na tabela de informações do ambiente definida pela implementação. A string devolvida nunca deve ser alterada pelo programa.

O ambiente de um programa pode incluir coisas como nomes de caminho e dispositivos on-line. A natureza exata desse dado é definida pela implementação. Consulte seu manual do usuário para detalhes.

Se é feita uma chamada a **getenv()** com um argumento que não coincide com nenhum dado do ambiente, um ponteiro nulo é devolvido.

Exemplo

Assumindo que um compilador específico mantém informações do ambiente sobre os dispositivos conectados ao sistema, o fragmento de código seguinte devolve um ponteiro para a lista de dispositivos.

```
char *p
.
.
.
p = getenv("DEVICES");
.
.
.
```

Função Relacionada

system()

#include <stdlib.h>
char *itoa(int num, const char *str, int radix);

A função **itoa()** não é atualmente definida pelo padrão C ANSI, mas é encontrada em muitos compiladores.

A função **itoa()** converte o número inteiro *num* em sua string equivalente e coloca o resultado na string apontada por *str*. A base da string de saída é determinada por *radix*, que geralmente está entre 2 e 16.

A função **itoa()** devolve um ponteiro para *str*. Normalmente, não há nenhum valor de erro devolvido. Assegure-se de chamar **itoa()** com uma string de comprimento suficiente para conter o resultado convertido.

Exemplo

Este programa mostra o valor de 1423 em hexadecimal (58F):

```
#include <stdlib.h>
#include <stdio.h>

void main(void)
{
  char p[20];

  itoa(1423, p, 16);

  printf(p);
}
```

Funções Relacionadas

atoi(), sscanf()

#include <stdlib.h>
long labs(long num);

A função **labs()** devolve o valor absoluto de *num*.

Exemplo

Esta função converte o número digitado no teclado em seu valor absoluto:

```
#include <stdlib.h>
```

```
long int get_labs()
{
  char num[80];

  gets(num);

  return labs(atol(num));
}
```

Função Relacionada

abs()

#include <stdlib.h>
ldiv_t ldiv(long numerator, long denominator);

A função **ldiv()** devolve o quociente e o resto da operação *numerador/denominador* em uma estrutura *ldiv_t*.

O tipo de estrutura **ldiv_t** é definido em STDLIB.H e tem pelo menos dois campos:

long quot; /* o quociente */

long rem; /* o resto */

Exemplo

Este programa mostra o quociente e o resto de 100000L/3L:

```
#include <stdlib.h>
#include <stdio.h>

void main(void)
{
  ldiv_t n;
  n = ldiv(100000L, 3L);

  printf("quociente & resto: %ld %ld.\n", n.quot, n.rem);
}
```

Função Relacionada

div()

#include <setjmp.h>
void longjmp(jmp_buf envbuf, int status);

A função **longjmp()** faz com que a execução do programa continue no ponto da última chamada a **setjmp()**. Essas duas funções constituem a maneira de C fornecer um desvio entre funções. Observe que é exigido o cabeçalho SETJMP.H.

A função **longjmp()** repõe a pilha como descrito em *envbuf*, que deve ter sido atribuída por uma chamada anterior a **setjmp()**. Isso faz com que a execução do programa continue no comando seguinte à invocação de **setjmp()**. Ou seja, o computador é "levado" a pensar que nunca deixou a função que chamou de **setjmp()**. Com efeito, **longjmp()** "desvia-se", no tempo e no espaço (de memória), para um ponto anterior do programa sem precisar efetuar o processo normal de retorno de uma função.

O buffer *envbuf* é do tipo **jmp_buf**, que é definido no cabeçalho SETJMP.H. O buffer deve ter sido estabelecido por meio de uma chamada a **setjmp()** antes da chamada a **longjmp()**.

O valor de *status* torna-se o valor devolvido por **setjmp()** e pode ser examinado para determinar a origem do desvio. O único valor não permitido é zero.

A função **longjmp()** deve ser chamada antes que a função que chamou **setjmp()** retorne. Se isso não ocorrer, o resultado será tecnicamente indefinido. (Na verdade, é quase certo que ocorrerá um "crash".)

O uso mais comum de **longjmp()** é no retorno de um conjunto de rotinas profundamente aninhadas quando ocorre um erro.

Exemplo

Este programa escreve **1 2 3**:

```
#include <setjmp.h>
#include <stdio.h>

jmp_buf ebuf;

void f2(void);

void main(void)
{
  char first=1;
  int i;
```

```
    printf("1 ");
    i = setjmp(ebuf);
    if(first) {
      first = ! first;
      f2();
      printf("Isto não será escrito.");
    }
    printf("%d", i);
  }

  void f2(void)
  {
    printf("2 ");
    longjmp(ebuf, 3);
  }
```

Função Relacionada

setjmp()

#include <stdlib.h>
char *ltoa(long num, const char *str, int radix);

A função **ltoa()** não é atualmente definida pelo padrão C ANSI, mas é encontrada em muitos compiladores.

A função **ltoa()** converte o número inteiro longo *num* em sua string equivalente e coloca o resultado na string apontada por *str*. A base da string de saída é determinada por *radix*, que geralmente está entre as faixas 2 e 16.

A função **ltoa()** devolve um ponteiro para *str*. Normalmente, não há nenhum valor de erro devolvido. Assegure-se de chamar **ltoa()** com uma string de comprimento suficiente para conter o resultado convertido.

Exemplo

Este programa mostra o valor de 1423 em hexadecimal (58F):

```
#include <stdlib.h>
#include <stdio.h>

void main(void)
{
  char p[20];
```

```
    ltoa(1423L, p, 16);

    printf(p);
}
```

Função Relacionada

itoa()

#include <stdlib.h>
int mblen(const char *str, size_t size);

A função **mblen()** retorna o comprimento (em bytes) de um caractere multibyte apontado por *str*. Somente os primeiros *size* caracteres serão examinados. Ela retorna -1 em caso de erro.

Se *str* for nula, então **mblen()** retornará um valor diferente de zero se os caracteres multibyte dependem da distinção entre maiúsculas e minúsculas. Se este não for o caso, ela retornará zero.

Exemplo

Este comando exibe o comprimento do caractere multibyte apontado por **mb**.

```
printf("%d", mblen(mb, 2));
```

Funções Relacionadas

mbtowc(), wctomb()

#include <stdlib.h>
size_t mbstowcs(wchar_t *out, const char *in, size_t size);

A função **mbstowcs()** converte a string multibyte apontada por *in* em uma string de caracteres largos e coloca o resultado na matriz apontada por *out*. O tipo **wchar_t** é definido em STDLIB.H. Somente *size* bytes serão armazenados em *out*.

A função **mbstowcs()** retorna o número de caracteres multibytes que foram convertidos. Se ocorrer um erro, a função retornará -1.

Exemplo

Este comando converte os 4 primeiros caracteres na string multibyte apontada por **mb** e coloca o resultado em **str**.

```
mbstowcs(str, mb, 4);
```

Funções Relacionadas

wcstombs(), mbtowc()

#include <stdlib.h>
int mbtowc(wchar_t *out, const char *in, size_t size);

A função **mbtowc()** converte o caractere multibyte apontado por *in* em seu equivalente de caracteres largos e coloca o resultado na matriz apontada por *out*. O tipo **wchar_t** é definido em STDLIB.H. Somente *size* caracteres serão analisados.

Esta função retorna o número de bytes que são inseridos em *out*. Se ocorrer um erro, a função retornará -1. Se *in* for nulo, então **mbtowc()** retorna um valor diferente de zero se os caracteres multibyte dependem da distinção entre maiúsculas e minúsculas. Se este não for o caso, ela retornará zero.

Exemplo

Este comando converte o caractere multibyte em **mbstr** em seu caractere largo equivalente e coloca o resultado na matriz apontada por **widenorm**. (Somente os 2 primeiros caracteres de **mbstr** são examinados.)

```
mbtowc(widenorm, mbstr, 2);
```

Funções Relacionadas

mblen(), wctomb()

#include <stdlib.h>
void qsort(void *buf, size_t num, size_t size, int (*compare)(const void *, const void *));

A função **qsort()** ordena a matriz apontada por *buf*, usando quicksort. O quicksort geralmente é considerado o melhor algoritmo de ordenação de uso geral. (Veja o Capítulo 19 para uma discussão completa de ordenação e busca em C.) Ao terminar, a matriz está ordenada. O número de elementos na matriz é especificado por *num* e o tamanho (em bytes) de cada elemento é descrito em *size*.

A função apontada por *compare* é usada para comparar um elemento da matriz com a chave. A forma de *compare* deve ser

int *compare* (const void **arg1*, const void *arg2*);

A função pode ter o nome que você quiser. No entanto, ela deve devolver os seguintes valores:

Se *arg1* é menor que *arg2*, devolve menor que zero.
Se *arg1* é igual a *arg2*, devolve zero.
Se *arg1* é maior que *arg2*, devolve maior que zero.

A matriz é classificada em ordem crescente, com o endereço mais baixo contendo o menor elemento.

Exemplo

Este programa ordena uma lista de inteiros e mostra o resultado:

```
#include <stdlib.h>
#include <stdio.h>

int num[10] = {
  1, 3, 6, 5, 8, 7, 9, 6, 2, 0
};

int comp(const void *, const void *);

void main(void)
{
  int i;

  printf("matriz original: ");
  for(i=0; i<10; i++) printf("%d ", num[i]);

  qsort(num, 10, sizeof(int), comp);

  printf("matriz ordenada: ");
  for(i=0; i<10; i++) printf("%d ", num[i]);
}

/* compara os inteiros */
comp(const int *i, const int *j)
{
  return *(int *)i - *(int *)j;
}
```

Função Relacionada

bsearch()

#include <signal.h>
int raise(int signal);

A função **raise()** envia o sinal especificado por *signal* para o programa executor. Ela devolve zero caso seja bem-sucedida; caso contrário, devolve um valor diferente de zero. Ela usa o arquivo de cabeçalho SIGNAL.H. Os seguintes sinais padrões são definidos pela padrão C ANSI. (No entanto, uma implementação de C pode suportar sinais adicionais.)

Sinal	Significado
SIGABRT	Encerramento anormal do programa
SIGFPE	Erro matemático
SIGILL	Instrução ilegal
SIGINT	Exigência de interação
SIGSEGV	Acesso ilegal à memória
SIGTERM	Pedido de encerramento do programa

Exemplo

A função **raise()** é, de certa forma, específica da implementação. Consulte o manual do usuário do seu compilador para detalhes e exemplos.

Função Relacionada

signal()

#include <stdlib.h>
int rand(void);

A função **rand()** gera uma seqüência de números pseudo-randômicos. Cada vez que é chamada, é devolvido um inteiro entre zero e **RAND_MAX**.

Exemplo

O programa seguinte mostra dez números pseudo-randômicos.

```
#include <stdlib.h>
#include <stdio.h>

void main(void)
{
  int i;
```

```
    for(i=0; i<10; i++)
      printf("%d ", rand());
}
```

Função Relacionada

srand()

#include <setjmp.h>
int setjmp(jmp_buf envbuf);

A função **setjmp()** salva o conteúdo da pilha do sistema, no buffer *envbuf*, para uso posterior por **longjmp()**. Ela utiliza o arquivo de cabeçalho SETJMP.H, que define o tipo **jmp-buf**.

A função **setjmp()** devolve zero quando invocada. Porém, um **longjmp()** passa um argumento para **setjmp()** quando é executada; esse valor (sempre diferente de zero) torna-se o valor de **setjmp()** após uma chamada a **longjmp()**. Veja **longjmp()** para informações adicionais.

Exemplo

Este programa escreve **1 2 3**:

```
#include <setjmp.h>
#include <stdio.h>

jmp_buf ebuf;
void f2(void);

void main(void)
{
  char first=1;
  int i;

  printf("1 ");
  i = setjmp(ebuf);
  if(first) {
    first = !first;
    f2();
    printf("Isto não será escrito.");
  }
  printf("%d", i);
}

void f2(void)
{
```

```
    printf("2 ");
    longjmp(ebuf, 3);
}
```

Função Relacionada

longjmp()

#include <signal.h> void (*signal(int sig, void (*func)(int))) (int);

A função **signal()** definirá a função *func*, para ser executada se o sinal especificado *signal* for recebido. Essa função é, de certa forma, específica da implementação. O valor para *func* deve ser uma das seguintes macros, definidas em SIGNAL.H, ou o endereço de uma função:

Macro	**Significado**
SIG_DFL	Usa o tratador do sinal padrão
SIG_IGN	Ignora o sinal

Se um endereço de uma função é usado, a função especificada é executada. Se uma função de tratamento de sinal não pode processar um sinal, ela deve retornar **SIG_ERR** (que é uma macro definida em SIGNAL.H).

signal() é usada freqüentemente para configurar tratadores de erros críticos e de control C.

Exemplo

Veja o manual do usuário de seu compilador para detalhes e exemplos relativos ao seu sistema.

Função Relacionada

raise()

#include <stdlib.h> void srand(unsigned seed);

A função **srand()** estabelece um ponto de partida para a seqüência gerada por **rand()**, que devolve números pseudo-randômicos.

srand() é geralmente utilizada para permitir que programas usem seqüências diferentes de números pseudo-randômicos a cada execução, especificando diferentes pontos de partida. No entanto, você pode gerar a mesma seqüência pseudo-randômica repetidamente, chamando **srand()**, com a mesma semente, antes de iniciar a seqüência.

Exemplo

Este programa usa a hora do sistema para inicializar randomicamente a função **rand()** usando **srand()**:

```
#include <stdio.h>
#include <stdlib.h>
#include <time.h>

/* Retira a semente para rand da hora do sistema e mostra os
   primeiros 10 números.
*/
void main(void)
{
  int i, stime;
  long ltime;

  /* obtém a hora de calendário atual */
  ltime =time(NULL);
  stime = (unsigned) ltime/2;
  srand(stime);

  for(i=0; i<10; i++) printf("%d ", rand());
}
```

Função Relacionada

rand()

#include <stdlib.h>
double strtod(const char *start, char **end);

A função **strtod()** converte em um **double** a representação em string de um número armazenado na string apontada por *start* e devolve o resultado.

A função **strtod()** opera da seguinte forma. Primeiro, qualquer espaço em branco na string apontada por *start* é eliminado. Em seguida, qualquer caractere que constitua o número é lido. Qualquer caractere que não possa fazer parte de um número em ponto flutuante provoca a parada do processo. Isso inclui espaços em branco, pontuação (diferente do ponto) e caracteres diferentes de "E" ou "e". Finalmente, *end* passa a apontar o resto, se houver, da string original. Isso significa que, se **strtod()** for chamada com "100.00 Alicates", o valor 100.00 é devolvido e *end* aponta para o espaço que precede a palavra "Alicates".

Se ocorre um erro de conversão, **strtod()** devolve **HUGE_VAL** para estouro ou **-HUGE_VAL** para estouro negativo. Se nenhuma conversão pôde ocorrer, será devolvido zero. Em qualquer caso, a variável global *errno* recebe **ERANGE**, indicando um erro de escala.

Exemplo

Este programa lê números em ponto flutuante de uma matriz de caracteres:

```
#include <stdlib.h>
#include <ctype.h>
#include <stdio.h>

void main(void)
{
  char *end, *start = "100.00 alicates 200.00 martelos";

  end = start;
  while(*start) {
    printf("%f, ", strtod(start, &end));
    printf("restante: %s\n", end);
    start = end;
    /* pula os não-dígitos */
    while(!isdigit(*start) && *start) start++;
  }
}
```

A saída é

100.000000, restante: alicates 200.00 martelos

200.000000, restante: martelos

Função Relacionada

atof()

#include <stdlib.h>
long strtol(const char *start, char **end, int radix);

A função **strtol()** converte em um **long** a representação em string de um número armazenado na string apontada por *start* em um **long** e devolve o resultado. A base do número é determinada por *radix*. Se *radix* é zero, a base é determinada por regras que governam a especificação de constantes. Se *radix* é um valor diferente de zero, então ele deve estar entre 2 e 36.

A função **strtol()** opera da seguinte forma. Primeiro, qualquer espaço em branco na string apontada por *start* é eliminado. Em seguida, cada caractere que constitui o número é lido. Qualquer caractere que não possa fazer parte de um número inteiro longo fará com que o processo pare. Isto inclui espaços em branco, pontuação e caracteres. Finalmente, *end* passa a apontar o resto, se houver algum, da string original. Isso significa que, se **strtol()** for chamada com "100 Alicates", o valor **100L** será devolvido e *end* apontará para o espaço que precede a palavra "Alicates".

Se ocorre um erro de conversão, **strtol()** devolve **LONG_MAX** para estouro ou **LONG_MIN** para estouro negativo. A variável global **errno** também recebe **ERANGE**, indicando um erro de escala. Se não pôde ocorrer nenhuma conversão, zero será devolvido.

Exemplo

Esta função lê números na base 10 da entrada padrão e devolve os seus equivalentes **long**.

```
#include <stdlib.h>
#include <stdio.h>

long read_long(void)
{
  char start[80], *end;

  printf("Digite um número: ");
  gets(start);
  return strtol(start, &end, 10);
}
```

Função Relacionada

atol()

#include <stdlib.h>
unsigned long strtoul(const char *start, char **end, int radix);

A função **strtoul()** converte em um **unsigned long** a representação em string de um número armazenado na string apontada por *start* e devolve o resultado. A base do número é determinada por *radix*. Se *radix* é zero, a base é determinada por regras que governam a especificação de constantes. Se *radix* é um valor diferente de zero, então ele deve estar entre 2 e 36.

A função **strtoul()** opera da seguinte forma. Primeiro, qualquer espaço em branco na string apontada por *start* é eliminado. Em seguida, cada caractere que constitui o número é lido. Qualquer caractere que não possa fazer parte de um número inteiro longo sem sinal fará com que o processo pare. Isso inclui espaços em branco, pontuação e caracteres. Finalmente, *end* passa a apontar o resto, se houver algum, da string original. Isso significa que, se **strtoul()** for chamada com "100 Alicates", o valor **100L** será devolvido e *end* apontará para o espaço que precede a palavra "Alicates".

Se ocorre um erro de conversão, **strtoul()** devolve **ULONG_MAX** e a variável global **errno** também recebe **ERANGE**, indicando um erro de escala. Se não pôde ocorrer nenhuma conversão, será devolvido zero.

Exemplo

Esta função lê números na base 16 (hexadecimal) da entrada padrão e devolve seus **unsigned long** equivalentes.

```
#include <stdlib.h>

unsigned long read_unsigned_long(void)
{
  char start[80], *end;

  printf("digite um número: ");
  gets(start);
  return strtoul(start, &end, 16);
}
```

Função Relacionada

strtol()

#include <stdlib.h>
int system(const char *str);

A função **system()** passa a string apontada por *str* como um comando para o processador de comandos do sistema operacional.

Quando **system()** é chamada com um ponteiro nulo, ela devolve um valor diferente de zero se um processador de comandos está presente; caso contrário, devolve zero. (Lembre-se de que alguns códigos em C são executados em sistemas dedicados que não têm sistemas operacionais e processadores de comando.) O valor devolvido por **system()**, quando esta é chamada com um ponteiro para uma string de comando, é definido pela implementação. No entanto, geralmente devolve zero se o comando foi executado com sucesso, e um valor diferente de zero, caso contrário.

Exemplo

Utilizando o sistema operacional DOS, este programa mostra o conteúdo do diretório de trabalho atual.

```
#include <stdlib.h>

void main(void)
{
  system("dir");
}
```

Função Relacionada

exit()

#include <stdarg.h>
void va_arg(va_list argptr, type);
type va_start(va_list argptr, last_parm);
void va_end(va_list argptr);

As macros **va_arg()**, **va_start()** e **va_end()** trabalham em conjunto para permitir que um número variável de argumentos seja passado para uma função. O exemplo mais comum de uma função que recebe um número variável de argumentos é **printf()**. O tipo **va_list** é definido em STDARG.H.

O procedimento geral para criar uma função que pode receber um número variável de argumentos é o seguinte: a função deve ter pelo menos um parâmetro conhecido, podendo, porém, ter mais anteriormente à lista variável de parâmetros. O parâmetro conhecido, mais à direita, é *last_parm*. Antes que qualquer dos parâmetros de comprimento variável possa ser acessado, o argumento ponteiro *argptr* deve ser inicializado por meio de uma chamada a **va_start()**. Em seguida, parâmetros são devolvidos via chamadas a **va_arg()**, com *type* sendo o tipo do próximo parâmetro. Finalmente, após todos os parâmetros terem sido lidos e antes de retornar da função, deve ser feita uma chamada a **va_end()** para garantir que a pilha seja corretamente restaurada. Se **va_end()** não for chamada, será muito provável que ocorra um "crash" do programa.

Exemplo

Este programa utiliza **sum_series()** para devolver a soma de uma série de números. O primeiro argumento contém o número de argumentos que se sucedem. Neste exemplo, o programa soma os cinco primeiros elementos da série:

$$\frac{1}{2} + \frac{1}{4} + \frac{1}{8} + \frac{1}{16} + \ldots + \frac{1}{2^N}$$

O resultado mostrado é **0.968750**.

```
#include <stdio.h>
#include <stdarg.h>

double sum_series(int num, ...);

/* Exemplo de argumentos de comprimento variável
    soma de uma série. */
void main(void)
{
  double d;

  d = sum_series(5, 0.5, 0.25, 0.125, 0.0625, 0.03125);

  printf("A soma da série: %f.\n", d);
}

double sum_series(int num, ...)
{
  double sum=0.0, t;
  va_list argptr;

  /* inicializa argptr */
  va_start(argptr, num);

  /* soma a série */
  for( ; num; num--) {
    t = va_arg(argptr, double); /*obtém próximo argumento */
    sum += t;
  }

  /* finaliza a lista de argumentos */
  va_end(argptr);
  return sum;
}
```

Função Relacionada

vprintf()

#include <stdlib.h>
size_t wcstombs(char *out, const wchar_t *in, size_t size);

A função **wcstombs()** converte a matriz apontada por *in* em seu equivalente multibyte e coloca o resultado na matriz apontada por *out*. Somente os primeiros *size* bytes de *in* são convertidos. A conversão parará antes disto se for encontrado o terminador nulo.

Se bem-sucedida, **wcstombs()** retorna o número de bytes convertidos. Se ocorrer um erro, a função retorna -1.

Funções Relacionadas

wctomb(), mbstowcs()

#include <stdlib.h>
int wctomb(char *out, wchar_int);

A função **wctomb()** converte o caractere largo em *in* em seu equivalente multibyte e coloca o resultado na matriz apontada *out*. Esta matriz deve ter **MB_CUR_MAX** caracteres de comprimento.

Se bem-sucedida, **wctomb()** retorna o número de bytes contidos no caractere multibyte. Se ocorrer um erro, a função retorna -1.

Se *out* for NULL, então **wctomb()** retorna um valor diferente de zero se o caractere multibyte depende da distinção entre maiúsculas e minúsculas. Se este não for o caso, ela retornará zero.

Funções relacionadas

wcstombs(), mbtowc()

Parte 3

Algoritmos e Aplicações

O propósito da Parte 3 é mostrar formas pelas quais C pode ser aplicada em uma série de tarefas de programação. Neste processo, ela apresenta muitos algoritmos comuns e úteis e aplicações que ilustram o uso da linguagem C. Muitos dos exemplos contidos nesta Parte 3 podem ser úteis como pontos de partida para os seus próprios projetos em C.

MAKRON Books

19

Ordenação e Pesquisa

No mundo da computação, talvez as tarefas mais fundamentais e extensivamente analisadas sejam ordenação e pesquisa. Essas rotinas são utilizadas em praticamente todos os programas de banco de dados, bem como em compiladores, interpretadores e sistemas operacionais. Este capítulo introduz os conceitos básicos de ordenação e pesquisa. Como você verá, ordenar e pesquisar ilustram diversas técnicas de programação em C.

Como o objetivo de ordenar os dados geralmente é facilitar e acelerar o processo de pesquisa nesses dados, discutimos primeiro a ordenação.

Ordenação

Ordenação é o processo de arranjar um conjunto de informações semelhantes numa ordem crescente ou decrescente. Especificamente, dada uma lista ordenada i de n elementos, então

$$i_1 <= i_2 <= ... <= i_n$$

Muito embora a maioria dos compiladores forneça a função **qsort()** como parte da biblioteca padrão, você deve entender a ordenação por três razões. Primeiro, você não pode aplicar uma função generalizada como **qsort()** a todas as situações. Segundo, pelo fato de **qsort()** ser parametrizada para operar em uma variedade de dados, ela roda mais lentamente que uma ordenação semelhante que opera sobre apenas um tipo de dado. (Generalização aumenta inerentemente o tempo de execução devido ao tempo de processamento extra necessário para manipular os diversos tipos de dados.) Finalmente, como você verá, embora o algoritmo quicksort (usado por **qsort()**) seja muito eficiente no caso geral, ele pode não ser a melhor ordenação para situações especiais.

Existem duas categorias gerais de algoritmos de ordenação: algoritmos que ordenam matrizes (tanto na memória como em arquivos de acesso aleatório em disco) e algoritmos que ordenam arquivos seqüenciais em disco ou fita. Este capítulo enfoca apenas a primeira categoria, por ser mais relevante à maioria dos programadores.

Geralmente, quando a informação é ordenada, apenas uma porção dessa informação é usada como *chave* da ordenação. Essa chave é utilizada nas comparações, mas, quando uma troca se torna necessária, toda a estrutura de dados é transferida. Por exemplo, em uma lista postal, o campo de código de área (CEP) poderia ser usado como chave, mas o nome e o endereço acompanham o CEP quando uma troca é feita. Com o objetivo de simplificar, os exemplos ordenarão matrizes de caracteres enquanto você aprende os diversos métodos de ordenação. Mais tarde você aprenderá a adaptar esses métodos a qualquer tipo de estrutura de dados.

Tipos de Algoritmos de Ordenação

Existem três métodos gerais para ordenar matrizes:

- por troca
- por seleção
- por inserção

Para entender esses três métodos, imagine as cartas de um baralho. Para ordenar as cartas, utilizando *troca*, espalhe-as, voltadas para cima, numa mesa, então troque as cartas fora de ordem até que todo o baralho esteja ordenado. Utilizando *seleção*, espalhe as cartas na mesa, selecione a carta de menor valor, retire-a do baralho e segure-a em sua mão. Esse processo continua até que todas as cartas estejam em sua mão. As cartas em sua mão estarão ordenadas quando o processo tiver terminado. Para ordenar as cartas por *inserção*, segure todas as cartas em sua mão. Ponha uma carta por vez na mesa, sempre inserindo-a na posição correta. O maço estará ordenado quando não restarem mais cartas em sua mão.

Uma Avaliação dos Algoritmos de Ordenação

Existem muitos algoritmos diferentes para cada método de ordenação. Cada um deles tem seus méritos, mas os critérios gerais para avaliação de um algoritmo são:

- Em que velocidade ele pode ordenar as informações no caso médio?
- Qual a velocidade do seu melhor e pior casos?
- Esse algoritmo apresenta um comportamento natural ou não-natural?
- Ele rearranja elementos com chaves iguais?

Olhe, agora, atentamente para esses critérios. Evidentemente a velocidade em que um algoritmo particular ordena é de grande importância. A velocidade em que uma matriz pode ser classificada está diretamente relacionada com o número de comparações e o número de trocas que ocorrem, com as trocas exigindo mais tempo. Uma *comparação* ocorre quando um elemento da matriz é comparado a outro; uma *troca* ocorre quando dois elementos na matriz ocupam um o lugar do outro. Como você verá em breve, algumas ordenações variam o tempo de ordenação de um elemento de forma exponencial e outras de forma logarítmica.

Os tempos de processamento para o pior e melhor casos são importantes se você espera, freqüentemente, encontrar uma dessas situações. Normalmente, uma ordenação tem um bom caso médio, mas um terrível pior caso.

Diz-se que uma ordenação tem um comportamento *natural* se ela trabalha o mínimo quando a lista já está ordenada, trabalha mais quanto mais desordenada estiver a lista e o maior tempo quando a lista está em ordem inversa. A determinação do quanto uma ordenação trabalha é baseada no número de comparações e trocas que ela deve executar.

Para entender por que rearranjar elementos com chaves iguais pòde ser importante, imagine um banco de dados como uma lista postal, que é ordenada de acordo com uma chave principal e uma subchave. A chave principal é o CEP e, dentro dos códigos de CEP, o sobrenome é a subchave. Quando um novo endereço for acrescentado à lista e esta for reordenada, as subchaves (isto é, os sobrenomes com os mesmos códigos de CEP) não devem ser arranjadas. Para garantir que isso não aconteça, uma ordenação não deve trocar as chaves principais de mesmo valor.

A discussão que se segue examina, primeiro, as ordenações representativas de cada categoria e, então, analisa a eficiência de cada uma. Mais adiante, você aprenderá métodos mais aperfeiçoados de ordenação.

A Ordenação Bolha — O Demônio das Trocas

A ordenação mais conhecida (e mais difamada) é a *ordenação bolha*. Sua popularidade vem do seu nome fácil e de sua simplicidade. Porém, é uma das piores ordenações já concebidas.

A ordenação bolha é uma ordenação por trocas. Ela envolve repetidas comparações e, se necessário, a troca de dois elementos adjacentes. Os elementos são como bolhas em um tanque de água — cada uma procura o seu próprio nível. A forma mais simples da ordenação bolha é mostrada aqui:

```
/* A ordenação bolha. */
void bubble(char *item, int count)
{
  register int a, b;
  register char t;

  for(a=1; a<count; ++a)
    for(b=count-1; b>=a; --b) {
      if(item[b-1] > item[b]) {
        /* troca os elementos */
        t = item[b-1];
        item[b-1] = item[b];
        item[b] = t;
      }
    }
}
```

No código anterior, **item** é um ponteiro para uma matriz de caracteres a ser ordenada e **count** é o número de elementos da matriz. A ordenação bolha é dirigida por dois laços. Dado que existem **count** elementos na matriz, o laço mais externo faz a matriz ser varrida **count**-1 vezes. Isso garante que, na pior hipótese, todo elemento estará na posição correta quando a função terminar. O laço mais interno faz as comparações e as trocas. (Uma versão ligeiramente melhorada da ordenação bolha termina se não ocorre nenhuma troca, mas isso acrescenta uma outra comparação a cada passagem pelo laço interno.)

Essa versão da ordenação bolha pode ser utilizada para ordenar uma matriz de caracteres em ordem ascendente. Por exemplo, o programa seguinte ordena uma string digitada no teclado.

```
/*Sort Driver*/

#include <string.h>
#include <stdio.h>
#include <stdlib.h>

void bubble(char *item, int count);
```

```
void main(void)
{
  char s[80];

  printf("Digite uma string:");
  gets(s);
  bubble(s, strlen(s));
  printf("A string ordenada é: %s.\n", s);
}
```

Para ver como funciona a ordenação bolha, assuma que a matriz a ser ordenada contenha **dcab**. Cada passo é mostrado aqui:

inicial	d c a b
passo 1	a d c b
passo 2	a b d c
passo 3	a b c d

Ao analisar qualquer ordenação, você deve determinar quantas comparações e trocas serão realizadas para o menor, médio e pior casos. Com a ordenação bolha, o número de comparações é sempre o mesmo, porque os dois laços **for** repetem o número especificado de vezes, estando a lista inicialmente ordenada ou não. Isso significa que a ordenação bolha sempre executa

$$\frac{1}{2}(n^2 - n)$$

comparações, onde n é o número de elementos a ser ordenado. Essa fórmula deriva do fato de que o laço mais externo executa $n - 1$ vezes e o laço mais interno $n/2$ vezes. Multiplicando-se um pelo outro obtemos a fórmula anterior.

O número de trocas é zero, para o melhor caso, em uma lista já ordenada. O número de trocas para o caso médio e o pior caso são

médio	$\frac{3}{4}(n^2 - n)$
pior	$\frac{3}{2}(n^2 - n)$

Está fora do escopo deste livro explicar a origem das fórmulas anteriores, mas você pode observar que, à medida que a lista se torna menos ordenada, o número de elementos fora de ordem se aproxima do número de comparações. (Lembre-se de que, na ordenação bolha, existem três trocas para cada elemento fora de ordem.)

Essa é uma ordenação *n-quadrado,* pois seu tempo de execução é um múltiplo do quadrado do número de elementos. Esse tipo de algoritmo é muito ineficiente quando aplicado a um grande número de elementos, porque o tempo de execução está diretamente relacionado com o número de comparações e trocas. Por exemplo, ignorando o tempo que leva para trocar qualquer elemento fora da posição, assuma que cada comparação leva 0,001 segundos. Para ordenar 10 elementos, são gastos 0,05 segundos, para ordenar 100 elementos, serão gastos 5 segundos, e ordenar 1.000 elementos, tomará 500 segundos. Uma ordenação de 100.000 elementos, o tamanho de uma pequena lista telefônica, levaria em torno de 5.000.000 segundos ou 1.400 horas ou por volta de dois meses de ordenação contínua! A Figura 19.1 mostra como o tempo de execução aumenta com relação ao tamanho da matriz.

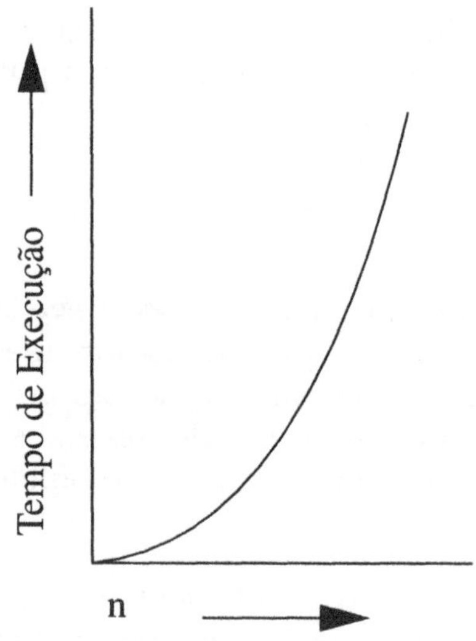

Figura 19.1 Tempo de execução de uma ordenação n^2 em relação ao tamanho da matriz.

Você pode fazer ligeiras melhorias na ordenação bolha para que ela fique mais rápida. Por exemplo, a ordenação bolha tem uma peculiaridade: um elemento fora de ordem na "extremidade grande" (como o "a" no exemplo **dcab**) irá para a sua posição correta em um passo, mas um elemento desordenado na "extremidade pequena" (como o "d") subirá vagarosamente para seu lugar apropriado. Isso sugere uma melhoria na ordenação bolha. Em vez de sempre ler a matriz na mesma direção, pode-se inverter a direção entre passos subseqüentes. Dessa forma, elementos muito fora do lugar irão mais rapidamente para suas posições corretas. Essa versão da ordenação bolha é chamada de *ordenação oscilante*, devido ao seu movimento de vaivém sobre a matriz.

```
/* A ordenação oscilante. */
void shaker(char *item, int count)
```

```
{
  register int a;
  int exchange;
  char t;

  do {
    exchange = 0;
    for(a=count-1; a>0; --a) {
      if(item[a-1]>item[a]) {
        t = item[a-1];
        item[a-1] = item[a];
        item[a] = t;
        exchange = 1;
      }
    }

    for(a=1; a<count; ++a) {
      if(item[a-1]>item[a]) {
        t = item[a-1];
        item[a-1] = item[a];
        item[a] = t;
        exchange = 1;
      }
    }
  } while(exchange); /*ordena até que não existam mais trocas*/
}
```

Embora a ordenação oscilante seja uma melhoria da ordenação bolha, ela ainda é executada na ordem de um algoritmo *n-quadrado*, porque o número de comparações não foi alterado e o número de trocas foi reduzido de uma constante relativamente pequena. A ordenação oscilante é melhor que a ordenação bolha, mas existem ordenações ainda melhores.

Ordenação por Seleção

A ordenação por seleção seleciona o elemento de menor valor e troca-o pelo primeiro elemento. Então, para os *n*-1 elementos restantes, é encontrado o elemento de menor chave, trocado pelo segundo elemento e assim por diante. As trocas continuam até os dois últimos elementos. Por exemplo, se o método de seleção fosse utilizado na matriz **bdac**, cada passo se apresentaria como:

inicial	b	d	a	c
passo 1	a	d	b	c
passo 2	a	b	d	c
passo 3	a	b	c	d

O código a seguir mostra uma ordenação por seleção simples.

```
/* A ordenação por seleção. */
void select(char *item, int count)
{
  register int a, b, c;
  int exchange;
  char t;

  for(a=0; a<count-1; ++a) {
    exchange = 0;
    c = a;
    t = item[a];
    for(b=a+1; b<count; ++b) {
      if(item[b]<t) {
        c = b;
        t = item[b];
        exchange = 1;
      }
    }
    if(exchange) {
      item[c] = item[a];
      item[a] = t;
    }
  }
}
```

Infelizmente, como na ordenação bolha, o laço mais externo é executado n-1 vezes e o laço interno 1/2(n) vezes. Como resultado, a ordenação por seleção requer

$$\frac{1}{2}(n^2 - n)$$

comparações, que a tornam muito lenta para um número grande de itens. O número de trocas para o melhor e o pior casos são

melhor	$3(n-1)$
pior	$n^2/4 + 3(n-1)$

Para o melhor caso, quando a lista está inicialmente ordenada, apenas n-1 elementos precisam ser movimentados e cada movimento requer três trocas. O pior caso aproxima-se do número de comparações. O caso médio é difícil de ser determinado e seu desenvolvimento está além do escopo deste livro. No entanto, é igual a

$n(\log n+y)$

onde y é a constante de Euler, aproximadamente 0,577216.

Embora o número de comparações para a ordenação bolha e para a ordenação por seleção seja o mesmo, o número de trocas, no caso médio, é muito menor para a ordenação por seleção. Contudo, existem ordenações ainda melhores.

Ordenação por Inserção

A ordenação por *inserção* é o terceiro e último dos algoritmos simples de ordenação. Inicialmente, ela ordena os dois primeiros membros da matriz. Em seguida, o algoritmo insere o terceiro membro na sua posição ordenada com relação aos dois primeiros membros. Então, insere o quarto elemento na lista dos três elementos. O processo continua até que todos os elementos tenham sido ordenados. Por exemplo, dada a matriz **dcab**, cada passo da ordenação por inserção é mostrado aqui:

inicial	d c a b
passo 1	c d a b
passo 2	a c d b
passo 3	a b c d

O código para uma versão da ordenação por inserção é dado a seguir:

```
/* A ordenação por inserção. */
void insert(char *item, int count)
{

  register int a, b;
  char t;
  for(a=1; a<count; ++a) {
    t = item[a];
    for(b=a-1; b>=0 && t<item[b]; b--)
      item[b+1] = item[b];
    item[b+1] = t;
  }
}
```

Ao contrário da ordenação bolha e da ordenação por seleção, o número de comparações que ocorrem durante a ordenação por inserção depende de como a lista está inicialmente ordenada. Se a lista estiver em ordem, o número de comparações será n-1. Se estiver fora de ordem, o número de comparações será

$$\frac{1}{2}(n^2 + n)$$

O caso médio é

$\frac{1}{4}(n^2 - n)$

O número de troca para cada caso é o seguinte

melhor	$2(n - 1)$
médio	$\frac{1}{4}(n^2 - n)$
pior	$\frac{1}{2}(n^2 + n)$

Portanto, para o pior caso, a ordenação por inserção é tão ruim quanto a ordenação bolha e a ordenação por seleção e, para o caso médio, é somente um pouco melhor. No entanto, a ordenação por inserção tem duas vantagens. Primeiro, ela se comporta naturalmente, isto é, trabalha menos quando a matriz já está ordenada e o máximo quando a matriz está ordenada no sentido inverso. Isso torna a ordenação por inserção excelente para listas que estão quase em ordem. A segunda vantagem é que ela não rearranja elementos de mesma chave. Isso significa que uma lista que é ordenada por duas chaves permanece ordenada para ambas as chaves após uma ordenação por inserção.

Muito embora o número de comparações possa ser razoavelmente baixo para certos conjuntos de dados, a matriz precisa ser deslocada cada vez que um elemento é colocado na sua posição correta. Como resultado, o número de movimentações pode ser significativo. Contudo, existem ordenações ainda melhores.

Ordenações Melhores

Todos os algoritmos da seção anterior tinham o grave defeito de processarem em um tempo n-quadrado. Para grandes quantidades de dados, isso torna a ordenação muito lenta. De fato, em algum ponto, as ordenações seriam lentas demais para serem usadas. Infelizmente, casos de "ordenação que durou três dias" são freqüentemente verdadeiros. Quando uma ordenação demora tanto, normalmente é uma falha do algoritmo básico. Porém, a primeira reação geralmente é "vamos escrevê-lo em código assembly". A linguagem assembly aumenta, de fato, a velocidade de uma rotina de um fator constante. Se o algoritmo básico for ineficiente, a ordenação será lenta, não importando quão bom seja o código. Lembre-se: quando uma rotina processa relativamente a n, aumentar a velocidade do código do computador provocará apenas uma pequena melhora, porque a razão em que o tempo de execução aumenta é exponencial. (Em essência, a curva da Figura 19.1 é deslocada levemente para a direita, mas a curva continua a mesma.) A norma prática é que, se uma rotina não é suficientemente rápida quando escrita em C, ela não será rápida o bastante em linguagem assembly. A solução é usar um melhor algoritmo de ordenação.

Esta seção descreve duas excelentes ordenações. A primeira é a ordenação *Shell*. A segunda, a *quicksort*, normalmente é considerada a melhor rotina de ordenação. Essas ordenações rodam tão rápido que, se você piscar, você as perde de vista!

Ordenação Shell

A ordenação Shell é assim chamada devido ao seu inventor, D. L. Shell. Porém, o nome provavelmente pegou porque seu método de operação é freqüentemente descrito como conchas do mar empilhadas umas sobre as outras.

O método geral é derivado da ordenação por inserção e é baseado na diminuição dos incrementos. Considere o diagrama da Figura 19.2. Primeiro, todos os elementos que estão três posições afastados um do outro são ordenados. Em seguida, todos os elementos que estão duas posições afastados são ordenados. Finalmente, todos os elementos adjacentes são ordenados.

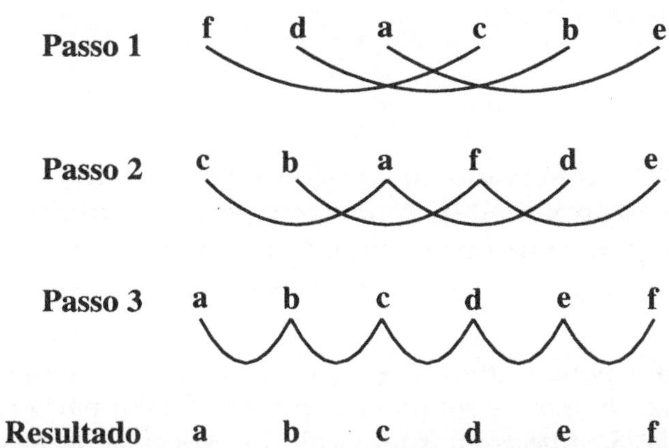

Figura 19.2 A ordenação Shell.

Não é fácil perceber que esse método conduz a bons resultados ou mesmo que ordene a matriz. Mas ele executa ambas as funções. Cada passo da ordenação envolve relativamente poucos elementos ou elementos que já estão razoavelmente em ordem, logo, a ordenação Shell é eficiente e cada passo aumenta a ordenação dos dados.

A seqüência exata para os incrementos pode mudar. A única regra é que o último incremento deve ser 1. Por exemplo, a seqüência

9, 5, 3, 2, 1

funciona bem e é usada na ordenação Shell mostrada aqui. Evite seqüências que são potências de 2 — por razões matemáticas complexas, elas reduzem a eficiência do algoritmo de ordenação (mas a ordenação ainda funciona).

```
/* A ordenação Shell. */
void shell(char *item, int count)
{

  register int i, j, gap, k;
  char x, a[5];

  a[0]=9; a[1]=5; a[2]=3; a[3]=2; a[4]=1;

  for(k=0; k<5; k++) {
    gap = a[k];
    for(i=gap; i<count; ++i) {
      x = item[i];
      for(j=i-gap; x<item[j] && j>=0; j=j-gap)
        item[j+gap] = item[j];
      item[j+gap] = x;
    }
  }
}
```

Você deve ter observado que o laço **for** mais interno tem duas condições de teste. A comparação **x<item[j]** é obviamente necessária para o processo de ordenação. O teste **j>=0** evita que os limites da matriz **item** sejam ultrapassados. Essas verificações extras degenerarão até certo ponto o desempenho da ordenação Shell.

Versões um pouco diferentes da ordenação Shell empregam elementos especiais de matriz, chamados sentinelas, que não fazem parte realmente da matriz a ser ordenada. *Sentinelas* guardam valores especiais de terminação, que indicam o menor e o maior elemento possível. Dessa forma, as verificações dos limites são desnecessárias. No entanto, usar sentinelas requer um conhecimento específico dos dados, o que limita a generalização da função de ordenação.

A análise da ordenação Shell apresenta alguns problemas matemáticos que estão além do objetivo desta discussão. O tempo de execução é proporcional a

$$n^{1.2}$$

para se ordenar n elementos. Essa é uma redução significativa com relação às ordenações n-quadrado. Para entender o quanto essa ordenação é melhor, observe a Figura 19.3, que mostra os gráficos das ordenações n^2 e $n^{1.2}$. Porém, antes de se decidir pela ordenação Shell, você deve saber que a ordenação quicksort é ainda melhor.

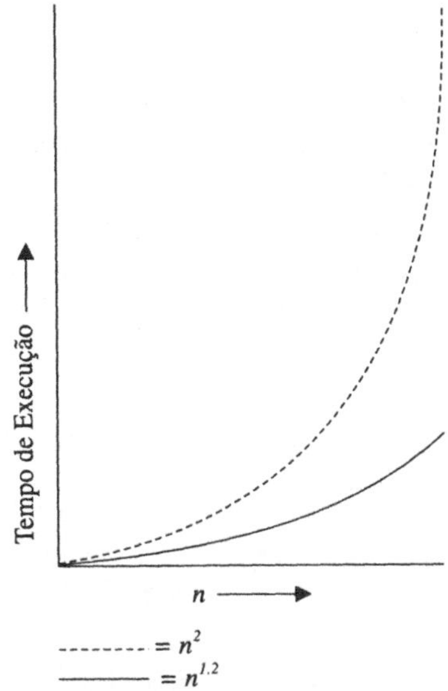

Figura 19.3 As curvas n^2 e $n^{1.2}$.

Quicksort

A quicksort, inventada e denominada por C.A.R. Hoare, é superior a todas as outras ordenações deste livro, e geralmente é considerada o melhor algoritmo de ordenação de propósito geral atualmente disponível. É baseada no método de ordenação por trocas. Isso é surpreendente, quando se considera o terrível desempenho da ordenação bolha!

A quicksort é baseada na idéia de partições. O procedimento geral é selecionar um valor, chamado de *comparando,* e, então, fazer a partição da matriz em duas seções, com todos os elementos maiores ou iguais ao valor da partição de um lado e os menores do outro. Esse processo é repetido para cada seção restante até que a matriz esteja ordenada. Por exemplo, dada a matriz **fedacb** e usando o valor **d** para a partição, o primeiro passo da quicksort rearranja a matriz como segue:

início	f e d a c b
passo1	b c a d e f

Esse processo é, então, repetido para cada seção — isto é, **bca** e **def**. Como você pode ver, o processo é essencialmente recursivo por natureza e, certamente, as implementações mais claras da quicksort são algoritmos recursivos.

Você pode selecionar o valor do comparando intermediário de duas formas. Você pode escolhê-lo aleatoriamente ou selecioná-lo fazendo a média de um pequeno conjunto de valores retirado da matriz. Para uma ordenação ótima, você deveria selecionar um valor que estivesse precisamente no centro da faixa de valores. Porém, isso não é fácil para a maioria dos conjuntos de dados. No pior caso, o valor escolhido está em uma extremidade e, mesmo nesse caso, quicksort ainda tem um bom rendimento. A versão seguinte da quicksort seleciona o elemento intermediário da matriz. Embora isso nem sempre resulte em uma boa escolha, a ordenação ainda é efetuada corretamente.

```
/* Função de inicialização da Quicksort. */
void quick(char *item, int count)
{
  qs(item, 0, count-1)
}

/* A Quicksort. */
void qs(char *item, int left, int right)
{
  register int i, j;
  char x, y;

  i = left; j = right;
  x = item[(left+right)/2];

  do {
    while(item[i]<x && i<right) i++;
    while(x<item[j] && j>left) j--;

    if(i<=j) {
      y = item[i];
      item[i] = item[j];
      item[j] = y;
      i++; j--;
    }
  } while(i<=j);

  if(left<j)  qs(item, left, j);
  if(i<right) qs(item, i, right);
}
```

Nessa versão, a função **quick()** executa a chamada à função da ordenação principal **qs()**. Isso permite manter a interface comum com **item** e **count**, mas não é essencial porque **qs()** poderia ter sido chamada diretamente, usando-se três argumentos.

A dedução do número de comparações e de trocas que quicksort realiza requer uma matemática fora do âmbito deste livo. Porém, o número médio de comparações é

$n \log n$

e o número médio de trocas é aproximadamente

$n/6 \log n$

Esses números são significativamente menores do que aqueles vistos até agora para qualquer ordenação.

No entanto, existe um aspecto particularmente problemático de quicksort sobre o qual você deve ser advertido. Se o valor do comparando, para cada partição, for o maior valor, então a quicksort se degenerará em uma ordenação lenta com um tempo de procesamento n. Geralmente, porém, isso não acontece.

Você deve escolher com cuidado um método para definir o valor do comparando. O método é freqüentemente determinado pelo tipo de dado que está sendo ordenado. Em listas postais muito grandes, onde a ordenação é freqüentemente feita por meio do código CEP, a seleção é simples, porque os códigos são razoavelmente distribuídos — e uma simples função algébrica pode determinar um comparando adequado. Porém, em certos bancos de dados, as chaves podem ser iguais ou muito próximas em valor e uma seleção randômica é freqüentemente a melhor. Um método comum e satisfatório é tomar uma amostra com três elementos de uma partição e utilizar o valor médio.

Escolhendo uma Ordenação

Geralmente, quicksort é a melhor ordenação em virtude da sua velocidade. Porém, quando apenas listas muito pequenas de dados devem ser ordenadas (menos que 100), o tempo extra criado pelas chamadas recursivas do quicksort pode compensar os benefícios de um algoritmo superior. Em casos muito raros como esse, uma das ordenações mais simples — talvez até mesmo a ordenação bolha — pode ser mais rápida.

Ordenando Outras Estruturas de Dados

Até agora, apenas matrizes de caracteres foram ordenadas. Obviamente, matrizes de quaisquer tipos de dados intrínsecos podem ser ordenadas simplesmente trocando-se os tipos de dados dos parâmetros e as variáveis da função de ordenação. Geralmente, porém, são os tipos de dados complexos, como strings, ou agrupamentos de informações, como estruturas, que precisam ser ordenados. A maioria das ordenações envolve uma chave e informação correlacionada com essa chave. Para mudar o algoritmo e, assim, acomodar uma chave, você precisa alterar a seção de comparação, a seção das trocas, ou ambas. O algoritmo permanece inalterado.

A ordenação quicksort será usada nos exemplos seguintes por ser uma das melhores rotinas de uso geral disponíveis até o momento. No entanto, as mesmas técnicas se aplicam a qualquer uma das ordenações descritas anteriormente.

Ordenação de Strings

A ordenação de strings é uma tarefa comum na programação. De longe, é mais fácil ordenar strings quando estão contidas numa tabela de strings. Uma tabela de strings é simplesmente uma matriz de strings. E, em matriz de strings é uma matriz bidimensional de caracteres na qual o número de strings na tabela é determinado pelo tamanho da dimensão esquerda e o comprimento máximo de cada string é determinado pelo tamanho da dimensão direita. (Veja o Capítulo 4 para mais informações sobre matrizes de strings). A versão para string da quicksort a seguir aceita uma matriz de strings, cada uma de até 10 caracteres de comprimento. (Você pode modificar esse comprimento, se assim desejar.) Essa versão ordena strings em ordem alfabética.

```
/* Uma quicksort para strings. */
void quick_string(char item[][10], int count)
{
  qs_string(item, 0, count-1)
}

void qs_string(char item[][10], int left, int right)
{
  register int i, j;
  char *x;
  char temp[10];

  i = left; j = right;
  x = item[(left+right)/2];
```

```
    do {
      while(strcmp(item[i],x)<0 && i<right) i++;
      while(strcmp(item[j],x)>0 && j>left) j--;
      if(i<=j) {
        strcpy(temp, item[i]);
        strcpy(item[i], item[j]);
        strcpy(item[j], temp);
        i++; j--;
      }
    } while(i<=j);

    if(left<j)  qs_string(item, left, j);
    if(i<right) qs_string(item, i, right);
  }
```

Observe que o passo da comparação foi alterado para usar a função **strcmp()**. A função devolve um número negativo se a primeira string é lexicograficamente menor que a segunda, zero se as strings são iguais e um número positivo se a primeira string é lexicograficamente maior que a segunda. Note que para trocar duas strings, são necessárias três chamadas a **strcpy()**.

O uso da função **strcmp()** diminui a velocidade da ordenação por duas razões. Primeiro, ela envolve uma chamada a uma função, que sempre toma tempo. Segundo, **strcmp()** realiza diversas comparações para determinar a relação entre as duas strings. No primeiro caso, se a velocidade de execução for realmente crítica, pode-se colocar o código para **strcmp()** em linha, dentro da rotina, duplicando seu código. No segundo caso, não há maneira de evitar a comparação entre as strings, visto que, por definição, essa é a tarefa que tem de ser executada. O mesmo raciocínio se aplica a função **strcpy ()**. O uso de **strcpy()** para trocar duas strings consiste em uma chamada de função e uma troca caractere a caractere das duas strings — e ambas gastam tempo. O tempo da chamada de função poderia ser eliminado pelo uso de código em linha. No entanto, não podemos modificar o fato de que a troca de strings significa trocar seus caracteres (um a um).

Ordenação de Estruturas

Muitos dos programas aplicativos que requerem uma ordenação precisam ter um agrupamento de dados ordenados. Uma lista postal é um excelente exemplo, porque o nome, a rua, a cidade, o estado e o CEP estão todos relacionados. Quando essa unidade conglomerada de dados é ordenada, uma chave de ordenação é usada, mas toda a estrutura é trocada. Para entender como isso é feito, primeiro criemos uma estrutura.

Para ver um exemplo de ordenação de estruturas, considere uma estrutura, chamada **address**, que seja capaz de conter uma lista de endereços. Uma estrutura como esta poderia ser usada por um programa de mala direta. A estrutura **address** é mostrada aqui.

```
struct address {
  char name[40];
  char street[40];
  char city[20];
  char state[3];
  char zip[10];
};
```

Como é razoável que uma lista postal possa ser arranjada como uma matriz de estruturas, assuma, para esse exemplo, que a rotina ordenará uma matriz de estruturas do tipo **address**. A rotina é mostrada aqui. Ela ordena os endereços pelo código de endereçamento postal (CEP).

```
/* Uma quicksort para estruturas do address. */
void quick_struct(struct address item[], int count)
{
  qs_struct(item,0,count-1)
}

void qs_struct(struct address item[], int left, int right)
{

  register int i, j;
  char *x;
  struct address temp;

  i = left; j = right;
  x = item[(left+right)/2].zip;

  do {
    while(strcmp(item[i].zip,x)<0 && i<right) i++;
    while(strcmp(item[j].zip,x)>0 && j>left) j--;
    if(i<=j) {
      temp = item[i];
      item[i] = item[j];
      item[j] = temp;
      i++; j--;
    }
```

```
    } while(i<=j);
    if(left<j) qs_struct(item, left, j);
    if(i<right) qs_struct(item, i, right);
}
```

Ordenando Arquivos de Acesso Aleatório em Disco

Existem dois tipos de arquivos em disco: *seqüenciais* e de *acesso aleatório*. Se qualquer tipo de arquivo em disco for pequeno o bastante, ele pode ser lido para a memória e as rotinas de ordenação de matrizes apresentadas anteriormente podem ser utilizadas para ordená-lo. Porém, muitos arquivos em disco são muito grandes para serem ordenados facilmente na memória e exigem técnicas especiais. Esta seção mostra uma maneira pela qual arquivos em disco de acesso aleatório podem ser ordenados.

Arquivos em disco de acesso aleatório têm duas vantagens principais sobre arquivos seqüenciais em disco. Primeiro, eles são mais fáceis de manter. Você pode atualizar informações sem precisar copiar toda a lista. Segundo, eles podem ser tratados como uma matriz muito grande em disco, o que simplifica enormemente a ordenação.

Tratar um arquivo de acesso aleatório como uma matriz significa que você pode usar a base da quicksort com poucas modificações. Em lugar de indexar uma matriz, a versão em disco da quicksort deve usar **fseek()** para pesquisar os registros apropriados no disco.

Cada situação de ordenação difere da estrutura exata de dados que é ordenada e da chave que é usada. Todavia, a idéia geral de ordenação de arquivos de acesso aleatório em disco pode ser compreendida desenvolvendo-se um programa de ordenação para estruturas do tipo **address**, a estrutura para a lista postal definida anteriormente. A quantidade de endereços a ordenar é especificada por **NUM_ELEMENTS** (que é 4 para este programa). Em aplicações reais, porém, uma contagem de registros precisaria ser mantida dinamicamente. Você deve experimentar este programa por conta própria, tentando usar diferentes tipos de estruturas, contendo diferentes tipos de dados.

```
/* Ordenação em disco para estruturas do tipo address. */
#include <stdio.h>
```

```
#include <stdlib.h>
#include <string.h>
#define NUM_ELEMENTS 4 /* Esse é um número arbitrário
                          que deve ser determinado
                          dinamicamente para cada lista.*/
struct address {
  char name[30];
  char street[40];
  char city[20];
  char state[3];
  char zip[11];
}ainfo;

struct address addrs [NUM_ELEMENTS] = {
  "A. Alexander", "101 1st St", "Olney", "Ga", "55555",
  "B. Bertrand", "22 2nd Ave", "Oakland", "Pa", "34232",
  "C. Carlisle", "33 3rd Blvd", "Ava", "Or", "92000",
  "D. Dodger", "4 Fourth Dr", "Fresno", "Mi", "45678"
};

void quick_disk(FILE *fp, int count);
void qs_disk(FILE *fp, int left, int right);
void swap_all_fields(FILE *fp, long i, long j);
char *get_zip(FILE *fp, long rec);

void main(void)
{
  FILE *fp;

  /* primeiro, crie um arquivo para ser ordenado */
  if((fp=fopen ("mlist", "wb"))==NULL) {
    printf ("O arquivo não pode ser aberto para escrita.\n");
    exit (1);
  }
  printf ("Gravando dados não ordenados para disco. \n");
  fwrite (addrs, sizeof (addrs), 1, fp);
  fclose (fp);

  /* agora, ordene o arquivo */
  if((fp=fopen("mlist", "rb+"))==NULL) {
     printf("O arquivo não pode ser aberto para leitura/escrita.
     \n");
     exit(1);
  }
  /printf ("Ordenando arquivo de disco. \n");
```

```
  quick_disk(fp, NUM_ELEMENTS);
  fclose(fp);
  printf("Lista ordenada.\n");
}

/* Um quicksort para arquivos. */
void quick_disk(FILE *fp, int count)
{
  qs_disk(fp, 0, count-1);
}

void qs_disk(FILE *fp, int left, int right)
{
  long int i, j;
  char x[100];

  i = left; j = right;

  strcpy(x, get_zip(fp,(long)(i+j)/2));  /* obtém o CEP inter-
                                              mediário */

  do {
    while(strcmp(get_zip(fp,i),x)<0 && i<right) i++;
    while(strcmp(get_zip(fp,j),x)>0 && j>left) j--;

    if(i<=j) {
      swap_all_fields(fp, i, j);
      i++; j--;
    }
  } while(i<=j);

  if(left<j)  qs_disk(fp, left, (int) j);
  if(i<right) qs_disk(fp, (int) i, right);
}

void swap_all_fields(FILE *fp, long i, long j)
{
  char a[sizeof(ainfo)], b[sizeof(ainfo)];

  /* primeiro lê os registros i e j */
  fseek(fp, sizeof(ainfo)*i, SEEK_SET);
  fread(a, sizeof(ainfo), 1, fp);

  fseek(fp, sizeof(ainfo)*j, SEEK_SET);
  fread(b, sizeof(ainfo), 1, fp);
```

```
    /* em seguida escreve-os de volta em posições diferentes */
    fseek(fp, sizeof(ainfo)*j, SEEK_SET);
    fwrite(a, sizeof(ainfo), 1, fp);

    fseek(fp, sizeof(ainfo)*i, SEEK_SET);
    fwrite(b, sizeof(ainfo), 1, fp);
  }

  /* Devolve um ponteiro para o código cep */
  char *get_zip(FILE *fp, long rec)
  {
    struct address *p;

    p = &ainfo;

    fseek(fp, rec*sizeof(ainfo), SEEK_SET);
    fread(p, sizeof(ainfo), 1, fp);

    return ainfo.zip;
  }
```

Como você pode ver, foi necessário escrever diversas funções de suporte para ordenar os registros com endereços. Na seção de comparação da ordenação, a função **get_zip()** foi usada para retornar um ponteiro para o CEP do comparando e do registro sendo verificado. A função **swap_all_fields()** efetua a troca real dos dados. Note que, sob a maioria dos sistemas operacionais, a ordem das leituras e gravações tem um grande impacto sobre a velocidade desta ordenação. Quando ocorre uma troca, o código exibido força um acesso ao registro **i**, depois ao **j**. Enquanto a cabeça da unidade de disco ainda estiver posicionada em **j**, os dados de **j** são gravados. Isto significa que a cabeça não precisa movimentar-se uma grande distância. Se o código tivesse sido escrito para gravar os dados de **i** primeiro, teria sido necessário um acesso adicional.

Pesquisa

Bancos de dados existem para que, de tempos em tempos, um usuário possa localizar o dado de um registro, simplesmente digitando sua chave. Há apenas um método para encontrar informações em um arquivo (matriz) desordenado e um outro para um arquivo (matriz) ordenado. Muitos compiladores fornecem funções de pesquisa como parte da biblioteca padrão. Porém, analogamente à ordenação, rotinas de uso geral algumas vezes são simplesmente ineficientes em situações mais exigentes devido ao tempo extra provocado pela sua generalização.

Métodos de Pesquisa

Encontrar informações em uma matriz desordenada requer uma pesquisa seqüencial, começando no primeiro elemento e parando quando o elemento procurado ou o final da matriz é encontrado. Esse método deve ser usado em dados desordenados, mas também pode ser aplicado a dados ordenados. Se os dados foram ordenados, você pode usar uma pesquisa binária, o que ajuda a localizar o dado mais rapidamente.

A Pesquisa Seqüencial

A pesquisa seqüencial é fácil de ser codificada. A função a seguir faz uma pesquisa em uma matriz de caracteres de comprimento conhecido até que seja encontrado, a partir de uma chave específica, o elemento procurado:

```
sequential_search(char *item, int count, char key)
{
  register int t;

  for(t=0; t<count; ++t)
    if(key==item[t]) return t;
  return -1; /* não encontrou */
}
```

Essa função devolve o índice da entrada encontrada se existir alguma; caso contrário, ela devolve -1.

É fácil ver que uma pesquisa seqüencial testará em média $1/2n$ elementos. No melhor caso, testará somente um elemento e, no pior caso, n elementos. Se a informação está armazenada em disco, o tempo de procura pode ser muito longo. Mas se os dados estiverem desordenados, a pesquisa seqüencial é o único método disponível.

Pesquisa Binária

Se o dado a ser encontrado se apresentar de forma ordenada, você poderá usar um método muito superior para encontrar o elemento procurado. Esse método é a *pesquisa binária*, que utiliza a abordagem "dividir e conquistar". Ele primeiro verifica o elemento central. Se esse elemento é maior que a chave, ele testa o elemento central da primeira metade; caso contrário, ele testa o elemento central da segunda metade. Esse procedimento é repetido até que o elemento seja encontrado ou que não haja mais elementos a testar.

Por exemplo, para encontrar o número 4 na matriz

1 2 3 4 5 6 7 8 9

uma pesquisa binária primeiro testa o elemento médio, nesse caso 5. Visto que ele é maior que 4, a pesquisa continua com a primeira metade, ou

1 2 3 4 5

O elemento central agora é 3, que é menor que 4, então, a primeira metade é descartada. A pesquisa continua com

4 5

Nesse momento o elemento é encontrado.

Em uma pesquisa binária, o número de comparações, no pior caso, é

$\log_2 n$

No caso médio, o número é um pouco menor e, no melhor caso, o número de comparações é um.

A seguir, é mostrada uma pesquisa binária para matrizes de caracteres. Você pode fazer com que essa pesquisa encontre qualquer estrutura de dados arbitrária, trocando a parte de comparação da rotina:

```
/* A pesquisa binária. */
binary(char *item, int count, char key)
{
  int low, high, mid;

  low = 0; high = count-1;
  while(low<=high) {
    mid = (low+high)/2;
    if(key<item[mid]) high = mid-1;
    else if(key>item[mid]) low = mid+1;
    else return mid;  /* encontrou */
  }
  return -1;
}
```

MAKRON
Books

20

Filas, Pilhas, Listas Encadeadas e Árvores Binárias

Programas consistem em duas coisas: algoritmos e estruturas de dados. Um bom programa é uma combinação de ambos. A escolha e a implementação de uma estrutura de dados são tão importantes quanto as rotinas que manipulam os dados. A forma como a informação é organizada e acessada é normalmente determinada pela natureza do problema de programação. Por essa razão, é importante ter o método certo de armazenamento e recuperação, para uma variedade de situações, na sua bagagem de conhecimentos.

A separação que existe entre o conceito lógico de um item de dados e sua representação de máquina tem correlação inversa com sua abstração. Ou seja, conforme os tipos de dados se tornam mais complexos, a forma como o programador os imagina apresenta uma semelhança cada vez menor com a forma na qual eles são, na realidade, representados na memória. Por exemplo, tipos simples como **char** e **int** estão intimamente ligados à sua representação de máquina; e o valor que um inteiro tem na sua representação de máquina aproxima-se daquilo que o programador imagina que ele tem. Matrizes simples, que são coleções organizadas de tipos de dados simples, não são tão intimamente ligadas como tipos simples, porque uma matriz pode não aparecer na memória da forma que o programador supõe que apareça.

Os números em ponto flutuante estão menos relacionados ainda. A representação interna na máquina real tem pouca semelhança com a imagem que alguns programadores fazem de um número em ponto flutuante. A estrutura, que é um tipo de dado conglomerado acessado sobre apenas um nome, é ainda mais distinta da representação da máquina. O último nível de abstração transcende os meros aspectos físicos dos dados e, em contrapartida, concentra-se na seqüência pela qual os dados serão acessados — isso é, armazenados e recuperados. Em essência, os dados físicos estão unidos a um *mecanismo de dados*, que controla a forma como as informações podem ser acessadas pelo seu programa.

Existem basicamente quatro desses mecanismos:

- fila
- pilha
- lista encadeada
- árvore binária

Cada um desses métodos fornece uma solução para uma classe de problemas. Esses métodos são essencialmente dispositivos que executam uma operação específica de armazenamento e recuperação da informação dada, de acordo com o que lhes foi requisitado. Todos eles armazenam um item e recuperam um item, onde um item é uma unidade de informação. O restante deste capítulo mostra como você pode construir estas estruturas de dados usando a linguagem C. Nesse processo são ilustradas diversas técnicas comuns de programação em C, incluindo a alocação dinâmica e a manipulação de ponteiros.

Filas

Uma *fila* é simplesmente uma lista linear de informações, que é acessada na ordem *primeiro a entrar, primeiro a sair*, sendo chamada, algumas vezes, de FIFO (First In, First Out). Isto é, o primeiro item colocado na fila é o primeiro a ser retirado, o segundo item colocado é o segundo a ser recuperado e assim por diante. Essa é a única forma de armazenar e recuperar em uma fila; não é permitido acesso randômico a nenhum item específico.

Filas são muito comuns no nosso dia-a-dia. Por exemplo, filas (físicas) em um banco ou lanchonete são filas lógicas (exceto quando maus fregueses tentam furá-la!). Para visualizar como uma fila opera, considere duas funções: **qstore()** e **qretrieve()**. A função **qstore()** coloca um item no final da fila e **qretrieve()** remove o primeiro item da fila e devolve seu valor. A Tabela 20.1 mostra o efeito de uma série dessas operações.

Tenha em mente que uma operação de recuperação remove um item da fila e o destrói, se não for armazenado em algum outro lugar. Assim, uma fila pode ficar vazia, porque todos os itens foram removidos, muito embora o programa ainda esteja em atividade.

Tabela 20.1 Uma fila em ação.

Ação	**Conteúdo da fila**
qstore(A)	A
qstore(B)	A B
qstore(C)	A B C
qretrieve() devolve **A**	B C
qstore(D)	B C D
qretrieve() devolve **B**	C D
qretrieve() devolve **C**	D

Filas são usadas em muitas situações de programação. Uma das mais comuns é em simulações. Filas também são usadas em distribuição de eventos, como nos diagramas PERT ou Gantt, e em bufferização de E/S.

Por exemplo, considere um programa simples de Agenda de compromissos. Este programa permite que você digite um número de eventos; então, conforme cada evento é executado, ele é tirado da lista e a descrição do próximo evento é apresentada. Para simplificar, será usada uma matriz de ponteiros para as strings de eventos e cada descrição de evento será limitada a 255 caracteres. O número de eventos é arbitrariamente limitado a 100.

Primeiro, as funções **qstore()** e **qretrieve()**, mostradas aqui, são necessárias ao programa de agenda. Elas armazenarão ponteiros para as strings que descrevem os eventos.

```
#define MAX 100

char *p[MAX];
int spos = 0;
int rpos = 0;

/* Armazena um evento. */
void qstore(char *q)
{
  if(spos==MAX) {
    printf("Lista cheia\n");
    return;
  }
  p[spos] = q;
  spos++;
}

/* Recupera um evento. */
char *qretrieve()
```

```
{
  if(rpos==spos) {
    printf("Sem eventos.\n");
    return NULL;
  }
  rpos++;
  return p[rpos-1];
}
```

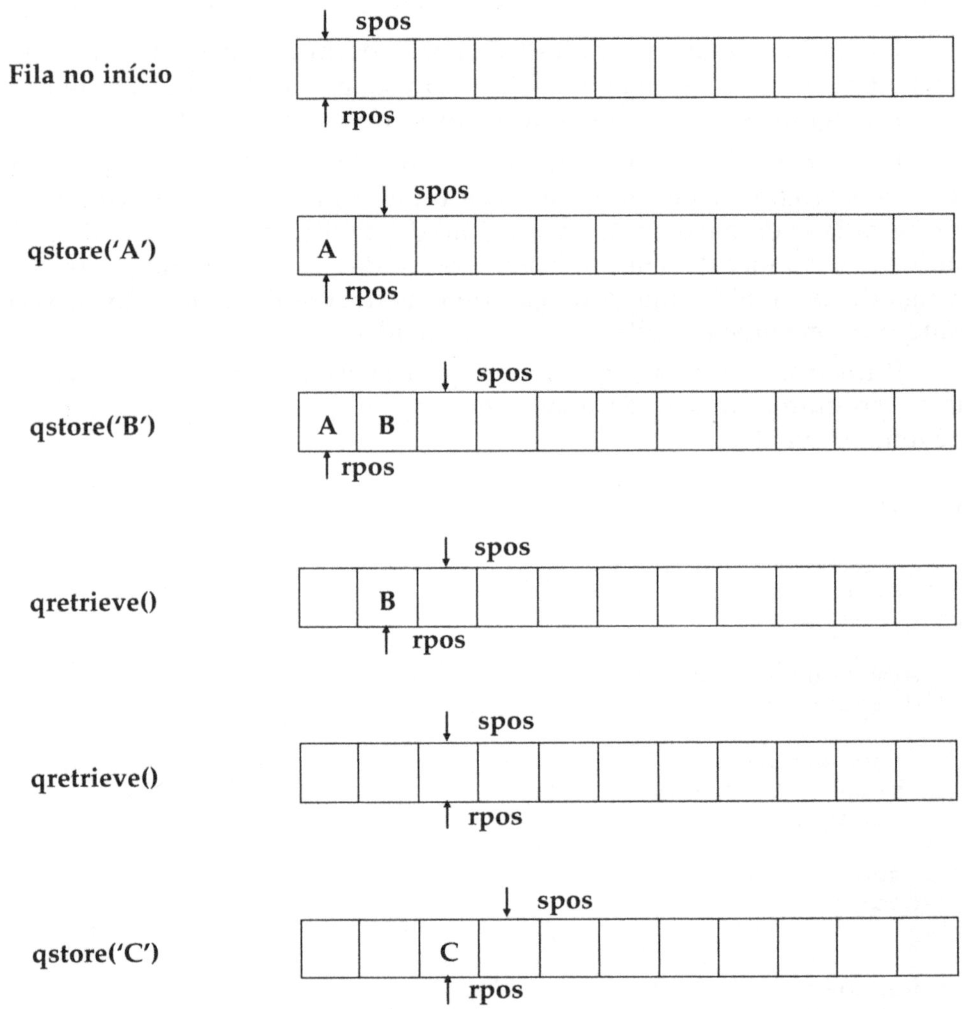

Figura 20.1 O índice de recuperação persegue o índice de armazenamento.

Observe que essas funções requerem duas variáveis globais: **spos** (que contém o índice da próxima posição de armazenamento livre) e **rpos** (que contém o índice do próximo item a ser recuperado). Essas funções podem ser usadas para manter uma fila de outros tipos de dados simplesmente mudando o tipo de base da matriz em que operam.

A função **qstore()** coloca um ponteiro para um novo evento ao final da lista e verifica se a lista está cheia. A função **qretrieve()** tira os eventos da fila enquanto há eventos a executar. Quando um novo evento é escalado, **spos** é incrementado e, quando um evento é completado, **rpos** é incrementado. Em síntese, **rpos** "persegue" **spos** através da fila. Veja na Figura 20.1 como isso aparece na memória enquanto o programa é executado. Se **rpos** e **spos** são iguais, não há eventos a executar. Muito embora a informação armazenada na fila não seja realmente destruída por **qretrieve()**, efetivamente ela é perdida, pois não pode ser acessada novamente.

O programa completo para esse distribuidor simples de eventos é mostrado aqui. Você pode melhorar esse programa para seu próprio uso.

```
/* Miniprograma de agenda */

#include <string.h>
#include <stdlib.h>
#include <stdio.h>
#include <ctype.h>

#define MAX 100

char *p[MAX], *qretrieve(void);
int spos = 0;
int rpos = 0;
void enter(void), qstore(char *q), review(void), delete(void);

void main(void)
{
  char s[80];
  register int t;

  for(t=0; t<MAX; ++t) p[t] = NULL; /* inicializa a matriz com
                                       nulos */
  for(;;) {
    printf("Inserir, Listar, Remover, Sair: ");
    gets(s);
    *s = toupper(*s);
```

```
    switch(*s) {
      case 'E':
        enter();
        break;
      case 'L':
        review();
        break;
      case 'R':
        delete();
        break;
      case 'Q':
        exit(0);
    }
  }
}

/* Insere um evento na fila. */
void enter(void)
{
  char s[256]; *p;

  do {
    printf("Insira o evento %d: ", spos+1);
    gets(s);
    if(*s==0) break; /* nenhuma entrada */
    p = malloc(strlen(s)+1);
    if(!p) {
      printf("Sem memória.\n");
      return;
    }
    strcpy(p, s);
    if(*s) qstore(p);
  }while(*s);
}

/* Vê o que há na fila. */
void review(void)
{
  register int t;

  for(t=rpos; t<spos; ++t)
    printf("%d. %s\n", t+1, p[t]);
}

/* Apaga um evento da fila. */
void delete(void)
```

```
{
  char *p;

  if((p=qretrieve())==NULL) return;
  printf("%s\n", p);
}

/* Armazena um evento. */
void qstore(char *q)
{

  if(spos==MAX) {
    printf("Lista cheia\n");
    return;
  }
  p[spos] = q;
  spos++;
}

/* Recupera um evento. */
char *qretrieve(void)
{
  if(rpos==spos) {
    printf("Sem eventos.\n");
    return NULL;
  }
  rpos++;
  return p[rpos-1];
}
```

A Fila Circular

Ao estudar a seção anterior, você pode ter pensado em um melhoramento para o programa de agenda. Em lugar de ter uma parada do programa, quando o limite da matriz usada para armazenar a fila é atingido, você poderia ter o índice de armazenamento (**spos**) e o índice de recuperação (**rpos**) retornando ao início da matriz. Dessa forma, qualquer número de itens poderia ser colocado na fila, contanto que itens também estivessem sendo tirados. Essa implementação de fila é chamada *fila circular*, porque usa sua matriz de armazenamento como se fosse um círculo em vez de uma lista linear.

Para criar uma fila circular, para ser usada no programa distribuidor de eventos, as funções **qstore()** e **qretrieve()** precisam ser alteradas como mostrado aqui:

```
void qstore(char *q)
{
  /* A fila está cheia se spos tem um a menos que rpos ou se
     spos está no início da matriz da fila e rpos está no final.
  */
  if(spos+1==rpos || (spos+1==MAX && !rpos)) {
    printf("Lista cheia\n");
    return;
  }

  p[spos] = q;
  spos++;
  if(spos==MAX) spos = 0; /* reinicia */
}

char *qretrieve(void)
{
  if(rpos==MAX) rpos = 0;  /* reinicia */
  if(rpos==spos) {
    printf("Sem eventos para recuperar.\n");
    return NULL;
  }
  rpos++;
  return p[rpos-1];
}
```

Em essência, a fila só está cheia quando os índices de armazenamento e recuperação são iguais; caso contrário, há espaço na fila para outro evento. Conceitualmente, a matriz usada para a versão circular do programa distribuidor de eventos é vista como na Figura 20.2.

Talvez o uso mais comum de fila circular seja em sistemas operacionais, onde a fila circular contém as informações lidas dos arquivos em disco ou do console. Filas circulares também são usadas em programas aplicativos de tempo real, que devem continuar a processar informações enquanto põem as requisições de E/S em um buffer. Muitos editores de texto fazem isso enquanto reformatam um parágrafo ou justificam uma linha. O que está sendo digitado não é mostrado até que o outro processo termine. Para conseguir isso, o programa aplicativo deve verificar a entrada do teclado durante a execução do outro processo. Se uma tecla foi pressionada, ela é rapidamente colocada em uma fila e o processo continua. Uma vez que o processo tenha terminado, os caracteres são recuperados da fila.

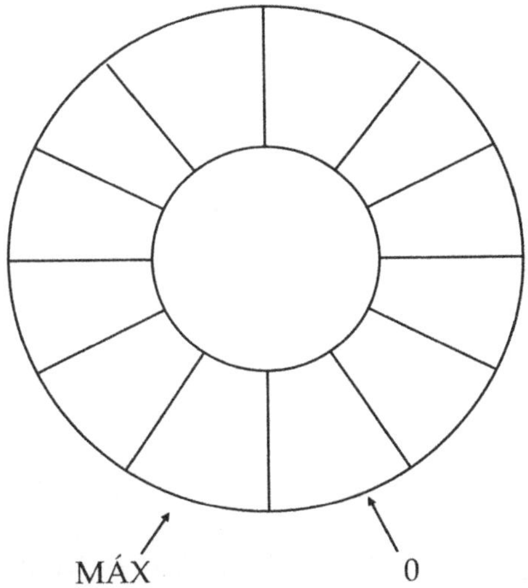

Figura 20.2 A matriz na versão circular do programa de agenda.

Por exemplo, considere um programa simples que contém dois processos. O primeiro processo do programa imprime os números de 1 a 32.000 na tela. O segundo coloca os caracteres em uma fila circular conforme são digitados, sem ecoá-los na tela, até que seja pressionado ENTER. Os caracteres digitados não são mostrados porque o primeiro processo tem prioridade sobre a tela. Após ter sido pressionado ENTER, os caracteres na fila são recuperados e apresentados.

Para que o programa funcione como foi descrito, ele deve usar duas funções não definidas pelo padrão C ANSI: **kbhit()** e **getch()**. A função **kbhit()** devolve verdadeiro se uma tecla, foi pressionada; caso contrário, devolve falso. A função **getch()** lê uma tecla, mas não ecoa o caractere na tela. O padrão C ANSI não define as funções de biblioteca que verificam o estado do teclado ou lêem caracteres do teclado sem ecoá-las na tela porque essas funções são altamente dependentes do sistema operacional. Não obstante, a maioria dos compiladores fornece rotinas que fazem essas coisas. O programa mostrado aqui funciona com a maioria dos compiladores; porém, as duas funções não-padrões podem ter nomes diferentes.

```
/* Um exemplo de fila circular usando um buffer para teclado. */
#include <stdio.h>
#include <conio.h>
#include <stdlib.h>
```

```
#define MAX 80

char buf[MAX+1];
int spos=0;
int rpos=0;

void qstore(char q);
void qretrieve(void);

void main(void)
{
  register char ch;
  int t;

  buf[80] = NULL;

  /* Insere caracteres até que um CR seja digitado. */
  for(ch=' ', t=0; t<32000 && ch!='\r'; ++t) {
    if(kbhit()) {
      ch = getch();
      qstore(ch);
    }
    printf("%d ", t);
    if(ch=='\r') {
      /* Mostra e esvazia o buffer de teclas. */
      printf("\n");
      while((ch=qretrieve())!=NULL) printf("%c", ch);
      printf("\n");
    }
  }
}

/* Armazena caracteres na fila. */
void qstore(char q)
{
  if(spos+1==rpos ¦ ¦ (spos+1==MAX && !rpos)) {
    printf("Lista cheia\n");
    return;
  }
  buf[spos] = q;
  spos++;
  if(spos==MAX) spos = 0; /* reinicia */
}

/* Recupera um caractere. */
char qretrieve(void)
```

```
{
  if(rpos==MAX) rpos = 0;  /* reinicia */
  if(rpos==spos) return NULL;

  rpos++;
  return buf[rpos-1];
}
```

Pilhas

Uma *pilha* é o inverso de uma fila porque usa o acesso *último a entrar, primeiro a sair*, o que algumas vezes é chamado de LIFO (Last In, First Out). Para visualizar uma pilha, imagine uma pilha de pratos. O primeiro prato na mesa é o último a ser usado e o último prato colocado na pilha é o primeiro a ser usado. Pilhas são usadas em grande quantidade em software de sistema, incluindo compiladores e interpretadores. De fato, a maioria dos compiladores C usa uma pilha quando passa argumentos para funções.

As duas operações básicas — armazenar e recuperar — são tradicionalmente chamadas de *push* e *pop*, respectivamente. Assim, para implementar uma pilha, você precisa de duas funções: **push()** (que coloca um valor na pilha) e **pop()** (que recupera um valor da pilha). Você também precisa de uma região de memória para usar como pilha. Você pode usar uma matriz para esse propósito ou alocar uma região de memória, usando as funções de alocação dinâmica de C. Como na fila, a função de recuperação retira um valor da pilha e o destrói se ele não for armazenado em algum outro lugar. As formas gerais de **push()** e **pop()** que usam uma matriz de inteiros são mostradas a seguir. Você pode manter pilhas de outros tipos de dados modificando o tipo de base da matriz em que **push()** e **pop()** operam.

```
int stack[MAX];
int tos=0; /* topo da pilha */

/* Põe um elemento na pilha. */
void push(int i)
{

  if(tos>=MAX) {
    printf("Pilha cheia\n");
    return;
  }
  stack[tos] = i;
  tos++;
```

```
}

/* Recupera o elemento do topo da pilha. */
pop(void)
{
  tos--;
  if(tos<0) {
    printf("Pilha vazia\n");
    return 0;
  }
  return stack[tos];
}
```

A variável **tos** é o índice da próxima posição livre da pilha. Ao implementar essas funções, você deve lembrar-se de evitar o armazenamento da pilha, ultrapassando seus limites (*overflow*), e a tentativa de recuperar dados depois de ter esvaziado a pilha (*underflow*). Nessas rotinas, uma pilha vazia é indicada por **tos** com o valor zero e uma pilha cheia é indicada por **tos** com um valor maior que a última posição de armazenamento. Para ver como uma pilha funciona, veja a Tabela 20.2.

Tabela 20.2 Uma pilha em ação.

Ação	Conteúdo da pilha
push(A)	A
push(B)	B A
push(C)	C B A
pop() recupera **C**	B A
push(F)	F B A
pop() recupera **F**	B A
pop() recupera **B**	A
pop() recupera **A**	*vazia*

Um excelente exemplo do uso de pilha é uma calculadora de quatro funções. A maioria das calculadoras de hoje aceita a forma padrão de expressões chamada de *notação infix*, que toma a forma geral *operando-operador-operando.* Por exemplo, para somar 200 a 100, entre **100**, pressione a tecla de adição (+), digite **200** e, então pressione a tecla de IGUAL (=). Porém, muitas calculadoras antigas usavam uma forma de avaliação de expressão chamada de *notação postfix* (pós-fixada), na qual os dois operandos são inseridos primeiro e, e em seguida, o operador é inserido. Por exemplo, para somar 200 a 100, usando notação pós-fixada, você insere **100**, em seguida **200** e então pressiona a tecla de adição. Conforme os operandos são inseridos, são colocados em uma pilha. Cada vez que um operador é inserido, dois operandos são removidos da pilha e o resultado é colocado de volta na pilha. A vantagem da forma pós-fixada é que expressões muito complexas podem ser facilmente digitadas pelo usuário.

O próximo exemplo demonstra uma pilha implementando uma calculadora posfixa para expressões inteiras. De início, as funções **push()** e **pop()** devem ser modificadas como mostrado a seguir. Elas também usarão memória alocada dinamicamente (em vez de um vetor de tamanho fixo) para a pilha. Embora o uso de memória dinâmica não seja necessário para este exemplo simples, ele ilustra como a memória alocada dinamicamente pode ser usada para implementar uma pilha.

```
int *p;    /* apontará para uma região de memória livre */
int *tos; /* aponta para o topo da pilha */
int *bos; /* aponta para o final da pilha */

/* Armazena um elemento na pilha. */
void push(int i)
{
  if(p>bos) {
    printf("Pilha cheia\n");
    return;
  }
  *p = i;
  p++;
}

/* Recupera o elemento do topo da pilha. */
pop(void)
{
  p--;
  if(p<tos) {
    printf("Pilha vazia\n");
    return 0;
  }
  return *p;
}
```

Antes que essas funções possam ser usadas, uma região de memória livre deve ser alocada com **malloc()**, o endereço do início dessa região deve ser atribuído a **tos**, e o endereço do final, atribuído a **bos**.

O programa completo da calculadora é visto aqui:

```
/* Uma calculadora simples de quatro funções. */

#include <stdio.h>
#include <stdlib.h>

#define MAX 100

int *p;   /* apontará para uma região de memória livre */
int *tos; /* aponta para o topo da pilha */
int *bos; /* aponta para o final da pilha */

void push(int i);
int pop(void);

void main(void)
{
  int a, b;
  char s[80];

  p = (int *) malloc(MAX*sizeof(int));/*obtém memória da pilha*/
  if(!p) {
    printf("Falha de alocação\n");
    exit(1);
  }
  tos = p;
  bos = p+MAX-1;

  printf("Calculadora de quatro funções\n");
  printf("Digite 's' para sair\n")

  do {
    printf(": ");
    gets(s);
    switch(*s) {
      case '+':
        a = pop();
        b = pop();
        printf("%d\n", a+b);
        push(a+b);
        break;
      case '-':
        a = pop();
        b = pop();
        printf("%d\n", b-a);
        push(b-a);
```

```
          break;
        case '*':
          a = pop();
          b = pop();
          printf("%d\n", b*a);
          push(b*a);
          break;
        case '/':
          a = pop();
          b = pop();
          if(a==0) {
            printf("divisão por 0\n");
            break;
          }
          printf("%d\n", b/a);
          push(b/a);
          break;
        case '.': /* mostra o conteúdo do topo da pilha */
          a = pop();
          push(a);
          printf("O valor atual da pilha é: %d\n", a);
          break;
        default:
          push(atoi(s));
      }
    } while(*s!='s');
  }

  /* Põe um elemento na pilha. */
  void push(int i)
  {
    if(p>bos) {
      printf("Pilha cheia\n");
      return;
    }
    *p = i;
    p++;
  }

  /* Recupera o elemento do topo da pilha. */
  pop(void)
  {
    p--;
    if(p<tos) {
```

```
        printf("Pilha vazia\n");
        return 0;
    }
    return *p;
}
```

Listas Encadeadas

Filas e pilhas compartilham duas características comuns: ambas têm regras muito rigorosas para acessar os dados armazenados nelas e as operações de recuperação são, por natureza, destrutivas. Em outras palavras, acessar um item em uma pilha requer a sua remoção e, a menos que o item seja armazenado em outro lugar, ele é destruído. Além disso, tanto pilhas como filas usam uma região contígua de memória. Diferente de uma pilha ou de uma fila, uma lista encadeada pode acessar seu armazenamento de forma randômica, porque cada porção de informação carrega consigo um elo ao próximo item de dados na corrente. Ou seja, uma lista encadeada exige uma estrutura complexa de dados — em oposição à pilha ou fila, que pode operar em itens de dados simples e complexos. Além disso, uma operação de recuperação em uma lista encadeada não remove e destrói um item da lista. Na verdade, você precisa acrescentar uma operação de exclusão específica para isso.

Listas encadeadas podem ser singularmente ou duplamente encadeadas. Uma lista singularmente encadeada contém um elo com o próximo item de dado. Uma lista duplamente encadeada contém elos tanto com o elemento anterior quanto com o próximo elemento da lista. O tipo de lista encadeada utilizada depende de sua aplicação.

Listas Singularmente Encadeadas

Uma lista singularmente encadeada requer que cada item de informação contenha um elo com o próximo elemento da lista. Cada item de dado geralmente consiste em uma estrutura que inclui campos de informação e ponteiro de enlace. Conceitualmente, uma lista singularmente encadeada é vista como mostrado na Figura 20.3.

Basicamente, existem duas maneiras de construir uma lista singularmente encadeada. A primeira é simplesmente colocar cada novo item no início ou final da lista. A outra é acrescentar itens em posições específicas na lista — em ordem crescente, por exemplo. A forma como a lista é construída determina como a função de armazenamento é codificada. Veja o caso mais simples de se criar uma lista encadeada acrescentando itens ao final da lista.

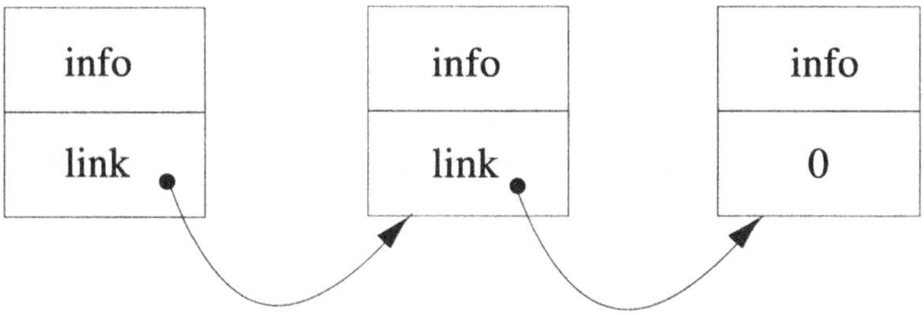

Figura 20.3 Uma lista encadeada na memória.

Antes, você precisa definir uma estrutura de dados que contenha a informação e os elos. Consideremos, neste exemplo, uma lista postal. A estrutura de dados para cada elemento da lista postal é definida aqui:

```
struct address {
  char name[40];
  char street[40];
  char city[20];
  char state[3];
  char zip[11];
  struct address *next;
}info;
```

A função **slstore()** constrói uma lista singularmente encadeada colocando cada novo item no final. Deve ser passado um ponteiro para uma estrutura do tipo **address** e um ponteiro para o último elemento, como mostrado aqui:

```
void slstore(struct address *i,
              struct address **last)
{
  if(!*last) *last = i;   /* primeiro item na lista */
  else (*last)->next = i;
  i->next = NULL;
  *last = i;
}
```

Embora você possa ordenar a lista criada com a função **slstore()** como uma operação separada, é mais fácil ordenar a lista enquanto ela é construída, inserindo cada novo item na seqüência apropriada. Além disso, se a lista já está ordenada, é vantajoso mantê-la assim, inserindo-se os novos itens em suas posições apropriadas. Isso é feito varrendo-se seqüencialmente a lista até que a posição apropriada seja encontrada, inserindo o novo endereço nesse ponto e rearrajando os elos, se necessário.

Três situações possíveis podem ocorrer quando você insere um item em uma lista singularmente encadeada. Primeiro, ele pode tornar-se o novo primeiro item; segundo, ele pode ser inserido entre dois outros itens; terceiro, ele pode tornar-se o último elemento. A Figura 20.4 mostra como os elos são alterados em cada caso.

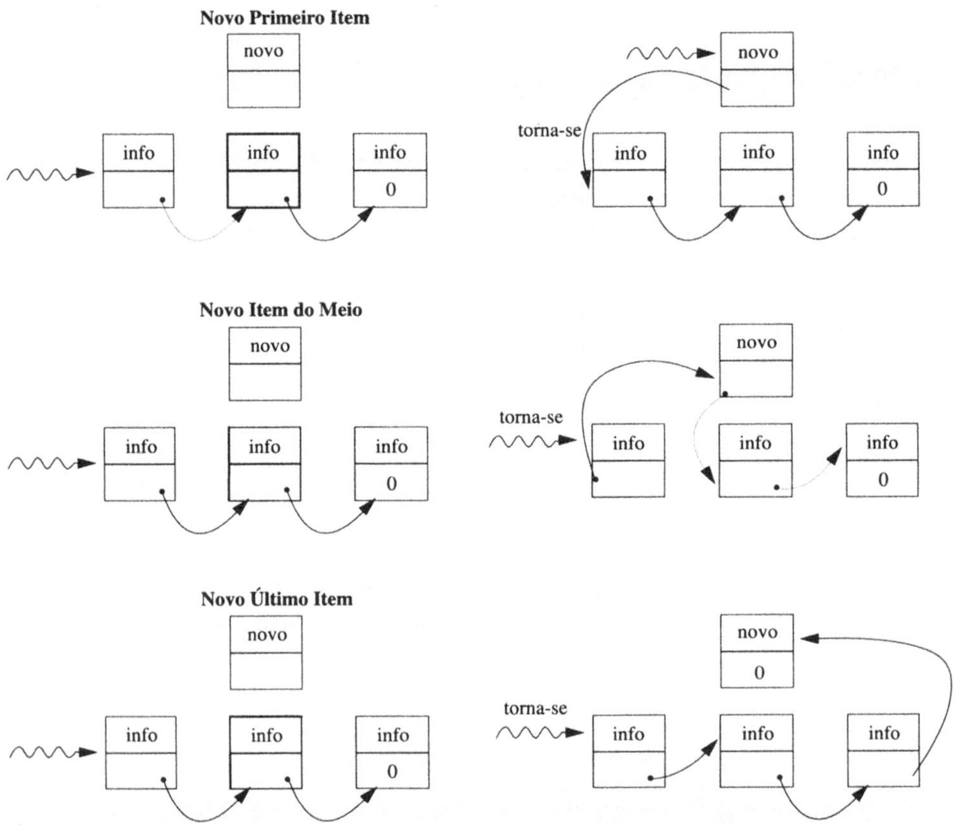

Figura 20.4 Inserindo um item em uma lista singularmente encadeada.

Lembre-se de que, se você alterar o primeiro item da lista, precisará atualizar o ponto de entrada para a lista em outro ponto do seu programa. Para evitar isso, você pode usar uma sentinela como primeiro item. Nesse caso, um valor especial é escolhido, de forma que ele sempre será o primeiro da lista, mantendo, assim, o ponto de entrada. Esse método tem a desvantagem de usar uma posição extra de armazenamento para guardar a sentinela.

A função mostrada a seguir, **sls_store()**, insere endereços na lista postal em ordem crescente, baseando-se no campo **name**. Deve ser passado um ponteiro para o ponteiro do primeiro e do último elemento na lista junto com um ponteiro para a informação a ser armazenada. Como o primeiro e o último elementos podem mudar, **sls_store()** automaticamente atualiza os ponteiros para o início e o final da lista, se eles mudarem. Na primeira vez em que seu programa chama **sls_store()**, **first** e **last** devem apontar para null.

```
/* Armazena em ordem. */
void sls_store(struct address *i, /*novo elemento a armazenar*/
              struct address **start, /*início da lista */
              struct address **last) /*final da lista */
{
  struct address *old, *p;

  p = *start;

  if(!*last) {  /* primeiro elemento da lista */
    i->next = NULL;
    *last = i;
    *start = i;
    return;
  }

  old = NULL;
  while(p) {
    if(strcmp(p->name, i->name)<0) {
      old = p;
      p = p->next;
    }
    else {
      if(old) { /* fica no meio */
        old->next = i;
        i->next = p;
        return;
      }
      i->next = p; /* novo primeiro elemento */
      *start = i;
      return;
    }
  }
  (*last)->next = i; /* coloca no final */
  i->next = NULL;
  *last = i;
}
```

Uma lista encadeada raramente tem uma função dedicada ao processo de recuperação — isto é, para devolver um item após outro na ordem da lista. Normalmente esse código é tão pequeno que é simplesmente colocado dentro de outra rotina como uma função de busca, exclusão ou visualização. Por exemplo, a rotina mostrada aqui apresenta todos os nomes de uma lista postal:

```
void display(struct address *start)
{
  while(start) {
    printf("%s\n", start->name);
    start = start->next;
  }
}
```

Quando **display()** é chamada, **start** deve ser o ponteiro para a primeira estrutura da lista.

Retirar itens de uma lista é tão simples quanto seguir uma seqüência. A rotina de pesquisa baseada no campo **name** poderia ser escrita desta forma:

```
struct address *search(struct address *start, char *n)
{
  while(start) {
    if(!strcmp(n, start->name)) return start;
    start = start->next;
  }
  return NULL; /* não encontrou */
}
```

Como **search()** retorna um ponteiro para um item da lista que coincide com o nome pesquisado, ela deve ser declarada como devolvendo um ponteiro de estrutura do tipo **address**. Se o elemento procurado não for encontrado, é devolvido um nulo.

Apagar um item de uma lista singularmente encadeada é muito simples. Como com a inserção, existem três casos: apagar o primeiro item, apagar um item intermediário e apagar o último item. A Figura 20.5 mostra cada uma dessas operações.

A função a seguir excluirá um item dado de uma lista de estruturas do tipo **address**:

```
void sldelete(
     struct address *p,      /* item anterior */
```

```
        struct address *i,       /* item a apagar */
        struct address **start,  /* início da lista */
        struct address **last)   /* final da lista */
{
    if(p) p->next = i->next;
    else  *start = i->next;

    if(i==*last && p) *last = p;
}
```

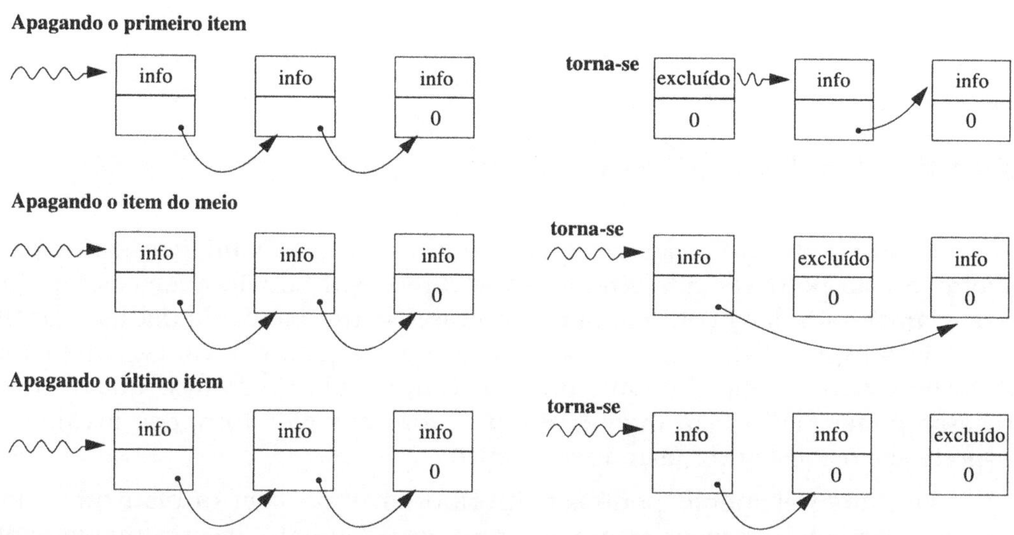

Figura 20.5 Excluindo um item de uma lista singularmente encadeada.

sldelete() deve enviar ponteiros ao item a ser apagado, ao item anterior a esse na seqüência, e ao primeiro e ao último item da lista. Se o primeiro item deve ser removido, o ponteiro anterior deve ser nulo. A função atualiza automaticamente **start** e **last** no caso de um desses pontos ser apagado.

Listas singularmente encadeadas têm uma desvantagem principal que impede seu uso extensivo: a lista não pode ser lida em ordem inversa. Por essa razão, listas duplamente encadeadas são geralmente utilizadas.

Listas Duplamente Encadeadas

Listas duplamente encadeadas consistem em dados e elos para o próximo item e para o item precedente. A Figura 20.6 mostra como esses elos são arranjados.

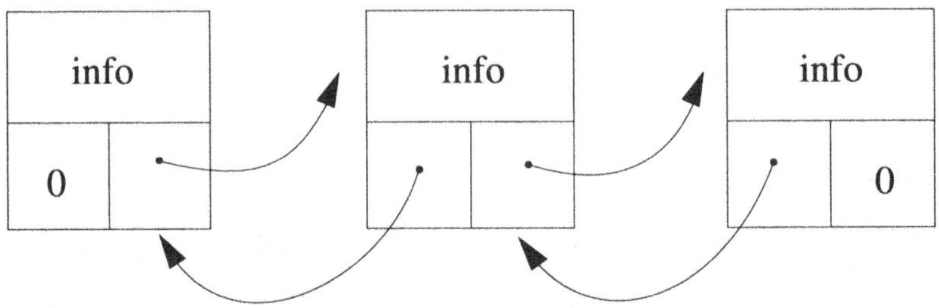

Figura 20.6 Uma lista duplamente encadeada.

O fato de ter dois elos em lugar de um tem duas vantagens principais. Primeiro, a lista pode ser lida em ambas as direções. Isso não apenas simplifica o gerenciamento da lista como também, no caso de um banco de dados, permite ao usuário varrer a lista em ambas as direções. A segunda vantagem só tem sentido no caso de falha do equipamento. Tanto o elo de avanço quanto o de retrocesso podem ler a lista inteira; assim, se um dos elos tornar-se inválido, a lista pode ser reconstruída usando-se o outro.

Um novo elemento pode ser inserido em uma lista duplamente encadeada de três maneiras: inserir um novo primeiro elemento, inserir um elemento intermediário ou inserir um novo último elemento. Essas operações estão ilustradas na Figura 20.7.

A construção de uma lista duplamente encadeada é semelhante à de uma lista singularmente encadeada, exceto pelo fato de que dois elos devem ser mantidos. Assim, a estrutura deve ter espaço para os dois elos. Usando novamente uma lista postal, você pode modificar a estrutura **address**, como mostrado aqui, para acomodar os dois elos:

```
struct address {
  char name[40] ;
  char street[40];
  char city[20];
  char state[3];
  char zip[11];
  struct address *next;
  struct address *prior;
}info;
```

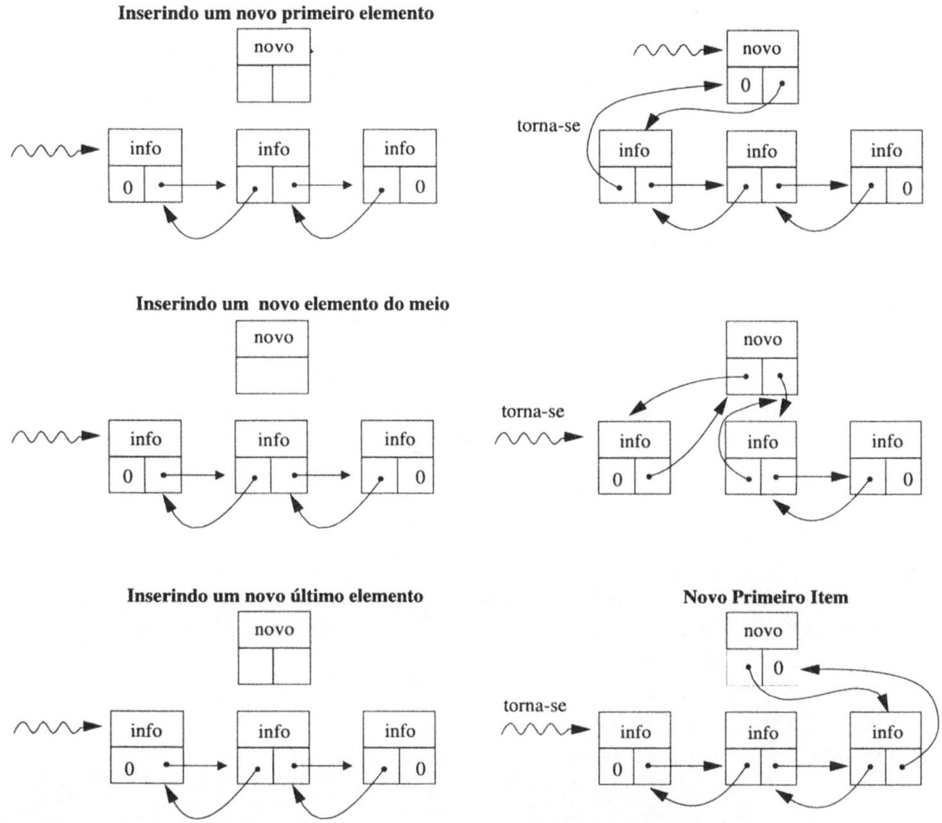

Figura 20.7 Operações em uma lista duplamente encadeada.

Usando **address** como o item de dado básico, a função seguinte, **dlstore()**, constrói uma lista duplamente encadeada:

```
void dlstore(struct adress *i, struct address **last)
{

  if(!*last) *last =i; /* é o primeiro item da lista */
  else (*last)->next = i;
  i->next = NULL;
  i->prior = *last;
  *last = i;
}
```

A função **dlstore()** coloca cada nova entrada no final da lista. Ela deve ser chamada com um ponteiro para os dados a ser armazenado e um ponteiro para o final da lista, que deve ser um nulo na primeira chamada.

Como listas singularmente encadeadas, uma lista duplamente encadeada pode ter uma função que armazena cada novo item em uma posição específica na lista em vez de sempre colocá-lo no final. A função mostrada aqui, **dls_store()**, cria uma lista que é classificada em ordem crescente.

```
/* Cria uma lista duplamente encadeada ordenada. */
void dls_store{
  struct address *i,       /* novo elemento */
  struct address **start, /* primeiro elemento da lista */
  struct address **last   /* último elemento da lista */
)
{
  struct address *old, *p;

  if(*last==NULL) {  /* primeiro elemento da lista */
    i->next = NULL;
    i->prior = NULL;
    *last = i;
    *start = i;
    return;
  }

  p = *start; /* começa no topo da lista */

  old = NULL;
  while(p) {
    if(strcmp(p->name, i->name)<0) {
      old = p;
      p = p->next;
    }
    else {
      if(p->prior) {
        p->prior->next = i;
        i->next = p;
        i->prior = p->prior;
        p->prior= i;
        return;
      }
      i->next = p; /* novo primeiro elemento */
      i->prior = NULL;
```

```
        p->prior = i;
        *start = i;
        return;
      }
    }
    old->next = i; /* coloca no final */
    i->next = NULL;
    i->prior = old;
    *last = i;
  }
```

Como o primeiro e o último elemento da lista podem ser alterados, a função **dls_store()** atualiza automaticamente os ponteiros para os elementos inicial e final da lista por meio dos parâmetros **start** e **last**. Você deve chamar a função com um ponteiro para o dado a ser armazenado e um ponteiro para ponteiros para o primeiro e o último elemento da lista. Quando chamados pela primeira vez, os objetos apontados por **first** e **last** devem ser null.

Como nas listas singularmente encadeadas, a recuperação do item de dado específico em uma lista duplamente encadeada é simplesmente o processo de seguir os elos até que o elemento apropriado seja encontrado.

Há três casos a considerar ao excluir um elemento de uma lista duplamente encadeada: excluir o primeiro item, excluir um item intermediário ou excluir o último item. A Figura 20.8 mostra como os elos são rearranjados. A função **dldelete()**, mostrada aqui, exclui um item de uma lista duplamente encadeada.

```
void dldelete(
  struct address *i, /* item a apagar */
  struct address **start, /* primeiro item */
  struct address **last) /* último item */
{
  if(i->prior) i->prior->next = i->next;
  else { /* novo primeiro item */
    *start = i->next;
    if(start) start->prior = NULL;
  }

  if(i->next) i->next->prior = i->prior;
  else  /* apaga o último elemento */
    *last = i->prior;
}
```

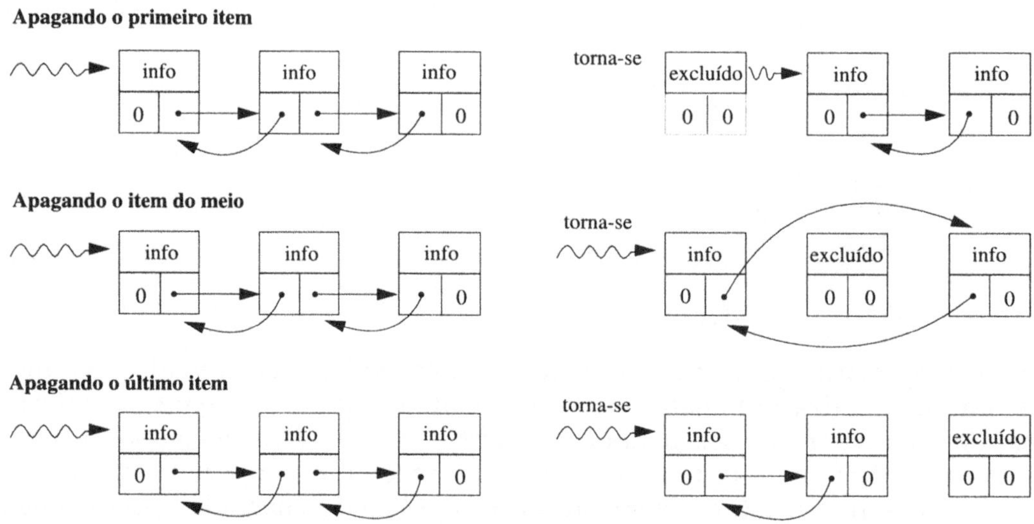

Figura 20.8 Exclusão de uma lista duplamente encadeada.

Como o primeiro ou último elemento na lista podem ser apagados, a função **dldelete()** automaticamente atualiza os ponteiros para os elementos inicial e final da lista por meio dos parâmetros **start** e **last**. Você deve chamar a função com um ponteiro para o dado a ser apagado e um ponteiro para ponteiros para o primeiro e último itens da lista.

Um Exemplo de Lista Postal

Para finalizar a discussão de listas duplamente encadeadas, esta seção apresenta um programa simples, porém completo, de lista postal. Toda a lista é mantida na memória enquanto é usada. No entanto, ela pode ser armazenada em um arquivo em disco e carregada para uso posterior.

```
/* Um programa simples de lista postal que ilustra o
   uso e a manutenção de listas duplamente encadeadas.
*/
#include <stdio.h>
#include <stdlib.h>
#include <string.h>

struct address {
```

```
  char name[30] ;
  char street[40];
  char city[20];
  char state[3];
  char zip[11];
  struct address *next; /* ponteiro para a próxima entrada */
  struct address *prior; /* ponteiro para o registro anterior */
} list_entry;

struct address *start;  /* ponteiro para a primeira entrada
                           da lista */
struct address *last;  /* ponteiro para a última entrada */
struct address *find(char *);

void enter(void), search(void), save(void);
void load(void), list(void);
void delete(struct address **, struct address **);
void dls_store (struct address *i, struct address **start,
                struct address **last);
void inputs(char *, char *, int), display(struct address *);
int menu_select(void);

void main(void)
{
  start = last = NULL;  /* inicializa os ponteiros de início
                           e fim */
  for(;;) {
    switch(menu_select()) {
      case 1: enter();
        break;
      case 2: delete(&start, &last);
        break;
      case 3: list();
        break;
      case 4: search(); /* encontra uma rua */
        break;
      case 5: save(); /* grava a lista no disco */
        break;
      case 6: load(); /* lê do disco */
        break;
      case 7: exit(0);
    }
  }
}
```

```
/* Seleciona uma operação. */
menu_select(void)
{
  char s[80];
  int c;

  printf("1. Inserir um nome\n");
  printf("2. Deletar um nome\n");
  printf("3. Listar o arquivo\n");
  printf("4. Pesquisar\n");
  printf("5. Gravar o arquivo\n");
  printf("6. Carregar o arquivo\n");
  printf("7. Sair\n");
  do {
    printf("\nInsira sua escolha: ");
    gets(s);
    c =atoi(s);
  } while(c<0 || c>7);
  return c;
}

/* Insere nomes e endereços. */
void enter(void)
{
  struct address *info;

  for(;;) {
    info = (struct address *)malloc(sizeof(list_entry));
    if(!info) {
      printf("\nsem memória");
      return;
    }

    inputs("Insira o nome: ", info->name, 30);
    if(!info->name[0]) break; /* não efetua a inserção */
    inputs("Insira a rua: ", info->street, 40);
    inputs("Insira a cidade: ", info->city, 20);
    inputs("Insira o estado: ", info->state, 3);
    inputs("Insira o cep: ", info->zip, 10);

    dls_store(info, &start, &last);
  } /* laço de entrada */
}
```

```
/* Essa função lê uma string de comprimento máximo count e
   evita que a string seja ultrapassada. Ela também apresenta
   uma mensagem de aviso. */
void inputs(char *prompt, char *s, int count)
{
  char p[255];

  do {
    printf(prompt);
    gets(p);
    if(strlen(p)>count) printf("\nmuito longo\n");
  } while(strlen(p)>count);
  strcpy(s, p);
}

/* Cria uma lista duplamente encadeada ordenada. */
void dls_store(
  struct address *i, /* novo elemento */
  struct address **start, /* primeiro elemento da lista */
  struct address **last  /* último elemento da lista */
)

{
  struct address *old, *p;

  if(*last==NULL) {  /* primeiro elemento da lista */
    i->next = NULL;
    i->prior = NULL;
    *last = i;
    *start = i;
    return;
  }
  p = *start; /* começa no topo da lista */

  old = NULL;
  while(p) {
    if(strcmp(p->name, i->name)<0) {
      old = p;
      p = p->next;
    }
    else {
      if(p->prior) {
        p->prior->next = i;
        i->next = p;
        i->prior = p->prior;
```

```
          p->prior= i;
          return;
        }
        i->next = p; /* novo primeiro elemento */
        i->prior = NULL;
        p->prior = i;
        *start = i;
        return;
      }
    }
    old->next = i; /* coloca no final */
    i->next = NULL;
    i->prior = old;
    *last = i;
}

/* Remove um elemento da lista. */
void delete(struct address **start, struct address **last)
{
    struct address *info, *find();
    char s[80];

    printf("insira o nome: ", s, 30);
    info = find(s);
    if(info) {
      if(*start==info) {
        *start=info->next;
        if(*start) (*start)->prior = NULL;
        else *last = NULL;
      }
      else {
        info->prior->next = info->next;
        if(info!=*last)
            info->next->prior = info->prior;
        else
          *last = info->prior;
      }
      free(info); /* devolve memória para o sistema */
    }
}

/* Encontra um endereço. */
struct address *find(char *name)
{
    struct address *info;
```

```
  info = start;
  while(info) {
    if(!strcmp(name, info->name)) return info;
    info = info->next;  /* obtém novo endereço */
  }
  printf("Nome não encontrado.\n");
  return NULL; /* não encontrou */
}

/* Mostra a lista completa. */
void list(void)
{
  struct address *info;

  info = start;
  while(info) {
    display(info);
    info = info->next;   /* obtém próximo endereço */
  }
  printf("\n\n");
}

/* Essa função imprime os campos de cada endereço.*/
void display(struct address *info)
{
  printf("%s\n", info->name);
  printf("%s\n", info->street);
  printf("%s\n", info->city);
  printf("%s\n", info->state);
  printf("%s\n", info->zip);
  printf("\n\n");
}

/* Procura por um nome na lista.*/
void search(void)
{
  char name[40];
  struct address *info, *find();

  printf("Insira o nome a procurar: ");
  gets(name);
  info = find(name);
  if(!info) printf("Não encontrado\n");
  else display(info);
}
```

```
/* Salva o arquivo em disco. */
void save(void)
{
  struct address *info;

  FILE *fp;

  fp = fopen("mlist", "wb");
  if(!fp) {
    printf("O arquivo não pode ser aberto.\n");
    exit(1);
  }
  printf("\nsalvando arquivo\n");

  info = start;
  while(info) {
    fwrite(info, sizeof(struct address), 1, fp);
    info = info->next; /* obtém próximo endereço */
  }
  fclose(fp);
}

/* Carrega o arquivo de endereço. */
void load()
{
  struct address *info;
  FILE *fp;

  fp = fopen("mlist", "rb");
  if(!fp) {
    printf("O arquivo não pode ser aberto.\n");
    exit(1);
  }

  /* libera qualquer memória previamente alocada */
  while(start) {
    info = start->next;
    free(info);
    start = info;
  }

  /* reinicializa os ponteiros de início e fim */
  start = last = NULL;

  printf("\nloading file\n");
  while(!eof(fp)) {
    info = (struct address *) malloc(sizeof(struct address));
    if(!info) {
      printf("sem memória");
```

```
        return;
      }
      if(1!=fread(info, sizeof(struct address), 1, fp)) break;
      dls_store(info, &start, &last);
    }
    fclose(fp);
  }
```

Árvores Binárias

A última estrutura de dados a ser examinada é a *árvore binária*. Embora possa haver muitos tipos diferentes de árvores, árvores binárias são especiais porque, quando ordenadas, elas conduzem a pesquisas, inserções e exclusões rápidas. Cada item em uma árvore consiste em informação juntamente com um elo ao membro esquerdo e um elo ao membro direito. A Figura 20.9 mostra uma pequena árvore.

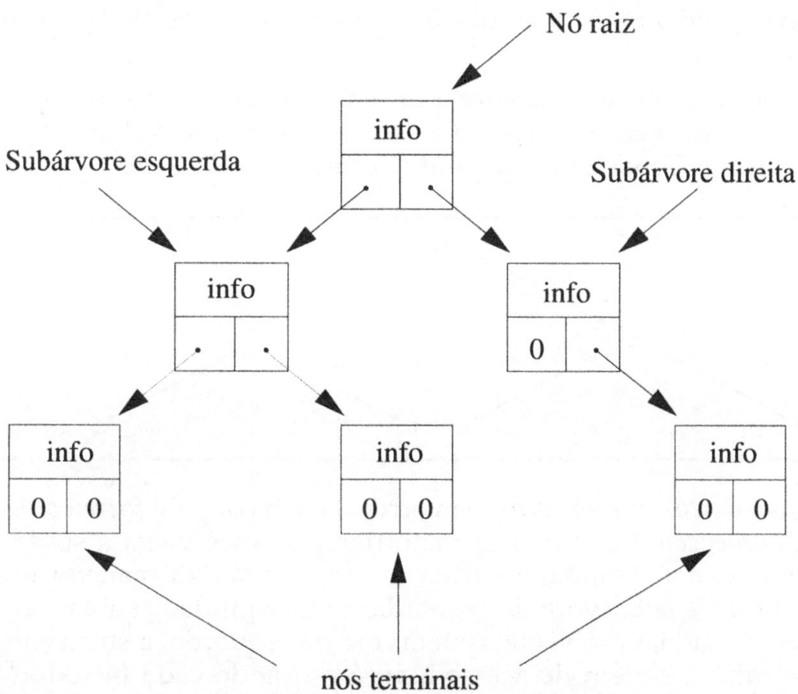

Figura 20.9 Uma amostra de árvore binária de altura três.

Uma terminologia especial é necessária quando se discutem árvores. Cientistas de computadores não são conhecidos por sua gramática e a terminologia para árvores é um caso clássico de metáforas confusas. A *raiz* é o primeiro item em uma árvore. Cada item de dado é chamado de *nó* (ou, às vezes, de folha) da árvore e qualquer parte da árvore é chamada de uma *subárvore*. Um nó que não tem subárvores ligadas a ele é chamado de *nó terminal*. A *altura* da árvore é igual ao número de camadas que as raízes atingem. Imagine uma árvore binária como elas aparecem no papel. Lembre-se, porém, de que uma árvore é apenas uma maneira de estruturar dados na memória e que a memória tem sempre formato linear.

Em certo sentido, a árvore binária é uma forma especial de lista encadeada. Pode-se inserir, excluir e acessar itens em qualquer ordem. Além disso, a operação de recuperação é não-destrutiva. Embora árvores sejam fáceis de visualizar, elas apresentam alguns difíceis problemas de programação, que esta seção apenas introduzirá.

A maioria das funções que usam árvores é recursiva porque a própria árvore é uma estrutura de dados recursiva. Isto é, cada subárvore é ela própria uma árvore. Assim, as rotinas desenvolvidas nessa discussão serão recursivas. Existem versões não-recursivas dessas funções, mas seu código é muito mais difícil de entender.

A forma como uma árvore é ordenada depende de como ela será referenciada. O procedimento de acesso a cada nó na árvore é chamado de *transversalização da árvore*. Considere a seguinte árvore:

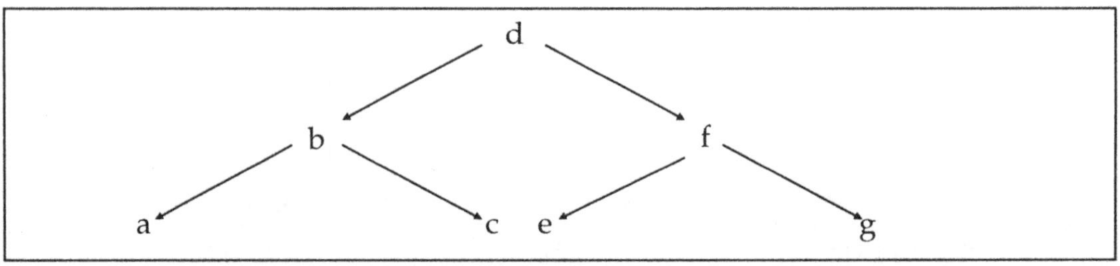

Existem três maneiras de percorrer uma árvore: de forma *ordenada*, *preordenada* e *pós-ordenada*. Usando a forma ordenada, você visita a subárvore da esquerda, a raiz e, em seguida, a subárvore da direita. Na maneira preordenada, você visita a raiz, a subárvore da esquerda e, em seguida, a subárvore da direita. Com a pós-ordenada, você visita a subárvore da esquerda, a subárvore da direita e, depois, a raiz. A ordem de acesso à árvore usando cada método é

ordenada	a	b	c	d	e	f	g
preordenada	d	b	a	c	f	e	g
pós-ordenada	a	c	b	e	g	f	d

Embora uma árvore não precise ser ordenada, a maioria dos usos exige isso. Obviamente, o que constitui uma árvore binária depende de como a árvore será transversalizada. O restante deste capítulo assume a forma ordenada. Portanto, uma árvore binária ordenada é aquela em que a subárvore da esquerda contém nós que são menores ou iguais à raiz e os da direita são maiores que a raiz.

A função seguinte, **stree()**, constrói uma árvore binária ordenada:

```
struct tree {
  char info;
  struct tree *left;
  struct tree *right;
};

struct tree *stree {
  struct tree *root,
  struct tree *r,
  char info)
{
  if(!r) {
    r = (struct tree *) malloc(sizeof(struct tree));
    if(!r) {
      printf("sem memória\n");
      exit(0);
    }
    r->left = NULL;
    r->right = NULL;
    r->info = info;
    if(!root) return r;  /* primeira entrada */
    if(info<root->info) root->left = r;
    else root->right = r;
    return r;
  }
  if(info<r->info) stree(r, r->left, info);
  else
    stree(r, r->right, info);
}
```

O algoritmo anterior simplesmente segue os elos através da árvore indo para a esquerda ou para a direita baseado no campo **info**. Para utilizar essa função, você precisa de uma variável global que contenha a raiz da árvore. Essa variável deve ser inicializada com **NULL** e um ponteiro à raiz será definido na primeira chamada a **stree()**. Chamadas subseqüentes a **stree()** não necessitam redefinir a raiz. Assumindo que o nome dessa variável global seja **rt**, para chamar a função **stree()** você usaria:

```
/* chama stree() */
if(!rt) rt = stree(rt, rt, info);
else stree(rt, rt, info);
```

Dessa forma, tanto o primeiro quanto os elementos subseqüentes podem ser inseridos corretamente.

A função **stree()** é um algoritmo recursivo, como a maioria das rotinas de árvore. A mesma rotina seria várias vezes maior se fossem empregados métodos puramente iterativos. A função deve ser chamada com um ponteiro para a raiz, o nó esquerdo ou direito e a informação. Para simplificar, apenas um caractere é usado como informação. Porém, você poderia substituir por qualquer tipo de dado, simples ou complexo.

Para percorrer a árvore construída por **stree()** de forma ordenada e imprimir o campo **info** de cada nó, você poderia usar a função **inorder()**, mostrada aqui:

```
void inorder(struct tree *root)
{
  if(!root) return;

  inorder(root->left);
  if(root->info) printf("%c ", root->info);
  inorder(root->right);
}
```

Essa função recursiva retorna quando um nó terminal (um ponteiro nulo) é encontrado.

As funções que percorrem a árvore de forma preordenada e pós-ordenada são mostradas na listagem seguinte.

```
void preorder(struct tree *root)
{
  if(!root) return;

  if (root->info) printf("%c ", root->info);
  preorder(root->left);
  preorder(root->right);
}

void postorder(struct tree *root)
{
  if(!root) return;
```

```
    postorder(root->left);
    postorder(root->right);
    if(root->info) printf("%c ", root->info);
  }
```

Neste momento, considere um programa simples, porém interessante, para construir uma árvore binária e imprimir a árvore lateralmente na tela. O programa requer apenas uma pequena modificação na função **inorder()**. Essa nova função é chamada de **print_tree()**, como mostrado aqui:

```
void print_tree(struct tree *r, int l)
{
  int i;
  if(r==NULL) return;

  print_tree(r->right, l+1);
  for(i=0; i<l; ++i) printf("    ");
  printf("%c\n", r->info);
  print_tree(r->left, l+1);
}
```

O programa completo de impressão de árvores é visto a seguir. Tente inserir várias árvores para ver como cada uma é construída.

```
/* Este programa mostra uma árvore binária. */

#include <stdlib.h>
#include <stdio.h>

struct tree {
  char info;
  struct tree *left;
  struct tree *right;
};

struct tree *root; /* primeiro nó da árvore */
struct tree *stree(struct tree *root,
                   struct tree *r, char info);
void print_tree(struct tree *root, int l);

void main(void)
{
  char s[80];

  root = NULL; /* inicializa a raiz */
```

```
    do {
      printf("insira uma letra: ");
      gets(s);
      if(!root) root = stree(root, root, *s);
      else stree(root, root, *s);
    } while(*s);
    print_tree(root, NULL);
  }

  struct tree *stree(
    struct tree *root,
    struct tree *r,
    char info)
  {

    if(!r) {
      r = (struct tree *) malloc(sizeof(struct tree));
      if(!r) {
        printf("Sem memória\n");
        exit(0);
      }
      r->left = NULL;
      r->right = NULL;
      r->info = info;
      if(!root) return r; /* primeira entrada */
      if(info<root->info) root->left = r;
      else root->right = r;
      return r;
    }

    if(info<r->info) stree(r, r->left, info);
    else
      stree(r, r->right, info);
  }

  void print_tree(struct tree *r, int l)
  {
    int i;

    if(!r) return;

    print_tree(r->right, l+1);
    for(i=0; i<l; ++i) printf("  ");
    printf("%c\n", r->info);
    print_tree(r->left, l+1);
  }
```

Este programa, na verdade, ordena a informação que lhe é dada. Ele é essencialmente uma variação da ordenação por inserção, que foi vista no capítulo anterior. No caso médio, seu desempenho pode ser muito bom, mas o quicksort ainda é uma melhor ordenação de uso geral, porque usa menos memória e tem um tempo de processamento menor. Porém, se você precisa construir uma árvore desde o princípio ou manter uma árvore já ordenada, deverá sempre inserir novas entradas ordenadamente, usando a função **stree()**.

Se você executou o programa de impressão de árvore, provavelmente notou que algumas árvores são *balanceadas* — isto é, cada subárvore tem a mesma ou quase a mesma altura que qualquer outra — e que outras não são balanceadas. De fato, se você inserisse a árvore **abcd**, ela seria criada desta forma:

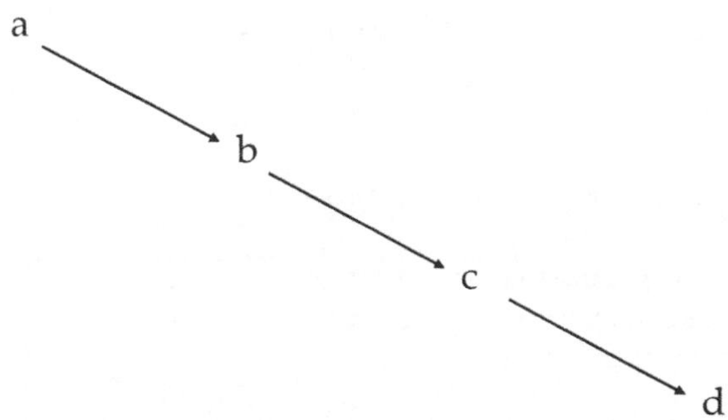

Não haveria subárvore da direita. Essa situação é chamada de *árvore degenerada*, porque ela se degenerou em uma lista linear. Em geral, se os dados que você está usando como entrada, para construir uma árvore binária, são razoavelmente aleatórios, a árvore produzida se aproxima de uma árvore balanceada. Porém, se a informação já está ordenada, o resultado é uma árvore degenerada. (É possível reajustar a árvore a cada inserção para manter a árvore em equilíbrio, mas os algoritmos são um tanto complexos. Os leitores interessados devem procurar livros sobre algoritmos avançados de programação.)

Funções de pesquisa para árvores binárias são fáceis de implementar. A função seguinte devolve um ponteiro para o nó da árvore que coincide com a chave; caso contrário, ela devolve um nulo.

```
struct tree *search_tree(struct tree *root, char key)
{
  if (!root) return root; /* not found*/
  if(!root) return root;  /* árvore vazia */
  while(root->info!=key) {
```

```
      if(key<root->info) root = root->left;
      else root = root->right;
      if(root==NULL) break;
    }
    return root;
  }
```

Infelizmente, apagar um nó de uma árvore não é tão simples quanto fazer buscas na árvore. O nó excluído pode ser uma raiz, um nó esquerdo ou um nó direito. Além disso, o nó pode ter de zero a duas subárvores ligadas a ele. O processo de rearranjar os ponteiros nos conduz a um algoritmo recursivo, que é mostrado aqui:

```
struct tree *dtree(struct tree *root, char key)
{
  struct tree *p, *p2;

  if(!root) return root; /* não encontrado */

  if(root->info==key) { /* apagar a raiz */
    /* isso significa uma árvore vazia */
    if(root->left==root->right) {
      free(root);
      return NULL;
    }
    /* ou se uma subárvore é nula */
    else if(root->left==NULL) {
      p = root->right;
      free(root);
      return p;
    }
    else if(root->right==NULL) {
      p = root->left;
      free(root);
      return p;
    }
    /* ou as duas subárvores estão presentes */
    else {
      p2 = root->right;
      p = root->right;
      while(p->left) p = p->left;
      p->left = root->left;
      free(root);
```

```
        return p2;
      }
    }
    if(root->info<key) root->right = dtree(root->right, key);
    else root->left = dtree(root->left, key);
    return root;
}
```

Lembre-se de atualizar o ponteiro para a raiz no resto do código do seu programa, porque o nó apagado pode ser a raiz da árvore. A melhor maneira de fazer isto é atribuindo o valor de retorno de **dtree()** à variável em seu programa que aponta para a raiz, usando uma chamada similar à seguinte:

```
root = dtree(root, key);
```

Árvores binárias oferecem grande poder, flexibilidade e eficiência quando usadas em programas de gerenciamento de banco de dados. Isso ocorre porque a informação para esses bancos de dados deve residir em disco e os tempos de acesso são importantes. Como uma árvore balanceada tem, no pior caso, $\log_2 n$ comparações em uma pesquisa, ela se comporta melhor que uma lista encadeada, que depende de uma busca seqüencial.

MAKRON Books

21

Matrizes Esparsas

Um dos problemas mais intrigantes em programação é a implementação de uma matriz esparsa. Uma *matriz esparsa* é aquela em que nem todos os elementos estão realmente presentes ou são necessários. As matrizes esparsas são valiosas quando as duas condições seguintes são atendidas: as dimensões de uma aplicação são relativamente grandes (possivelmente excedendo a memória disponível), e quando nem todas as posições da matriz serão usadas. Lembre-se de que matrizes — especialmente matrizes multidimensionais — podem consumir enormes quantidades de memória, porque suas necessidades de armazenamento estão exponencialmente relacionadas com seu tamanho. Por exemplo, uma matriz de caracteres de 10 por 10 precisa de apenas 100 bytes de memória, uma matriz 100 por 100 necessita de 10.000, mas uma matriz de 1.000 por 1.000 necessita de 1.000.000 de bytes de memória — nitidamente um número muito grande para a maioria dos computadores.

Há numerosos exemplos de aplicações que exigem o processamento de matrizes esparsas. Muitas se aplicam a problemas científicos ou de engenharia que só são facilmente entendidos por peritos. No entanto, há uma aplicação muito familiar que usa matriz esparsa: um programa de planilha. Muito embora a matriz de uma planilha comum seja muito grande, digamos 999 por 999, apenas uma porção da matriz pode realmente estar sendo usada em um dado momento. Planilhas usam a matriz para guardar fórmulas, valores e strings associados a cada posição. Em uma matriz esparsa, o armazenamento para cada elemento é alocado de um espaço de memória livre conforme se torne necessário. Embora apenas uma pequena porção dos elementos esteja realmente sendo usada, a matriz pode parecer muito grande — maior do que o que normalmente caberia na memória do computador.

O restante dessa discussão usa os termos *matriz lógica* e *matriz física*. A *matriz lógica* é a matriz que você pensa que existe no sistema. Por exemplo, se uma matriz em uma planilha de cálculo tem dimensões de 1000 x 1000, então a matriz lógica que suporta a matriz também tem dimensões de 1000 x 1000, embora esta matriz não exista fisicamente dentro do computador. A matriz física é a matriz que realmente existe dentro do computador. Assim, se somente 100 elementos da matriz da planilha estão em uso, a matriz física estará usando espaço apenas para esses 100 elementos. As técnicas de matriz esparsa desenvolvidas neste capítulo oferecem a ligação entre as matrizes lógicas e físicas.

Este capítulo examina quatro técnicas distintas para criar uma matriz esparsa: a lista encadeada, a árvore binária, uma matriz de ponteiros e fragmentação. Embora nenhum programa de planilha seja desenvolvido, todos os exemplos dizem respeito a uma matriz de planilha que é organizada como mostrado na Figura 21.1. Nela, o X está localizado na célula B2.

```
      ———A———        ———B———        ———C———
1
2                       X
3
4
5
6
7
.
.
.
```

Figura 21.1 A organização de uma planilha.

A Matriz Esparsa com Lista Encadeada

Quando você implementa uma matriz esparsa usando uma lista encadeada, você deve criar uma estrutura que contenha os seguintes itens:

- Os dados que estão sendo armazenados
- Sua posição lógica dentro da matriz

- Ligações com o elemento anterior e próximo

Cada estrutura é colocada na lista com os elementos inseridos de forma ordenada, baseada no índice da matriz. A matriz é acessada seguindo-se os elos.

Por exemplo, você pode usar a seguinte estrutura como base de uma matriz esparsa para ser usada em um programa de planilha:

```
struct cell {
  char cell_name[9];  /* nome da célula p.e. A1, B34 */
  char formula[128];  /* p.e. 10/B2 */
  struct cell *next;  /* ponteiro para a próxima entrada */
  struct cell *prior; /* ponteiro para o registro anterior */
} list_entry;
```

O campo **cell_name** possui uma string que contém o nome da célula como A1, B34, Z19 etc. A string **formula** contém a fórmula que é atribuída a cada posição da planilha.

Um programa de planilha completo seria muito grande para usar como exemplo. Por isso, este capítulo examina as funções básicas que suportam a matriz esparsa com lista encadeada. Lembre-se de que há muitas maneiras de implementar um programa de planilha. A estrutura de dados e as rotinas apresentadas aqui são apenas exemplos de técnicas de matrizes esparsas.

As seguintes variáveis globais apontam para o início e o final da matriz com lista encadeada.

```
struct cell *start;  /* primeiro elemento da lista */
struct cell *last;   /* último elemento da lista */
```

Na maioria das planilhas, ao inserir uma fórmula em uma célula, você está, na verdade, criando um novo elemento da matriz esparsa. Se a planilha usa uma lista encadeada, cada nova célula é inserida via uma função semelhante a **dls_store()**, que foi desenvolvida no Capítulo 20. Lembre-se de que a lista é ordenada de acordo com o nome da célula; ou seja, A12 precede A13 e assim por diante.

```
/* Armazena células de forma ordenada. */
void dls_store(struct cell *i,
               struct cell **start,
               struct cell **last)

{
  struct cell *old, *p;
```

```
    if(!*last) {  /* primeiro elemento da lista */
      i->next = NULL;
      i->prior = NULL;
      *last = i;
      *start = i;
      return;
    }

    p = *start;  /* começa do topo da lista */

    old = NULL;
    while(p) {
      if(strcmp(p->cell_name, i->cell_name)<0) {
        old = p;
        p = p->next;
      }
      else {
        if(p->prior) { /* é um elemento intermediário */
          p->prior->next = i;
          i->next = p;
          i->prior = p->prior;
          i->prior = i;
          return;
        }
        i->next = p;  /* novo primeiro elemento */
        i->prior = NULL;
        p->prior = i;
        *start = i;
        return;
      }
    }
    old->next = i;  /* põe no final */
    i->next = NULL;
    i->prior = old;
    *last = i;
    return;
}
```

A função **delete()**, mostrada a seguir, remove da lista a célula cujo nome é um argumento para a função:

```
void delete(char *cell_name,
            struct cell **start,
            struct cell **last)
{
```

```
  struct cell *info;

  info = find(cell_name, *start);
  if(info) {
    if(*start==info) {
      *start = info->next;
      if(*start) (*start)->prior = NULL;
      else *last = NULL;
    }
    else {
      if(info->prior) info->prior->next = info->next;
      if(info!=*last)
          info->next->prior = info->prior;
      else
        *last = info->prior;
    }
    free(info); /* devolve memória ao sistema */
  }
}
```

A última função de que você precisa para suportar uma matriz esparsa com lista encadeada é **find()**, que localiza uma célula específica. A função requer uma pesquisa linear para localizar cada item e, como foi visto no Capítulo 19, o número médio de comparações em uma pesquisa linear é $n/2$, onde n é o número de elementos na lista. **find()** é mostrada aqui:

```
 struct cell *find(char *cell_name, struct cell *start)
{
  struct cell *info;

  info = start;
  while(info) {
    if(!strcmp(cell_name, info->cell_name)) return info;
    info = info->next;  /* obtém a próxima célula */
  }
  printf("Célula não encontrada.\n");
  return NULL;  /* não encontrou */
}
```

Análise da Abordagem com Lista Encadeada

A principal vantagem do método da lista encadeada é que ele faz um uso eficiente da memória. No entanto, há uma grande desvantagem: ele precisa usar uma pesquisa linear para acessar as células na lista. Sem o uso de informação adicional, que exige memória adicional, não há como realizar uma pesquisa binária para localizar uma célula. Além disso, a rotina de armazenamento usa uma pesquisa linear para encontrar o lugar apropriado para inserir a nova célula na lista. Esses problemas podem ser solucionados usando-se uma árvore binária para operar a matriz esparsa.

A Abordagem com Árvore Binária para Matriz Esparsa

Em essência, a árvore binária é simplesmente um lista duplamente encadeada modificada. Sua principal vantagem sobre uma lista é que ela pode ser varrida rapidamente, o que significa que as inserções e consultas podem ser muito rápidas. Em aplicações nas quais você deseja uma estrutura de lista encadeada, mas precisa de pesquisas rápidas, a árvore binária é perfeita.

Para usar uma árvore binária na operação do exemplo da planilha, você deve modificar a estrutura **cell**, como mostrado no código a seguir:

```
struct cell {
  char cell_name[9];  /* nome da célula p.e. A1, B34 */
  char formula[128];  /* p.e. 10/B2 */
  struct cell *left;  /* ponteiro para a subárvore esquerda */
  struct cell *right; /* ponteiro para a subárvore direita */
} list_entry;
```

Você pode modificar a função **stree()**, do Capítulo 20, de forma que ela construa uma árvore baseada no nome da célula. Observe que ela assume que o parâmetro **new** é um ponteiro para uma nova entrada da árvore.

```
struct cell *stree(
       struct cell *root,
       struct cell *r,
       struct cell *new)
{
  if(!r) { /* primeiro nó em uma subárvore */
    new->left = NULL;
    new->right = NULL;
    if(!root) return new; /* primeira entrada na árvore */
    if(strcmp(new->cell_name, root->cell_name)<0)
      root->left = new;
```

```
      else
        root->right = new;
      return new;
    }

    if(strcmp(r->cell_name, new->cell_name)<=0)
      stree(r, r->right, new);
    else
      stree(r, r->left, new);

    return root;
  }
```

A função **stree()** deve ser chamada com um ponteiro para o nó raiz, para os dois primeiros parâmetros, e um ponteiro para a nova célula no terceiro. Ela devolve um ponteiro para a raiz.

Para apagar uma célula da planilha, modifique a função **dtree()**, como mostrado aqui, para aceitar o nome de uma célula como uma chave:

```
struct cell *dtree(
        struct cell *root,
        char *key)

{
  struct cell *p, *p2;

  if (!root) return root; /* item não encontrado */

  if(!strcmp(root->cell_name,key)) { /* apagar a raiz */
    /* isto significa uma árvore vazia */
    if(root->left==root->right) {
      free(root);
      return NULL;
    }

    /* ou se uma subárvore é nula */
    else if(root->left==NULL) {
      p = root->right;
      free(root);
      return p;
    }
    else if(root->right==NULL) {
      p = root->left;
      free(root);
      return p;
    }
```

```
    /* ou as duas subárvores estão presentes */
    else {
      p2 = root->right;
      p = root->right;
      while(p->left) p = p->left;
      p->left = root->left;
      free(root);
      return p2;
    }
  }
  if(strcmp(root->cell_name, key)<=0)
    root->right = dtree(root->right, key);
  else root->left = dtree(root->left, key);
  return root;
}
```

Finalmente, você pode usar uma versão modificada de **search()** para localizar rapidamente qualquer célula na planilha, especificando o nome da célula.

```
struct cell *search_tree(
        struct cell *root,
        char *key)
{
  if(!root) return root;  /* árvore vazia */
  while(strcmp(root->cell_name,key)) {
    if(strcmp(root->cell_name, key)<=0)
      root = root->right;
    else root = root->left;
    if(root==NULL) break;
  }
  return root;
}
```

Análise da Abordagem com Árvores Binárias

Uma árvore binária resulta em tempos de pesquisa muito mais rápidos que uma lista encadeada. Lembre-se de que uma pesquisa seqüencial requer, em média, $n/2$ comparações, onde n é o número de elementos na lista, ao passo que uma árvore binária requer apenas $\log_2 n$ comparações. Além disso, a árvore binária usa a memória tão eficientemente quanto uma lista duplamente encadeada. No entanto, em algumas situações existem alternativas ainda melhores.

A Abordagem com Matriz de Ponteiros para Matriz Esparsa

Suponha que sua planilha tenha as dimensões 26 por 100 (A1 até Z100) ou um total de 2600 elementos. Teoricamente, você poderia usar a seguinte matriz de estruturas para armazenar as entradas da planilha:

```
struct cell {
  char cell_name[9];
  char formula[128];
} list_entry[2600];   /* 2.600 células */
```

Porém, 2.600 multiplicado por 137 (o tamanho da estrutura — algumas máquinas exigem que os dados sejam alinhados em posições pares, aumentando, assim, o número de bytes realmente necessários) resulta em 356.200 bytes de memória. Esse é um número muito grande para muitos sistemas. Além disso, em processadores que usam arquitetura segmentada, tais como a família 8086, o acesso à memória de matrizes tão grandes é muito lento, porque tornam-se necessários ponteiros de 32 bits. Portanto, essa abordagem geralmente não é prática. No entanto, você pode criar uma matriz de ponteiros a estruturas do tipo **Cell**. Essa matriz de ponteiros exigiria muito menos armazenamento permanente que uma matriz inteira. Toda vez que se atribuem dados a uma localização de matriz, uma memória seria alocada para esses dados e o ponteiro apropriado na matriz de ponteiro seria definido para apontar para os dados. Esse esquema oferece um desempenho superior em relação aos métodos com árvore binária e lista encadeada. A declaração que cria essa matriz de ponteiros é

```
struct cell {
  char cell_name[9];
  char formula[128];
} list_entry;

struct cell *sheet[2600];   /* matriz de 2.600 ponteiros */
```

Você pode usar essa matriz menor para armazenar ponteiros para a informação que é inserida pelo usuário da planilha. Conforme cada item é inserido, um ponteiro para a informação contida na célula é armazenado na posição apropriada na matriz. A Figura 21.2 mostra como isso apareceria na memória, com a matriz de ponteiros fornecendo suporte para a matriz esparsa.

Antes que uma matriz de ponteiros possa ser usada, cada elemento deve ser inicializado com nulo, o que indica que não há entrada nessa posição.

A função que executa isso é a mostrada depois da Figura 21.2.

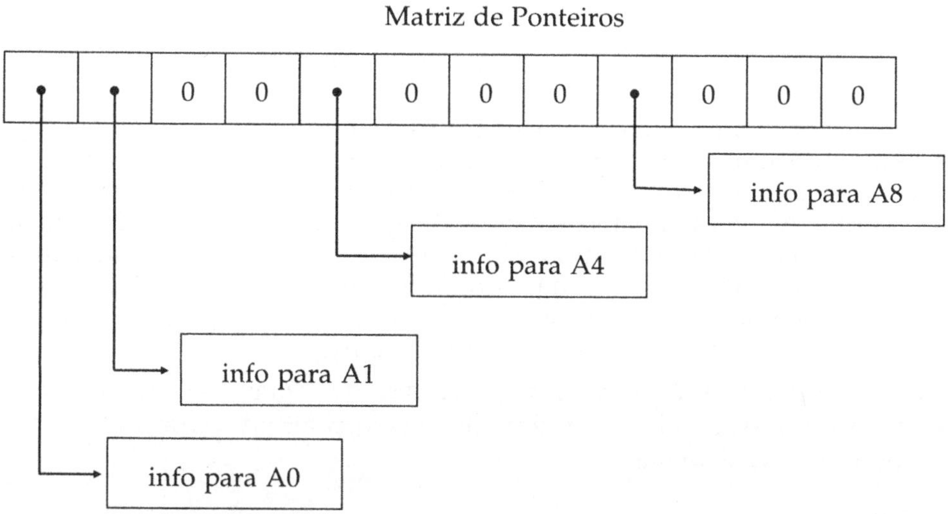

Figura 21.2 Uma matriz de ponteiros como suporte para uma matriz esparsa.

```
void init_sheet(void)
{
  register int t;

  for(t=0; t<2600; ++t) sheet[t]= NULL;
}
```

Quando o usuário insere uma fórmula para uma célula, a posição da célula (que é definida por seu nome) é usada para produzir um índice para a matriz de ponteiros **sheet**. O índice é obtido do nome da célula, convertendo-se o nome em um número, como mostrado na listagem seguinte.

```
void store(struct cell *i)
{
  int loc;
  char *p;

  /* calcula a posição dado o nome do ponto */
  loc = *(i->cell_name)- 'A';
  p = &(i->cell_name[1]);
  loc += (atoi(p)-1) * 26;  /* linhas * colunas */

  if(loc>=2600) {
    printf("Célula fora dos limites.\n");
    return;
```

```
  }
  sheet[loc] = i;  /* coloca o ponteiro na matriz */
}
```

Para calcular o índice, **store()** assume que todos os nomes das células começam com uma letra maiúscula e são seguidos por um número inteiro — por exemplo, B34, C19, e assim por diante. Assim, usando a fórmula armazenada em **store()**, o nome da célula A1 gera um índice zero, B1 gera um índice 1, A2 gera um índice 26, e assim por diante. Como cada nome de célula é único, cada índice também é único e o ponteiro para cada entrada é armazenado no elemento apropriado da matriz. Se você comparar essa rotina com a versão para lista encadeada ou árvore binária, você verá o quanto ela é mais curta e simples.

A função **delete()** também fica bem reduzida. Quando chamada com o nome da célula a remover, ela simplesmente zera o ponteiro para o elemento e devolve a memória ao sistema.

```
void delete(struct cell *i)
{
  int loc;
  char *p;

  /* calcula a posição dado o nome do ponto */
  loc = *(i->cell_name)-'A';
  p = &(i->cell_name[1]);
  loc += (atoi(p)-1) * 26;  /* linhas * colunas */

  if(loc>=2600) {
    printf("Célula fora dos limites.\n");
    return;
  }
  if(!sheet[loc]) return;  /* não libera um ponteiro nulo */

  free(sheet[loc]); /* devolve memória ao sistema */
  sheet[loc] = NULL;
}
```

Novamente, esse código é muito mais rápido e simples que a versão para lista encadeada.

O processo de localização de uma célula, dado seu nome, é simples, porque o nome em si produz diretamente o índice da matriz. Assim, a função **find()** torna-se

```
struct cell *find(char *cell_name)
{
```

```
    int loc;
    char *p;

    /* calcula a posição dado o nome do ponto */
    loc = *(cell_name) -'A';
    p = &(cell_name[1]);
    loc += (atoi(p)-1) * 26;  /* linhas * colunas */

    if(loc>=2600 || !sheet[loc]) { /* nenhuma entrada na célula */
      printf("Célula não encontrada.\n");
      return NULL; /* não encontrada */
    }
    else return sheet[loc];
}
```

Análise da Abordagem com Matriz de Ponteiros

O método de matriz de ponteiros para manipulação de matrizes esparsas fornece um acesso muito mais rápido aos elementos da matriz que os métodos de lista encadeada ou árvore binária. A menos que a matriz seja muito grande, a memória usada pela matriz de ponteiros normalmente não consome, significativamente, a memória livre do sistema. No entanto, a matriz de ponteiros, por si só, utiliza alguma memória para toda posição — estejam os ponteiros sendo utilizados ou não. Isso pode ser uma séria limitação para certas aplicações, embora, em geral, não seja um problema.

Hashing

Hashing é o processo de extrair o índice de um elemento de matriz diretamente da informação que deve ser armazenada. O índice gerado é chamado *hash*. Tradicionalmente, hashing tem sido aplicado a arquivos em disco como uma forma de diminuir o tempo de acesso. Porém, você pode usar os mesmos métodos gerais para implementar matrizes esparsas. O exemplo anterior de matriz de ponteiros usou uma forma especial de hashing chamada *indexação direta*, onde cada chave é mapeada em uma e apenas uma posição na matriz. Isto é, cada índice fragmentado é único. (O método com matriz de ponteiros não requer um hashing com indexação direta — isso foi apenas uma abordagem óbvia dada ao problema da planilha.) Na prática, existem poucos esquemas de hashing direto e um método mais flexível torna-se necessário. Esta seção mostra como hashing pode ser generalizado para permitir maior poder e flexibilidade.

O exemplo de planilha torna claro que, mesmo nos mais rigorosos ambientes, nem toda célula da planilha será usada. Suponha que, para virtualmente todos os casos, no máximo 10% das posições potenciais são ocupadas por entradas reais. Isto é, se a planilha tem dimensões 26x100 (2.600 posições), apenas cerca de 260 são realmente usadas em um dado momento e a maior matriz necessária para conter todas as entradas consistirá normalmente em apenas 260 elementos. Mas como as posições da matriz lógica são mapeadas e acessadas nessa matriz física menor? O que acontece se essa matriz está cheia?

Quando uma fórmula para uma célula é inserida pelo usuário da planilha, que é a matriz lógica, a posição da célula, definida por seu nome, é usada para produzir um índice (um *hash*) na matriz física menor, algumas vezes chamada de *matriz primária*. O índice é obtido do nome da célula, que é convertido em um número, como no exemplo da matriz de ponteiros. Porém, o número é, em seguida, dividido por 10 para produzir um ponto de entrada inicial na matriz. (Lembre-se de que, nesse exemplo, o tamanho da matriz física é apenas 10% da matriz lógica.) Se a posição referenciada pelo índice está livre, o índice lógico e o valor são armazenados nessa posição. No entanto, como 10 posições lógicas são mapeadas em uma única posição física, podem ocorrer colisões de hash. Quando isso acontece, uma lista encadeada, algumas vezes chamada de *lista de colisão*, é usada para conter as entradas. Uma lista de colisão separada é mantida para cada entrada na matriz primária. Obviamente, essas listas têm comprimento zero até que ocorra uma colisão, como ilustrado na Figura 21.3.

Suponha que você deseje encontrar um elemento na matriz física, dado seu índice na matriz lógica. Primeiro, deve-se transformar o índice lógico em seu valor de hash e verificar na matriz física, no índice gerado pelo hash, para ver se o índice lógico armazenado nessa posição coincide com aquele sendo pesquisado. Se coincide, a informação é devolvida. Caso contrário, a lista de colisão é seguida até que o índice apropriado seja encontrado ou até que seja atingido o fim da seqüência.

Antes de poder entender como esse procedimento se aplica ao programa de planilha, você precisa definir uma matriz de estrutura chamada **primary**, como mostrado a seguir:

```
#define MAX 260

struct htype {

  int index;  /* índice real */
  int val;  /* valor real do elemento da matriz */.
  struct htype *next;  /* ponteiro para o próximo valor com
                          mesmo fragmento*/
} primary[MAX];
```

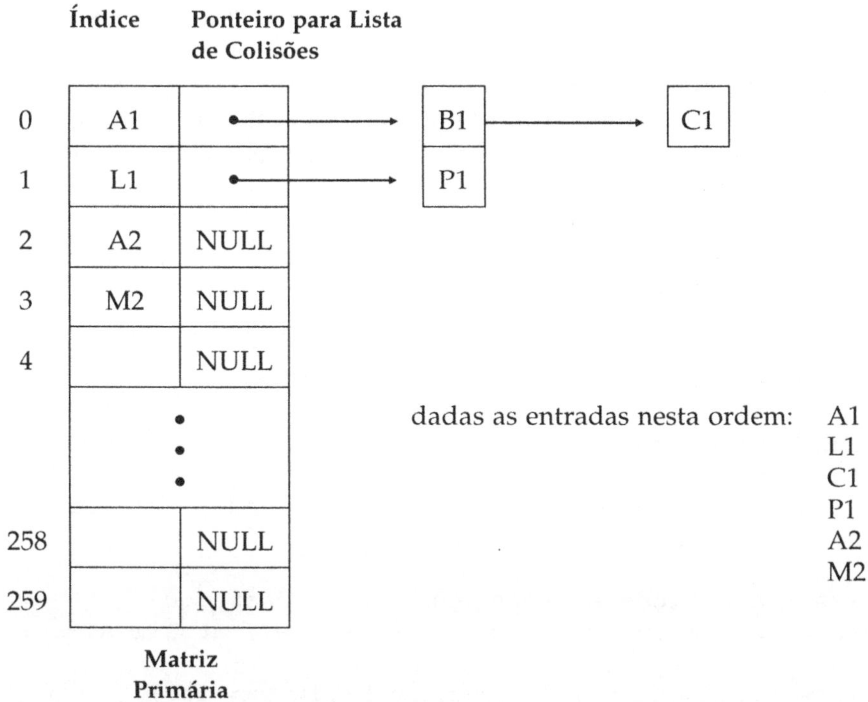

Figura 21.3 Um exemplo de hashing.

Antes que essa matriz possa ser usada, ela deve ser inicializada. A função seguinte inicializa o campo **index** para -1 (um valor que, por definição, não pode ser gerado) para indicar um elemento vazio. Um **NULL** no campo **next** indica o final da seqüência de hash.

```
/* Inicializa a matriz de fragmentos. */
void init(void)
{
  register int i;

  for(i=0; i<MAX; i++) {
    primary[i].index = -1;
    primary[i].next = NULL;   /* seqüência nula */
    primary[i].val = 0;
  }
}
```

A função **store()** converte o nome de uma célula em um hash para a matriz **primary**. Se a posição diretamente apontada pelo valor está ocupada, a função acrescenta automaticamente a entrada na lista de colisão, usando uma versão modificada de **slstore()** desenvolvida no capítulo anterior. O índice lógico deve ser armazenado, pois ele é necessário quando esse elemento for acessado novamente. Essas funções são mostradas aqui:

```
/* Calcula o fragmento e armazena o valor. */
void store(char *cell_name, int v)
{
  int h, loc;
  struct htype *p;

  /* produz o valor do hash */
  loc = *cell_name - 'A';
  loc += (atoi(&cell_name[1])-1) * 26; /* linha * colunas */
  h = loc/10;

  /* armazena a posição a menos que esteja cheia ou
     armazena se os índices são iguais - p.e., atualiza.
  */
  if(primary[h].index = -1 || primary[h].index==loc) {
    primary[h].index = loc;
    primary[h].val = v;
    return;
  }

  /* caso contrário, cria ou adiciona a uma lista de colisão */
  p = malloc(sizeof(struct htype));
  if(!p) {
    printf("Sem memória\n");
    return;
  }
  p->index = loc;
  p->val = v;
  slstore(p, &primary[h]);
}

/* Acrescenta elementos à lista de colisão. */
void slstore(struct htype *i,
             struct htype *start)
{
  struct htype *old, *p;
  old = start;
```

```
    /* encontra o final da lista */
    while(start) {
      old = start;
      start = start->next;
    }
    /* une a nova entrada */
    old->next = i;
    i->next = NULL;
  }
```

Antes de encontrar o valor de um elemento, seu programa deve, primeiro, calcular o hash e, em seguida, verificar se o índice lógico armazenado na matriz física coincide com o índice da matriz lógica solicitado. Em caso afirmativo, esse valor é devolvido; caso contrário, a lista de colisão é varrida. A função **find()**, que executa essas tarefas, é mostrada aqui:

```
/* Calcula o hash e devolve o valor. */
int find(char *cell_name)
{
  int h, loc;
  struct htype *p;

  /* produz o valor do hash */
  loc = *cell_name - 'A';
  loc += (atoi(&cell_name[1])-1) * 26; /* linha * colunas */
  h = loc/10;

  /* devolve o valor se encontrou */
  if(primary[h].index==loc) return(primary[h].val);
  else { /* procura na lista de colisão */
    p = primary[h].next;
    while(p) {
      if(p->next == loc) return p->val;
      p = p->next;
    }
    printf("Não está na matriz\n");
    return -1;
  }
}
```

A função de exclusão é deixada para você como exercício. (Sugestão: apenas inverta o processo de inserção).

Tenha em mente que o algoritmo de hashing anterior é muito simples. Geralmente, você usaria um método mais complexo para conseguir uma distribuição uniforme de índices na matriz primária, evitando, assim, seqüências de hashing muito longas. No entanto, o princípio básico é o mesmo.

Análise de Hashing

No melhor caso (muito raro), todo índice físico criado pelo hashing é único e o tempo de acesso aproxima-se do da indexação direta. Isso significa que nenhuma lista de colisão é criada e todas as consultas são essencialmente acessos diretos. No entanto, esse raramente é o caso, porque exige que os índices lógicos estejam uniformemente distribuídos ao longo do espaço dos índices lógicos. No pior caso (também raro), um esquema de hashing se degenera em uma lista encadeada. Isso pode acontecer quando os hash dos índices lógicos são iguais. No caso médio (e o mais provável), o método de hashing pode acessar qualquer elemento específico na quantidade de tempo levada para usar um índice direto dividido por alguma constante que é proporcional ao comprimento médio das cadeias de colisão. O fator mais crítico no uso de hashing, para operar uma matriz esparsa, é assegurar que o algoritmo distribua os índices físicos uniformemente de forma a evitar longas listas de colisão.

Escolhendo uma Abordagem

Você deve considerar a velocidade e a eficiência no uso da memória ao decidir se usará uma lista encadeada, uma árvore binária, uma matriz de ponteiros ou um método de hashing para implementar uma matriz esparsa.

Quando a matriz é muito esparsa, as abordagens que utilizam mais eficientemente a memória são as listas encadeadas e as árvores binárias, porque apenas os elementos da matriz que estão realmente sendo usados têm memória alocada para eles. Os elos requerem pouquíssima memória adicional e, geralmente, têm um efeito desprezível. O modelo com matriz de ponteiros requer que toda a matriz de ponteiros exista, mesmo que alguns dos seus elementos não sejam usados. Não apenas a matriz inteira deve ser acomodada na memória como deve existir memória suficiente para o aplicativo usar. Isso pode ser um sério problema para certas aplicações, e não ser para outras. Normalmente você calcula a quantidade aproximada de memória livre e determina se é suficiente para seu programa. O método de hashing está situado em algum lugar entre as abordagens com matriz de ponteiros e árvore binária/lista encadeada. Embora ele exija que a matriz física exista com todos seus elementos, mesmo que nem todos sejam usados, ela deve ser menor que uma matriz de ponteiros, que necessita de pelo menos um ponteiro para toda posição da matriz lógica.

No entanto, quando a matriz está razoavelmente cheia, a matriz de ponteiros faz o melhor uso da memória. Isso ocorre porque as implementações com árvore binária e lista encadeada usam dois ponteiros para cada elemento, ao passo que a matriz de ponteiros tem apenas um. Por exemplo, suponha que uma matriz de 1.000 elementos esteja cheia e os ponteiros tenham dois bytes de comprimento. Tanto a árvore binária quanto a lista encadeada usariam 4.000 bytes para os ponteiros, mas a matriz de ponteiros precisaria de apenas 2.000 — uma economia de 2.000 bytes. No método de hashing, mais memória ainda seria gasta para suportar a matriz.

A abordagem mais rápida, em termos de velocidade de execução, é a matriz de ponteiros. Como no exemplo da planilha, sempre existe um método fácil para indexar uma matriz de ponteiros e conectá-la aos elementos da matriz esparsa. Isso torna o acesso aos elementos da matriz esparsa tão rápido quanto o acesso a uma matriz normal. A versão com lista encadeada é muito lenta, porque usa uma pesquisa linear para localizar cada elemento. Mesmo que fossem acrescentadas informações extras à lista encadeada, para proporcionar o acesso mais rápido aos elementos, ela ainda seria mais lenta que a capacidade de acesso direto da matriz de ponteiros. A árvore binária certamente acelera o tempo de pesquisa, mas é vagarosa comparada com a capacidade de indexação direta da matriz de ponteiros. Se você escolher o algoritmo de hashing, esse método pode superar a velocidade da árvore binária, mas nunca será mais rápido que a abordagem com matriz de ponteiros.

A regra prática é usar uma implementação com matriz de ponteiros, quando possível, porque esse método é o mais rápido. Porém, se o uso da memória é crítico, você deve usar a abordagem com lista encadeada ou árvore binária.

MAKRON Books

22

Análise de Expressões e Avaliação

Como escrever um programa que recebe como entrada uma string contendo um expressão numérica, como (10 - 5) * 3, e calcular a resposta apropriada? Se ainda há um "alto clero" entre os programadores, dele devem fazer parte os poucos que sabem como isso pode ser feito. Muitos dos que usam computador mistificam a mâneira pela qual uma linguagem de alto nível converte expressões complexas, como 10 * 3 - (4 + count)/12, em instruções que um computador pode executar. Este procedimento é chamado de *análise de expressões*, e é a espinha dorsal de todos os compiladores e interpretadores de linguagens, programas de planilha de cálculo e qualquer outra coisa que necessite converter expressões numéricas em uma forma que o computador possa usar. Análise de expressão é, geralmente, considerada fora dos limites, exceto para aqueles poucos iluminados, mas esse não é o caso.

Embora misteriosa, análise de expressões é, na realidade, muito simples, e, de certa forma, é ainda mais simples que outras tarefas de programação. A razão disso é que a tarefa é bem-definida e funciona de acordo com as regras rígidas da álgebra. Esse capítulo desenvolve o que é normalmente chamado de *analisador recursivo descendente* e todas as rotinas de suporte necessárias para avaliar expressões numéricas complexas. Uma vez que você tenha dominado a operação do analisador, pode facilmente aperfeiçoá-lo e modificá-lo para se adaptar às suas necessidades. De mais a mais, os outros programadores pensarão que você entrou para o "alto clero"!

NOTA: O interpretador C apresentado na Parte 5 deste livro usa versão melhorada do analisador desenvolvido aqui. Se você pretende explorar o interpretador C, achará o material deste capítulo especialmente útil.

Expressões

Embora expressões possam ser feitas com todo tipo de informação, este capítulo trata apenas de expressões numéricas. Para nossos propósitos, *expressões numéricas* podem ser formadas com os seguintes itens:

- Números
- Os operadores +, -, /, *, ^, %, =
- Parênteses
- Variáveis

O operador ^ indica exponenciação, como em BASIC, e = é o operador de atribuição. Esses itens podem ser combinados em expressões de acordo com as regras de álgebra. Aqui estão alguns exemplos:

```
10 - 8
(100 - 5) * 14 / 6
a + b - c
10 ^ 5
a = 10 - b
```

Assuma a seguinte precedência para cada operador:

maior	+, - unários
	^
	*, /, %
	+, -
menor	=

Operadores de igual precedência são avaliados da esquerda para a direita.

Nos exemplos deste capítulo, todas as variáveis são formadas por uma única letra (em outras palavras, estão disponíveis 26 variáveis, de **A** a **Z**). As variáveis não são diferenciadas com relação a minúsculas e maiúsculas (**a** e **A** são tratadas da mesma forma). Todo número é um **double**, embora você possa facilmente escrever rotinas para manipular outros tipos de números. Finalmente, para manter a lógica clara e fácil de entender, apenas uma quantidade mínima de verificação de erros está incluída nas rotinas.

Caso você nunca tenha pensado sobre análise de expressão, tente avaliar esta expressão:

```
10 - 2 * 3
```

Essa expressão tem o valor 4. Embora você possa facilmente criar um programa que calcule essa expressão específica, a questão é como criar um programa que forneça a resposta correta para qualquer expressão arbitrária. A princípio, você poderia pensar em uma rotina semelhante a esta:

```
a = pega o primeiro operando
while(operandos presentes) {
        op = pega operador
        b  = pega segundo operando
        a  = a op b
}
```

Essa rotina apanha o primeiro operando, o operador, e o segundo operando, para executar a primeira operação, e, em seguida, pega o próximo operador e operando — se houver — para executar a próxima operação, e assim por diante. No entanto, se você usar essa abordagem básica, a expressão 10 - 2 * 3 será avaliada como 24 (isto é, 8 * 3) em vez de 4, porque esse procedimento despreza a precedência dos operadores. Você não pode simplesmente tomar os operandos e operadores em ordem, da esquerda para a direita, porque a multiplicação deve ser feita antes da subtração. Alguns principiantes pensam que isso pode ser facilmente resolvido e algumas vezes pode — em casos muito restritos. Mas o problema só piora quando são acrescentados parênteses, exponenciação, variáveis, chamadas a funções e coisas do gênero.

Embora existam umas poucas maneiras de escrever uma rotina que avalie expressões desse tipo, a desenvolvida aqui é a de mais fácil escrita e também a mais simples. (Alguns dos outros métodos usados para escrever analisadores empregam tabelas complexas que devem ser geradas por outro programa de computador. Esses métodos são, às vezes, chamados de *analisadores dirigidos por tabelas*.) O método usado aqui é chamado de *analisador recursivo descendente* e, no decorrer deste capítulo, você verá por que ele recebeu esse nome.

Dissecando uma Expressão

Antes que você possa desenvolver um analisador para avaliar expressões, precisa ser capaz de dividir uma expressão em seus componentes. Por exemplo, a expressão

A * B - (W + 10)

contém os componentes A, *, B, -, (, W, +, 10, e). Cada componente representa uma unidade indivisível da expressão. Em geral, você precisa de uma rotina que devolva cada item de uma expressão individualmente. A rotina também deve ser capaz de ignorar espaços e tabulações e detectar o final da expressão.

Cada componente de uma expressão é chamado de *token*. Assim, a função que devolve o próximo token da expressão é, geralmente, chamada de **get_token()**. Um ponteiro global para caractere é necessário para armazenar a string da expressão. Na versão de **get_token()** mostrada aqui, esse ponteiro é chamado de **prog**. A variável **prog** é global porque ela deve manter seu valor entre as chamadas a **get_token()** e permitir que outras funções a utilizem. Além de receber um token de **get_token()**, você precisa saber que tipo de token está sendo devolvido. Para o analisador desenvolvido neste capítulo, você só precisa de três tipos: **VARIAVEL**, **NUMERO** e **DELIMITADOR**. (**DELIMITADOR** é usado tanto para operador como para parênteses.) Aqui está **get_token()** com suas variáveis globais, **#defines** e funções de suporte necessárias:

```
#define DELIMITADOR 1
#define VARIAVEL 2
#define NUMERO 3

extern char *prog; /* contém a expressão a ser analisada */
char token[80];
char tok_type;

/* Devolve o próximo token. */
void get_token(void)
{
  register char *temp;

  tok_type = 0;
  temp = token;
  *temp = '\0';

  if(!*prog) return; /* final da expressão */
  while(isspace(*prog)) ++prog; /* ignora espaços em branco */

  if(strchr("+-*/%^=()", *prog)) {
    tok_type = DELIMITADOR;
    /* avança para o próximo char */
    *temp++ = *prog++;
  }
  else if(isalpha(*prog)) {
    while(!isdelim(*prog)) *temp++ = *prog++;
    tok_type = VARIAVEL;
  }
  else if(isdigit(*prog)) {
    while(!isdelim(*prog)) *temp++ = *prog++;
```

```
      tok_type = NUMERO;
    }

    *temp = '\0';
  }

  /* Devolve verdadeiro se c é um delimitador. */
  isdelim(char c)
  {
    if(strchr(" +-/*%^=()", c) || c==9 || c=='\r' || c==0)
      return 1;
    return 0;
  }
```

Olhe atentamente para as funções anteriores. Após algumas poucas inicializações, **get_token()** verifica se a terminação com **NULL** da expressão foi encontrada. Em seguida, os espaços iniciais são ignorados. Depois que os espaços são ignorados, **prog** está apontando para um número, uma variável, um operador ou — se a expressão termina com espaços — um nulo. Se o próximo caractere é um operador, ele é devolvido como uma string na variável global **token** e o **DELIMITADOR** é colocado em **tok_type**. Se o próximo caractere é uma letra, ela é assumida como sendo uma das variáveis, devolvida como uma string e o valor **VARIAVEL** é atribuído a **tok_type**. Se o próximo caractere é um dígito, o número inteiro é lido e colocado na string **token** como tipo **NUMERO**. Finalmente, se o próximo caractere não é nenhum desses, é assumido que o final da expressão foi atingido. Nesse caso, **token** é nulo, o que significa o final da expressão.

Como dito anteriormente, para manter claro o código desta função, várias verificações de erro foram omitidas e algumas suposições foram feitas. Por exemplo, qualquer caractere não reconhecido pode terminar a expressão. Além disso, nessa versão, as variáveis podem ter qualquer extensão, mas apenas a primeira letra é significativa. Você pode adicionar uma maior verificação de erros e outros detalhes de acordo com sua aplicação específica. Você pode facilmente modificar ou melhorar **get_token()** para permitir strings, outros tipos de números ou qualquer coisa que seja devolvida como um token por vez de uma string de entrada.

Para entender melhor como **get_token()** opera, estude o que ela devolve para cada token da seguinte expressão:

A + 100 - (B * C)/2

Token	**Tipo do token**
A	VARIAVEL
+	DELIMITADOR
100	NUMERO
-	DELIMITADOR
(	DELIMITADOR
B	VARIAVEL
*	DELIMITADOR
C	VARIAVEL
)	DELIMITADOR
/	DELIMITADOR
2	NUMERO
nulo	Null

Não se esqueça de que **token** sempre contém uma string terminada com um nulo, mesmo que ela tenha apenas um único caractere.

Análise de Expressão

Há muitas maneiras de analisar e avaliar uma expressão. Para usar um analisador recursivo descendente, imagine as expressões como sendo *estruturas de dados recursivas* — isto é, expressões que são definidas em termos delas mesmas. Se, para o momento, você restringir as expressões a usar para apenas +, -, *, / e parênteses, todas as expressões podem ser definidas com as seguintes regras:

expressão → termo[+termo][-termo]
termo → fator [*fator][/fator]
fator → variável, número ou (expressão)

Os colchetes designam um elemento opcional e → significa "produz". As regras são normalmente chamadas de *regras de produção* da expressão. Assim, você poderia ler a definição de *termo* como: "Termo produz fator vezes fator ou fator dividido por fator". Note que a precedência dos operadores está implícita na maneira como uma expressão é definida.

A expressão

10 + 5 * B

tem dois termos: 10 e 5 * B. O segundo termo tem 2 fatores: 5 e B. Esses fatores consistem em um número e uma variável.

Por outro lado, a expressão

14 * (7 - C)

tem dois fatores: 14 e (7 - C). Os fatores consistem em um número e uma expressão entre parênteses. A expressão entre parênteses contém dois termos: um número e uma variável.

Esse processo forma a base de um *analisador recursivo descendente,* que é basicamente um conjunto de funções mutuamente recursivas que opera de forma encadeada. A cada passo, o analisador executa as operações especificadas na seqüência algebricamente correta. Para ver como esse processo funciona, analise a expressão e execute as operações aritméticas no momento apropriado:

9/3 - (100 + 56)

Se você analisou a expressão corretamente, seguirá estes passos:

1. Pegue o primeiro termo, 9/3.
2. Pegue cada fator e divida os inteiros. O valor do resultado é 3.
3. Pegue o segundo termo, (100 + 56). Neste ponto, comece a analisar recursivamente a segunda subexpressão.
4. Pegue cada fator e some. O valor do resultado é 156.
5. Retorne da chamada recursiva e subtraia 156 de 3. A resposta é -153.

Se, neste ponto, você está um pouco confuso, não se preocupe. Esse é um conceito razoavelmente complexo que precisa ser aplicado. Há dois pontos básicos a serem lembrados sobre essa visão recursiva das expressões. Primeiro, a precedência dos operadores está implícita na maneira como as regras de produção são definidas. Segundo, esse método de análise e avaliação de expressões é muito semelhante à forma como os humanos avaliam expressões matemáticas.

Um Analisador Simples de Expressões

O restante deste capítulo desenvolve dois analisadores. O primeiro analisa e avalia apenas expressões constantes — isto é, expressões sem variáveis. Esse exemplo mostra o analisador na sua forma mais simples. O segundo analisador inclui as 26 variáveis de **A** a **Z**.

Aqui está a versão completa do analisador recursivo descendente simples para expressões em ponto flutuante:

```
/* Este módulo contém um analisador de expressões simples que
   não reconhece variáveis.
*/

#include <stdlib.h>
```

```
#include <ctype.h>
#include <stdio.h>
#include <string.h>

#define DELIMITADOR  1
#define VARIAVEL     2
#define NUMERO       3

extern char *prog; /* contém a expressão a ser analisada */
char token[80];
char tok_type;

void eval_exp(double *answer), eval_exp2(double *answer);
void eval_exp3(double *answer), eval_exp4(double *answer);
void eval_exp5(double *answer);
void eval_exp6(double *answer), atom(double *answer);
void get_token(void), putback(void);
void serror(int error);
int isdelim(char c);

/* Ponto de entrada do analisador. */
void eval_exp(double *answer)
{
  get_token();
  if(!*token) {
    serror(2);
    return;
  }
  eval_exp2(answer);
  if (*token) serror (0); /* último token deve ser null */
}

/* Soma ou subtrai dois termos. */
void eval_exp2(double *answer)
{
  register char op;
  double temp;

  eval_exp3(answer);
  while((op = *token) == '+' || op == '-') {
    get_token():
    eval_exp3(&temp);
    switch(op) {
      case '-':
        *answer = *answer - temp;
```

```
        break;
      case '+':
        *answer = *answer + temp;
        break;
    }
  }
}

/* Multiplica ou divide dois fatores. */
void eval_exp3(double *answer)
{
  register char op;
  double temp;

  eval_exp4(answer);
  while((op = *token) == '*' || op == '/' || op == '%') {
    get_token();
    eval_exp4(&temp);
    switch(op) {
      case '*':
        *answer = *answer * temp;
        break;
      case '/':
        *answer = *answer / temp;
        break;
      case '%':
        *answer = (int) *answer % (int) temp;
        break;
    }
  }
}

/* Processa um expoente */
void eval_exp4(double *answer)
{
  double temp, ex;
  register int t;

  eval_exp5(answer);
  if(*token== '^') {
    get_token();
    eval_exp4(&temp);
    ex = *answer;
    if(temp==0.0) {
      *answer = 1.0;
```

```
        return;
      }
      for(t=temp-1; t>0; --t) *answer = (*answer) * (double)ex;
    }
}

/* Avalia um + ou - unário. */
void eval_exp5(double *answer)
{
  register char op;

  op = 0;
  if((tok_type == DELIMITADOR) && *token=='+' || *token == '-') {
    op = *token;
    get_token();
  }
  eval_exp6(answer);
  if(op=='-') *answer = -(*answer);
}

/* Processa uma expressão entre parênteses. */
void eval_exp6(double *answer)
{
  if((*token == '(')) {
    get_token();
    eval_exp2(answer);
    if(*token != ')')
      serror(1);
    get_token();
  }
  else
    atom(answer);
}

/* Obtém o valor real de um número. */
void atom(double *answer)
{
  if(tok_type==NUMERO) {
    *answer = atof(token);
    get_token();
    return;
  }
  serror(0); /* caso contrário, erro de sintaxe na expressão */
}
```

```
/* Devolve um token à stream de entrada. */
void putback(void)
{
  char *t;

  t = token;
  for(; *t; t++) prog--;
}

/* Apresenta um erro de sintaxe. */
void serror(int error)
{
  static char *e[] = {
      "Erro de sintaxe",
      "Falta parênteses",
      "Nenhuma expressão presente"
  };
  printf("%s\n", e[error]);
}

/* Devolve o próximo token. */
void get_token(void)
{

  register char *temp;

  tok_type = 0;
  temp = token;
  *temp = '\0';

  if(!*prog) return; /* final da expressão */
  while(isspace(*prog)) ++prog; /* ignora espaços em branco */

  if(strchr("+-*/%^=()", *prog)) {
    tok_type = DELIMITADOR;
    /* avança para o próximo char */
    *temp++ = *prog++;
  }
  else if(isalpha(*prog)) {
    while(!isdelim(*prog)) *temp++ = *prog++;
    tok_type = VARIAVEL;
  }
  else if(isdigit(*prog)) {
    while(!isdelim(*prog)) *temp++ = *prog++;
    tok_type = NUMERO;
```

```
    }

    *temp = '\0';
  }

  /* Devolve verdadeiro se c é um delimitador. */
  isdelim(char c)
  {
    if(strchr(" +-/*%^=()", c) || c==9 || c=='\r' || c==0)
      return 1;
    return 0;
  }
```

O analisador, como mostrado, pode manipular os seguintes operadores: +, -, *, /, %, assim como exponenciação inteira (^) e o menos unário. O analisador também pode trabalhar corretamente com parênteses. Observe que ele tem seis níveis e a função **atom()**, que devolve o valor de um número. Como discutido, as duas variáveis globais, **token** e **tok_type**, retornam da string de expressão o próximo token e seu tipo. O ponteiro **prog** aponta para a string que contém a expressão.

A função **main()** a seguir demonstra o uso do analisador:

```
/* Programa de demonstração do analisador. */
#include <stdlib.h>
#include <ctype.h>
#include <stdio.h>
#include <string.h>

char *prog;
void eval_exp(double *answer);

void main(void)
{
  double answer;
  char *p;

  p = malloc(100);
  if(!p) {
    printf("Falha na alocação.\n");
    exit(1);
  }
```

```
    /* Processa expressões até que uma linha em branco seja
       digitada.
    */
    do {
      prog = p;
      printf ("Digite a expressão: ");
      gets(prog);
      if(!*prog) break;
      eval_exp(&answer);
      printf("A resposta é %.2f\n", answer);
    } while(*p);
}
```

Para entender exatamente como o analisador avalia uma expressão, trabalhe sobre a seguinte expressão, apontada por **prog**:

10 - 3 * 2

Quando **eval_exp()**, o ponto de entrada do analisador, é chamada, ela pega o primeiro token. Se o token é nulo, a rotina escreve a mensagem "nenhuma expressão presente" e retorna. Nesse ponto, o token contém o número 10. Se o token não é nulo, **eval_exp2()** é chamada. (**eval_exp1()** é usada quando o operador de atribuição é utilizado, não sendo necessário aqui.) Como resultado, **eval_exp2()** chama **eval_exp3()** e **eval_exp3()** chama **eval_exp4()**, que, por sua vez, chama **eval_exp5()**. Em seguida, **eval_exp5()** verifica se o token é um mais ou um menos unário, que, nesse caso, não é; então, **eval_exp6()** é chamada. Nesse ponto, **eval_exp6()** chama **eval_exp2()** (no caso de expressões entre parênteses) ou **atom()** para encontrar o valor do número. Finalmente, **atom()** é executado e ***answer** contém o número 10. Outro token é retirado, e as funções começam a retornar ao início da seqüência. O token é agora o operador -, e as funções retornam até **eval_exp2()**.

O que acontece nesse ponto é muito importante. Como o token é **-**, ele é salvo em **op**. O analisador então obtém o novo token 3 e reinicia a descida na seqüência. Novamente **atom()** é chamada, o valor devolvido em ***answer** é 3 e o token * é lido. Isso provoca um retorno na seqüência até **eval_exp3()**, onde o token final é lido. Nesse ponto, ocorre a primeira operação aritmética com a multiplicação de 2 e 3. O resultado é devolvido a **eval_exp2()** e a subtração é executada. A subtração fornece 4 como resposta. Embora esse processo possa, a princípio, parecer complicado, trabalhe com outros exemplos e verifique que esse método sempre funciona corretamente.

Esse analisador poderia ser adequado a uma calculadora de mesa, como ilustrado no programa anterior. Ele também poderia ser usado em um banco de dados limitado. Antes que pudesse ser usado em uma linguagem de computador ou em uma calculadora sofisticada, seria necessária a habilidade de manipular variáveis. Esse é o assunto da próxima seção.

Acrescentando Variáveis ao Analisador

Todas as linguagens de programação, muitas calculadoras e planilhas de cálculo usam variáveis para armazenar valores para uso posterior. O analisador simples da seção anterior precisa ser expandido para incluir variáveis antes de ser capaz de armazenar valores. Para incluir variáveis, você precisa acrescentar diversos itens ao analisador. Primeiro, obviamente, as próprias variáveis. Como dito anteriormente, o analisador reconhece apenas as variáveis de **A** a **Z** (embora isso possa ser expandido, se você quiser). Cada variável usa uma posição em uma matriz de 26 elementos **doubles**. Assim, acrescente as seguintes linhas ao analisador:

```
double vars[26]= {  /* 26 variáveis do usuário, A-Z */
  0.0, 0.0, 0.0, 0.0, 0.0, 0.0, 0.0, 0.0, 0.0, 0.0,
  0.0, 0.0, 0.0, 0.0, 0.0, 0.0, 0.0, 0.0, 0.0, 0.0,
  0.0, 0.0, 0.0, 0.0, 0.0, 0.0
};
```

Como você pode ver, as variáveis são inicializadas com 0, como cortesia para o usuário.

Você também precisa de uma rotina para ler o valor de uma variável dada. Como as variáveis têm nomes de **A** a **Z**, elas podem facilmente ser usadas para indexar a matriz **vars**, subtraindo o valor de ASCII para **A** do nome da variável. A função **find_var()** é mostrada aqui:

```
/* Devolve o valor de uma variável. */
double find_var(char *s);
{
  if(!isalpha(*s)) {
    serror(1);
    return 0;
  }
  return vars[toupper(*token)-'A'];
}
```

Como está escrita, a função aceitará nomes longos de variáveis, mas apenas a primeira letra é significativa. Isso pode ser modificado para se adaptar às suas necessidades.

A função **atom()** também deve ser modificada para manipular números e variáveis. A nova versão é mostrada aqui:

```
/* Obtém o valor de um número ou uma variável. */
void atom(double *answer)
{
  switch(tok_type) {
    case VARIAVEL:
      *answer = find_var(token);
      get_token();
      return;
    case NUMERO;
      *answer = atof(token);
      get_token();
      return;
    default:
      serror(0);
  }
}
```

Tecnicamente, isso é tudo que precisa ser acrescentado para o analisador utilizar variáveis corretamente; porém, não há como atribuir um valor a essas variáveis. Normalmente isso é feito fora do analisador, mas o sinal de igual pode ser tratado como um operador de atribuição e tornar-se parte do analisador. Existem várias maneiras de fazer isso. Um método é adicionar **eval_exp1()** ao analisador, como mostrado aqui:

```
/* Processa uma atribuição. */
void eval_exp1(double *result)
{
  int slot, ttok_type;
  char temp_token[80];

  if(tok_type==VARIAVEL) {
    /* salva token antigo */
    strcpy(temp_token, token);
    ttok_type = tok_type;

    /* calcula o índice da variável */
    slot = toupper(*token)-'A';

    get_token();
    if(*token != '=') {
      putback(); /* devolve token atual */
      /* restaura token antigo - nenhuma atribuição */
      strcpy(token, temp_token);
      tok_type = ttok_type;
```

```
    }
    else {
      get_token(); /* pega próxima parte da expressão */
      eval_exp2(result);
      vars[slot] = *result;
      return;
    }
  }

  eval_exp2(result);
}
```

Como você pode ver, a função precisa olhar à frente para determinar se uma atribuição está realmente sendo feita. Isso ocorre porque o nome da variável precede uma atribuição, mas um nome de variável sozinho não garante que uma expressão de atribuição venha a seguir. Isto é, o analisador aceitará A = 100 como uma atribuição, mas ele é inteligente o bastante para saber que A/10 é uma expressão. Para realizar isso, **eval_exp1()** lê o próximo token da entrada. Se ele não for o sinal de igual, o token será devolvido à entrada, para uso posterior, com uma chamada a **putback()**, mostrada aqui:

```
/* Devolve um token à stream de entrada. */
void putback(void)
{
  char *t;

  t = token;
  for(; *t; t++) prog--;
}
```

Aqui está o analisador melhorado completo:

```
/* Este módulo contém um analisador recursivo descendente
   que reconhece variáveis. */

#include <stdlib.h>
#include <ctype.h>
#include <stdio.h>
#include <string.h>

#define DELIMITADOR  1
#define VARIAVEL 2
```

```
#define NUMERO  3

extern char *prog; /* contém a expressão a ser analisada */
char token[80];
char tok_type;

double vars[26]= {  /* 26 variáveis do usuário, A-Z */
  0.0, 0.0, 0.0, 0.0, 0.0, 0.0, 0.0, 0.0, 0.0, 0.0,
  0.0, 0.0, 0.0, 0.0, 0.0, 0.0, 0.0, 0.0, 0.0, 0.0,
  0.0, 0.0, 0.0, 0.0, 0.0, 0.0
};

void eval_exp(double *answer), eval_exp2(double *answer);
void eval_exp1(double *result);
void eval_exp3(double *answer), eval_exp4(double *answer);
void eval_exp5(double *answer);
void eval_exp6(double *answer), atom(double *answer);
void get_token(void), putback(void);
void serror(int error);
double find_var(char *s);
int isdelim(char c);

/* Ponto de entrada do analisador. */
void eval_exp(double *answer)
{
  get_token();
  if(!*token) {
    serror(2);
    return;
  }
  eval_exp1(answer);
  if (*token) serror(0); /* o último token deve ser null */
}

/* Processa uma atribuição. */
void eval_exp1(double *answer)
{
  int slot
  char ttok_type;
  char temp_token[80];

  if(tok_type==VARIAVEL) {
    /* salva token antigo */
    strcpy(temp_token, token);
    ttok_type = tok_type;
```

```
      /* calcula o índice da variável */
      slot = toupper(*token) - 'A';

      get_token();
      if(*token != '=') {
        putback(); /* devolve token atual */
        /* restaura token antigo - nenhuma atribuição */
        strcpy(token, temp_token);
        tok_type = ttok_type;
      }
      else {
        get_token(); /* pega a próxima parte da expressão */
        eval_exp2(answer);
        vars[slot] = *answer;
        return;
      }
    }
    eval_exp2(answer);
  }

  /* Soma ou subtrai dois termos. */
  void eval_exp2(double *answer)
  {
    register char op;
    double temp;

    eval_exp3(answer);
    while((op = *token) == '+' || op == '-') {
      get_token();
      eval_exp3(&temp);
      switch(op) {
        case '-':
          *answer = *answer - temp;
          break;
        case '+':
          *answer = *answer +  temp;
          break;
      }
    }
  }

  /* Multiplica ou divide dois fatores. */
  void eval_exp3(double *answer)
  {
```

```
  register char op;
  double temp;

  eval_exp4(answer);
  while((op = *token) == '*' || op == '/' || op == '%') {
    get_token();
    eval_exp4(&temp);
    switch(op) {
      case '*':
        *answer = *answer * temp;
        break;
      case '/':
        *answer = *answer / temp;
        break;
      case '%':
        *answer = (int) *answer % (int) temp;
        break;
    }
  }
}

/* Processa um expoente. */
void eval_exp4(double *answer)
{
  double temp, ex;
  register int t;

  eval_exp5(answer);
  if(*token=='^') {
    get_token();
    eval_exp4(&temp);
    ex = *answer;
    if(temp==0.0) {
      *answer = 1.0;
      return;
    }
    for(t=temp-1; t>0; --t) *answer = (*answer) * (double)ex;
  }
}

/* Avalia um + ou - unário. */
void eval_exp5(double *answer)
{
  register char op;
```

```
  op = 0;
  if((tok_type == DELIMITADOR) && *token=='+' || *token == '-') {
    op = *token;
    get_token();
  }
  eval_exp6(answer);
  if(op=='-')*answer = -(*answer);
}

/* Processa uma expressão entre parênteses. */
void eval_exp6(double *answer)
{
  if((*token == '(')) {
    get_token();
    eval_exp2(answer);
    if(*token != ')')
      serror(1);
    get_token();
  }
  else atom(answer);
}

/* Obtém o valor de um número ou uma variável. */
void atom(double *answer)
{
  switch(tok_type) {
    case VARIAVEL:
      *answer = find_var(token);
      get_token();
      return;
    case NUMERO;
      *answer = atof(token);
      get_token();
      return;
    default:
      serror(0);
  }
}

/* Devolve um token à stream de entrada. */
void putback(void)
{
  char *t;

  t = token;
```

```
  for(; *t; t++) prog--;
}

/* Apresenta um erro de sintaxe. */
void serror(int error)
{
  static char *e[] = {
      "Erro de sintaxe",
      "Falta parênteses",
      "Nenhuma expressão presente"

  };
  printf("%s\n", e[error]);
}

/* Devolve o próximo token. */
void get_token(void)
{

  register char *temp;

  tok_type = 0;
  temp = token;
  *temp = '\0';

  if(!*prog) return; /* final da expressão */

  while(isspace(*prog)) ++prog; /* ignora espaços em branco */

  if(strchr("+-*/%^=()", *prog)) {
    tok_type = DELIMITADOR;
    /* avança para o próximo char */
    *temp++ = *prog++;
  }
  else if(isalpha(*prog)) {
    while(!isdelim(*prog)) *temp++ = *prog++;
    tok_type = VARIAVEL;
  }
  else if(isdigit(*prog)) {
    while(!isdelim(*prog)) *temp++ = *prog++;
    tok_type = NUMERO;
  }

  *temp = '\0';
}
```

```
/* Devolve verdadeiro se c é um delimitador. */
isdelim(char c)
{
  if(strchr(" +-/*%^=()", c) || c==9 || c=='\r' || c==0)
    return 1;
  return 0;
}

/* Devolve o valor de uma variável. */
double find_var(char *s);
{
  if(!isalpha(*s)) {
    serror(1);
    return 0.0;
  }
  return vars[toupper(*token)-'A'];
}
```

A mesma função **main()** usada com o analisador simples ainda pode ser usada. Com o analisador melhorado, você pode, agora, inserir expressões como

A = 10/4
A - B
C = A * (F - 21)

Verificação de Sintaxe em um Analisador Recursivo Descendente

Em análise de expressões, um erro de sintaxe é simplesmente uma situação em que a expressão de entrada não se encaixa nas regras rígidas exigidas pelo analisador. Na maioria das vezes, isso é provocado por erro humano — normalmente erros de digitação. Por exemplo, as expressões seguintes não são válidas para os analisadores deste capítulo:

10**8
(10 - 5)*9)
/8

A primeira contém dois operadores seguidos, a segunda tem um parênteses a mais e a última, um sinal de divisão no começo de uma expressão. Nenhuma dessas condições é permitida pelos analisadores deste capítulo. Como os erros de sintaxe podem fazer com que o analisador forneça resultados errados, você precisa prevenir-se contra eles.

Enquanto você estudava o código dos analisadores, provavelmente observou a função **serror()**, que é chamada sob certas situações. Ao contrário de muitos outros analisadores, o método recursivo descendente torna fácil a verificação de sintaxe, porque, na maioria das vezes, ela ocorre em **atom()**, **find_var()** ou **eval_exp6()**, onde são verificados os parênteses. O único problema com a verificação, como se apresenta agora, é que o analisador não é interrompido caso ocorra um erro de sintaxe. Isso pode levar a múltiplas mensagens de erro.

A melhor maneira de implementar a rotina **serror()** é tê-la executando uma rotina de reinicialização. Os compiladores que seguem o padrão ANSI vêm com um par de funções associadas, chamadas de **setjmp()** e **longjmp()**. Essas duas funções permitem que um programa desvie para uma função diferente. Portanto, em **serror()**, execute um **longjmp()** para algum lugar seguro fora do analisador.

Se o código for deixado da maneira como está, múltiplas mensagens de erros podem ser mostradas. Isso pode ser incômodo em algumas situações, mas um benefício em outros casos, porque mais de um erro pode ser encontrado. Geralmente, porém, a verificação de sintaxe deve ser melhorada antes de se usar esse código em programas comerciais.

MAKRON Books

23

Solução de Problemas de Inteligência Artificial

O campo da inteligência artificial (AI — Artificial Intelligence) é composto de diversos aspectos interessantes. Contudo, a solução de problemas é fundamental para a maioria das aplicações de inteligêngia artificial.

Basicamente, existem dois tipos de problema. O primeiro pode ser resolvido utilizando-se algum tipo de procedimento determinístico, com sucesso garantido — em outras palavras, uma *computação*. Os métodos utilizados para resolver esse tipo de problema são, geralmente, facilmente traduzidos em um algoritmo que um computador pode executar. Porém, poucos problemas reais se prestam a soluções computacionais. Na realidade, a maioria dos problemas é não-computacional. Esses problemas são resolvidos *através* de uma busca da solução — o método de solução de problemas com que inteligêngia artificial se preocupa.

Um dos sonhos da pesquisa de inteligêngia artificial é o *solucionador genérico de problemas*. Um solucionador genérico de problemas é um programa que pode produzir uma solução para todos os tipos de problemas diferentes sobre os quais ele não tem nenhum conhecimento específico. Este capítulo mostra por que o sonho é tão tentador quanto difícil de realizar.

Em investigações anteriores sobre inteligêngia artificial, desenvolver bons métodos de busca era o principal objetivo. Há duas razões para isso: necessidade e desejo. Um dos mais difíceis obstáculos quando se aplicam as técnicas de inteligêngia artificial aos problemas do mundo real, é a magnitude e complexidade da maioria das situações. Resolver esses problemas requer boas técnicas de busca. Além disso, os pesquisadores acreditavam, como ainda acreditam, que a busca constitui a mola mestra da solução de problemas, que é o ingrediente crucial da inteligência.

Representação e Terminologia

Imagine que você perdeu as chaves do seu carro. Você sabe que elas estão em algum lugar dentro de sua casa, que tem a seguinte planta baixa:

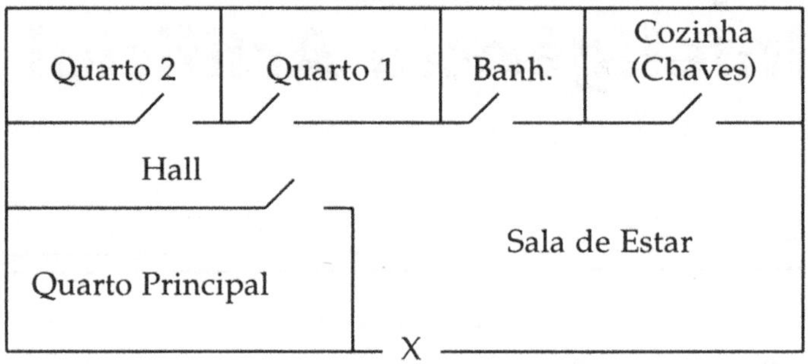

Você está de pé na porta da frente (onde está o *X*). Você começa a sua busca pela sala de estar. Em seguida, você passa pelo hall até o primeiro quarto, para o hall e para o segundo quarto, de volta ao hall e daí ao quarto principal. Não tendo encontrado as chaves, você volta à sala de estar. Você encontra as chaves na cozinha. Essa situação é facilmente representada por um diagrama, como mostrado na Figura 23.1.

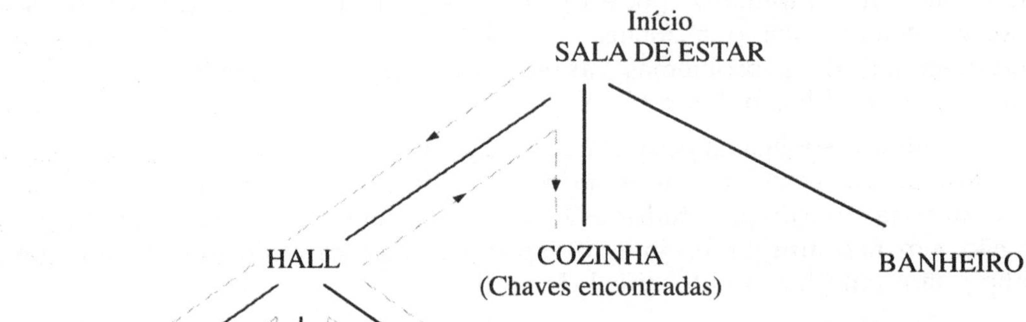

Figura 23.1 O percurso solução para encontrar as chaves perdidas.

O fato de os problemas serem representados por diagramas é importante, porque um diagrama fornece uma forma de visualizar como as diferentes técnicas de busca operam. (Além disso, a capacidade de representar problemas por meio deles permite ao pesquisador aplicar vários teoremas da teoria dos diagramas. No entanto, esses teoremas estão além do escopo deste livro.) Com isso em mente, estude as seguintes definições:

Nó	Um ponto discreto e uma possível meta
Nó terminal	Um nó que termina um percurso
Espaço de busca	O conjunto de todos os nós
Meta	O nó que é o objeto da busca
Heurística	Informação sobre se algum nó específico é uma escolha melhor que outra
Percurso solução	Um diagrama com os nós visitados na rota até a solução

No exemplo das chaves perdidas, cada cômodo da casa é um nó; a casa inteira é o espaço de busca; a meta, quando alcançada, é a cozinha; e o percurso solução é mostrado na Figura 23.1. Os quartos e o banheiro são nós terminais porque não levam a lugar nenhum. Esse exemplo não usa heurística, que será vista mais adiante neste capítulo.

Explosões Combinatórias

Nesse ponto, você pode estar pensando que a busca a uma solução é fácil — você parte do início e explora seu caminho até a conclusão. No caso extremamente simples das chaves perdidas, esse é um método eficaz. Mas, na maioria dos problemas que um computador é chamado a resolver, a situação é bem diferente. Em geral, utiliza-se um computador para resolver problemas onde o número de nós no espaço de busca é muito grande e, conforme o espaço de busca cresce, também o faz o número de diferentes percursos possíveis até a meta. O problema é que cada nó adicionado ao espaço de pesquisa acrescenta mais de um percurso. Isto é, o número de caminhos até a meta aumenta mais rapidamente a cada nó acrescido.

Por exemplo, considere o número de formas em que três objetos — A, B e C — podem ser arranjados sobre uma mesa. Os seis arranjos possíveis são

A B C
A C B
B C A
B A C
C B A
C A B

Você pode rapidamente provar a si mesmo que essas são as seis únicas formas de arranjar A, B e C. Porém, o mesmo número pode ser deduzido usando um teorema do ramo da matemática chamado de *análise combinatória* — o estudo de como as coisas podem ser combinadas. De acordo com o teorema, o número de maneiras em que N objetos podem ser permutados é igual a *N*! (N fatorial). O fatorial de um número é o produto de todos os números inteiros iguais ou menores que ele até 1. Assim, 3! é 3x2x1, ou 6. Se você tem quatro objetos para dispor, então há 4! ou 24 combinações. Com cinco objetos, o número é 120 e com seis, 720. Com 1000 objetos o número de combinações possíveis é enorme! O gráfico da Figura 23.2 lhe dá uma idéia visual do que os pesquisadores de inteligência artificial costumam chamar de *explosão combinatória*. Assim, quando há mais de um punhado de possibilidades, rapidamente torna-se impossível examinar (ou mesmo enumerar) todas as combinações.

Em outras palavras, cada nó adicional no espaço de pesquisa aumenta o número de soluções possíveis em um número muito maior que um. Logo, em algum ponto haverá possibilidades demais para se trabalhar. Como o número de possibilidades cresce tão rápido, apenas os mais simples dos problemas se prestam a pesquisas exaustivas. Uma pesquisa exaustiva é aquela que examina todos os nós — algo como uma técnica da "força bruta". Força bruta sempre funciona, mas normalmente não é prática, pois consome muito tempo, muitos recursos computacionais, ou ambos. Por essa razão, outras técnicas de pesquisa foram desenvolvidas pelos pesquisadores.

Técnicas de Pesquisa

Existem diversas maneiras de pesquisar uma possível solução. As mais comuns e mais importantes são

- Pesquisas de profundidade primeiro
- Pesquisas de extensão primeiro
- Pesquisas de escalada da montanha
- Pesquisas de menor custo

Esse capítulo examina cada uma dessas pesquisas.

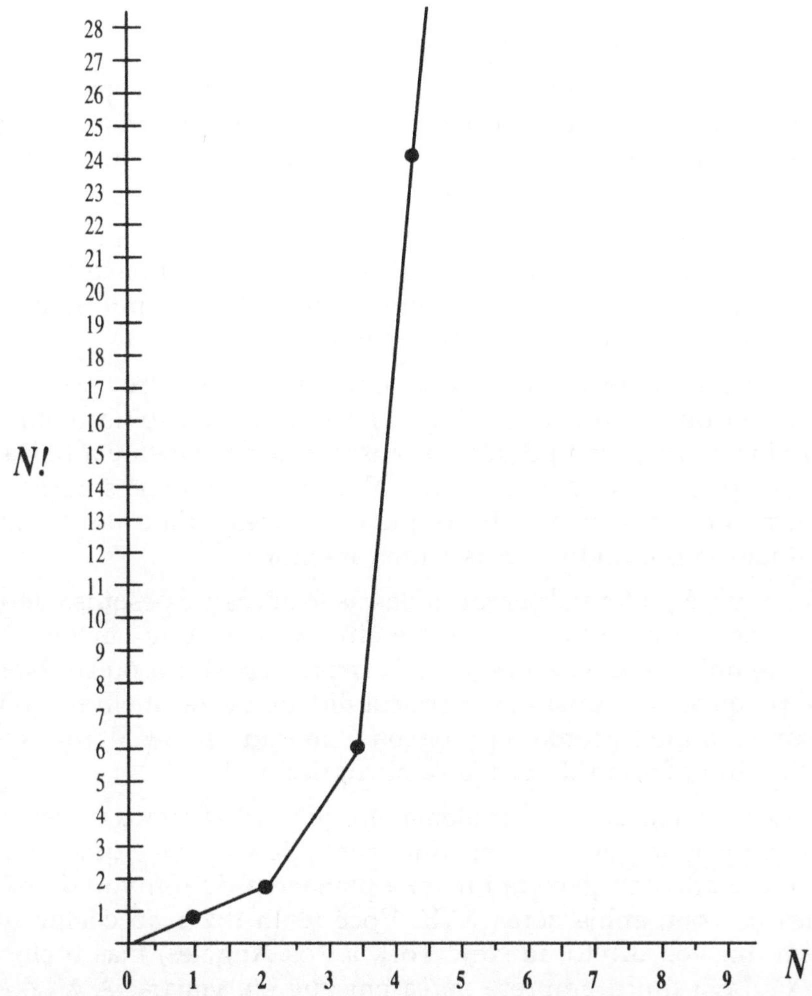

Figura 23.2 Uma explosão combinatória com fatoriais.

Avaliação das Pesquisas

Avaliar o desempenho de uma técnica de pesquisa pode ser bastante complicado. Na verdade, a avaliação das pesquisas forma uma grande parte da inteligência artificial. No entanto, para os nossos propósitos, são apenas duas as medidas mais importantes:

- A velocidade em que a pesquisa encontra a solução
- Quão boa é a solução encontrada

Existem diversos tipos de problema em que tudo o que importa é que uma solução, qualquer solução, seja encontrada, com o mínimo de esforço. Para esses problemas, a primeira medida é importante. Porém, em outras situações, a solução deve ser boa, talvez mesmo ótima.

A velocidade de uma pesquisa é determinada pelo comprimento do percurso da solução e pelo número de nós atravessados. Lembre-se de que retornar de nós sem saída é essencialmente esforço desperdiçado, portanto é desejável uma pesquisa que raramente tenha de retornar.

É necessário entender que existe uma diferença entre encontrar uma solução ótima e encontrar uma boa solução. Encontrar uma solução ótima normalmente está vinculado a uma pesquisa exaustiva, porque essa é a única forma de saber se a melhor solução foi encontrada. Encontrar uma boa solução, por outro lado, significa encontrar uma solução que está submetida a um conjunto de limitações — não importando se existe uma melhor.

Como você poderá observar, todas as técnicas de pesquisa descritas neste capítulo funcionam melhor em certas situações do que em outras. Logo, é difícil dizer se um método de pesquisa é *sempre* superior a outro. Mas algumas técnicas de pesquisa têm uma maior probabilidade de ser melhores no caso médio. Além disso, o modo como o problema é definido pode, algumas vezes, ajudar a escolher um método de pesquisa apropriado.

Primeiro, imagine um problema em que utilizaremos diversos métodos para resolver. Imagine que você seja um agente de viagens e que um cliente um tanto mal-humorado deseje comprar uma passagem de um vôo de New York a Los Angeles na companhia aérea XYZ. Você tenta dizer ao cliente que a XYZ não mantém um vôo direto de New York a Los Angeles, mas o cliente insiste em que a XYZ é a única empresa aérea em que ele viajará. A XYZ escalou os vôos da seguinte forma:

New York a Chicago	1000	milhas
Chicago a Denver	1000	milhas
New York a Toronto	800	milhas
New York a Denver	1900	milhas
Toronto a Calgary	1500	milhas
Toronto a Los Angeles	1800	milhas
Toronto a Chicago	500	milhas
Denver a Urbana	1000	milhas
Denver a Houston	1500	milhas

Houston a Los Angeles	1500	milhas
Denver a Los Angeles	1000	milhas

Você rapidamente vê que há uma maneira de viajar de New York a Los Angeles pela XYZ, utilizando vôos de escala. Então, você vende ao cliente seus vôos.

Sua tarefa é escrever um programa em C que faça a mesma coisa ainda melhor.

Uma Representação Gráfica

As informações de vôos da XYZ podem ser traduzidas para o diagrama direcionado mostrado na Figura 23.3. Um *diagrama direcionado* é simplesmente aquele em que as linhas que conectam cada nó incluem uma seta para indicar a direção do movimento. Em um diagrama direcionado, você não pode viajar na direção contrária à seta.

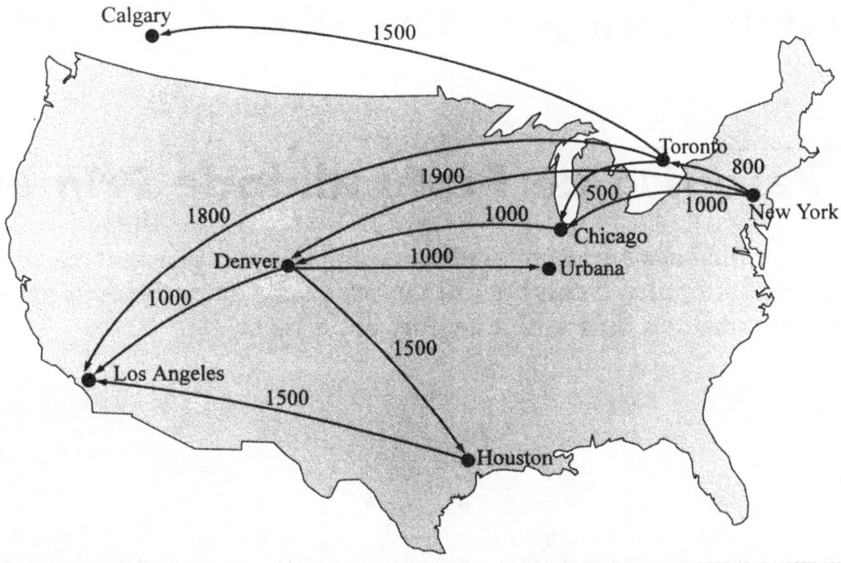

Figura 23.3 Um diagrama direcionado dos vôos da XYZ.

Para tornar as coisas mais fáceis de entender, esse diagrama é redesenhado como árvore na Figura 23.4. Essa versão é usada no restante desta discussão. A meta, Los Angeles, é envolvida por um círculo. Note, também, que várias cidades aparecem mais de uma vez para simplificar a construção do diagrama.

Agora você está pronto para desenvolver os diversos programas de pesquisa para encontrar os caminhos de New York a Los Angeles.

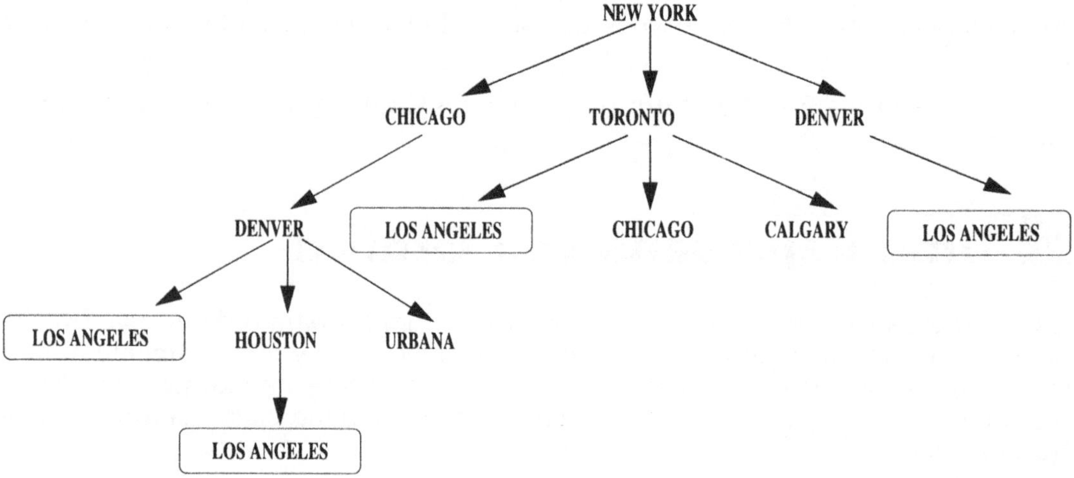

Figura 23.4 Uma versão em árvore dos vôos da XYZ.

A Pesquisa de Profundidade Primeiro

A *pesquisa de profundidade primeiro* explora cada caminho possível até a conclusão (ou meta) antes que outro caminho seja tentado. Para entender exatamente como isso funciona, considere a árvore a seguir. F é a meta.

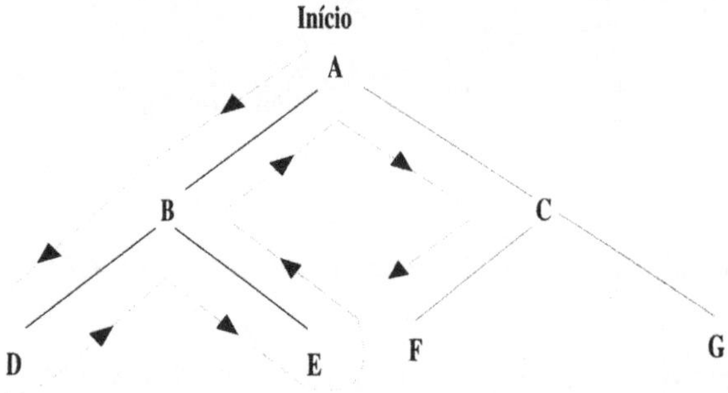

Uma pesquisa de profundidade primeiro transversaliza o diagrama na seguinte ordem: ABDBEBACF. Se você está familiarizado com árvores, então reconhece que esse tipo de pesquisa é uma transversalização da árvore de forma ordenada. Isto é, o percurso vai pela esquerda até que um nó terminal seja encontrado ou que a meta seja encontrada. Se um nó terminal é alcançado, o percurso volta um nível, vai à direita, em seguida à esquerda e continua até que a meta ou um nó terminal seja encontrado. Esse procedimento é repetido até que a meta seja encontrada ou até que o último nó do espaço de pesquisa tenha sido examinado.

Como você pode ver, uma pesquisa de profundidade primeiro certamente encontra a meta, porque, no pior caso, ela se degenera em uma pesquisa exaustiva. Nesse exemplo, aconteceria uma pesquisa exaustiva se G fosse a meta.

Escrever um programa em C, para encontrar uma rota de New York a Los Angeles, requer um banco de dados que contenha as informações sobre os vôos da XYZ. Cada entrada no banco de dados deve conter as cidades de origem e de destino, a distância entre elas e um indicador para ajudar no retorno (como você verá em breve). A estrutura seguinte contém estas informações:

```
#define MAX 100

/* estrutura do banco de dados sobre os vôos */
struct FL {
  char from[20]; /* de */
  char to[20]; /* para */
  int distance;
  char skip; /* usado no retorno */
};

struct FL flight[MAX]; /* matriz de estruturas do bd */

int f_pos=0; /* número de entradas do bd dos vôos */
int find_pos=0; /* índice de pesquisa no bd dos vôos */
```

As entradas são colocadas no banco de dados usando a função **assert_fli-ght()**, e **setup()** inicializa a informação. A variável global **f_pos** contém o índice do último item no banco de dados. Essas rotinas são mostradas aqui:

```
void setup(void)
{
  assert_flight("New York", "Chicago", 1000);
  assert_flight("Chicago", "Denver", 1000);
  assert_flight("New York", "Toronto",800);
  assert_flight("New York", "Denver", 1900);
  assert_flight("Toronto", "Calgary", 1500);
```

```
  assert_flight("Toronto", "Los Angeles", 1800);
  assert_flight("Toronto", "Chicago", 500);
  assert_flight("Denver", "Urbana", 1000);
  assert_flight("Denver", "Houston", 1500);
  assert_flight("Houston", "Los Angeles", 1500);
  assert_flight("Denver", "Los Angeles", 1000);
}

/* Coloca os fatos no banco de dados. */
void assert_flight(char *from, char *to, int dist)
{
  if(f_pos<MAX) {
    strcpy(flight[f_pos].from, from);
    strcpy(flight[f_pos].to, to);
    flight[f_pos].distance = dist;
    flight[f_pos].skip = 0;
    f_pos++;
  }
  else printf("Banco de dados de vôo cheio.\n");
}
```

Mantendo o espírito da inteligência artificial, imagine o banco de dados como contendo fatos. O programa a ser desenvolvido usará esses fatos para chegar a uma solução. Por essa razão, muitos pesquisadores de inteligência artificial referem-se ao banco de dados como um *banco de conhecimento.* Este capítulo usa os dois termos sem distinção.

Antes que possa escrever o código real para encontrar uma rota entre New York e Los Angeles, você precisa de diversas funções de suporte. Primeiro, precisa de uma rotina que determine se há um vôo entre as duas cidades. Essa função é chamada de **match()** e devolve zero se não existe o vôo ou devolve a distância entre as duas cidades se há um vôo. Essa rotina é mostrada aqui:

```
/* Se há o vôo entre from e to, então devolve a distância do
   vôo; caso contrário, devolve 0. */
match(char *from, char *to)
{
  register int t;

  for(t=f_pos-1; t>-1; t--)
    if(!strcmp(flight[t].from, from) &&
       !strcmp(flight[t].to, to)) return flight[t].distance;

  return 0; /* não encontrou */
}
```

Outra rotina necessária é **find()**. Dada uma cidade, **find()** pesquisa no banco de dados qualquer conexão. Se uma conexão é encontrada, o nome da cidade de destino e sua distância são devolvidos; caso contrário, zero é devolvido. A rotina **find()** é mostrada a seguir:

```
/* Dado from, encontre anywhere. */
find(char *from, char *anywhere)
{
  find_pos = 0;
  while(find_pos<f_pos) {
    if(!strcmp(flight[find_pos].from, from) &&
     !flight[find_pos].skip) {
       strcpy(anywhere, flight[find_pos].to);
       flight[find_pos].skip = 1; /* torna ativo */
       return flight[find_pos].distance;
    }
    find_pos++;
  }
  return 0;
}
```

Como você pode observar, as cidades que têm o campo **skip** com 1 não são conexões válidas. Além disso, se uma conexão é encontrada, seu campo **skip** é marcado como ativo — isso controla o retorno de caminhos sem saída.

O retorno é um ingrediente crucial em muitas técnicas de inteligência artificial. O retorno é efetuado pelo uso de rotinas recursivas e de uma pilha de retorno. Quase todas as situações de retorno têm operação tipo pilha — isto é, elas são primeira a entrar, última a sair. Conforme um percurso é explorado, nós são colocados na pilha à medida que são encontrados. A cada ponto sem saída, o último nó é retirado da pilha e um novo percurso, a partir desse ponto, é tentado. Esse processo continua até que a meta seja alcançada ou todos os percursos tenham se exaurido. As funções **push()** e **pop()**, que gerenciam a pilha de retorno, são mostradas a seguir. Elas usam as variáveis globais **tos** e **bt_stack** para guardar o apontador ao topo da pilha e a matriz que contém a pilha, respectivamente.

```
/* Rotinas de pilha */
void push(char *from, char *to, int dist)
{
  if(tos<MAX) {
    strcpy(bt_stack[tos].from, from);
    strcpy(bt_stack[tos].to, to);
    bt_stack[tos].dist = dist);
```

```
      tos++;
    }
    else printf("Pilha cheia.\n");
  }

  void pop(char *from, char *to, int *dist)
  {
    if(tos>0) {
      tos--;
      strcpy(from, bt_stack[tos].from);
      strcpy(to, bt_stack[tos].to);
      *dist = bt_stack[tos].dist;
    }
    else printf("Pilha vazia.\n");
  }
```

Agora que as rotinas de suporte já foram desenvolvidas, considere o código a seguir. É **isflight()**, a rotina principal para encontrar a rota entre New York e Los Angeles.

```
/* Determina se há uma rota entre from e to. */
void isflight(char *from, char *to)
{
  int d, dist;
  char anywhere[20];

  /* vê no destino */
  if(d=match(from, to)) {
    push(from, to, d);
    return;
  }

  /* tenta outra conexão */
  if(dist=find(from, anywhere)) {
    push(from, to, dist);
    isflight(anywhere, to);
  }
  else if(tos>0) {
    /* retorna */
    pop(from, to, &dist);
    isflight(from, to);
  }
}
```

A rotina opera da seguinte forma. Em primeiro lugar, o banco de dados é verificado por **match()** para ver se existe um vôo entre **from** e **to**. Se existe, a meta já foi encontrada — a conexão é colocada na pilha e a função retorna. Caso contrário, **find()** verifica se há alguma conexão entre **from** e algum outro lugar. Se houver, essa conexão é colocada na pilha e **isflight()** é chamada recursivamente. Esse processo continua até que a meta seja encontrada. O campo **skip** é necessário no retorno para evitar que as mesmas conexões sejam tentadas repetidamente.

Assim, se chamada com Denver e Houston, a primeira parte da rotina obteria sucesso e **isflight()** terminaria. Imagine, porém, que **isflight()** tenha sido chamada com Chicago e Houston. Nesse caso, a primeira parte falharia, porque não há nenhum vôo direto conectando essas duas cidades. A segunda parte seria tentada no intuito de encontrar uma conexão entre a cidade de origem e qualquer outra cidade. Nesse caso, Chicago tem uma conexão com Denver, portanto, **isflight()** é chamada recursivamente com Denver e Houston. Mais uma vez a primeira condição é testada. Nesse momento, é encontrada uma conexão. Finalmente, as chamadas recursivas desenredam-se e **isflight()** termina. Verifique que **isflight()**, como apresentada aqui, realiza uma pesquisa de profundidade primeiro no banco de dados.

É importante observar que **isflight()**, na verdade, não *devolve* a solução — ela a *gera*. Ao sair, **isflight()** deixa na pilha de retorno a rota entre Chicago e Houston — que é a solução. O estado da pilha determina se **isflight()** obteve sucesso ou não. Uma pilha vazia indica falha; de outra forma, a pilha contém a solução. Assim, você precisa de mais uma função para completar o programa. A função é chamada **route()** e ela escreve o percurso a seguir e a distância total. A função **route()** é mostrada aqui:

```
/* Mostra a rota e a distância total. */
void route(char *to)
{
  int dist, t;

  dist = 0;
  t = 0;
  while(t<tos) {
    printf("%s para ", bt_stack[t].from);
    dist += bt_stack[t].dist;
    t++;
  }
  printf("%s\n", to);
  printf("A distância é %d.\n", dist);
}
```

O programa completo de pesquisa de profundidade primeiro é mostrado a seguir. Digite, agora, este programa no seu computador.

```
/* Pesquisa de profundidade primeiro. */
#include <stdio.h>
#include <string.h>

#define MAX 100

/* estrutura do banco de dados sobre os vôos */
struct FL {
  char from[20]; /* de */
  char to[20]; /* para */
  int distance;
  char skip; /* usado no retorno */
};

struct FL flight[MAX]; /* matriz de estruturas do bd */

int f_pos=0; /* número de entradas do bd dos vôos */
int find_pos=0; /* índice de pesquisa no bd dos vôos */
int tos=0; /* topo da pilha */
struct stack {
  char from[20];
  char to[20];
  int dist;
};
struct stack bt_stack[MAX];  /* pilha de retorno */

void setup(void), route(char *to);
void assert_flight(char *from, char *to, int dist);
void push(char *from, char *to, int dist);
void pop(char *from, char *to, int *dist);
void isflight(char *from, char *to);
int find(char *from, char *anywhere);
int match(char *from, char *to);

void main(void)
{
  char from[20], to[20];

  setup();

  printf("De?");
  gets(from);
  printf("Para? ");
  gets(to);
```

```
    isflight(from, to);
    route(to);
  }

  /* Inicializa o banco de dados de vôos. */
  void setup(void)
  {
    assert_flight("New York", "Chicago", 1000);
    assert_flight("Chicago", "Denver", 1000);
    assert_flight("New York", "Toronto",800);
    assert_flight("New York", "Denver", 1900);
    assert_flight("Toronto", "Calgary", 1500);
    assert_flight("Toronto", "Los Angeles", 1800);
    assert_flight("Toronto", "Chicago", 500);
    assert_flight("Denver", "Urbana", 1000);
    assert_flight("Denver", "Houston", 1500);
    assert_flight("Houston", "Los Angeles", 1500);
    assert_flight("Denver", "Los Angeles", 1000);
  }

  /* Coloca os fatos no banco de dados */
  void assert_flight(char *from, char *to, int dist)
  {

    if(f_pos<MAX) {
      strcpy(flight[f_pos].from, from);
      strcpy(flight[f_pos].to, to);
      flight[f_pos].distance=dist);
      flight[f_pos].skip = 0;
      f_pos++;
    }
    else printf("Banco de dados de vôos cheio.\n");
  }

  /* Mostra a rota e a distância total. */
  void route(char *to)

  {
    int dist, t;

    dist = 0;
    t = 0;
    while(t<tos) {
      printf("%s para ", bt_stack[t].from);
      dist += bt_stack[t].dist.;
```

```
      t++;
    }
    printf("%s\n", to);
    printf("A distância é: %d.\n", dist);
  }

  /* Se há o vôo entre from e to, então devolve a distância do
     vôo; caso contrário, devolve 0. */
  match(char *from, char *to)
  {
    register int t;

    for(t=f_pos-1; t>-1; t--);
      if(!strcmp(flight[t].from, from) &&
         !strcmp(flight[t].to, to)) return flight[t].distance;

    return 0;/* não encontrou */
  }

  /* Dado from, encontre anywhere. */
  find(char *from, char *anywhere)
  {
    find_pos = 0;
    while(find_pos<f_pos) {
      if(!strcmp(flight[find_pos].from, from) &&
       !flight[find_pos].skip) {
         strcpy(anywhere, flight[find_pos].to);
         flight[find_pos].skip = 1; /* torna ativo */
         return flight[find_pos].distance;
       }
      find_pos++;
    }
    return 0;
  }

  /* Determina se há uma rota entre from e to. */
  void isflight(char *from, char *to)
  {
    int d, dist;
    char anywhere[20];

    /* vê se está no destino */
    if(d=match(from, to)) {
      push(from, to, d);
      return;
```

```
    }

    /* tenta outra conexão */
    if(dist=find(from, anywhere)) {
      push(from, to, dist);
      isflight(anywhere, to);
    }
    else if(tos>0) {
      /* retorna */
      pop(from, to, &dist);
      isflight(from, to);
    }
  }

  /* Rotinas de pilha */
  void push(char *from, char *to, int dist)
  {
    if(tos<MAX) {
      strcpy(bt_stack[tos].from, from);
      strcpy(bt_stack[tos].to,to);
      bt_stack[tos].dist=dist;
      tos++;
    }
    else printf("Pilha cheia.\n");
  }

  void pop(char *from, char *to, int *dist)
  {
    if(tos>0) {
      tos--;
      strcpy(from,bt_stack[tos].from);
      strcpy(to,bt_stack[tos].to);
      *dist=bt_stack[tos].dist;
    }
    else printf("Pilha vazia.\n");
  }
```

Note que **main()** pede tanto a cidade de origem como a de destino. Isso significa que você pode usar o programa para encontrar rotas entre duas cidades quaisquer. No entanto, o restante deste capítulo assume New York como origem e Los Angeles como destino.

Compile, agora, o programa. Para certos compiladores, incluindo Microsoft C, será necessário aumentar a quantidade de memória alocada para a pilha, porque, para certas soluções, as rotinas são altamente recursivas.

Quando executar com New York como origem e Los Angeles como destino, a solução será

New York para Chicago para Denver para Los Angeles
A distância é 3000.

A Figura 23.5 mostra o percurso da pesquisa.

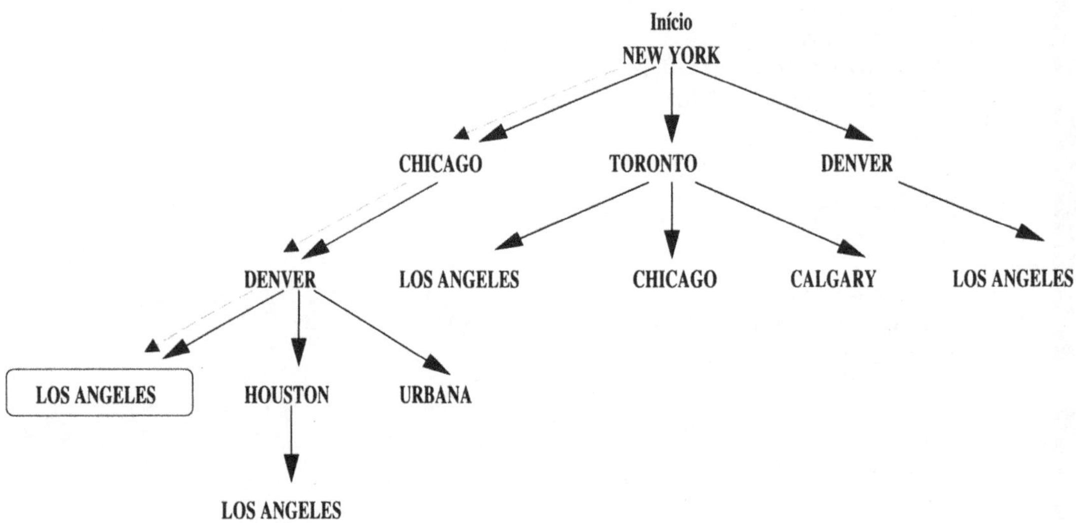

Figura 23.5 O percurso de profundidade primeiro para uma solução.

Se você se dirigir à Figura 23.5, verá que essa é certamente a primeira solução que seria encontrada por uma pesquisa de profundidade primeiro. Não há a solução ótima — que é New York para Denver para Los Angeles, com uma distância de 2600 milhas —, mas não é tão ruim.

Uma Análise da Pesquisa de Profundidade Primeiro

Como você pode observar, a abordagem profundidade primeiro encontrou uma solução razoavelmente boa. Além disso, em relação a esse problema específico, a pesquisa encontrou uma solução na sua primeira tentativa, sem nenhum retorno — isso é muito bom. Mas ela teria de passar por quase todos os nós para chegar à solução ótima — isso não é tão bom.

Note que o desempenho das pesquisas de profundidade primeiro pode ser muito pobre quando um ramo particularmente longo, sem nenhuma solução no final, é explorado. Nesse caso, uma pesquisa de profundidade primeiro desperdiça um tempo considerável, não apenas explorando essa cadeia como também retornando para atingir a meta.

A Pesquisa de Extensão Primeiro

O oposto da pesquisa de profundidade primeiro é a *pesquisa de extensão primeiro*. Nesse método, cada nó pertencente ao mesmo nível é verificado antes que a pesquisa prossiga no próximo nível mais profundo. Esse método de transversalizar é mostrado aqui com C como meta:

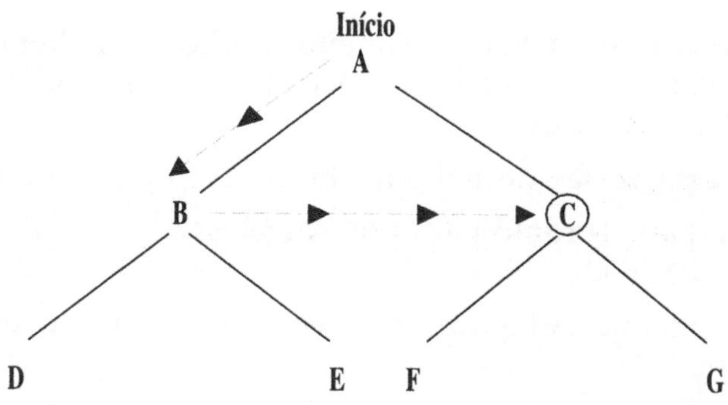

Como você pode ver, os nós A, B e C são visitados. Como a pesquisa de profundidade primeiro, uma pesquisa de extensão primeiro garante uma solução, se existe alguma, porque eventualmente ela se degenera em uma pesquisa exaustiva.

Para fazer o programa que procura rotas executar uma pesquisa de extensão primeiro, é necessário apenas alterar a função **isflight()**, como mostrado aqui:

```
void isflight(char *from, char *to)
{
  int d, dist;
  char anywhere[20];

  while(dist=find(from, anywhere)) {
    /* modificação para extensão primeiro */
    if(d=match(anywhere, to)) {
      push(from, to, dist);
      push(anywhere, to, d);
```

```
        return;
      }
    }
    /* tenta outra conexão */
    if(dist=find(from, anywhere)) {
      push(from, to, dist);
      isflight(anywhere, to);
    }
    else if(tos>0) {
      pop(from, to, &dist);
      isflight(from, to);
    }
  }
```

Como você pode observar, apenas a primeira condição foi alterada. Agora, todas as cidades que se conectam à cidade de partida são verificadas para ver se elas se conectam à cidade de destino.

Substitua essa versão de **isflight()** no programa e execute-o. A solução é

New York para Toronto para Los Angeles
A distância é 2600.

A solução é ótima. A Figura 23.6 mostra o percurso de extensão primeiro até a solução.

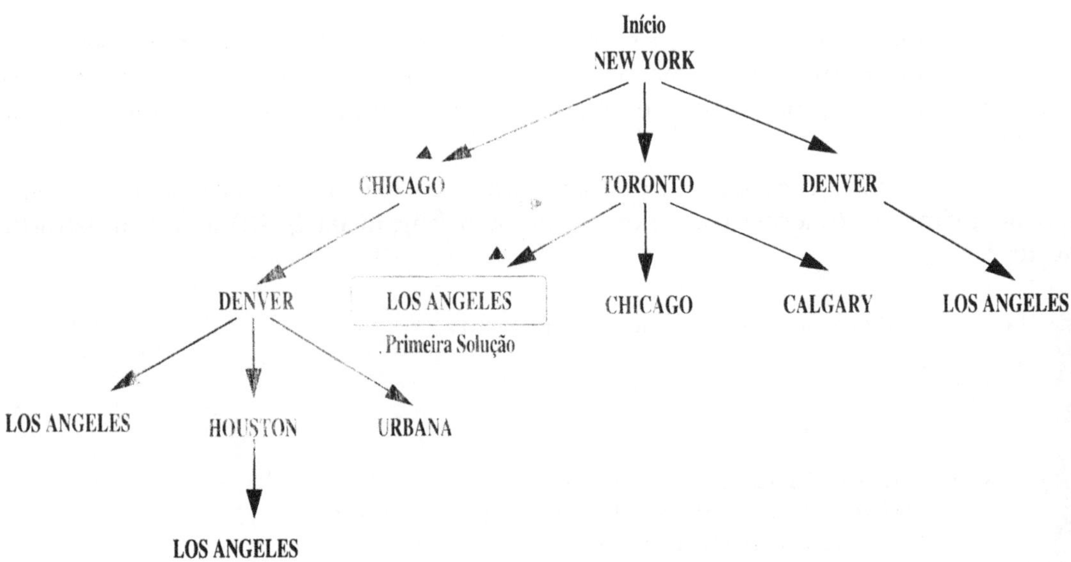

Figura 23.6 O percurso de extensão primeiro para uma solução.

Uma Análise da Pesquisa de Extensão Primeiro

Nesse exemplo, a pesquisa de extensão primeiro foi muito bem-sucedida, encontrando a primeira solução sem retornar, e o seu resultado foi a solução ótima. As três primeiras soluções que seriam encontradas são as três melhores rotas que existem. Porém, lembre-se de que esse resultado não se generaliza a outras situações, porque o percurso depende da organização física da informação e de como ela é armazenada no computador. O exemplo ilustra bem como as pesquisas de profundidade primeiro e de extensão primeiro diferem radicalmente.

Uma desvantagem da pesquisa por extensão primeiro torna-se evidente quando a meta está vários níveis abaixo. Nesse caso, uma pesquisa por extensão primeiro faz um esforço substancial para encontrar a meta. Em geral, a escolha entre uma pesquisa por profundidade primeiro ou por extensão primeiro é feita por meio de uma suposição da posição mais provável da meta.

Adicionando Heurísticas

Você provavelmente deve ter imaginado que as rotinas de pesquisa de profundidade primeiro e por extensão primeiro são cegas. Elas são métodos de procura de uma solução que se baseiam exclusivamente na movimentação de uma meta a outra sem nenhuma hipótese estudada pelo computador. Isso pode ser bom em certas situações controladas, onde se sabe que um método é melhor que outro. Porém, um programa de intelegência artificial generalizado precisa de um procedimento de pesquisa que tenha uma média superior a essas duas técnicas. A única maneira de conseguir essa pesquisa é adicionando heurísticas.

Lembre-se de que heurísticas são simplesmente regras que qualificam a possibilidade de uma pesquisa estar prosseguindo na direção correta. Por exemplo, imagine que você está perdido na selva e precisa de ajuda. A selva é tão densa que não se pode ver nada à frente e as árvores são altas demais para subir e dar uma olhada em volta. Porém, você sabe que rios, fontes e lagos são muito prováveis em vales; que animais freqüentemente fazem caminhos até seus bebedouros; que quando você está perto da água é possível percebê-la; e que se pode ouvir água corrente. Então, você começa movendo-se morro abaixo, porque é improvável que a água esteja morro acima. Logo você cruza com um rastro de veado que também está indo morro abaixo. Sabendo que isso pode levar à água, você segue o rastro. Começa, então, a escutar uma leve corrente à sua esquerda. Sabendo que isso pode ser água, cautelosamente se move naquela direção. Quando você se move, começa a detectar uma maior umidade do ar; você pode sentir a água. Finalmente, você encontra uma fonte e tem a sua água. Como você pode observar, informação de heurística, embora não seja precisa nem segura, aumenta as chances de que um método de pesquisa encontre uma meta rapidamente, otimamente, ou ambos. Resumindo, ela aumenta as chances em favor de um rápido sucesso.

Você pode pensar que informação de heurística pode facilmente ser incluída em programas designados para aplicações específicas, mas que é impossível criar pesquisas com heurísticas generalizadas. Você verá mais adiante que isso não é verdade.

Na maioria das vezes, os métodos heurísticos de pesquisa são baseados na maximização ou minimização de algum aspecto do problema. As duas abordagens que veremos utilizam heurísticas opostas e levam a resultados diferentes. Ambas as pesquisas serão baseadas na pesquisa de profundidade primeiro.

A Pesquisa da Escalada da Montanha

No problema do vôo de New York a Los Angeles, há duas variáveis possíveis que um passageiro pode querer minimizar. A primeira é o número de escalas que deve ser feito. A segunda é a extensão da rota. A rota mais curta não implica necessariamente o mínimo de escalas. Um algoritmo de pesquisa que tente encontrar, como primeira solução, uma rota que minimiza o número de conexões utiliza uma heurística de que, quanto maior a distância do vôo, maior a probabilidade de o viajante estar mais perto do destino; portanto, o número de escalas é minimizado.

Na linguagem da inteligência artificial, isto é chamado de *escalada da montanha*. O algoritmo da escalada da montanha escolhe como próximo passo o nó que parece colocá-lo mais perto da meta (isso é, o mais longe possível da posição atual). Seu nome é obtido da analogia com um excursionista perdido na escuridão, a meio caminho de uma montanha. Assumindo que o seu acampamento está no topo da montanha, mesmo na escuridão o excursionista sabe que cada passo para cima é um passo na direção correta.

Trabalhando apenas com a informação contida no banco de dados das escalas dos vôos, para se incorporar a heurística da escalada da montanha no programa de rotas, deve-se escolher o vôo da escala que está o mais distante possível da posição atual na esperança de chegar o mais perto do destino. Para fazer isso, modifique a rotina **find()** como mostrado aqui:

```
/* Dado from, encontre o mais distante "anywhere". */
find(char *from, char *anywhere)
{
  int pos, dist;

  pos=dist = 0;
  find_pos = 0;

  while(find_pos<f_pos) {
    if(!strcmp(flight[find_pos].from, from) &&
      !flight[find_pos].skip) {
        if(flight[find_pos].distance>dist) {
        pos = find_pos;
        dist = flight[find_pos].distance;
      }
    }
    find_pos++;
  }
  if(pos) {
    strcpy(anywhere, flight[pos].to)
    flight[pos].skip = 1;
    return flight[pos].distance;
  }
  return 0;
}
```

A rotina **find()** faz agora uma pesquisa no banco de dados inteiro, procurando a escala que está mais distante da cidade de partida.

O programa completo da escalada da montanha é mostrado aqui. Digite agora este programa no seu computador:

```
/* Escalada da montanha */
#include <stdio.h>
#include <string.h>

#define MAX 100

/* estrutura do banco de dados sobre os vôos */
struct FL {
  char from[20]; /* de */
  char to[20]; /* para */
  int distance;
  char skip; /* usado no retorno */
};
```

```
struct FL flight[MAX]; /* matriz de estruturas do bd */

int f_pos=0; /* número de entradas do bd dos vôos */
int find_pos=0; /* índice de pesquisa no bd dos vôos */

int tos=0; /* topo da pilha */
struct stack {
  char from[20];
  char to[20];
  int dist;
};

struct stack bt_stack[MAX];  /* pilha de retorno */

void setup(void); void route(char *to);
void assert_flight(char *from, char *to, int dist);
void push(char *from, char *to, int dist);
void pop(char *from, char *to, int *dist);
void isflight(char *from, char *to);
int find(char *from, char *anywhere);
int match(char *from, char *to);

void main(void)
{
  char from[20], to[20];

  setup();

  printf("De? ");
  gets(from);
  printf("Para? ");
  gets(to);

  isflight(from, to);
  route(to);
}

/* Inicializa o banco de dados de vôos. */
void setup(void)
{
  assert_flight("New York", "Chicago", 1000);
  assert_flight("Chicago", "Denver", 1000);
  assert_flight("New York", "Toronto",800);
  assert_flight("New York", "Denver", 1900);
  assert_flight("Toronto", "Calgary", 1500);
```

```
  assert_flight("Toronto", "Los Angeles", 1800);
  assert_flight("Toronto", "Chicago", 500);
  assert_flight("Denver", "Urbana", 1000);
  assert_flight("Denver", "Houston", 1500);
  assert_flight("Houston", "Los Angeles", 1500);
  assert_flight("Denver", "Los Angeles", 1000);
}

/* Coloca os fatos no banco de dados. */
void assert_flight(char *from, char *to, int dist)
{

  if(f_pos<MAX) {
    strcpy(flight[f_pos].from, from);
    strcpy(flight[f_pos].to, to);
    flight[f_pos].distance = dist;
    flight[f_pos].skip = 0;
    f_pos++;
  }
  else printf("Banco de dados de vôos cheio.\n");
}

/* Mostra a rota e a distância total. */
void route(char *to)
{
  int dist, t;

  dist = 0;
  t = 0;
  while(t<tos) {
    printf("%s para ", bt_stack[t].from);
    dist += bt_stack[t].dist;
    t++;
  }
  printf("%s\n", to);
  printf("A distância é: %d.\n", dist);
}

/* Se há o vôo entre from e to, então devolve a distância do
   vôo; caso contrário, devolve 0. */
match(char *from, char *to)
{
  register int t;

  for(t=f_pos-1; t>-1; t--);
```

```
      if(!strcmp(flight[t].from, from) &&
        !strcmp(flight[t].to, to)) return flight[t].distance;
  return 0;          /* não encontrou */
}

/* Dado from, encontre o mais distante "anywhere". */
find(char *from, char *anywhere)
{
  int pos, dist;

  pos=dist = 0;
  find_pos = 0;

  while(find_pos<f_pos) {
    if(!strcmp(flight[find_pos].from, from) &&
      !flight[find_pos].skip) {
        if(flight[find_pos].distance>dist) {
          pos = find_pos;
          dist = flight[find_pos].distance;
      }
    }
    find_pos++;
  }
  if(pos) {
    strcpy(anywhere, flight[pos].to;
    flight[pos].skip = 1;
    return flight[pos].distance;
  }
  return 0;
}

/* Determina se há uma rota entre from e to. */
void isflight(char *from, char *to)
{
  int d, dist;
  char anywhere[20];

  if(d=match(from, to)) {
    /* é a meta */
    push(from, to, d);
    return;
  }

  /* tenta outra conexão */
  if(dist=find(from, anywhere)) {
```

```
      push(from, to, dist);
      isflight(anywhere, to);
    }
    else if(tos>0) {
      pop(from, to, &dist);
      isflight(from, to);
    }
  }

/* Rotinas de pilha */
void push(char *from, char *to, int dist)
{
  if(tos<MAX) {
    strcpy(bt_stack[tos].from, from);
    strcpy(bt_stack[tos].to, to);
    bt_stack[tos].dist= dist;
    tos++;
  }
  else printf("Pilha cheia.\n");
}

void pop(char *from, char *to, int *dist)
{
  if(tos>0) {
    tos--;
    strcpy(from, bt_stack[tos].from);
    strcpy(to, bt_stack[tos].to);
    *dist = bt_stack[tos].dist;
  }
  else printf("Pilha vazia.\n");
}
```

Após a execução do programa, a solução é

New York para Denver para Los Angeles
A distância é 2900.

Isso é muito bom! A rota contém o número mínimo de paradas (apenas uma) e está realmente bem perto da rota mais curta. Além disso, o programa atingiu a solução sem desperdício de tempo ou esforço devido a retornos extensivos.

Porém, se a escala de Denver a Los Angeles não existisse, a solução não seria tão boa. O caminho percorrido seria New York para Denver para Houston para Los Angeles — uma distância de 4900 milhas! Essa solução escalou um "falso pico". Como pode ser facilmente observado, a rota a Houston não nos deixa mais perto da meta, que é Los Angeles. A Figura 23.7 mostra a primeira solução e também o percurso do falso pico.

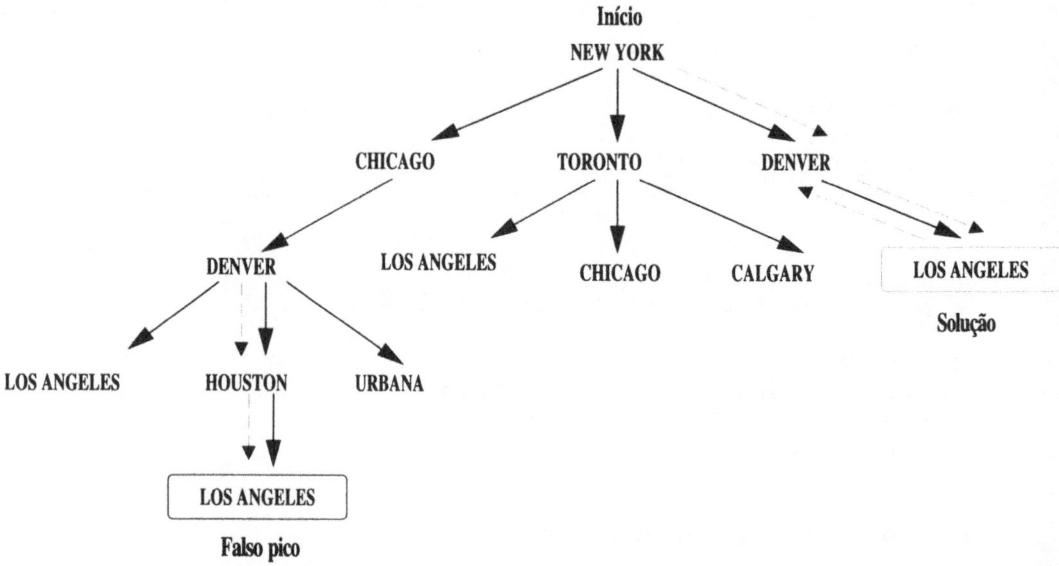

Figura 23.7 O percurso de escalada da montanha a uma solução e a um falso pico.

Análise da Escalada da Montanha

A escalada da montanha fornece resultados razoavelmente bons em muitas circunstâncias, porque ela tende a reduzir o número de nós que precisa ser visitado antes que seja alcançada uma solução. No entanto, ela sofre de três deficiências. Primeiro, há o problema dos falsos picos, como foi visto na segunda solução do exemplo. Nesse caso, tornam-se necessários extensos retornos para encontrar a solução. O segundo problema acontece quando se atinge um planalto, uma situação em que todos os passos seguintes parecem igualmente bons (ou ruins). Nesse caso, a escalada da montanha não é melhor do que a pesquisa de profundidade primeiro. O último problema é o de uma colina. Nesse caso, a escalada da montanha tem um péssimo desempenho, porque o algoritmo faz com que a colina seja atravessada diversas vezes quando ocorre retorno.

Apesar desses problemas potenciais, a escalada da montanha geralmente leva a soluções mais próximas da solução ótima do que qualquer um dos métodos que não utilizam heurística.

A Pesquisa por Menor Esforço

O oposto da pesquisa por escalada da montanha é a *pesquisa por menor esforço*. Essa estratégia é similar a estar no meio de uma grande ladeira usando patins de rodas; tem-se a exata sensação de que é muito mais fácil descer do que subir! Em outras palavras, uma pesquisa por menor esforço toma o caminho de menor resistência.

Aplicar a pesquisa por menor esforço ao problema dos vôos implica que o vôo de conexão mais curto é tomado em todos os casos, de forma que a rota encontrada tem uma boa chance de cobrir a menor distância. Ao contrário da escalada da montanha, que minimizava o número de escalas, uma pesquisa por menor esforço minimiza a distância entre a origem e o destino.

Para utilizar uma pesquisa por menor esforço, deve-se alterar **find()**, novamente como mostrado aqui:

```
/* Encontra o "anywhere" mais próximo. */
find(char *from, char *anywhere)
{
  int pos, dist;

  pos = 0;
  dist = 32000; /* maior que a maior rota */
  find_pos = 0;

  while(find_pos<f_pos) {
    if(!strcmp(flight[find_pos].from, from) &&
      !flight[find_pos].skip) {
        if(flight[find_pos].distance<dist) {
        pos = find_pos;
        dist = flight[find_pos].distance;
      }
    }
    find_pos++;
  }
  if(pos) {
    strcpy(anywhere, flight[pos].to);
    flight[pos].skip = 1;
    return flight[pos].distance;
  }
  return 0;
}
```

Utilizando essa versão de **find()**, a solução encontrada é

New York para Toronto para Los Angeles
A distância é 2600.

Como você pode observar, a pesquisa realmente encontrou a rota mais curta. A Figura 23.8 mostra o percurso de menor esforço até a meta.

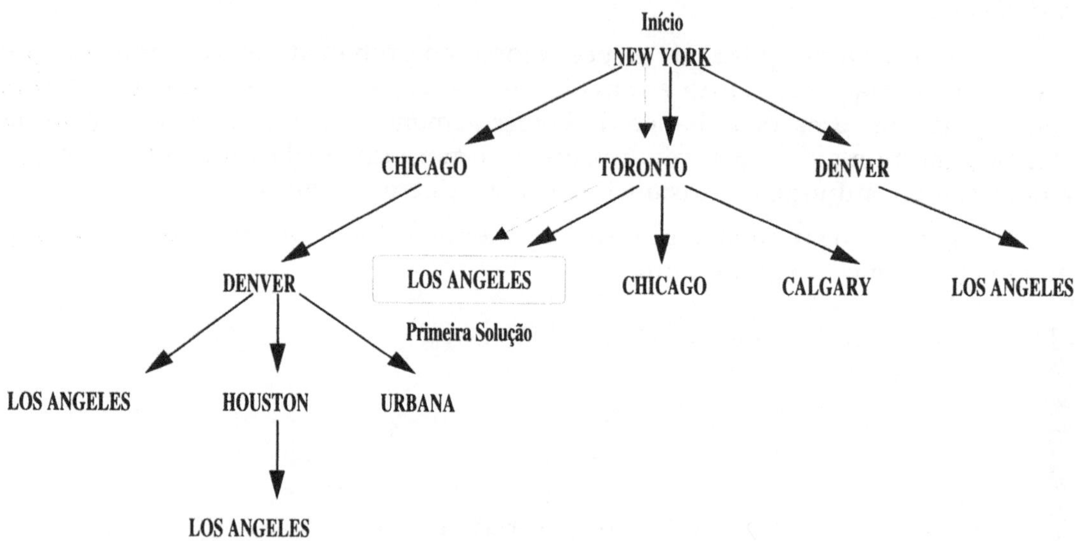

Figura 23.8 O percurso de menor esforço para uma solução.

Análise da Pesquisa por Menor Esforço

A pesquisa por menor esforço e a escalada da montanha têm as mesmas vantagens e desvantagens, porém inversas. Podem ocorrer vales falsos, baixadas e desfiladeiros, mas a pesquisa por menor esforço normalmente opera razoavelmente bem. No entanto, não se deve assumir que, apenas porque a pesquisa por menor esforço obteve melhor resultado do que a escalada da montanha nesse problema, ela seja melhor. Tudo o que se pode dizer é que, no caso médio, a pesquisa por menor esforço tem melhor desempenho do que uma pesquisa cega.

Escolhendo uma Técnica de Pesquisa

Como foi visto, as técnicas heurísticas, em média, operam melhor do que uma pesquisa cega. Porém, nem sempre é possível usar uma pesquisa heurística porque pode não haver informação suficiente para qualificar a probabilidade de o próximo passo estar no caminho para a meta. Portanto, as regras para escolher um método de pesquisa são separadas em duas categorias: uma para os problemas que podem utilizar uma pesquisa heurística e uma para aqueles que não podem.

Se você não pode aplicar heurística a um problema, a pesquisa por profundidade primeiro é normalmente a melhor abordagem. A única exceção advém de quando se sabe algo que indica que uma pesquisa por extensão primeiro será melhor.

A escolha entre a escalada da montanha e a pesquisa por menor esforço baseia-se em decidir que condição deve ser minimizada ou maximizada. Em geral, a escalada da montanha produz uma solução com o mínimo de nós visitados, mas a pesquisa por menor esforço encontra um percurso que requer o menor empenho.

Se você procura uma solução quase ótima, mas não pode aplicar uma pesquisa exaustiva pelas razões já expostas, um método efetivo é aplicar cada uma das quatro pesquisas e utilizar a melhor solução. Uma vez que todas as pesquisas operam de formas substancialmente diferentes, uma deve produzir um resultado melhor que as outras.

Encontrando Múltiplas Soluções

Algumas vezes é valioso encontrar diversas soluções para o mesmo problema. Isso não é o mesmo que encontrar todas as soluções como em uma pesquisa exaustiva. Por exemplo, pense no projeto da casa dos seus sonhos. Você precisa esboçar diversas plantas baixas para ajudá-lo a decidir o melhor projeto, mas você não pode esboçar todas as plantas possíveis. Em resumo, soluções múltiplas podem ajudá-lo a ver muitas maneiras diferentes de alcançar uma solução antes de implementá-la.

Existem diversas maneiras de gerar mais de uma solução, mas apenas duas são examinadas aqui. A primeira é a remoção de percurso e a segunda, a remoção de nó. Como seus nomes indicam, para gerar mais de uma solução, sem redundância, é necessário que as soluções já encontradas sejam removidas do sistema. Lembre-se de que esses métodos não tentam (nem podem ser usados para) encontrar todas as soluções. Encontrar todas as soluções é um problema diferente que normalmente não é tentado, porque implica uma pesquisa exaustiva.

Remoção de Percurso

O método de *remoção de percurso* para gerar mais de uma solução remove todos os nós que formam uma solução atual do banco de dados e, então, tenta encontrar outra solução. Em resumo, a remoção de percurso corta galhos da árvore.

Para encontrar múltiplas soluções, utilizando remoção de percurso, é necessário apenas alterar **main()** na pesquisa de profundidade primeiro, como mostrado aqui:

```
void main(void)
{
  char from[20], to[20];

  setup();

  printf("De? ");
  gets(from);
  printf("Para? ");
  gets(to);
  do {
    isflight(from, to);
    route(to);
    tos = 0; /* reinicializa a pilha de retorno */
  } while(getche()!='q');
}
```

Qualquer conexão que faça parte de uma solução terá seu campo **skip** marcado. Conseqüentemente, essa escala não pode mais ser encontrada por **find()** e todas as escalas em uma solução são removidas. É necessário apenas zerar **tos**, o que, efetivamente, limpa a pilha de retorno.

O método de remoção de percurso encontra as seguintes soluções:

New York para Chicago para Denver para Los Angeles
A distância é 3000.

New York para Toronto para Los Angeles
A distância é 2600.

New York para Denver para Los Angeles
A distância é 2900.

A pesquisa encontrou as três melhores soluções. Porém, esse resultado não pode ser generalizado, porque ele é baseado na forma em que os dados são colocados no banco de dados e a situação real sob estudo.

Remoção de Nó

A segunda maneira de forçar a produção de soluções adicionais, a *remoção do nó*, simplesmente remove o último nó do percurso solução atual e tenta novamente. Para fazer isso, a função **main()** deve retirar o último nó da pilha de retorno e removê-lo do banco de dados, utilizando uma nova função chamada **retract()**. Além disso, todos os campos **skip** devem ser zerados, utilizando-se **clearmarkers()**, e deve-se limpar a pilha de retorno. As funções **main()**, **clearmarkers()** e **retract()** são mostradas a seguir:

```
void main(void)
{
  char from[20], to[20], c1[20], c2[20];
  int d;

  setup();

  printf("De? ");
  gets(from);
  printf("Para? ");
  gets(to);
  do {
    isflight(from, to);
    route(to);
    clearmarkers(); /* reinicializa o banco de dados */
    if(tos>0) pop(c1, c2, &d);
    retract(c1, c2); /* remove o último nó do banco de dados */
    tos = 0; /* reinicializa a pilha de retorno */
  } while(getche()!='q');
}

/* Reinicializa o campo "skip" - isto é, reativa todos os nós, */
void clearmarkers()
{
  int t;

  for(t=0; t<f_pos; ++t) flight[t].skip = 0;
}

/* Remove uma entrada do banco de dados. */
void retract(char *from, char *to)

{
  int t;
```

```
    for(t=0; t<f_pos; t++)
      if(!strcmp(flight[t].from, from) &&
        !strcmp(flight[t].to, to)) {
          strcpy(flight[t].from, "");
          return;
      }
}
```

Como você pode observar, para retirar uma cidade, simplesmente utiliza-se uma string de comprimento zero para o nome da cidade. Para sua comodidade, o programa de remoção de nó completo é mostrado aqui:

```
/* Profundidade primeiro com multiplas soluções usando
   remoção de nó */
#include <stdio.h>
#include <string.h>
#include <conio.h>

#define MAX 100

/* estrutura do banco de dados sobre os vôos */
struct FL {
  char from[20]; /* de */
  char to[20]; /* para */
  int distance;
  char skip; /* usado no retorno */
};

struct FL flight[MAX]; /* matriz de estruturas do bd */

int f_pos=0; /* número de entradas do bd dos vôos */
int find_pos=0; /* índice de pesquisa no bd dos vôos */

int tos=0; /* topo da pilha */
struct stack {
  char from[20];
  char to[20];
  int dist;
};
struct stack bt_stack[MAX];  /* pilha de retorno */

void retract(char *from, char *to);
void clearmarkers(void);
```

```
void setup(void); route(char *to);
void assert_flight(char *from, char *to, int dist);
void push(char *from, char *to, int dist);
void pop(char *from, char *to, int *dist);
void isflight(char *from, char *to);
int find(char *from, char *anywhere);
int match(char *from, char *to);

void main(void)
{
  char from[20], to[20], c1[20], c2[20];
  int d;

  setup();

  printf("De? ");
  gets(from);
  printf("Para? ");
  gets(to);
  do {
    isflight(from, to);
    route(to);
    clearmarkers(); /* reinicializa o banco de dados */
    if(tos>0) pop(c1, c2, &d);
    retract(c1, c2); /* remove o último nó do banco de dados */
    tos = 0; /* reinicializa a pilha de retorno */
  } while(getche()!='q');
}

/* Inicializa o banco de dados de vôos. */
void setup(void)
{
  assert_flight("New York", "Chicago", 1000);
  assert_flight("Chicago", "Denver", 1000);
  assert_flight("New York", "Toronto",800);
  assert_flight("New York", "Denver", 1900);
  assert_flight("Toronto", "Calgary", 1500);
  assert_flight("Toronto", "Los Angeles", 1800);
  assert_flight("Toronto", "Chicago", 500);
  assert_flight("Denver", "Urbana", 1000);
  assert_flight("Denver", "Houston", 1500);
  assert_flight("Houston", "Los Angeles", 1500);
  assert_flight("Denver", "Los Angeles", 1000);
}
```

```
/* Coloca os fatos no banco de dados. */
void assert_flight(char *from, char *to, int dist)
{
  if(f_pos<MAX) {
    strcpy(flight[f_pos].from, from);
    strcpy(flight[f_pos].to, to);
    flight[f_pos].distance = dist;
    flight[f_pos].skip = 0;
    f_pos++;
  }
  else printf("Banco de dados de vôos cheio.\n");
}

/* Reinicializa o campo "skip" - isto é, reativa todos os nós. */
void clearmarkers()
{
  int t;

  for(t=0; t<f_pos; ++t) flight[t].skip = 0;
}

/* Remove uma entrada do banco de dados. */
void retract(char *from, char *to)
{
  int t;

  for(t=0; t<f_pos; t++)
    if(!strcmp(flight[t].from, from) &&
      !strcmp(flight[t].to, to)) {
          strcpy(flight[t].from,"");
          return;
    }
}

/* Mostra a rota e a distância total. */
void route(char *to)
{
  int dist, t;

  dist = 0;
  t = 0;
  while(t<tos) {
    printf("%s para ", bt_stack[t].from);
    dist += bt_stack[t].dist;
```

```
    t++;
  }
  printf("%s\n", to);
  printf("A distância é: %d.\n", dist);
}

/* Dado from, encontre anywhere. */
find(char *from, char *anywhere)
{
  find_pos = 0;
  while(find_pos<f_pos) {
    if(!strcmp(flight[find_pos].from, from) &&
     !flight[find_pos].skip) {
      strcpy(anywhere, flight[find_pos].to);
      flight[find_pos].skip = 1;
      return flight[find_pos].distance;
     }
    find_pos++;
  }
  return 0;
}

/* Se há o vôo entre from e to, então devolve a distância do
   vôo; caso contrário, devolve 0. */
match(char *from, char *to)
{
  register int t;

  for(t=f_pos-1; t>-1; t--)
    if(!strcmp(flight[t].from, from) &&
      !strcmp(flight[t].to, to)) return flight[t].distance;

  return 0; /* não encontrou */
}

/* Determina se há uma rota entre from e to. */
void isflight(char *from, char *to)
{
  int d, dist;
  char anywhere[20];

  if(d=match(from, to)) {
    push(from, to, d);/* distance */
    return;
  }
```

```
      if(dist=find(from, anywhere)) {
        push(from, to, dist);
      isflight(anywhere, to);
    }
    else if(tos>0) {
        pop(from, to, &dist);
        isflight(from, to);
    }
}

/* Rotinas de pilha */
void push(char *from, char *to, int dist)
{
  if(tos<MAX) {
    strcpy(bt_stack[tos].from, from);
    strcpy(bt_stack[tos].to, to);
    bt_stack[tos].dist= dist;
    tos++;
  }
  else printf("Pilha cheia.\n");
}

void pop(char *from, char *to, int *dist)
{
  if(tos>0) {
  tos--;
    strcpy(from, bt_stack[tos].from);
    strcpy(to, bt_stack[tos].to);
    *dist = bt_stack[tos].dist;
  }
  else printf("Pilha vazia.\n");
}
```

Utilizando esse método, são produzidas as seguintes soluções:

New York para Chicago para Denver para Los Angeles
A distância é 3000.

New York para Chicago para Denver para Houston para Los Angeles
A distância é 5000.

New York para Toronto para Los Angeles
A distância é 2600.

Nesse caso, a segunda solução é a pior rota possível, mas a solução ótima ainda foi encontrada. Porém, lembre-se de que não se pode generalizar esses resultados, porque eles são baseados tanto na organização física dos dados como na situação específica sob estudo.

Encontrando a Solução Ideal

Todas as técnicas anteriores de pesquisa estavam interessadas em encontrar uma solução. Como foi visto nas pesquisas com heurística, havia o esforço de aumentar a probabilidade de se encontrar uma boa (e, talvez, a ótima) solução. No entanto, há momentos em que apenas a solução ótima interessa. Nessa nossa discussão, "ótimo" significa simplesmente a melhor rota que pode ser encontrada, utilizando-se uma das diversas técnicas de geração de múltiplas soluções, e essa pode não ser realmente a melhor solução. (Encontrar a verdadeira solução ótima requer uma pesquisa exaustiva, que exige um gasto de tempo proibitivo.)

Antes de deixar o já bem explorado exemplo dos vôos, considere um programa que encontra o melhor roteiro de viagem com a condição de que a distância deve ser minimizada. Emprega-se, nesse programa, o método de remoção de percurso para a geração de múltiplas soluções e utiliza-se a pesquisa por menor esforço para minimizar a distância.

A maneira de encontrar o menor roteiro é armazenar um solução apenas se ela tiver uma distância menor do que a anterior. Assim, quando não há mais soluções a gerar, resta a solução ótima.

Para que isso seja realizado, deve-se fazer uma mudança na função **route()** e criar uma pilha extra. A nova pilha contém a solução atual, e, no final, a solução ótima. A nova pilha é chamada de **solution** e a função **route()** modificada é mostrada aqui:

```
/* Encontra a menor distância. */
route(void)
{
  int dist, t;
  static int old_dist=32000;

  if(!tos) return 0; /* feito */
  t = 0;
  dist = 0;
  while(t<tos) {
    dist += bt_stack[t].dist;
```

```
    t++;
  }

  /* se menor, então ache nova solução */
  if(dist<old_dist && dist) {
    t = 0;
    old_dist = dist;
    stos = 0; /* limpa a rota antiga da pilha de posição */
    while(t<tos) {
      spush(bt_stack[t].from, bt_stack[t].to, bt_stack[t].dist);
      t++;
    }
  }
  return dist;
}
```

O programa completo é mostrado a seguir. Observe as modificações em **main()** e o acréscimo de **spush()**, que coloca os novos nós da solução na pilha de solução.

```
/* Solução ótima usando menor esforço com remoção de
   percurso. */
#include <stdio.h>
#include <string.h>

#define MAX 100

/* estrutura do banco de dados sobre os vôos */
struct FL {
  char from[20]; /* de */
  char to[20];   /* para */
  int distance;
  char skip; /* usado no retorno */
};

struct FL flight[MAX]; /* matriz de estruturas do bd */

int f_pos=0; /* número de entradas do bd dos vôos */
int find_pos=0; /* índice de pesquisa no bd dos vôos */

int tos=0;  /* topo da pilha */
int stos=0; /* topo da pilha de solução */
```

```
struct stack {
  char from[20];
  char to[20];
  int dist;
};

struct stack bt_stack[MAX];  /* pilha de retorno */
struct stack solution[MAX];  /* guarda soluções temporárias */

void setup(void);
int route(void);
void assert_flight(char *from, char *to, int dist);
void push(char *from, char *to, int dist);
void pop(char *from, char *to, int *dist);
void isflight(char *from, char *to);
void spush(char *from, char *to, int dist);
int find(char *from, char *anywhere);
int match(char *from, char *to);

void main(void)
{
  char from[20], to[20];
  int t, d;

  setup();

  printf("De? ");
  gets(from);
  printf("Para? ");
  gets(to);
  do {
    isflight(from, to);
    d = route();
    tos = 0; /* reinicializa a pilha de retorno */
  } while(d!=0); /* enquanto estiver encontrando soluções */

  t = 0;
  printf("A solução ótima é: \n");
  while(t<stos) {
    printf("%s para", solution[t].from);
    d += solution[t].dist;
    t++;
  }
  printf("%s\n", to);
  printf("A distância é %d.\n", d);
```

```
}
/* Inicializa o banco de dados de vôos. */
void setup(void)
{
  assert_flight("New York", "Chicago", 1000);
  assert_flight("Chicago", "Denver", 1000);
  assert_flight("New York", "Toronto",800);
  assert_flight("New York", "Denver", 1900);
  assert_flight("Toronto", "Calgary", 1500);
  assert_flight("Toronto", "Los Angeles", 1800);
  assert_flight("Toronto", "Chicago", 500);
  assert_flight("Denver", "Urbana", 1000);
  assert_flight("Denver", "Houston", 1500);
  assert_flight("Houston", "Los Angeles", 1500);
  assert_flight("Denver", "Los Angeles", 1000);
}

/* Coloca os fatos no banco de dados. */
void assert_flight(char *from, char *to, int dist)
{
  if(f_pos<MAX) {
    strcpy(flight[f_pos].from, from);
    strcpy(flight[f_pos].to, to);
    flight[f_pos].distance = dist;
    flight[f_pos].skip = 0;
    f_pos++;
  }
  else printf("Banco de dados de vôos cheio.\n");
}

/* Encontra a menor distância. */
route(void)
{
  int dist, t;
  static int old_dist = 32000;

  if(!tos) return 0; /* feito */
  t = 0;
  dist = 0;
  while(t<tos) {
    dist +=bt_stack[t].dist;
    t++;
  }
  /* se menor, então ache nova solução */
```

```
    if(dis<old_dist && dist) {
      t = 0;
      old_dist = dist;
      stos = 0; /* limpa a rota antiga da pilha de posição */
      while(t<tos) {
        spush(bt_stack[t].from, bt_stack[t].to, bt_stack[t].dist);
        t++;
      }
    }
    return dist;
  }

  /* Se há o vôo entre from e to, então devolve a distância do
     vôo; caso contrário, devolve 0. */
  match(char *from, char *to)
  {
    register int t;

    for(t=f_pos-1; t>-1; t--);
      if(!strcmp(flight[t].from, from) &&
        !strcmp(flight[t].to, to)) return flight[t].distance;

    return 0; /* não encontrou */
  }

  /* Dado from, encontra anywhere. */
  find(char *from, char *anywhere)
  {
    find_pos=0;
    while(find_pos<f_pos) {
      if(!strcmp(flight[find_pos].from, from) &&
       !flight[find_pos].skip) {
         strcpy(anywhere, flight[find_pos].to);
         flight[find_pos].skip = 1;
         return flight[find_pos].distance;
      }
      find_pos++;
    }
    return 0;
  }

  /* Determina se há uma rota entre from e to. */
  void isflight(char *from, char *to)
  {
    int d, dist;
```

```
  char anychere [20];

  if(d=match(from, to)) {
    push(from, to, d);  /*distância*/
    return;
  }

  if(dist=find(from, anywhere)) {

    push(from, to, dist);
    isflight(anywhere, to);
  }
  else if(tos>0) {
    pop(from, to, &dist);
    isflight(from, to);
  }
}

/* Rotinas de pilha */
void push(char *from, char *to, int dist)
{
  if(tos<MAX) {
    strcpy(bt_stack[tos].from, from);
    strcpy(bt_stack[tos].to, to);
    bt_stack[tos].dist= dist;
    tos++;
  }
  else printf("Pilha cheia.\n");
}

void pop(char *from, char *to, int *dist)
{
  if(tos>0) {
    tos--;
    strcpy(from, bt_stack[tos].from);
    strcpy(to, bt_stack[tos].to);
    *dist = bt_stack[tos].dist;
  }
  else printf("Pilha vazia.\n");
}

/* Pilha de solução */
void spush(char *from, char *to, int dist)
{
  if(stos<MAX) {
```

```
    strcpy(solution[stos].from, from);
    strcpy(solution[stos].to, to);
    solution[stos].dist = dist;
    stos++;
  }
  else printf("Pilha de menor distância cheia.\n");
}
```

No método anterior, todos os percursos são seguidos até a sua conclusão. Um método mais aperfeiçoado pararia de seguir o percurso assim que a extensão se igualasse ou excedesse o mínimo atual. Talvez você queira modificar o programa acrescentando essa melhoria.

De Volta às Chaves Perdidas

Para concluir este capítulo sobre solução de problemas, parece muito apropriado apresentar um programa em C que encontre as chaves do carro, perdidas como descrito no primeiro exemplo. O código que o acompanha emprega as mesmas técnicas utilizadas na solução do problema de encontrar uma rota entre duas cidades. Agora, você deve ter um conhecimento razoável de como utilizar C para resolver problemas, de forma que esse programa é apresentado sem maiores explicações.

```
/* Encontra as chaves usando uma pesquisa de profundidade
   primeiro.*/
#include <stdio.h>
#include <string.h>

#define MAX 100

/* Estrutura  do banco de dados das chaves */
struct FL {
  char from[20];
  char to[20];
  char skip;
};

struct FL keys[MAX]; /* matriz de estruturas do banco de dados *

int f_pos=0; /* número de cômodos na casa */
int find_pos=0; /* índice do bd de busca */
```

```
int tos=0; /* topo da pilha */
struct stack {
  char from[20];
  char to[20];
};
struct stack bt_stack[MAX];  /* pilha de retorno */

void setup(void), route(void);
void assert_keys(char *from, char *to);
void push(char *from, char *to);
void pop(char *from, char *to,);
void iskeys(char *from, char *to);
int find(char *from, char *anywhere);
int match(char *from, char *to);

void main(void)
{
  setup();
  iskeys("front_door", "keys");
  route();
}

/* Inicializa o banco de dados. */
void setup(void)
{
  assert_keys("front_door", "lr");
  assert_keys("lr", "banheiro");
  assert_keys("lr", "hall");
  assert_keys("hall", "bd1");
  assert_keys("hall", "bd2");
  assert_keys("hall", "mb");
  assert_keys("lr", "cozinha");
  assert_keys("cozinha", "keys");
}

/* Coloca os fatos no banco de dados. */
void assert_keys(char *from, char *to)
{
  if(f_pos<MAX) {
    strcpy(keys[f_pos].from, from);
    strcpy(keys[f_pos].to, to);
    keys[f_pos].skip = 0;
    f_pos++;
  }
  else printf("Banco de dados das chaves cheio.\n");
```

```
}
/* Mostra a rota das chaves. */
void route(void)
{
  int t;

  t = 0;
  while(t<tos) {
    printf("%s", bt_stack[t].from);
    t++;
    if(t<tos) printf(" para ");
  }
  printf("\n");
}

/* Verifica se há uma coincidência. */
match(char *from, char *to)
{
  register int t;

  for(t=f_pos-1; t>-1; t--);
    if(!strcmp(keys[t].from, from) &&
      !strcmp(keys[t].to, to)) return 1;

  return 0; /* não encontrou */
}

/* Dado from, encontre anywhere. */
find(char *from, char *anywhere)
{
  find_pos = 0;
  while(find_pos<f_pos) {
    if(!strcmp(keys[find_pos].from, from) &&
     !keys[find_pos].skip) {
       strcpy(anywhere, keys[find_pos].to);
       keys[find_pos].skip = 1;
       return 1;
    }
    find_pos++;
  }
  return 0;
}

/* Determina se há uma rota entre from e to. */
void iskeys(char *from, char *to)
```

```
{
  char anywhere[20];

  if(match(from, to)) {
    push(from, to); /* distância */
    return;
  }

  if(find(from, anywhere)) {
    push(from, to);
    iskeys(anywhere, to);
  }
  else if(tos>0) {
    pop(from, to);
    iskeys(from, to);
  }
}

/* Rotinas de pilha */
void push(char *from, char *to)
{
  if(tos<MAX) {
    strcpy(bt_stack[tos].from, from);
    strcpy(bt_stack[tos].to, to);
    tos++;
  }
  else printf("Pilha cheia.\n");
}

void pop(char *from, char *to)
{
  if(tos>0) {
    tos--;
    strcpy(from, bt_stack[tos].from);
    strcpy(to, bt_stack[tos].to);
  }
  else printf("Pilha vazia.\n");
}
```

24

Construindo o Esqueleto de um Programa Windows 95

C é *a* linguagem de programação para Windows. Como tal, parece bastante apropriado incluir um exemplo de um programa Windows neste livro. No entanto, Windows é um ambiente muito grande e complexo de se programar. De fato, só a descrição do Windows exige quase 2.000 páginas de documentação! Embora não seja possível descrever todos os detalhes necessários para escrever uma aplicação Windows em um capítulo, é possível introduzir os elementos básicos comuns a todas as aplicações. Mais ainda, estes elementos básicos podem ser combinados em um esqueleto de uma aplicação Windows mínima que pode ser usado como os fundamentos de seus próprios programas Windows.

O Windows já teve diversas encarnações desde que foi lançado. No momento em que este texto estava sendo escrito para versão atual de Windows era o Windows 95. O material neste capítulo está ajustado especificamente a esta versão. No entanto, se você possui uma versão mais antiga ou mais nova, a maior parte da discussão será aplicável assim mesmo.

NOTA: Este capítulo foi adaptado do meu livro Programando em C e C++ com o Windows 95, *Makron Books, 1996. Se estiver interessado em aprender mais sobre a programação para Windows 95, você achará este livro especialmente útil. Você também achará útil a Osborne Windows Programming Series, volumes 1, 2 e 3, de Schildt, Pappas e Murray Berkeley, CA: Osborne/McGraw-Hill, 1994.*

Para começar, este capítulo apresenta a perspectiva da programação Windows 95.

A Perspectiva da Programação Windows 95

O objetivo do Windows 95 (e do Windows em geral) é o de permitir a uma pessoa que tenha uma familiaridade básica com o sistema sentar-se e executar virtualmente qualquer aplicação sem a necessidade de um treinamento prévio. Para atingir este objetivo, Windows apresenta uma interface de usuário consistente. Na teoria, se você sabe usar um programa Windows, sabe usar todos eles. Claro que na realidade a maioria dos programas úteis ainda exigirá algum treinamento para ser usada de forma efetiva, mas ao menos esta instrução pode ser reduzida ao *que* o programa *faz*, não a *como* o usuário *interage* com ele. De fato, uma grande parte do código de uma aplicação Windows existe apenas para suportar a interface de usuário.

Antes de continuar, deve ser dito que nem todo programa que execute sob Windows 95 deve necessariamente apresentar ao usuário uma interface estilo Windows. É possível escrever aplicações Windows que não tirem proveito dos elementos de interface de usuário do Windows. Para criar um programa estilo Windows, você deve fazer isto propositalmente. Somente aqueles programas escritos para tirar vantagem do Windows aparecerão como os programas Windows. Embora você possa substituir esta filosofia básica de projeto do Windows, é bom que tenha um bom motivo para tanto, porque os usuários do seu programa muito provavelmente serão perturbados por este fato. Em geral, qualquer aplicação que você esteja escrevendo para o Windows 95 deve utilizar a interface Windows normal e seguir as práticas de projeto padronizadas pelo Windows.

O Windows 95 é gráfico, o que significa que provê uma interface gráfica de usuário (GUI — Graphical User Interface). Embora o hardware gráfico e os modos de vídeo sejam bastante diversificados, muitas das diferenças são tratadas pelo Windows. Isto significa que, na maior parte, seu programa não precisa preocupar-se sobre que tipo de hardware para gráficos ou modo de vídeo está sendo usado. No entanto, por causa da orientação gráfica, você como programador tem responsabilidade adicional ao criar uma aplicação Windows.

Vamos dar uma olhada em algumas das funções mais importantes do Windows 95.

O Modelo da Mesa de Trabalho

Com poucas exceções, o ponto de vista de uma interface de usuário baseada em janelas é o de fornecer o equivalente a uma *mesa de trabalho* (*desktop*, em inglês) na tela. Sobre uma mesa você poderá encontrar diversos papéis, um sobre o outro, sendo que freqüentemente partes de páginas embaixo da primeira estão visíveis. O equivalente do desktop no Windows é a tela. O equivalente a pedaços de papel é representado pelas *janelas* na tela. Em uma mesa, você pode mover os pedaços de papel, trocar o papel que está em cima ou controlar o quanto dos demais papéis permanece visível. O Windows permite o mesmo tipo de operações sobre as suas janelas. Ao selecionar uma janela, você a torna *ativa*, o que significa que ela fica por cima de todas as demais janelas abertas. Você pode aumentar ou encolher uma janela, ou movê-la pela tela. Em resumo, o Windows permite que você controle a superfície da tela da maneira que você controla os itens em sua mesa.

O Mouse

Assim como as versões anteriores do Windows, o Windows 95 permite o uso do mouse para quase todas as operações de controle, seleção e desenho. De fato, dizer que ele *permite* o uso do mouse é uma afirmação errada. O fato é que a interface do Windows 95 foi *projetada para o mouse* — ela *permite* o uso do teclado! Embora seja possível a um programa aplicativo ignorar o mouse, ele estaria violando um dos princípios básicos do projeto do Windows.

Ícones e Mapas de Bits

O Windows 95 recomenda o uso de ícones e mapas de bits (imagens gráficas). A teoria por trás deste uso de ícones e mapas de bits é o velho ditado segundo o qual "uma imagem vale mais que mil palavras".

Um ícone é um pequeno símbolo que é usado para representar uma operação ou programa. Geralmente, a operação ou programa podem ser ativados selecionando o ícone. Um mapa de bits é usado freqüentemente para exibir informação de maneira rápida e simples para o usuário. No entanto, mapas de bits também podem ser usados como elementos de menu.

Menus, Barras de Ferramentas, Barras de Status e Caixas de Diálogo

À parte das janelas padrões, o Windows 95 também fornece diversas janelas de propósito especial. As mais comuns destas são o menu, a barra de ferramentas, a barra de status e a caixa de diálogo.

Um *menu* é, como seria de esperar, uma janela especial que contém somente um menu a partir do qual o usuário faz uma seleção. No entanto, em vez de ter de fornecer as suas próprias funções de seleção de itens do menu, você simplesmente cria um menu padrão usando funções de seleção de menu embutidas no Windows.

Uma *barra de ferramentas* é essencialmente um tipo especial de menu que exibe suas opções usando pequenas imagens gráficas (ícones). O usuário seleciona um objeto dando um clique na imagem desejada. Uma *barra de status* é uma barra localizada na parte inferior da janela que exibe informação relacionada com o estado da aplicação. Tanto as barras de ferramentas quanto as barras de status são inovações no Windows 95. Elas não existiam nas versões anteriores de Windows como elementos padrões.

Uma *caixa de diálogo* é uma janela especial que permite uma interação mais complexa com a aplicação do que a permitida em um menu ou barra de ferramentas. Por exemplo, sua aplicação pode usar uma caixa de diálogo para solicitar um nome de arquivo. Com poucas exceções, as entradas que não vêm do menu são efetuadas via caixas de diálogo.

Como Windows 95 e Seu Programa Interagem

Quando você escreve um programa para muitos sistemas operacionais, é seu programa que inicia a interação com o sistema operacional. Por exemplo, em um programa DOS, é o programa que solicita coisas como entradas e saídas. Dito de maneira diferente, programas escritos na "maneira tradicional" chamam o sistema operacional. O sistema operacional não chama seu programa. No entanto, o Windows 95 geralmente funciona da maneira oposta. É o Windows 95 que chama seu programa. O processo funciona assim: seu programa espera até que lhe seja enviada uma *mensagem* pelo Windows. A mensagem é passada a seu programa mediante uma função especial que é chamada pelo Windows. Uma vez que a mensagem tiver sido recebida, espera-se que seu programa tome uma ação apropriada. Embora seu programa possa chamar uma ou mais funções da API do Windows 95 enquanto responde à mensagem, não deixa de ser o Windows 95 que inicia a atividade. Mais que qualquer outra coisa, é a interação baseada em mensagens com o Windows 95 que dita a forma geral de todos os programas Windows 95.

Há muitos tipos diferentes de mensagens que o Windows 95 pode enviar a seu programa. Por exemplo, cada vez que se dá um clique com o mouse sobre uma janela pertencente a seu programa, uma mensagem que recebeu o clique será enviada para seu programa. Outro tipo de mensagem é enviado cada vez que uma janela pertencente a seu programa precisa ser redesenhada. Ainda outra mensagem é enviada cada vez que o usuário pressiona uma tecla quando seu programa é o foco da entrada. Lembre-se bem deste fato: do ponto de vista do seu programa, as mensagens chegam de forma aleatória. Isto explica por que programas Windows 95 se assemelham a programas gerenciados por interrupções. Você não tem como saber qual será a próxima mensagem.

Um ponto final: mensagens enviadas para seu programa são armazenadas em uma *fila de mensagens* associada com seu programa. Portanto, nenhuma mensagem será perdida porque seu programa está ocupado processando outra mensagem. A mensagem simplesmente esperará na fila até que seu programa esteja pronto para ela.

Windows 95 Usa Multitarefa Preemptiva

Desde o começo, o Windows sempre foi um sistema operacional multitarefa. Isto significa que ele pode executar dois ou mais programas simultaneamente. O Windows 95 usa multitarefa preemptiva. Com este enfoque, cada programa ativo recebe uma fatia do tempo da CPU. Durante sua fatia de tempo é que cada aplicação de fato é executada. Quando a fatia de tempo da aplicação se esgota, a próxima aplicação começa a executar. (A aplicação executada anteriormente entra em um estado de suspensão, aguardando a sua próxima fatia de tempo.) Desta maneira, cada aplicação no sistema recebe uma parte do tempo da CPU. Embora o esqueleto de aplicação que desenvolveremos neste capítulo não lide com os aspectos de multitarefa do Windows 95, eles serão uma parte importante de qualquer aplicação que você criar.

NOTA: Versões mais antigas de Windows usam uma forma de multitarefa chamada de não-preemptiva. Com este enfoque, uma aplicação mantinha o controle da CPU até liberá-la explicitamente. Isto permitia que as aplicações monopolizassem a CPU e deixassem outros programas "de fora". A multitarefa preemptiva elimina este problema.

A API Win32: A API de Windows 95

Em geral, o ambiente Windows é acessado por meio de uma interface baseada em chamadas denominada *Application Program Interface* (API, ou Interface de Programas Aplicativos). A API consiste em algumas centenas de funções que seu programa chama à medida que for necessário. As funções da API provêm todos os recursos de sistema executados pelo Windows 95. Existe um subconjunto da API denominado Graphics Device Interface (GDI), que é a parte do Windows que provê suporte a gráficos independentemente dos dispositivos físicos. São as funções da GDI que tornam possível que um programa Windows execute em uma variedade de hardwares gráficos.

Os programas Windows 95 usam a API Win32. Na sua maior parte, Win32 é um superconjunto da API mais antiga do Windows 3.1 (Win16). De fato, na sua maior parte, as funções são chamadas pelo mesmo nome e são usadas da mesma maneira. No entanto, embora similar até em espírito e propósito, as duas APIs diferem porque Win32 suporta endereçamento de 32 bits, enquanto Win16 suporta somente o modelo de memória segmentada de 16 bits. Por causa desta diferença, muitas das funções mais antigas da API tiveram de ser expandidas de forma a aceitar argumentos de 32 bits e a retornar valores de 32 bits. Além disso, algumas poucas funções tiveram de ser alteradas para suportar a arquitetura de 32 bits. Também foram adicionadas algumas funções à API para suportar o novo enfoque da multitarefa, os novos elementos da interface de usuário e os demais recursos melhorados no Windows 95. Se você é novo na programação Windows, estas mudanças não o afetarão de maneira significativa. No entanto, se você estiver portando código do Windows 3.1 para o Windows 95, então precisará examinar com cuidado cada um dos argumentos que passar a cada função da API.

Como o Windows 95 suporta o endereçamento de 32 bits, faz sentido que os inteiros também sejam de 32 bits. Isto significa que os tipos **int** e **unsigned** têm 32 bits de comprimento, em vez de 16 bits, como é o caso no Windows 3.1. Se você deseja usar um inteiro de 16 bits, ele deve ser declarado como **short**. (Como você verá em breve, o Windows 95 fornece nomes portáteis definidos usando **typedef**.) Portanto, se você estiver portando código do ambiente de 16 bits, precisará verificar o uso dos inteiros porque eles serão expandidos de 16 para 32 bits, o que pode incorrer em efeitos colaterais indesejados.

Outro efeito do endereçamento de 32 bits é que os ponteiros não precisam mais ser declarados como **near** ou **far**. Qualquer ponteiro pode acessar qualquer parte da memória. No Windows 95, tanto **far** como **near** são definidos como nada. Isto significa que você pode manter **near** e **far** em seus programas quando os carregar para o Windows 95, mas eles não terão nenhum efeito.

Os Componentes de uma Janela

Antes de passar a aspectos específicos da programação Windows 95, alguns termos importantes precisam ser definidos. A Figura 24.1 exibe uma janela padrão com cada um dos seus elementos em destaque.

Todas as janelas têm uma borda que define os limites da janela; as bordas também são usadas quando uma janela muda de tamanho. No topo da janela encontramos diversos itens. No canto esquerdo encontramos o ícone do menu de sistema (também chamado de ícone da barra de título). Dando um clique sobre esta caixa, é exibido o menu de sistema. À direita do ícone do menu do sistema encontramos o título da janela. No canto direito encontramos as caixas de minimizar, maximizar e fechar. (Versões anteriores do Windows não tinham uma caixa de fechar. Esta é uma inovação do Windows 95.) A área cliente é parte da janela na qual ocorre a atividade específica de seu programa. A maioria das janelas também possui barras de deslocamento vertical e horizontal, usadas para mover a informação através da janela.

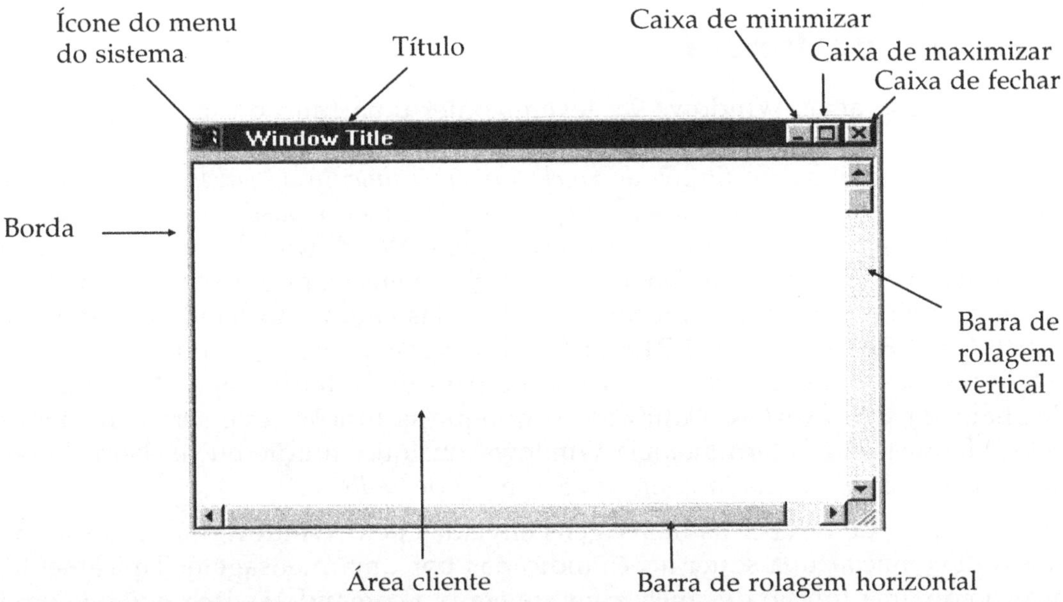

Figura 24.1 Os elementos de uma janela padrão.

Noções Básicas sobre Aplicações Windows 95

Antes de desenvolver o esqueleto de uma aplicação Windows 95, alguns conceitos básicos comuns a todos os programas Windows 95 precisam ser explicados.

WinMain()

Todos os programas Windows 95 iniciam a sua execução com uma chamada da função **WinMain()**. (Programas Windows não possuem uma função **main()**.) **WinMain()** tem algumas propriedades especiais que a diferenciam das demais funções em sua aplicação. Primeiramente, ela deve ser compilada usando a convenção de chamada **WINAPI**. (Você verá **APIENTRY** sendo usada também. Ambas significam a mesma coisa.) Normalmente, as funções de seu programa C usam a convenção de chamada de C. No entanto, é possível compilar uma função de forma a usar uma convenção de chamada diferente; Pascal é uma alternativa comum. Por várias razões técnicas, a convenção de chamada usada pelo Windows 95 para chamar **WinMain()** é **WINAPI**. O tipo de retorno de **WinMain()** deve ser **int**.

A Função de Janela

Todos os programas Windows 95 devem conter uma função especial que *não* é chamada por seu programa, mas é chamada pelo Windows 95. Esta função é geralmente chamada de *função de janela* ou *procedimento de janela*. A função de janela é chamada pelo Windows 95 quando ele precisa passar uma mensagem a seu programa. É por meio desta função que o Windows 95 se comunica com seu programa. A função de janela recebe uma mensagem em seus parâmetros. Todas as funções de janela devem ser declaradas como retornando o tipo **LRESULT CALLBACK**. O tipo **LRESULT** é um **typedef** que, no momento em que este livro está sendo escrito, é outro nome para um inteiro longo. A convenção de chamada **CALLBACK** é utilizada com aquelas funções que serão chamadas pelo Windows 95. Na terminologia Windows, qualquer função que é chamada pelo Windows é referenciada como uma função de *callback*.

Além de receber as mensagens enviadas pelo Windows 95, a função de janela deve iniciar quaisquer ações indicadas por uma mensagem. Tipicamente, o corpo de uma função de janela consiste em um comando **switch** que liga uma resposta específica com cada mensagem para a qual o programa possui uma resposta. Seu programa não precisa responder a cada mensagem enviada pelo Windows 95. As mensagens de que seu programa não trata, você pode deixar que sejam tratadas pelo próprio Windows 95. Como existem centenas de mensagens que o Windows 95 pode gerar, é comum que a maioria das mensagens seja tratada pelo Windows 95, e não pelo seu programa.

Todas as mensagens são números inteiros de 32 bits. Além disso, todas as mensagens estão ligadas com qualquer informação adicional necessária para a mensagem.

Classes de Janelas

Quando seu programa Windows 95 inicia a sua execução, precisará definir e registrar uma *classe de janela*. Ao registrar uma classe de janela, você está dizendo ao Windows 95 qual a forma e função da sua janela. No entanto, o ato de registrar uma classe de janela não cria nenhuma janela. Para criar realmente uma janela são necessários passos adicionais.

A Repetição de Mensagens

Como explicado antes, o Windows 95 se comunica com seu programa enviando-lhe mensagens. Todas as aplicações Windows 95 devem criar uma *repetição de mensagens* dentro de **WinMain()**. Esta repetição lê qualquer mensagem pendente da fila de mensagens e a despacha para que o Windows 95 a envie, como parâmetro, à função de janela. Este pode parecer um método muito complexo de passar mensagens, mas é, mesmo assim, a maneira pela qual todos os programas Windows devem funcionar. (Parte do motivo para este esquema é o de retornar o controle ao Windows 95 para que o scheduler possa alocar a CPU como convier, em vez de aguardar o fim da fatia de tempo da sua aplicação.)

Os Tipos de Dados Windows

Como você verá em breve, os programas Windows 95 não fazem uso intensivo dos tipos de dados padrão de C, tais como **int** ou **char** *. Em vez disso, todos os tipos de dados usados pelo Windows 95 foram convertidos em **typedef** dentro do arquivo WINDOWS.H e/ou outros arquivos relacionados. O arquivo WINDOWS.H é fornecido pelo seu compilador compatível com Windows e deve ser incluído em todos os programas Windows 95. Alguns dos tipos mais comuns são **HANDLE, HWND, BYTE, WORD, DWORD, UINT, LONG, BOOL, LPSTR** e **LPCSTR. HANDLE** é um inteiro de 32 bits usado como handle. Como você verá, existe uma variedade de tipos de handles, mas todos são do mesmo tamanho que o tipo **HANDLE**. Um *handle* é simplesmente um valor que identifica um recurso. Ainda, todos os tipos de handle começam com **H**. Por exemplo, **HWND** é um inteiro de 32 bits usado como handle de janela. **BYTE** é um inteiro de 8 bits sem sinal. **WORD** é um inteiro sem sinal de 16 bits. **DWORD** é um inteiro longo sem sinal. **UINT** é um inteiro sem sinal de 32 bits. **LONG** é outro nome para **long**. **BOOL** é um inteiro. Este tipo é usado para indicar valores que são ou verdadeiros ou falsos. **LPSTR** é um ponteiro para uma string e **LPCSTR** é um ponteiro **const** para uma string.

Além dos tipos básicos descritos, o Windows 95 define uma variedade de estruturas. As duas que são necessárias no programa esqueleto são **MSG** e **WNDCLASS**. A estrutura **MSG** contém uma mensagem do Windows 95, enquanto **WNDCLASS** é uma estrutura que define uma classe de janela. Estas estruturas serão discutidas mais adiante neste capítulo.

Um Esqueleto Windows 95

Agora que abordamos a informação básica necessária, está na hora de desenvolver uma aplicação Windows 95 mínima. Como citado, todos os programas Windows 95 possuem algumas coisas em comum. Esta seção desenvolve um esqueleto Windows 95 que fornece estes recursos necessários. No mundo da programação Windows, esqueletos de programa são usados com freqüência porque existe uma "tarifa de admissão" elevada ao criar um programa Windows. Ao contrário de programas DOS que você possa ter escrito, nos quais um programa mínimo tem umas 5 linhas, um programa mínimo Windows tem aproximadamente 50 linhas de comprimento.

Um programa Windows 95 mínimo contém duas funções: **WinMain()** e a função de janela. A função **WinMain()** deve executar os seguintes passos genéricos:

1. Definir uma classe de janela.
2. Registrar essa classe no Windows 95.
3. Criar uma janela dessa classe.
4. Exibir a janela.
5. Iniciar a execução da repetição de mensagens.

A janela de função deve responder a todas as mensagens relevantes. Como o programa esqueleto não faz nada além de exibir a janela, a única mensagem que precisa responder é aquela que indica ao programa que o usuário o está encerrando.

Antes de entrar em detalhes específicos, examine o programa seguinte, que é um esqueleto mínimo Windows 95. Ele cria uma janela padrão contendo um título. A janela também contém o menu de sistema e, portanto, é capaz de ser minimizada, maximizada, movida, redimensionada e fechada. Ela também contém as caixas padrões de minimizar, maximizar e fechar.

```
/* Um esqueleto mínimo Windows 95. */

#include <windows.h>

LRESULT CALLBACK WindowFunc(HWND, UINT, WPARAM, LPARAM);

char szWinName[] = "MinhaJan"; /* Nome da classe de janela */

int WINAPI WinMain(HINSTANCE hThisInst, HINSTANCE hPrevInst,
                   LPSTR lpszArgs, int nWinMode)
{
```

```
HWND hwnd;
MSG msg;
WNDCLASS wcl;

/* Define uma classe de janela. */
wcl.hInstance = hThisInst; /* handle desta instância */
wcl.lpszClassName = szWinName; /* nome da classe de janela */
wcl.lpfnWndProc = WindowFunc; /* função de janela */
wcl.style = 0; /* estilo padrão */

wcl.hIcon = LoadIcon(NULL, IDI_APPLICATION); /* estilo de
                                                  ícone */
wcl.hCursor = LoadCursor(NULL, IDC_ARROW); /* estilo de
                                                cursor */
wcl.lpszMenuName = NULL; /* sem menu */

wcl.cbClsExtra = 0; /* nenhuma informação */
wcl.cbWndExtra = 0; /* extra é necessária */

/* Faz o fundo da janela ser branco. */
wcl.hbrBackground = (HBRUSH) GetStockObject(WHITE_BRUSH);

/* Registra a classe de janela. */
if (!RegisterClass(&wcl)) return 0;

/* Agora que uma classe de janela foi registrada,
   pode ser criada uma janela. */
hwnd = CreateWindow(
  szWinName, /* nome da classe da janela */
  "Esqueleto Windows 95", /* título */
  WS_OVERLAPPEDWINDOW, /* estilo da janela - normal */
  CW_USEDEFAULT, /* coordenada X - deixe Windows decidir */
  CW_USEDEFAULT, /* coordenada Y - deixe Windows decidir */
  CW_USEDEFAULT, /* largura - deixe Windows decidir */
  CW_USEDEFAULT, /* altura - deixe Windows decidir */
  HWND_DESKTOP, /* nenhuma janela-pai */
  NULL, /* sem menu */
  hThisInst, /* handle desta instância do programa */
  NULL /* nenhum argumento adicional */
);

/* Exibe a janela. */
ShowWindow(hwnd, nWinMode);
UpdateWindow(hwnd);
```

```
  /* Cria a repetição de mensagens. */
  while (GetMessage(&msg, NULL, 0, 0))
  {
    TranslateMessage(&msg); /* permite uso do teclado */
    DispatchMessage(&msg); /* retorna o controle ao Windows */
  }
  return msg.wParam;
}

/* Esta função é chamada pelo Windows 95 e
   recebe mensagens da fila de mensagens.
*/
LRESULT CALLBACK WindowFunc(HWND hwnd, UINT message,
                            WPARAM wParam, LPARAM lParam)
{
  switch (message) {
    case WM_DESTROY: /* encerra o programa */
      PostQuitMessage(0);
      break;
    default:
      /* Deixe o Windows 95 processar quaisquer mensagens
         não especificadas no comando switch acima. */
      return DefWindowProc(hwnd, message, wParam, lParam);
  }
  return 0;
}
```

A janela produzida por este programa é exibida na Figura 24.2. Agora vamos analisar este programa passo a passo.

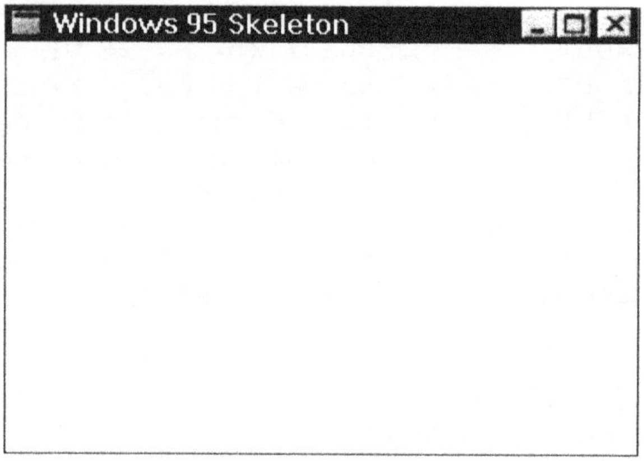

Figura 24.2 A janela produzida pelo esqueleto Windows 95.

Primeiro, todos os programas Windows 95 devem incluir o arquivo de cabeçalho WINDOWS.H. Como já citado, este arquivo (junto com seus arquivos de suporte) contém os protótipos das funções da API e diversos tipos, macros e definições usados pelo Windows 95. Por exemplo, os tipos de dados **HWND** e **WNDCLASS** são definidos em WINDOWS.H.

A função de janela usada pelo programa é chamada **WindowFunc()**. Ela é declarada como uma função de callback, porque é esta a função chamada por Windows 95 para se comunicar com o programa.

A execução do programa inicia com **WinMain()**, a qual recebe quatro parâmetros. **hThisInst** e **hPrevInst** são handles. **hThisInst** se refere a instância atual do programa. Lembre-se, o Windows 95 é um sistema operacional multitarefa, de forma que mais de uma instância de seu programa podem estar sendo executadas ao mesmo tempo. **hPrevInst** sempre é **NULL**. (Em programas Windows 3.1, **hPrevInst** era não zero se havia outras instâncias do programa corrente sendo executadas, mas isto não se aplica no Windows 95.) O parâmetro **lpszArgs** é um ponteiro para uma string que contém quaisquer argumentos de linha de comando especificados quando a aplicação foi iniciada. O parâmetro **nWinMode** contém um valor que determina como a janela será exibida quando seu programa inicia a execução.

Dentro da função, são criadas três variáveis. A variável **hwnd** conterá o handle da janela do programa. A variável do tipo estrutura **msg** conterá mensagens de janela, enquanto a variável do tipo estrutura **wcl** será usada para definir a classe de janela.

Definindo a Classe de Janela

As duas primeiras ações tomadas por **WinMain()** são a de definir uma classe de janela e depois registrá-la. Uma classe de janela é definida preenchendo os campos definidos pela estrutura **WNDCLASS**. Seus campos são mostrados aqui:

```
UINT style; /* tipo da janela */
WNDPROC lpfnWndProc; /* endereço da função de janela */
int cbClsExtra; /* informação extra da classe */
int cbWndExtra; /* informação extra da janela */
HINSTANCE hInstance; /* handle desta instância */
HICON hIcon; /* handle do ícone minimizado */
HCURSOR hCursor; /* handle do cursor do mouse */
HBRUSH hbrBackground; /* cor de fundo */
LPCSTR lpszMenuName; /* nome do menu principal */
LPCSTR lpszClassName; /* nome da classe de janela */
```

Como você pode ver neste programa, o campo **hInstance** recebe o handle da instância atual como especificado por **hThisInst**. O nome da classe de janela é apontado por **lpszClassName**, que aponta para a string "MinhaJan", neste caso. O endereço da função de janela é atribuído a **lpfnWndProc**. Nenhum estilo padrão é especificado, e nenhuma informação adicional é necessária.

Todas as aplicações Windows precisam definir uma forma padrão para o cursor do mouse e para o ícone da aplicação. Uma aplicação pode definir suas próprias versões especializadas destes recursos, ou pode usar um dos estilos embutidos, como o esqueleto faz. O estilo do ícone é carregado pela função **LoadIcon()** da API, cujo protótipo é mostrado aqui:

HICON LoadIcon(HINSTANCE *hInst*, LPCSTR *lpszName*);

Esta função retorna um handle para um ícone. Aqui, *hInst* especifica o handle do módulo que contém o ícone, e o nome do ícone é especificado em *lpszName*. No entanto, para usar um dos ícones embutidos, você deve passar **NULL** como o primeiro parâmetro e especificar uma das seguintes macros para o segundo.

Macro de ícone	**Forma**
IDI_APPLICATION	Ícone default
IDI_ASTERISK	Ícone de informação
IDI_EXCLAMATION	Ícone de ponto de exclamação
IDI_HAND	Símbolo de "Pare"
IDI_QUESTION	Ícone de ponto de interrogação

Para carregar o cursor do mouse, use a função **LoadCursor()** da API. Esta função tem o seguinte protótipo:

HCURSOR LoadCursor(HINSTANCE *hInst*, LPCSTR *lpszName*);

Esta função retorna um handle para um recurso de cursor. Aqui, *hInst especifica* o handle do módulo que contém o cursor do mouse, e o nome do cursor do mouse é especificado em *lpszName*. No entanto, para usar um dos ícones embutidos, você deve passar **NULL** como o primeiro parâmetro e especificar um dos cursores embutidos, usando sua macro, como o segundo parâmetro. Alguns dos cursores embutidos mais comuns são exibidos aqui.

Macro de cursor	**Forma**
IDC_ARROW	Ponteiro de seta padrão
IDC_CROSS	Cruz
IDC_IBEAM	I vertical
IDC_WAIT	Ampulheta

A cor de fundo da janela criada pelo esqueleto é especificada como branco, e um handle para este *pincel* é obtido usando a função **GetStockObject()** da API. Um pincel é um recurso que pinta a tela usando uma determinada cor, tamanho e padrão. A função **GetStockObject()** é usada para obter um handle para uma quantidade de objetos padrões de exibição, incluindo pincéis, canetas (que desenham linhas) e fontes de caracteres. Ela tem este protótipo:

HGDIOBJ GetStockObject(int *object*);

A função retorna um handle para o objeto especificado em *object*. (O tipo **HGDIOBJ** é um handle da GDI.) Aqui estão alguns dos pincéis embutidos disponíveis para seu programa:

Macro de pincel	Tipo de fundo
BLACK_BRUSH	Preto
DKGRAY_BRUSH	Cinza-escuro
HOLLOW_BRUSH	Janela transparente
LTGRAY_BRUSH	Cinza-claro
WHITE_BRUSH	Branco

Você pode usar essas macros como parâmetros para **GetStockObject()** para obter um pincel.

Uma vez que a classe de janela tenha sido especificada por completo, ela é registrada junto ao Windows 95 usando a função **RegisterClass()** da API, cujo protótipo é mostrado aqui:

ATOM RegisterClass(CONST WNDCLASS **lpWClass*);

A função retorna um valor que identifica a classe de janela. **ATOM** é um **typedef** que significa **WORD**. Cada classe de janela recebe um valor único. *lpWClass* tem de ser o endereço da estrutura **WNDCLASS**.

Criando uma Janela

Uma vez que a janela foi definida e registrada, sua aplicação pode realmente criar uma janela dessa classe usando a função **CreateWindow()** da API, cujo protótipo é mostrado aqui.

```
HWND CreateWindow(
  LPCSTR lpClassName, /* nome da classe de janela */
  LPCSTR  lpWinName, /* título da janela */
  DWORD dwStyle, /* tipo da janela */
  int X, int Y, /* coordenadas do canto superior esquerdo */
  int Width, int Height, /* tamanho da janela */
  HWND hParent, /* handle da janela-mãe */
  HMENU hMenu, /* handle do menu principal */
  HINSTANCE hThisInst, /* handle da instância criadora */
  LPVOID lpszAdditional /* ponteiro para informação adicional */
);
```

Como você pode ver no programa esqueleto, muitos dos parâmetros de **CreateWindow()** podem usar valores padrões ou ser simplesmente **NULL**. De fato, a maioria das vezes os parâmetros *X*, *Y*, *Width* e *Height* simplesmente usarão a macro **CW_USEDEFAULT**, que indica ao Windows 95 para selecionar um tamanho e posição apropriados para a janela. Se a janela não possui mãe, que é o caso do esqueleto, então *hParent* deve ser especificado como **HWND_DESKTOP**. (Você também pode usar **NULL** para este parâmetro.) Se a janela não contém um menu principal, então *hMenu* deve ser **NULL**. Além disso, se nenhuma informação adicional for necessária, como é o caso com freqüência, então *lpszAdditional* deverá ser **NULL**. (O tipo **LPVOID** é tornado **typedef** como **void** *. Historicamente, **LPVOID** indica "ponteiro longo para **void**".)

Os quatro parâmetros restantes têm de ser definidos explicitamente por seu programa. Primeiro, *lpszClassName* deve apontar para o nome da classe de janela. (Este é o nome que você lhe deu quando ela foi registrada.) O título da janela é uma string apontada por *lpszWinName*. Isto pode ser uma string nula, mas usualmente a janela receberá um título. O estilo (ou tipo) da janela realmente criada é determinado pelo valor de *dwStyle*. A macro **WS_OVERLAPPEDWINDOW** especifica uma janela padrão que tem um menu de sistema, uma borda e caixas de minimizar, maximizar e fechar. Embora este estilo de janela seja o mais comum, você pode construir um de acordo com as suas especificações. Para tanto, você simplesmente junta com OR as várias macros de estilo que quer. Alguns outros estilos comuns são mostrados aqui:

Macros de estilo	**Recurso na janela**
WS_OVERLAPPED	Janela sobreposta com borda
WS_MAXIMIZEBOX	Caixa de maximizar
WS_MINIMIZEBOX	Caixa de minimizar
WS_SYSMENU	Menu de sistema
WS_HSCROLL	Barra de rolagem horizontal
WS_VSCROLL	Barra de rolagem vertical

O parâmetro *hThisInst* deve conter o handle da instância corrente da aplicação.

A função **CreateWindow()** retorna o handle da janela que ela cria, ou **NULL** se a janela não pode ser criada.

Uma vez que a janela tiver sido criada, ela ainda não é exibida na tela. Para fazer com que a janela seja exibida, chame a função **ShowWindow()** da API. Esta função tem o seguinte protótipo:

BOOL ShowWindow(HWND *hwnd*, int *nHow*);

O handle da janela a ser exibida deve ser especificado em *hwnd*. O modo de exibição é especificado em *nHow*. A primeira vez que a janela for exibida, você quererá passar o parâmetro **nWinMode** de **WinMain()** como o parâmetro *nHow*.

Lembre-se, o valor de **nWinMode** determina como a janela será exibida quando o programa inicia sua execução. Chamadas subseqüentes podem exibir (ou remover) a janela conforme necessário. Alguns valores comuns para *nHow* são mostrados aqui:

Macros de exibição	**Efeito**
SW_HIDE	Remove a janela
SW_MINIMIZE	Minimiza a janela para um ícone
SW_MAXIMIZE	Maximiza a janela
SW_RESTORE	Retorna uma janela para seu tamanho normal

A função **ShowWindow()** retorna o estado anterior de exibição da janela. Se a janela estava sendo exibida, esse valor é diferente de zero. Se a janela não estava sendo exibida, esse valor é zero.

Embora não seja tecnicamente necessária no esqueleto, a chamada da função **UpdateWindow()** é incluída porque ela é necessária para virtualmente qualquer aplicação Windows 95 que você crie. Ela essencialmente indica ao Windows 95 para enviar uma mensagem para sua aplicação indicando que a janela principal precisa ser atualizada.

A Repetição de Mensagens

A parte final da **WinMain()** do esqueleto é a *repetição de mensagens*. A repetição de mensagens é uma parte de todas as aplicações Windows. Seu objetivo é o de receber e processar mensagens enviadas pelo Windows 95. Quando uma aplicação está executando, são enviadas mensagens para ela de forma quase contínua. Essas mensagens são armazenadas na fila de mensagens da aplicação até que possam ser lidas e processadas. Cada vez que seu programa estiver pronto para ler outra mensagem, ele deve chamar a função **GetMessage()** da API, que tem o protótipo:

BOOL GetMessage(LPMSG *msg*, HWND *hwnd*, UINT *min*, UNIT *max*);

A mensagem será recebida pela estrutura apontada por *msg*. Todas as mensagens do Windows são do tipo de estrutura **MSG**, exibido aqui.

```
/* Estrutura de mensagem */
typedef struct tagMSG
{
  HWND hwnd; /* janela à qual se destina a mensagem */
  UINT message; /* mensagem */
  WPARAM wParam; /* informação dependente da mensagem */
  LPARAM lParam; /* mais informação dependente da mensagem */
  DWORD time; /* momento em que a mensagem foi enfileirada */
  POINT pt; /* coordenadas X,Y do mouse */
} MSG;
```

Em **MSG**, o handle da janela à qual se destina a mensagem está contido em **hwnd**. Todas as mensagens Win32 são inteiros de 32 bits, e a mensagem é contida em **message**. Informação adicional referente a cada mensagem é passada em **wParam** e **lParam**. O tipo **WPARAM** é um **typedef** para **UINT**, enquanto **LPARAM** é um **typedef** para **LONG**.

O momento em que a mensagem foi enviada é especificado em milissegundos no campo **time**.

O membro **pt** contém as coordenadas do mouse no momento em que a mensagem foi enviada. As coordenadas são mantidas em uma estrutura **POINT**, definida como segue:

```
typedef struct tagPOINT {
  LONG x, y;
} POINT;
```

Se não houver mensagens na fila de mensagens da aplicação, então uma chamada a **GetMessage()** passará o controle de volta ao Windows 95.

O parâmetro *hwnd* de **GetMessage()** especifica a janela para a qual as mensagens serão obtidas. É possível e até provável que uma aplicação contenha diversas janelas, mas você só irá querer receber mensagens para uma janela específica. Se você deseja receber todas as mensagens destinadas a sua aplicação, este parâmetro deve ser **NULL**.

Os dois parâmetros restantes de **GetMessage()** especificam uma faixa de mensagens que será recebida. Geralmente, você deseja que sua aplicação receba todas as mensagens. Para conseguir isto, especifique tanto *min* como *max* como 0, como o esqueleto faz.

GetMessage() retorna zero quando o usuário encerra o programa, fazendo com que a repetição de mensagens termine. Em qualquer outro caso, ela retorna um valor diferente de zero.

Dentro da repetição de mensagens, são chamadas duas funções. A primeira é a função **TranslateMessage()** da API. Esta função traduz códigos de teclas virtuais gerados pelo Windows 95 em mensagens de caracteres. (Teclas virtuais incluem as teclas de função, as teclas de direção etc.) Embora não seja necessário para todas as aplicações, a maioria das aplicações chama **TranslateMessage()** porque ela é necessária para permitir a total integração do teclado com seu programa aplicativo.

Uma vez que a mensagem foi lida e traduzida, ela é enviada de volta para o Windows 95 usando a função **DispatchMessage()** da API. O Windows 95 então mantém a mensagem até que ela possa ser passada à função de janela do programa.

Uma vez que a repetição de mensagens termina, a função **WinMain()** termina retornando o valor de **msg.wParam** para Windows 95. Este valor contém o código de retorno gerado quando seu programa termina.

A Função de Janela

A segunda função no esqueleto de aplicação é a sua função de janela. Neste caso a função é chamada **WindowFunc()**, mas ela poderia ter qualquer nome de que você gostasse. A função de janela recebe os primeiros quatro membros da estrutura **MSG** como parâmetros. Para o esqueleto, o único parâmetro usado é a mensagem propriamente dita. No entanto, aplicações reais usarão os outros parâmetros desta função.

A função de janela do esqueleto responde a uma única mensagem explicitamente: **WM_DESTROY**. Esta mensagem é enviada quando o usuário encerra o programa. Quando essa mensagem é recebida, seu programa deve executar uma chamada à função **PostQuitMessage()** da API. O argumento desta função é o código de encerramento que é retornado em **msg.wParam** dentro de **WinMain()**. Chamar **PostQuitMessage()** faz com que uma mensagem **WM_QUIT** seja enviada para sua aplicação, fazendo com que **GetMessage()** retorne falso, e portanto parando o programa.

Quaisquer outras mensagens recebidas por **WindowFunc()** são passadas para o Windows 95 por meio de uma chamada a **DefWindowProc()** para receberem o tratamento padrão. Este passo é necessário porque todas as mensagens devem ser tratadas de alguma forma.

Usando um Arquivo de Definição

Se você estiver familiarizado com a programação Windows 3.1, então já usou *arquivos de definição*. No Windows 3.1, todos os programas precisam de um arquivo de definição associado a eles. Um arquivo de definição é simplesmente um arquivo-texto que especifica certas informações e opções necessárias para seu programa Window 3.1. No entanto, por causa da arquitetura de 32 bits de Windows 95 (e outras melhorias), os arquivos de definição não são mais necessários.

Mesmo assim, não faz mal nenhum fornecer um arquivo de definição, e se você deseja fornecer um para manter a compatibilidade com o Windows 3.1, é livre para fazê-lo.

Se você é novo na programação Windows em geral e não sabe o que é um arquivo de definição, a discussão seguinte dá um breve resumo.

Todos os arquivos de definição usam a extensão .DEF. Por exemplo, o arquivo de definição para o programa esqueleto poderia ser chamado SKEL.DEF. Eis um arquivo de definição que você poderia fornecer para manter a compatibilidade com Windows 3.1:

```
DESCRIPTION 'Programa Esqueleto'
EXETYPE WINDOWS
CODE PRELOAD MOVEABLE DISCARDABLE
DATA PRELOAD MOVEABLE MULTIPLE
HEAPSIZE 8192
STACKSIZE 8192
EXPORTS WindowFunc
```

Este arquivo especifica o nome do programa e sua descrição, ambos opcionais. Ele também determina que o arquivo executável será compatível com o Windows (em vez do DOS, por exemplo). O comando **CODE** indica ao Windows 95 para carregar todo o programa no início (**PRELOAD**), que o código pode ser movimentado na memória (**MOVEABLE**) e que o código pode ser eliminado da memória e recarregado se (e quando) necessário (**DISCARDABLE**). O arquivo especifica que os dados do seu programa devem ser carregados no início da execução e podem ser movidos na memória. Ele também determina que cada instância do programa terá seus próprios dados (**MULTIPLE**). A seguir, são especificados o tamanho do heap e da pilha do programa. Finalmente, o nome da função de janela é exportado. A exportação permite que o Windows 3.1 chame a função.

NOTA: Arquivos de definição não são necessários ao programar para Windows 95. No entanto, eles não causam problemas e podem ser incluídos para manter a compatibilidade com o Windows 3.1. (Pode ser necessário aumentar o tamanho do heap e da pilha para aplicações reais.)

Convenções sobre Nomes

Antes de concluir este capítulo, é necessário fazer um breve comentário sobre os nomes das funções e variáveis. Se você é novo na programação Windows, diversos dos nomes de variáveis e parâmetros no programa esqueleto e sua descrição devem ter parecido estranhos. Isto se deve ao fato de que seguem uma convenção de nomes inventada pela Microsoft para a programação Windows. Para funções, o nome consiste em um verbo seguido de um substantivo. A primeira letra do verbo e do substantivo são indicadas em maiúsculas.

Para nomes de variáveis, a Microsoft escolheu um sistema bastante complexo de incluir o tipo de dados no nome. Para conseguir isto, um prefixo em letras minúsculas é adicionado no início do nome da variável. O nome propriamente dito começa com uma letra maiúscula. Os prefixos de tipo são exibidos na Tabela 24.1. Francamente, o uso de prefixos de tipo é controvertido e não é suportado universalmente. Muitos programadores Windows usam este método, mas muitos também não o usam. Você é livre para usar as convenções sobre nomes que desejar.

Tabela 24.1 Caracteres para prefixo de tipo nas variáveis.

Prefixo	**Tipo de dados**
b	Boolean (um byte)
c	Caractere (um byte)
dw	Inteiro longo sem sinal
f	Flags (campo de 16 bits)
fn	Função
h	Handle
l	Inteiro longo
lp	Ponteiro longo
n	Inteiro curto
p	Ponteiro
pt	Inteiro longo contendo coordenadas de tela
w	Inteiro curto sem sinal
sz	Ponteiro para string terminada em zero
lpsz	Ponteiro longo para string terminada em zero
rgb	Inteiro longo contendo valores de cor RGB

Parte 4

Desenvolvimento de Software Usando C

Esta parte examina diversos aspectos do processo de desenvolvimento de software no que se refere ao ambiente de programação de C. O Capítulo 25 cobre a utilização de sub-rotinas em linguagem assembly e otimizações. O Capítulo 26 fornece uma visão geral do processo de desenvolvimento utilizando C. Por último, o Capítulo 27 fornece uma noção de portabilidade, eficiência e depuração.

25

Interfaceamento com Rotinas em Linguagem Assembly

Mesmo com toda a capacidade de C, existem momentos em que você precisa escrever uma rotina utilizando assembler. A maneira de fazer isso varia de compilador para compilador, mas o processo geral, descrito neste capítulo, aplica-se à maioria dos compiladores.

A interface entre C e a linguagem assembly é afetada fundamentalmente por dois fatores: o tipo de CPU e as convencões de chamada do compilador. Cada CPU define a sua própria linguagem assembly. Cada compilador é livre para definir as suas próprias convenções de chamada, o que determina como a informação é passada de e para cada função. Este capítulo usa a linguagem assembly da família 8086. Os exemplos de interface com linguagem assembly neste capítulo usam Microsoft C/C++ (mais um exemplo usando Borland C/C++), mas você pode aplicar a informação a outros compiladores C. Mesmo que você tenha um compilador ou computador diferente, a discussão seguinte pode servir como um guia. Lembre-se, no entanto, de que o interfaceamento com linguagem assembly é um tópico avançado.

Interface com a Linguagem Assembly

Existem três razões para querer utilizar uma rotina escrita em assembler:

- Para aumentar a velocidade e eficiência.
- Para executar uma função específica de máquina não disponível em C.
- Para utilizar uma rotina pronta de caráter geral da linguagem assembly.

Vamos dar uma olhada mais detalhada nestes pontos agora.

Embora os compiladores C tendam a produzir códigos-objetos extremamente rápidos e compactos, nenhum compilador cria consistentemente um código tão rápido ou compacto como aquele escrito por um excelente programador usando assembler. Na maioria das vezes, a pequena diferença não tem muita importância nem justifica o tempo extra necessário para escrever em assembler. No entanto, em casos especiais, uma função específica precisa ser codificada em assembler de forma que seja executada mais rapidamente. Por exemplo, um pacote matemático em ponto flutuante poderia ser codificado em assembly, porque ele é usado freqüentemente e afeta significativamente a velocidade de execução de um programa. Além disso, alguns dispositivos de hardware especiais necessitam de uma temporização exata, o que significa que você precisa codificar em assembler para satisfazer as exigências da temporização.

Muitos computadores, incluindo máquinas baseadas em 8086, têm certas instruções que a maioria dos compiladores C não pode executar. Por exemplo, você não pode alterar os segmentos de dados com nenhuma instrução do código ANSI para C. Além disso, você não pode implementar uma interrupção por software ou controlar o conteúdo de registradores específicos utilizando um comando padrão de C.

É muito comum, em ambientes profissionais de programação, adquirir bibliotecas de sub-rotinas para manipulação de gráficos e matemática de ponto flutuante. Algumas vezes, é necessário utilizar essas rotinas no formato de código-objeto, porque o fornecedor não vende o código-fonte. Ocasionalmente, você pode simplesmente ligar essas rotinas com o código compilado. Outras vezes, torna-se necessário escrever um módulo de interface para corrigir quaisquer diferenças entre a interface utilizada pelo seu compilador e as rotinas adquiridas.

Existem, basicamente, duas maneiras de integrar módulos em código assembly em seus programas em C. A rotina pode ser codificada separadamente e ligada ao resto do seu programa. Alternativamente, podem ser utilizadas as capacidades de código assembly em linha (*in-line*) de muitos compiladores C. Este capítulo explora ambos os métodos.

Uma palavra de aviso: Este capítulo *não* ensina a codificar em assembler, mas assume que você já sabe. Se você não sabe, não tente os exemplos. É extremamente fácil fazer algo errado e provocar um desastre. Você pode apagar seu disco rígido, por exemplo. Antes de tentar interfacear com um módulo em linguagem assembly que tenha criado, você deve consultar o manual do usuário do seu compilador para detalhes relativos à sua implementação específica.

As Convenções de Chamada de um Compilador C

Uma *convenção de chamada* é o método que um compilador particular utiliza para passar informações às funções e devolver valores. Quase todos os compiladores C utilizam a pilha para passar argumentos às funções. Se o argumento é um dos tipos de dados intrínsecos ou uma estrutura, união ou enumeração, o valor real é colocado na pilha. Se o argumento é uma matriz, seu endereço é colocado na pilha. Quando uma função C termina, ela passa um valor de retorno à rotina chamadora. Tipicamente, esse valor de retorno é colocado em um registrador, embora teoricamente possa ser passado na pilha.

A convenção de chamada também determina exatamente quais registradores devem ser preservados e quais podem ser usados livremente. Geralmente, o compilador produz um código-objeto que necessita apenas de uma parte dos registradores disponíveis. Você deve conservar o conteúdo dos registradores utilizados por seu compilador, colocando-os na pilha antes de usá-los. Quaisquer outros registradores estão livres para ser utilizados.

Quando você escreve um módulo em linguagem assembly, que precisa interfacear com o código compilado por seu compilador C, é necessário seguir as convenções definidas e utilizadas por seu compilador. Apenas dessa forma você tem rotinas em linguagem assembly interfaceando corretamente com seu código em C. A próxima seção examina, em detalhes, as convenções de chamada do Microsoft C/C++.

As Convenções de Chamada do Microsoft C/C++

Como a maioria dos compiladores, o Microsoft C passa argumentos para funções na pilha. Os argumentos são colocados na pilha da direita para a esquerda. Ou seja, na chamada

```
func(a, b, c);
```

c é colocado primeiro, seguido por **b** e **a**. A Tabela 25.1 mostra o número de bytes que cada tipo ocupa na pilha.

Na entrada de uma função em código assembly, o conteúdo do registrador **BP** deve ser gravado na pilha e o valor atual do ponteiro de pilha (**SP**) é colocado em **BP**. Os únicos registradores que precisam ser preservados são **SI**, **DI**, **SS** e **DS** (se a sua rotina os usa).

Tabela 25.1 O número de bytes na pilha necessário para cada tipo de dado quando passado para uma função para o Microsoft C\C++.

Tipo	Número de bytes
char	2
short	2
signed char	2
signed short	2
unsigned char	2
unsigned short	2
int	2
signed int	2
unsigned int	2
long	4
unsigned long	4
float	4
double	8
long double	10
ponteiro (near)	2 (offset apenas)
ponteiro(far)	4 (segmento e offset)

Antes de retornar à sua função em linguagem assembly, você deve restaurar o valor de **BP**, **SI**, **DI**, **SS** e **DS** e repor o valor do apontador de pilha.

Se sua função devolve um valor de 8 ou 16 bits, ele é colocado no registrador **AX**. Caso contrário, é devolvido de acordo com a Tabela 25.2.

Tabela 25.2 Uso dos registradores para retornar valores com o Microsoft C/C++.

Tipo	Registrador(es) e significados
char	AL
unsigned char	AL
short	AX
unsigned short	AX
int	AX
unsigned int	AX
long	Palavra de baixa ordem em AX Palavra de alta ordem em DX
unsigned long	Palavra de baixa ordem em AX Palavra de alta ordem em DX
float & double	Endereço do valor retornado AX contém deslocamento, DX contém segmento
struct & union	Endereço do valor retornado AX contém deslocamento, DX contém segmento.

Tabela 25.2 Uso dos registradores para retornar valores com o Microsoft C/C++.

Ponteiro (near)	AX
Ponteiro (far)	Deslocamento em AX, segmento em DX

O último ponto: Um programa C aloca espaço para variáveis locais na pilha. Quando você escreve suas próprias funções em (*Assembly*), você deve seguir o mesmo procedimento para suas variáveis locais.

Criando uma Função em Código Assembly

Sem dúvida, observar como seu compilador gera o código é a maneira mais fácil de aprender a criar funções, em linguagem assembly, que sejam compatíveis com a convenção de chamada do mesmo. Virtualmente todo compilador C tem uma opção de tempo de compilação que faz com que o compilador gere uma listagem em linguagem assembly do código que ele produz. Examinando esse arquivo, você pode aprender bastante, não apenas sobre como interfacear com o compilador, mas também sobre como o compilador realmente funciona.

A opção **-Fa** do compilador Microsoft C/C++ cria um arquivo em linguagem assembly. **-Fc** cria um arquivo que contém as instruções em linguagem assembly, os códigos hexadecimais para as instruções e as linhas de código em C que geram essas instruções. Esses dois arquivos têm as extensões .ASM e .COD, respectivamente. Este capítulo utiliza essas características para mostrar como o Microsoft C/C++ gera código para dois pequenos programas.

Uma Função Simples em Código Assembly

O primeiro programa, mostrado aqui, ilustra como o código é gerado para uma função com argumentos:

```
int sum;
int add(int a, int b);

void main(void)
{
  sum = add(10, 12);
}
```

```
add(int a, int b)
{
  int t;

  t = a+b;
  return t;
}
```

A variável **sum** é intencionalmente declarada como global para que você possa ver exemplos de dados tanto globais e locais. Se este programa for chamado **test**, a linha de comando a seguir criará o arquivo **test.asm**:

cl -Fa test.c

Isto faz com que o programa seja compilado usando o modelo de memória pequeno. (Modelos de memória são discutidos no Capítulo 16.) O conteúdo de **test.msc.asm** é mostrado aqui:

```
; File test.c
; Line 4
_main:
    push    bp
    mov     bp, sp
    mov     ax, OFFSET L00114
    call     __aNchkstk
    push    si
    push    di
; Line 5
    mov     ax, OFFSET 12
    push    ax
    mov     ax,OFFSET 10
    push    ax
    call    _add
    add     sp,OFFSET 4
    mov     WORD PTR _sum,ax
; Line 6
; Line 6
L00107:
            pop di
            pop si
            mov sp, bp
            pop bp
            ret OFFSET 0
; Line 9
; a = 0004
```

```
; b = 0006
_add:
    push    bp
    mov     bp, sp
    mov     ax, OFFSET L00116
    call    _ _aNchkstk
    push    si
    push    di
; t = fffc
; Line 10
; Line 12
    mov     ax, WORD PTR 4 [bp]
    add     ax, WORD PTR 6[bp]
    mov     WORD PTR -4[bp], ax
; Line 13
    mov     ax, WORD PTR -4[bp]
    jmp     L00112
; Line 14
; Line 14
L00112:
    pop     di
    pop     si
    mov     sp, bp
    pop     bp
    ret     OFFSET 0
```

O compilador adiciona o caractere sublinhado na frente de **sum**, **main** e **add** para evitar confusão com quaisquer nomes internos do compilador. De fato, o sublinhado é adicionado na frente de todos os nomes de variáveis e funções. (Isto é uma prática comum, adotada por quase todos os compiladores.)

A primeira coisa que **_main** faz é empilhar **BP** e mover **SP** para **BP**. A seguir, a rotina _ _aNchkstk fornecida pelo compilador é chamada (isto gerencia a pilha). Depois, **SI** e **DI** são salvos. Este passo é tecnicamente desnecessário porque eles não são usados neste programa. A seguir, os dois argumentos de **_add** são empilhados e **_add** é chamada. Quando **_add** retorna, seu valor de retorno é copiado para **_sum**, e **_main** retorna.

A função **_add** começa salvando **BP**, movendo o valor de **SP** para **BP**, definindo a pilha, e novamente salvando **SI** e **DI**. (De novo, salvar **SI** e **DI** é desnecessário neste caso.) As próximas três linhas de código somam os números e colocam o resultado na posição de **t** na pilha. (Lembre-se: dados locais são armazenados na pilha em programas C.) Note como os parâmetros de **_add** são acessados usando **BP**. Depois de a soma ter sido efetuada, o valor de retorno (neste caso **t**) é carregado em **AX** e a função retorna.

Para poder usar este arquivo em linguagem assembly, você precisará adicionar a ele as especificações de segmento, as declarações de dados e outras inicializações exigidas por seu compilador. (Consulte o manual do usuário do seu compilador.) No entanto, depois que você tiver feito isto, poderá montar este arquivo, ligá-lo com as funções necessárias da biblioteca e executá-lo. Mais ainda, você pode modificar o arquivo para torná-lo mais rápido, deixando o código em C inalterado. Por exemplo, você poderia remover as instruções que carregam **AX** com o valor de **t** antes do retorno de **add()** — já que **AX** já contém o resultado. Isto é chamado de *otimização manual*. Você também poderia remover as instruções que salvam e restauram **SI** e **DI**, já que eles não são usados neste programa.

Lembre-se de que compiladores diferentes geram código ligeiramente diferente. Para ver um exemplo, examine o seguinte programa em linguagem assembly. Este programa foi gerado compilando o programa C anterior usando Borland C/C++, usando a opção **-S**. Identifique as semelhanças (e diferenças) com o código gerado pelo compilador da Microsoft. (O arquivo produzido pelo compilador Borland também inclui o código de inicialização de segmentos que não foi incluído na versão Microsoft.) Como uma regra geral, as convenções de chamada do Borland C/C++ são as mesmas do que as do Microsoft C/C++.

```
          ifndef  ??version
?debug    macro
          endm
publicdll macro   name
          public  name
          endm
$comm     macro   name,dist,size,count
          comm    dist name:BYTE:count*size
          endm
          else
$comm     macro   name,dist,size,count
          comm    dist name[size]:BYTE:count
          endm
          endif
          ?debug  V 300h
          ?debug  S "test.c"
          ?debug  C E9878D421F06746573742E63
_TEXT     segment byte public 'CODE'
_TEXT     ends
DGROUP    group   _DATA,_BSS
          assume  cs:_TEXT,ds:DGROUP
_DATA     segment word public 'DATA'
d@        label   byte
```

```
d@w         label   word
_DATA       ends
_BSS        segment word public 'BSS'
b@          label   byte
b@w         label   word
_BSS        ends
_TEXT segment byte public 'CODE'
 ;
 ; void main(void)
 ;
            assume cs:_TEXT
_main       proc    near
            push    bp
            mov     bp,sp
 ;
 ;          {
 ;          sum=add(10,12);
 ;
            mov     ax,12
            push    ax
            mov     ax,10
            push    ax
            call    near ptr _add
            pop     cx
            pop     cx
            mov     word ptr DGROUP:_sum,ax
 ;
 ;          }
 ;
            pop bp
            ret
_main       endp
 ;
 ;          add(int a, int b)
 ;
            assume cs:_TEXT
_add        proc     near
            push     bp
            mov      bp,sp
            sub      sp,2
 ;
 ;          {
 ;          int t;
 ;
 ;          t=a+b;
```

```
  ;
            mov     ax,word ptr [bp+4]
            add     ax,word ptr [bp+6]
            mov     word ptr [bp-2],ax
  ;
  ;          return t;
  ;
            mov     ax,word ptr [bp-2]
            jmp     short @2@58
@2@58:
  ;
  ;         }
  ;
            mov     sp,bp
            pop     bp
            ret
_add        endp
_TEXT       ends
_BSS        segment word public 'BSS'
_sum        label   word
            db      2 dup (?)
            ?debug  C E9
            ?debug  C FA00000000
_BSS        ends
_DATA       segment word public 'DATA'
s@          label   byte
_DATA       ends
_TEXT       segment byte public 'CODE'
_TEXT       ends
            public  _main
            public  _add
            public  _sum
_s@         equ      s@
            end
```

Um Exemplo de Chamada por Referência

No programa seguinte, a função **get_val()** é chamada utilizando-se o endereço de **a**, para ilustrar o código produzido quando ponteiros são usados.

```
#include <stdio.h>

void get_val(int *x);
```

```
void main(void)
{
  int a;

  get_val(&a)
  printf("%d", a);
}

void get_val(int *x)

{
  *x = 100;
}
```

O arquivo em linguagem assembly produzido pelo Microsoft C/C++ é o seguinte:

```
; File get_val.c
; Line 6
_main:
         push  bp
         mov   bp,sp
         mov   ax,OFFSET L00184
         call  __aNchkstk
         push  si
         push  di
; a = fffc
; Line 7
; Line 9
         lea   ax,WORD PTR -4[bp]
         push  ax
         call  _get_val
         add   sp,OFFSET 2
; Line 10
         push  WORD PTR -4[bp]
         mov   ax, OFFSET L00180
         push  ax
         call  __printf
         add   sp,OFFSET 4
; Line 11
; Line 11
L00178:
         pop   di
         pop   si
         mov   sp, bp
         pop   bp
```

```
        ret    OFFSET 0
; Line 14
; x = 0004
_get_val:
        push   bp
        mov    bp, sp
        mov    ax,OFFSET L00186
        call   __aNchkstk
        push   si
        push   di
; Line 15
        mov    bx,WORD PTR 4[bp]
        mov    WORD PTR [bx],OFFSET 100
; Line 16
; Line 16
L00183:
        pop    did
        pop    si
        mov    sp,bp
        pop    bp
        ret    OFFSET 0
```

Como você pode observar, **_get_val** é chamada usando o endereço de **a**. O endereço de **a** é encontrado usando a instrução LEA (carrega endereço efetivo) da linguagem assembly. Dentro de **_get_val**, o valor **100** é colocado em **a**, que está nesse endereço usando o modo de endereçamento indireto do 8086.

Utilizando o Modelo de Memória Grande para Dados e Código

Como exemplo final da forma como um compilador gera o código, compilemos o mesmo programa-teste usado nas seções anteriores utilizando o modelo de memória *huge* (enorme). Isso faz com que as referências às funções da biblioteca e aos dados globais sejam **FAR**. Isso é obtido com o compilador do Microsoft especificando a opção do compilador **-AH**. O seguinte módulo em linguagem assembly é produzido:

```
; File get_val.c
; Line 6
_main:
        push   bp
```

```
          mov    bp,sp
          mov    ax,OFFSET L00184
          call   FAR PTR __aFchkstk
          push   si
          push   di
; a = fffc
; Line 7
; Line 9
          lea    ax,WORD PTR -4[bp]
          mov    dx, ss
          push   dx
          push   ax
          call   FAR PTR _get_val
          add    sp,OFFSET 4
; Line 10
          push   WORD PTR -4[bp]
          mov    ax, OFFSET L00180
          mov    dx, ds
          push   dx
          push   ax
          call   FAR PTR __printf
          add    sp,OFFSET 6
; Line 11
; Line 11
L00178:
          pop    di
          pop    si
          mov    sp, bp
          pop    bp
          ret    OFFSET 0
; Line 14
; x = 0006
_get_val:
          push   bp
          mov    bp, sp
          mov    ax,OFFSET L00186
          call   FAR PTR __aFchkstk
          push   si
          push   di
; Line 15
          les    bx,WORD PTR 6[pb]
          mov    WORD PTRes [bx],OFFSET 100
; Line 16
; Line 16
```

```
L00183:
        pop   di
        pop   si
        mov   sp,bp
        pop   bp
        ret   OFFSET 0
```

Note três importantes diferenças entre esta versão e a anterior. Primeiro, a pilha agora é definida com uma chamada a **_ _aFchkstk** no lugar de **_ _aNchkstk**; **_ _aFchkstk** é usada quando um programa é compilado para o modelo de memória grande. Segundo, o endereço de **a** agora exige que 4 (e não 2) bytes sejam empilhados antes da chamada de **get_val()**. Isto permite que tanto o segmento quanto o deslocamento de **a** sejam passados. Dentro de **_get_val()**, **a** é acessada usando seu endereço completo de 32 bits. Terceiro, as chamadas a **_get_val** e **printf()** agora são **FAR**. Se você deseja ligar seu próprio código em linguagem assembly com código C compilado para um modelo com código e dados grandes, você deve gerar código de retorno compatível ao retornar de uma chamada **FAR**. Se você confundir os modelos, corromperá a pilha e travará o programa. Além disso, você deve usar **FAR** ao referenciar dados globais.

Criando um Esqueleto de Código Assembly

Agora que já foi visto como os compiladores C chamam as funções, o próximo passo é escrever suas próprias funções em linguagem assembly. O método mais fácil de fazer isso é deixar o compilador gerar um esqueleto em linguagem assembly para você. Uma vez com o esqueleto, tudo o que resta a fazer é preencher os detalhes. Por exemplo, suponha que você precise criar uma rotina em linguagem assembly que multiplique dois inteiros. Para que o compilador gere o esqueleto para essa função, é necessário, primeiro, criar um arquivo que contenha apenas essa função.

```
mul(int a, int b)
{
}
```

Em seguida, o arquivo deve ser compilado com a opção apropriada para que seja produzido um arquivo em linguagem assembly. Se for utilizado o compilador do Microsoft, este arquivo será produzido:

```
; File mul.c
; Line 2
; a = 0004
; b = 0006
_mul:
        push  bp
        mov   bp,sp
        mov   ax,OFFSET L00106
        call  aNchkstk
        push  si
        push  di
; Line 3
; Line 3
L00105:
        pop   di
        pop   si
        mov   sp,bp
        pop   bp
        ret   OFFSET 0
```

Nesse esqueleto, tudo que você precisa fazer é preencher os detalhes. A função **mul()** completa é mostrada aqui:

```
; File mul.c
; Line 2
; a = 0004
; b = 0006
_mul:
        push  bp
        mov   bp,sp
        mov   ax,OFFSET L00106
        call  __aNchkstk
        push  si
        push  di
; Aqui é onde a multiplicação realmente acontece.
        mov   ax,word ptr [bp+4]
        imul  word ptr [bp+6]
; AX agora contém o resultado, portanto retorne.
L00105:
        pop   di
        pop   si
        mov   sp,bp
        pop   bp
        ret   OFFSET 0
```

Se sua função em linguagem assembly use variáveis locais, então você precisará alocar espaço para elas na pilha. Para tanto, subtraia a quantidade necessária de bytes de **SP** depois que tiver sido salvo em **BP**. Depois, para acessar uma variável local, indexe a pilha apropriadamente usando deslocamentos negativos em relação a **BP**.

A melhor maneira de aprender mais sobre como interfacear código, em linguagem assembly, com seus programas em C é escrever funções pequenas em C que façam aproximadamente o que você deseja em assembly. E então, usando a opção de gerar linguagem assembly do compilador, criar um arquivo nessa linguagem. Na maioria das vezes será necessário apenas otimizar manualmente esse código em lugar de criar desde o princípio uma rotina em linguagem assembly.

Usando asm

Embora não suportado por alguns compiladores C (incluindo o do Microsoft), muitos outros compiladores, como o Turbo C, acrescentaram uma extensão à linguagem C, que permite que haja código assembly em linha (*in-line*), como parte de um programa em C, sem a utilização de um módulo completamente separado. Existem duas vantagens. Primeiro, não é necessário escrever todo o código da interface para cada função; segundo, todo o código está em um só lugar, tornando mais fácil o suporte.

A extensão acrescentada pelo Turbo C é chamada de **asm**. (No entanto, Microsoft C/C++ chama a palavra-chave estendida de **__asm**.) Para inserir código assembly em um programa, deve-se preceder a instrução assembly com **asm**. Isto é, cada linha que contém código assembly deve começar com **asm**. O compilador Turbo C simplesmente passa a instrução, sem alteração, para a fase assembler do compilador.

NOTA: Embora o padrão C ANSI não defina a palavra-chave **asm**, *C++ o faz.*

Por exemplo, a função seguinte, chamada **init_port1()**, move o valor 88 para **AX** e o envia para as portas 20 e 21:

```
void init_port(void)
{
  printf("Inicializando a porta\n");
```

```
asm     mov AX, 88
asm     out 20, AX
asm     out 21, AX
}
```

Aqui, o Turbo C produz automaticamente o código de interface para salvar os registradores e retornar da função. Você apenas precisa fornecer o código que está dentro da função.

Esse método poderia ser utilizado para criar uma função que multiplique dois números, chamada **mul()**, sem criar realmente um arquivo separado em linguagem assembly. Usando essa abordagem, o código para **mul()** é mostrado aqui:

```
mul(int a, int b)
{
asm     mov ax, word ptr [bp + 4]
asm     imul word ptr [bp + 6]
}
```

O compilador C fornece todo o suporte usual para montar e retornar de uma chamada de função. Você deve simplesmente fornecer o corpo da função e seguir as convenções de chamada para acessar os argumentos.

Qualquer que seja o método utilizado, lembre-se de que você está criando situações dependentes da máquina, que tornarão seu programa difícil de ser transportado para outra máquina. No entanto, para as situações que exigem o uso de código assembly, normalmente vale a pena o esforço.

Quando Codificar em Assembler

Por tratar-se de uma codificação difícil, a maioria dos programadores só codifica em assembler quando é absolutamente necessário. Como regra geral: não use assembler, cria problemas demais! No entanto, há duas situações em que faz sentido codificar em assembler. A primeira é quando não há absolutamente outra maneira de alcançar o resultado desejado. Por exemplo, quando você precisa interfacear diretamente com um dispositivo de hardware que não pode ser operado usando C. A segunda situação ocorre quando você precisa reduzir o tempo de execução de um programa em C.

Quando você precisa aumentar a velocidade de um programa, deve escolher cuidadosamente que funções codificar em assembler. Se codificar as funções erradas, verá um aumento muito pequeno na velocidade. Se escolher as funções corretas, seu programa voará! Você pode determinar facilmente que funções recodificar revendo o fluxo operacional do seu programa. Geralmente, as funções usadas dentro dos laços são as que devem ser programadas em assembler, pois são executadas repetidamente. Codificar em assembler uma função utilizada apenas uma ou duas vezes não aumentará a velocidade do seu programa, mas recodificar uma função usada várias vezes aumentará. Por exemplo, considere a seguinte função **main()**:

```
#include <stdio.h>

void main(void)

{
  register int t;
  init();

  for(t=0; t<1000; ++t) {
    phase1();
    phase2();
    if(t==10) phase3();
  }
  byebye()
}
```

Evidentemente, recodificar **init()** e **byebye()** não deve afetar de forma mensurável a velocidade do programa porque elas são executadas apenas uma vez. No entanto, **phase1()** e **phase2()** são executadas mil vezes, e codificá-las em assembler definitivamente diminuirá o tempo de processamento do programa. A função **phase3()** é executada apenas uma vez, mesmo estando dentro do laço; assim, recodificar essa função em assembler provavelmente não valerá a pena.

Refletindo com cuidado você pode aumentar a velocidade dos seus programas, recodificando apenas algumas funções em assembler.

26

Engenharia de Software Usando C

Toda a disciplina da ciência da computação emergiu com uma velocidade espantosa. Antes de 1970, pouca distinção era feita entre os engenheiros que projetavam o computador e aqueles que o programavam. Se você entendia de computadores, pressuponha-se que você poderia desenvolver tanto o hardware como o software. Essa situação se modificou radicalmente durante os anos 70. Agora, a maioria das faculdades oferece currículos diferentes para engenheiros de computadores e engenheiros de software.

A arte e a ciência da engenharia de software encerram uma ampla gama de tópicos. Criar um grande programa de computador é semelhante a projetar um grande prédio. Há tantas partes envolvidas que parece quase impossível fazer tudo funcionar junto. Evidentemente, o que faz a criação de um grande programa possível é a aplicação dos métodos de engenharia adequados. Neste capítulo, serão examinadas diversas técnicas e dois utilitários que dizem respeito especificamente ao ambiente de programação em C e que tornam a criação e o suporte de um programa muito mais fáceis.

Projeto em Top-Down

Sem dúvida a coisa mais importante que pode ser feita para simplificar a criação de um grande programa é aplicar uma abordagem sólida. Existem três métodos gerais utilizados para se escrever um programa: *top-down* (de cima para baixo), *bottom-up* (de baixo para cima) e *ad hoc*. Na *abordagem top-down*, você inicia pela rotina de nível mais alto e desce às rotinas de baixo nível. A *abordagem bottom-up* opera na direção oposta: você inicia pelas rotinas específicas e as constrói progressivamente dentro de estruturas mais complexas, finalizando na rotina de alto nível. A *abordagem ad hoc* não tem método predeterminado.

Como uma linguagem estruturada, C presta-se à abordagem top-down. O método top-down pode produzir um código limpo e legível de fácil manutenção. Essa abordagem ajuda, também, a esclarecer a estrutura completa do programa antes de codificar as funções de baixo nível, reduzindo o tempo desperdiçado por falsos começos.

Delineando Seu Programa

Como um esboço, o método top-down começa com uma descrição geral e caminha na direção da particularização. Uma boa maneira de projetar um programa é definir exatamente o que o programa fará no nível mais alto. Por exemplo, suponha que você tenha de escrever um programa de lista postal. Primeiro, você deve fazer uma lista do que o programa fará. Cada entrada na lista deve conter apenas uma unidade funcional. (Uma unidade funcional pode ser imaginada como uma caixa preta que executa uma única tarefa.) Por exemplo, a sua lista se pareceria com isto:

- Inserir um novo nome
- Deletar um nome
- Imprimir a lista
- Procurar um nome
- Gravar a lista em um arquivo em disco
- Carregar a lista
- Terminar o programa

Essas unidades podem formar a base das funções do programa.

Após ter definido o funcionamento geral do programa, pode-se esboçar os detalhes de cada unidade funcional, começando com o laço principal. O laço principal deste programa é

```
laço principal
{
  do {
    exibe o menu
    obtém a seleção do usuário
    processa a seleção
  } while  a seleção não for igual a quit (terminar)
}
```

Esse tipo de notação algorítmica (também chamada de *pseudocódigo*) pode ajudar a esclarecer a estrutura geral do seu programa antes que você sente ao computador. Foi usada a sintaxe de C porque é familiar, mas qualquer tipo de sintaxe pode ser usada.

Você pode dar uma definição similar a cada área funcional. Por exemplo, você pode definir a função que escreve a lista postal em um arquivo em disco desta forma:

```
salva no disco {
  abre o arquivo em disco
  while  houver dados a escrever {
    escreva o dado no disco
  }
  fecha o arquivo em disco
}
```

Nesse ponto, a função gravar no disco criou novas unidades funcionais específicas. Cada uma delas deve ser definida. Se, no curso da definição, novas unidades funcionais forem criadas, elas também serão definidas e assim por diante. Esse processo termina quando não é criada mais nenhuma unidade funcional e tudo o que resta é codificar a rotina. Por exemplo, a unidade que fecha o arquivo em disco provavelmente consistirá apenas em uma chamada de **fclose()**.

Note que a definição não menciona estrutura de dados ou variáveis. Isso é intencional. Até agora, o que se deseja definir é o que o seu programa fará, não como ele de fato o fará. Esse processo de definição ajuda-o a decidir quanto à real estrutura de dados utilizada. (Evidentemente, é preciso determinar a estrutura de dados antes que se possa codificar qualquer unidade funcional.)

Escolhendo uma Estrutura de Dados

Após ter determinado o perfil geral do seu programa, você precisa decidir como os dados serão estruturados. A escolha da estrutura de dados e sua implementação são críticas porque ajudam a determinar os limites do seu programa.

Uma lista postal trabalha com coleções de informações: nomes e endereços. Utilizando a abordagem top-down, isso imediatamente sugere o uso de uma estrutura para guardar a informação. Porém, como essas estruturas serão armazenadas e manipuladas? Para um programa de lista postal, poderia ser utilizada uma matriz de estruturas de tamanho pré-fixado. Mas uma matriz de tamanho fixo tem duas sérias desvantagens. Primeiro, o tamanho da matriz limita arbitrariamente a extensão da lista postal. Segundo, uma matriz de tamanho fixo não tirará vantagem de qualquer memória adicional que você possa colocar em seu computador. Por outro lado, se a memória for subtraída (por exemplo, se uma placa de memória falhar), o programa não funcionará, porque a matriz de tamanho fixo pode não caber mais na memória. Portanto, um programa de lista postal deve utilizar alocação dinâmica de memória de forma que a lista seja do tamanho que a memória permitir.

Embora a alocação dinâmica tenha sido escolhida em lugar de uma matriz de tamanho fixo, a forma exata dos dados ainda não foi definida. Há diversas possibilidades: você pode utilizar uma lista encadeada, uma lista duplamente encadeada, uma árvore binária ou mesmo um método de fragmentação. Cada método tem seus méritos e suas desvantagens. Se você decidir utilizar uma árvore binária, devido ao seu rápido tempo de busca, poderá então, definir a estrutura que contém cada nome e endereço da lista, como mostrado aqui:

```
struct addr {
  char name[30];
  char street[40];
  char city[20];
  char state[3];
  char zip[11];
  struct addr *left; /* ponteiro para a subárvore esquerda */
  struct addr *right; /* ponteiro para a subárvore direita */
};
```

Uma vez que a estrutura de dados tenha sido definida, você está pronto para codificar seu programa. Para tanto, simplesmente preencha os detalhes descritos no pseudocódigo que você criou anteriormente.

Se você seguir a abordagem top-down, seus programas não apenas serão mais fáceis de ler como levarão menos tempo para ser desenvolvidos e exigirão menor esforço para ser mantidos.

Funções à Prova de Bala

Em grandes programas, especialmente aqueles que controlam potencialmente eventos que ameacem a vida humana, a possibilidade de erros deve ser ínfima. Embora pequenos programas possam ser verificados em todas as condições, isso não acontece com os grandes. (Um programa examinado é dito livre de erros e jamais deixará de funcionar — pelo menos em teoria.) Por exemplo, considere um programa que controle os flaps das asas de um jato 767. Você não pode testar todas as possíveis interações das numerosas forças que serão exercidas sobre o avião. Isso significa que o programa não pode ser testado exaustivamente. No máximo, tudo o que se pode dizer é que ele foi executado corretamente em algumas situações específicas. Em um programa desse tipo, a última coisa que você (como passageiro ou programador) quer é uma quebra (do programa ou do avião).

Após ter programado por alguns anos, aprende-se que a maioria das quebras de programa fora do estágio de desenvolvimento inicial ocorre porque uma função inadvertidamente interfere no código ou nos dados de uma outra função. Por exemplo, muitos erros de programa catastróficos são causados por um destes erros relativamente comuns:

- Alguma condição faz com que seja iniciada um laço infinito não prevista.
- Os limites de uma matriz foram violados, causando danos a código ou dados adjacentes.
- Um tipo de dados ultrapassa sua capacidade de forma imprevista.

Na teoria, estes tipos de erros podem ser evitados por meio de práticas de projeto e programação cuidadosas e bem pensadas. (De fato, programas escritos profissionalmente devem estar razoavelmente livres deste tipo de erros.)

No entanto, existe outro tipo de erro que freqüentemente aparece depois do estágio de desenvolvimento inicial do programa, ocorrendo ou durante a fase final de "ajuste fino" ou durante a fase de manutenção do programa. Este erro é causado por uma função interferindo de maneira inadvertida no código ou nos dados de outra função. Este tipo de erro é especialmente difícil de encontrar porque o código em ambas as funções parece correto. Em vez disso, é a interação entre as duas funções que gera o erro. Portanto, para reduzir as chances de uma falha catastrófica, você irá querer que suas funções e seus dados sejam tão robustos quanto possível. A melhor maneira de conseguir isso é conservar o código e os dados relacionados a cada função ocultos do restante do programa. Isto é chamado algumas vezes de *encapsular código e dados.*

Ocultar código e dados é similar a contar um segredo apenas às pessoas que precisam conhecê-lo. Se uma função não precisa saber nada a respeito de uma outra função ou variável, não deixe a função ter acesso a ela. Para conseguir isso, estas quatro regras devem ser seguidas.

1. Cada unidade funcional deve ter um ponto de entrada e um ponto de saída.

2. Sempre que possível, passe as informações para as funções em lugar de usar variáveis globais.
3. Onde variáveis globais são necessárias para umas poucas funções relacionadas, você deve colocar as variáveis e as funções em um arquivo separado. Além disso, as variáveis globais devem ser declaradas como **static**.
4. Cada função deve ser capaz de informar o sucesso ou falha da operação para a qual foi chamada. Isto é, o código que chama a função deve ser capaz de saber se a função teve sucesso ou falhou.

A regra 1 determina que cada área funcional tem um ponto de entrada e um ponto de saída. Isto significa que, embora uma unidade funcional possa conter diversas funções, o resto do programa se comunica apenas por meio de uma delas. Considere o programa de lista postal discutido anteriormente. Há sete áreas funcionais. Você poderia colocar todas as funções necessárias a cada área funcional em seu próprio arquivo e compilá-las separadamente. Se isso for feito corretamente, a única maneira de entrar ou sair de cada unidade funcional será por meio da sua função de nível mais alto. E, no programa de lista postal, essas funções de nível mais alto são chamadas apenas por **main()**, desse modo evitando que uma unidade funcional danifique acidentalmente outra. Essa situação é representada na Figura 26.1.

Embora diminua a performance do programa, a melhor maneira de reduzir a possibilidade de efeitos colaterais é sempre passar toda informação necessária para a função e nunca usar dados globais. Essa é a regra 2 e, se você alguma vez já programou em BASIC padrão — no qual todas as variáveis são globais — você entende a sua importância.

A regra 3 determina que, quando dados globais devem ser utilizados, eles e as funções que precisam acessá-los devem ser colocados em um arquivo e compilados separadamente. Os dados globais devem ser declarados como **static**, escondendo-os, dessa forma, dos outros arquivos. Também, as funções que acessam os dados **static** podem, elas mesmas, ser declaradas como **static**, previnindo-as de serem chamadas por outras funções não declaradas dentro do mesmo arquivo.

Dito de maneira simples, a regra 4 garante que os programas tenham uma segunda chance ao permitir que o chamador de uma função possa responder de maneira razoável ante uma condição de erro. Por exemplo, se a função que controla os flaps de um avião resulta em uma condição errada, você não quer que o programa inteiro falhe (e o avião caia). Em vez disso, você deseja que o programa saiba que ocorreu um erro dentro da função. Como a condição de erro pode ser uma situação temporária para um programa que opera com dados obtidos em tempo real, o programa pode responder a um erro dessa natureza simplesmente aguardando por alguns instantes e tentando novamente.

Tenha em mente que a submissão rigorosa a estas regras não se aplica em todas as situações. No entanto, você deve seguir as regras quando for necessário o mais alto grau de tolerâncias a falhas. Objetivo deste enfoque é criar um programa que tenha a mais alta probabilidade de se recuperar sem prejuízo de uma condição de erro.

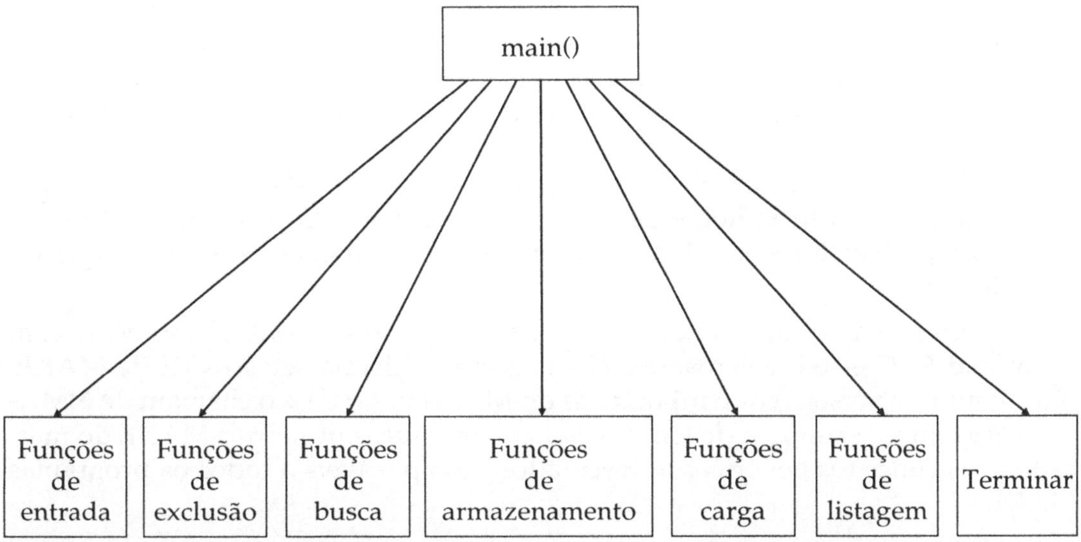

Figura 26.1 Cada unidade funcional tem apenas um ponto de entrada.

NOTA: Se você estiver especialmente interessado nos conceitos que suportam funções à prova de bala, deverá explorar C++. C++ fornece um mecanismo de proteção mais forte chamado encapsulamento, que diminui ainda mais a chance de uma função danificar outra.

Usando MAKE

Outro tipo de erro que tende a afetar a criação de programas grandes ocorre com maior freqüência durante o estágio de desenvolvimento e pode levar um projeto virtualmente a parar. Este erro ocorre quando um ou mais arquivos-fontes estão desatualizados em relação a seus respectivos códigos-objeto quando o programa é compilado. Quando isto ocorrer, o programa compilado não se comportará de acordo com o estado atual do código-fonte. Qualquer um que tenha estado envolvido na criação ou manutenção de um projeto grande de software provavelmente já experimentou este problema. Para ajudar a eliminar este tipo frustrante de erro, a maioria dos compiladores C inclui um utilitário chamado MAKE que ajuda a sincronizar arquivos-fonte e objeto. (O nome exato do utilitário MAKE para seu compilador pode não ser MAKE, portanto certifique-se verificando o nome correto no manual do usuário do compilador.)

MAKE é um programa utilitário que automatiza o processo de recompilação para grandes programas compostos de diversos arquivos. Como você provavelmente sabe, no decurso do desenvolvimento de um programa, muitas alterações pequenas são feitas em alguns arquivos. Então, o programa é recompilado e testado. Infelizmente, é fácil esquecer quais arquivos precisam ser recompilados. Nessa situação, você pode recompilar todos os arquivos — um desperdício de tempo — ou acidentalmente não recompilar um arquivo que foi modificado, acrescentando potencialmente diversas horas de depuração frustrante. O programa MAKE resolve esse problema recompilando automaticamente apenas os arquivos que foram alterados.

Os exemplos apresentados aqui usam o programa MAKE fornecido com o Borland C/C++ e o Microsoft C/C++. Borland chama seu MAKE de MAKE. No entanto, as versões contemporâneas do Microsoft C/C++ o chamam de NMAKE. Os exemplos também devem funcionar com outros utilitários MAKE do mercado, e os conceitos genéricos apresentados são aplicáveis a todos os programas MAKE.

NOTA: Nos últimos anos, os programas MAKE tornaram-se muito sofisticados. Os exemplos aqui apresentados ilustram a essência do MAKE. Você irá querer explorar o utilitário MAKE fornecido com seu compilador. Ele pode conter recursos especialmente úteis para seu ambiente de desenvolvimento.

MAKE é guiado por um *arquivo make*, que contém uma lista de arquivos-destinos, arquivos dependentes e comandos. Um *arquivo-destino* requer seus *arquivos dependentes* para produzi-lo. Por exemplo, T.C seria o arquivo dependente de T.OBJ, pois T.C é necessário para produzir T.OBJ. MAKE opera comparando as datas entre um arquivo dependente e seu arquivo-destino (como usado aqui, o termo *data* inclui a data de calendário e a hora). Se o arquivo-destino tem uma data anterior à do seu arquivo dependente ou não existe, a seqüência de comandos especificada é executada. Se a seqüência de comandos contém arquivos-destino definidos por outras dependências, então essas dependências também são atualizadas, conforme seja necessário. Quando o processo MAKE terminar, todos os arquivos-destino terão sido atualizados. Portanto, em um arquivo make construído corretamente, todos os arquivos-fonte que exigem compilação são automaticamente compilados e ligados, formando o novo executável. Desta maneira, os arquivos-fonte são mantidos em sincronismo com os arquivos-objeto.

A forma geral do arquivo make é

arquivo_destino1 : lista de arquivos_dependentes
seqüência_de_comandos

arquivo_destino2 : lista de arquivos_dependentes
seqüência_de_comandos

arquivo_destino3 : lista de arquivos_dependentes
seqüência_de_comandos

.
.
.

arquivo_destinoN : lista de arquivos_dependentes
seqüência_de_comandos

O nome do arquivo-destino deve começar na coluna mais à esquerda e ser seguido por dois-pontos e por sua lista de arquivos dependentes. A seqüência de comandos associada a cada destino deve ser precedida pelo menos por um espaço ou uma tabulação. Os comentários são precedidos por um # e podem vir após a lista de arquivos dependentes e a seqüência de comandos. Se eles aparecerem em uma linha própria, devem começar na coluna mais à esquerda. Cada especificação de arquivo-destino deve ser separada da próxima por, no mínimo, uma linha em branco.

A coisa mais importante que você precisa entender a respeito de um arquivo make é isto: a execução de um arquivo make pára tão logo a primeira dependência seja bem-sucedida. Isto significa que você deve projetar seus arquivos make de tal forma que as dependências sejam hierárquicas. Lembre-se de que nenhuma dependência pode ser bem-sucedida enquanto todas as dependências subordinadas não tiverem sido resolvidas.

Para ver como MAKE funciona, considere um programa muito simples. O programa é dividido em quatro arquivos chamados TEST.H, TEST.C, TEST2.C e TEST3.C. (Para seguir adiante, insira cada parte do programa nos arquivos indicados.) Essa situação é ilustrada na Figura 26.2. (Para acompanhar, digite cada parte do programa nos arquivos indicados.)

Se você estiver usando Borland C/C++, o próximo arquivo de make deverá recompilar o programa quando você fizer alterações. (Se você está usando um compilador C/C++, troque **bcc** por **cl**.)

```
test.exe:   test.h test.obj test2.obj test3.obj
        bcc test.obj test2.obj test3.obj

test.obj:   test.c test.h
        bcc -c test.c

test2.obj:  test2.c test.h
        bcc -c test2.c

test3.obj:  test3.c test.h
        bcc -c test3.c
```

TEST.H

```
extern int count;
```

TEST.C

```
#include <stdio.h>
void test2(void), test3(void);

int count = 0;

void main(void)
{
  printf("count=%d\n", count);
  test2();
  printf("count=%d\n", count);
  test3();
  printf("count=%d\n", count);
}
```

TEST2.C

```
#include <stdio.h>
#include "test.h"

void test2(void)
{
  count = 30;
}
```

TEST3.C

```
#include <stdio.h>
#include "test.h"

void test3(void)
{
  count = -100;
}
```

Figura 26.2 Um programa simples com quatro arquivos.

Normalmente um programa MAKE usará as diretivas de um arquivo chamado MAKEFILE. No entanto, você vai provavelmente querer usar um outro nome para seu arquivo make. Quando você usa outro nome para o arquivo make, você deve usar a opção **-f** na linha de comando. Por exemplo, se o nome do arquivo anterior for TEST, você deverá digitar

make -f test

no aviso da linha de comando para compilar os módulos necessários e criar um programa executável. (Isto se aplica tanto à versão de MAKE da Borland quanto ao NMAKE da Microsoft. Uma opção diferente pode ser necessária se você usa um utilitário MAKE diferente.)

A ordem é muito importante no arquivo make, porque muitas versões de MAKE movem-se na lista apenas para frente. Por exemplo, se o arquivo make TEST fosse alterado desta forma:

```
# Este é um arquivo de make incorreto.
test.obj:  test.c test.h
        bcc -c test.c

test2.obj:  test2.c test.h
        bcc -c test2.c

test3.obj:  test3.c test.h
        bcc -c test3.c

test.exe:  test.h test.obj test2.obj test3.obj
        bcc test.obj test2.obj test3.obj
```

não mais funcionaria corretamente quando o arquivo TEST.H (ou qualquer outro arquivo-fonte) fosse alterado. A razão disso é que a diretiva final (que cria um novo TEST.EXE) não será mais executada.

Usando Macros com MAKE

MAKE permite que sejam definidas macros no arquivo make. Esses nomes de macro são simplesmente substituídos pela informação que realmente seria determinada, por uma especificação na linha de comandos ou pela definição da macro no arquivo make. As macros são definidas de acordo com esta forma geral:

nome_da_macro = definição

Se deve haver algum espaço em branco na definição da macro, você deve colocar a definição entre aspas.

Uma vez a macro definida, ela é usada no arquivo desta forma:

$(*nome_da_macro*)

Cada vez que essa sentença é encontrada, a definição ligada à macro é substituída. Por exemplo, este arquivo make utiliza a macro **LIBFIL** para determinar qual biblioteca será utilizada pelo ligador:

```
LIBFIL = graphics.lib

prog.exe: prog.obj prog2.obj prog3.obj
        bcc prog.obj prog2.obj prog3.obj $(LIBFIL)
```

Muitos programas MAKE têm recursos adicionais, de forma que é muito importante que você consulte seu manual do usuário.

Usando um Ambiente Integrado de Desenvolvimento

A maioria dos compiladores modernos é fornecida de duas formas diferentes. A primeira forma é o compilador isolado, acessado a partir da linha de comando. Usando esta forma, você usa um editor separado para criar seu programa, depois você compila seu programa e, finalmente, você executa seu programa. Todos estes eventos ocorrem como comandos separados que você emite na linha de comando. Qualquer depuração ou controle de arquivos-fonte (tais como MAKE) também ocorre de maneira separada. O compilador de linha de comando é a maneira pela qual os compiladores eram implementados tradicionalmente.

A segunda maneira de um compilador é encontrada em um ambiente integrado de desenvolvimento (IDE, de Integrated Development Environment). Nesta forma, o compilador é integrado com um editor, um depurador, um gerenciador de projetos (que toma o lugar de um utilitário MAKE separado) e um sistema de suporte da execução. Usando um IDE, você edita, compila e executa seus programas sem jamais sair do IDE. Quando os IDEs foram inventados, eles eram meio difíceis de usar e tediosos de trabalhar. No entanto, hoje os IDEs fornecidos pelos principais fabricantes de compiladores têm muito a oferecer aos programadores. Se você gastar tempo para definir as opções do IDE de forma a otimizá-lo de acordo com as suas necessidades, você achará que o uso do IDE acelera seu processo de desenvolvimento.

É claro, usar um IDE ou o enfoque tradicional da linha de comando também é uma questão de gosto. Se você gosta de usar a linha de comando, então use-a. Além disso, um ponto que ainda favorece o enfoque tradicional é que você pode escolher pessoalmente cada uma das ferramentas que usa, em vez de ter de contentar-se com aquelas que são fornecidas pelo IDE.

27

Eficiência, Portabilidade e Depuração

A habilidade de escrever programas que façam uso eficiente dos recursos do sistema, sejam livres de erros e possam ser transportados para um novo computador é a marca característica de um programador profissional. É também nessas áreas que a ciência da computação torna-se a "arte da ciência da computação" devido a poucas técnicas formais que garantem êxito. Este capítulo apresenta alguns dos métodos para se obter eficiência, aperfeiçoar a depuração de programas e aumentar a portabilidade.

Eficiência

Em programação, o termo *eficiência* pode referir-se à velocidade de execução, utilização dos recursos do sistema, ou ambos. Os recursos do sistema incluem coisas como RAM, espaço em disco, papel de impressora e coisas do gênero — basicamente qualquer coisa que você possa alocar e utilizar. Se um programa é eficiente ou não é, algumas vezes, um julgamento subjetivo que pode variar de situação para situação. Por exemplo, considere um programa de ordenação que utilize 128 K de RAM, 2 MB de espaço em disco e cujo tempo médio de processamento seja sete horas. Se esse programa está ordenando 100 endereços de um banco de dados de uma lista postal, ele não é muito eficiente. Porém, se o programa está ordenando a lista telefônica de New York, então é provavelmente muito eficiente.

Além disso, a otimização de um aspecto de um programa geralmente degrada um outro. Por exemplo, fazer um programa ser executado mais rapidamente geralmente também significa torná-lo maior quando é utilizado código em linha (in-line) para eliminar o tempo extra despendido por uma chamada a uma função. Da mesma forma, tornar um programa menor, substituindo código em linha por chamadas a funções, faz o programa rodar mais lentamente. Assim também, fazer um uso mais eficiente do espaço em disco significa compactar os dados, o que pode tornar os acessos ao disco mais lentos. Esses e outros tipos de trocas na eficiência podem ser muito frustrantes — especialmente para não-programadores e usuários finais, que não conseguem perceber por que uma coisa deve afetar outra.

Felizmente, há algumas práticas de programação que sempre são eficientes — ou, pelo menos, mais eficientes que outras. Além disso, existem algumas técnicas que tornam os programas mais rápidos e menores. Este capítulo examina essas técnicas.

Os Operadores de Incremento e Decremento

As discussões sobre o uso eficiente de C quase sempre começam com os operadores de incremento e decremento. Caso você tenha esquecido, os operadores de incremento, **++**, incrementam seu operando em um e o operador de decremento, **--**, decrementa-o em um. Por exemplo, estes dois comandos são iguais no efeito final.

```
x = x + 1;

x++;
```

Ambos incrementam o valor de **x** de um. No entanto, o comando de incremento é executado mais rápido e requer menos RAM do que seu comando de atribuição correspondente. Isso acontece devido à forma como o código-objeto é gerado pelo compilador. Geralmente, como no caso da maioria dos microcomputadores, é possível incrementar ou decrementar uma palavra da memória sem utilizar explicitamente instruções de carga e armazenamento. Por exemplo, utilizando uma linguagem assembly imaginária que se aproxima de forma imprecisa daquela encontrada em muitos microprocessadores, o comando

```
x = x + 1;
```

gera um código-objeto semelhante a isto:

```
mova A,x  ;    carrega o valor de x da memória no
          ;    acumulador
some A1   ;    soma 1 ao acumulador
armazene x;    armazena o novo valor de volta em x
```

Se, porém, fosse utilizado o operador de incremento, o seguinte código seria produzido:

```
incr x   ;     incrementa x de 1
```

Como você pode observar, as instruções de carga e armazenamento foram eliminadas, o que significa que o código roda mais rápido e é menor. Embora muitos dos melhores compiladores otimizem automaticamente um comando como **x = x + 1** para **x++**, isso não pode ser tomado como certo.

Utilizando Variáveis em Registradores

Sem dúvida, você deve utilizar sempre que possível variáveis em registradores para controle de laços. Qualquer variável especificada como **register** é armazenada de uma maneira que produz o tempo de acesso mais curto. Para tipos inteiros, isso normalmente significa um registrador da CPU. Isso é importante porque a velocidade em que os laços críticos de um programa são executados determina a velocidade geral do programa.

Para mostrar como o código difere entre uma variável **register** e uma variável normal armazenada na memória este programa foi compilado de forma a gerar um arquivo em linguagem assembly. Como você deve saber, muitos compiladores C fornecem uma opção que faz com que o compilador crie um arquivo em código assembly antes de um arquivo código objeto. Usando esta opção verifique o código produzido pelo compilador, observando que cada tipo de variável é manipulada. (Declarando que **J** como uma variável global garanta que sem a otimização do compilador automaticamente o converterá para dentro da variável **register**.)

```
int j;

void main(void)
{
  register int i;

  for(i=0; i<100; i++) ;

  for(j=0; j<100; j++) ;
}
```

Este arquivo foi produzido pelo Borland C/C++. (O arquivo em código assembly produzido é mostrado a seguir. Os comentários que iniciam com asteriscos foram acrescentados pelo autor.) Note as diferenças nas instruções usadas na repetição controlada por registrador e a repetição controlada sem registrador. Embora este código tenha sido produzido pelo Borland C/C++, código similar será produzido por qualquer compilador C.

```
        ifndef  ??version
?debug  macro
        endm
publicdll macro  name
        public name
        endm
$comm   macro     name,dist,size,count
        comm      dist name:BYTE:count*size
        endm
        else
$comm   macro      name,dist,size,count
        comm       dist name[size]:BYTE:count
        endm
        endif
        ?debug V 300h
        ?debug S "regvars.c"
        ?debug C E90364441F0972656776617 2732E63
_TEXT   segment byte public 'CODE'
_TEXT   ends
DGROUP  group    _DATA,_BSS
        assume  cs:_TEXT,ds:DGROUP
_DATA   segment word public 'DATA'
d@      label   byte
d@w     label   word
_DATA   ends
_BSS    segment word public 'BSS'
b@      label byte
b@w     label word
_BSS    ends
_TEXT   segment byte public 'CODE'
   ;
   ;    void main (void)
   ;
        assume   cs:_TEXT
_main   proc     near
        push     bp
        mov      bp,sp
   ;
   ;    {
   ;      register int i;
   ;
   ;      for(i=0; i<100; i++ ;
   ;
;*****************************************************
; O código seguinte inicializa a repetição controlada
```

```
; por variável registrador. Note como a variável de
; controle é inicializada com uma instrução XOR.
************************************************************
     xor   ax,ax
     jmp   short @1@86
@1@58:
;******* Este é um incremento de registrador.
     inc   ax
@1@86:
;******* Esta é uma comparação de registrador.
     cmp   ax,100
     jl    short @1@58
;
;
;    for(j=0; j>100; j++) ;
**********************************************************
; O código seguinte inicializa a repetição controlada
; por variável de memória. Note que é necessário um
; acesso a memória para inicializar a variável.
************************************************************
        mov    word ptr DGROUP:_j,0
        jmp    short @1@170
@1@142:
; ******* Aqui, um acesso à memória é usado para incrementar j.
         inc    word ptr DGROUP:_j
@1@170:
; ******* Aqui, um acesso à memória é usado para comparar j.
          cmp   word ptr DGROUP:_j,100
          jl    short @1@142
   ;
   ;      }
   ;
          pop   bp
          ret
_main     endp
_TEXT     ends
_BSS      segment word public 'BSS'
_j        label   word
          db      2 dup (?)
          ?debug  C E9
          ?debug  C FA00000000
_BSS      ends
_DATA     segment word public 'DATA'
s@        label byte
```

```
_DATA      ends
_TEXT      segment byte public 'CODE'
_TEXT      ends
           public _main
           public _j
_s@        equ    s@
           end
```

Como você pode observar no arquivo em linguagem assembly, a repetição controlada por variável registrador não requer nenhum acesso à memória. No entanto, a repetição controlada pela variável de memória requer numerosos acessos à memória. Como os acessos à memória são mais custosos em termos de tempo do que os acessos a registradores, é óbvio qual repetição executará mais rapidamente.

Embora seja possível declarar quantas variáveis se queira como **register**, na realidade, a maioria dos compiladores pode otimizar o tempo de acesso de apenas umas poucas. Por exemplo, geralmente apenas duas variáveis do tipo inteiro podem ser guardadas em registradores da CPU. O padrão ANSI determina que o compilador pode desprezar o especificador **register** e manipular a variável normalmente. A razão para essa provisão é que, em muitos ambientes, há apenas um número limitado de posições de armazenamento de acesso rápido. Assim, é conveniente escolher cuidadosamente aquelas variáveis que você deseja que sejam acessadas mais rapidamente.

Ponteiros *Versus* Indexação de Matrizes

A indexação de matrizes pode, também, ser substituída por aritmética de ponteiros para produzir um código menor e mais rápido. Ponteiros geralmente tornam seu código mais rápido e tomam menos espaço. Por exemplo, os dois fragmentos de código seguintes executam a mesma tarefa:

```
Indexação de matrizes          Aritmética de ponteiros

                               p = array;
for(;;) {                      for(;;) {
   a = array[t++];               a = *(p++)
   .                             .
   .                             .
   .                             .
}                              }
```

A vantagem do método ponteiro é que, uma vez que **p** tenha sido carregado com o endereço de **array** (talvez em um registrador de índice, como **SI** no processador 8086), apenas um incremento precisa ser executado cada vez que o laço se repete. Já, a versão com indexação de matriz precisa calcular o índice da matriz baseado no valor de **t** — uma tarefa mais complexa. A disparidade nas velocidades de execução da indexação de matrizes e aritmética de ponteiro aumenta à medida que são utilizados índices múltiplos. Cada índice requer sua própria seqüência de instruções, enquanto a aritmética de ponteiro equivalente pode usar simples adição.

Mas, cuidado! Você deve utilizar indexação de matrizes quando o índice for derivado de uma fórmula muito complexa e a aritmética de ponteiro obscureceria o significado do programa. Normalmente, é melhor perder um pouco em desempenho que sacrificar a clareza.

Uso de Funções

Lembre-se, a todo momento, de que o uso de funções isoladas com variáveis locais ajuda a formar a base da programação estruturada. Funções são os blocos construcionais de programas em C e um dos seus mais fortes recursos. Não deixe que nada que seja discutido neste capítulo faça-o pensar diferente. Tendo sido avisado, há umas poucas coisas que você deve saber sobre funções em C e suas contribuições no tamanho e na velocidade do seu código.

Primeiramente, C é uma linguagem orientada pela pilha. Isso significa que todas as variáveis locais e os parâmetros para as funções utilizam a pilha para armazenamento temporário. Quando uma função é chamada, o endereço de retorno da rotina chamadora é colocado na pilha também. Isso permite que a sub-rotina retorne à posição em que foi chamada. Quando uma função retorna, esse endereço e todas as variáveis locais e parâmetros têm de ser removidos da pilha. O processo de colocação dessa informação é geralmente chamado de *seqüência de chamada* e o processo de retirada é denominado *seqüência de retorno*. Essas seqüências tomam tempo — algumas vezes bastante tempo.

Para entender como uma chamada à função pode retardar seu programa, veja estes dois fragmentos de código:

Versão 1

```
for(x=1; x<100; ++x) {
   t = compute(x);
}
```

Versão 2

```
for(x=1; x<100; ++x){
   t = abs(sin(x)/100/3.1416);
}
```

```
float compute(int q)
{
   return abs(sin(q)/100/3.1416);
}
```

Embora cada laço execute a mesma função, a versão 2 é muito mais rápida, porque a sobrecarga das seqüências de chamada e retorno foi eliminada pelo uso de código em linha.

Veja outro exemplo, dessa vez com o código assembly gerado pelo compilador Borland C/C++. Este programa

```
max(int a, int  b);

void main(void)
{
  int x;

  x = max(10, 20);
}

max(int a, int b)
{
  return a>b ? a : b;
}
```

produz o seguinte código assembly. As seqüências de chamada e retorno são indicadas por comentários, começando com asteriscos acrescentados pelo autor. Como você pode observar, elas formam uma parte considerável do código do programa.

```
        .286p
        ifndef    ??version
?debug  macro
        endm
publicdll macro name
        public  name
        endm
$comm   macro   name,dist,size,count
        comm    dist name: BYTE:count *size
        endm
        else
$comm   macro   name,dist,size,count
        comm    dist name[size]:BYTE:count
        endm
        endif
```

```
        ?debug V 300h
        ?debug S "funções.C"
        ?debug C E90765441F0966756E636F65732E63
_TEXT   segment byte public 'CODE'
_TEXT   ends
DGROUP  group   _DATA,_BSS
        assume  cs:_TEXT,ds:DGROUP
_DATA   segment word public 'DATA'
d@      label   byte
d@w     label   word
_DATA   ends
_BSS    segment word public 'BSS'
b@      label   byte
b@w     label   word
_BSS    ends
_TEXT   segment byte public 'CODE'
   ;
   ;    void main(void)
   ;
        assume cs:_TEXT
_main   proc   near
        enter  2,0
   ;
   ;    {
   ;      int x;
   ;
   ;      x = max(10,20);
   ;
; ***************************************************
; Este é o começo da seqüência de chamada.
; ***************************************************
         push    20
         push    10
         call    near ptr _max
; ***************************************************
;
;
; ***************************************************
; A próxima linha faz parte da seqüência de retorno.
; ***************************************************
         add     sp,4
         mov     word ptr [bp-2],ax
         ;
         ; }
         ;
         leave
         ret
_main    endp
   ;
```

```
    ;      max(int a, int b)
    ;
           assume  cs:_TEXT
_max       proc    near
; ***********************************************
; Mais da seqüência de chamada.
; ***********************************************
        push    bp
        mov     bp,sp
        mov     dx,word ptr [bp+4]
        mov     bx,word ptr [bp+6]
; ***********************************************
    ;
    ;   {
    ;     return a>b ? a : b;
    ;
        cmp     dx,bx
        jle     short @2@86
        mov     ax,dx
        jmp     short @2@114
@2@86:
; ***********************************************
; Aqui está a primeira parte da seqüência de retorno.
; ***********************************************
        mov     ax,bx
@2@114:
        jmp     short @2@142
@2@142:
    ;
    ;   }
    ;
        pop     bp
        ret
_max    endp
        ?debug  C E9
        ?debug  C FA00000000
_TEXT   ends
_DATA   segment word public 'DATA'
s@      label   byte
_DATA   ends
_TEXT   segment byte public 'CODE'
_TEXT   ends
        public _main
        public _max
_s@     equ     s@
        end
```

O código real produzido depende de como o compilador é implementado e de que processador está sendo utilizado, mas geralmente segue o mesmo padrão desse exemplo.

Neste momento, você poderia pensar que deve escrever programas com apenas poucas funções maiores e, assim, eles rodariam mais rápido. Isso provavelmente não é uma boa idéia. Primeiro, na grande maioria dos casos a pequena diferença de tempo obtida por meio do uso de grandes funções não é significativa e a perda de estrutura é considerável. Mas há um outro problema. A substituição de funções, que são usadas por diversas rotinas, por código em linha pode fazer com que seu programa se torne muito grande, pois o mesmo código é duplicado diversas vezes. Tenha em mente que as sub-rotinas foram inventadas principalmente como forma de fazer um uso mais eficiente da memória. Isso explica por que, como regra geral, tornar seu programa mais rápido significa fazê-lo maior, enquanto torná-lo menor significa fazê-lo mais lento.

Como análise final, só faz sentido utilizar código em linha em lugar de uma chamada a uma função quando a velocidade é de absoluta prioridade. Caso contrário, o uso deliberado de funções é definitivamente recomendado.

Programas Portáveis

É comum que um programa escrito para uma máquina seja transportado para outra com um processador ou sistema operacional diferente, ou ambos. Esse processo é chamado de *portabilidade* e pode ser muito fácil ou extremamente difícil de ser obtido, dependendo de como o programa foi originalmente escrito. Um programa que pode ser facilmente transportado é chamado de *portável*. Um programa não é muito portável quando contém numerosas *dependências da máquina* — fragmentos de código que funcionam somente com um sistema operacional e processador específico. C lhe permite criar códigos portáveis, mas, para isso, é necessário cuidado e atenção aos detalhes. Esta seção examina algumas áreas com problemas específicos e oferece algumas soluções.

Usando #define

Talvez a maneira mais fácil de tornar programas portáveis seja fazer uma diretiva de substituição de macro **#define** para todos os "números mágicos" dependentes do processador ou do sistema. Esses "números mágicos" incluem tamanho dos buffers para acesso a disco, comandos especiais para tela e teclado, informações sobre alocação de memória e qualquer outra coisa que tenha a menor possibilidade de ser trocada quando o programa for transportado. Esses **#define**s não só tornam claros os números mágicos para a pessoa que está fazendo o transporte como também simplificam o trabalho de edição, porque seus valores têm de ser trocados apenas uma vez e não ao longo de todo o programa.

Por exemplo, aqui está um comando **fread()** que é inerentemente não-portável:

```
fread(buf, 128, 1, fp);
```

O problema é que o tamanho do buffer, 128, está fixado em **fread()**. Isso pode funcionar para um sistema operacional, mas não ser a melhor opção para outro. A melhor maneira para codificar essa função é vista aqui:

```
#define BUF_SIZE 128

fread(buf, BUF_SIZE, 1, fp);
```

Nesse caso, quando for necessário mover-se para um sistema diferente, apenas o **#define** tem de mudar e todas as referências a **BUF_SIZE** são automaticamente corrigidas. Isso não só torna mais fácil alterar como também evita muitos erros de edição. Lembre-se de que, provavelmente, haverá muitas referências a **BUF_SIZE** em um programa real, assim, o ganho em portabilidade é significativo.

Dependências do Sistema Operacional

Virtualmente todos os programas comerciais contêm código específico para o sistema operacional sob o qual são executados. Por exemplo, uma planilha para MS-DOS pode chamar diretamente rotinas da BIOS para conseguir mudar o modo de vídeo mais rapidamente, ou um aplicativo de contabilidade para Windows pode usar fontes especiais disponíveis somente nesse ambiente. O ponto é que algumas dependências em relação ao sistema operacional são necessárias para programas que sejam bons, rápidos e comercialmente viáveis. Mas as dependências para com os sistemas operacionais também dificultam a portabilidade dos seus programas.

Embora não exista nenhuma regra simples que você possa seguir para minimizar as suas dependências em relação ao sistema operacional, existe um conselho que pode ser oferecido: separe as partes de seu programa que lidam diretamente com a sua aplicação das partes que formam a interface com o sistema operacional. Desta forma, se você portar seu programa para um novo ambiente, precisará modificar apenas os módulos de interface.

Diferenças no Tamanho dos Dados

Se você quiser escrever código portátil, você nunca deve fazer suposições sobre o tamanho dos tipos de dados. Como você provavelmente sabe, o tamanho de uma palavra em um processador de 16 bits é de 16 bits; para um processador de 32 bits será de 32 bits. Como o tamanho de uma palavra tende a ser o mesmo tamanho de um inteiro, código que suponha que um inteiro tem 16 bits, por exemplo, não funcionará quando portado para um ambiente de 32 bits. Para evitar dependências do tamanho, use **sizeof** sempre que seu programa precisa saber quantos bytes são ocupados por alguma coisa. Por exemplo, este comando escreve um inteiro para um arquivo em disco e funciona em qualquer ambiente:

```
fwrite(&i, sizeof(int), 1, stream);
```

Algumas vezes, porém, não é possível criar um código portátil, mesmo com **sizeof**. Por exemplo, esta função (que troca os bytes de um inteiro) funciona com inteiros de 16 bits, mas falha com inteiros de 32 bits.

```
void swap_bytes(int *x)
{
  union sb {
    int t;
    unsigned char c[2];
  } swap;

  unsigned char temp;

  swap.t = *x;
  temp = swap.c[1];
  swap.c[1] = swap.c[0];
  swap.c[0] = temp;
  *x = swap.t;
}
```

Se você sabe de antemão que precisará de uma versão de 32 bits desta função, precisar criar uma segunda versão e então usar uma diretiva de compilação condicional (tal como **#ifdef**) para compilar a versão correta para cada ambiente.

Depuração

Plageando Thomas Edison, programação é 10% de inspiração e 90% de depuração. Todos os programadores realmente bons são bons depuradores. Os tipos de erros (bugs) que podem facilmente ocorrer quando se está usando C são o tópico desta seção.

Erros de Ordem de Processamento

Os operadores de incremento e decremento são utilizados na maioria dos programas escritos em C, e a ordem em que as operações ocorrem é afetada caso esses operadores precedam ou sigam a variável. Considere o seguinte:

```
y = 10;              y = 10;

x = y++;             x = ++y;
```

Esses dois comandos não são iguais. O primeiro atribui o valor **10** a **x** e, então, incrementa **y**. O segundo incrementa **y** para **11** e atribui o valor **11** a **x**. Portanto, no primeiro caso, **x** contém **10**; no segundo, **x** contém **11**. A regra é que as operações de incremento e decremento ocorrem antes das outras operações, se elas precedem o operando; caso contrário, ocorrem depois.

Um erro de ordem de processamento normalmente ocorre quando são feitas alterações em um comando já existente. Por exemplo, o comando

```
x = *p++;
```

atribui o valor apontado por **p** a **x** e incrementa o ponteiro **p**. Imagine, porém, que, mais tarde, você decida que **x** precisa realmente do valor apontado por **p** vezes o valor apontado por **p**. Para tanto, você tenta

```
x = *p++ * (*p);
```

Porém, isso não funciona, porque **p** já foi incrementado. A solução apropriada é escrever

```
x = *p * (*p++);
```

Erros como esse podem ser muito difíceis de encontrar. Pode haver indícios como em laços que não rodam corretamente ou rotinas que erram por um. Se tem qualquer dúvida sobre um comando, recodifique-o de maneira a sentir-se seguro.

Problemas com Ponteiros

Um erro muito comum em programas em C é o mau uso de ponteiros. Problemas com ponteiros recaem em duas categorias gerais. A má compreensão da indireção e dos operadores de ponteiros e o uso acidental de ponteiros inválidos. A solução para o primeiro problema é entender a linguagem C; a solução para o segundo é sempre verificar a validade de um ponteiro antes de usá-lo.

O que segue é um típico erro de programação em C:

```
/* Este programa tem um erro. */
#include <stdlib.h>
#include <stdio.h>

void main(void)
{
  char *p;

  *p = malloc(100); /* esta linha está errada */
  gets(p);
  printf(p);
}
```

Esse programa muito provavelmente quebrará (crash) — possivelmente levando consigo o sistema operacional. A razão é que o endereço devolvido por **malloc()** não foi atribuído a **p**, mas à posição de memória apontada por **p**, que, nesse caso, é completamente desconhecida. Para corrigir esse programa, você deve substituir

```
p = malloc(100); /* isto está correto */
```

na linha incorreta.

O programa também contém um segundo e mais insidioso erro. Não há verificação, em tempo de execução, do endereço devolvido por **malloc()**. Lembre-se: se a memória está cheia, **malloc()** devolve **NULL**, que nunca é um ponteiro válido em C. O problema ocasionado por esse tipo de erro é muito complicado, porque raramente ocorre, só quando um pedido de alocação falha. A melhor maneira de trabalhar com esse tipo de problema é evitá-lo. O que segue é uma versão corrigida do programa, que inclui uma verificação da validade do ponteiro:

```
/* Este programa está correto. */

#include <stdio.h>
#include <stdlib.h>

void main(void)
{
  char *p;

  p = malloc(100); /* esta linha está correta */

  if(!p) {
    printf("Sem memória.\n");
    exit(1);
  }

  gets(p);
  printf(p);
}
```

A coisa terrível com os ponteiros "selvagens" é que eles são muito difíceis de rastrear. Se você estiver fazendo atribuições a uma variável ponteiro que não contém um endereço válido, seu programa parecerá funcionar corretamente algumas vezes e quebrará em outras. Quanto menor seu programa, maior a probabilidade de ele rodar corretamente, mesmo com um ponteiro extraviado. Isso ocorre porque muito pouca memória está sendo utilizada e as chances de essa memória ser utilizada por alguma outra coisa são estatisticamente pequenas. Conforme seu programa cresce, as falhas tornam-se mais comuns, mas, ao tentar depurar, você pensará nos acréscimos recentes ou alterações no seu programa e não em erros de ponteiros. Assim, você tenderá a procurar o erro no lugar errado.

Uma maneira de reconhecer um problema com ponteiros é lembrar que os erros tendem a ser erráticos. Seu programa poderá funcionar corretamente uma vez e erradamente em outra. Algumas vezes outras variáveis conterão "lixo", sem razão aparente. Se esses problemas ocorrerem, verifique seus ponteiros. Como regra de procedimento, você sempre deve verificar todos os ponteiros quando os erros começarem a aparecer.

Embora os ponteiros possam ser problemáticos, eles são também um dos aspectos mais poderosos da linguagem C e valem a pena, apesar de todos os problemas que podem causar. Faça um esforço no início para aprender a usá-los corretamente.

Um último ponto a lembrar sobre ponteiros é que você deve inicializá-los antes de serem utilizados. Considere o fragmento de código:

```
int *x;

*x = 100;
```

Isso será um desastre, porque você não sabe para onde **x** está apontando. Atribuir um valor a uma posição desconhecida provavelmente destruirá alguma coisa de valor, como outro código ou dado do programa.

Erros Bizarros de Sintaxe

Ocasionalmente, você verá um erro de sintaxe que não conseguirá entender ou mesmo saber por que é um erro. Algumas vezes, o próprio compilador C pode ter um erro que o leva a apresentar falsos erros. A única maneira de contornar isso é refazer seu código. Outros erros não usuais requerem simplesmente uma busca mais detalhada para serem encontrados.

Um erro particularmente desconcertante ocorre quando você tenta compilar o seguinte código.

```
char *myfunc(void);

void main(void)
{
        .
        .
        .
}

myfunc(void) /* erro informado aqui */
{
        .
        .
        .
}
```

Seu compilador emitirá uma mensagem de erro semelhante a **Type mismatch in redeclaration of f()** em referência à linha indicada na listagem. Como pode ser isso? Não há duas **myfunc()**s. A resposta é que **myfunc()** foi declarada como devolvendo um ponteiro a caractere no início do programa. Essa declaração provoca uma entrada na tabela de símbolos com essa informação. Quando o compilador encontra **myfunc()**, mais tarde, dentro do programa, não há nenhuma indicação de que **myfunc()** devolverá outra coisa que não seja um inteiro, o tipo padrão. Logo, você estará "redeclarando" ou "redefinindo" a função.

Outro erro de sintaxe que é difícil de entender aparece no seguinte código:

```
/* Este programa tem um erro de sintaxe. */
#include <stdio.h>

void func1(void);

void main(void)
{
  func1();
}

void func1(void);
{
  printf("isto é func1 \n");
}
```

O erro aqui é o ponto-e-vírgula após a declaração de **func1()**. O compilador verá isso como um comando fora de qualquer função, o que caracteriza um erro. Porém, a maneira como o erro será apresentado varia entre compiladores. Muitos compiladores mostrarão uma mensagem de erro, como **bad declaration syntax** (declaração com sintaxe errada), apontando para a primeira chave após **func1()**. Como você está acostumado a ver pontos-e-vírgulas depois de declarações, poderá ser difícil ver a fonte desse erro.

Erros por Um

Como você deve saber, em C, todas as indexações de matrizes começam em 0. Um erro comum aparece, como o uso do laço **for** para acessar os elementos de uma matriz. Considere o programa seguinte, que inicializa uma matriz de 100 inteiros:

```
/* Este programa não funcionará. */

void main(void)
{
  int x, num[100];

  for(x=1; x<=100; ++x) num[x]=x;
}
```

O laço **for**, nesse programa, está errado por duas razões. Primeiro, ele não inicializa **num[0]**, o primeiro elemento da matriz **num**. Segundo, ele passa do final da matriz, porque **num[99]** é o último elemento. A maneira correta de escrever este programa é

```
/* Isto está certo. */

void main(void)
{
  int x, num[100];

  for(x=0; x<100; ++x) num[x]=x;
}
```

Lembre-se: uma matriz de 100 elementos vai de 0 a 99.

Erros de Limites

O ambiente de tempo de execução de C e muitas funções da biblioteca padrão fazem pouca ou nenhuma verificação de limites. Por exemplo, é possível escrever após o final de matrizes. Considere o programa seguinte, que lê uma string do teclado e exibe-a na tela.

```
#include <stdio.h>

void main(void)
{
  int var1;
  char s[10];
  int var2;

  var1 = 10;  var2 = 10;
  gets(s);
  printf("%s %d %s", s, var1, var2);
}
```

Nesse caso, não há nenhum erro de código. Indiretamente, porém, um erro pode ser provocado ao chamar **gets()** com **s**. No programa, **s** é declarada com 10 caracteres de comprimento, mas, e se o usuário digitar mais de 10 caracteres? Isso fará com que o limite de **s** seja ultrapassado. O problema real é que **s** pode exibir todos os caracteres, mas nem **var1** nem **var2** possuirão valores corretos. Virtualmente, todos os compiladores C usam a pilha para armazenar variáveis locais. As variáveis **var1**, **var2** e **s** estarão localizadas na memória, como mostra a Figura 27.1.

Seu compilador C pode inverter a ordem de **var1** e **var2**, mas elas ainda estarão ao redor de **s**. Quando se escreve além do final de **s**, a informação adicional é colocada na área que é reservada a **var2**, destruindo qualquer conteúdo anterior. Assim, em lugar de imprimir o número 10 para ambas as variáveis inteiras, o programa exibirá algo a mais para aquela variável destruída pela escrita em **s**. Além disso, nesse exemplo específico, o endereço de retorno da função também pode ser perdido, provocando uma quebra.

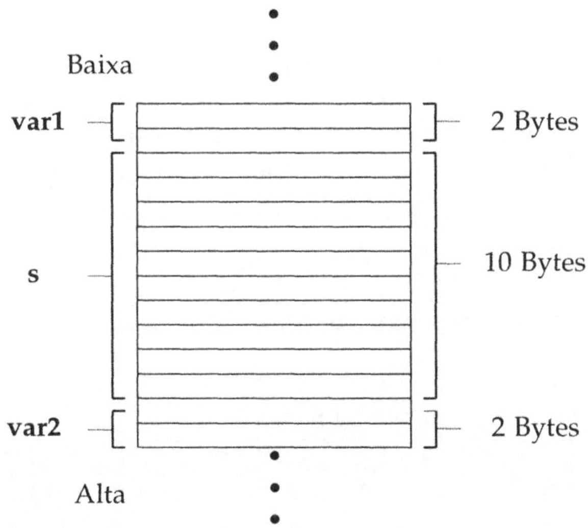

Figura 27.1 As variáveis **var1**, **var2** e **s** na memória.

Omissão de Protótipo de Função

Sempre que uma função devolve um tipo de valor diferente de inteiro, ela deve ser declarada como tal usando seu protótipo. Se você não incluir um protótipo de função, o compilador assumirá que ela devolve um inteiro. Considere o programa seguinte, que multiplica dois números em ponto flutuante:

```
/* Este programa está errado. */
#include <stdio.h>

void main(void)
{
  float x, y;
  scanf(%f%f", &x, &y);
  printf("%f", mul(x, y));
}

float mul(float a, float b)
{
```

```
  return a*b;
}
```

Aqui, **main()** espera um valor inteiro de **mul()**, mas **mul()** devolve um número em ponto flutuante. Você obterá respostas sem sentido porque **main()** copiará apenas 2 bytes dos 8 necessários para um **float**. Embora C perceba esse erro, caso as funções estejam no mesmo arquivo, isso não é possível se elas estiverem em módulos compilados separadamente e nenhum protótipo para **mul()** tenha sido incluído. O programa anterior é uma excelente ilustração de por que é preciso colocar protótipos para todas as funções em um programa.

A maneira de corrigir esse programa é pôr um protótipo para **mul()**. A versão corrigida é mostrada aqui:

```
/* Este programa está correto. */
#include <stdio.h>

float mul(float a, float b);

void main(void)
{
  float x, y;

  scanf(%f%f", &x, &y);
  printf("%f", mul(x, y));
}

float mul(float a, float b)
{
  return a*b;
}
```

Nesse caso, o protótipo diz a **main()** que **mul()** devolve um valor em ponto flutuante.

Erros de Argumentos

Você deve certificar-se de casar o tipo de argumento que uma função espera com o tipo que a ela é passado. Um exemplo importante é **scanf()**. Lembre-se de que **scanf()** espera receber os *endereços* de seus argumentos, não seus valores. Por exemplo,

```
int x;
char string[10];
```

```
scanf("%d%s", x, string);
```

está errado, enquanto

```
scanf("%d%s", &x, string);
```

está correto. Recorde que strings já passam seus endereços para funções, assim, você não deve utilizar o operador & nesse caso.

Colisões entre a Pilha e o Heap

Embora alguns compiladores não permitam que a pilha colida com o heap, muitos não fazem nenhuma verificação. Quando isso acontece, o programa "morre" completamente ou continua a rodar de modo estranho. Esse segundo sintoma ocorre quando um dado é usado acidentalmente como endereço de retorno.

O que há de pior nas colisões entre a pilha e o heap é que, geralmente, ocorrem sem nenhum aviso e "matam" o programa completamente, de forma que o código de depuração não pode ser executado. Outro problema é que as colisões entre a pilha e o heap aparecem freqüentemente como ponteiros "selvagens", o que o desencaminha. A única coisa que se pode dizer é que a maioria das colisões entre a pilha e o heap é provocada por funções recursivas desgovernadas. Se seu programa usa recursão e ocorrem falhas inexplicáveis, verifique as condições para terminação de suas funções recursivas.

Teoria Geral de Depuração

Cada um tem uma abordagem diferente para programar e depurar. Porém, certas técnicas têm provado ser melhores do que outras. No caso da depuração, testes incrementais são considerados os de menor custo e os mais eficientes, muito embora aparentem retardar o processo de desenvolvimento.

Teste incremental é o processo de sempre ter um programa funcionando. Isto é, no início do processo de desenvolvimento é estabelecida uma unidade operacional. *Uma unidade operacional* é simplesmente uma porção de código que trabalha. Quando um novo código é acrescentado a essa unidade, ele é testado e depurado. Dessa forma, o programador pode encontrar erros facilmente, porque eles provavelmente ocorrerão no código acrescentado ou na forma em que ele interage com a unidade operacional.

O tempo de depuração é proporcional ao número total de linhas nas quais o *bug* (erro) poderia estar com os testes incrementais, é possível restringir o número de linhas de código a apenas aquelas que foram recentemente adicionadas — isto é, fora da unidade operacional. Essa situação é mostrada na Figura 27.2. No processo de depuração, você, como programador, deve trabalhar com a menor área possível. Por meio dos testes incrementais, é possível subtrair a área já testada da área total, reduzindo, dessa forma, a região em que um erro pode ser encontrado.

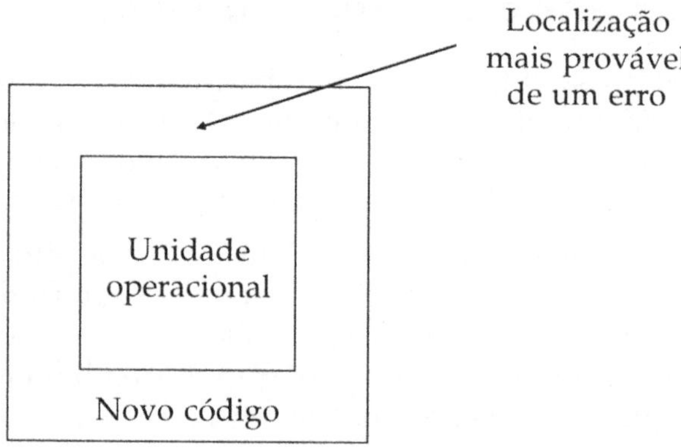

Figura 27.2 A posição mais provável para um erro quando são usados testes incrementais.

Em grandes projetos, há freqüentemente vários módulos que têm pouca interação. Nestes casos, você pode estabelecer várias unidades operacionais, para permitir desenvolvimento simultâneo.

O teste incremental é simplesmente o processo de sempre ter um código funcionando. Logo que for possível executar uma parte do seu programa, você deverá fazê-lo, testando essa parte completamente. Conforme for aumentando o programa, continue testando as novas partes bem como o modo como elas se relacionam com o código operacional. Dessa forma, você concentrará possíveis erros em uma área de código pequena. Naturalmente, você deverá estar sempre alerta para a possibilidade de deixar passar um erro na unidade operacional. Mas você reduziu a probabilidade de isso ocorrer.

A Arte da Manutenção de Programas

Uma vez que um programa tenha sido escrito, testado, depurado e — finalmente — julgado pronto para ser usado, a fase de desenvolvimento do programa acabou e começa sua fase de manutenção. A maioria dos programadores gosta do encanto de desenvolver um programa novo, mas evita ser aquele a fazer a sua manutenção. Isso ocorre, em parte, porque a fase de manutenção nunca termina. Quando um programa está sendo desenvolvido, mesmo um muito grande, há sempre uma luz no fim do túnel. Algum dia o programa estará pronto. No entanto, a fase de manutenção é uma luta diária de evasivas, irregularidades, erros e "bugs". O programador de suporte pode nunca sentir a emoção da realização e a melhor parte do dia talvez seja a hora de sair. Por mais desolador que possa parecer, a manutenção de programas poderá ser uma tarefa desafiante e gratificante se for abordada corretamente.

O programador de suporte tem duas responsabilidades:

- Corrigir erros
- Fornecer proteção ao código-fonte

Consertando Erros

Todo programa não-trivial tem erros. Essa é uma verdade que não se pode provar, porém inseparável da ciência da computação. O que torna difícil a manutenção de um programa é que todos os erros simples são encontrados durante o estágio de desenvolvimento. Os erros que o programador de suporte tem de encontrar e consertar são, geralmente, obscuros e só surgem sob circunstâncias diabolicamente complexas e difíceis de recriar. Se você gosta de verdadeiros desafios, talvez a manutenção de programas seja o que você estava esperando.

Existem basicamente três tipos de erros: aqueles que você tem de consertar (categoria 1), aqueles que você gostaria de consertar (categoria 2) e aqueles que você não precisa necessariamente preocupar-se (categoria 3). Os erros da categoria 1 quebram o sistema, escrevem lixo nos discos ou destroem dados. Por exemplo, o erro que faz com que um programa ocasionalmente destrua o arquivo em disco do banco de dados deve ser consertado, porque ele simplesmente torna o programa inaproveitável. Os erros da categoria 2 são consertados apenas quando não há erros da categoria 1 para consertar. Um erro da categoria 2 é aquele que faz com que um processador de texto, em raras ocasiões, reformate incorretamente um parágrafo. Nada é perdido, o programa não morre e o usuário faz um reparo manual. Os erros da categoria 2 são, na sua maioria, um incômodo para o usuário, porém, podem ser contornados. Esses erros devem ser consertados, mas não são a prioridade. Finalmente, os erros da categoria 3 trazem apenas incômodos, como um processador de texto que sempre ejeta uma folha extra de papel no final de uma impressão. Certamente, papel custa dinheiro, mas não muito. Um outro tipo de erro da categoria 3 não é realmente um erro, mas uma diferença entre a forma como a documentação diz que o programa funcionará e como ele realmente funciona. Os erros da categoria 3 raramente são consertados; não porque não o devam ser, mas porque sempre há muito mais erros nas categorias 1 e 2.

Se você puder organizar os erros que encontrar nessas três categorias, poderá dividir seu tempo em conformidade.

Proteção do Código-Fonte

O programador de suporte está freqüentemente incumbido do código-fonte do programa. Embora a maioria das companhias ponha uma cópia do código-fonte da versão atual do programa em um cofre de banco, esta normalmente é desatualizada se alguma vez for necessária. Geralmente, o código no banco é visto como último recurso. O programador de suporte é encarregado de proteger o código-fonte da companhia. O que realmente significa não perdê-lo!

A maneira mais comum de um código-fonte perder-se é durante o processo de correção dos erros. Funciona desta forma: o programador A "conserta" um erro. No processo, sem que A perceba, um erro de edição apaga cinco linhas do código em algum outro lugar do arquivo. O programador A compila o programa e verifica se o erro foi consertado. O erro parece ter sido consertado, assim — e aqui está a parte importante —, o programador A copia o código-fonte "consertado" do diretório de trabalho para o diretório de armazenamento. Agora, cinco linhas de código estão faltando e o programa decididamente tem um novo erro. Mas antes que isso seja descoberto, o programador B, cujo trabalho é fazer o backup do disco rígido, copia a versão mutilada no disco de armazenamento externo. Agora, a versão antiga do código-fonte está realmente perdida.

Só há uma maneira de evitar o incidente anterior: nunca destruir versões antigas do programa. O erro de fato cometido, além da edição descuidada, não foi o programador A ter copiado o código-fonte alterado de volta ao diretório de armazenanento. O erro ocorreu quando o programador B escreveu sobre a versão anterior na mídia de armazenamento externo.

Eis como você deve trabalhar com o código-fonte de um programa em desenvolvimento para evitar sua perda. Primeiro, devem-se criar três diretórios. O primeiro contém a versão do programa atualmente em uso. Esse diretório só é atualizado quando uma nova versão é liberada. O segundo diretório contém uma versão estável, porém não liberada do programa. O terceiro contém o código em desenvolvimento. Em seguida, deve-se realizar o armazenamento externo de backup em um período regular — semanalmente, por exemplo — sempre usando um disco (ou fita) novo. Mantenha guardados todos os backups anteriores. Dessa forma, o armazenamento externo nunca está mais que cinco dias atrasado, caso seja necessária uma recuperação.

MAKRON
Books

Parte 5

Um Interpretador C

A Parte 5 conclui este livro desenvolvendo um interpretador para C. Como você verá, isto cumpre dois objetivos importantes. Primeiro, ilustra diversos aspectos da programação C comuns a quase todos os projetos maiores. Segundo, permite entender a natureza e o projeto da linguagem C. No entanto, como você verá, a criação de um interpretador C também é divertida!

28

Interpretadores C

Interpretadores de linguagem são divertidos! E o que poderia ser mais divertido para um programador C que um interpretador C?

Para concluir este livro eu queria um tópico que fosse de interesse para virtualmente todos os programadores C e que, ao mesmo tempo, ilustrasse diversos recursos da linguagem C. Eu também queria que o tópico fosse atual, motivador e útil. Após rejeitar muitas idéias, finalmente decidi pela criação do interpretador Little C. Segue o porquê.

Na mesma medida em que os compiladores são valiosos e importantes, a criação de um compilador pode ser um processo difícil e demorado. De fato, somente a criação da biblioteca de run-time de um compilador pode ser uma tarefa grande em si. Em contraste, a criação de um interpretador de linguagem é uma tarefa mais fácil e mais gerenciável. Além disso, a operação de um interpretador, se ele estiver projetado corretamente, pode ser mais fácil de entender do que a de um compilador comparável. Além da facilidade de desenvolvimento, os interpretadores de linguagem oferecem uma característica interessante não encontrada em compiladores — um motor que de fato executa o programa. Lembre-se, um *compilador* apenas *traduz* o código-fonte de seu programa para uma forma que o computador pode executar. No entanto, um *interpretador* de fato *executa* o programa. É esta distinção que torna os interpretadores interessantes.

Se você é como a maioria dos programadores C, você usa C não somente por causa da sua potência e sua flexibilidade, mas também porque a própria linguagem representa uma beleza formal, quase inatingível, que pode ser apreciada como um fim em si mesma. De fato, C é freqüentemente chamada de "elegante" por causa da sua consistência e pureza. Muito tem sido escrito sobre a linguagem C de "fora para dentro", mas raramente ela tem sido explorada de dentro. Portanto, quer maneira melhor de encerrar este livro que criar um programa C que interpreta um subconjunto da linguagem C?

No decorrer deste capítulo é desenvolvido um interpretador capaz de executar um subconjunto da linguagem C. Além de funcional, esse interpretador é bem projetado — você pode melhorá-lo facilmente, estendê-lo e até incluir recursos não disponíveis em C. Se você nunca pensou a respeito de como C realmente funciona, terá uma agradável surpresa ao descobrir como isso é simples. A linguagem C é uma das linguagens de computação teoricamente mais consistentes. Quando você terminar este capítulo, não somente terá um interpretador C que poderá usar e aumentar, como você terá aprendido significativamente a respeito da própria estrutura da linguagem. Lógico que, se você for como eu, achará este interpretador um brinquedo divertido.

NOTA: O código-fonte do interpretador C apresentado neste capítulo é bastante longo, mas não se deixe intimidar por ele. Se você ler as explicações, não terá dificuldades em entender e acompanhar a sua execução.

A Importância Prática dos Interpretadores

Embora o interpretador Little C seja interessante por si só, interpretadores de linguagem têm alguma importância prática em computação.

Como você provavelmente deve saber, C é geralmente uma *linguagem compilada*. A principal razão para isto é que a linguagem C é usada para produzir programas vendáveis em escala comercial. Código compilado é desejável para produtos comerciais de software porque protege a privacidade do código-fonte, evita que o usuário modifique o código-fonte e permite que os programas façam o uso mais eficiente do computador host, para citar algumas razões. Francamente, os compiladores sempre dominarão o desenvolvimento de software comercial, como é de se esperar; no entanto, qualquer linguagem de computador pode ser compilada ou interpretada. De fato, nos últimos anos apareceram alguns interpretadores C no mercado.

Existem duas razões tradicionais para o uso de interpretadores: eles podem ser tornados interativos de maneira simples e podem constituir ajuda substancial no processo de depuração. No entanto, nos últimos anos os desenvolvedores de compiladores criaram ambientes integrados de desenvolvimento (IDEs) que fornecem tanta interatividade e capacidade de depuração quanto um interpretador. Portanto, estas duas razões tradicionais para o uso de um interpretador não se aplicam mais em nenhum sentido real. No entanto, os interpretadores têm seus usos. Por exemplo, a maioria das linguagens de consulta a bancos de dados é interpretada. Também muitas das linguagens de controle de robôs industriais são interpretadas.

A principal razão pela qual os interpretadores são interessantes é porque eles são simples de modificar, alterar ou melhorar. Isto significa que, se você deseja criar, experimentar e controlar a sua própria linguagem, é mais fácil fazê-lo com um interpretador do que com um compilador. Os interpretadores são excelentes ambientes de prototipagem de linguagens porque você pode modificar a maneira pela qual a linguagem funciona e ver os resultados de forma bastante rápida.

Os interpretadores são (relativamente) fáceis de criar, fáceis de modificar, fáceis de entender e, talvez o ponto mais importante, divertidos de brincar. Por exemplo, você pode retrabalhar o interpretador apresentado neste capítulo para executar seu programa de trás para frente — isto é, executando a partir do fecha-chaves de **main()** e terminando quando o abre-chaves correspondente for encontrado. (Eu não sei por que alguém iria querer fazer isto, mas tente fazer com que um compilador execute seu código para trás!) Ou você pode adicionar um recurso especial a C que você (e talvez somente você) sempre desejou ter. O ponto é que, embora os compiladores seguramente façam mais sentido no desenvolvimento de software comercial, são os interpretadores de fato que permitem que você se divirta com a linguagem C. É neste espírito que este capítulo foi desenvolvido. Eu espero que você goste tanto de lê-lo quanto eu gostei de escrevê-lo!

A Especificação de Little C

Embora o padrão C ANSI possua apenas 32 palavras-chaves, C é uma linguagem muito rica e poderosa. Levaria bem mais que um capítulo para descrever e implementar por completo um interpretador para a linguagem C completa. Em lugar disso, o interpretador Little C entende um subconjunto bastante restrito da linguagem. No entanto, este subconjunto particular inclui diversos dos aspectos mais importantes de C. O que incluir no subconjunto foi decidido principalmente verificando se se encaixava ou não em um destes critérios (ou ambos):

1. O recurso é fundamentalmente inseparável da linguagem C?
2. O recurso é necessário para demonstrar um aspecto importante da linguagem?

Por exemplo, recursos tais como funções recursivas e variáveis locais e globais encaixam-se em ambos os critérios. O interpretador Little C suporta as três formas de repetição (não por causa do primeiro critério, mas por causa do segundo). No entanto, o comando **switch** não é implementado porque não é necessário (bonito, mas não necessário) nem demonstra nada que o comando **if** (que é implementado) não faça. (A implementação de **switch** fica para seu entretenimento!)

Por essas razões, implementei os seguintes recursos no interpretador Little C:

- Funções parametrizadas com variáveis locais
- Recursividade
- O comando **if**
- Os laços **do-while**, **while** e **for**
- As variáveis inteiras e caractere
- Variáveis globais
- Constantes inteiras e caractere
- Constantes string (implementação limitada)
- O comando **return**, tanto com quanto sem um valor
- Um número limitado de funções da biblioteca padrão
- Estes operadores: +, -, *, /, %, <, >, <=, >=, ==, !=, - unário e + unário
- Funções retornando inteiros
- Comentários

Embora esta lista possa parecer curta, é necessária uma quantidade bastante grande de código para implementá-la. Uma razão é que uma "taxa de admissão" bastante alta precisa ser paga ao interpretar uma linguagem estruturada como C.

Uma Restrição Importante de Little C

O código-fonte do interpretador Little C é bastante comprido — mais longo, de fato, do que em geral eu gostaria de incluir em um livro. Para simplificar e encurtar o código-fonte de Little C, impus uma pequena restrição na gramática de C: os alvos de **if, while, do** e **for** devem ser blocos de código encerrados entre chaves. Você não pode usar um comando isolado. Por exemplo, Little C não interpretará corretamente um código como este:

```
for(a=0; a<10; a=a+1)
```

```
    for(b=0; b<10; b=b+1)
      for (c=0; c<10; c=c+1)
        puts("olá");

  if (...)
    if (...) comando;
```

Em vez disso, você deve escrever código como este:

```
for(a=0; a<10; a=a+1) {
  for(b=0; b<10; b=b+1) {
    for (c=0; c<10; c=c+1) {
      puts("olá");
    }
  }
}

if (...) {
  if (...) {
    comando;
  }
}
```

Esta restrição facilita ao intepretador encontrar o fim do código que forma o alvo de um destes comandos de controle de fluxo. No entanto, como os objetos dos comandos de controle de fluxo são com freqüência blocos de código de qualquer maneira, esta restrição não parece muito dura. (Com um pouco de esforço você poderá eliminar esta restrição, se desejado.)

Interpretando uma Linguagem Estruturada

Como você sabe, C é estruturada: ela permite a criação de sub-rotinas isoladas contendo variáveis locais. Ela também suporta recursividade. O que você pode achar interessante é que, em algumas áreas, é mais fácil escrever um compilador para uma linguagem estruturada do que escrever um interpretador para ela. Por exemplo, quando um compilador gera código para chamar uma função, ele simplesmente empilha os argumentos da chamada na pilha do sistema e executa um CALL em linguagem de máquina para a função. Para retornar, a função coloca o valor de retorno no acumulador da CPU, limpa a pilha e executa um RETURN em linguagem de máquina. No entanto, quando um interpretador deve "chamar" uma função, ele precisa parar manualmente o que está fazendo, salvar seu estado corrente, achar a localização da função, executar a função, salvar seu valor de retorno e retornar ao ponto original, restaurando o estado antigo. (Você verá um exemplo disto no interpretador que segue.) Em essência, o interpretador deve emular o equivalente de CALL e RETURN em linguagem de máquina. Além disso, enquanto o suporte da recursão é simples em uma linguagem compilada, ele exige algum esforço numa linguagem interpretada.

Em meu livro *A arte de C*, introduzi o conceito de interpretadores de linguagens desenvolvendo um pequeno interpretador BASIC. Nesse livro, afirmei que é mais fácil interpretar uma linguagem como BASIC padrão em vez de C porque BASIC tinha sido projetada para ser interpretada. O que torna BASIC fácil de interpretar é que ela não é estruturada. Todas as variáveis são globais e não existem sub-rotinas isoladas. Eu ainda garanto esta afirmação; no entanto, uma vez que você tenha criado o suporte para funções, variáveis locais e recursividade, a linguagem C é de fato mais simples de implementar do que a BASIC. Isto é porque uma linguagem como BASIC é cheia de exceções no nível teórico. Por exemplo, em BASIC o símbolo de igual é um operador de atribuição em um comando de atribuição, mas é um operador de igualdade em um comando relacional. C possui algumas dessas inconsistências.

Uma Teoria Informal de C

Antes de podermos iniciar o desenvolvimento do interpretador C, é necessário entender como a linguagem C é estruturada. Se você alguma vez viu a especificação formal da linguagem C (tal como a encontrada na especificação do padrão C ANSI), você sabe que é bastante comprida e cheia de comandos um tanto quanto crípticos. Não se preocupe — nós não precisaremos lidar tão formalmente com a linguagem C para projetar nosso interpretador porque a maior parte da linguagem C é bem simples. Embora a especificação formal de uma linguagem seja necessária para a criação de um compilador comercial, ela não é necessária para a criação do interpretador Little C. (Francamente, não há espaço neste capítulo para explicar como entender a definição formal da sintaxe de C: ela poderia encher um livro!)

Este capítulo está projetado para ser entendido pela maior variedade possível de leitores. Ele não pretende ser uma introdução formal à teoria das linguagens estruturadas em geral ou de C em particular. Como conseqüência, ele intencionalmente simplifica alguns conceitos. No entanto, como você verá, a criação de um interpretador para um subconjunto de C não requer treinamento formal na teoria de linguagens.

Embora você não precise ser um especialista em linguagens para entender e implementar o interpretador Little C desenvolvido neste capítulo, você precisa ter um conhecimento básico de como a linguagem C é definida. Para nossos objetivos, a discussão que segue é suficiente. Os que desejarem uma discussão mais formal, podem consultar o padrão ANSI para C. Finalmente, para uma excelente introdução teórica às linguagens, consulte *The Theory of Parsing, Translation, and Compiling*, de Aho e Ullman (Englewood Cliffs, NJ: Prentice-Hall).

Para começar, todos os programas C consistem em uma coleção de uma ou mais funções, mais variáveis globais (se existirem). Uma *função* é composta de um nome de função, sua lista de parâmetros e o bloco de código associado à função. O *bloco* começa com um {, é seguido de um ou mais comandos, e termina em }. Em C, um comando começa com uma palavra-chave (ou palavra reservada), tal como **if**, ou ele é uma expressão. (Veremos o que constitui uma expressão na próxima seção.) Em resumo, podemos escrever as seguintes *transformações* (às vezes também chamadas de *produções*):

programa —> coleção de funções (mais variáveis globais)
função —> especificador-de-função lista-de-parâmetros bloco-de-código
bloco-de-código —> { seqüência-de-comandos }
comando —> palavra-chave, expressão ou bloco de código

Todos os programas C começam com uma chamada a **main()** e terminam com o último } ou um comando **return** dentro de **main()** — supondo que **exit()** ou **abort()** não tenham sido chamadas em outro lugar. Quaisquer outras funções contidas no programa precisam ser chamadas direta ou indiretamente a partir de **main()**; portanto, para executar um programa C, simplesmente comece no início da função **main()** e pare quando **main()** termina. Isto é exatamente o que o interpretador Little C faz.

Expressões C

C expande o papel das expressões em relação a muitas outras linguagens de programação. Em C, um comando é ou uma palavra-chave, tal como **switch** ou **while**, ou é uma expressão. Para o objetivo desta discussão, vamos categorizar todos os comandos que começam com uma palavra-chave como *comandos de palavra-chave*. Qualquer comando em C que não seja um comando de palavra-chave é, por definição, uma *expressão*. Portanto, em C os comandos seguintes são todos expressões:

```
count = 100;                        /* Linha 1 */
sample = i / 22 * (c-10);           /* Linha 2 */
printf("Isto é uma expressão."); /* Linha 3 */
```

Vamos analisar mais detalhadamente cada um destes comandos expressão. Em C, o símbolo de igual é um *operador de atribuição*. C não trata a operação de atribuição da mesma maneira que uma linguagem como BASIC o faria, por exemplo. Em BASIC, o valor produzido pela parte direita do símbolo de igual é atribuído à variável à esquerda. Mas, e isto é importante, em BASIC o comando inteiro não possui um valor. Em C, o símbolo igual é um operador de atribuição e o valor produzido pela operação de atribuição é igual ao produzido pela parte direita da expressão. Portanto, um comando de atribuição é na verdade uma *expressão de atribuição* em C; como é uma expressão, ela tem um valor. Esta é a razão pela qual é legal escrever expressões como a seguinte:

```
a = b = c = 100;
printf("%d", a=4+5);
```

O motivo pelo qual isto funciona em C é porque a atribuição é uma operação que produz um valor.

A linha 2 mostra uma atribuição mais complexa.

Na linha 3, **printf()** é chamada para enviar uma string para a saída. Em C, todas as funções não-**void** retornam valores, não importa se especificamente explicitado ou não. Portanto, uma chamada de função não-**void** é uma expressão que retorna um valor — independentemente se o valor é atribuído a alguma coisa ou não. A chamada de uma função **void** também constitui uma expressão. Acontece que o resultado da expressão é **void** (vazio).

Avaliando Expressões

Antes que possamos desenvolver código que avalie corretamente expressões C, você precisa entender em termos mais formais como são definidas as expressões. Em quase todas as linguagens de computador, as expressões são definidas recursivamente usando um conjunto de produções. O interpretador Little C suporta as seguintes operações: +, -, *, /, %, =, os operadores relacionais (<, ==, > e assim por diante) e parênteses. Portanto, podemos usar as seguintes produções para definir as expressões Little C:

expressão	—>	[atribuição] [rvalue]
atribuição	—>	lvalue = rvalue
lvalue	—>	variável
rvalue	—>	parte [op-rel part]
part	—>	term [+ term] [- term]
term	—>	fator [* fator] [/ fator] [% fator]
fator	—>	[+ ou -] átomo
átomo	—>	variável, constante, função ou (expressão)

Aqui, *op-rel* refere-se a qualquer um dos operadores relacionais de C. Os termos *lvalue* e *rvalue* referem-se a objetos que pode ocorrer no lado esquerdo e no lado direito de um comando de atribuição, respectivamente. Uma coisa a que você deve estar atento é que a precedência dos operadores está construída nas produções. Quanto maior a precedência, mais embaixo na lista o operador aparecerá.

Para ver como estas regras funcionam, vamos avaliar esta expressão C:

```
count = 10 - 5 * 3;
```

Primeiro aplicamos a regra 1, que divide a expressão nestas três partes:

count	=	10-5*3
↑	↑	↑
lvalue	operador de atribuição	rvalue

Como não há operadores relacionais na parte "rvalue" da subexpressão, a regra de produção de termo é acionada.

10	-	5*3
↑	↑	↑
termo	menos	termo

De fato, o segundo termo é composto dos seguintes dois fatores: 5 e 3. Estes dois fatores são constantes e representam o nível mais baixo das produções. A seguir, precisamos mover-nos para cima nas regras para avaliar o valor da expressão. Primeiro multiplicamos 5*3, que dá 15. A seguir subtraímos esse valor de 10, resultando em -5. Finalmente, este valor é atribuído a **count** e é também o valor da expressão inteira.

A primeira coisa que precisamos fazer para criar o interpretador Little C é construir o equivalente no computador da avaliação de expressão que acabamos de fazer mentalmente.

O Analisador de Expressões

O trecho de código que lê e analisa expressões é chamado de um *analisador de expressões*. Sem dúvida, o analisador de expressões é o subsistema mais importante necessário para o interpretador Little C. Como C define as expressões mais amplamente que a maioria das linguagens, uma quantidade substancial do código que constitui um programa C é de fato executado pelo analisador de expressões.

Existem diversas maneiras de projetar um analisador de expressões para C. Muitos compiladores comerciais usam um *analisador baseado em tabelas*, que é comumente gerado por um programa gerador de analisadores. Embora os analisadores baseados em tabelas sejam geralmente mais rápidos que os criados com outros métodos, eles são muito difíceis de criar manualmente. Para o interpretador Little C desenvolvido aqui, nós usaremos um *analisador recursivo descendente*, que implementa na lógica as regras de produções discutidas na seção anterior.

Um analisador recursivo descendente é essencialmente uma coleção de funções mutuamente recursivas que processam uma expressão. Se o analisador for usado em um compilador, então ele é usado para gerar o código-objeto apropriado que corresponde a esse código-fonte. No entanto, em um interpretador, o objetivo do analisador é avaliar a expressão dada. Nesta seção, é desenvolvido o interpretador Little C.

NOTA: A análise de expressões é apresentada no Capítulo 22. O analisador usado neste capítulo é baseado nos fundamentos lá introduzidos.

Reduzindo o Código-Fonte a Seus Componentes

Uma função especial que lê o código-fonte e retorna o próximo símbolo lógico dele é fundamental para todos os interpretadores (e compiladores também). Por razões históricas, esses símbolos lógicos são geralmente denominados *tokens*. As linguagens de computador em geral, e C em particular, definem programas em termos de tokens. Você pode pensar em um token como uma unidade indivisível do programa. Por exemplo, o operador de igualdade == é um token. Os dois símbolos de igual não podem ser separados sem mudar o significado. Na mesma linha, **if** é um token. Nem *i* nem *f* por si sós têm qualquer significado em C.

No padrão C ANSI, os tokens são definidos como pertencentes a um destes grupos:

palavras-chaves	identificadores	constantes
strings	operadores	pontuação

As *palavras-chaves* são aqueles tokens que compõem a linguagem C, tal como **while**. *Identificadores* são os nomes das variáveis, funções e tipos de usuário (não implementados pelo Little C). Constantes e strings são auto-explicativas, assim como os operadores. A pontuação inclui diversos itens, tal como ponto-e-vírgula, vírgula, chaves e parênteses. (Alguns deles também são operadores, dependendo de seu uso.) Dado o comando

```
for(x=0; x<10; x=x+1) printf("olá %d", x);
```

os seguintes tokens são produzidos, lendo da esquerda para a direita:

Token	Categoria
for	palavra-chave
(	pontuação
x	identificador
=	operador
0	constante
;	pontuação
x	identificador
<	operador
10	constante
;	pontuação
x	identificador
=	operador
x	identificador
+	operador
1	constante
)	pontuação
printf	identificador
(	pontuação
"hello %d"	string
,	pontuação
x	identificador
)	pontuação
;	pontuação

No entanto, para facilitar a interpretação de C, Little C categoriza os tokens como mostrado aqui:

Tipo de token	Inclui
delimitador	pontuação e operadores
palavra-chave	palavras-chaves
string	strings entre aspas
identificador	variáveis e nomes de funções
número	constantes numéricas
bloco	{ ou }

A função que retorna tokens do código-fonte do interpretador Little C chama-se **get_token()**, e é mostrada a seguir:

```
/* Obtém um token. */
get_token(void)
{
  register char *temp;

  token_type = 0; tok = 0;
```

```
temp = token;
*temp = '\0';

/* ignora espaço vazio */
while(iswhite(*prog) && *prog) ++prog;

if(*prog=='\r') {
  ++prog;
  ++prog;
  /* ignora espaço vazio */
  while(iswhite(*prog) && *prog) ++prog;
}

if(*prog=='\0') { /* fim de arquivo */
  *token = '\0';
  tok = FINISHED;
  return(token_type=DELIMITER);
}

if(strchr("{}", *prog)) { /* delimitadores de bloco */
  *temp = *prog;
  temp++;
  *temp = '\0';
  prog++;
  return (token_type = BLOCK);
}

/* procura por comentários */
if(*prog=='/')
  if(*(prog+1)=='*') { /* é um comentário */
    prog += 2;
    do { /* procura fim do comentário */
      while(*prog!='*') prog++;
      prog++;
    } while (*prog!='/');
    prog++;
  }

if(strchr("!<>=", *prog)) { /* é ou pode ser
                               um operador relacional */
  switch(*prog) {
    case '=': if(*(prog+1)=='=') {
        prog++; prog++;
        *temp = EQ;
```

```
          temp++; *temp = EQ; temp++;
          *temp = '\0';
        }
        break;
      case '!': if(*(prog+1)=='=') {
          prog++; prog++;
          *temp = NE;
          temp++; *temp = NE; temp++;
          *temp = '\0';
        }
        break;
      case '<': if(*(prog+1)=='=') {
          prog++; prog++;
          *temp = LE; temp++; *temp = LE;
        }
        else {
          prog++;
          *temp = LT;
        }
        temp++;
        *temp = '\0';
        break;
      case '>': if(*(prog+1)=='=') {
          prog++; prog++;
          *temp = GE; temp++; *temp = GE;
        }
        else {
          prog++;
          *temp = GT;
        }
        temp++;
        *temp = '\0';
        break;
    }
    if(*token) return(token_type = DELIMITER);
  }

  if(strchr("+-*^/%=;(),'", *prog)){ /* delimitador */
    *temp = *prog;
    prog++; /* avança para a próxima posição */
    temp++;
    *temp = '\0';
    return (token_type = DELIMITER);
  }
```

```
    if(*prog=='"') { /* string entre aspas */
      prog++;
      while(*prog!='"'&& *prog!='\r') *temp++=*prog++;
      if(*prog=='\r') sntx_err(SYNTAX);
      prog++; *temp = '\0';
      return(token_type=STRING);
    }

    if(isdigit(*prog)) { /* número */
      while(!isdelim(*prog)) *temp++ = *prog++;
      *temp = '\0';
      return(token_type = NUMBER);
    }

    if (isalpha(*prog)) { /* variável ou comando */
      while(!isdelim(*prog)) *temp++ = *prog++;
      token_type=TEMP;
    }

    *temp = '\0';

    /* verifica se uma string é um comando ou uma variável */
    if(token_type==TEMP) {
      tok = look_up(token); /* converte para representação
                               interna */
      if(tok) token_type = KEYWORD; /* é uma palavra-chave */
      else token_type = IDENTIFIER;
    }
    return token_type;
  }
```

A função **get_token()** usa os seguintes dados globais e tipos de enumeração:

```
char *prog; /* aponta para a posição corrente no código-fonte */
extern char *p_buf; /* aponta para o início do buffer de
                       programa */

char token[80]; /* contém a representação do token como string */
char token_type; /* contém o tipo do token */
char tok; /* contém a representação interna do token
             se é uma palavra-chave */

enum tok_types {DELIMITER, IDENTIFIER, NUMBER, KEYWORD, TEMP,
```

```
                STRING, BLOCK};

enum double_ops {LT=1, LE, GT, GE, EQ, NE};

/* Estas são as constantes usadas para chamar sntx_err() quando
   ocorre um erro de sintaxe. Adicione mais se desejar.
   NOTA: SYNTAX é uma mensagem genérica de erro usada quando
   nenhuma outra parece apropriada.
 */
enum error_msg
     {SYNTAX, UNBAL_PARENS, NO_EXP, EQUALS_EXPECTED,
      NOT_VAR, PARAM_ERR, SEMI_EXPECTED,
      UNBAL_BRACES, FUNC_UNDEF, TYPE_EXPECTED,
      NEST_FUNC, RET_NOCALL, PAREN_EXPECTED,
      WHILE_EXPECTED, QUOTE_EXPECTED, NOT_TEMP,
      TOO_MANY_LVARS};
```

A posição corrente no código-fonte é apontada por **prog**. O ponteiro **p_buf** não é alterado pelo interpretador e sempre aponta para o início do programa sendo interpretado. A função **get_token()** inicia ignorando todo espaço vazio, incluindo retornos de carro e mudanças de linha. Como nenhum token da C (exceto uma string entre aspas ou uma constante caractere) contém um espaço, os espaços têm de ser ignorados. A função **get_token()** também ignora os comentários. A seguir, a representação como string de cada token é colocada em **token**, seu tipo (definido pela enumeração **tok_types**) é armazenado em **token_type**, e, se o token é uma palavra-chave, sua representação interna é atribuída a **tok** por meio da função **look_up()** (exibida na listagem completa do analisador a seguir). A razão para a representação interna das palavras-chaves será discutida mais tarde. Como você pode ver olhando para **get_token()**, ela converte os operadores relacionais de dois caracteres nos valores correspondentes da enumeração. Embora não seja tecnicamente necessário, este passo faz com que o analisador seja mais fácil de implementar. Finalmente, se o analisador encontra um erro de sintaxe, ele chamará a função **sntx_err()** com um valor de enumeração que corresponde ao tipo do erro encontrado. A função **sntx_err()** também é chamada por outras rotinas no interpretador quando ocorrer um erro. A função **sntx_err()** é mostrada aqui:

```
/* Exibe uma mensagem de erro. */
void sntx_err(int error)
{
  char *p, *temp;
  register int i;
  int linecount = 0;
```

```
    static char *e[] = {
      "erro de sintaxe",
      "parênteses desbalanceados",
      "falta uma expressão",
      "esperado sinal de igual",
      "não é uma variável",
      "erro de parâmetro",
      "esperado ponto-e-vírgula",
      "chaves desbalanceadas",
      "função não definida",
      "esperado identificador de tipo",
      "excessivas chamadas aninhadas de função",
      "return sem chamada",
      "esperado parênteses",
      "esperado while",
      "esperado fechar aspas",
      "não é uma string",
      "excessivas variáveis locais"
    };
    printf("%s", e[error]);
    p = p_buf;
    while(p != prog) { /* encontra linha do erro */
      p++;
      if(*p == '\r') {
        linecount++;
      }
    }
    printf(" na linha %d\n", linecount);

    temp = p; /* exibe linha contendo erro */
    for(i=0; i<20 && p>p_buf && *p!='\n'; i++, p--);
    for(i=0; i<30 && p<=temp; i++, p++) printf("%c", *p);

    longjmp(e_buf, 1); /* retorna para um ponto seguro */
}
```

Note que **sntx_err()** também exibe o número da linha na qual foi encontrado o erro (que pode ser a linha seguinte à que de fato contém o erro) e exibe a linha na qual ele ocorreu. Mais ainda, note que **sntx_err()** conclui com uma chamada de **longjmp()**. Como erros de sintaxe podem ser encontrados em rotinas profundamente aninhadas ou recursivas, a maneira mais simples de lidar com um erro é desviar para um lugar seguro. Embora seja possível definir um flag de erro global e interrogar o flag em vários pontos de cada rotina, isto adiciona trabalho desnecessário.

O Analisador Recursivo Descendente Little C

Todo o código do analisador recursivo Little C é apresentado aqui, junto com algumas funções de suporte necessárias, dados globais e tipos de dados. Este código, como exibido, foi projetado para estar em seu próprio arquivo, digamos, para o propósito desta discussão, PARSER.C. (Por causa de seu tamanho, o interpretador Little C está espalhado em três arquivos separados.) Digite este arquivo agora.

```
/* Analisador recursivo descendente de expressões inteiras
   que pode incluir variáveis e chamadas de funções. */
#include <setjmp.h>
#include <math.h>
#include <ctype.h>
#include <stdlib.h>
#include <string.h>
#include <stdio.h>

#define NUM_FUNC        100
#define NUM_GLOBAL_VARS 100
#define NUM_LOCAL_VARS  200
#define ID_LEN          31
#define FUNC_CALLS      31
#define PROG_SIZE       10000
#define FOR_NEST        31

enum tok_types {DELIMITER, IDENTIFIER, NUMBER, KEYWORD, TEMP,
                STRING, BLOCK};

enum tokens {ARG, CHAR, INT, IF, ELSE, FOR, DO, WHILE,
             SWITCH, RETURN, EOL, FINISHED, END};

enum double_ops {LT=1, LE, GT, GE, EQ, NE};

/* Estas são constantes usadas para chamar sntx_err() quando
   ocorre um erro de sintaxe. Adicione mais, se desejar.
   NOTA: SYNTAX é uma mensagem genérica de erro usada quando
   nenhuma outra parece apropriada.
 */
enum error_msg
     {SYNTAX, UNBAL_PARENS, NO_EXP, EQUALS_EXPECTED,
      NOT_VAR, PARAM_ERR, SEMI_EXPECTED,
      UNBAL_BRACES, FUNC_UNDEF, TYPE_EXPECTED,
```

```
      NEST_FUNC, RET_NOCALL, PAREN_EXPECTED,
      WHILE_EXPECTED, QUOTE_EXPECTED, NOT_TEMP,
      TOO_MANY_LVARS};

extern char *prog; /* posição corrente no código-fonte */
extern char *p_buf; /* aponta para o início da
                       área de carga do programa */
extern jmp_buf e_buf; /* mantém ambiente para longjmp() */

/* Uma matriz destas estruturas manterá a informação
   associada com as variáveis globais.
*/
extern struct var_type {
  char var_name[32];
  enum variable_type var_type;
  int value;
} global_vars[NUM_GLOBAL_VARS];

/* Esta é a pilha de chamadas de função. */
extern struct func_type {
  char func_name[32];
  char *loc; /* posição do ponto de entrada da função no
                arquivo */
} func_stack[NUM_FUNC];

/* Tabela de palavras reservadas */
extern struct commands {
  char command[20];
  char tok;
} table[];

/* Funções da "biblioteca padrão" são declaradas aqui para que
   possam ser colocadas na tabela interna de funções que segue.
 */
int call_getche(void), call_putch(void);
int call_puts(void), print(void), getnum(void);

struct intern_func_type {
  char *f_name; /* nome da função */
  int (*p)();   /* ponteiro para a função */
} intern_func[] = {
  "getche", call_getche,
  "putch", call_putch,
  "puts", call_puts,
  "print", print,
```

```
  "getnum", getnum,
  "", 0 /*NULL termina a lista */
};

extern char token[80]; /* representação string do token */
extern char token_type; /* contém o tipo do token */
extern char tok; /* representação interna do token */

extern int ret_value; /* valor de retorno de função */

void eval_exp(int *value), eval_exp1(int *value);
void eval_exp2(int *value);
void eval_exp3(int *value), eval_exp4(int *value);
void eval_exp5(int *value), atom(int *value);
void eval_exp0(int *value);
void sntx_err(int error), putback(void);
void assign_var(char *var_name, int value);
int isdelim(char c), look_up(char *s), iswhite(char c);
int find_var(char *s), get_token(void);
int internal_func(char *s);
int is_var(char *s);
char *find_func(char *name);
void call(void);

/* Ponto de entrada do analisador. */
void eval_exp(int *value)
{
  get_token();
  if(!*token) {
    sntx_err(NO_EXP);
    return;
  }
  if(*token==';') {
    *value = 0; /* expressão vazia */
    return;
  }
  eval_exp0(value);
  putback(); /* devolve último token lido para a entrada */
}

/* Processa uma expressão de atribuição */
void eval_exp0(int *value)
{
  char temp[ID_LEN]; /* guarda nome da variável que está
                          recebendo a atribuição */
```

```
  register int temp_tok;

  if(token_type==IDENTIFIER) {
    if(is_var(token)) { /* se é uma variável,
                           veja se é uma atribuição */
      strcpy(temp, token);
      temp_tok = token_type;
      get_token();
      if(*token=='=') { /* é uma atribuição */
        get_token();
        eval_exp0(value); /* obtém valor a atribuir */
        assign_var(temp, *value); /* atribui o valor */
        return;
      }
      else { /* não é uma atribuição */
        putback(); /* restaura token original */
        strcpy(token, temp);
        token_type = temp_tok;
      }
    }
  }
  eval_exp1(value);
}

/* Esta matriz é usada por eval_exp1(). Como alguns
   compiladores não permitem inicializar uma matriz
   dentro de uma função, ela é definida como uma
   variável global.
*/
char relops[7] = {
  LT, LE, GT, GE, EQ, NE, 0
};

/* Processa operadores relacionais. */
void eval_exp1(int *value)
{
  int partial_value;
  register char op;

  eval_exp2(value);
  op = *token;
  if(strchr(relops, op)) {
    get_token();
    eval_exp2(&partial_value);
    switch(op) { /* efetua a operação relacional */
```

```
      case LT:
        *value = *value < partial_value;
        break;
      case LE:
        *value = *value <= partial_value;
        break;
      case GT:
        *value = *value > partial_value;
        break;
      case GE:
        *value = *value >= partial_value;
        break;
      case EQ:
        *value = *value == partial_value;
        break;
      case NE:
        *value = *value != partial_value;
        break;
    }
  }
}

/* Soma ou subtrai dois termos. */
void eval_exp2(int *value)
{
  register char  op;
  int partial_value;

  eval_exp3(value);
  while((op = *token) == '+' || op == '-') {
    get_token();
    eval_exp3(&partial_value);
    switch (op) { /* soma ou subtrai */
      case '-':
        *value = *value - partial_value;
        break;
      case '+':
        *value = *value + partial_value;
        break;
    }
  }
}

/* Multiplica ou divide dois fatores. */
void eval_exp3(int *value)
```

```
{
  register char  op;
  int partial_value, t;

  eval_exp4(value);
  while((op = *token) == '*' || op == '/' || op == '%') {
    get_token();
    eval_exp4(& partial_value);
    switch(op) { /* mul, div, ou módulo */
      case '*':
        *value = *value * partial_value;
        break;
      case '/':
        *value = *value / partial_value;
        break;
      case '%':
        t = (*value) / partial_value;
        *value = *value-(t * partial_value);
        break;
    }
  }
}

/* É um + ou — unário. */
void eval_exp4(int *value)
{
  register char  op;

  op = '\0';
  if(*token=='+' || *token=='-') {
    op = *token;
    get_token();
  }
  eval_exp5(value);
  if(op)
    if(op=='-') *value = -(*value);
}

/* Processa expressões com parênteses. */
void eval_exp5(int *value)
{
  if((*token == '(')) {
    get_token();
    eval_exp0(value);  /* obtém subexpressão */
    if(*token != ')') sntx_err(PAREN_EXPECTED);
```

```
      get_token();
    }
    else
      atom(value);
}

/* Acha valor de número, variável ou função. */
void atom(int *value)
{
  int i;

  switch(token_type) {
  case IDENTIFIER:
    i = internal_func(token);
    if(i!= -1) { /* chama função da "biblioteca padrão" */
      *value = (*intern_func[i].p)();
    }
    else
    if(find_func(token)){ /* chama função definida pelo usuário */
      call();
      *value = ret_value;
    }
    else  *value = find_var(token);  /* obtém valor da variável */
    get_token();
    return;
  case NUMBER: /* é uma constante numérica */
    *value = atoi(token);
    get_token();
    return;
  case DELIMITER: /* veja se é uma constante caractere */
    if(*token=='\'') {
      *value = *prog;
      prog++;
      if(*prog!='\'') sntx_err(QUOTE_EXPECTED);
      prog++;
      get_token();
    }
    return;
  default:
    if(*token==')') return; /* processa expressão vazia */
    else sntx_err(SYNTAX); /* erro de sintaxe */
  }
}

/* Exibe uma mensagem de erro. */
```

```
void sntx_err(int error)
{
  char *p, *temp;
  int linecount = 0;
  register int i;

  static char *e[] = {
    "erro de sintaxe",
    "parênteses desbalanceados",
    "falta uma expressão",
    "esperado sinal de igual",
    "não é uma variável",
    "erro de parâmetro",
    "esperado ponto-e-vírgula",
    "chaves desbalanceadas",
    "função não definida",
    "esperado identificador de tipo",
    "excessivas chamadas aninhadas de função",
    "return sem chamada",
    "esperado parênteses",
    "esperado while",
    "esperando fechar aspas",
    "não é uma string",
    "excessivas variáveis locais"
  };
  printf("%s", e[error]);
  p = p_buf;
  while(p != prog) { /* encontra linha do erro */
    p++;
    if(*p=='\r') {
      linecount++;
    }
  }
  printf(" na linha %d\n", linecount);

  temp = p;
  for(i=0; i<20 && p>p_buf && *p!='\n'; i++, p--);
  for(i=0; i<30 && p<=temp; i++, p++) printf("%c", *p);

  longjmp(e_buf, 1); /* retorna para um ponto seguro */
}

/* Obtém um token. */
get_token(void)
{
```

```
register char *temp;

token_type = 0; tok = 0;

temp = token;
*temp = '\0';

/* ignora espaço vazio */
while(iswhite(*prog) && *prog) ++prog;

if(*prog=='\r') {
  ++prog;
  ++prog;
  /* ignora espaço vazio */
  while(iswhite(*prog) && *prog) ++prog;
}

if(*prog=='\0') { /* fim de arquivo */
  *token = '\0';
  tok = FINISHED;
  return(token_type=DELIMITER);
}

if(strchr("{}", *prog)) { /* delimitadores de bloco */
  *temp = *prog;
  temp++;
  *temp = '\0';
  prog++;
  return (token_type = BLOCK);
}

/* procura por comentários */
if(*prog=='/')
  if(*(prog+1)=='*') { /* é um comentário */
    prog += 2;
    do { /* procura fim do comentário */
      while(*prog!='*') prog++;
      prog++;
    } while (*prog!='/');
    prog++;
  }

if(strchr("!<>=", *prog)) { /* é ou pode ser
                               um operador relacional */
  switch(*prog) {
```

```
      case '=': if(*(prog+1)=='=') {
          prog++; prog++;
          *temp = EQ;
          temp++; *temp = EQ; temp++;
          *temp = '\0';
        }
        break;
      case '!': if(*(prog+1)=='=') {
          prog++; prog++;
          *temp = NE;
          temp++; *temp = NE; temp++;
          *temp = '\0';
        }
        break;
      case '<': if(*(prog+1)=='=') {
          prog++; prog++;
          *temp = LE; temp++; *temp = LE;
        }
        else {
          prog++;
          *temp = LT;
        }
        temp++;
        *temp = '\0';
        break;
      case '>': if(*(prog+1)=='=') {
          prog++; prog++;
          *temp = GE; temp++; *temp = GE;
        }
        else {
          prog++;
          *temp = GT;
        }
        temp++;
        *temp = '\0';
        break;
  }
  if(*token) return(token_type = DELIMITER);
}

if(strchr("+-*^/%=;(),'", *prog)){ /* delimitador */
  *temp = *prog;
  prog++; /* avança para a próxima posição */
  temp++;
  *temp = '\0';
```

```
    return (token_type = DELIMITER);
  }

  if(*prog=='"') { /* string entre aspas */
    prog++;
    while(*prog!='"'&& *prog!='\r') *temp++ = *prog++;
    if(*prog=='\r') sntx_err(SYNTAX);
    prog++; *temp = '\0';
    return(token_type=STRING);
  }

  if(isdigit(*prog)) { /* número */
    while(!isdelim(*prog)) *temp++ = *prog++;
    *temp = '\0';
    return(token_type = NUMBER);
  }

  if (isalpha(*prog)) { /* variável ou comando */
    while(!isdelim(*prog)) *temp++ = *prog++;
    token_type=TEMP;
  }

  *temp = '\0';

  /* verifica se uma string é um comando ou uma variável */
  if(token_type==TEMP) {
    tok = look_up(token); /* converte para representação
                             interna */
    if(tok) token_type = KEYWORD; /* é uma palavra-chave */
    else token_type = IDENTIFIER;
  }
  return token_type;
}

/* Devolve um token para a entrada. */
void putback(void)
{
  char *t;

  t = token;
  for(; *t; t++) prog--;
}

/* Procura pela representação interna de um token na
   tabela de tokens.
```

```
*/
look_up(char *s)
{
  register int i;
  char *p;

  /* converte para minúscula */
  p = s;
  while(*p){ *p = tolower(*p); p++; }

  /* verifica se o token está na tabela */
  for(i=0; *table[i].command; i++)
    if(!strcmp(table[i].command, s)) return table[i].tok;
  return 0; /* comando desconhecido */
}

/* Retorna índice de função da biblioteca interna ou -1
   se não encontrada.
*/
internal_func(char *s)
{
  int i;

  for(i=0; intern_func[i].f_name[0]; i++) {
    if(!strcmp(intern_func[i].f_name, s)) return i;
  }
  return -1;
}

/* Retorna verdadeiro se c é um delimitador. */
isdelim(char c)
{
  if(strchr(" !;,+-<>'/*%^=()", c) || c==9 ||
     c=='\r' || c==0) return 1;
  return 0;
}

/* Retorna 1 se c é espaço ou tabulação. */
iswhite(char c)
{
  if(c==' ' || c=='\t') return 1;
  else return 0;
}
```

As funções que iniciam em **eval_exp** e a função **atom()** implementam as produções para expressões Little C. Para verificar isto, você pode querer executar o analisador mentalmente, usando uma expressão simples.

A função **atom()** encontra o valor de uma constante inteira ou variável, uma função ou uma constante caractere. Há dois tipos de funções que podem aparecer no código-fonte: definidas pelo usuário e da biblioteca. Se for encontrada uma função definida pelo usuário, seu código será executado pelo interpretador para determinar seu valor de retorno. (A chamada de uma função será analisada na próxima seção.) No entanto, se a função é uma função da biblioteca, primeiramente seu endereço é procurado pela função **internal_func()**, e depois ela é acessada por meio da sua função de interface. As funções da biblioteca e os endereços das suas funções de interface são mantidos na matriz **intern_func()** exibida aqui:

```
/* Funções da "biblioteca padrão" são declaradas aqui para que
   possam ser colocadas na tabela interna de funções que segue.
 */
int call_getche(void), call_putch(void);
int call_puts(void), print(void), getnum(void);

struct intern_func_type {
  char *f_name; /* nome da função */
  int (*p)();   /* ponteiro para a função */
} intern_func[] = {
  "getche", call_getche,
  "putch", call_putch,
  "puts", call_puts,
  "print", print,
  "getnum", getnum,
  "", 0  /* zero termina a lista */
};
```

Como você pode ver, Little C conhece apenas umas poucas funções da biblioteca, mas você verá logo como é fácil adicionar quaisquer outras de que possa precisar. (As funções reais de interface estão contidas em um arquivo separado, que será discutido na seção "Funções da Biblioteca Little C".)

Um ponto final sobre as rotinas no arquivo do analisador de expressões: para analisar corretamente a linguagem C, ocasionalmente é necessário o que se chama de *lookahead de um token*. Por exemplo, para que Little C possa saber que **count** é uma função e não uma variável, ela precisa ler ambas as **count** e o parênteses que a segue, como mostrado aqui:

```
alpha = count();
```

No entanto, se o comando fosse

```
alpha = count * 10;
```

então o segundo token (o *) precisaria ser devolvido para a entrada. É por esta razão que o arquivo do analisador de expressões inclui uma função **putback()** que retorna o último token lido para a entrada.

Podem existir funções no arquivo do analisador de expressões que você não entenda completamente neste momento, mas sua operação ficará mais clara à medida que você aprender mais sobre Little C.

O Interpretador Little C

Nesta seção é desenvolvido o coração do interpretador Little C. Antes de pular diretamente para o código do interpretador, seria útil se você entendesse como um interpretador opera. Sob muitos aspectos o código do interpretador é mais fácil de entender do que o do analisador de expressões porque, conceitualmente, o ato de interpretar um programa C pode ser resumido pelo seguinte algoritmo:

```
while (tokens_presentes) {
  obtém_próximo_token;
  executa_ação_apropriada;
}
```

Este algoritmo pode parecer incrivelmente simples quando comparado ao analisador de expressões, mas realmente é isto que todos os interpretadores fazem! Um fato a ter em mente é que o passo "executa ação apropriada" também pode implicar a leitura de tokens adicionais da entrada. Para entender como o algoritmo de fato funciona, vamos interpretar manualmente o seguinte fragmento de código em C:

```
int a;

a = 10;

if(a<100) printf("%d", a);
```

Seguindo o algoritmo, leia o primeiro token, que é **int**. A ação apropriada para este token é ler o próximo token para descobrir como a variável declarada se chama (neste caso **a**) e depois armazená-la. O próximo token é o ponto-e-vírgula que termina a linha. A ação apropriada aqui é ignorá-lo. A seguir, volte e pegue outro token. Este token é **a**. Como esta linha não começa com uma palavra-chave, ela tem de começar uma expressão C. Portanto, a ação apropriada é avaliar a expressão usando o analisador. Este processo consome todos os tokens nessa linha. Finalmente, lemos o token **if**. Isto sinaliza o início de um comando **if**. A ação apropriada é processar o **if**. O tipo de processo aqui descrito ocorre para qualquer programa C até que o último token tenha sido lido. Com este algoritmo básico em mente, vamos começar a construir o interpretador.

A Varredura Prévia do Interpretador

Antes que o interpretador possa de fato começar a executar um programa, é necessário executar algumas tarefas administrativas. Uma característica das linguagens que foram projetadas pensando na interpretação em vez de na compilação é que elas iniciam a execução no topo do código-fonte e terminam quando é atingido o fim do código-fonte. Esta é a maneira pela qual funciona o BASIC tradicional. No entanto, C (ou qualquer outra linguagem estruturada) não se presta a este enfoque por três razões. Em primeiro lugar, todos os programas C iniciam a execução pela função **main()**. Não existe nenhuma exigência de que **main()** seja a primeira função no código-fonte; portanto, é necessário que a posição de **main()** dentro do código-fonte seja conhecida para que a execução possa iniciar nesse ponto. (Lembre-se de que **main()** pode ser precedida da declaração de variáveis globais, de forma que, mesmo sendo a primeira função, não necessariamente será a primeira linha de código.) Precisa ser idealizado algum método que permita começar no ponto exato.

Outro problema que precisa ser resolvido é que todas as variáveis globais precisam ser conhecidas e alocadas antes do início da execução de **main()**. Os comandos de declaração de variáveis globais jamais são executados pelo interpretador, porque eles existem somente fora das funções. (Lembre-se: em C todo o código executável existe *dentro* de funções, de forma que não existe nenhum motivo para que o interpretador Little C vá para fora de uma função uma vez que a execução tenha sido iniciada.)

Finalmente, no interesse da velocidade de execução, é importante (embora tecnicamente não necessário) que a posição de cada função definida no programa seja conhecida, de forma que a chamada da função possa ser tão rápida quanto possível. Se este passo não for executado, será necessária uma longa busca seqüencial no código-fonte para encontrar o ponto inicial de uma certa função cada vez que a função for chamada.

A solução para estes problemas é a *varredura prévia*. Estas rotinas de varredura prévia (às vezes também chamadas de pré-processadoras — muito embora tenham pouca ou nenhuma semelhança com o pré-processador de um compilador C) são usadas por todos os interpretadores comerciais, independentemente da linguagem que estejam interpretando. Uma rotina de varredura prévia lê o código-fonte do programa antes que seja executado e efetua quaisquer tarefas que podem ser executadas antes da execução. No nosso intepretador Little C, ela efetua duas tarefas importantes: primeiro, ela acha e guarda a posição de todas as funções definidas pelo usuário, incluindo **main()**; segundo, ela acha e aloca espaço para todas as variáveis globais. No interpretador Little C, a função que efetua a varredura prévia é chamada, bastante estranhamente, de **prescan()**. Ela é apresentada aqui:

```
/* Acha a posição de todas as funções no programa
   e armazena todas as variáveis globais. */
void prescan(void)
{
  char *p;
  char temp[32];
  int brace = 0; /* Quando 0, esta variável indica que a
                    posição corrente no código-fonte está fora
                    de qualquer função. */

  p = prog;
  func_index = 0;
  do {
    while(brace) {  /* deixa de lado o código dentro das
                       funções */
      get_token();
      if(*token=='{') brace++;
      if(*token=='}') brace--;
    }

    get_token();

    if(tok==CHAR || tok==INT) { /* é uma variável global */
      putback();
      decl_global();
    }
     else if(token_type==IDENTIFIER) {
       strcpy(temp, token);
       get_token();
       if(*token=='(') { /* tem de ser uma função */
```

```
          func_table[func_index].loc = prog;
          strcpy(func_table[func_index].func_name, temp);
          func_index++;
          while(*prog!=')') prog++;
          prog++;
          /* agora prog aponta para o abre-chaves da função */
        }
        else putback();
      }
      else if(*token=='{') brace++;
    } while(tok!=FINISHED);
    prog = p;
}
```

A função **prescan()** funciona assim: toda vez que um abre-chaves é encontrado, **brace** é incrementada. Toda vez que é encontrado um fecha-chaves, **brace** é decrementada. Portanto, sempre que **brace** for maior que zero, o token corrente está sendo lido de dentro de uma função. No entanto, se **brace** for zero quando é encontrada uma variável, então a rotina de varredura prévia saberá que se trata de uma variável global. Pelo mesmo método, se for encontrado um nome de função enquanto **brace** for zero, então ele deverá ser a definição dessa função.

Variáveis globais são armazenadas numa tabela de variáveis globais denominada **global_vars** por **decl_global()**, mostrada aqui:

```
/* Uma matriz destas estruturas conterá a
   informação associada com as variáveis globais.
*/
struct var_type {
  char var_name[ID_LEN];
  int var_type;
  int value;
}  global_vars[NUM_GLOBAL_VARS];

int gvar_index; /* índice na tabela de variáveis globais */

/* Declara uma variável global. */
void decl_global(void)
{
  get_token();  /* obtém o tipo */
  global_vars[gvar_index].var_type = tok;
  global_vars[gvar_index].value = 0; /* inicializa com 0 */

  do { /* processa lista separada por vírgulas */
```

```
      get_token(); /* obtém nome */
      strcpy(global_vars[gvar_index].var_name, token);
      get_token();
      gvar_index++;
    } while(*token==',');
    if(*token!=';') sntx_err(SEMI_EXPECTED);
}
```

O inteiro **gvar_index** manterá a posição do próximo elemento livre na matriz.

A posição de cada função definida pelo usuário é colocada na matriz **func_table**, mostrada aqui:

```
struct func_type {
  char func_name[ID_LEN];
  char *loc; /* posição no arquivo do ponto de entrada */
} func_table[NUM_FUNC];

int func_index; /* índice na tabela de funções */
```

A variável **func_index** manterá a posição do próximo elemento livre na matriz.

A Função Main()

A função **main()** do interpretador Little C, exibida aqui, carrega o código-fonte, inicializa as variáveis globais, chama **prescan()**, "apronta" o interpretador para a chamada de **main()**, e depois executa **call()**, que inicia a execução do programa. A operação da função **call()** será discutida brevemente.

```
main(int argc, char *argv[])
{
  if(argc!=2) {
    printf("Uso: littlec <nome_de_arquivo>\n");
    exit(1);
  }

  /* aloca memória para o programa */
  if((p_buf=(char *) malloc(PROG_SIZE))==NULL) {
    printf("Falha de alocação");
    exit(1);
  }

  /* carrega o programa a executar */
```

```
  if(!load_program(p_buf, argv[1])) exit(1);

  if(setjmp(e_buf)) exit(1); /* inicializa buffer de long jmp */

  /* define ponteiro de programa para o início do buffer */
  prog = p_buf;
  prescan(); /* procura a posição de todas as funções
                e variáveis globais no programa */

  gvar_index = 0;  /* inicializa índice de variáveis globais */
  lvartos = 0;     /* inicializa índice da pilha de variáveis
                      locais */
  functos = 0;     /* inicializa o índice da pilha de CALL */
  /* prepara chamada de main() */
  prog = find_func("main"); /* acha o ponto de início do
                               programa */
  prog--; /* volta para inicial ( */
  strcpy(token, "main");
  call();  /* inicia interpretação */
  return 0;
}
```

A Função Interp_block()

A função **interp_block()** é o coração do interpretador. É a função que decide qual ação tomar em função do próximo token na entrada. A função é projetada para interpretar um bloco de código e depois retornar. Se o "bloco" consiste em um único comando, então esse comando é interpretado e a função retorna. Normalmente, **interp_block()** interpreta um comando e retorna. No entanto, se for lido um abre-chaves, então o sinalizador **block** será definido como 1 e a função continua a interpretar comandos até que seja encontrado um fecha-chaves. A função **interp_block()** é mostrada aqui:

```
/* Interpreta um único comando ou bloco de código. Quando
   interp_block() retorna da sua chamada inicial, a chave
   final (ou um return) foi encontrada em main().
*/
void interp_block(void)
{
  int value;
  char block = 0;

  do {
```

```
token_type = get_token();

/* Se interpretando um único comando,
   retorne ao achar o primeiro ponto-e-vírgula.
*/

/* veja que tipo de token está pronto */
if(token_type==IDENTIFIER) {
  /* Não é uma palavra reservada, logo processa expressão. */
     putback(); /* devolve token para a entrada para
                   posterior processamento por eval_exp() */
  eval_exp(&value); /* processa a expressão */
  if(*token!=';') sntx_err(SEMI_EXPECTED);
}
else if(token_type==BLOCK) { /* se delimitador de bloco */
  if(*token=='{') /* é um bloco */
    block = 1; /* intepretando bloco, não comando */
  else return;  /* é um }, portanto devolve */
}
else /* é palavra reservada */
  switch(tok) {
    case CHAR:
    case INT:      /* declara variáveis locais */
      putback();
      decl_local();
      break;
    case RETURN:   /* retorna da chamada de função */
      func_ret();
      return;
    case IF:       /* processa um comando if */
      exec_if();
      break;
    case ELSE:     /* processa um comando else */
      find_eob();  /* acha fim do bloco de else
                      e continua execução */
      break;
    case WHILE:    /* processa um laço while */
      exec_while();
      break;
    case DO:       /* processa um laço do-while */
      exec_do();
      break;
    case FOR:      /* processa um laço for */
      exec_for();
      break;
```

```
        case END:
          exit(0);
      }
  } while (tok != FINISHED && block);
}
```

À exceção das chamadas como **exit()**, um programa C termina no último fecha-chaves (ou no primeiro **return**) em **main()** — não necessariamente na última linha do código-fonte. Esta é uma razão para que **interp_block()** execute somente um comando ou um bloco de código, e não o programa inteiro. Além disso, conceitualmente C consiste em blocos de código. Portanto, **interp_block()** é chamada cada vez que é encontrado um novo bloco de código. Isto inclui as duas chamadas de funções assim como os blocos iniciados por comandos, tal como **if**. Isto significa que, durante o processo de execução de um programa, o interpretador Little C pode chamar **interp_block()** recursivamente.

A função **interp_block()** funciona assim: primeiro ela lê o próximo token do programa. Se o token é um ponto-e-vírgula e um único comando está sendo interpretado, então a função retorna. Caso contrário, ela verifica se o token é um identificador; em caso afirmativo, o comando tem de ser uma expressão, logo, o analisador de expressões é chamado. Como o analisador de expressões espera poder ler o primeiro token da expressão ele mesmo, o token é devolvido para a entrada por meio de uma chamada de **putback()**. Quando **eval_exp()** retorna, **token** conterá o último token lido pelo analisador de expressões, que deve ser um ponto-e-vírgula se o comando é sintaticamente correto. Se **token** não contém um ponto-e-vírgula, é retornado um erro.

Se o próximo token do programa for uma chave, então **block** será definida como 1 no caso de ser abre-chaves, ou, se for um fecha-chaves, a função retornará.

Finalmente, se o token é uma palavra-chave, o comando **switch** é executado, chamando a rotina apropriada para interpretar o comando. A razão pela qual as palavras-chaves recebem equivalentes inteiros dentro de **get_token()** é para suportar o uso do **switch** em vez de usar uma seqüência de comandos **if** contendo comparações de strings (que são bastante lentas).

O arquivo do interpretador é exibido aqui. Antes de olharmos para as funções que realmente executam palavras-chaves C, coloque este código em um arquivo chamado LITTLEC.C.

```
/* Um interpretador Little C. */

#include <stdio.h>
#include <setjmp.h>
```

```
#include <math.h>
#include <ctype.h>
#include <stdlib.h>
#include <string.h>

#define NUM_FUNC        100
#define NUM_GLOBAL_VARS 100
#define NUM_LOCAL_VARS  200
#define NUM_BLOCK       100
#define ID_LEN          31
#define FUNC_CALLS      31
#define NUM_PARAMS      31
#define PROG_SIZE       10000
#define LOOP_NEST       31

enum tok_types {DELIMITER, IDENTIFIER, NUMBER, KEYWORD, TEMP,
                STRING, BLOCK};

/* adicione outros tokens C aqui */
enum tokens {ARG, CHAR, INT, IF, ELSE, FOR, DO, WHILE,
             SWITCH, RETURN, EOL, FINISHED, END};

/* adicione outros operadores duplos (tais como ->) aqui */
enum double_ops {LT=1, LE, GT, GE, EQ, NE};

/* Estas são as constantes usadas para chamar sntx_err() quando
   ocorre um erro de sintaxe. Adicione mais, se desejar.
   NOTA: SYNTAX é uma mensagem genérica de erro usada quando
   nenhuma outra parece apropriada.
 */
enum error_msg
     {SYNTAX, UNBAL_PARENS, NO_EXP, EQUALS_EXPECTED,
      NOT_VAR, PARAM_ERR, SEMI_EXPECTED,
      UNBAL_BRACES, FUNC_UNDEF, TYPE_EXPECTED,
      NEST_FUNC, RET_NOCALL, PAREN_EXPECTED,
      WHILE_EXPECTED, QUOTE_EXPECTED, NOT_TEMP,
      TOO_MANY_LVARS};

char *prog; /* posição corrente no código-fonte */
char *p_buf; /* aponta para o início da
                área de carga do programa */
jmp_buf e_buf; /* mantém ambiente para longjmp() */

/* Uma matriz destas estruturas manterá a informação
   associada com as variáveis globais.
```

```
*/
struct var_type {
  char var_name[ID_LEN];
  int var_type;
  int value;
} global_vars[NUM_GLOBAL_VARS];

struct var_type local_var_stack[NUM_LOCAL_VARS];

struct func_type {
  char func_name[ID_LEN];
  char *loc; /* posição do ponto de entrada da função no
                arquivo */
} func_table[NUM_FUNC];

int call_stack[NUM_FUNC];

struct commands { /* Tabela de busca de palavras-chaves */
  char command[20];
  char tok;
} table[] = { /* Comandos devem ser escritos */
  "if", IF,   /* em minúsculas nesta tabela. */
  "else", ELSE,
  "for", FOR,
  "do", DO,
  "while", WHILE,
  "char", CHAR,
  "int", INT,
  "return", RETURN,
  "end", END,
  "", END  /* marca fim da tabela */
};

char token[80];
char token_type, tok;

int functos; /* índice para o topo da pilha de chamadas de
                função */
int func_index; /* índice na tabela de funções */
int gvar_index; /* índice na tabela global de variáveis */
int lvartos; /* índice para a pilha de variáveis locais */

int ret_value; /* valor de retorno de função */

void print(void), prescan(void);
```

```
void decl_global(void), call(void), putback(void);
void decl_local(void), local_push(struct var_type i);
void eval_exp(int *value), sntx_err(int error);
void exec_if(void), find_eob(void), exec_for(void);
void get_params(void), get_args(void);
void exec_while(void), func_push(int i), exec_do(void);
void assign_var(char *var_name, int value);
int load_program(char *p, char *fname), find_var(char *s);
void interp_block(void), func_ret(void);
int func_pop(void), is_var(char *s), get_token(void);

char *find_func(char *name);

main(int argc, char *argv[])
{
  if(argc!=2) {
    printf("Uso: littlec <nome_de_arquivo>\n");
    exit(1);
  }

  /* aloca memória para o programa */
  if((p_buf=(char *) malloc(PROG_SIZE))==NULL) {
    printf("Falha de alocação");
    exit(1);
  }

  /* carrega o programa a executar */
  if(!load_program(p_buf, argv[1])) exit(1);
  if(setjmp(e_buf)) exit(1); /* inicializa buffer de long jmp */

  /* define ponteiro de programa para o início do buffer */
  prog = p_buf;
  prescan(); /* procura a posição de todas as funções
                e variáveis globais no programa */

  gvar_index = 0;  /* inicializa índice de variáveis globais */
  lvartos = 0;     /* inicializa índice da pilha de variáveis
                      locais */
  functos = 0;     /* inicializa o índice da pilha de CALL */

   /* prepara chamada de main ()*/
  prog = find_func("main"); /* acha o ponto de início do
                               programa */
  prog--; /* volta para inicial ( */
  strcpy(token, "main");
```

```
  call();  /* inicia interpretação main() */
  return 0;
}

/* Interpreta um único comando ou bloco de código. Quando
   interp_block() retorna da sua chamada inicial, a chave
   final (ou um return) foi encontrada em main().
*/
void interp_block(void)
{
  int value;
  char block = 0;

  do {
    token_type = get_token();

    /* Se interpretando um único comando,
       retorne ao achar o primeiro ponto-e-vírgula.
    */

    /* Veja que tipo de token está pronto */
    if(token_type==IDENTIFIER) {
      /* Não é uma palavra-chave, logo processa expressão. */
         putback(); /* devolve token para a entrada para
                     posterior processamento por eval_exp() */
      eval_exp(&value); /*processa a expressão*/
      if(*token!=';') sntx_err(SEMI_EXPECTED);
    }
    else if(token_type==BLOCK) { /* se delimitador de bloco */
      if(*token=='{') /* é um bloco */
        block = 1; /* intepretando bloco, não comando */
      else return;/* é um }, portanto devolve */
    }
    else /* é palavra-chave */
      switch(tok) {
        case CHAR:
        case INT:     /* declara variáveis locais */
          putback();
          decl_local();
          break;
        case RETURN:  /* retorna da chamada de função */
          func_ret();
          return;
        case IF:      /* processa um comando if */
          exec_if();
```

```
          break;
        case ELSE:          /* processa um comando else */
          find_eob();       /* acha fim do bloco de else
                               e continua execução */
          break;
        case WHILE:         /* processa um laço while */
          exec_while();
          break;
        case DO:            /* processa um laço do-while */
          exec_do();
          break;
        case FOR:           /* processa um laço for */
          exec_for();
          break;
        case END:
          exit(0);
      }
  } while (tok != FINISHED && block);
}

/* Carrega um programa. */
load_program(char *p, char *fname)
{
  FILE *fp;
  int i=0;

  if((fp=fopen(fname, "rb"))==NULL) return 0;

  i = 0;
  do {
    *p = getc(fp);
    p++; i++;
  } while(!feof(fp) && i<PROG_SIZE);
  if(*(p-2)==0x1a) *(p-2) = '\0'; /* encerra o programa com
                                      nulo */
  else *(p-1) = '\0';
  fclose(fp);
  return 1;
}

/* Acha a posição de todas as funções no programa
   e armazena todas as variáveis globais. */
void prescan(void)
{
  char *p;
```

```
  char temp[32];
  int brace = 0; /* Quando 0, esta variável indica que a
                    posição corrente no código fonte está fora
                    de qualquer função. */

  p = prog;
  func_index = 0;
  do {
    while(brace) {  /* deixa de lado o código dentro das
                       funções */
      get_token();
      if(*token=='{') brace++;
      if(*token=='}') brace--;
    }

    get_token();

    if(tok==CHAR || tok==INT) { /* é uma variável global */
      putback();
      decl_global();
    }
    else if(token_type==IDENTIFIER) {
       strcpy(temp, token);
       get_token();
       if(*token=='(') { /* tem de ser uma função */
         func_table[func_index].loc = prog;
         strcpy(func_table[func_index].func_name, temp);
         func_index++;
         while(*prog!=')') prog++;
         prog++;
         /* agora prog aponta para o abre-chaves da função */
       }
       else putback();
    }
    else if(*token=='{') brace++;
  } while(tok!=FINISHED);
  prog = p;
}

/*Devolve o ponto de entrada da função especificada. Devolve
  NULL se não encontrou.
*
char *find_func(char *name)
{
  register int i;

  for(i=0; i<func_index; i++)
```

```
      if(!strcmp(name, func_table[i].func_name))
        return func_table[i].loc;

  return NULL;
}

/* Declara uma variável global. */
void decl_global(void)
{
  get_token();  /* obtém o tipo */

  global_vars[gvar_index].var_type = tok;
  global_vars[gvar_index].value = 0; /* inicializa com 0 */

  do { /* processa lista separada por vírgulas */
    get_token();  /* obtém nome */
    strcpy(global_vars[gvar_index].var_name, token);
    get_token();
    gvar_index++;
  } while(*token==',');
  if(*token!=';') sntx_err(SEMI_EXPECTED);
}

/* Declara uma variável local.*/
void decl_local(void)
{
  struct var_type i;

  get_token();  /* obtém tipo */

  i.var_type = tok;
  i.value = 0;  /* inicializa com 0 */

  do { /* processa lista separada por vírgulas */
    get_token();  /* obtém nome da variável */
    strcpy(i.var_name, token);
    local_push(i);
    get_token();
    gvar_index++;
  } while(*token==',');
  if(*token!=';') sntx_err(SEMI_EXPECTED);
}

/* Chama uma função. */
void call(void)
{
```

```
  char *loc, *temp;
  int lvartemp;

  loc = find_func(token); /* encontra ponto de entrada da
                             função */
  if(loc==NULL)
    sntx_err(FUNC_UNDEF); /* função não definida */
  else {
    lvartemp = lvartos;  /* guarda índice da pilha de var
                            locais */
    get_args();  /* obtém argumentos da função */
    temp = prog; /* salva endereço de retorno */
    func_push(lvartemp); /* salva índice da pilha de var
                          locais */
    prog = loc;  /* redefine prog para o início da função */
    get_params(); /* carrega os parâmetros da função com
                     os valores dos argumentos */
    interp_block(); /* interpreta a função */
    prog = temp; /* redefine o ponteiro de programa */
    lvartos = func_pop(); /* redefine a pilha de var locais */
  }
}

/* Empilha os argumentos de uma função na pilha de variáveis
   locais. */
void get_args(void)
{
  int value, count, temp[NUM_PARAMS];
  struct var_type i;

  count = 0;
  get_token();
  if(*token!='(') sntx_err(PAREN_EXPECTED);

  /* processa uma lista de valores separados por vírgulas */
  do {
    eval_exp(&value);
    temp[count] = value; /* salva temporariamente */
    get_token();
    count++;
  }while(*token==',');
  count--;
  /* agora, empilha em local_var_stack na ordem invertida */
  for(; count>=0; count--) {
    i.value = temp[count];
```

```
    i.var_type = ARG;
    local_push(i);
  }
}

/* Obtém parâmetros da função. */
void get_params(void)
{
  struct var_type *p;
  int i;

  i=lvartos-1;
  do { /* processa lista de parâmetros separados por vírgulas */
    get_token();
    p = &local_var_stack[i];
    if(*token!=')') {
      if(tok!=INT && tok!= CHAR) sntx_err(TYPE_EXPECTED);
      p->var_type = token_type;
      get_token();

      /* liga nome do parâmetro com argumento que já está na
         pilha de variáveis locais */
      strcpy(p->var_name, token);
      get_token();
      i--;
    }
    else break;
  } while(*token==',');
  if(*token!=')') sntx_err(PAREN_EXPECTED);
}

/* Retorna de uma função. */
void func_ret(void)
{
  int value;

  value = 0;
  /* obtém valor de retorno, se houver */
  eval_exp(&value);

  ret_value = value;
}

/* Empilha uma variável local. */
void local_push(struct var_type i)
```

```
{
  if(lvartos>NUM_LOCAL_VARS)
    sntx_err(TOO_MANY_LVARS);

  local_var_stack[lvartos] = i;
  lvartos++;
}

/* Desempilha índice na pilha de variáveis locais. */
func_pop(void)
{
  functos--;
  if(functos<0) sntx_err(RET_NOCALL);
  return(call_stack[functos]);
}

/* Empilha índice da pilha de variáveis locais. */
void func_push(int i)
{
  if(functos>NUM_FUNC)
    sntx_err(NEST_FUNC);
  call_stack[functos] = i;
  functos++;
}

/* Atribui um valor a uma variável. */
void assign_var(char *var_name, int value)
{
  register int i;

  /* primeiro, veja se é uma variável local */
  for (i=lvartos-1; i>=call_stack[functos-1]; i--)  {
    if(!strcmp(local_var_stack[i].var_name, var_name)) {
      local_var_stack[i].value = value;
      return;
    }
  }
  if(i < call_stack[functos-1])
  /* se não é local, tente na tabela de variáveis globais */
    for(i=0; i<NUM_GLOBAL_VARS; i++)
      if(!strcmp(global_vars[i].var_name, var_name)) {
        global_vars[i].value = value;
        return;
      }
  sntx_err(NOT_VAR); /* variável não encontrada */
```

```
}

/* Encontra o valor de uma variável. */
int find_var(char *s)
{
  register int i;

   /* primeiro, veja se é uma variável local */
  for (i=lvartos-1; i>=call_stack[functos-1]; i--)
    if(!strcmp(local_var_stack[i].var_name, token))
      return local_var_stack[i].value;

  /* se não é local, tente na tabela de variáveis globais */
  for(i=0; i<NUM_GLOBAL_VARS; i++)
    if(!strcmp(global_vars[i].var_name, s))
      return global_vars[i].value;

  sntx_err(NOT_VAR); /* variável não encontrada */
}

/* Determina se um identificador é uma variável.
   Retorna 1 se a variável é encontrada, 0 caso contrário.
*/
int is_var(char *s)
{
  register int i;

  /* primeiro, veja se é uma variável local */
  for (i=lvartos-1; i>=call_stack[functos-1]; i--)
    if(!strcmp(local_var_stack[i].var_name, token))
      return 1;

  /* caso contrário, tente com as variáveis globais */
  for(i=0; i<NUM_GLOBAL_VARS; i++)
    if(!strcmp(global_vars[i].var_name, s))
      return 1;

  return 0;
}

/* Executa um comando if. */
void exec_if(void)
{
  int cond;
```

```
  eval_exp(&cond); /* obtém expressão esquerda */

  if(cond) { /* é verdadeira, portanto processa alvo do IF */
    interp_block();
  }
  else { /* caso contrário, ignore o bloco de IF e
            processe o ELSE, se existir */
    find_eob(); /* acha o fim da próxima linha */
    get_token();

    if(tok!=ELSE) {
      putback(); /* devolve o token se não é ELSE */
      return;
    }
    interp_block();
  }
}

/* Executa um laço while. */
void exec_while(void)
{
  int cond;
  char *temp;

  putback();
  temp = prog;  /* salva posição do início do laço while */
  get_token();
  eval_exp(&cond);  /* verifica a expressão condicional */
  if(cond) interp_block();  /* se verdadeira, interpreta */
  else {  /* caso contrário, ignore o laço */
    find_eob();
    return;
  }
  prog = temp; /* volta para o início do laço */
}

/* Executa um laço do. */
void exec_do(void)
{
  int cond;
  char *temp;

  putback();
  temp = prog; /* salva posição do início do laço do */
```

```
  get_token(); /* obtém início do laço */
  interp_block(); /* interpreta o laço */
  get_token();
  if(tok!=WHILE) sntx_err(WHILE_EXPECTED);
  eval_exp(&cond); /* verifica a condição do laço */
  if(cond) prog = temp; /* se verdadeiro, repete;
                          caso contrário, continua */
}

/* Acha o fim de um bloco. */
void find_eob(void)
{
  int brace;

  get_token();
  brace = 1;
  do {
    get_token();
    if(*token=='{') brace++;
    else if(*token=='}') brace--;
  } while(brace);
}

/* Executa um laço for. */
void exec_for(void)
{
  int cond;
  char *temp, *temp2;
  int brace ;

  get_token();
  eval_exp(&cond);  /* inicializa a expressão */
  if(*token!=';') sntx_err(SEMI_EXPECTED);
  prog++; /* passa do ; */
  temp = prog;
  for(;;) {
    eval_exp(&cond);  /* verifica a condição */
    if(*token!=';') sntx_err(SEMI_EXPECTED);
    prog++; /* passa do ; */
    temp2 = prog;

    /* acha o início do bloco do for */
    brace = 1;
    while(brace) {
      get_token();
```

```
            if(*token=='(') brace++;
            if(*token==')') brace--;
          }

          if(cond) interp_block();  /* se verdadeiro, interpreta */
          else {  /* caso contrário, ignora o laço */
            find_eob();
            return;
          }
          prog = temp2;
          eval_exp(&cond); /* efetua o incremento */
          prog = temp; /* volta para o início */
        }
      }
```

Tratando Variáveis Locais

Quando o interpretador encontra uma palavra-chave (palavra reservada) **int** ou **char**, ele chama **decl_local()** para criar espaço de armazenamento para a variável local. Como mencionado antes, nenhuma declaração de variável global será encontrada pelo interpretador uma vez que o programa esteja executando, porque somente é executado código dentro das funções. Portanto, se for encontrado um comando de declaração de variável, terá de ser para uma variável local (ou um parâmetro, que é discutido na próxima seção). Nas linguagens estruturadas, as variáveis locais são armazenadas na pilha. Se a linguagem é compilada, geralmente é usada a própria pilha do sistema; no entanto, no caso de um interpretador a pilha de variáveis locais deve ser mantida pelo próprio interpretador. A pilha de variáveis locais é mantida na matriz **local_var_stack**. Cada vez que é encontrada uma variável local, seu nome, tipo e valor (inicialmente zero) são empilhados usando **local_push()**. A variável global **lvartos** indexa a pilha. (Por razões que ficarão claras mais adiante, não existe uma função "pop" correspondente. Em vez disso, a pilha de variáveis locais é redefinida cada vez que a função retorna.) As funções **decl_local** e **local_push()** são mostradas aqui:

```
/* Declara uma variável local. */
void decl_local(void)
{
  struct var_type i;

  get_token();  /* obtém tipo */
```

```
    i.var_type = tok;
    i.value = 0;  /* inicializa com 0 */

    do { /* processa lista separada por vírgulas */
      get_token();  /* obtém nome da variável */
      strcpy(i.var_name, token);
      local_push(i);
      get_token();
    } while(*token==',');
    if(*token!=';') sntx_err(SEMI_EXPECTED);
  }

  /* Empilha uma variável local */
  void local_push(struct var_type i)
  {
    if(lvartos>NUM_LOCAL_VARS)
    sntx_err(TOO_MANY_LVARS);

    local_var_stack[lvartos] = i;
    lvartos++;
  }
```

A função **decl_local()** primeiro lê o tipo da variável ou variáveis sendo declarada(s) e lhe atribui um valor inicial zero. A seguir, ela entra em uma repetição que lê a lista de identificadores separados por vírgulas. A cada iteração, a informação sobre cada variável é empilhada na pilha de variáveis locais. No fim, o token final é verificado para garantir que contenha um ponto-e-vírgula.

Chamando Funções Definidas pelo Usuário

Provavelmente a parte mais difícil da implementação de um interpretador C seja a execução de funções definidas pelo usuário. Além de o interpretador precisar começar a ler o código-fonte numa posição diferente e retornar para a rotina chamadora após a conclusão da função chamada, também tem de lidar com estas três tarefas: a passagem dos argumentos, a alocação dos parâmetros e o valor de retorno da função.

Todas as chamadas de função (exceto a chamada inicial de **main()**) acontecem a partir do analisador de expressões na função **atom()** através de uma chamada a **call()**. É a função **call()** que de fato trata os detalhes de chamar uma função. A função **call()** é mostrada aqui, junto com duas funções de suporte. Vamos examinar estas funções de perto:

```
/* Chama um função. */
void call(void)
{
  char *loc, *temp;
  int lvartemp;

  loc = find_func(token); /* encontra ponto de entrada da
                             função */
  if(loc==NULL)
    sntx_err(FUNC_UNDEF); /* função não definida */
  else {
    lvartemp = lvartos;  /* guarda índice da pilha de var
                            locais */
    get_args();  /* obtém argumentos da função */
    temp = prog; /* salva endereço de retorno */
    func_push(lvartemp); /* salva índice da pilha de var
                            locais */
    prog = loc;  /* redefine prog para o início da função */
    get_params(); /* carrega os parâmetros da função com
                     os valores dos argumentos */
    interp_block(); /* interpreta a função */
    prog = temp; /* redefine o ponteiro de programa */
    lvartos = func_pop(); /* redefine a pilha de var locais */
  }
}

/* Empilha os argumentos de uma função na pilha de variáveis
   locais. */
void get_args(void)
{
  int value, count, temp[NUM_PARAMS];
  struct var_type i;

  count = 0;
  get_token();
  if(*token!='(') sntx_err(PAREN_EXPECTED);

  /* processa uma lista de valores separados por vírgulas */
  do {
    eval_exp(&value);
    temp[count] = value; /*salva temporariamente */
    get_token();
    count++;
  }while(*token==',');
  count--;
```

```
  /* agora, empilha em local_var_stack na ordem invertida */
  for(; count>=0; count--) {
    i.value = temp[count];
    i.var_type = ARG;
    local_push(i);
  }
}

/* Obtém parâmetros da função. */
void get_params(void)
{
  struct var_type *p;
  int i;

  i=lvartos-1;
  do { /* processa lista de parâmetros separados por vírgulas */
    get_token();
    p = &local_var_stack[i];
    if(*token!=')') {
      if(tok!=INT && tok!=CHAR) sntx_err(TYPE_EXPECTED);
      p->var_type = token_type;
      get_token();
      /* liga nome do parâmetro com argumento que já está na
         pilha de variáveis locais */
      strcpy(p->var_name, token);
      get_token();
      i--;
    }
    else break;
  } while(*token==',');
  if(*token!=')') sntx_err(PAREN_EXPECTED);
}
```

A primeira coisa que **call()** faz é achar a posição do ponto de entrada da função especificada no código-fonte por meio de uma chamada a **find_func()**. A seguir, ela salva o valor corrente do índice da pilha de variáveis locais, **lvartos**, em **lvartemp**; depois ela chama **get_args()** para processar quaisquer argumentos da função. A função **get_args()** lê uma lista de expressões separadas por vírgula e as salva na pilha de variáveis locais na ordem reversa. (As expressões são empilhadas em ordem reversa para facilitar a sua identificação com os parâmetros correspondentes.) Quando os valores são empilhados, eles não recebem nomes. Os nomes dos parâmetros são dados a eles pela função **get_params()**, que será discutida daqui a pouco.

Uma vez que os argumentos da função foram processados, o valor corrente de **prog** é salvo em **temp**. Esta posição é o ponto de retorno da função. A seguir, o valor de **lvartemp** é empilhado na pilha de chamadas de função. As rotinas **func_push()** e **func_pop()** mantêm esta pilha. Seu objetivo é o de armazenar o valor de **lvartos** cada vez que é chamada uma função. Este valor representa o ponto inicial na pilha de variáveis locais para as variáveis (e parâmetros) relativos à função sendo chamada. O valor no topo da pilha de chamadas de função é usado para impedir uma função de acessar quaisquer variáveis locais a não ser aquelas que ela mesma declara.

As próximas duas linhas de código definem o ponteiro de programa para o início da função e ligam o nome dos parâmetros formais com os valores dos argumentos que já estão na pilha de variáveis locais com uma chamada a **get_params()**. A execução real da função é efetuada mediante uma chamada a **interp_block()**. Quando **interp_block()** retorna, o apontador de programa (**prog**) é redefinido para o ponto de retorno e o índice da pilha de variáveis locais é redefinido para seu valor anterior à chamada da função. Este passo final efetivamente elimina da pilha todas as variáveis locais da função.

Se a função chamada contém um comando **return**, então **interp_block()** chama **func_ret()** antes de retornar para **call()**. Esta função processa qualquer valor de retorno. Ela é mostrada aqui:

```
/* Retorna de uma função. */
void func_ret(void)
{
  int value;

  value = 0;
  /* obtém valor de retorno, se houver */
  eval_exp(&value);

  ret_value = value;

}
```

A variável **ret_value** é uma variável global que mantém o valor de retorno de uma função. À primeira vista você pode estranhar por que a variável local **value** primeiro recebe o valor de retorno da função para ser depois atribuído à **ret_value**. O motivo é que as funções podem ser recursivas e **eval_exp()** pode precisar chamar a mesma função para obter seu valor.

Atribuindo Valores a Variáveis

Vamos voltar brevemente ao analisador de expressões. Quando é encontrado um comando de atribuição, o valor do lado direito da expressão é avaliado e este valor é atribuído à variável na esquerda usando uma chamada a **assign_var()**. No entanto, como você sabe, a linguagem C é estruturada e suporta variáveis globais e locais. Portanto, em um programa como este:

```
int count;

main()
{
 int count;

 count = 100;

 f();
}

f()
{
  int count;

  count = 99;

}
```

como a função **assign_var()** sabe qual variável está recebendo um valor em cada atribuição? A resposta é simples: primeiro, em C as variáveis locais têm prioridade sobre as variáveis globais de mesmo nome; segundo, as variáveis locais não são conhecidas fora da sua função. Para ver como podemos usar estas regras para resolver as atribuições anteriores, examine a função **assign_var()**, mostrada aqui:

```
/* Atribui um valor a uma variável. */
void assign_var(char *var_name, int value)
{
  register int i;

  /* primeiro, veja se é uma variável local */
  for (i=lvartos-1; i>=call_stack[functos-1]; i--)  {
    if(!strcmp(local_var_stack[i].var_name, var_name)) {
      local_var_stack[i].value = value;
```

```
        return;
      }
    }
    if(i < call_stack[functos-1])
    /* se não é local, tente na tabela de variáveis globais */
      for(i=0; i<NUM_GLOBAL_VARS; i++)
        if(!strcmp(global_vars[i].var_name, var_name)) {
          global_vars[i].value = value;
          return;
        }
    sntx_err(NOT_VAR); /* variável não encontrada */
  }
```

Como explicado na seção anterior, cada vez que uma função é chamada, o valor corrente do índice da pilha de variáveis locais (**lvartos**) é empilhado na pilha de chamadas de função. Isto significa que quaisquer variáveis locais (ou parâmetros) definidos pela função serão empilhados na pilha acima desse ponto. Daí que a função **assign_var()** primeiro procura em **local_var_stack**, começando no topo atual da pilha e parando quando atinge o valor do índice que foi salvo na mais recente chamada de função. Este mecanismo garante que somente as variáveis locais dessa função serão examinadas. (Isto também ajuda a suportar funções recursivas porque o valor corrente de **lvartos** é guardado cada vez que uma função é chamada.) Portanto, a linha "count = 100;" em **main()** faz com que **assign_var()** encontre a variável local **count** dentro de **main()**. Em **f()**, **assign_var()** encontra sua própria **count** e não encontra aquela definida em **main()**.

Se nenhuma variável local coincide com o nome da variável, então a lista de variáveis globais é pesquisada.

Executando um Comando if

Agora que a estrutura básica do interpretador Little C já está construída, está na hora de adicionar alguns comandos de controle de fluxo. Cada vez que um comando de palavra-chave é encontrado dentro de **interp_block()**, uma função apropriada é chamada para processar esse comando. Um dos mais simples é o **if**. O comando **if** é processado por **exec_if()**, mostrado aqui:

```
/* Executa um comando if. */
void exec_if(void)
{
  int cond;
  eval_exp(&cond); /* obtém expressão esquerda */
```

```
    if(cond) { /* é verdadeira, portanto processa alvo do if */
      interp_block();
    }
    else { /* caso contrário ignore o bloco de if e
              processe o ELSE, se existir */
      find_eob(); /* acha o início da próxima linha */
      get_token();

      if(tok!=ELSE) {
        putback(); /* devolve o token se não é ELSE */
        return;
      }
      interp_block();
    }
  }
```

Vamos dar uma olhada detalhada nesta função.

A primeira coisa que a função faz é computar o valor da expressão condicional chamando **eval_exp()**. Se a condição (**cond**) é verdadeira (não zero), então a função chama **interp_block()** recursivamente, permitindo que o bloco de **if** execute. Se **cond** é falsa, então a função **find_eob()** é chamada, o qual avança o ponteiro do programa até a posição seguinte ao fim do bloco do **if**. Se há um **else** presente, o **else** é processado por **exec_if()** e o bloco do **else** é executado. Caso contrário, a execução simplesmente começa com a próxima linha de código.

Se o bloco de **if** executa e existe um bloco de **else**, deve existir uma maneira de o bloco do **else** ser ignorado. Isto é conseguido em **interp_block()** simplesmente chamando **find_eob()** para ignorar o bloco quando o **else** é encontrado. Lembre-se, a única vez que um **else** é processado por **interp_block()** (em um programa sintaticamente correto) é depois que um bloco de **if** foi executado. Quando um bloco de **else** executa, o **else** é processado por **exec_if()**.

Processando um Laço While

Um laço **while**, assim como o **if**, é bastante simples de interpretar. A função que de fato executa esta tarefa, **exec_while()**, é mostrada aqui:

```
/* Executa um laço while. */
void exec_while(void)
{
  int cond;
  char *temp;
```

```
putback();
  temp = prog;  /* salva posição do início do laço while */
  get_token();
  eval_exp(&cond);  /* verifica a expressão condicional */
  if(cond) interp_block();  /* se verdadeira, interpreta */
  else {  /* caso contrário, ignore o laço */
    find_eob();
    return;
  }
  prog = temp; /* volta para o início do laço */
}
```

exec_while() funciona assim: primeiro, o token **while** é devolvido para a entrada e a posição do **while** é salva em **temp**. Este endereço será usado para permitir que o interpretador volte para o início do **while**. A seguir, o **while** é lido novamente para eliminá-lo da entrada e **eval_exp()** é chamada para avaliar o valor da expressão condicional do **while**. Se a expressão condicional é verdadeira, então **interp_block()** é chamada recursivamente para interpretar o bloco do **while**. Quando **interp_block()** retorna, **prog** (o ponteiro de programa) é carregado com a posição do início do laço **while** e o controle retorna para **interp_block()**, onde o processo inteiro é repetido. Se a expressão condicional é falsa, então é encontrado o fim do bloco do **while** e a função retorna.

Processando um Laço Do-While

Um laço **do-while** é processado de forma bastante parecida com **while**. Quando **interp_block()** encontra um comando **do**, ele chama **exec_do()**, mostrada aqui:

```
/* Executa um laço do. */
void exec_do(void)
{
  int cond;
  char *temp;

  putback();
  temp = prog; /* salva posição do início do laço do */

  get_token(); /* obtém início do loop */
  interp_block(); /* interpreta o laço */
  get_token();
  if(tok!=WHILE) sntx_err(WHILE_EXPECTED);
```

```
    eval_exp(&cond); /* verifica a condição do laço */
    if(cond) prog = temp; /* se verdadeiro, repete;
                                caso contrário, continua */
  }
```

A principal diferença entre o laço **do-while** e o laço **while** é que **do-while** sempre executa seu bloco de código pelo menos uma vez porque a expressão condicional está no fim do laço. Portanto, **exec_do()** primeiro salva a posição do topo do laço em **temp** e depois chama **interp_block()** recursivamente para interpretar o bloco de código associado com o laço. Quando **interp_block()** retorna, o correspondente **while** é lido e a expressão condicional é avaliada. Se a condição é verdadeira, **prog** é redefinida para o início do laço; caso contrário, a execução continua.

O Laço for

A interpretação de um laço **for** exibe um desafio mais difícil que as outras construções. Parte da razão para isto é que a estrutura do **for** em C foi projetada de fato pensando na sua compilação. A principal dificuldade é que a expressão condicional do **for** deve ser verificada no topo do laço, mas a execução do incremento só deve ocorrer no fim do bloco do laço. Portanto, embora estas duas partes do laço **for** ocorrem próximas entre si no código-fonte, sua interpretação é separada pelo bloco de código sendo iterado. No entanto, com um pouco de trabalho, o **for** pode ser interpretado corretamente.

Quando **interp_block()** encontra um comando **for**, **exec_for()** é chamada. Esta função é mostrada aqui:

```
/* Executa um laço for. */
void exec_for(void)
{

  int cond;
  char *temp, *temp2;
  int brace ;

  get_token();
  eval_exp(&cond);  /* inicializa a expressão */
  if(*token!=';') sntx_err(SEMI_EXPECTED);
  prog++; /* passa do ; */
  temp = prog;
  for(;;) {
    eval_exp(&cond);  /* verifica a condição */
    if(*token!=';') sntx_err(SEMI_EXPECTED);
    prog++; /* passa do ; */
```

```
        temp2 = prog;

        /* acha o início do bloco do for */
        brace = 1;
        while(brace) {
          get_token();
          if(*token=='(') brace++;
          if(*token==')') brace--;
        }

        if(cond) interp_block();  /* se verdadeiro, interpreta */
        else {  /* caso contrário, ignora o laço */
          find_eob();
          return;
        }
        prog = temp2;
        eval_exp(&cond); /* efetua o incremento */
        prog = temp; /* volta para o início */
      }
    }
```

Esta função começa processando a expressão de inicialização do **for**. A porção de inicialização do **for** é executada uma única vez e não faz parte do laço. A seguir, o ponteiro de programa é deslocado para um ponto imediatamente depois do ponto-e-vírgula que encerra o comando de inicialização, e seu valor é atribuído a **temp**. Um laço é então iniciado, o qual verifica a expressão condicional do laço e atribui a **temp2** um ponteiro para o início da porção de incremento. O começo do código do laço é encontrado e, finalmente, se a expressão condicional é verdadeira, o bloco do laço é interpretado. (Caso contrário, o fim do bloco é encontrado e a execução continua depois do laço **for**.) Quando a chamada recursiva a **interp_block()** retorna, a porção de incremento do laço é executada, e o processo todo é repetido.

Funções da Biblioteca Little C

Como os programas C executados por Little C jamais são compilados e linkeditados, quaisquer rotinas de biblioteca que eles usem têm de ser gerenciadas diretamente por Little C. A melhor maneira de fazer isto é criar uma função de interface que Little C chama quando uma função de biblioteca é encontrada. Esta função de interface inicializa a chamada da função da biblioteca e trata eventuais valores de retorno.

Por causa de limitações de espaço, Little C contém somente cinco funções de "biblioteca": **getche()**, **putch()**, **puts()**, **print()** e **getnum()**. Destas, somente **puts()**, que envia uma string para a tela, é descrita pelo padrão C ANSI. A função **getche()** é uma extensão comum de C para ambientes interativos. Ela espera por e retorna uma tecla pressionada no teclado. Esta função é encontrada em muitos compiladores. **putch()** também é definida por muitos compiladores que são projetados para uso em um ambiente interativo. Ela envia para o console um único caractere dado como argumento. Ela não bufferiza a saída. As funções **getnum()** e **print()** são minhas próprias criações. A função **getnum()** retorna o equivalente inteiro de um número digitado no teclado. A função **print()** é uma função muito útil que pode exibir ou uma string ou um argumento inteiro na tela. As cinco funções da biblioteca são exibidas aqui como protótipos.

```
int getche(void);      /* lê um caractere do teclado
                          e retorna seu valor */
int putch(char ch);    /* exibe um caractere na tela */
int puts(char *s);     /* exibe uma string na tela */
int getnum(void);      /* lê um inteiro do teclado
                          e retorna seu valor */
int print(char *s);    /* envia uma string para a tela */
ou
int print(int i);      /* envia um inteiro para a tela */
```

As funções da biblioteca Little C são mostradas aqui. Você deve digitar este arquivo em seu computador, chamando-o de LCLIB.C

```
/****** Funções da biblioteca interna ******/

/* Adicione mais por conta própria aqui. */

#include <conio.h> /* elimine isto se seu
                      compilador não suporta
                      este arquivo de cabeçalho */

#include <stdio.h>
#include <stdlib.h>

extern char *prog; /* aponta para a posição corrente no
                      programa */
extern char token[80]; /* mantém a representação string do
                          token */
extern char token_type; /* contém o tipo do token */
extern char tok; /* mantém a representação interna do token */
```

```
enum tok_types {DELIMITER, IDENTIFIER, NUMBER, KEYWORD, TEMP,
                STRING, BLOCK};

/* Estas são as constantes usadas para chamar sntx_err() quando
   ocorre um erro de sintaxe. Adicione mais, se desejar.
   NOTA: SYNTAX é uma mensagem genérica de erro usada quando
   nenhuma outra parece apropriada.
 */
enum error_msg
     {SYNTAX, UNBAL_PARENS, NO_EXP, EQUALS_EXPECTED,
      NOT_VAR, PARAM_ERR, SEMI_EXPECTED,
      UNBAL_BRACES, FUNC_UNDEF, TYPE_EXPECTED,
      NEST_FUNC, RET_NOCALL, PAREN_EXPECTED,
      WHILE_EXPECTED, QUOTE_EXPECTED, NOT_STRING,
      TOO_MANY_LVARS};

int get_token(void);
void sntx_err(int error), eval_exp(int *result);
void putback(void);

/* Obtém um caractere do console. (Use getchar()
   se seu compilador não suportar getche().) */
call_getche()
{
  char ch;
  ch = getche();
  while (*prog!=')') prog++;
  prog++;   /* avança até o fim da linha */
  return ch;
}

/* Exibe um caractere na tela. */
call_putch()
{
  int value;

  eval_exp(&value);
  printf("%c", value);
  return value;
}

/* Chama puts(). */
call_puts(void)
{
```

```
  get_token();
  if(*token!='(') sntx_err(PAREN_EXPECTED);
  get_token();
  if(token_type!=STRING) sntx_err(QUOTE_EXPECTED);
  puts(token);
  get_token();
  if(*token!=')') sntx_err(PAREN_EXPECTED);

  get_token();
  if(*token!=';') sntx_err(SEMI_EXPECTED);
  putback();
  return 0;
}

/* Uma função embutida de saída para o console. */
int print(void)
{
  int i;

  get_token();
  if(*token!='(')  sntx_err(PAREN_EXPECTED);

  get_token();
  if(token_type==STRING) { /* exibe uma string */
    printf("%s ", token);
  }
  else {  /* exibe um número */
    putback();
    eval_exp(&i);
    printf("%d ", i);
  }

  get_token();

  if(*token!=')') sntx_err(PAREN_EXPECTED);

  get_token();
  if(*token!=';') sntx_err(SEMI_EXPECTED);
  putback();
  return 0;
}

/* Lê um inteiro do teclado. */
getnum(void)
{
```

```
    char s[80];

    gets(s);
    while(*prog!=')') prog++;
    prog++;  /* avança até o fim da linha */
    return atoi(s);
}
```

Para adicionar funções de biblioteca, primeiro coloque seus nomes e os endereços das funções de interface na matriz **intern_func**. A seguir, usando as funções mostradas anteriormente como exemplo, crie as funções de interface apropriadas.

Compilando e Linkeditando o Interpretador Little C

Uma vez que você tenha os três arquivos que compõem o interpretador Little C em seu computador, compile-os e linkedite-os juntos. Se você usa Borland C/C++, pode usar uma seqüência como a seguinte.

```
bcc -c parser.c
bcc -c lclib.c
bcc littlec.c parser.obj lclib.obj
```

Se você usa Microsoft C/C++, use esta seqüência:

```
cl -c parser.c
cl -c lclib.c
cl littlec.c parser.obj lclib.obj /F 6000
```

No modo padrão de compilação, Little C pode não receber suficiente espaço de pilha quando você compila usando Microsoft C/C++. A opção /F aumenta a pilha para 6000 bytes, que é o suficiente em quase todos os casos. No entanto, você pode precisar aumentar o tamanho da pilha ainda mais ao interpretar programas que sejam intensamente recursivos.

Se você usa um compilador C diferente, simplesmente siga as instruções que vêm com ele.

Demonstrando Little C

O programa C seguinte demonstra os recursos de Little C:

```
/* Programa #1 de demonstração de Little C.

   Este programa demonstra todos os recursos
   de C que são reconhecidos por Little C.
*/

int i, j;   /* variáveis globais */
char ch;

main()
{
  int i, j;   /* variáveis locais */

  puts("Programa de Demonstração Little C.");

  print_alpha();

  do {
    puts("digite um número (0 para sair): ");
    i = getnum();
    if (i < 0 ) {
      puts("números têm de ser positivos, tente de novo");
    }
    else {
      for (j = 0; j < i; j=j+1) {
        print(j);
        print("somado é");
        print(sum(j));
        puts("");
      }
    }
  } while(i!=0);
}

/* Soma os valores entre 0 e num. */
sum(int num)
{
  int running_sum;

  running_sum = 0;
```

```
  while(num) {
    running_sum = running_sum + num;
    num = num - 1;
  }
  return running_sum;
}

/* Imprime o alfabeto. */
print_alpha()
{
  for(ch = 'A'; ch<='Z'; ch = ch + 1) {
    putch(ch);
  }
  puts("");
}

/* Programa #2 de demonstração de Little C */
/* Exemplo de laço aninhado. */
main()
{
  int i, j, k;

  for(i = 0; i < 5; i = i + 1) {
    for(j = 0; j < 3; j = j + 1) {
      for(k = 3; k ; k = k - 1) {
        print(i);
        print(j);
        print(k);
        puts("");
      }
    }
  }
  puts("feito");
}

/* Programa #3 de demonstração de Little C */
/* Atribuições como operações. */
main()
{
  int a, b;

  a = b = 10;

  print(a); print(b);
```

```
    while(a=a-1) {
      print(a);
      do {
        print(b);
      }while((b=b-1) > -10);
    }
  }

  /* Programa #4 de demonstração de Little C */
  /* Este programa demonstra funções recursivas */
  main()
  {
    print(factr(7) * 2);
  }

  /* retorna o fatorial de i */
  factr(int i)
  {
    if(i<2) {
      return 1;
    }
    else {
      return i * factr(i-1);
    }
  }
  /* Programa #5 de demonstração de Little C */
  /* Um exemplo mais rigoroso de argumentos de função. */
  main()
  {
    f2(10, f1(10, 20), 99);
  }

  f1(int a, int b)
  {
    int count;

    print("em f1");

    count = a;
    do {
      print(count);
    } while(count=count-1);

    print(a); print(b);
    print(a*b);
```

```
    return a*b;
  }

  f2(int a, int x, int y)
  {
    print(a); print(x);
    print(x / a);
    print(y*x);
  }

  /* Programa #6 de demonstração de Little C */
  /* Os comandos do laço. */
  main()
  {
    int a;
    char ch;

    /* o while */
    puts("Digite um número: ");
    a = getnum();
    while(a) {
      print(a);
      print(a*a);
      puts("");
      a = a - 1;
    }

    /* o do-while */
    puts("digite caracteres, 's' para sair");
    do {
      ch = getche();
    } while(ch!='s');

    /* o for */
    for(a=0; a<10; a = a + 1) {
      print(a);
    }
  }
```

Melhorando Little C

O interpretador Little C apresentado neste capítulo foi projetado tendo em mente a transparência de sua operação. O objetivo foi o de desenvolver um interpretador que pudesse ser compreendido facilmente, com o menor esforço possível. Ele também foi projetado de maneira tal que fosse fácil de ser expandido. Como tal, Little C não é particularmente rápido ou eficiente; no entanto, as estruturas básicas do interpretador são corretas, e você pode melhorar sua velocidade de execução seguindo estes passos.

Quase todos os interpretadores comerciais expandem o papel da varredura prévia. O programa-fonte inteiro é convertido de sua forma ASCII legível para humanos para uma forma interna. Nesta forma interna, tudo exceto strings entre aspas e constantes é transformado em tokens de um único inteiro, da mesma maneira que Little C converte as palavras-chaves de C em tokens inteiros. Pode ter ocorrido a você que Little C efetua uma série de comparações de strings. Por exemplo, cada vez que uma variável ou função é pesquisada, são efetuadas diversas comparações de strings. Comparações de strings são muito custosas em termos de tempo de execução (run-time); no entanto, se cada token no programa-fonte é convertido em um inteiro, então podem ser usadas as comparações entre inteiros, que são muito mais rápidas. A conversão do programa-fonte para uma forma interna é a *mudança individual mais importante* que você pode aplicar a Little C para melhorar a sua eficiência. Francamente, o incremento de velocidade será dramático.

Outra área de melhoria, significativa principalmente para programas grandes, são as rotinas de pesquisa de variáveis e funções. Mesmo se você converte estes itens em tokens inteiros, o enfoque corrente para pesquisar por eles é baseado na pesquisa seqüencial.

Você poderia, no entanto, substituir esse método por outro, mais rápido, como a árvore binária ou algum tipo de hashing.

Como mencionado antes, uma restrição que Little C tem em relação à gramática completa de C é que os objetos de comandos como **if** — mesmo sendo um único comando — tem de ser blocos de código entre chaves. A razão é que isto simplifica sobremaneira a função **find_eob()**, que é usada para encontrar o fim de um bloco depois que executa algum dos comandos de controle de fluxo. A função **find_eob()** simplesmente procura pelo fecha-chaves correspondente à chave que inicia o bloco. Você pode achar interessante o exercício de eliminar esta restrição. Um enfoque para isto é o de reprojetar **find_eob()** para que encontre o fim de um comando, expressão ou bloco. Tenha em mente, porém, que você precisará de estratégias diferentes para encontrar o fim dos comandos **if**, **while**, **do-while** e **for** quando usados como comandos isolados.

Expandindo Little C

Existem duas áreas gerais nas quais você pode expandir e melhorar o interpretador Little C: recursos de C e recursos auxiliares. Alguns deles serão discutidos brevemente nas próximas seções.

Adicionando Novos Recursos de C

Existem duas categorias básicas de comandos C que você pode adicionar a Little C. A primeira são comandos adicionais de ação, tais como os comandos **switch**, **goto**, **break** e **continue**. Você deve ter poucos problemas para adicionar qualquer um deles se estudar detalhadamente a maneira pela qual Little C interpreta esse tipo de comandos.

A segunda categoria de comandos C que você pode adicionar são novos tipos de dados. Little C já contém "ganchos" para tipos adicionais de dados. Por exemplo, a estrutura **var_type** já contém um campo para o tipo da variável. Para adicionar outros tipos elementares (por exemplo, **float**, **double** ou **long**), simplesmente aumente o tamanho do campo valor para o tamanho do maior tipo que você deseja suportar.

Suportar ponteiros não é mais difícil do que suportar qualquer outro tipo de dados. No entanto, você precisará acrescentar suporte para os operadores de ponteiros ao analisador de expressões.

Uma vez que você tenha implementado ponteiros, matrizes serão fáceis. O espaço para uma matriz deve ser alocado dinamicamente usando **malloc()**, e um ponteiro para a matriz deve ser armazenado no campo **value** de **var_type**.

A adição de estruturas e uniões representa um problema um pouco mais difícil. A maneira mais simples de tratá-las é usar **malloc()** para alocar espaço para elas e simplesmente usar um ponteiro para o objeto no campo valor da estrutura **var_type**. (Você também precisará de código especial para tratar a passagem de estruturas e uniões como parâmetros.)

Para tratar tipos de retorno diferentes para funções, adicione um campo **type** (tipo) à estrutura **func_type** que define o tipo de dado retornado por uma função.

Uma idéia final — se você gosta de experimentar com construções de linguagem, não tenha medo de adicionar uma extensão não-C. De longe a coisa mais divertida que eu criei com interpretadores de linguagens foi fazer com que executassem coisas não especificadas pela linguagem.

Se você deseja adicionar um comando **REPEAT-UNTIL** do tipo existente em Pascal, por exemplo, vá em frente e faça-o! Se algo não funcionar da primeira vez, tente encontrar o problema imprimindo o que é cada token à medida que é processado.

Adicionando Recursos Auxiliares

Interpretadores dão-lhe a oportunidade de adicionar diversos recursos interessantes e úteis. Por exemplo, você pode adicionar um recurso de depuração que exiba cada token que é executado. Você pode também adicionar a capacidade de exibir o conteúdo de cada variável à medida que o programa executa. Outro recurso que você pode querer adicionar é um editor integrado de maneira que você possa "editar e rodar" em vez de ter de usar um editor separado para criar seus programas C.

Índice Analítico

B

C

D

E

F

N

O

W

X